Grundsätze und Technik ordnungsmäßiger Immobilienbewertung

Dissertation

zur Erlangung des Grades eines Doktors
der Wirtschaftswissenschaften
der Rechts- und Wirtschaftswissenschaftlichen Fakultät
der Universität Bayreuth

vorgelegt von

Bernhard Engelbrecht

aus München

Dekan:	Prof. Dr. Dr. h.c. Wolfgang Gitter
Erstberichterstatter:	Prof. Dr. Jochen Sigloch
Zweitberichterstatter:	Prof. Dr. Dr. h.c. Peter Rütger Wossidlo

Tag der mündlichen Prüfung: 01. August 1996

Grundsätze und Technik ordnungsmäßiger Immobilienbewertung

Unternehmen und Steuern

Band 1: Lutz Schmidt
Maßgeblichkeitsprinzip und Einheitsbilanz
1994, ISBN 3-7908-0751-6

Band 2: Klaus Henselmann
Erfolgsmessung und Steuerbelastung
1994, ISBN 3-7908-0752-4

Band 3: Andreas Bertsch
Rechnungslegung von Konzernunternehmen
1995, ISBN 3-7908-0842-3

Band 4: Alfred Krätzschmar
Alterssicherung und Besteuerung
Eine modellgestützte Analyse für Leibrenten
1995, ISBN 3-7908-0889-X

Band 5: Claudius Theurer
Pensionszusagen und ihre Dynamisierung auf lange Sicht
1996, ISBN 3-7908-0921-7

Band 6: Thomas Egner
Performancemessung bei Wertpapier-Investmentfonds
1998, ISBN 3-7908-1106-8

Bernhard Engelbrecht

Grundsätze und Technik ordnungsmäßiger Immobilienbewertung

Mit 73 Abbildungen

Physica-Verlag
Ein Unternehmen
des Springer-Verlags

Reihenherausgeber
Prof. Dr. Jochen Sigloch, Universität Bayreuth

Autor
Dr. Bernhard Engelbrecht
Lärchenstr. 11
D-82166 Gräfelfing

ISBN-13: 978-3-7908-1107-0 e-ISBN-13: 978-3-642-95933-2
DOI: 10.1007/978-3-642-95933-2

Die Deutsche Bibliothek – CIP-Einheitsaufnahme
Engelbrecht, Bernhard: Grundsätze und Technik ordnungsmäßiger Immobilienbewertung / Bernhard Engelbrecht. – Heidelberg: Physica-Verl., 1998
(Unternehmen und Steuern; Bd. 7)
ISBN-13: 978-3-7908-1107-0

Umschlaggestaltung: Erich Kirchner, Heidelberg

SPIN 10676293 88/2202-5 4 3 2 1 0 – Gedruckt auf säurefreiem Papier

Wenn du deinem Nächsten etwas verkaufst oder ihm etwas abkaufst, so soll keiner seinen Bruder übervorteilen.

3. Buch Mose Kapitel 25 Vers 14

Geleitwort

Immobilienwerte sind zu den unterschiedlichsten Anlässen zu ermitteln: Notwendig sind Immobilienwerte bei privatrechtlichen Auseinandersetzungen, bei öffentlich-rechtlichen Eingriffen und als Wertgrundlage für die Bemessung von Versicherungsbeiträgen und Steuerzahlungen. Obwohl davon auszugehen ist, daß für alle diese Anlässe ein möglichst realitätsgetreuer Wert im Sinne eines Verkehrswertes zu ermitteln sei, kommen höchst unterschiedliche Bewertungsverfahren zur Anwendung, die im Einzelfall sehr divergierende Bewertungsergebnisse aufweisen. Erscheinen derartige Abweichungen in einigen Fällen noch vom unterschiedlichen Bewertungszweck her hinreichend begründbar - Brandversicherungswerte müssen als Restaurationswerte ausgeprägt sein, ansonsten ist der ökonomische Wert im Regelfall von den künftigen Erträgen determiniert -, läßt sich die gegenwärtige Vielfalt von Bewertungsmethoden mit unterschiedlichen Bewertungsergebnissen sachlich kaum begründen.

Vor diesem Hintergrund ist es Anliegen der vorliegenden Arbeit Ziel, „die verschiedenen Bewertungsverfahren auf ein möglichst einheitliches, universell einsetzbares Immobilienbewertungsverfahren zu reduzieren und neue standardisierte Methoden der Immobilienbewertung zu entwickeln“ (S. 2).

Wesentliche Grundlagen werden mit der umfassenden Darstellung der national und international gebräuchlichen Verfahren der Immobilienbewertung in verschiedenen Sektoren, vor allem im Bereich des Steuerrechts, des Baurechts und des Kreditprüfungsrechts, gelegt. Die Analyse macht deutlich, daß vornehmlich drei Verfahrenstypen zur Anwendung kommen:

- die sogenannten unmittelbaren Vergleichsverfahren, die den Immobilienwert aus vergleichbaren Verkäufen ableiten,
- die outputorientierten Ertragswertverfahren, die den Immobilienwert aus zukünftigen Erträgen ableiten und
- die inputorientierten Sachwertverfahren, die den Immobilienwert als Rekonstruktionsaltwert ermitteln.

Trotz großer Unterschiedlichkeit kommen die verschiedenen Verfahrensansätze bei funktionierenden Märkten und zeitnaher Wertfeststellung tendenziell zu ähnlichen Wertansätzen.

Der umfassenden Analyse schließt sich die Entwicklung und Implementierung standardisierter Verfahren der Immobilienbewertung an. Aufbauend auf einer Synopse der aktuell angewandten Grundkonzeptionen der Immobilienbewertung (Vergleichswert-, Ertragswert- und Sachwertverfahren) werden in einem Scoring-Modell insgesamt 16 Untervarianten der drei Bewertungsgrundkonzeptionen nach insgesamt sieben Merkmalen synoptisch beschrieben und es wird versucht, auf der Basis eines Scoring-Modells eine Rangliste aufzustellen. Nach dieser vergleichenden Beurteilung nimmt das Vergleichswertverfahren der Wertermittlungsverordnung den ersten Rang ein, gefolgt vom Vergleichswertverfahren der Hypothekenbanken. Es folgen die Ertragswertverfahren und die Sachwertverfahren. Auch wenn ein derartiges Scoring-Modell nur mit großer Vorsicht zu interpretieren ist, zeigt sich doch, daß im Grundsatz eine outputorientierte Bewertung der inputorientierten Bewertung überlegen ist. Ferner zeigt sich, daß die Grundtypen des Baugesetzbuchs relative Vorteile gegenüber ihren Konkurrenten aufweisen. Dies ist Anlaß, bei der Konzeption eigener Standardverfahren grundsätzlich von den Bewertungskonzeptionen der Wertermittlungsverordnung auszugehen mit dem Ergebnis, daß die unmittelbare Vergleichsbewertung, sofern sie einsetzbar ist, den tatsächlichen Verkehrswerten am nächsten kommt. Sofern unmittelbare oder mittelbare Vergleichswerte nicht zu ermitteln sind, führt ein prognoseorientiertes Ertragswertverfahren am ehesten zum Ziel, während ein Sachwertverfahren letztlich wenig über den Verkehrswert eines Objekts aussagen kann.

Abschließend werden die Möglichkeiten einer institutionalisierten Verankerung der Immobilienbewertung erörtert und es wird versucht, in Anlehnung an inländische Vorbilder im Bereich der Steuer oder Wirtschaftsberatung oder mit Blick auf ausländische Organisationen Strukturen und Abläufe für eine institutionalisierte Immobilienbewertung zu entwerfen und Grundsätze ordnungsmäßiger Immobilienbewertung zu entwickeln.

Die vorliegende Arbeit gibt einen umfassenden systematischen Überblick über bestehende Verfahren der Immobilienbewertung. Sie ist Fundgrube für die Lösung zahlreiche Detailfragen und gibt wertvolle Hinweise für praktische Problemstellungen und stellt einen innovativen Beitrag zur betriebswirtschaftlich fundierten Fortentwicklung der Immobilienbewertung dar.

Bayreuth, im November 1997 Prof. Dr. Jochen Sigloch

Inhaltsübersicht

Inhaltsverzeichnis

Einführung

I. Problemstellung

Die Frage nach dem Wert einer Immobilie stellt sich zu unterschiedlichen Anlässen. Immobilienwerte dienen als Orientierung für die Festlegung von Grenzpreisen bei Immobilientauschaktionen. Sie sind wichtige Bemessungsgrundlagen bei hoheitlichen Akten, wie z.B. bei der Bestimmung von Abgabenlasten oder bei der Festlegung von Enteignungsentschädigungen. Darüber hinaus bilden Immobilienwerte wichtige Entscheidungsgrundlagen für die Festlegung von Beleihungsgrenzen und Brandversicherungswerten.

Ziel der verschiedenen Bewertungen und der hierzu eingesetzten Methoden ist allgemein den Wert der Immobilie im gewöhnlichen Geschäftsverkehr ohne Berücksichtigung persönlicher oder ungewöhnlicher Einflüsse zu ermitteln. Dieser Wert wird im allgemeinen Sprachgebrauch als Verkehrswert bezeichnet. Aufgrund der unterschiedlichen historischen Entwicklungen der Bewertungsanlässe in von einander unabhängigen Rechtskreisen sind beträchtliche Unterschiede bei der inhaltlichen Ausfüllung des Verkehrswertbegriffes zu verzeichnen. Dies führte dazu, daß unterschiedliche Methoden mit divergierenden Parametern entwickelt wurden, die alle versuchen, den Verkehrswert einer Immobilie zu ermitteln. So werden Verfahren angewandt, die auf der Basis von Vergleichsverkäufen den Wert der Immobilien im Rahmen des gewöhnlichen Geschäftsverkehrs abschätzen. Ferner sind Methoden üblich, die über die Diskontierung der erwarteten Einzahlungsüberschüsse Immobilien bewerten. Verbreitet sind auch Methoden, die den Wert über die geminderten Anschaffungs- oder Herstellungskosten zu schätzen versuchen.

Zahlreiche dieser Bewertungsverfahren führen zu unterschiedlichen Ergebnissen. Da jedoch die differierenden Zielsetzungen und Bewertungsanlässe immer nur das eine Ziel haben, den Wert der Immobilie im gewöhnlichen Geschäftsverkehr zu ermitteln, stellt sich die Frage, ob es für eine Immobilie mehrere unterschiedliche Verkehrswerte geben kann.

Dies ist zu verneinen. Deshalb besteht die Notwendigkeit, den Methodenwildwuchs zu beschneiden und auf grundlegende Bewertungskonzeptionen zurückzuführen. Beträchtliche Transaktionskosten die ansonsten durch redundante Bewertungen, beispielsweise durch steuerrechtliche, baurechtliche, bankrechtliche oder versicherungsrechtliche Bewertungsanlässe entstehen, könnten durch die Vereinheitlichung der Bewertungsmethoden vermieden werden.

II. Zielsetzung

Ziel der Arbeit "Grundsätze und Technik ordnungsmäßiger Immobilienbewertung" ist es, die verschiedenen Bewertungsverfahren auf ein möglichst einheitliches, universell einsetzbares Immobilienbewertungsverfahren zu reduzieren und neue standardisierte Methoden der Immobilienbewertung zu entwickeln.

Anliegen ist es, die teilweise erheblichen volkswirtschaftlichen Kosten und den beträchtlichen Zeitaufwand der Immobilienbewertung zu reduzieren. Darüber hinaus soll die Markttransparenz durch die Anwendung der Standardbewertungsverfahren erhöht werden, da vor allem den nicht betriebswirtschaftlich geschulten Immobilieneigentümern vergleichbare und nachvollziehbare Werte der Immobilienbewertung an die Hand gegeben werden. Dadurch können weite Kreise der Bevölkerung eventuelle Informationsdefizite gegenüber den professionellen Marktteilnehmern abbauen. Dies ist von erheblicher Bedeutung, da es sich bei den Investitionen in Immobilien um verhältnismäßig hohe und seltene Investitionen im Leben des Normalbürgers handelt, die stets von erheblicher Bedeutung für die wirtschaftliche Existenz des Investors sind.

In verschiedenen Rechtskreisen, z.B. dem Steuerrecht und dem Baurecht, werden unterschiedliche Bewertungsmethoden angewandt. Demzufolge bezieht sich die Hauptausrichtung der zu entwickelnden Standardbewertungsverfahren auf Bewertungsanlässe, die von hoheitlicher Seite vorgegeben werden. Durch eine Vereinheitlichung der gesetzlich oktroyierten Immobilienbewertungen könnten auch nicht gesetzlich geregelte Bewertungen durch eine Gewöhnung der Marktteilnehmer an allgemein übliche, gesetzlich vorgeschriebene Bewertungsmethoden "standardisiert" werden.

Die Notwendigkeit einer Vereinheitlichung hat auch der Gesetzgeber erkannt und so wird in der Begründung zu der Verordnung über Grundsätze für die Ermittlung der Verkehrswerte von Grundstücken[1] (Wertermittlungsverordnung 1988) folgendes angeführt:

> *"Durch die Verordnung werden gleiche Grundlagen und Materialien für die Wertermittlung durch amtliche und private Stellen geschaffen. Die Wertermittlung wird dadurch vergleichbarer. Gleichzeitig ergibt sich eine größere Transparenz des Grundstücksmarkts, die es insbesondere dem einzelnen Bürger ermöglicht, Angebote am Grundstücksmarkt auf ihre Preiswürdigkeit hin zu prüfen und prüfen zu lassen."*

1 Vgl. BR-Drs. 352/88, S. 30.

III. Aufbau der Arbeit

Der **Erste Teil** der vorliegenden Arbeit beschäftigt sich mit den **Grundlagen**. Einführend werden wichtige Begriffe definiert, Anlässe von Immobilienbewertungen systematisiert und der Unterschied zwischen Wert und Preis untersucht. Anschließend sind Kriterien aufzustellen, anhand derer die verschiedenen Bewertungsverfahren zu beurteilen sind. Theoretische Möglichkeiten zur Vereinheitlichung von Bewertungsverfahren runden die grundlegenden Überlegungen ab.

Entsprechend den Hauptgruppen von Immobilienbewertungsanlässen werden im **Zweiten Teil: Immobilienbewertung in Deutschland** Immobilienbewertungen des Steuerrechts, Immobilienbewertungen auf Basis des Baugesetzbuches, Immobilienbewertungen des Geschäftsbankensektors, Immobilienbewertungen des Versicherungssektors und Sonstige Immobilienbewertungen eingehend dargestellt. Auf die detaillierte Betrachtung von nicht hoheitlich bedingten Immobilienbewertungen wird weitgehend verzichtet, da einerseits die große Anzahl der möglichen Bewertungsverfahren den Rahmen der Ausführungen sprengen würde und andererseits zahlreiche nicht gesetzlich bedingte Bewertungen nach gesetzlichen Bewertungsverfahren ablaufen.

Der **Dritte Teil: Ausgewählte Bewertungskonzeptionen des Auslands** stellt die Immobilienbewertung in der Schweiz, Großbritannien und den Vereinigten Staaten von Amerika dar.

Im Anschluß daran werden im **Vierten Teil: Entwicklung und Implementierung standardisierter Verfahren der Immobilienbewertung** die unterschiedlichen Bewertungsverfahren zusammengetragen, zusammenfassend beurteilt und in eine den Kriterien entsprechende Rangliste überführt, bevor Immobilienbewertungsverfahren mit einer den Kriterien entsprechenden Zielsetzung aufgestellt werden. Die zu entwickelnden Methoden müssen dem theoretischen Anspruch der Verkehrswerte, die die Marktgegebenheiten darstellen sollen, Genüge tun. Sie sollen aber auch einfach anzuwenden sein und gleichermaßen realistische Werte liefern, die von den Marktteilnehmern angewandt werden können.

Die integrativen Bewertungsverfahren sollten in Form einer institutionellen Verankerung implementiert werden. Dazu wird am Ende des Vierten Teils die Konzeption eines zu gründenden Institutes der Deutschen Immobilienwirtschaft entwickelt. Hierbei sind entsprechend den Grundsätzen der ordnungsmäßigen Buchführung als Grundlage der Immobilienbewertung Grundsätze ordnungsmäßiger Immobilienbewertung (GoI) zu entwerfen. Die Umsetzung in Form eines unbestimmten Rechtsbegriffes erleichtert die Fortentwicklung und Veränderung des von breiten Kreisen anzuwendenden Immobilienbewertungsverfahrens. Mit einem zu gründenden Deutschen Institut der Immobilienwirtschaft (DII) kann eine Institution ins Leben gerufen werden, die die Fortentwicklung der Immobilienbewertung übernimmt.

Erster Teil: Grundlagen

Vor der Darstellung der unterschiedlichen Immobilienbewertungsverfahren soll zunächst der Begriff der Immobilien definiert, die Unterschiede zwischen Werten und Preisen aufgezeigt, Anlässe von Immobilienbewertungen systematisiert, Kriterien für die Beurteilung von Immobilienbewertungsverfahren aufgestellt und Möglichkeiten zur Standardisierung von Bewertungsverfahren diskutiert werden.

I. Immobilien

Das Zivilrecht, das Steuerrecht, das Handelsrecht, das Baurecht, das Bankrecht und das Versicherungsrecht haben alle Regelungen zur Bewertung von Immobilien erlassen.[2] Der Grundstücksbegriff ist weder in dem bürgerlichen Gesetzbuch noch in der Grundbuchordnung oder im Baugesetzbuch definiert. Er ist ein unbestimmter Rechtsbegriff.[3] In § 90 BGB wird bei der Definition von Sachen nicht explizit auf Grundstücke eingegangen.

Als Ausgangspunkt werden von der Rechtsprechung Grundstücke aufgrund des Vermessungswesens definiert.[4] Auf Basis des vermessungstechnischen Begriffes der Flurstücke sind Grundstücke als ein räumlich abgegrenzter Teil der Erdoberfläche zu verstehen. Dieser räumlich abgegrenzte Teil der Erdoberfläche ist erst ein Grundstück im Rechtssinne, wenn es in einem als Grundbuch bezeichneten Verzeichnis aufgenommen wurde und durch eine genaue Bezeichnung individualisiert wurde.[5] Der gesetzlich nicht definierte Grundstücksbegriff umfaßt nicht nur die räumlich abgegrenzte Erdoberfläche. In § 94 BGB werden die wesentlichen Bestandteile (vgl. § 93 BGB) eines Grundstücks als zu dem Grundstück gehörig klassifiziert, wobei der Grundstücksbegriff keine genaue Abgrenzung erfährt.[6]

Da Grundstücke in ihrem gesamten Rechtsumfang teilweise nicht den wirtschaftlichen Zielsetzungen entsprechen, kann in Durchbrechung des § 93 BGB, der den Zusammenhang der wesentlichen Bestandteile regelt, auch eine räumliche oder

---

2 Zu den zahlreichen Regelungen vgl. die weiteren Ausführungen der Arbeit.

3 Zu dem Begriff des Grundstücks vgl. Battis, U./Krautzberger, M./Löhr, P., Baugesetzbuch (1994), § 200 Rdnr. 1 ff.

4 Zu den zahlreichen Gerichtsentscheidungen vgl. Battis, U./Krautzberger, M./Löhr, P., Baugesetzbuch (1994), § 200 Rdnr. 3.

5 Vgl. mit den Verweisen auf die Rechtsprechung zu der Definition des Grundstücksbegriffes Quack, F., Sachenrecht (1986), in Rebmann, K./Säcker, J. (Hrsg.), Münchener Kommentar, Band 4 (1986), Vor § 873 Rdnr. 1 ff. und Demharter, J., GBO (1995), § 2 Rdnr. 15.

6 Vgl. Säcker, J., Allgemeiner Teil (1993), in Rebmann, K./Säcker, J. (Hrsg.), Münchener Kommentar, Band 1 (1993), § 94 Rdnr. 1. ff.

zeitliche Trennung der Grundstücksrechte erfolgen.[7] Die von dem gesamten Grundstücksrechten abgespaltenen Rechte werden als grundstücksgleiche Rechte bezeichnet und inhaltlich wie vollkommene Grundstücke behandelt.[8] Als bedeutende grundstücksgleiche Rechte sind das Wohnungseigentum als Beispiel für eine räumliche Trennung der Grundstücksrechte und das Erbbaurecht als Beispiel für eine zeitliche Trennung der Grundstücksrechte zu nennen.

Ausgehend von dem rechtlich geprägten Grundstücksbegriff ist das Wirtschaftsgrundstück abzugrenzen, weil die grundbuchrechtlichen Grundstücke nicht immer mit den im allgemeinen Geschäftsverkehr als Grundstück bezeichneten Flurstücken identisch sind. So werden z.B. mehrere Grundstücke als eine wirtschaftliche Einheit betrachtet, die aus mehreren grundbuchrechtlich selbständigen Grundstücken gebildet werden.[9,10] Die Begriffe Grundstück, Liegenschaft, Immobilie und Objekt werden als Synonyme verwandt.

In bezug auf die Nutzung können verschiedene Immobilienarten unterschieden werden. Hierbei hat sich die Klassifizierung des Bewertungsgesetzes entsprechend den §§ 72, 74 und 75 BewG in der Praxis durchgesetzt. Bewertungsrechtlich werden Immobilien dem land- und forstwirtschaftlichen Vermögen oder dem Grundvermögen zugeordnet.[11] Das Grundvermögen unterscheidet den Bereich der unbebauten und den Bereich der bebauten Grundstücke. Das Bewertungsrecht unterteilt die unbebauten Grundstücke lediglich in unbebaute Grundstücke und die Teilmenge der baureifen Grundstücke.[12] Diese Abgrenzung ist nicht überschneidungsfrei und wird deshalb für die weiteren Ausführungen nicht übernommen. Zur Abgrenzung der unbebauten Grundstücke wird auf die zum Baugesetzbuch erlassene Wertermittlungsverordnung Bezug genommen. In § 4 WertV werden land- und forstwirtschaftlicher Boden, Bauerwartungsland, Rohbauland und baureifes Land abgegrenzt. Die auf absehbare Zeit nicht mehr der landwirtschaftlichen Nutzung zur Verfügung stehenden Flächen werden den unbebauten Grundstücken zugeordnet, da im Vorfeld

---

7 Vgl. Demharter, J., GBO (1995), Anhang zu § 3 Rdnr. 1.

8 Vgl. Quack, F., Sachenrecht (1986), in Rebmann, K./Säcker, J. (Hrsg.), Münchener Kommentar, Band 4 (1986), Vor § 873 Rdnr. 6.

9 Dies ist z.B. bei einem rückwärtig gelegenen Grundstück der Fall, das aus dem eigentlichen Grundstück und einer grundbuchrechtlich selbständigen Zufahrt besteht. Vgl. zu Wirtschaftsgrundstücken Battis, U./Krautzberger, M./Löhr, P., Baugesetzbuch (1994), § 200 Rdnr. 4.

10 Als Wirtschaftsgrundstücke sind demnach selbständige ökonomische Einheiten zu verstehen, die ein äußerlich erkennbarer abgegrenzter Teil der Erdoberfläche sind und die in irgendeiner Form bewirtschaftet werden. Vgl. Quack, F., Sachenrecht (1986), in Rebmann, K./Säcker, J. (Hrsg.), Münchener Kommentar, Band 4 (1986), Vor § 873 Rdnr. 4 und 5, sowie Holzer, J./Kramer, A., Grundbuchrecht (1994), S. 7.

11 Zu der Abgrenzung vgl. § 69 BewG.

12 Vgl. §§ 72 und 73 BewG.

und im Rahmen der Baureifmachung von Grundstücken beträchtliche Wertänderungen der Immobilien entstehen. Um die nicht land- oder forstwirtschaftlich nutzbaren Grundstücke eindeutig einer Grundstücksart zuordnen zu können, bilden diese eine weitere Gruppe der unbebauten Grundstücke.

Die bebauten Grundstücke sind durch die bewertungsrechtliche Abgrenzung eindeutig bestimmt. Der § 75 I BewG definiert die unterschiedlichen Arten der bebauten Grundstücke:

1. Mietwohngrundstücke,
2. Geschäftsgrundstücke,
3. gemischtgenutzte Grundstücke,
4. Einfamilienhäuser,
5. Zweifamilienhäuser,
6. sonstige bebaute Grundstücke.

Als Immobilienarten werden demnach die land- und forstwirtschaftlichen Grundstücke, das Grundvermögen mit den beiden Ausprägungen unbebaute und bebaute Grundstücke mit ihren jeweiligen Unterausprägungen abgegrenzt. Mietwohngrundstücke, Einfamilienhäuser und Zweifamilienhäuser werden unter dem Oberbegriff Wohngrundstücke zusammengefaßt Die nachfolgende Übersicht verdeutlicht diese Systematisierung grafisch:

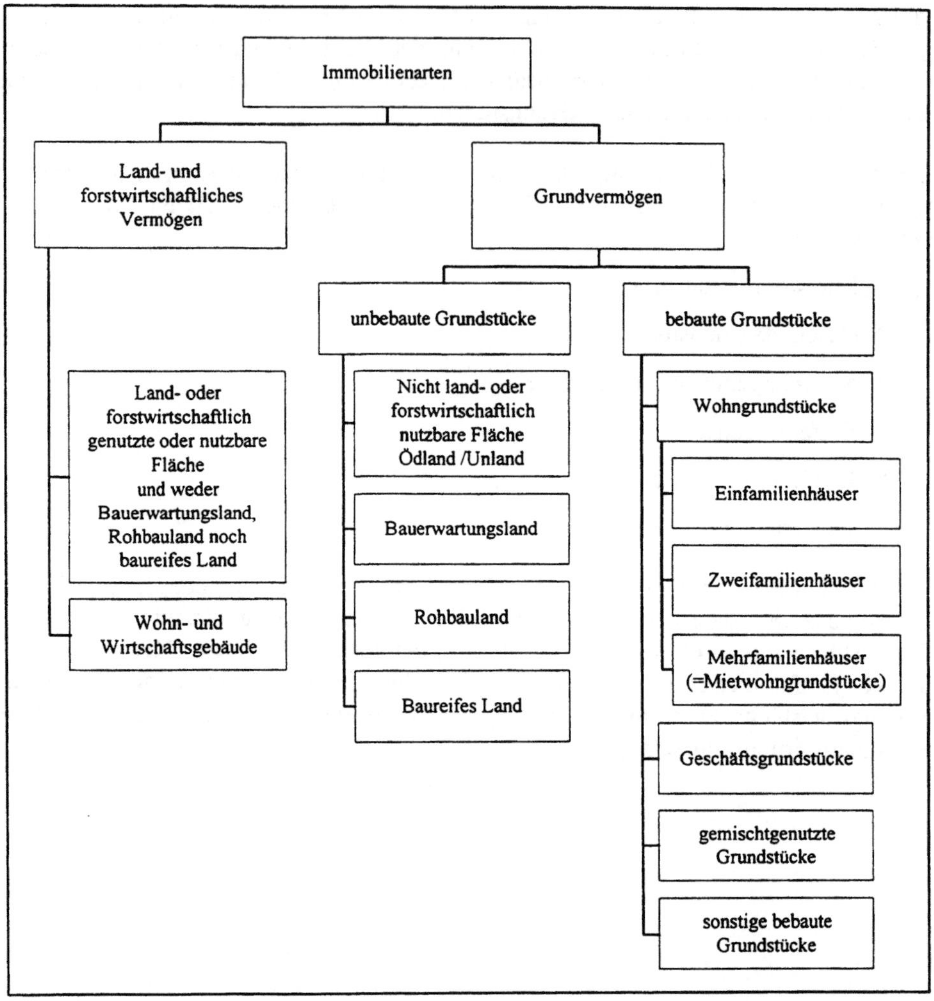

Abbildung 1: Immobilienarten

Detailliertere Abstufungen entsprechend der Nutzung sind vor allem im Bereich der als Gewerbeimmobilien bezeichneten Geschäftsgrundstücke und gemischtgenutzten Grundstücke möglich und üblich.[13] Problematisch ist in diesem Zusammenhang die Zuordnung von öffentlich genutzten Immobilien, die kein entsprechendes Pendant in der Privatwirtschaft haben. Parkanlagen z.B. können den unbebauten Grundstücken als nicht landwirtschaftlich nutzbare Fläche, Flughäfen den Geschäftsgrundstücken

13 Einkaufscenter oder Hotels sind mögliche Unterausprägungen der gewerblichen Grundstücke. Zu den zahlreichen unterschiedlichen Möglichkeiten von Gewerbeimmobilien vgl. Falk, B., Immobilien-Handbuch (1994), I. 3.1., S. 1 ff.

zugeordnet werden. Sportanlagen, Straßen und andere Verkehrsflächen sind als sonstige bebaute Grundstücke zu betrachten.

II. Anlässe von Immobilienbewertungen

Die Immobilienbewertung kann als eine Art von Unternehmensbewertung betrachtet werden. Im Rahmen der Grundsätze der Unternehmensbewertung werden traditionelle Anlässe von Unternehmensbewertungen aufgestellt. Hinter sämtlichen Anlässen der Unternehmensbewertung stehen Zwecke und Ziele. Die Betrachtungsweise der funktionalen Unternehmensbewertung hat die Beratungs-, die Vermittlungs-, die Argumentations-, die Steuerbemessungs- sowie die Informationsfunktion herausgearbeitet.[14] Diese traditionellen Ansätze der funktionalen Unternehmensbewertungslehre sind jedoch nicht trennscharf genug, weshalb auf einen Systematisierungsansatz von Henselmann zurückgegriffen werden soll, der die Funktionen der Unternehmensbewertung auf sog. Grundfunktionen zurückführt.[15] Als mögliche Grundfunktionen von Unternehmensbewertungen werden die Bemessung von Zahlungs- oder Vermögensansprüchen, die Auslösung von unmittelbaren Handlungsfolgen, die Lieferung von Informationen zur Entscheidungsunterstützung und die gezielte Verhaltensbeeinflussung angeführt.[16]

Ein zu ermittelnder Immobilienwert hat immer mindestens eine dieser Grundfunktionen zum Ziel. Wird von der Annahme ausgegangen, daß der Wert nur durch die den Objekten zugeschriebenen objektivierten Bedürfnisbefriedigungspotentiale gebildet wird, haben die Bewertungsanlässe und -zwecke nur ein Ziel, die Ermittlung des Verkehrswertes der Immobilie.

Für die Unternehmensbewertung haben Bellinger/Vahl den Bewertungsvorgang in zwei grundsätzliche Schritte aufgeteilt, wobei der erste Schritt die Ermittlung eines intersubjektiv gültigen Unternehmensverkehrswertes ist und der zweite Schritt die Einbindung der individuellen Wertvorstellungen entsprechend den unterschiedlichen Bewertungsanlässen darstellt.[17] Entsprechend den Ausführungen im Wirtschaftsprüfer-Handbuch können Unternehmensbewertungsanlässe grundsätzlich in zwei Gruppen unterteilt werden:

> *"-Bewertungen bei einem Eigentümerwechsel oder in solchen Fällen, bei denen ein Eigentümerwechsel im wirtschaftlichen Sinne nicht eintritt;*

---

14 Zu den einzelnen Funktionen vgl. ausführlich Matschke, M., Unternehmensbewertung (1979), S. 16 ff., Institut der Wirtschaftsprüfer in Deutschland e.V. (Hrsg.), Wirtschaftsprüfer-Handbuch Band II (1992), S. 4 f. und Piltz, D., Unternehmensbewertung (1994), S. 13 ff.

15 Vgl. Henselmann, K., Rechnungswesen (1995), S. 10.

16 Vgl. Henselmann, K., Rechnungswesen (1995), S. 10 ff.

17 Vgl. Bellinger, B./Vahl, G., Unternehmensbewertung (1992), S. 33.

- *Bewertungen, die unabhängig oder in Abhängigkeit vom Willen und von den Investitionsentscheidungen der Subjekte vorgenommen werden.* "[18]

Diese grobe Einteilung vermag jedoch nicht alle Facetten der Realität trennscharf abzubilden. Bewertungen können z.B. für die Feststellung von Steuerbemessungsgrundlagen nicht unzweifelhaft einer der beiden Bewertungsanlaßgruppen zugeordnet werden. Aus diesem Grunde haben sich abweichende Systematisierungen durchgesetzt, die von der hauptsächlichen Einteilung in "freiwillig" und "unfreiwillig" bedingte Bewertungen ausgehen.[19]

Je nach Sichtweise werden unter den "unfreiwilligen" Bewertungsanlässen die gesetzlich bedingten sowie die privatrechtlich (unumgänglich) vertraglich bedingten Bewertungsanlässe subsumiert. Als freiwillige Bewertungsanlässe werden sämtliche von der Willensbildung der Subjekte abhängigen Unternehmensbewertungsanlässe zusammengefaßt.[20],[21]

Die zahlreichen gesetzlich bedingten Unternehmensbewertungen hat Piltz auf Basis unterschiedlicher rechtlicher Regelungskreise zusammengefaßt.[22] Die entsprechende Vorgehensweise kann dergestalt auf die Immobilienbewertung übertragen werden, daß freiwillige und unfreiwillige Immobilienbewertungsanlässe abgegrenzt werden. Die gesetzlich vorgesehenen Immobilienbewertungen können demnach zu einer Immobilienbewertungsanlaßgruppe der gesetzlich bedingten Bewertungsanlässe aggregiert werden (hoheitliche Handlungen). Unter hoheitlichen Handlungen können vor allem steuerrechtliche, baurechtliche, bankrechtliche, versicherungsrechtliche und sonstige hoheitliche Handlungen verstanden werden.

Steuerrechtliche Handlungen, die zu Immobilienbewertungen führen, sind Bewertungen für die Feststellung von Steuerbemessungsgrundlagen. Mögliche Ausgestal-

---

18 Institut der Wirtschaftsprüfer in Deutschland e.V. (Hrsg.), Wirtschaftsprüfer-Handbuch Band II (1992), S. 17.

19 Meist wird auf die Abhängigkeit vom Willen der Eigentümer der Unternehmung abgestellt, so z.B. bei Bellinger/Vahl, vgl. Bellinger, B./Vahl, G., Unternehmensbewertung (1992), S. 30 ff.

20 Vgl. Institut der Wirtschaftsprüfer in Deutschland e.V. (Hrsg.), Wirtschaftsprüfer-Handbuch Band II (1992), S. 17 f.

21 Diese Sichtweise entspricht der Realität nur bedingt, da privatrechtliche vertragliche Vereinbarungen, die Unternehmensbewertungen bedingen, dem Bereich der "freiwilligen" Bewertungsanlässe zugeordnet werden können, weil die Entstehung der vertraglichen Bindungen immer freiwilliger Natur ist. Von wirtschaftlichen Zwängen soll an dieser Stelle abgesehen werden, da auch in diesem Kontext immer eine Handlungsalternative zu dem Abschluß der privatrechtlichen Vereinbarungen besteht, die zwar zu unangenehmen Folgen führen kann, deshalb aber trotzdem nicht zu einem unfreiwilligen Bewertungsanlaß führt.

22 Vgl. Piltz, D., Unternehmensbewertung (1994), S. 65 ff.

tungen der Anlässe für die Feststellung sind einerseits die Besteuerung auf der Basis von Einheitswerten und andererseits die Ertragsbesteuerung auf der Basis unveränderter und/oder fortgeführter Anschaffungs- oder Herstellungskosten der Immobilien. Baurechtliche Handlungen führen zu Immobilienbewertungen, da z.B. für die Bestimmung von Entschädigungswerten und von Zwangsversteigerungswerten Bezug auf die Verkehrswerte des Baugesetzbuches genommen wird.[23] Bankrechtliche Bewertungen sind notwendig, da in Vorschriften des Hypothekenbankengesetzes und des Kreditwesengesetzes auf Werte von Immobilien aufgebaut wird.[24] Die versicherungsrechtliche Immobilienbewertung benötigt Werte für Besicherungen von Immobilien einerseits bei gesetzlich vorgeschriebenen Brandversicherungen und andererseits bei Beleihungen von Immobilien durch Versicherungen. Darüber hinaus sind aufgrund der Versicherungsaufsicht Immobilienbewertungen durchzuführen, wenn Versicherungen in Immobilien investieren.[25] Zu diesen hauptsächlichen Immobilienbewertungsanlässen aufgrund gesetzlicher Vorschriften treten zahlreiche weitere hoheitlich bedingte Immobilienbewertungsanlässe hinzu, wie z.B. die Immobilienbewertungsvorschriften aufgrund der Makler- und Bauträgerverordnung, des Flurbereinigungsgesetzes, des Bundesberggesetzes und des Gesetzes über Kapitalanlagegesellschaften.[26]

In Ergänzung dazu können sämtliche in Abhängigkeit von dem Willen der Subjekte stehenden Immobilienbewertungen als nicht hoheitlich bedingte Bewertungen zusammengefaßt werden. Darunter fallen mit dem Eigentümerwechsel der Immobilien verbundene Bewertungen, Besicherungshandlungen aufgrund freiwilliger Überlegungen, sowie sonstige nicht hoheitlich bedingte Handlungen, wie z.B. Bewertungen aufgrund testamentarischer Verfügungen.

Unter Immobilienbewertungen im Rahmen freiwilliger Besicherungshandlungen sollen Wertermittlungen verstanden werden, die nicht durch gesetzliche Einflüsse berührt werden. In diesem Zusammenhang sind Immobilienbewertungen zu verstehen, die bei der Vergabe von Krediten von Nichtbanken gegen Grundpfandsicherheiten erfolgen. Denkbar sind ebenfalls Versicherungswertermittlungen von Gebäuden, bei denen keine gesetzliche Versicherungspflicht besteht und keine hoheitlich vorgeschriebenen Bewertungsmethoden anzuwenden sind. Sonstige nicht hoheitlich bedingte Handlungen können zu Bewertungen im Rahmen der Verpachtung und Anpachtung von Immobilien führen. Die nachfolgende Übersicht faßt mögliche Anlässe zur Immobilienbewertung beispielhaft zusammen:

23 Zu weiteren baurechtlichen Handlungen und Immobilienbewertungen vgl. unten: Zweiter Teil: II. Immobilienbewertungen auf Basis des Baugesetzbuches.

24 Zu den Details in bezug auf die bankrechtlichen Immobilienbewertungsanlässe vgl. unten: Zweiter Teil: III. Immobilienbewertung des Geschäftsbankensektors.

25 Vgl. unten: Zweiter Teil: IV. Immobilienbewertung des Versicherungssektors.

26 Vgl. unten: Zweiter Teil: V. Sonstige Immobilienbewertungen.

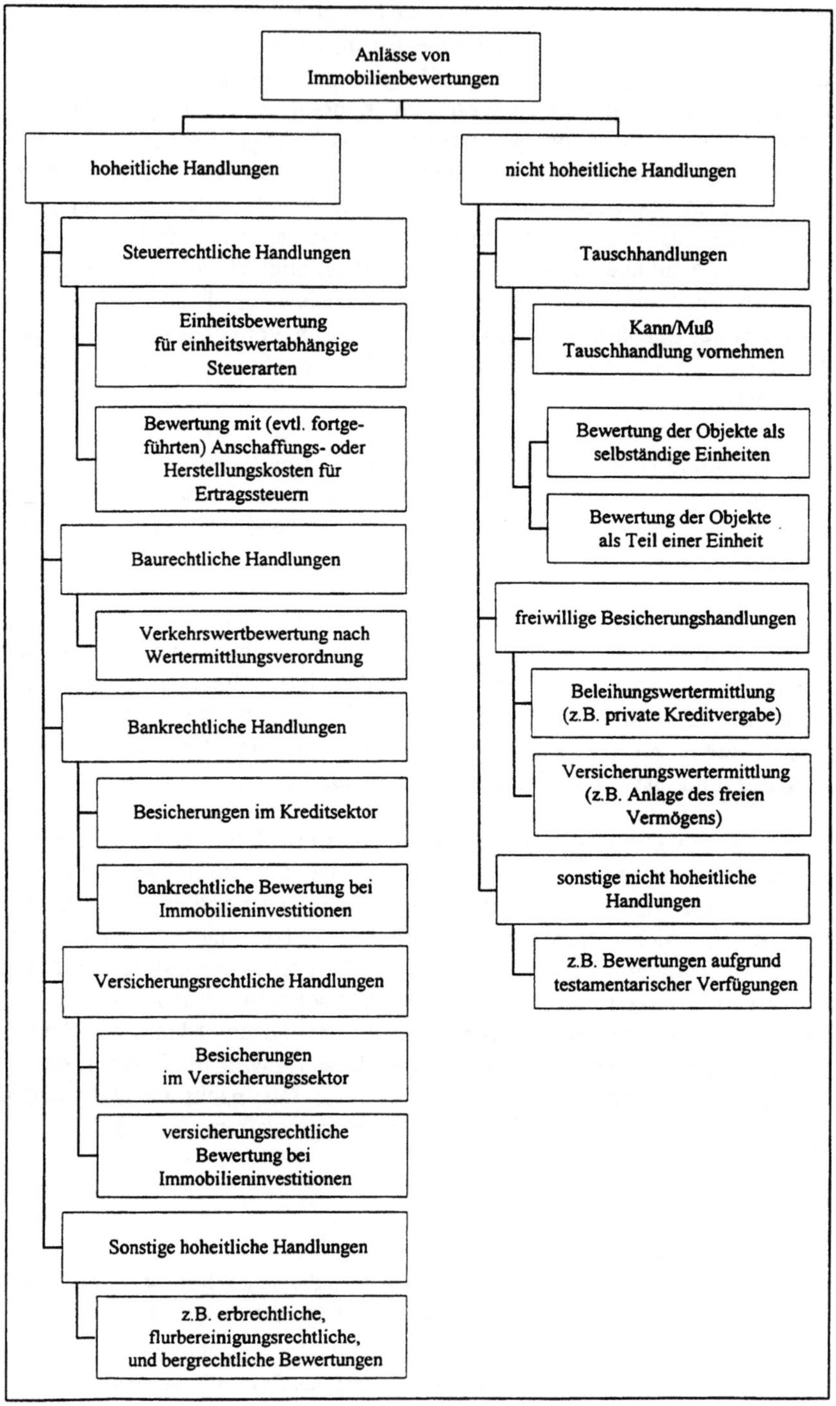

Abbildung 2: Anlässe von Immobilienbewertungen.

III. Wert und Preis

Die moderne Wertlehre unterscheidet "Gebrauchswert" und "Tauschwert". Sie baut auf dem, die österreichische Schule begründenden, Werk von Carl Menger "Grundsätze der Volkswirtschaftslehre"[27] auf. Hierin wird der **Wert über die den Subjekten aus den Gütern zuwachsende Bedürfnisbefriedigung** (Gebrauchswert) definiert und ein objektiver Wert als nicht existent abgelehnt.

"In allem Güterwerth tritt uns demnach lediglich die Bedeutung entgegen, welche wir der Befriedigung unserer Bedürfnisse, also unserem Leben und unserer Wohlfahrt beimessen. Haben wir damit das Wesen des Güterwerthes erschöpfend bezeichnet, und steht es fest, dass in letzter Reihe nur die Befriedigung unserer Bedürfnisse für uns eine Bedeutung hat und aller Güterwerth lediglich eine Übertragung dieser Bedeutung auf die wirtschaftlichen Güter ist, so kann die Verschiedenheit der Grösse des Werthes der einzelnen Güter, wie wir dieselbe im Leben zu beobachten vermögen, auch nur in der Verschiedenheit der Grösse der Bedeutung begründet sein, welche jene Bedürfnisbefriedigungen für uns haben, in Rücksicht auf welche wir von der Verfügung über diese Güter abhängig sind."[28]

Der Tauschwert fußt auf der Anbieterseite, die den **Wert des Gutes nach den Verhältnissen bestimmt, zu denen die Wirtschaftsgüter ausgetauscht werden**. Der Tauschwert wird über die indirekte Nutzenstiftung der Güter ermittelt, da vorher eine Tauschhandlung notwendig ist, um den Wert der zu bewertenden Güter in einer die Bedürfnisse befriedigenden Form darzustellen.[29]

Um den Unterschied zwischen Gebrauchswert und Tauschwert zu überwinden, greift die moderne Werttheorie auf die am Markt realisierten Preise zurück. Da es sich auch hier um individuelle Wertvorstellungen der Marktteilnehmer handelt, wird versucht, die unterschiedlichen subjektiven Werte durch eine große Anzahl der Wertvorstellungen zu objektivieren.

Demnach sind Werte immer objektivierte subjektive Vorstellungen über die betrachteten Güter.[30] Preise sind im Gegensatz dazu die auf dem Markt aufgrund von

---

27 Menger, C., Grundsätze (1871), in Hayek, F. (Hrsg.), Carl Menger Gesammelte Werke (1968).

28 Menger, C., Grundsätze (1871), in Hayek, F. (Hrsg.), Carl Menger Gesammelte Werke (1968), S. 87.

29 Menger beschreibt den Gebrauchswert als direkten Wert und den Tauschwert als indirekten Wert. Beide lassen sich jedoch ineinander überführen und sind nur eine andere Ausprägung des Wertes. Vgl. Menger, C., Grundsätze (1871), in Hayek, F. (Hrsg.), Carl Menger Gesammelte Werke (1968), S. 215.

30 Zu der Objektivierung des Werts vgl. Rössler, R./Langner, J./Simon, J./Kleiber, W., Grundstückswerte (1990), S. 12 f.

Verhandlungen realisierten individuellen Werte. Sie sind im Gegensatz zu den Werten nicht auf einer Objektivierung der subjektiven Wertvorstellungen entstanden, sondern ergeben sich durch die Übereinkunft zwischen einem speziellen Anbieter und einem speziellen Nachfrager. Entsprechend hat auch der BGH den Unterschied von Wert und Preis in seinem Urteil vom 25.10.1967 klar herausgestellt:

> *"Der Preis einer Sache muß nicht ihrem Wert entsprechen. Er richtet sich gerade bei Grundstücken und vor allem, wie hier, bei luxuriösen Villen-Grundstücken nach Angebot und Nachfrage und wird jeweils zwischen Käufer und Verkäufer ausgehandelt. "Marktpreis" und objektiver Verkehrswert spielen keine entscheidende Rolle, vielmehr sind oft spekulative Momente (Kaufkraft, Geldwert usw.) von erheblicher Bedeutung, häufig auch die persönlichen Vorstellungen und Wünsche der Kaufinteressenten. Der Verkäufer versucht den höchstmöglichen Preis zu erzielen, mag dieser auch "unvernünftig" sein. Der Käufer ist bestrebt, möglichst wenig zu zahlen, mag dabei das Grundstück auch "verschenkt" sein. Wer bei diesem Ringen um den Preis den Gegner in seine Karten blicken läßt, hat bald verspielt."*[31]

Gleichermaßen äußert sich Menger, der die Grundstücke als normale Wirtschaftsgüter klassifiziert und eine **Bewertung über die vorher aufgewandten Beträge** ("Arbeitsleistung" oder "Capitalaufwendungen") ablehnt. Vielmehr sieht Menger die Bewertung anhand der Befriedigung unserer Bedürfnisse als einzig richtiges Verfahren und stellt Substanzwertverfahren lediglich als Bewertungsmethoden auf Basis ersparter Aufwendungen dar.[32]

Bewertungen haben demnach mit einer Art **Ertragswertverfahren** zu erfolgen, da der Wert der Güter immer über den Nutzen, der den Nützern aus den Gütern entspringt, zu bemessen ist. In bezug auf die Bewertung von Immobilien sind somit zunächst die Ertragswerte zu ermitteln.[33] Hierbei sind die in der Zukunft

---

31 BGH vom 25.10.1967, VIII ZR 215/66, BGHZ, 48. Band, Köln 1968, S. 348.

32 Insbesondere lehnt Menger die Bewertungsansätze von Ricardo ab, vgl. Menger, C., Grundsätze (1871), in Hayek, F. (Hrsg.), Carl Menger Gesammelte Werke (1968), S. 145 f. und S. 120 f.

33 *"Der Werth der Grundstücke ist nichts anderes, als der voraussichtliche Werth der Gesamtheit der Bodennutzungen zurückbezogen auf die Gegenwart."* Menger, C., Grundsätze (1871), in Hayek, F. (Hrsg.), Carl Menger Gesammelte Werke (1968), S. 148 Fußnote *.

entstehenden Erträge zu beachten, da die Vergangenheit ohne Entscheidungsrelevanz ist.[34]

Als weiteres Bewertungsverfahren hat das **Vergleichswertverfahren** als Grundlage die Idee, daß die am Markt von den individuellen Marktpartnern geleisteten Preise für die Güter die subjektiven Wertvorstellungen abbilden. Die Objektivierung der Vielzahl der individuellen Wertvorstellungen faßt diese zu einem interindividuellen Wert zusammen. Dies gilt insbesondere für zahlreich gehandelte Güter in gleichen Qualitäten, wo der Wert fast immer mit dem Preis übereinstimmt.[35]

Das **Sachwertverfahren** geht von den historischen Aufwendungen für die Erstellung der Güter aus und hat die Idee zum Hintergrund, daß ein wirtschaftendes Subjekt immer nur so viele Bedürfnisbefriedigungspotentiale aufgeben wird, wie es mindestens dafür wieder zurück erhält. Dementsprechend wird der Wert im Sachwertverfahren mit den fortgeführten historischen Aufwendungen gleichgesetzt.

IV. Kriterien für die Beurteilung von Immobilienbewertungsverfahren

Immobilien können als eine Art eigenständiges Unternehmen betrachtet werden, welche einen Saldo aus Erträgen und Aufwendungen erwirtschaften. Dementsprechend ist es für die Beurteilung von Immobilienbewertungsverfahren sinnvoll, die Grundsätze ordnungsmäßiger Unternehmensbewertung als Maßstab heranzuziehen.

Zunächst werden die Kriterien und Voraussetzungen für eine "ordnungsmäßige" Immobilienbewertung aufgezeigt, bevor auf grundlegende Prinzipien der Unternehmensbewertung kurz eingegangen wird. Eine systematische Darstellung der Kriterien für die Beurteilung von Immobilienbewertungsverfahren zeigt die Abbildung 3:

---

34 Sehr anschaulich drückt dies Menger schon im Jahre 1871 aus:
"Ob der Boden, den ein Landwirth für ein Jahr, oder für eine Reihe von Jahren pachtet, seine Fruchtbarkeit aus Capitalaufwendungen aller Art herleitet, oder von vornherein fruchtbar war, kümmert diesen wenig und hat keinen Einfluss auf den Preis, den er für die Bodenbenützung bezahlt und der Käufer eines Grundstückes bringt bei seinem Calcül wohl die "Zukunft", nicht aber die "Vergangenheit" des Grundstückes in Rechnung."
Menger, C., Grundsätze (1871), in Hayek, F. (Hrsg.), Carl Menger Gesammelte Werke (1968), S. 145 Fußnote **.

35 Zu dem Sachwertverfahren und dem Vergleichswertverfahren vgl. Helbling, C., Unternehmensbewertung (1993), S. 48. Moxter definiert den Wert generell als potentiellen Preis, vgl. Moxter, A., Unternehmensbewertung (1983), S. 5.

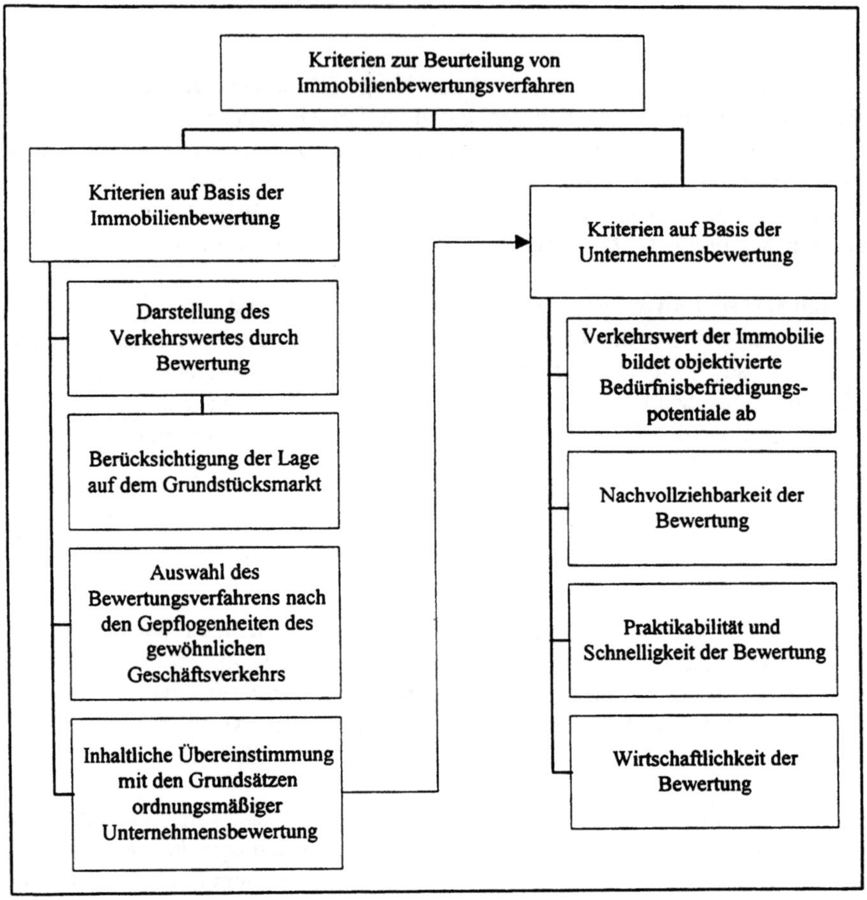

Abbildung 3: Kriterien zur Beurteilung von Immobilienbewertungsverfahren.

A. Kriterien der Immobilienbewertung

Die Darstellung der Kriterien der Immobilienbewertung baut hauptsächlich auf den durch das Baurecht im Rahmen der Wertermittlungsverordnung getroffenen Regelungen auf. Diese Kriterien sind die Darstellung des Verkehrswertes durch die Bewertung, die Berücksichtigung der Lage auf dem Grundstücksmarkt, die Auswahl des Bewertungsverfahrens nach den Gepflogenheiten des gewöhnlichen Geschäftsverkehrs und die Übereinstimmung mit den Grundsätzen ordnungsmäßiger Unternehmensbewertung. Diese Kriterien bilden meist allgemeinverständliche Sachverhalte ab und haben unter anderem bei der Konzeption und der Fortentwicklung, im Rahmen von Gerichtsurteilen und durch die Anwendung in der Praxis implizit in die Bewertungsverfahren Eingang gefunden.

1. Darstellung des Verkehrswertes durch die Bewertung

Jede Immobilienbewertung stellt eine Bestimmung potentieller Preise auf dem Grundstücksmarkt dar. Es werden deshalb im Grunde von jedem Bewertungsverfahren "Verkehrswerte" ermittelt. Der Begriff Verkehrswert wird vom allgemeinen Sprachgebrauch definiert.

Die Definition des Begriffes Verkehrswert ist in Deutschland durch die Definition des § 194 BauGB belegt. Weiter konkretisiert wird der Verkehrswert durch den § 3 I S. 1 WertV, der die allgemeinen Wertverhältnisse auf dem Grundstücksmarkt zum Bewertungsstichtag als Grundlagen der Verkehrswerte festlegt.

Wenn die Qualität von Immobilienbewertungsverfahren beurteilt wird, ist immer auf die dem Verkehrswert zugrunde liegenden normalen Preisverhältnisse auf den Immobilienmärkten[36] abzustellen. Als hauptsächliche Bewertungsverfahren kommen demnach Vergleichswertverfahren in Betracht, da diese den Verkehrswert immer abbilden, wenn ungewöhnliche und persönliche Verhältnisse bei der Auswertung von Vergleichsverkäufen korrigiert werden.

Andere Bewertungsverfahren, die den Verkehrswert nicht durch den Vergleich mit anderen Käufen ermitteln - meistens in Gestalt eines Ertrags- oder Sachwertverfahrens[37] -, müssen am Ende der Betrachtungen immer den Wert anhand der Marktverhältnisse relativieren, um den Verkehrswert ableiten zu können.

2. Berücksichtigung der Lage auf dem Grundstücksmarkt

Ein ermittelter Wert ist nur mit dem Verkehrswert gleichzusetzen, wenn die auf dem Grundstücksmarkt herrschenden Verhältnisse berücksichtigt werden, da ansonsten nicht von dem Preis im gewöhnlichen Geschäftsverkehr ausgegangen werden kann.[38] Der § 3 III WertV definiert die Lage auf dem Grundstücksmarkt folgendermaßen:

> *"Die allgemeinen Wertverhältnisse auf dem Grundstücksmarkt bestimmen sich nach der Gesamtheit der am Wertermittlungsstichtag für die Preis-*

---

[36] Immobilienmärkte können je nach der Immobilienart unterschiedliche regionale Ausdehnungen haben. So sind spezielle Industrieliegenschaften vielleicht sogar mit einem europaweiten Marktvergleich mit dem Verkehrswert zu bewerten, währenddessen Eigentumswohnungen vielleicht schon innerhalb einer Großstadt unterschiedliche Märkte bilden.

[37] Zu den grundsätzlichen Konzeptionen der Ertrags- und Sachwertverfahren vgl. unten: Erster Teil: V. Vereinheitlichung von Bewertungsverfahren.

[38] Das Kriterium der Berücksichtigung der Lage auf dem Grundstücksmarkt ist ein Teilaspekt der Forderung nach der Darstellung des Verkehrswertes durch die Wertermittlung. Er soll jedoch aufgrund der großen wirtschaftlichen Bedeutsamkeit gesondert hervorgehoben werden.

bildung von Grundstücken im gewöhnlichen Geschäftsverkehr für Angebot und Nachfrage maßgebenden Umstände, wie die allgemeine Wirtschaftssituation, der Kapitalmarkt und die Entwicklungen am Ort. Dabei bleiben ungewöhnliche und persönliche Verhältnisse ... außer Betracht."

Nach § 7 I S. 2 WertV ist der Verkehrswert aus den herangezogenen Verfahren unter Berücksichtigung der Lage auf dem Grundstücksmarkt zu bestimmen. Die Einbeziehung der Situation des jeweils regional relevanten Grundstücksmarktes ist notwendige Voraussetzung, daß überhaupt ein Verkehrswert ermittelt werden kann.

Die Marktanpassung stellt in der Praxis bei vielen Wertgutachten eines der Hauptprobleme dar. Hierzu sind die auf dem Markt zum Bewertungsstichtag herrschenden Angebots- und Nachfragestrukturen möglichst eingehend zu analysieren.[39] Problematisch ist dabei, daß die Angleichung nicht in Form einer irgendwie gearteten Mittelung und Gewichtung der verschiedenen Verfahrensergebnisse erfolgen darf, sondern daß der sachverständige Bewerter auf einen der Werte zurückgreifen muß, um davon auf den wahrscheinlichsten Vergleichswert und damit auf den Verkehrswert zu schließen.

3. Auswahl der Bewertungsverfahren nach den Gepflogenheiten des gewöhnlichen Geschäftsverkehrs

Werden Bewertungen durchgeführt, so sind z.B. die Bewertungsmethoden nach § 7 II WertV nach der Art des Wertermittlungsgegenstands unter Berücksichtigung der im gewöhnlichen Geschäftsverkehr bestehenden Gepflogenheiten und der sonstigen Umstände des Einzelfalls auszuwählen.

Der Bundesfinanzhof hat den gewöhnlichen Geschäftsverkehr als den Handel beschrieben, der sich nach den marktwirtschaftlichen Grundsätzen von Angebot und Nachfrage vollzieht und bei dem jeder Vertragspartner ohne Zwang und nicht aus Not, sondern freiwillig in Wahrung seiner eigenen Interessen zu handeln in der Lage ist.[40] Die Auswahl der Bewertungsverfahren nach den Gepflogenheiten des Geschäftsverkehrs führt bei fast allen betrachteten Bewertungsmethoden zu einer gleichen Zuordnung von unterschiedlichen Immobilien zu den grundsätzlichen Bewertungsverfahren Vergleichs-, Ertrags- und Sachwertverfahren.[41]

---

39 Zu der Marktanpassung bei den unterschiedlichen Bewertungsverfahren der Wertermittlungsverordnung vgl. detailliert Kleiber, W./Simon, J./Weyers, G., Verkehrswertermittlung (1994), S. 482 ff.

40 Vgl. mit weiteren Nennungen BFH vom 23.02.1979, BStBl. II 1979, S. 619.

41 Ausnahmen sind besonders im Bereich der britischen Immobilienbewertungslehre zu verzeichnen, vgl. Dritter Teil: II. Immobilienbewertung in Großbritannien.

Grundstücksart	Ausprägungen	Bewertungsverfahren	Wert
• Unbebaute Grundstücke	• Nicht land- oder forstwirtschaftlich nutzbare Fläche Ödland/Unland	Vergleichswertverfahren	Vergleichswert
	• Bauerwartungsland	Vergleichswertverfahren	Vergleichswert
	• Rohbauland	Vergleichswertverfahren	Vergleichswert
	• Baureifes Land	Vergleichswertverfahren	Vergleichswert
	• Bodenanteil bebauter Grundstücke	Vergleichswertverfahren	Vergleichswert
• Bebaute Grundstücke	• Einfamilienhäuser	Sachwertverfahren	Sachwert
	• Eigentumswohnungen	Vergleichswertverfahren	Vergleichswert
	• Zweifamilienhäuser	Sachwertverfahren	Sachwert
	• Mietwohngrundstücke	Ertragswertverfahren	Ertragswert
	• Geschäftsgrundstücke	Ertragswertverfahren	Ertragswert
	• gewerblich / industriell genutzte Grundstücke, ohne bestimmbaren Ertrag	Sachwertverfahren	Sachwert
	• gemischtgenutzte Grundstücke	Ertragswertverfahren	Ertragswert
	• teilgewerblich / teilindustriell genutzte Grundstücke, ohne bestimmbaren Ertrag	Sachwertverfahren	Sachwert
	• sonstige bebaute Grundstücke	Sachwertverfahren	Sachwert
	• Hotels	Ertragswertverfahren	Ertragswert
	• Garagengrundstücke	Ertragswertverfahren	Ertragswert

Abbildung 4: Wahl des Wertermittlungsverfahrens

4. Übereinstimmung mit den Grundsätzen ordnungsmäßiger Unternehmensbewertung

Auch bei einem sehr kleinen potentiellen Käuferkreis kann von einem gewöhnlichen Geschäftsverkehr ausgegangen werden.[42] Eine Verkehrswertermittlung ist demnach auch bei Objekten möglich, die nur einen Wert für eine geringe Anzahl der unterschiedlichen Marktteilnehmer haben. Dies ist insbesondere bei besonderen Einfamilienhäusern und bei industriell genutzten Bauwerken der Fall. Da es sich in

42 Vgl. Rössler, R./Langner, J./Simon, J./Kleiber, W., Grundstückswerte (1990), S. 16.

diesen speziellen Fällen um die Bewertung von individuellen Gütern handelt, kann die Bewertung mit der Bewertung von Unternehmen verglichen werden.

Insbesondere Immobilien, die weder durch ein zentrales Management, noch durch spezielle Nutzungen im Rahmen von Gewerbebetrieben, noch durch einen besonderen baulichen Zusammenhang, noch durch die Zuordnung zu der Betriebsvermögenssphäre in einen "größeren Verbund" integriert werden, können direkt als einzelne abgeschlossene und selbständige Unternehmen angesehen werden. Diese "selbständigen Unternehmen" zu bewerten, ist eindeutig eine Unternehmensbewertung, wobei als Besonderheit lediglich die Immobilität den Unterschied zwischen Immobilien und Unternehmen bedingt.

Im Rahmen der Unternehmensbewertung ist das Ertragswertverfahren das Hauptbewertungsverfahren.[43] Eine Übernahme in den Bereich der Immobilienbewertung erweist sich jedoch als schwierig, weil nicht in allen Situationen der Wert der Bedürfnisbefriedigungspotentiale über den monetären Ertrag ermittelt werden kann. So müssen neben dem Ertragswertverfahren, das Sachwertverfahren und das Vergleichswertverfahren als weitere Bewertungsmethoden zur Verfügung stehen, da z.B. die Bewertung von Objekten durch den Ertragswert bei Altbauten oder besonders aufwendigen Bauten nicht zu dem Verkehrswert führen würde, weil in diesen Fällen ein von einem potentiellen Erwerber gezahlter Kaufpreis höchstwahrscheinlich deutlich von dem Ertragswert abweichen wird.

Das Sachwertverfahren entspricht dem Substanzwertverfahren der Unternehmensbewertung auf der Basis von Teilreproduktionswerten.[44] Da es sich bei Immobilien im Vergleich zu Unternehmen um vertretbare relativ fungible Sachen handelt, für die ein - relativ zu "Unternehmensmärkten" - großer und übersichtlicher Markt besteht, kann als weitere Bewertungsmöglichkeit die Bewertung anhand von Vergleichsverkäufen durchgeführt werden.[45]

---

43 Stellvertretend für viele sei auf das Wirtschaftsprüfer-Handbuch verwiesen, vgl. Institut der Wirtschaftsprüfer in Deutschland e.V. (Hrsg.), Wirtschaftsprüfer-Handbuch Band II (1992), S. 14.

44 Problematisch ist, ob der Teilreproduktionswert für Immobilien anzusetzen ist, oder der Vollreproduktionswert, oder ob beide identisch sind. Eingehend beschäftigt sich Pensel mit der Problematik, ob Immobilien an sich oder Immobilienbesitzunternehmen einen Firmenwert haben, vgl. Pensel, J., Grundstücksunternehmen (WPg 12/1993), S. 365 ff.

45 So sind zwar alle drei Bewertungsverfahren der Wertermittlungsverordnung gleichgestellt (vgl. § 7 I WertV), das Vergleichswertverfahren wird jedoch als am verläßlichsten und als hauptsächliches Bewertungsverfahren angesehen, da es die Lage auf dem Grundstücksmarkt am besten abbilden kann.

B. Kriterien der Unternehmensbewertung

Die Kriterien der Unternehmensbewertungslehre sind die Forderung nach der Darstellung des Verkehrswertes durch die Bewertung, die Forderung der Nachvollziehbarkeit der Bewertung, der Wunsch nach Praktikabilität und Schnelligkeit der Bewertung und die Pflicht zur Wirtschaftlichkeit der Bewertung. Einige dieser Kriterien werden vielfach als so selbstverständlich angesehen, daß sie selbst in grundlegenden Werken der Unternehmensbewertungsliteratur nicht behandelt werden.[46]

1. Verkehrswert der Immobilie als Wert objektivierter Bedürfnisbefriedigungspotentiale

Das wichtigste Kriterium der Unternehmensbewertungslehre ist die Forderung nach der Ermittlung eines Ertragswertes.[47] Die Bewertung mit dem Ertragswert hat zum Ziel, einen den Zwecken der Bewertungen entsprechenden Wert einer Unternehmung zu berechnen. Da es sich bei allen Bewertungen um Abschätzungen von Vorstellungen über die Zielerfüllungsmöglichkeiten der betrachteten Objekte handelt, ist die Immobilienbewertung ebenfalls auf die "richtige" Erfassung des Ertragspotentials der Immobilie aus. In der Realität besteht ein breites Bündel an Vorstellungen über Ziele und deren Erfüllungsmöglichkeiten. In bezug auf Immobilien kann demnach im Grunde nicht nur von monetären Größen ausgegangen werden, wenn der Ertragswert einer Immobilie geschätzt werden soll.

Dieser Wert der objektivierten Bedürnisbefriedigungspotentiale kann im Grunde als "allumfassender Ertragswert" bezeichnet werden. Da die Messung "allumfassender Ertragswerte" aufgrund der begrenzten Erkenntnisse über die Vielzahl unterschiedlicher Zielvorstellungen nicht möglich ist, muß man sich unterschiedlicher Schätzungsverfahren zur Annäherung an den "allumfassenden Ertragswert" bedienen. Als Verfahrensansätze für die Schätzung "allumfassender Ertragswerte" sind sämtliche Bewertungsmethoden anzuführen, wobei insbesondere das Ertragswertverfahren und das Vergleichswertverfahren direkte Indikatoren der Bedürfnisbefriedigungsmöglichkeiten darstellen.

Eine Übertragung des Grundsatzes der Ertragswertermittlung von der Unternehmensbewertung auf die Immobilienbewertung sollte auf die Zukunftsbezogenheit der Bewertung besonders achten, indem Zukunftsprognosen im

46 So verzichtet z.B. Moxter gänzlich auf Ausführungen über Kosten und Schnelligkeit der durchzuführenden Unternehmensbewertungen. Vgl. Moxter, A., Unternehmensbewertung (1983).

47 Stellvertretend für die unterschiedlichen Werke der Unternehmensbewertungslehre, die Empfehlungen der UEC-Kommission und das HFA Gutachten 2/1983 sei auf das Wirtschaftsprüfer-Handbuch 1992 verwiesen, vgl. Institut der Wirtschaftsprüfer in Deutschland e.V. (Hrsg.), Wirtschaftsprüfer-Handbuch Band II (1992), S. 26 ff.

Sinne der Unternehmensbewertung in die Immobilienbewertung übernommen werden.[48]

Demgegenüber stellt das Vergleichswertverfahren einen impliziten Ansatz zur objektivierten Bewertung der Bedürfnisbefriedigungspotentiale von Immobilien dar. Der Ertragswertgedanke wird nur durch die Preise der auf dem Markt gehandelten Immobilien und die jeweils von den Vertragsparteien den Immobilien zugeschriebenen Nutzenpotentiale aufgegriffen.

Sachwertbewertungen sind in diesem Zusammenhang als Bewertungen ersparter Rekonstruktionsaufwendungen anzusehen. Sie beruhen nicht auf der Grundlage eines auf dem Markt erzielbaren Ertrages, sondern generieren den Ertragswert in Form ideeller oder anders nicht in Geldeinheiten meßbarer Erträge.

2. Nachvollziehbarkeit der Bewertung

Eine Bewertung kann den an sie gestellten Ansprüchen, wie z.B. der Abbildung des Verkehrswertes mittels der Bewertung oder der Praktikabilität der Bewertung, nur dann gerecht werden, wenn die Nachvollziehbarkeit gegeben ist. Nachvollziehbarkeit stellt sich dabei zunächst als ein individuelles Problem sämtlicher mit der Bewertung und den Ergebnissen der Bewertung in Kontakt tretenden Wirtschaftssubjekte dar. Die Nachvollziehbarkeit kann subjektiver Natur sein, die immer dann gegeben ist, wenn der Bewerter seine eigenen Bewertungen versteht und die einzelnen Schritte für sich erklären und begründen kann. Eine rein subjektive Nachvollziehbarkeit führt nicht zu "sinnvollen" Aussagen über die zu betrachtenden Bewertungsverfahren. Es ist nach einem Maßstab zu suchen, der zu einer konsensfähigen Aussage über die Nachvollziehbarkeit von Bewertungsmethoden führt.

Objektive Nachvollziehbarkeit bedeutet, daß die Bewertung in einem angemessenen Zeitraum mit vernünftigem Aufwand von jedem sachkundigem Dritten verstanden werden kann. Die Nachvollziehbarkeit von jedermann innerhalb eines kurzen Zeitraumes ist in der Realität nicht wahrscheinlich, so daß für die weiteren Ausführungen nur auf objektivierte Nachvollziehbarkeit Bezug genommen werden soll, die von einer Mehrzahl normal sachverständiger und an der Bewertung interessierter Marktteilnehmer ausgeht. Nachvollziehbarkeit kann darüber hinaus nur in qualitativen Größen gemessen werden.

Ein intersubjektiv als nachvollziehbar betrachtetes Verfahren wird sich am Markt durchsetzen, wenn das Ziel Nachvollziehbarkeit in der Bedürfnishierarchie nicht ohne Bedeutung ist und im Verhältnis zu anderen Kriterien Beachtung erfährt.

---

48 Zu der Zukunftsbezogenheit der Bewertung und der Prognoseproblematik vgl. Institut der Wirtschaftsprüfer in Deutschland e.V. (Hrsg.), Wirtschaftsprüfer-Handbuch Band II (1992), S. 37 und S. 48 ff.

Objektivierte Nachvollziehbarkeit kann sich auf mehrere Bereiche erstrecken:

1. Die Bewertungsmethoden sollen auch für außenstehende Sachkundige in einem angemessenen Zeitraum durchdrungen werden können.
2. Die Wertansätze der Bewertungen müssen eindeutig gewählt sein.
3. Die Wertansätze, wie auch die Wahl der Bewertungsmethoden[49] sind zu dokumentieren und zu begründen.

Auf die Wahl von Immobilienbewertungsverfahren bezogen sind nachvollziehbare Bewertungsverfahren im Bereich der Praxis äußerst relevant, da sich einfache und damit leicht nachvollziehbare Verfahren, wie z.B. eine nur überschlagsmäßige Bewertung anhand von Vergleichskaufpreisen von Eigentumswohnungen, die sogar nicht einmal eine vergleichbare Lage aufweisen, durchgesetzt haben.

3. Praktikabilität und Schnelligkeit der Bewertung

Praktikabilität eines Bewertungsverfahrens ist gegeben, wenn es ohne große Probleme eingesetzt werden kann. Einsetzbarkeit bedeutet, daß einerseits die Erhebung von Daten und andererseits die Verarbeitung von Daten die für die Bewertungen zur Verfügung stehenden Ressourcen nicht über das geplante Ausmaß in Anspruch nimmt.

Der Begriff Praktikabilität ist immer relativer Natur, da in Abhängigkeit des individuellen Standpunktes und der Anschauung des Betrachters geurteilt wird. Die Praktikabilität wirft jedoch Probleme in bezug auf die Begründung der Wahl eines Bewertungsverfahrens auf, da, wenn nur von den subjektiven Verhältnissen ausgegangen wird, jedes Bewertungsverfahren praktikabel erscheinen kann. Es ist demnach wiederum eine Objektivierung des Begriffes Praktikabilität durchzuführen.

Auf die Vorstellungen von der Praktikabilität eines Bewertungsverfahrens kann über die Verwendung der Bewertungsverfahren durch die Marktteilnehmer geschlossen werden. Die aufgrund gesetzlicher Zwänge anzuwendenden Verfahren sind auszuklammern, da nicht von der Entscheidungsfreiheit der Individuen ausgegangen werden kann. Demzufolge ist die Beziehung plausibel, daß, je häufiger ein Bewertungsverfahren auf dem freien Markt gewählt wird, es desto praktikabler sein wird.

Generell läßt sich festhalten, daß ein Bewertungsverfahren praktikabel ist, wenn die Durchführung der Bewertung innerhalb der veranschlagten Zeit mit den veranschlagten Mitteln bewältigt werden kann, keine Mehrfacharbeiten oder unnötige Arbeiten durchgeführt werden müssen und eine Vielzahl potentieller Anwender die gleiche Ansicht über die einfache Anwendbarkeit sowie die Relevanz der Ergebnisse des Verfahrens hat.

---

49 In bezug auf die Wahl der Bewertungsverfahren und die anschließende Dokumentation werden z.B. im Rahmen des § 7 II WertV genaue Angaben gefordert.

Die **Schnelligkeit** eines Bewertungsverfahrens hängt sehr eng mit der Praktikabilität des Bewertungsverfahrens zusammen. Schnelligkeit ist für die Marktteilnehmer von Bedeutung, da die Ergebnisse von Bewertungen am besten die aktuellen Marktverhältnisse abbilden können, wenn die ermittelten Werte zeitnah zur Verfügung stehen.

Die Datenerhebung - wie auch die Datenverarbeitung - legen die Geschwindigkeit eines Bewertungsverfahrens fest. Die aus dem Marktverhalten abgeleiteten Vorstellungen über die Schnelligkeit einer Bewertungsmethode bedeuten, je aufwendiger und unpraktikabler die Datenerhebung und Datenverarbeitung sind, desto geringer die Schnelligkeit des Bewertungsverfahrens.

4. Wirtschaftlichkeit der Bewertung

Wirtschaftlichkeit wird als objektivierter Begriff des Vergleichs von Input- und Outputfaktoren definiert, der vorliegt, wenn mehr Outputfaktoren als Inputfaktoren erwirtschaftet werden.[50]

Die Bemessung der Einsatzgrößen ist auch für den Fall, daß die Bewertung fremd vergeben wird, problematisch. Der Auftraggeber hat mit dem Bewerter seine Zielvorstellungen zu konkretisieren. Die Bereitstellung von notwendigen Informationen für den externen Bewerter bedingt Aufwand. Wird ein Wertgutachten nicht extern vergeben, so sind die evtl. schon vorhandenen Ressourcen durch diese Aufgabe gebunden, so daß die genaue Zurechnung des Aufwandes auf die konkreten Bewertungsmaßnahmen zusätzliche Probleme aufwirft.

Da es bei der Feststellung von Werten um die Zurechnung von objektivierten Bedürfnisbefriedigungspotentialen geht, stellt sich die Frage nach der "richtigen" Messung des Outputs. Qualitative Merkmale sind für die Outputmessung in diesem Zusammenhang die relevanten Merkmale, da eine quantitative Betrachtungsweise kein befriedigendes Ergebnis liefern kann.[51]

Wirtschaftlichkeit im engeren Sinne kann nur ex post festgestellt werden, da die Bewertung erst nach den auf der Basis eines Wertgutachtens getroffenen Entscheidungen beurteilt werden kann. Falls ein weiterer Blickwinkel für die Wirtschaftlichkeit angelegt wird, kann schon im Rahmen der Erstellung des Wertgutachtens von Wirtschaftlichkeit gesprochen werden, wenn die Höhe des Inputs geringer als die voraussichtliche Höhe des Outputs ist.

---

50 Um einen allgemeinverständlichen Wirtschaftlichkeitsmaßstab aufzustellen, sind die In- und Outputgrößen in Geldeinheiten zu bemessen.

51 So kommt es z.B. nicht auf die Seitenanzahl eines Wertgutachtens an, sondern die Fragestellung der inhaltlichen Güte des aufgestellten Wertgutachtens ist bedeutsam für die Beurteilung, ob eine Wertbestimmung wirtschaftlich war.

Bei Inputfaktoren im Rahmen der Bewertung handelt es sich meist um Arbeitskraft, Material und Know-how, die relativ einfach exakt in Geldeinheiten erfaßt werden können. Problematisch ist die Bewertung des Outputs in Geldeinheiten, da es sich um die Darstellung der Qualität des Wertgutachtens in Geldeinheiten handelt. Anhaltspunkte für die Qualität des Gutachtens könnten evtl. aufgrund der anhand des Gutachtens erreichten Zustände gefunden werden. So könnte der Wert der Bewertung anhand eines durch das Gutachten erwirtschafteten Kaufpreises abgelesen werden. Problematisch ist dabei jedoch die genaue Zuschreibung von Ergebnisänderungen auf die Inputfaktoren, wie auch die Beurteilung, ob das angewandte Bewertungsverfahren zieladäquat war oder ob die Inputdaten qualitativ nicht genügt haben. Darüber hinaus kann nicht unzweifelhaft festgestellt werden, ob die Ergebnisänderung überhaupt auf die durchgeführte Bewertung zurückzuführen ist, oder ob z.B. das Verhandlungsgeschick des Verhandlungsführers das erreichte Ergebnis maßgeblich bestimmt hat.

Aus all diesen Gründen wird das vor allem in der Praxis wichtige Kriterium der Wirtschaftlichkeit der Bewertung in der einschlägigen Unternehmensbewertungsliteratur, wie auch in der Immobilienbewertungsliteratur nicht behandelt.[52] Allerhöchstens wird es in kurzen Nebensätzen abgehandelt und als eine Grundvoraussetzung des Handelns von Wirtschaftssubjekten gesehen. Einzig Ballwieser führt den Aspekt der Wirtschaftlichkeit in geringem Umfang an.[53] Zutreffend sieht er in der überwiegenden Zahl von Bewertungsverfahren durch eine Steigerung der Komplexität zusätzliche Datenerhebungs- und Datenverarbeitungskosten, die regelmäßig ignoriert werden.[54]

V. Vereinheitlichung von Bewertungsverfahren

A. Standardisierungsmöglichkeiten

Die grundsätzliche Situation vor der Umsetzung von Standardisierungsmaßnahmen kann folgendermaßen beschrieben werden. Ausgehend von den verschiedenen Zwecken werden unterschiedliche Datenbasen ermittelt, die dann in Abhängigkeit von den Zielsetzungen ausgewertet werden. Die sich ergebenden Werte sind nur sehr bedingt vergleichbar. Grafisch verdeutlicht dies die folgende Abbildung:

---

52 Stellvertretend für viele sei auf das Wirtschaftprüfer-Handbuch verwiesen. Vgl. Institut der Wirtschaftsprüfer in Deutschland e.V. (Hrsg.), Wirtschaftsprüfer-Handbuch Band II (1992).

53 Vgl. Ballwieser, W., Unternehmensbewertung (1990), S. 9.

54 Vgl. Ballwieser, W., Unternehmensbewertung (1990), S. 9.

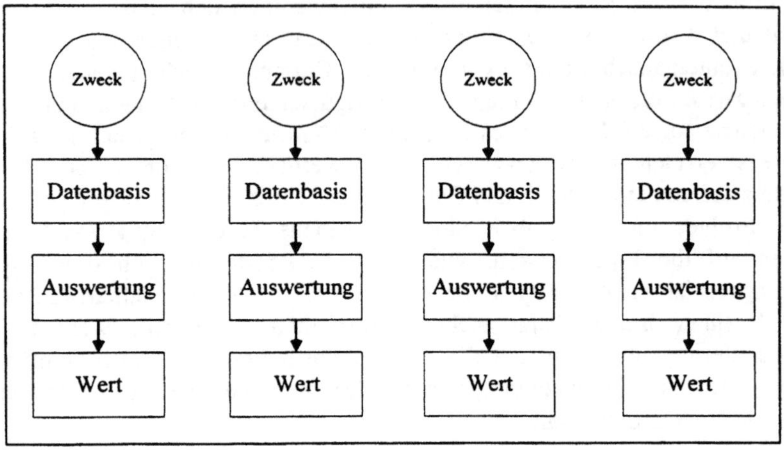

Abbildung 5: Standardisierungsmöglichkeiten von Bewertungsverfahren; Teil 1.

Ein Anfang zur Standardisierung wird dergestalt unternommen, daß eine einheitliche Basis für unterschiedliche Bewertungszwecke aufgestellt wird. Diese gemeinsame Datenbasis wird von den Marktteilnehmern individuell ausgewertet. Die Vergleichbarkeit der Ergebnisse steigt, da zumindest alle Marktteilnehmer die gleichen Inputgrößen verwenden.

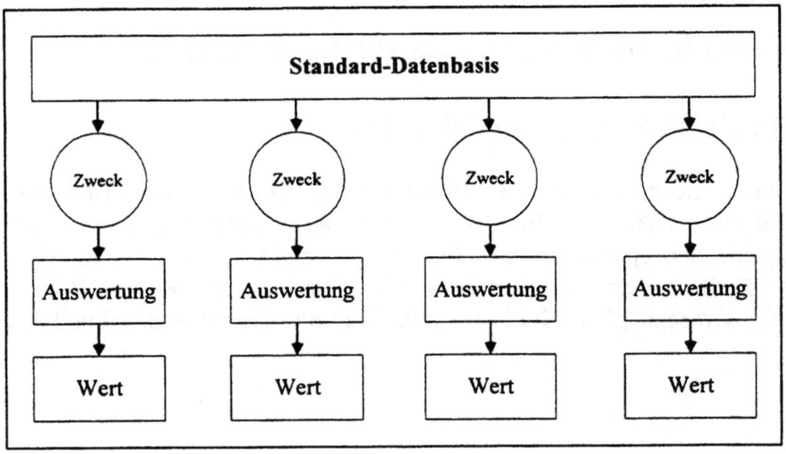

Abbildung 6: Standardisierungsmöglichkeiten von Bewertungsverfahren; Teil 2.

In einem weiteren zweiten Schritt könnten die Auswertungsmethoden vereinheitlicht werden, da im Grunde sämtliche Immobilienbewertungsverfahren versuchen, den Verkehrswert der Liegenschaften darzustellen. Darüber hinaus führen die

Unterschiede in den Vorgehensweisen nur zu bedingt vergleichbaren Ergebnissen. Die Bewertungsadressaten können von den in dem Standardbewertungsverfahren errechneten Ausgangswerten mittels Zu- und Abschlägen nach billigem Ermessen abweichen, um einen ihren Zwecken entsprechenden Wert zu ermitteln. Im Normalfall werden jedoch die Standardwerte die meisten der verschiedenen Zielwerte abdecken, da es sich im allgemeinen nur um Teilmengen und besondere Korrekturen der Standardwerte handeln wird.[55] Die Integration der individuellen Zielsetzungen und damit die Generierung von individuellen Werten nach der zweistufigen Standardisierung stellt die Abbildung 7 dar:

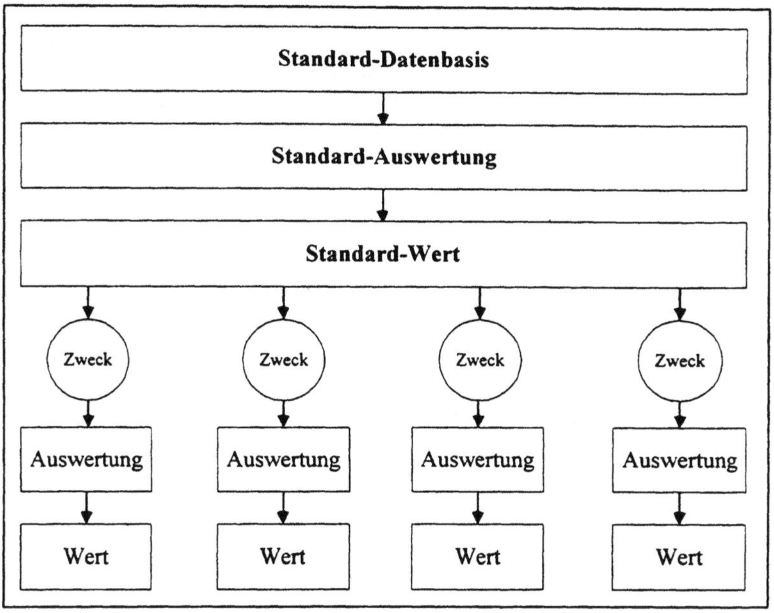

Abbildung 7: Standardisierungsmöglichkeiten von Bewertungsverfahren; Teil 3.

Der nächste Schritt der Standardisierung ist die Vereinheitlichung der unterschiedlichen Zwecke auf einen Standardzweck. Dadurch wird ein Standard-Wert vorgegeben von dem die Individuen nicht abweichen können. Dieser Ansatz ist der weitestgehende Ansatz zur Vereinheitlichung unterschiedlicher Bewertungsmethoden. Die Abbildung 8 zeigt die vollkommen standardisierte Bewertung auf:

55 Im Rahmen der Vereinheitlichung der Bewertung sollen die unterschiedlichen Zwecke der Individuen nicht standardisiert werden.

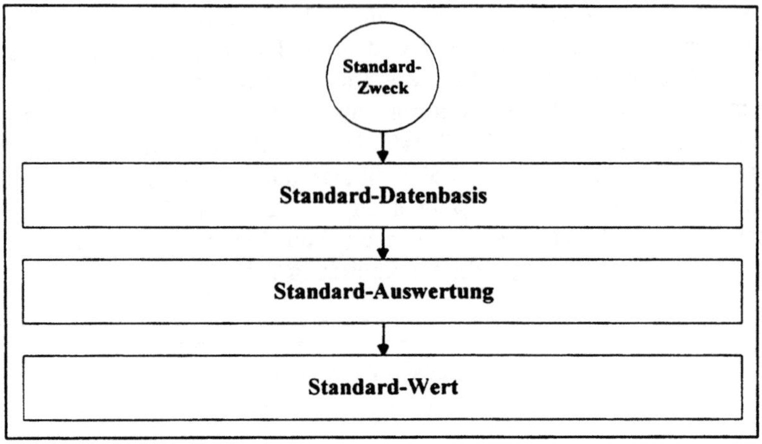

Abbildung 8: Standardisierungsmöglichkeiten von Bewertungsverfahren; Teil 4.

Die Vorgabe von Standardzwecken versucht, die dynamische Realität in ein starres Schema zu pressen. Durch die Vorschreibung von Bewertungszwecken wird die Akzeptanz der Standardbewertungsverfahren gemindert, die Flexibilität der Individuen behindert und die Ermittlung realistischer Verkehrswerte verhindert. Deshalb endet die Standardisierung von Bewertungsverfahren an dem Punkt der standardisierten Auswertung der Standard-Datenbasis, um in der Praxis weite Verbreitung zu finden.

B. Standardisierung von Immobilienbewertungsverfahren

Die Übertragung der Standardisierung auf die Immobilienbewertung und die zu entwickelnden Verfahren beschränkt sich auf die Vereinheitlichung der Eingabedaten und deren Auswertung.

1. Ertragswertverfahren

Die üblicherweise angewandte Methode des Ertragswertverfahrens ist das Kapitalwertmodell, das den Barwert der künftigen Periodenüberschüsse am Bewertungsstichtag errechnet. Es setzt sich aus den beiden Komponenten Bestimmung der Periodenüberschüsse und der Kapitalisierung zusammen.[56]

Der erste Schritt der Bewertung beschränkt sich auf die Suche nach einer gemeinsamen Datenbasis, auf eine Art "Grundrechnung" für die verschiedenen Bewer-

56 Zu den Grundlagen der Investitionsrechnung und dem Ertragswertverfahren vgl. stellvertretend für viele Kruschwitz, L., Investitionsrechnung (1995), S. 64 ff.

tungsanlässe und Bewertungszielsetzungen.[57] Der erste Bestandteil einer Grundrechnung ist demnach, die Identifikation und die Isolierung der die Jahresrohmiete beeinflussenden Faktoren. Im Anschluß daran sind diese auf die hauptaussagefähigen Determinanten der Jahresrohmiete zu reduzieren.

In der zweiten Stufe ist bei dem Standardertragswertverfahren die Datenbasis der ersten Stufe einheitlich zu kapitalisieren. Unabhängig davon können in einem weiteren dritten Schritt die verschiedenen Bewertungsadressaten ihre individuellen Vorstellungen einbringen. Hier sind z.B. verschiedene Risikoabschläge von dem Standardverkehrswert denkbar, die je nach Bank zu unterschiedlichen Beleihungsgrenzen der Immobilie führen könnten.

Die verschiedenen Möglichkeiten der Standardisierung bei einem Ertragswertverfahren und die Veränderungen auf die Markttransparenz und die Nachvollziehbarkeit lassen sich in einer Matrix abbilden:

	Kapitalisierung individuell	Kapitalisierung standardisiert
Ertrag individuell	Keine Markttransparenz Sehr geringe Nachvollziehbarkeit	Bedingte Transparenz Bedingte Nachvollziehbarkeit
Ertrag standardisiert	Bedingte Transparenz Bedingte Nachvollziehbarkeit	Markttransparenz Nachvollziehbarkeit Standardverkehrswert

Abbildung 9: Standardisierungsauswirkungen bei Ertragswertverfahren.

Ein klassisches Standardertragswertverfahren beginnt demnach mit der Bestimmung der als nachhaltig zu beurteilenden Jahresreinerträge. Diese sind aus den nachhaltigen Jahresrohmieten und den nachhaltigen Kosten für die Bewirtschaftung der Immobilie abzuleiten. Etwaige ungewöhnliche Verhältnisse bei den Jahresrohmieten, wie auch bei den Bewirtschaftungskosten, sind auf der Basis von Vergleichen mit den als üblich angesehenen Verhältnissen zu überprüfen und dem entsprechende Korrekturen sind vorzunehmen. Die Kapitalisierung der auf die baulichen Anlagen entfallenden Reinerträge über die Restnutzungsdauer der Gebäude schließt sich an. Das Ergebnis ist der Gebäudeertragswert. Da eine fiktive Trennung von Gebäudeertrag und Bodenwertverzinsung vorgenommen wird, ist der Bodenwert zu dem Ertragswert der Gebäude zu addieren. Dies ergibt einen Standardertragswert, dessen Ablaufschema zu seiner Ermittlung folgendermaßen darstellbar ist:

---

57 Riebel verwendet z.B. eine Grundrechnung um einen schnellen Aufbau von Sonderrechnungen für die verschiedensten Fragestellungen zu ermöglichen. Vgl. Riebel, P., Kostenrechnung (1994), S. 149 ff. und weitergehend S. 444 ff.

1.		Bestimmung der als nachhaltig angesehenen Jahresroherträge
2.	./.	Bewirtschaftungskosten
3.	=	Jahresreinerträge
4.	./.	Bodenwertverzinsungsbetrag aus dem Liegenschaftszinssatz x dem Bodenwert in der Regel auf Basis des Vergleichswertverfahrens
5.	=	Gebäudereinertrag
6.	x	Vervielfältiger auf der Basis des Liegenschaftszinssatzes und der Gebäuderestnutzungsdauer
7.	=	Gebäudeertragswert
8.	+	Bodenwert
9.	=	Grundstücksertragswert

Abbildung 10: Ablaufschema eines Standardertragswertverfahrens.

2. Sachwertverfahren

Werden Bewertungen mit einem Sachwertverfahren durchgeführt, finden mehr Parameter als bei einer Ertragswertbewertung Eingang in die Bewertung. Den Ausgangspunkt der Sachwertbewertung bildet die Bausubstanz, die mit den Wiederherstellungskosten zu valutieren ist. Als wichtige Größen für die Bauwertbestimmung sind die Baukörpermaße standardisiert festzustellen und entsprechend den am Markt üblichen Baukosten zu bewerten. Für die Bestimmung der Bausubstanz gibt es in der Praxis weit verbreitete und angewandte Berechnungsgrundlagen für Bauten, die von dem Deutschen Institut für Normung e.V. herausgegeben werden.[58]

Ähnlich ist die Situation für die Bewertung der Bauten. Hierzu sind für die Berechnung der Kosten von Hochbauten entsprechend von dem Deutschen Institut für Normung e.V. Regeln erlassen worden.[59] Die durch die Berechnungsgrundlagen von Bauten ermittelten Bausubstanzen sind mit den auf den jeweils gültigen regionalen Baumärkten gültigen Baupreisen zu bewerten, da in den Berechnungsnormen für die Baukosten nur die Vorgehensweise festgelegt wird. Besonderes Augenmerk ist auf eine möglichst genaue Abstufung regionaler Unterschiede und auf die Dokumentation zeitlicher Veränderungen der Baupreise zu richten.

Solchermaßen errechnete Standardbauwerte sind einer Wertminderung wegen Alters, Abnutzung und/oder wegen etwaiger anderer Gründe zu unterwerfen. Dabei kann nur eine grundsätzliche Vorgehensweise unter der Vorschreibung von

58 Vgl. Deutsches Institut für Normung e.V. (Hrsg.), DIN Taschenbuch 112 (1990).

59 Vgl. Deutsches Institut für Normung e.V. (Hrsg.), DIN Taschenbuch 114 (1988).

planmäßigen Wertminderungsmethoden vorgegeben werden.[60] Darüber hinaus ist die Vorgabe einer Restnutzungsdauer nicht möglich, was sich schon anhand der seit Jahrhunderten bestehenden Bauten zeigt.

Der Wert der baulichen Anlagen, der sich aus dem Gebäudewert und dem Wert der baulichen Außenanlagen zusammensetzt, wird mit dem Bodenwert, der meist auf der Basis des Vergleichswertverfahrens ermittelt wird, additiv zum Standardsachwert verknüpft. Der Ablauf eines Standardsachwertverfahrens läßt sich demnach wie folgt darstellen:

1.		Berechnung der Baukörper nach einem standardisierten Verfahren
2.	x	Bewertung der Baukörper mit aktuellen regional gültigen Baupreisen nach einem standardisierten Verfahren
3.	=	Neubauwert
4.	./.	Wertminderung, geschätzt nach den individuellen Verhältnissen mit einem Standardschätzungsverfahren
5.	=	Gebäudezeitwert
6.	+	Zeitwert der baulichen Außenanlagen, ermittelt nach dem gleichen Schema wie die Gebäudezeitwerte
7.	+	Bodenwert, in der Regel auf Basis des Vergleichswertverfahrens
8.	=	Grundstückssachwert

Abbildung 11: Ablaufschema eines Standardsachwertverfahrens.

3. Vergleichswertverfahren

Ein Vergleichswertverfahren beginnt mit der Suche nach realisierten Preisen von vergleichbaren Gütern der gleichen Art wie das zu bewertende Objekt. Sind ungewöhnliche und/oder persönliche Verhältnisse in den Kaufpreisen vorhanden, so sind die Vergleichsverkäufe nicht mehr als vergleichbar anzusehen, so daß sie entweder nicht als Bewertungsmaßstab angesetzt werden können oder die besonderen Einflüsse zu eliminieren sind. Im Anschluß daran ist einerseits ein direkter unmittelbarer Vergleich des zu bewertenden Objektes mit ausgewählten Vergleichsobjekten durchzuführen. Andererseits ist ein mittelbarer Vergleich vorzunehmen, wenn die Objekte nicht in einer Vielzahl der wertbestimmenden

60 Zahlreiche Publikationen versuchen einen Wertminderungsverlauf mathematisch abzubilden, was jedoch immer aufgrund der Individualität der Verhältnisse zum Scheitern verurteilt ist und allerhöchstens näherungsweise geschehen kann. Stellvertretend für zahlreiche Autoren sei an dieser Stelle auf die Zusammenstellung von Gerardy/Möckel verwiesen. Vgl. Gerardy, T./Möckel, R., Grundstücksbewertung (1995), Teil 4.4.

Komponenten übereinstimmen. Dazu ist die gesamte Anzahl der Vergleichsobjekte nach einheitlichen Kriterien auszuwerten.

Eine Standardisierung des Vergleichswertverfahrens bedeutet die Vorgabe:

- von statistischen Auswertungsmethoden,
- von Objektgruppen,
- von Bewertungskriterien, nach denen die Objekte gewissen Standardgruppen von Objekten zugeordnet werden können,
- von Wertkorrekturen für die Zuordnung zu Objektgruppen,
- von Wertkorrekturen der auf der Basis der Vergleichsobjekte berechneten Vergleichswerte der zu schätzenden Liegenschaften und
- von Bezugsgrößen, da davon ausgegangen werden kann, daß nur sehr wenige Vergleichsobjekte die genau gleichen räumlichen wie auch flächenmäßigen Ausdehnungen haben.[61]

Ein Standardvergleichswertverfahren kann demnach folgendermaßen dargestellt werden:

1.		Sammlung von Verkaufsfällen vergleichbarer Objekte in engem zeitlichem und räumlichem Zusammenhang
2.	±	Wertkorrekturen aufgrund von ungewöhnlichen oder persönlichen Verhältnissen nach standardisierten Kriterien
3.	=	Vergleichsobjekte
4.		Statistische Auswertung der Vergleichsobjekte nach standardisierten Verfahren in bezug auf Verkaufspreise und Flächen- bzw. Raummaße
5.	=	Vergleichswert
6.		Bezug der Vergleichswerte auf standardisierte Flächen- bzw. Raummaße
7.	=	Vergleichswert je Bezugseinheit
8.		Berechnung der Flächen- bzw. der Rauminhalte des zu bewertenden Objektes nach standardisierten Verfahren
9.	x	Vergleichswert je Flächen- bzw. Raummaß
10.	=	Grundstücksvergleichswert

Abbildung 12: Ablaufschema eines Standardvergleichswertverfahrens.

61 Als Grundlage wären die entsprechend der DIN 277 des Deutschen Institutes für Normung e.V. berechneten Flächen- oder Rauminhalte zu ermitteln. Vgl. Deutsches Institut für Normung e.V. (Hrsg.), DIN Taschenbuch 114 (1988).

Zweiter Teil: Immobilienbewertung in Deutschland

I. Immobilienbewertung des Steuerrechts

Im Rahmen des Steuerrechts sind Immobilienbewertungen einerseits für die Substanzsteuern und andererseits für die Ertragsteuern durchzuführen.

A. Immobilienbewertung mit Einheitswerten

Im Rahmen der Feststellung von Einheitswerten nach § 19 I Nr. 1 BewG für inländischen Grundbesitz sind die wirtschaftlichen Einheiten des Grundvermögens des § 68 I BewG zu bewerten. Das Bewertungsgesetz bestimmt als grundsätzlichen Wertbegriff in § 9 I BewG den gemeinen Wert.

Je nach Art der Immobilie - unbebaute oder bebaute Grundstücke - werden unterschiedliche Bewertungsverfahren angewandt. Unbebaute Grundstücke werden aufgrund von § 9 I BewG i.V.m. § 17 III BewG zum gemeinen Wert bewertet.[62] Dies kann als die Bewertung mit dem gemeinen Wert im engeren Sinne bezeichnet werden. Bei bebautem Grundvermögen hat die Bewertung nach der Sonderregelung des § 76 BewG mit dem Ertragswert- oder dem Sachwertverfahren zu erfolgen. Trotz der unterschiedlichen Bezeichnungen handelt es sich bei den beiden Methoden um Verfahren zur Ermittlung des gemeinen Wertes.[63]

Das Ertragswertverfahren stellt aufgrund des § 76 I BewG das Hauptbewertungsverfahren der Einheitsbewertung von bebauten Grundstücken dar. Es soll über den marktüblichen Ertrag den gemeinen Wert schätzen. Bei der Sachwertbewertung wird in § 90 BewG explizit die Verbindung zu dem gemeinen Wert hergestellt.[64] Bei der Bewertung von bebauten Grundstücken ist nach § 77 BewG zu beachten, daß bebaute Grundstücke mindestens mit dem Wert des unbebauten Grundstückes, vermindert um etwaige Abbruchkosten, angesetzt werden müssen.[65]

---

62 Vgl. Rössler, R./Troll, M., BewG (1994), § 72 BewG Anm. 30.

63 Vgl. Gürsching, L./Stenger, A., BewG (1994), § 9 BewG Anm. 5, Pelka, J., Einheitsbewertung (Steuer und Wirtschaft 3/1975), S. 214 und Höll, K., Bewertungsmaßstäbe (DB 41/1993), S. 2056.

64 Vgl. Gürsching, L./Stenger, A., BewG (1994), § 9 BewG Anm. 6.

65 Anwendungsfälle können im Rahmen des Ertragswertverfahrens aufgrund der Bewertung mit geringen pauschalen Faktoren (z.B. Jahresrohmieten, Bewirtschaftungskosten) und bei der Sachwertbewertung durch die Modifikation der Ausgangswerte durch Wertzahlen entstehen, vgl. Rössler, R./Troll, M., BewG (1994), § 77 BewG Anm. 5.

1. Bewertung mit dem gemeinen Wert im engeren Sinne

In § 9 II BewG wird der gemeine Wert als der Wert definiert, der durch den Preis bestimmt wird, der im gewöhnlichen Geschäftsverkehr nach der Beschaffenheit des Wirtschaftsgutes bei einer Veräußerung zu erzielen wäre. Es sind alle Umstände, die den Preis beeinflussen, zu berücksichtigen. Ungewöhnliche oder persönliche Verhältnisse haben außer Ansatz zu bleiben.

Der "Preis" im gewöhnlichen Geschäftsverkehr bedeutet, daß die Liegenschaft auf Basis eines eigenen zeitnahen Verkaufsvorfalles oder auf Basis von vergleichbaren, als gewöhnlich einzustufenden, Immobilienveräußerungen bewertet werden muß.[66] Sollten beide Bewertungsmöglichkeiten nicht gegeben sein, ist der gemeine Wert über den mutmaßlichen Ertrag des unbebauten Grundstückes zu ermitteln.

a) Kaufpreisbewertung

Für die Bewertung sind die tatsächlich erzielten Kaufpreise heranzuziehen. In dem Gutachten des Schätzungsausschusses zur Vorbereitung der Einheitsbewertung des Grundvermögens über die Bewertung des Grundvermögens wird bei den Ausführungen zu den Bewertungsverfahren der gemeine Wert als weitgehend übereinstimmend mit dem Verkaufswert der Objekte definiert.[67]

Der Verkaufswert entsteht durch die effektiv gezahlten Kaufpreise von Objekten. So wird in den "Richtlinien für die Finanzämter zur Ermittlung der Bodenwerte" gefordert, den gemeinen Wert möglichst aus Kaufpreisen abzuleiten.[68] Hierbei sind ungewöhnliche oder persönliche Verhältnisse zu eliminieren. So sind z.B. wirtschaftliche oder verwandtschaftliche Beziehungen zwischen Erwerber und Veräußerer, ein Erwerb durch Zwangsversteigerung oder Erbschaft und besonders günstige oder ungünstige Zahlungsbedingungen zu korrigieren.[69]

Kaufpreise sind aufgrund der geringen Fungibilität der Immobilien meist nicht zeitnah zu dem Bewertungsstichtag, deshalb ist der gemeine Wert über das Vergleichswertverfahren, welches auf den Daten von als vergleichbar angesehenen Immobilientransaktionen basiert, zu ermitteln.

---

66 Vgl. Rössler, R./Troll, M., BewG (1994), § 9 BewG Anm. 3.

67 Vgl. Gutachten des Schätzungsauschusses zur Vorbereitung der Einheitsbewertung des Grundvermögens über die Bewertung des Grundvermögens, BT-Drs. IV/1488, S. 87.

68 Vgl. Bodenwert-Richtlinien, BStBl. II 1957, S. 32, Tz. 11.

69 Vgl. Bodenwert-Richtlinien, BStBl. II 1957, S. 32, Tz. 11.

b) Vergleichswertbewertung

Die Grundlagen des Vergleichswertverfahrens zur Ermittlung des gemeinen Wertes von Immobilien sind die "Richtlinien für die Finanzämter zur Ermittlung der Bodenwerte" aus dem Jahre 1957[70] und die "Richtlinien für die Bewertung des Grundvermögens" Abschnitt 7[71] .

aa) Unmittelbare Vergleichswertbewertung

Der gemeine Wert der zu beurteilenden Objekte ist demnach "im allgemeinen" über die Verkaufswerte, also die Preise von Grundstücken, die nach Lage, Bauart und Beschaffenheit gleich sind, zu ermitteln. Nichtdauerhafte Werteinflüsse sind hierbei außer acht zu lassen.[72] Da sich Vergleichswerte nur unter Zuhilfenahme von Bezugsgrößen errechnen lassen, führen die Finanzbehörden aufgrund der Bodenwert-Richtlinien eine eigene Kaufpreissammlung, um verläßliche Daten für die unmittelbare Kaufpreisvergleichsbewertung und für die mittelbare Vergleichsbewertung zu haben.

> *"Bei der Ermittlung des gemeinen Werts unbebauter Grundstücke verdient die Wertermittlung durch unmittelbare Ableitung aus Kaufpreisen für vergleichbare Grundstücke den Vorzug vor der Wertermittlung auf der Grundlage von Durchschnittswerten, sogenannten Richtwerten."*[73]

Die Kaufpreise von Immobilientransaktionen sind in Karteiform für jedes Grundstück festzuhalten. Als Kaufpreis gilt der Wert aller Leistungen, ausgedrückt in DM, inklusive aller Nebenleistungen. Subjektive Werteinflüsse sind zu korrigieren.[74] Bei dem Verfahren der unmittelbaren Vergleichsbewertung werden die effektiv in der gleichen Gegend gezahlten Kaufpreise von z.B. in Art, Lage und Größe vergleichbaren Grundstücken angesetzt. Die Kaufpreise müssen in zeitlicher Nähe zum Feststellungszeitpunkt liegen.[75]

Die Bewertung im Rahmen des unmittelbaren Vergleiches erfolgt über die detaillierte Betrachtung sämtlicher wertbildenden Faktoren des Grundstückes. Je mehr diese wertbildenden Faktoren übereinstimmen, desto zuverlässiger ist der Preisvergleich. Da die wertbestimmenden Komponenten in den wenigsten Fällen als identisch zu betrachten sind, kann die Bewertung mit Hilfe des unmittelbaren

---

70 Vgl. Bodenwert-Richtlinien, BStBl. II 1957, S. 28 ff.

71 Vgl. BStBl. I 1966, S. 890 ff.

72 Vgl. Gutachten des Schätzungsauschusses zur Vorbereitung der Einheitsbewertung des Grundvermögens über die Bewertung des Grundvermögens, BT-Drs. IV/1488, S. 87.

73 BFH vom 26.09.1980, BFHE Bd. 132, Nr. 28, S. 101.

74 Vgl. Bodenwert-Richtlinien, BStBl. II 1957, S. 32, Tz. 14.

75 Vgl. Rössler, R./Troll, M., BewG (1994), § 72 BewG Anm. 35 - 37.

Preisvergleiches nur angewandt werden, wenn eine genügende Anzahl von fast identischen Grundstücken vorhanden ist.[76]

Die Lage ist als einer der Hauptbestimmungsfaktoren des Wertes anzusehen. Deshalb sind unmittelbare Preisvergleiche nur sehr eingeschränkt anwendbar. Um sich aus diesem Dilemma zu befreien, werten die Finanzbehörden die Kaufpreissammlungen aus, um einen mittelbaren Preisvergleich durchführen zu können. In der Abbildung 13 wird der schematische Ablauf der unmittelbaren Bewertung anhand von Kaufpreissammlungen grafisch dargestellt:

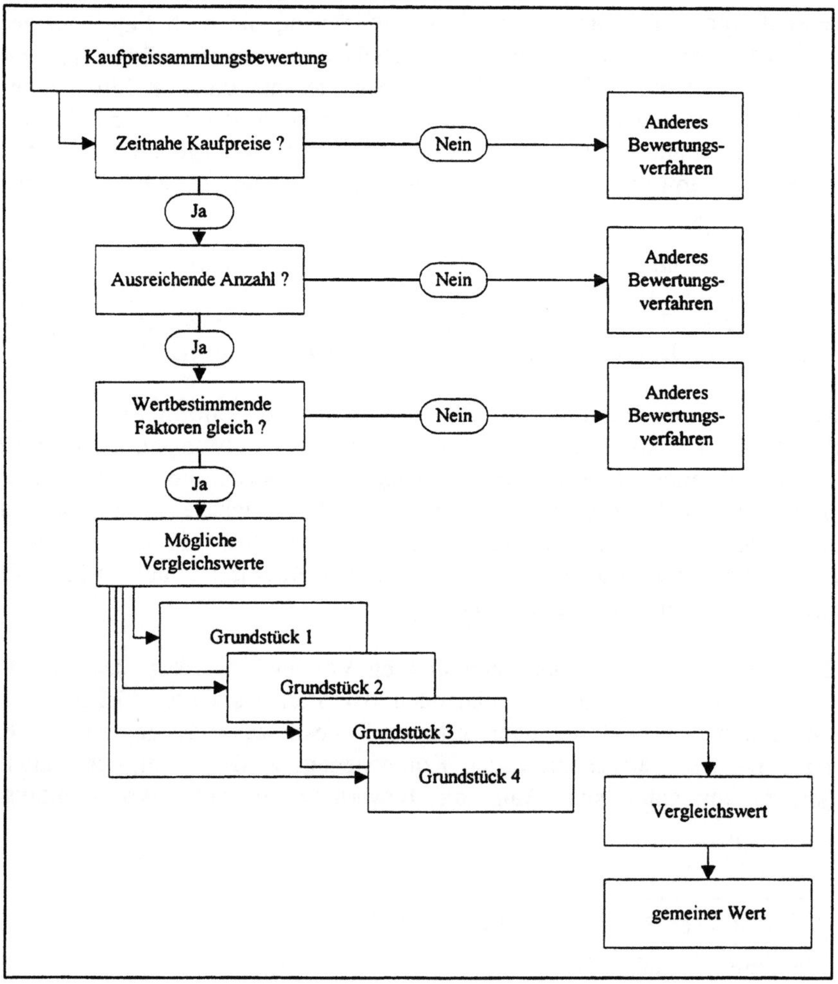

Abbildung 13: Kaufpreissammlungsbewertung.

76 Vgl. Rössler, R./Troll, M., BewG (1994), § 72 BewG Anm. 38.

bb) Mittelbare Bewertung mit Richtwerten

In den Bewertungsrichtlinien für Grundvermögen wird vorgeschrieben, daß bei der Ermittlung der Bodenwerte im allgemeinen von durchschnittlichen Werten ausgegangen werden soll, die sich für ein Gebiet, eine Straße oder einen Straßenabschnitt ohne Beachtung der Grundstücksgrenzen und ohne Rücksicht auf die besonderen Eigenschaften der einzelnen Grundstücke je Quadratmeter ergeben.[77]

Die Basis stellen die Kaufpreissammlungen dar. Diese werden in Karteiform geführt. Deshalb sind sie in einen Ortsplan zu überführen, der Bodenpreiskarte genannt wird. Die Überführung der Kaufpreise in einen Ortsplan ermöglicht keine Standardisierung auf einen Zeitpunkt. In einem weiteren Schritt werden die Bodenpreiskarten in Richtwertkarten überführt. Hierbei sind die Richtwertkarten auf den Hauptfeststellungszeitpunkt z.B. 01.01.1964 zu beziehen.

aaa) Bodenpreiskarten

Die Auswertung der Kaufpreissammlung erfolgt durch die Aufstellung einer Bodenpreiskarte, in die aus den vorhandenen Kaufpreisen berechnete Bodenpreise pro Quadratmeter eingetragen werden. Die Bodenpreiskarte ist ein Ortsplan, der nicht auf einen bestimmten Zeitpunkt bezogen ist. Deshalb sind die Preise je Quadratmeter bezogen auf die Jahreszahl gleichsam in Form eines Bruches einzutragen.[78]

Kaufpreise von Rohbauland, Industrieland, Land für Verkehrszwecke und Freiflächen werden als Bodenpreis pro Quadratmeter eingetragen. Lediglich bei baureifem Land wird eine Unterteilung in sogenanntes Vorder- und Hinterland vorgenommen, wenn diese ortsüblich ist. In diesem Fall werden die Preise je Quadratmeter Vorderland in die Bodenpreiskarte eingetragen.[79] Sollte die Unterteilung nicht ortsüblich sein, so wird nur **ein** Wert für das baureife Land in die Bodenpreiskarte aufgenommen.

Die Ermittlung der Bodenpreise aus den Kaufpreisen von bebauten Grundstücken ist oftmals nicht möglich, da keine separaten Kaufpreise für den Boden und die aufstehenden Gebäude geleistet werden. Die Bodenwert-Richtlinien verlangen, bei der Bewertung des Bodens bebauter Grundstücke genauso zu verfahren, wie bei unbebauten Grundstücken.[80] Der gleiche Gedankengang wurde im Rahmen des BewÄndG 1965 durch die Einführung des § 84 BewG aufgegriffen, der den Wert-

---

77 Vgl. Abschn. 7 II BewRGr.

78 Vgl. Bodenwert-Richtlinien, BStBl. II 1957, S. 33, Tz. 15.

79 Zu der Aufteilung in Vorder- und Hinterland und den Wertverhältnissen zwischen diesen beiden Gruppen vgl. detailliert Rössler, R./Troll, M., BewG (1994), § 72 BewG Anm. 44 und 52 ff. sowie die Bodenwert-Richtlinien, BStBl. II 1957, S. 33, Tz. 17 ff.

80 Vgl. Bodenwert-Richtlinien, BStBl. II 1957, S. 34, Tz. 19.

ansatz von Grund und Boden auch bei bebauten Grundstücken mit dem Wert des unbebauten Grundstückes verlangt.

bbb) Richtwertkarten

Aus den Bodenpreisen der Bodenpreiskarten haben die Finanzbehörden für den Hauptfeststellungszeitpunkt 01.01.1964 durchschnittliche Werte, sogenannte Bodenrichtwerte, abgeleitet, die auf einer Richtwertkarte vermerkt werden.

Die Werte in der Bodenpreiskarte sind im Normalfall auf den Quadratmeter Vorderland abgestellt. Deshalb wird der Bodenwert, bezogen auf den letzten Hauptfeststellungszeitpunkt für ein Richtwertegebiet z.B. Straßenabschnitt oder Sprengel, ebenfalls in Quadratmeter Vorderland angegeben. Die unterschiedlichen Wertstufen sind durch unterschiedliche Farben zu kennzeichnen. Die Richtwertstufen entstehen durch die Zusammenfassung von gleichwertigen oder fast gleichwertigen Grundstücken.[81]

Die verschiedenen Bodenpreise werden im Wege der einfachen Durchschnittsbildung zusammengefaßt, soweit sie vergleichbar sind. Von besonderer Bedeutung ist hierbei, daß die Richtwertgebiete entsprechend den wirklichen Wertverhältnissen abgegrenzt werden, um verläßliche Durchschnittswerte zu erhalten.

Die Bodenrichtwerte sind durchschnittliche Werte für alle Grundstücke in einem umgrenzten Gebiet. Sie geben Aufschluß über die Bodenwerte normal geschnittener Grundstücke (ganzer) gleichartiger Gebiete, Straßen oder Straßenabschnitte. Die Bodenrichtwerte sind auf typische Verhältnisse abgestellt und berücksichtigen nicht die individuellen Eigenschaften der einzelnen Grundstücke, weil bei der Aufnahme der zugrunde liegenden Verkäufe in die Kaufpreissammlung ungewöhnliche und persönliche Verhältnisse zu eliminieren sind.[82]

Die Richtwertkarten sind im Gegensatz zu den Daten der Bodenpreiskarten auf den Feststellungszeitpunkt bezogen. Deshalb müssen die Werte der Bodenpreiskarten im Hinblick auf Wertänderungen, die zwischen den Kauffällen und dem Feststellungszeitpunkt[83] liegen, korrigiert werden. Veränderungen der Wertverhältnisse haben die Finanzbehörden durch den Bezug auf die Werterkenntnisse der Gutachterausschüsse zu berücksichtigen. Gleiches gilt für eventuell nicht vorhandene Bodenpreise. Hierbei haben die Finanzbehörden auf die Richtwerte der Gutachterausschüsse Bezug zu nehmen oder aber den mutmaßlichen

---

81 Vgl. Bodenwert-Richtlinien, BStBl. II 1957, S. 34, Tz. 20.

82 Vgl. Bodenwert-Richtlinien, BStBl. II 1957, S. 33, Tz. 20 und Rössler, R./Troll, M., BewG (1994), § 72 BewG Anm. 45.

83 Zu der Problematik des Hauptfeststellungszeitpunktes 01.01.1964 und der Ermittlung von Richtwerten bei baulichen Veränderungen vgl. Rössler, R./Troll, M., BewG (1994), § 72 BewG Anm. 46.

Ertrag der Grundstücke als Indikator für den gemeinen Wert anzusehen und ihn hieraus zu errechnen.[84]

ccc) Richtwertbewertung

Bei der mittelbaren Bewertung von Grundstücken für die Einheitsbewertung werden die aus den Bodenpreiskarten abgeleiteten Richtwertkarten als Maßstab herangezogen. Bei der Richtwertbewertung von Grundstücken werden zwei Arten unterschieden:[85]

1. Grundstücke mit individuellen Eigenschaften, die nicht wesentlich von den durchschnittlichen Grundstückseigenschaften der gleichen Richtwertstufe abweichen und

2. Grundstücke, die über besondere individuelle Eigenschaften verfügen.

Für beide Grundstücksarten wird gleichermaßen die Bewertung durch die Multiplikation der Fläche an Quadratmetern Vorderland mit dem Richtwert des Gebiets durchgeführt. Lediglich bei Grundstücken, die wesentlich von den durchschnittlichen Eigenschaften der Richtwertstufe abweichen, so z.B. bei Eckgrundstücken, werden in einem weiteren Schritt Zu- oder Abschläge berücksichtigt.[86] Die Vorgehensweise der Richtwertbewertung, die über die Kaufpreissammlung die Bodenwertkarte ableitet, daraus die Richtwertkarte in bezug auf den Hauptfeststellungszeitpunkt errechnet und dann das Grundstück mit den Richtwerten je nach der Größe der Fläche bewertet, wird nochmals in der Abbildung 14 verdeutlicht:[87]

---

84 Vgl. Bodenwert-Richtlinien, BStBl. II 1957, S. 35, Tz. 25 und S. 38, Tz. 35.

85 Vgl. Bodenwert-Richtlinien, BStBl. II 1957, S. 38, Tz. 36.

86 Zu den Zu- oder Abschlägen vgl. Bodenwert-Richtlinien, BStBl. II 1957, S. 39 ff., Tz. 40 - 50.

87 Zusätzlich wird der Ablauf der Richtwertbewertung an dem **Beispiel 1.** verdeutlicht.

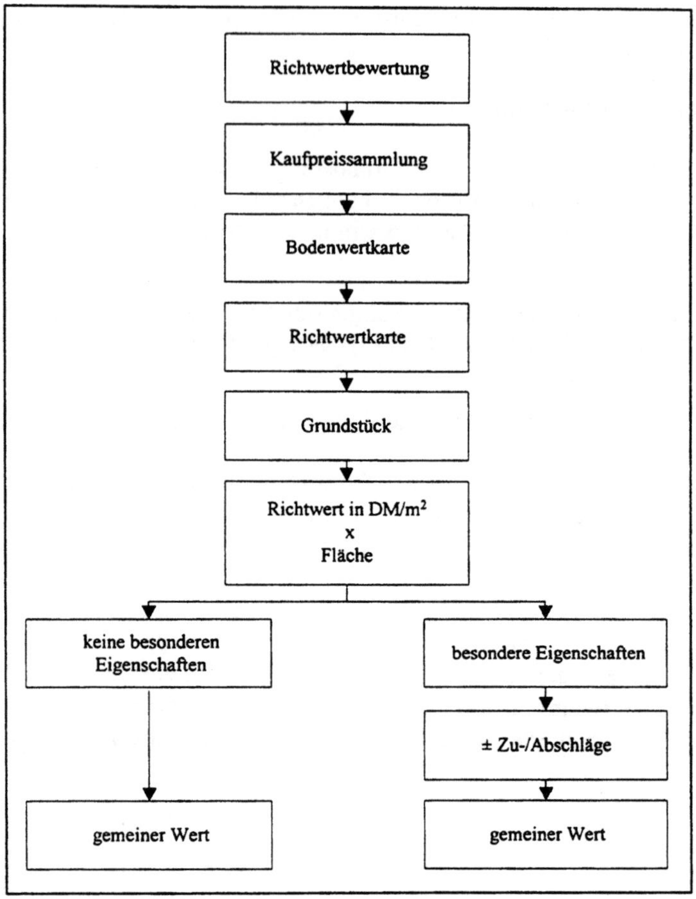

Abbildung 14: Richtwertbewertung.

cc) Fazit

Bewertungsgrundlage des Vergleichswertverfahrens[88] sind Kaufpreise. Problematisch erscheint, daß eine Korrektur für die individuellen Gegebenheiten bei der Aufnahme der erzielten Kaufpreise in die Bodenpreiskarte durch eine spätere eventuell notwendige Anpassung der Richtwertbewertung an die Gegebenheiten des Grundstückes durch Zu- oder Abschläge zusätzlichen Aufwand bedingt.

---

88 Da die verschiedenen Ausprägungen der Vergleichswertverfahren zur Ermittlung des gemeinen Wertes einen engen Zusammenhang haben, soll in den folgenden Ausführungen nur auf den Sammelbegriff "Vergleichswertverfahren" Bezug genommen werden.

Die Hauptprobleme des steuerrechtlichen Vergleichswertverfahrens sind die fehlende Aktualität der Vergleichswerte und die intersubjektiv nicht nachprüfbaren Wertvorstellungen über das Grundstück. Deshalb bedingt die genaue Abgrenzung der Eigenschaften des Grundstückes von den subjektiven Wertkomponenten des Käufers oder Verkäufers einen nicht unbeträchtlichen Schätzungsspielraum. Da Werte jedoch immer subjektive Wertvorstellungen widerspiegeln, kann unter Umständen eine Korrektur der Kaufpreise bei der Aufnahme in die Bodenpreiskarten unterbleiben.

Die Daseinsberechtigung für eine eigene Vergleichsbewertung der Finanzbehörden entsteht lediglich durch die Bodenwert-Richtlinien. Da diese aber nicht gesetzlich verankert sind, können die gemeinen Werte, die auf den Preisen im gewöhnlichen Geschäftsverkehr basieren sollen, auch auf anderem Wege beschafft werden.

Von besonderem Interesse ist in diesem Zusammenhang die Verpflichtung zur Zusammenarbeit zwischen den Finanzbehörden und den Gutachterausschüssen. Die teilweise Übernahme von Daten der Gutachterausschüsse bedeutet, daß die Grundlagen, die im Bereich des Baugesetzbuches für die Wertermittlung mit der Verabschiedung der Wertermittlungsverordnung gelegt wurden, ebenfalls im Bereich des Steuerrechtes als akzeptable Regelungen angesehen werden.

Fraglich ist demnach, weshalb die Übernahme der Vergleichswerte von den Gutachterausschüssen nicht weitreichender ist.

Durch die Konzentration der Immobilienbewertung bei den Gutachterausschüssen könnte beträchtlicher doppelter Arbeitsaufwand reduziert werden, ohne daß die Gerichtsbeständigkeit der veranschlagten Werte darunter leiden würde. Vielmehr könnte die Einheitsbewertung durch die Übernahme der überall zeitnah vorhandenen baurechtlichen Richtwerte auf einen Stand gebracht werden, der die steuerliche Gleichbehandlung verschiedener Investitionen erreichen könnte.

c) Bewertung über den mutmaßlichen Ertrag

Die Bewertung von Grund und Boden über den mutmaßlichen Ertrag des gesamten Grundstückes kann nur als letzter Ausweg angewandt werden, wenn kein zeitnaher Kaufpreis, keine vergleichbaren Kaufpreise und keine Richtwerte vorhanden sind. Sie ist nur anwendbar, falls die Kostenmiete des Grundstückes feststellbar ist. Der Ansatz von gestoppten Mieten oder Richtsatzmieten ist nicht zulässig.[89]

Der Bodenwert des Grundstückes wird durch die Aufteilung des Grundstücksreinertrages in eine anteilige Gebäude- und Bodenverzinsung fiktiv ermittelt. Grundlage ist die Überlegung, daß die baulichen Anlagen und der Boden nur eine zeitlich begrenzte Schicksalsgemeinschaft eingehen. Den Ertragsanteil des Gebäudes

---

89 Vgl. Bodenwert-Richtlinien, BStBl. II 1957, S. 38, Tz. 34.

erhält man, indem die Neubaukosten des Gebäudes in Abhängigkeit vom einschlägigen Zinssatz verzinst werden. Der Gebäudezins wird daraufhin von dem gesamten Reinertrag des Grundstückes abgezogen und man erhält den Bodenverzinsungsbetrag. Die Verzinsung des Bodens wird in einem nächsten Schritt über den Ansatz von z.B. 5,5% Zinsen unter der Annahme der ewigen Rente kapitalisiert.[90]

Die Restnutzungsdauer des Gebäudes (= Gesamtnutzungsdauer des fiktiven neuen Gebäudes) müßte ebenfalls bei der Verzinsung des Gebäudesachwertes berücksichtigt werden. Es wird aber der gleiche Zinssatz wie bei der unendlichen Verzinsung des Bodens angenommen.[91] Dies führt zu zu geringen Gebäudeerträgen und ist wegen der begrenzten Nutzungsdauer von Gebäuden nicht realitätskonform. Darüber hinaus werden die Bewirtschaftungskosten von der Jahresrohmiete abgezogen und das gesamte Verfahren als ein Reinertragsverfahren konzipiert. Ebenso werden die Abschreibungen den Bewirtschaftungskosten hinzugeschlagen.[92,93]

Die Voraussetzungen, daß die Miete, die Bewirtschaftungskosten und die Neubaukosten eines fiktiven Gebäudes angesetzt werden, engen die Anwendungsmöglichkeit des Verfahrens stark ein. Demnach kann es nur zur Anwendung gelangen, falls keine anderen Verfahrensergebnisse den Bodenwert des Grundstückes ermitteln können. Erst die ungefähre Übereinstimmung vom Ertragswert des Gebäudes und seinem Neubauwert geben die Möglichkeit, dieses Residualverfahren zur Bewertung des Bodens anwenden zu können, da sonst unrealistische Werte das Ergebnis sind.[94] Somit ist das Verfahren der Bewertung von Grund und Boden über den mutmaßlichen Ertrag des Grundstückes nicht als sinnvoll zu beurteilen.

2. Ertragswertverfahren

a) Charakteristik

Nach § 76 I BewG ist der Einheitswert für Mietwohngrundstücke, Geschäftsgrundstücke, gemischtgenutzte Grundstücke, Einfamilienhäuser und Zweifamilien-

---

90 Das Verfahren der Bewertung über den mutmaßlichen Ertrag besteht in vergleichbarer Form im Baurecht. Vgl. eingehender unten: Zweiter Teil: II. B. 3. c) Kalkulatorische Ermittlung des Bodenwertes.

91 Vgl. Bodenwert-Richtlinien, BStBl. II 1957, S. 38, Tz. 33.

92 Vgl. Bodenwert-Richtlinien, BStBl. II 1957, S. 38, Tz. 33.

93 Im Gegensatz dazu wird bei der Ertragswertbewertung der §§ 78 - 82 BewG immer von Jahresroherträgen ausgegangen. Die Bewirtschaftungskosten und die Abschreibungen werden pauschal in den verschiedenen Vervielfältigern berücksichtigt. Vgl. Abschn. 19 I BewRGr und Gutachten des Schätzungsauschusses zur Vorbereitung der Einheitsbewertung des Grundvermögens über die Bewertung des Grundvermögens, BT-Drs. IV/1488, S. 141 und 142.

94 Vgl. Rössler, R./Troll, M., BewG (1994), § 72 BewG Anm. 48.

häuser nach den Vorschriften der §§ 78 bis 82 BewG im Ertragswertverfahren zu ermitteln.

> *"Der Grundstückswert umfaßt den Bodenwert, den Gebäudewert und den Wert der Außenanlagen. Er ergibt sich durch die Anwendung eines Vervielfältigers (§ 80) auf die Jahresrohmiete (§ 79) .... "*[95]

Das Ergebnis der Multiplikation von Vervielfältiger und Jahresrohmiete ist ein kapitalisierter Ertrag des Grundstückes. Das Ergebnis ist jedoch kein Rohertragswert, obwohl die Jahresrohmiete kapitalisiert wird, da den auf die Jahresrohmiete anzuwendenden Vervielfältigern Reinerträge für jeweils ein Jahr zugrunde liegen. Der Grundstücksertrag ist ein Reinertrag, da in den Vervielfältigern die Bewirtschaftungskosten ebenso integriert wurden wie die Abschreibung des Gebäudes. Gleichermaßen wurde die Verzinsung des Bodens mit in die Vervielfältiger eingearbeitet, da ein separates Entgelt für die Nutzung des Bodens meistens nicht vereinbart wird und in der Bewertungskonzeption der Grund und Boden immer so zu bewerten ist, als wenn er unbebaut wäre.[96]

Es handelt sich somit bei dem Ertragswertverfahren im Sinne des Bewertungsgesetzes um ein pauschaliertes Reinertragsverfahren, welches durch die Anwendung von gesetzlich vorgegebenen Multiplikatoren relativ einfach und schnell anwendbar ist.

b) Jahresrohmiete

Die Jahresrohmiete wird in § 79 I BewG und den Richtlinien für die Bewertung des Grundvermögens abschließend definiert. Die Jahresrohmiete umfaßt dabei das Gesamtentgelt, das der Mieter oder Pächter für die Benutzung des Grundstückes für ein Jahr zu entrichten hat. Bezogen auf den Hauptfeststellungszeitpunkt ist die Miete für Januar 1964 mit dem Faktor 12 zu multiplizieren.[97]

Bei der Jahresrohmiete ist zu unterscheiden zwischen der tatsächlich geleisteten und der üblichen Miete nach § 79 II BewG. Die tatsächliche Miete ist anzusetzen, wenn diese nicht um mehr als 20 % von der üblichen Miete für Grundstücke mit gleichartigen individuellen Eigenschaften abweicht.[98] Zur Jahresrohmiete gehören:[99]

1. die eigentliche Miete (Sollmiete),
2. besondere Entgelte (z.B. Zubehörräume),

---

95 § 78 BewG.

96 Vgl. Rössler, R./Troll, M., BewG (1994), § 78 BewG Anm. 8.

97 Vgl. Abschn. 21 VI S. 2 BewRGr.

98 Vgl. § 79 II S. 1 Nr. 2 BewG.

99 Zu dem maximal möglichen Umfang der Jahresrohmiete vgl. Rössler, R./Troll, M., BewG (1994), § 79 BewG Anm. 33.

3. Umlagen (Bewirtschaftungskosten, die auf die Mieter umgelegt werden),
4. sonstige Leistungen des Mieters (z.B. Ausführung von Schönheitsreparaturen).

Die übliche Miete für Grundstücke mit gleichartigen individuellen Eigenschaften ist zu schätzen. Sie wird angesetzt für Grundstücke, bei denen die tatsächliche Miete entweder nicht festgestellt werden kann, da das Grundstück eigengenutzt, ungenutzt, zu vorübergehendem Gebrauch oder unentgeltlich überlassen wurde, oder dort, wo die tatsächlichen Leistungen um mehr als 20 % von der üblichen Miete abweichen.[100]

Die übliche Miete ist von der Finanzverwaltung zu schätzen, wobei zwei Verfahren[101] angewandt werden können.[102] Mieten für vergleichbare Grundstücke, die gezahlt werden, bedingen die Verfügbarkeit von vergleichbaren Objekten. Hierzu müssen die Liegenschaften in Lage, Größe und Nutzungsart soweit übereinstimmen, daß die dort gezahlten Mieten als üblich anzusehen sind.[103] Probleme ergeben sich durch die Feststellung der Verhältnisse im Januar 1964, weshalb dieses Verfahren der Schätzung der üblichen Miete kaum von Bedeutung ist.[104]

Sollte es nicht möglich sein, die Miete durch unmittelbaren Vergleich mit geeigneten Objekten zu ermitteln, so kann die Finanzbehörde die ortsübliche Miete durch den von den Finanzbehörden geführten Mietenspiegel ermitteln. Die Mietenspiegel enthalten Mieten je m^2 Wohnfläche oder Nutzfläche bezogen auf den 01.01.1964.[105] Troll spricht in diesem Zusammenhang die Bedeutung dieses Verfahrens bei der letzten Hauptfeststellung an, wo bis zu zwei Drittel der Jahresrohmieten von Wohngrundstücken als übliche Mieten über Mietenspiegel ermittelt wurden.[106] Bei einer eventuell durchzuführenden neuen Hauptfeststellung wären neue Mietenspiegel aufzustellen, ob die Finanzbehörden eigene Mietenspiegel benötigen, ist aber durchaus zu bezweifeln. Somit böte sich auch hier die Übernahme von externen Daten an.

---

100 Vgl. § 79 II S. 1 Nr. 2 BewG.

101 Vgl. Horschitz, H./Groß, W./Schnur, P., Bewertung (1989), S. 305.

102 Rössler/Troll sprechen als drittes Verfahren den Ansatz von Kostenmieten an, wobei dieses nur als letzte Möglichkeit zur Ermittlung der Jahresrohmiete angesehen wird, wenn ansonsten keine Daten vorhanden sind, vgl. Rössler, R./Troll, M., BewG (1994), § 79 BewG Anm. 62.

103 Vgl. Rössler, R./Troll, M., BewG (1994), § 79 BewG Anm. 55 - 56.

104 Vgl. Rössler, R./Troll, M., BewG (1994), § 79 BewG Anm. 54.

105 Vgl. Rössler, R./Troll, M., BewG (1994), § 79 BewG Anm. 58 f.

106 Vgl. Troll, M., Mietspiegel (DB 33/85), S. 1713.

c) Vervielfältiger

Die bei der Einheitsbewertung im Ertragswertverfahren anzuwendenden Vervielfältiger sind den Anlagen 3 bis 8 des Bewertungsgesetzes zu entnehmen. Sie sind nach Grundstücksarten, Bauarten und Bauausführungen, verschiedenen Baujahren und Gemeindegrößenklassen differenziert, um unterschiedliche Renditen der Objekte abbilden zu können.[107] Die Vervielfältiger umfassen pauschalierte Bewirtschaftungskosten, den pauschalierten Bodenertragsanteil und eine Verzinsung des in die Immobilie investierten Kapitals, sowie die Verzinsung der als Gebäudeerneuerungsrücklage angelegten Abschreibungsbeträge. Ausgangspunkt hiervon ist, daß ein Erwerber Reinerträge als Maßstab für seine Wertvorstellungen hat.[108]

Ein Grundstückskäufer wird die aufstehenden Bauten in Abhängigkeit von deren Restnutzungsdauer bewerten. Die Nutzung des Bodens wird hierbei als immerwährend angesehen. Somit müßte eine Bewertung nach den Teilen Grund und Boden und aufstehende Bauten und Außenanlagen erfolgen. Da dieses aber dem Zweck eines Massenbewertungsverfahrens entgegenlaufen würde, mußte ein Verfahren aufgestellt werden, welches die "separaten Teile" in einem Arbeitsgang bewertet. Das Verfahren hat die um die Bewirtschaftungskosten und die Abschreibungen verminderten Grundstücksreinerträge auf Basis der leicht zu ermittelnden Jahresroherträge darzustellen.

aa) Gebäudereinertragsvervielfältiger

Grundlagen für die Errechnung kapitalisierter Reinerträge sind die - je nach Nutzungsdauer und üblicher Rendite der Gebäudeart ermittelten - Gebäudereinertäge. Da aber ohne Referenzerträge keine Bezugsgrößen aufgestellt werden können, sind die Zinssätze, welche die Renditen der Objekte ausdrücken sollen, exogen zu beschaffen. Hierbei hat sich der Gesetzgeber wiederum des Schätzungsausschusses zur Vorbereitung der Einheitsbewertung bedient.[109] Auf Basis dieser Soll- und Habenzinssätze werden die Reinertragsvervielfältiger nach den Regeln der Rentenrechnung aufgestellt:[110]

---

107 Zu der genauen Differenzierung vgl. Begründung zu § 52 b des Entwurfes des Gesetzes zur Änderung des Bewertungsgesetzes vom 01.10.1963, BT-Drs. IV/1488, S. 66.

108 Vgl. Gutachten des Schätzungsauschusses zur Vorbereitung der Einheitsbewertung des Grundvermögens über die Bewertung des Grundvermögens, BT-Drs. IV/1488, S. 141 und 142.

109 Vgl. zu der Zusammensetzung und der Grundlage des Schätzungsausschusses vgl. Gutachten des Schätzungsauschusses zur Vorbereitung der Einheitsbewertung des Grundvermögens über die Bewertung des Grundvermögens, BT-Drs. IV/1488, S. 84 f.

110 In Anlehnung an BT-Drs. IV/1488, S. 58.

$$ReVe = \frac{1}{\frac{q-1}{q^{n_{Rest}}-1}+p_S}$$

$$ReVe = Reinertragsvervielfältiger$$

$$q = 1+\frac{Habenzinssatz}{100}$$

$$p_S = \frac{Sollzinssatz}{100}$$

$$n_{Rest} = Restnutzungsdauer.$$

Der Schätzungsauschuß zur Vorbereitung der Einheitsbewertung des Grundvermögens hat in seinem Gutachten gespaltene Zinssätze aufgrund von "Erfahrungen" auf dem Immobilienmarkt angeregt. Hierbei hat er je nach Grundstücksart verschiedene Sollverzinsungen und für alle Grundstücksarten einheitlich einen Habenzinssatz vorgeschlagen.[111] Im Rahmen der Vorbereitung der Einheitsbewertung haben Probebewertungen teilweise leicht höhere Sollzinssätze ermittelt, die in den Vervielfältigern des Bewertungsgesetzes umgesetzt wurden:[112]

1. Einfamilienhäuser	4,50 %
2. Zweifamilienhäuser	5,00 %
3. Mietwohngrundstücke	5,50 %
4. gemischtgenutzte Grundstücke	
a) gewerblicher Anteil bis zu 50 %	6,00 %
b) gewerblicher Anteil über 50 %	6,50 %
5. Geschäftsgrundstücke	7,00 %.

Die Habenverzinsung dient der Bildung einer Erneuerungsrücklage für die Gebäude und Außenanlagen. Die Erneuerungsrücklage bringt den jeweiligen Wert des Gebäudekapitals unter Berücksichtigung von Zins und Zinseszins bezogen auf die Restnutzungsdauer des Gebäudes zum Ausdruck. Die Habenzinsen stellen demnach die jährlichen Abschreibungsbeträge des Gebäudes dar.[113]

"Die Grundstückswirtschaft unterstellt je nach dem zugrunde zu legenden Sollzinssatz unterschiedliche Habenzinsen und nimmt diese in der Regel 2 bis

---

111 Vgl. Gutachten des Schätzungsauschusses zur Vorbereitung der Einheitsbewertung des Grundvermögens über die Bewertung des Grundvermögens, BT-Drs. IV/1488, S. 121, 122, 135 und 137.

112 Vgl. Begründung zu § 52 des Entwurfes des Gesetzes zur Änderung des Bewertungsgesetzes vom 01.10.1963, BT-Drs. IV/1488, S. 57.

113 Vgl. Horschitz, H./Groß, W./Schnur, P., Bewertung (1989), S. 298.

3 Punkte niedriger an als die Sollzinsen. ... Die Unterschiede, die durch den angenommenen einheitlichen Habenzinssatz gegenüber differenzierten Habenzinssätzen der Grundstückswirtschaft in den Ertragswerten entstehen, sind nur geringfügig und können im Interesse der damit verbundenen Vereinfachung in Kauf genommen werden."[114]

Die Habenzinssätze wurden bei der Ermittlung der Gebäudereinertragsvervielfältiger allein aus den Gepflogenheiten der Praxis abgeleitet. Ob die Annahme, daß die Grundstückseigentümer die Gebäudeerneuerungsrücklagen auch heutzutage zu durchschnittlich 2,5 % nominalem Zins anlegen, ist schon aufgrund der Geldentwertung stark zu bezweifeln.

bb) Bewirtschaftungskosten

Im Wege der Probebewertungen wurden die Bewirtschaftungskosten der Liegenschaften ermittelt. Die Bewirtschaftungskosten umfassen:[115]

1. die Verwaltungskosten,
2. die Instandhaltungskosten,
3. das Mietausfallwagnis,
4. die Betriebskosten außer Grundsteuern und
5. die Grundsteuern.

Die Bewirtschaftungskosten sind über das Verhältnis der Jahresrohmieten zu den Bewirtschaftungskosten in den Vervielfältigern aufgenommen worden. Hierbei wird der Gebäudereinertragsvervielfältiger um den pauschalen Bewirtschaftungskostenprozentsatz der Jahresrohmiete vermindert. Die Bewirtschaftungskostenprozentsätze wurden je nach den unterschiedlichen Grundstücksarten, Baujahren und Größen der Gemeinde in Klassen zusammengefaßt.[116]

cc) Bodenertragsanteile

Im Rahmen des Ertragswertverfahrens ist der Teil des gesamten Grundstücksertrages, der auf die Nutzung des Bodens entfällt, separat zu ermitteln, weil die Nutzungsmöglichkeiten des Bodens unendlich sind. Dieses immerwährende Nutzungspotential ist entsprechend einer ewigen Rente zu verzinsen.

---

114 Begründung zu § 52 des Entwurfes des Gesetzes zur Änderung des Bewertungsgesetzes vom 01.10.1963, BT-Drs. IV/1488, S. 58.

115 Vgl. Begründung zu § 52 des Entwurfes des Gesetzes zur Änderung des Bewertungsgesetzes vom 01.10.1963, BT-Drs. IV/1488, S. 59.

116 Vgl. Begründung zu § 52 des Entwurfes des Gesetzes zur Änderung des Bewertungsgesetzes vom 1.10.1963, BT-Drs. IV/1488, S. 63.

In der Begründung zu § 52 des Entwurfes des Gesetzes zur Änderung des Bewertungsgesetzes vom 01.10.1963 wurde eine Verzinsung des Bodenwertanteiles entsprechend den Verzinsungen der Sollverzinsung des gesamten Grundstückes vorgeschlagen.[117] Dabei kommt es zu einem Fehler: Da immer die separate Nutzung des Bodens und dessen Bewertung im unbebauten Zustand gefordert wird, kann die Nutzung der aufstehenden Bauten die Rendite von Grund und Boden nicht verändern. Vielmehr ist bei den Bodenwerterträgen von einer gleichbleibenden Rendite unabhängig von der Nutzungsart auszugehen. Da die immerwährende Nutzung des Grund und Bodens angenommen wird, ist für sämtliche Grundstücksarten ein Kapitalisierungsfaktor zu finden. Hierbei bietet sich der Faktor des Bewertungsgesetzes für immerwährende Nutzungen in Höhe von 18,6 mal der jährlichen Nutzung an.[118]

Die Vervielfältiger des Bewertungsgesetzes berücksichtigen die Bodennutzung durch einen Abschlag. Die fiktiven und geschätzten Werte des unbebauten Bodens werden mit dem jeweiligen Sollzinssatz der Grundstücksart verzinst. In einem weiteren Schritt wird das Verhältnis des fiktiven Bodenertrages zu den Jahresrohmieten angesetzt. In diesem Verhältnis wird der Gebäudereinertragsvervielfältiger vermindert, da die Jahresrohmieten auch ein Entgelt für den unendlich währenden Boden beinhalten.

dd) Grundstücksrohmietenvervielfältiger

Das Verfahren, welches der Schätzungsausschuß vorgeschlagen hat, beruht auf der expliziten Berücksichtigung von pauschalen Bewirtschaftungskosten und pauschal angenommenen Grundsteuern. Die dadurch entstandenen Reinerträge sind mit den jeweiligen Vervielfältigern auf Basis der jeweiligen Soll- und Habenzinssätze zu kapitalisieren.[119]

Im Gegensatz dazu wurde in dem Bewertungsgesetz 1965 die pauschale Erfassung der Bewirtschaftungskosten und der Bodenwertanteile implizit durch die Korrektur der Vervielfältiger vorgenommen.[120] Hierbei sind die Verhältnisse der Bewirtschaftungskosten und der Bodenwerterträge zu den gesamten Jahresroherträgen ausschlaggebend für die Verminderung des Reinertragsvervielfältigers. Dadurch wird der Gebäudejahresrohertragsvervielfältiger ermittelt. Dieser Vervielfältiger

117 Vgl. Begründung zu § 52 des Entwurfes des Gesetzes zur Änderung des Bewertungsgesetzes vom 01.10.1963, BT-Drs. IV/1488, S. 58.

118 Vgl. § 13 II BewG.

119 Zu dem Bewertungsverfahren des Schätzungsausschusses vgl. Gutachten des Schätzungsauschusses zur Vorbereitung der Einheitsbewertung des Grundvermögens über die Bewertung des Grundvermögens, BT-Drs. IV/1488, S. 145.

120 Vgl. Begründung zu § 52 des Entwurfes des Gesetzes zur Änderung des Bewertungsgesetzes vom 01.10.1963, BT-Drs. IV/1488, S. 63 f.

wird um den Bodenwertertragsanteil erhöht, um der "separaten" und unendlichen Nutzung des Bodens gerecht zu werden. Die Summe von Gebäudejahresrohertragsvervielfältiger und anteiligem Bodenwertkapitalisierungsfaktor ergibt den gesamten Grundstücksjahresrohertragsvervielfältiger.

Die Bewirtschaftungskosten und die Bodenwertanteile wurden durch Probebewertungen ermittelt. Entsprechend den unterschiedlichen Grundstücksnutzungen, Bauarten und Baualtern sind individuelle Bewirtschaftungskosten und Bodenwertanteile ermittelt worden. Da jedes zu bewertende Objekt individuell ist, sollten die jeweiligen Verhältnisse bei der Bewertung Grundlage sein und in die Berechnung einfließen. Dadurch wäre der Gedanke eines standardisierten Massenbewertungsverfahrens nicht mehr erfüllt. Als Ausweg müßten zumindest die Vergleichswerte der Probebewertungen bei den individuellen Liegenschaften angesetzt werden. Dies wurde jedoch als zu aufwendig verworfen, weshalb die unterschiedlichen Bewirtschaftungskosten und Bodenanteile in den unterschiedlichen Multiplikatoren berücksichtigt wurden.[121]

Eine Differenzierung der Grundstücksrohmietenvervielfältiger erfolgt aus Praktikabilitätsgründen nur nach drei Kriterien:[122]

1. in verschiedene Grundstücksarten,
2. in verschiedene Altersgruppen (Altbauten, Neubauten und Nachkriegsbauten) und
3. in verschiedene Gemeindegrößenklassen.

Mittels der Zusammenlegung der verschiedenen Baujahre der Gebäude zu einer groben Einteilung in Altbauten, Neubauten und Nachkriegsbauten,[123] werden die Grundstücksrohertragsvervielfältiger stark verändert.

Bei den Zinssätzen wird ohne genaue Berücksichtigung der wirklichen Renditen pauschal eine "in der Grundstückswirtschaft übliche Verzinsung" angesetzt. In einem weiteren Schritt werden die Bewirtschaftungskosten mittels einer Durchschnittsbildung pauschaliert und als Prozentsatz von der Jahresrohmiete abgezogen. Die Jahresrohmietenvervielfältiger sind demnach keine geeigneten Faktoren, um die gemeinen Werte der zu bewertenden Anwesen festzustellen. In einem umfassenden Beispiel soll nochmals die Ableitung der Grundstücksrohertragsvervielfältiger aus den zahlreichen Daten verdeutlicht werden:[124]

---

121 Vgl. Begründung zu § 52 des Entwurfes des Gesetzes zur Änderung des Bewertungsgesetzes vom 01.10.1963, BT-Drs. IV/1488, S. 57.

122 Vgl. Anlage 3 ff. zum Bewertungsgesetz.

123 Diese Einteilung geht von der Situation Anfang der sechziger Jahre aus.

124 In **Beispiel 5.** wird der Ertragswert nach Bewertungsgesetz für die Musterimmobilie berechnet.

Restnutzungsdauer	=	*40 Jahre*[125]
Sollzinssatz	=	*5,5 %, da Mietwohnimmobilie*
Habenzinssatz	=	*2,5 %*
Gemeindegröße	=	*über 500.000 Einwohner*
Gebäudeart	=	*Nachkriegsbau* [126]
Bewirtschaftungskosten	=	*40 % des Grundstücksreinertrags-vervielfältigers*[127]
Bodenertragsanteil	=	*10 % des Grundstücksreinertrags-vervielfältigers*[128]
Bodenwertvervielfältiger	=	*Bodenwertprozentsatz x Gesamtbodenwertvervielfältiger*[129]

$$\text{Grundstücksreinertragsvervielfältiger} = \frac{1}{\dfrac{(1+\frac{2,5}{100})-1}{(1+\frac{2,5}{100})^{40}-1}+\dfrac{5,5}{100}}$$

	Grundstücksreinertragsvervielfältiger	=	*14,3*
./.	*Bewirtschaftungskosten*	=	*5,72*
=	*Zwischenwert*	=	*8,58*
./.	*Bodenertragsanteil*	=	*1,43*
=	*Gebäuderohertragsvervielfältiger*	=	*7,15*
+	*Bodenwertvervielfältiger*	=	*1,82*
=	*Grundstücksrohertragsvervielfältiger*	=	*8,97*

Abbildung 15: Ableitung der Grundstücksrohertragsvervielfältiger.

125 Um den in der Anlage 3 zum Bewertungsgesetz angegebenen Vervielfältiger von 9,1 mathematisch exakt darzustellen, ist die in der Begründung zum Bewertungsgesetz angegebene Restnutzungsdauer von 40 Jahren um 2 Jahre zu erhöhen.

126 Die Angaben für dieses Modellbeispiel sind aus der Anlage 3 zum Bewertungsgesetz zu entnehmen.

127 Der Bewirtschaftungskostenprozentsatz ist der Begründung des Bewertungsgesetzentwurfes zu entnehmen. Vgl. Begründung zu § 52 des Entwurfes des Gesetzes zur Änderung des Bewertungsgesetzes vom 01.10.1963, BT-Drs. IV/1488, S. 63.

128 Der Bodenertragsanteil ist der Begründung des Bewertungsgesetzentwurfes zu entnehmen. Vgl. Begründung zu § 52 des Entwurfes des Gesetzes zur Änderung des Bewertungsgesetzes vom 01.10.1963, BT-Drs. IV/1488, S. 64.

129 Der Bodenwertvervielfältiger ist der Begründung des Bewertungsgesetzentwurfes zu entnehmen. Vgl. Begründung zu § 52 des Entwurfes des Gesetzes zur Änderung des Bewertungsgesetzes vom 01.10.1963, BT-Drs. IV/1488, S. 58 f.

d) Korrekturen des Grundstückswertes

Der durch die Multiplikation der Jahresrohmiete mit dem einschlägigen Vervielfältiger entstandene Grundstückswert ist unter den Voraussetzungen der §§ 81 und 82 BewG zu korrigieren.[130]

Änderungen um bis zu ± 10% sind vorzunehmen, wenn die Grundsteuerbelastung einer Gemeinde erheblich von der Grundsteuerbelastung, die in den Vervielfältigern berücksichtigt wurde, abweicht.[131] Der Grundstückswert ist um bis zu 30 % zu vermindern, um ungewöhnlich starke Beeinträchtigungen, z.B. durch Lärm, Rauch, Gerüche oder behebbare Baumängel, zu berücksichtigen. Eine Erhöhung bis zu 30 % ist bei einer geringen baulichen Ausnutzung des Grund und Bodens oder bei einer nachhaltigen Nutzung für fremde Reklamezwecke durchzuführen.[132]

e) Fazit

Das Ertragswertverfahren des Bewertungsgesetzes ist ein pauschaliertes Reinertragsverfahren. Pauschalierungen sind vonnöten, um die Bewertung einfach, schnell und kostengünstig durchführen zu können. Durch die Bewertung auf der Basis von Pauschalierungen wird der eigentliche Zweck der Bewertung, den gemeinen Wert der Immobilien abzubilden, nicht erreicht.

In der Abbildung 16 wird das Ertragswertverfahren der §§ 78 - 82 BewG grafisch verdeutlicht:

---

130 Dies sind z.B. eine außergewöhnliche Grundsteuerbelastung, Lärm oder Rauch.

131 Vgl. § 81 BewG.

132 Vgl. § 82 BewG.

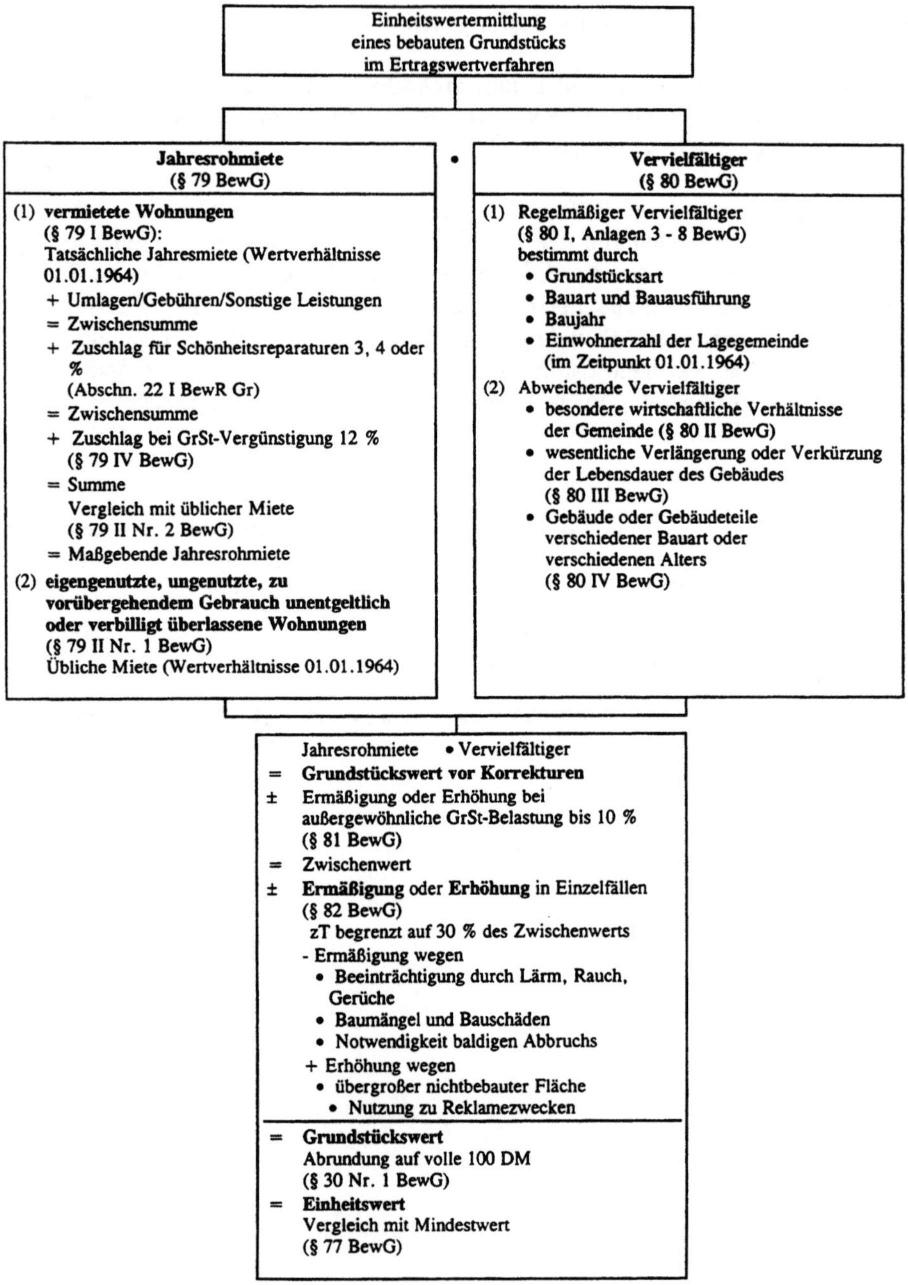

Abbildung 16: Grundstückswertermittlung im Ertragswertverfahren.[133]

---

133 Entnommen aus Sigloch, J., Grundlagen der Besteuerung (1995), S. 48.

Es unverständlich, wenn die Finanzverwaltung versucht, die regionalen Unterschiede in den Verhältnissen von Mieten und Verkehrswerten durch den Ansatz von pauschalierten oder üblichen Mieten der Region zu eliminieren,[134] da gleichzeitig bundeseinheitliche Vervielfältiger anzuwenden sind. In diesem Sinne äußert sich der BFH in seinem Urteil vom 13.12.1974,[135] wonach die für den Einheitswert maßgebliche übliche Miete gerade nicht aus den Verhältnissen des überregionalen Wohnungsmarktes abgeleitet werden kann. Vielmehr wird die übliche Miete einer Region durch ein einheitliches Bebauungs- oder Wohngebiet bestimmt.[136]

Der Ansatz bundeseinheitlicher Vervielfältiger ist problematisch, da besonders bei dem Wert des Grund und Bodens starke regionale und auch lokale Unterschiede bestehen, die in den Einheitswerten nicht abgebildet werden. Die pauschale Erfassung der Bodenwerte in Form der bundesweit einheitlichen Bodenertragsanteile ist abzulehnen. Diese Probleme haben dazu geführt, daß seit 1964 keine neue Hauptfeststellung mehr durchgeführt wurde. Soll in Konsequenz auf die Beschlüsse des Bundesverfassungsgerichts vom 22.06.1995[137] die einheitswertabhängige Besteuerung nicht aufgegeben werden, werden dringend neue zeitlich aktuelle Bemessungsgrundlagen benötigt.

Als Konsequenz wäre die gesamte Einheitsbewertung mit dem Ertragswertverfahren, dem Vergleichswertverfahren und dem Sachwertverfahren auf eine regional differenzierte und zeitnahe Basis umzustellen. Hierbei ist ein Zwischenweg von Pauschalierung und detaillierter einzelfallbezogener Ermittlung der bewertungsrelevanten Parameter zu finden, wenn man die Prämisse der Massenbewertung durch ein standardisiertes Verfahren nicht aufgeben will. Die Durchführung einer neuen Hauptfeststellung mit den in dem Bewertungsgesetz festgelegten Verfahren führt zu erheblichem Arbeitsaufwand, den z.B. Wolf[138] mit bis zu 24.000 Arbeitsmannjahren angibt. Es wären für das Ertragswertverfahren neue tatsächliche oder übliche Jahresrohmieten zu erheben. Vor allem wäre die Erstellung neuer Vervielfältiger notwendig, da die Verhältnisse der Bewirtschaftungskosten und Bodenwertanteile zu den Jahresrohmieten in dem langen Zeitraum zwischen der Aufstellung der Vervielfältiger und dem neu zu wählenden Hauptfeststellungszeitpunkt Veränderungen erfahren haben.

---

134 Vgl. Höll, K., Einheitsbewertung (DStR 9/1984), S. 261.

135 Vgl. BFH vom 13.12.1974, BStBl. II 1975, S. 191.

136 Vgl. BFH vom 13.12.1974, BStBl. II 1975, S. 192.

137 Vgl. BVerfG vom 22.06.1995 2 BvL 37/91, BStBl. II 1995, S. 655 und BVerfG vom 22.06.1995 2 BvR 552/91, BStBl. II 1995, S. 671.

138 Vgl. Wolf, M., Einheitswerte (DStR 15-16/1993), S. 549.

Darüber hinaus wurden in den letzten 30 Jahren die Probleme, die die Immobilienzwangswirtschaft[139] durch Reglementierungen mit der damit einhergehenden künstlichen Verringerung der Renditen von Immobilienanlagen geschaffen hat, zum Teil durch das freie Spiel der Marktkräfte überwunden.[140]

Als Lösung für das Problem der nicht die wirklichen gemeinen Werte abbildenden Einheitswerte bietet sich die Übernahme von Werten z.B. des Baurechts auch für die Einheitsbewertung der Besteuerung an.

3. Sachwertverfahren

Das Sachwertverfahren der §§ 83 bis 90 BewG ist darauf gerichtet, den typisierten gemeinen Wert bebauter Grundstücke zu ermitteln. Es ist auf bebaute Grundstücke anzuwenden, die ertraglos sind oder denen kein Ertrag sinnvoll zugerechnet werden kann. Nach § 76 II, III BewG sind nach dem Sachwertverfahren zu bewerten:

1. sonstige bebaute Grundstücke,
2. Ein- und Zweifamilienhäuser, die sich aufgrund ihrer besonderen Gestaltung oder Ausstattung von der Mehrheit der Ein- und Zweifamilienhäuser unterscheiden,
3. Grundstücke, für die keine Jahresrohmiete ermittelt werden kann und
4. Grundstücke, für die keine Vervielfältiger aufgestellt wurden.

Der gemeine Wert der Liegenschaften wird über die Summe von Bodenwert, Gebäudewert und Wert der Außenanlagen gebildet. Diese Summe wird als Ausgangswert bezeichnet.[141]

a) Ausgangswert

Der Bodenwert, der Gebäudewert und der Wert der Außenanlagen ergeben den Ausgangswert.[142] Der Ausgangswert ist durch die Anwendung von Wertzahlen an den gemeinen Wert anzugleichen.[143]

---

139 Hierunter fallen z.B. die Regelungen des Reichspreisstopps. Vgl. dazu Kleiber, W./Simon, J./Weyers, G., Verkehrswertermittlung (1994), S. 75 ff.

140 Vgl. Gürsching, L./Stenger, A., BewG (1994), § 78 BewG Anm. 27.

141 Das **Beispiel 14.** führt eine Sachwertbewertung nach Bewertungsagesetz durch.

142 Vgl. § 83 BewG.

143 Vgl. § 90 BewG.

aa) Bodenwert

Der Grund und Boden ist mit dem Wert anzusetzen, der sich ergeben würde, wenn das Grundstück unbebaut wäre.[144] Der Boden wird im Vergleichswertverfahren mit den gemeinen Werten bewertet.[145] Für die Bewertung ist es unerheblich, daß das Grundstück bebaut ist. Nach Abschn. 35 I BewRGr wird durch die anschließende Korrektur des Ausgangswertes dem Umstand Rechnung getragen, daß das Grundstück bebaut ist.

bb) Gebäudewert

Der Gebäudewert basiert auf dem Gebäudenormalherstellungswert, der auf der Grundlage der durchschnittlichen Herstellungskosten[146] des Jahres 1958 durch die Multiplikation der nach DIN 277[147] ermittelten Kubikmeter umbauten Raumes mit den durchschnittlichen Preisen je Kubikmeter umbauten Raumes errechnet wird.

Zunächst sind die zu bewertenden Objekte nach Anlage 13 der Richtlinien für die Bewertung des Grundvermögens in unterschiedliche Ausstattungsklassen einzuteilen. Die Finanzverwaltung schreibt in den Anlagen 14 und 15 zu den Richtlinien für die Bewertung des Grundvermögens eigene Raummeterpreisspannen für die verschiedenen Gebäude- und Ausstattungsklassen vor. Die so ermittelten durchschnittlichen Herstellungskosten des Jahres 1958 werden daraufhin auf den Hauptfeststellungszeitpunkt durch die Umrechnung entsprechend den Vorschriften des Abschn. 40 BewRGr bezogen.

Die Gebäudenormalherstellungswerte sind nach § 85 S. 3, 4 BewG wegen Alters und etwaiger baulicher Mängel und Schäden[148] zu mindern, in besonderen Fällen kann der sich dadurch ergebende Gebäudesachwert ermäßigt oder erhöht werden. Die Wertminderung des Gebäudes ist nach dem Alter des Gebäudes im Hauptfeststellungszeitpunkt zu bestimmen. Sie wird in einem Prozentsatz des Gebäudenormalherstellungswertes ausgedrückt, der sich nach der gewöhnlichen Lebensdauer von Gebäuden gleicher Art und Nutzung bestimmt und wird in gleichbleibenden

---

144 Vgl. § 84 BewG.

145 Vgl. oben: Zweiter Teil: I. A. 1. Bewertung mit dem gemeinen Wert im engeren Sinne.

146 Die durchschnittlichen Herstellungskosten enthalten die Baunebenkosten, vgl. Rössler, R./Troll, M., BewG (1994), § 85 BewG Anm. 2.

147 Vgl. Deutsches Institut für Normung e.V. (Hrsg.), DIN Taschenbuch 112 (1990).

148 Für die gesamte weitere Arbeit sei auf die Definition und Abgrenzung von Baumängeln und Bauschäden der Grundsätze der Wertermittlungsverordnung verwiesen. Ein Baumangel ist demnach durch Fehler während der Bauzeit entstanden, während ein Bauschaden durch spätere äußere Einwirkungen auf das Bauwerk entsteht. Vgl. Kleiber, W./Simon, J./Weyers, G., Verkehrswertermittlung (1994), S. 855.

Jahresbeträgen angesetzt (lineare Abschreibung).[149] Gebäude, die nach dem Hauptfeststellungszeitpunkt errichtet wurden, werden nicht um Wertminderungsbeträge bei dem Ansatz der Gebäudewerte korrigiert, weil sie bezogen auf den Hauptfeststellungszeitpunkt immer "unverbraucht" sind.

Verkürzungen oder Verlängerungen der gewöhnlichen Nutzungsdauer des Gebäudes durch bauliche Maßnahmen oder Baumängel werden durch Korrekturen des Wertminderungssatzes ausgedrückt.[150] Die gesamte Wertminderung des Gebäudes darf nach § 86 III BewG in Normalfällen 70 Prozent nicht überschreiten. Liegen bauliche Mängel und Schäden vor, die weder bei der Ermittlung des Gebäudenormalherstellungswertes noch bei der Berücksichtigung der Wertminderung des Gebäudes angesetzt wurden, sind die Gebäudewerte um einen Abschlag - entsprechend den Mängeln und Schäden - zu verringern.[151],[152]

Der wegen Alters und eventueller Mängel und Schäden geminderte Gebäudenormalherstellungswert stellt den Gebäudesachwert dar. Der Gebäudesachwert kann aufgrund von tatsächlichen Umständen, die vorher weder im Gebäudenormalherstellungswert noch durch alters- oder baubedingte Wertabschläge berücksichtigt wurden, ermäßigt oder erhöht werden.[153] Insbesondere kommen Korrekturen aufgrund der Lage des Grundstückes, der wirtschaftlichen Überalterung oder aufgrund von Nutzungen für Reklamezwecke in Betracht.

cc) Wert der Außenanlagen

Der Wert der Außenanlagen z.B. Umzäunungen, Wege- oder Platzbefestigungen, Brücken, Gartenanlagen, Tennisplätze wird gesondert erfaßt Die Werte werden mittels der durchschnittlichen Herstellungskosten des Jahres 1958 ermittelt und auf das Jahr 1964 indexiert.[154] Wertminderungen wegen Alter, Abnutzung, baulicher Mängel oder besonderer Umstände vermindern den indexierten Wert.[155] Hierbei

---

149 Vgl. Abschn. 41 II BewRGr i.V.m. § 86 I BewG.

150 Vgl. dazu detailliert Horschitz, H./Groß, W./Schnur, P., Bewertung (1989), S. 330 ff.

151 Vgl. § 87 BewG.

152 Dies ist vor allem der Fall bei behebbaren baulichen Mängeln und Schäden, die nicht von bedeutendem Einfluß auf die Lebensdauer des Gebäudes sind, wie z.B. fehlerhafte Bauausführung und Fehlen von Bauteilen. Vgl. Abschn. 42 I BewRGr.

153 Vgl. § 88 BewG.

154 Die durchschnittlichen auf das Jahr 1964 indexierten Herstellungskosten von Außenanlagen sind der Anlage 17 zu den BewRGr zu entnehmen.

155 Die Wertminderungen der Außenanlagen sind dem Abschn. 45 II BewRGr zu entnehmen.

gelten die Vorschriften für die Ermittlung der Gebäudesachwerte der §§ 86 bis 88 BewG sinngemäß.[156]

b) Angleichung an den gemeinen Wert

Die Summe von Bodenwert, Gebäudesachwert und Wert der Außenanlagen ergibt den Ausgangswert im Sinne des § 83 BewG. Dieser ist an den gemeinen Wert anzugleichen.

> *"Er bedarf noch einer Angleichung an den gemeinen Wert, da dieser nicht allein durch den reinen Sachwert, sondern auch durch eine Reihe von anderen Umständen bestimmt wird. So nehmen insbesondere Zweckbestimmung und Verwendbarkeit des Grundstückes in besonderem Maße Einfluß auf den gemeinen Wert."*[157]

Der Gesetzgeber hat die Gedanken der Steuerrechtsprechung durch die Angleichung des Ausgangswertes an den gemeinen Wert aufgegriffen. Dadurch werden die Gegebenheiten auf dem Immobilienmarkt der hinter den reinen Sachwerten zurückbleibenden Verkaufswerte berücksichtigt.

Im Ertragswertverfahren wird diesem Umstand durch den Ansatz der Jahresrohmieten Rechnung getragen, da individuelle Mieten als Grundlage für die Bewertung angesetzt werden. Damit werden die Nutzungsmöglichkeiten des Objektes in die Bewertung eingebracht. Eine Angleichung der Ergebnisse des Ertragswertverfahrens an die gemeinen Werte kann demnach unterbleiben.[158]

Das Sachwertverfahren ermittelt lediglich einen Wert der verschiedenen Bauteile in Abhängigkeit vom Alter und Zustand. Die individuellen Verhältnisse des Grundstückes in bezug auf eine wirtschaftliche Verwendung werden nur durch den Ansatz von Ermäßigungen bei wirtschaftlicher Überalterung eingebunden. Als Angleichungsmaßstab an den gemeinen Wert sind Wertzahlen eingeführt worden, die auf der Basis von Verkaufsfällen ermittelt wurden. Die Wertzahlen drücken das Verhältnis zwischen dem Sachwert und dem gemeinen Wert eines Grundstückes im Hauptfeststellungszeitpunkt aus. Sie wurden auf der Basis von Probebewertungen und der Analyse von Verkaufsfällen ermittelt und sind Prozentwerte, die den Anteil des gemeinen Wertes an dem Sachwert darstellen.[159]

---

156 Vgl. § 89 S. 2 BewG.

157 Begründung zu § 53 des Entwurfes des Gesetzes zur Änderung des Bewertungsgesetzes vom 01.10.1963, BT-Drs. IV/1488, S. 69.

158 Die Ergebnisse des Ertragswertverfahrens sind aber wiederum durch starke Pauschalierungen nur bedingt mit den wirklichen gemeinen Werten vergleichbar.

159 Vgl. Rössler, R./Troll, M., BewG (1994), § 90 BewG Anm. 10.

Die verschiedenen Wertzahlen sind entsprechend der Gruppeneinteilung beim Ertragswertverfahren nach Grundstücksarten und Baualtersgruppen zu unterteilen. Bei Geschäftsgrundstücken wurde eine detaillierte Gliederung in z.B. Fabriken, Lagerhäuser, Warenhäuser etc. unternommen, weil hierbei große Differenzen zwischen Sachwert und gemeinem Wert aufgrund der Probebewertungen zu verzeichnen waren.[160] Durch die Wertzahlen wird der gemeine Wert in einer maximalen Spanne zwischen 85 % und 50 % des Ausgangswertes nach § 90 II BewG festgeschrieben.[161]

Die aus den Verkaufsfällen abgeleiteten Wertzahlen sind aufgrund der Durchschnittsbildung nicht in der Lage, die wirklichen Verhältnisse abzubilden. Zudem erschwert die bundeseinheitliche Gültigkeit der Wertzahlen eine Berücksichtigung individueller Gegebenheiten. Die Aussagekraft der so angeglichenen Sachwerte an "gemeine Werte" bringt keinen Informationsgewinn.

Von besonderem Interesse ist, daß die Begründung zu § 53 des Bewertungsänderungsgesetzes 1965 die Fiktion aufhebt, daß der Grund und Boden und die aufstehenden Bauten separat zu bewerten sind.[162] Bei der Angleichung des Ausgangswertes an die gemeinen Werte sind Wertzahlen zu verwenden, die auf die gesamten Grundstücke bezogen sind.[163]

Zur Verdeutlichung der zahlreichen Detailregelungen des Sachwertverfahrens soll die nachfolgende Abbildung 17 beitragen:

160 Vgl. Rössler, R./Troll, M., BewG (1994), § 90 BewG Anm. 12 ff.

161 Für Nachkriegswarenhäuser werden z.B. 85 % und für Grundstücke, die unmittelbar dem öffentlichen Verkehr dienen, 50 % des Sachwertes angesetzt. Vgl. Verordnung zur Durchführung des § 90 BewG vom 02.09.1966, BStBl. I 1966, S. 885.

162 Vgl. Begründung zu § 53 des Entwurfes des Gesetzes zur Änderung des Bewertungsgesetzes vom 01.10.1963, BT-Drs. IV/1488, S. 69.

163 Die Wertzahlen wurden durch die Verordnung zur Durchführung des § 90 BewG vom 02.09.1966 erlassen, vgl. BStBl. I 1966, S. 885 f.

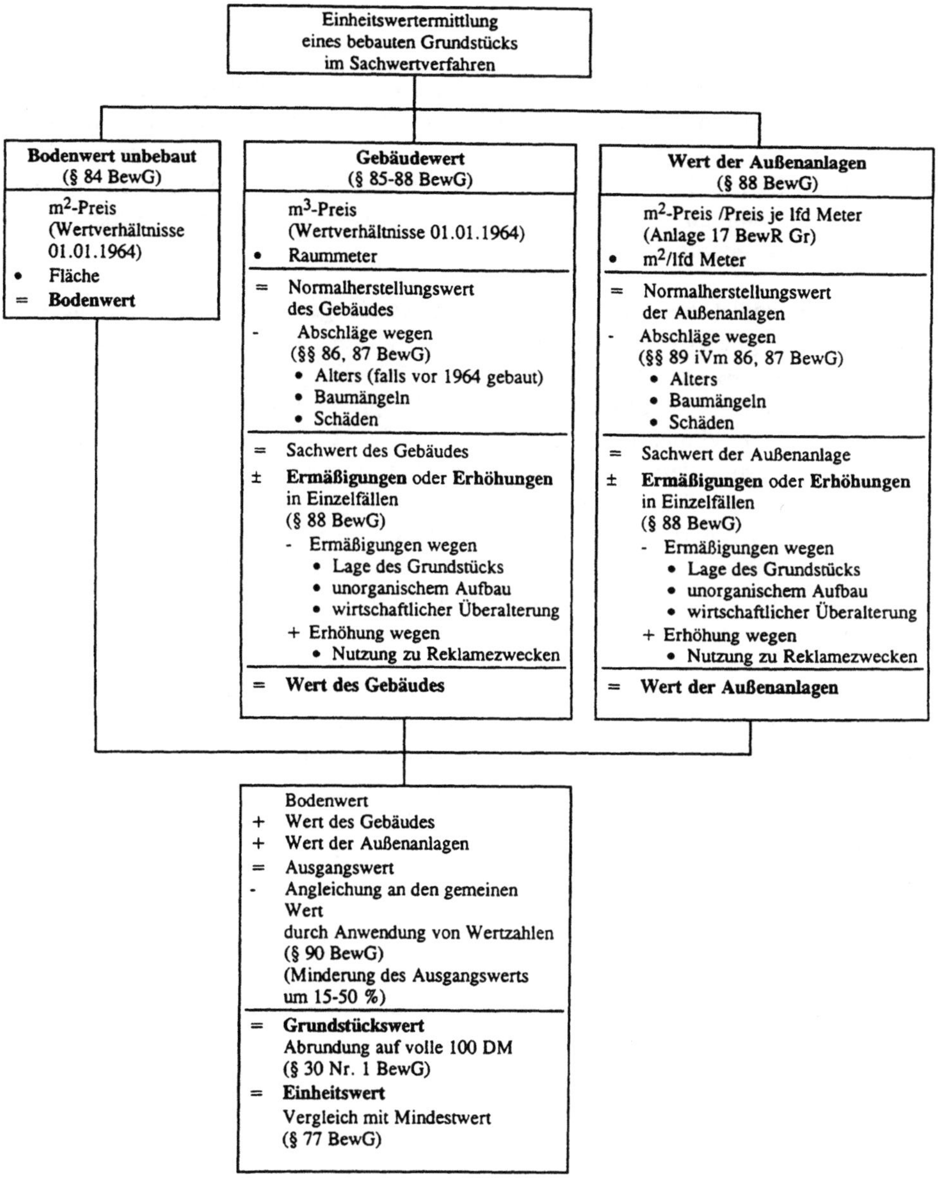

Abbildung 17: Grundstückswertermittlung im Sachwertverfahren.[164]

164 Entnommen aus Sigloch, J., Grundlagen der Besteuerung (1995), S. 48.

c) Fazit

Das Sachwertverfahren zur Einheitsbewertung ermittelt Immobilienwerte unter dem Aspekt der identischen Rekonstruktion. Die gemeinen Werte, die aus Verkaufsfällen abzuleiten sind, kann das Sachwertverfahren aufgrund der Konzeption nicht darstellen. Lediglich die im Falle der Veräußerung ersparten Baukosten für die Rekonstruktion werden als Indikator für die Wertverhältnisse im gewöhnlichen Geschäftsverkehr genommen.

Sollen jedoch Indikatoren für die ersparten Aufwendungen als Wertmaßstab dienen, so sind diese möglichst exakt zu ermitteln. Dies leistet das Sachwertverfahren aber gerade nicht, da es von bundesweit einheitlichen Baupreisen, von einheitlichen Baupreissteigerungen entsprechend den Baupreisindizes des Statistischen Bundesamtes, von einheitlichen Lebensdauern der baulichen Anlagen und von einheitlichen Wertminderungen ausgeht. Darüber hinaus werden die Verhältnisse zwischen den mittels Probebewertungen ermittelten gemeinen Werten[165] und den Sachwerten der Liegenschaften ohne regionale Unterschiede als gültig angesehen. Doch schon im Rahmen der Aufstellung der Wertzahlen wurden die Probleme der Immobilienwerte unterschiedlicher Regionen erkannt, jedoch als nicht besonders "gravierend" eingestuft.[166],[167]

Das Sachwertverfahren könnte sich der exakt angefallenen Baukosten der Gebäude und Außenanlagen bedienen und diese mit den Baupreisindizes auf den Feststellungszeitpunkt beziehen. Die "Abschreibungen" wären entsprechend den von Bausachverständigen ermittelten Wertminderungswerten[168] anzusetzen. In einem weiteren Schritt könnten die Verhältnisse zwischen Grundstückssachwerten und gemeinen Werten durch die Übernahme von Richtwerten der Gutachterausschüsse berücksichtigt werden.

Hierbei wäre wiederum die Übernahme von externen Werten erforderlich. Demnach könnte die gesamte Bewertung im Rahmen der steuerlichen Bewertung auf die Übernahme von externen Werten, z.B. der Gutachterausschußwerte, umgestellt werden.

---

165 Zu den Probebewertungen vgl. Gutachten des Schätzungsauschusses zur Vorbereitung der Einheitsbewertung des Grundvermögens über die Bewertung des Grundvermögens, BT-Drs. IV/1488, S. 85.

166 Vgl. Begründung zu § 53 g des Entwurfes des Gesetzes zur Änderung des Bewertungsgesetzes vom 01.10.1963, BT-Drs. IV/1488, S. 72.

167 Lediglich wegen der nicht zu nivellierenden Unterschiede des früheren Westberliner Grundstücksmarktes im Verhältnis zum restlichen Bundesgebiet sind hier gesonderte Vorschriften erlassen worden. Vgl. Artikel 1 Nr. 26 des Gesetzes zur Änderung des Bewertungsgesetzes vom 13.08.1965, BGBl. I 1965, S. 866.

168 So z.B. die Wertminderungstabellen nach Ross/Brachmann/Holzner, vgl. Ross, W./Brachmann, R./Holzner, P., Bau- und Verkehrswert (1993), S. 271 ff.

4. Exkurs: Einheitsbewertung des land- und forstwirtschaftlichen Grund und Bodens

Die Bewertung des land- und forstwirtschaftlichen Grund und Bodens ist von grundsätzlicher Bedeutung, da hier ausschließlich der "Ertragswert" explizit als Bewertungsmaßstab vorgeschrieben wird.[169]

Land- und forstwirtschaftliche[170] Betriebe werden im Rahmen der Einheitsbewertung in zwei Teile aufgespalten, in den Wirtschaftsteil und den Wohnteil.[171] Der Wohnteil wird abgespalten, weil es sich hierbei lediglich um Wirtschaftsgüter des gesamten land- und wirtschaftlichen Betriebes handelt, die nicht der Leistungserstellung dienen und somit nicht im Rahmen der Bewertung des eigentlichen Betriebes anzusetzen sind.[172] Der Wohnteil ist dem entsprechend als Grundvermögen zu beurteilen und wird nach dem Ertragswertverfahren bewertet.[173] Die Wirtschaftsteilbewertung erfolgt nach § 36 I BewG mit dem Ertragswert. Hierbei soll der objektiv nachhaltig erzielbare Reinertrag mit der Zahl 18 nach § 36 II BewG kapitalisiert werden. Für die land- und forstwirtschaftlichen Betriebe wird somit eine nachhaltige 5,5 %-ige Verzinsung des Unternehmenswertes angenommen.

Die Bewertung des Wirtschaftsteils erfolgt mit Hilfe eines Vergleichsverfahrens.[174] Der Gesetzgeber hat hierbei in § 40 II BewG konkrete Vergleichszahlen erlassen, die als Basis für die zu ermittelnden Ertragswerte dienen. Die Bodenschätzung nach dem Bodenschätzgesetz vom 16.10.1934[175] führt zu Bodenwertzahlen, die eine Standardisierung verschiedener Böden ermöglichen.[176] Die jeweiligen Flurstücke erhalten eine Bodenwertzahl, die zwischen 1 und 100 liegen kann. Bei dem Wert von 100 wird der Boden als identisch zu exzellenten Böden mit einem maximal möglichen Ertrag angesehen.[177] Die ermittelte Bodenwertzahl kann um besondere

---

169 Vgl. § 36 BewG und Höll, K., Bewertungsmaßstäbe (DB 41/1993), S. 2055.

170 Auf die detaillierte Darstellung der einzelnen abweichenden Vorschriften für den Bereich der Forstwirtschaft wird verzichtet, weil die Vorgehensweise für beide Bereiche identisch ist. Unterschiede im Rahmen der Forstwirtschaft entstehen insbesondere bei der Vorgabe von Vergleichswerten nach § 40 BewG aufgrund des § 55 BewG.

171 Im Rahmen dieser Arbeit ist nur die Bewertung des Wirtschaftsteiles von Bedeutung.

172 Vgl. Rössler, R./Troll, M., BewG (1994), § 34 BewG Anm. 28.

173 Vgl. § 47 BewG und oben: Zweiter Teil: I. A. 2. Ertragswertverfahren.

174 Vgl. §§ 37 - 41 BewG.

175 RStBl. 1934, S. 1306 ff.

176 Hierbei wird nach unterschiedlichen Bodenklassen bonitiert, wobei die naturbedingten Ertragsbedingungen Grundlage der Schätzung sind.

177 Bei Weinbau oder gärtnerischer Nutzung sind auch Werte über 100 möglich, vgl. Schwarz, H. J./Wätzig, M., Land- und Forstwirtschaft (1989), Teil 11 Kapitel 1.3.2 S. 3.

Einflüsse korrigiert werden, wie z.B. Besonderheiten der Geländegestaltung oder der klimatischen Verhältnisse. Die daraus resultierenden Endwerte werden als Acker-, Grünlandzahlen oder als Ertragsmeßzahlen Acker- oder Grünland bezeichnet.[178]

Die Bodenschätzung an sich ist somit ein Vergleichsverfahren, denn die Mustergrundstücke nach § 4 BodenSchätzG sind Basis der Bonitierung für andere Grundstücke.[179]

Die bereinigten Ertragsmeßzahlen können zusätzlich um betriebsspezifische, vom "Durchschnitt" abweichende Zu- oder Abrechnungen verändert werden (innere und äußere Verkehrslage, Betriebsgröße, regionale Lohn- und Preisunterschiede[180]). Die so korrigierte Ertragsmeßzahl ergibt die landwirtschaftliche Vergleichszahl. Diese wird daraufhin mit den Hektarwerten des § 40 II BewG multipliziert. Der Vergleichswert kann zudem um betriebsspezifische Besonderheiten in Hinblick auf die Erträge durch Zu- oder Abschläge[181] korrigiert werden (vgl. § 41 BewG). Letztlich errechnet sich der land- und forstwirtschaftliche Wirtschaftswert, der mit dem Wohnwert zusammengeführt den land- und forstwirtschaftlichen Einheitswert ergibt.[182] In der Abbildung 18 wird das Verfahren der land- und forstwirtschaftlichen Einheitsbewertung grafisch aufgezeigt:

178 Vgl. Sommerfeldt, H., Bodenschätzung (DStZ 1/1994), S. 7.

179 Vgl. Rösch, A./Kurandt, F., Bodenschätzung (1991), S. 4 f.

180 Zu den genauen Definitionen und Erläuterungen der angeführten Begriffe vergleiche Richtlinien zur Bewertung des landwirtschaftlichen Vermögens, Teil 1 - 4 und 8 vom 17.11.1967, BStBl. I 1967, S. 399 - 443 und Teil 5 -7 vom 17.01.1968, BStBl. I 1968, S. 223 - 281.

181 Vgl. Altehoefer, K./Bauer, K.-H./Fichtelmann, H./Fischer, F./Freund, K. L./Walter, H., Land- und Forstwirtschaft (1993), S. 495.

182 Vgl. Köhne, M./Wesche, R., Landwirtschaftliche Steuerlehre (1990), S. 92f.

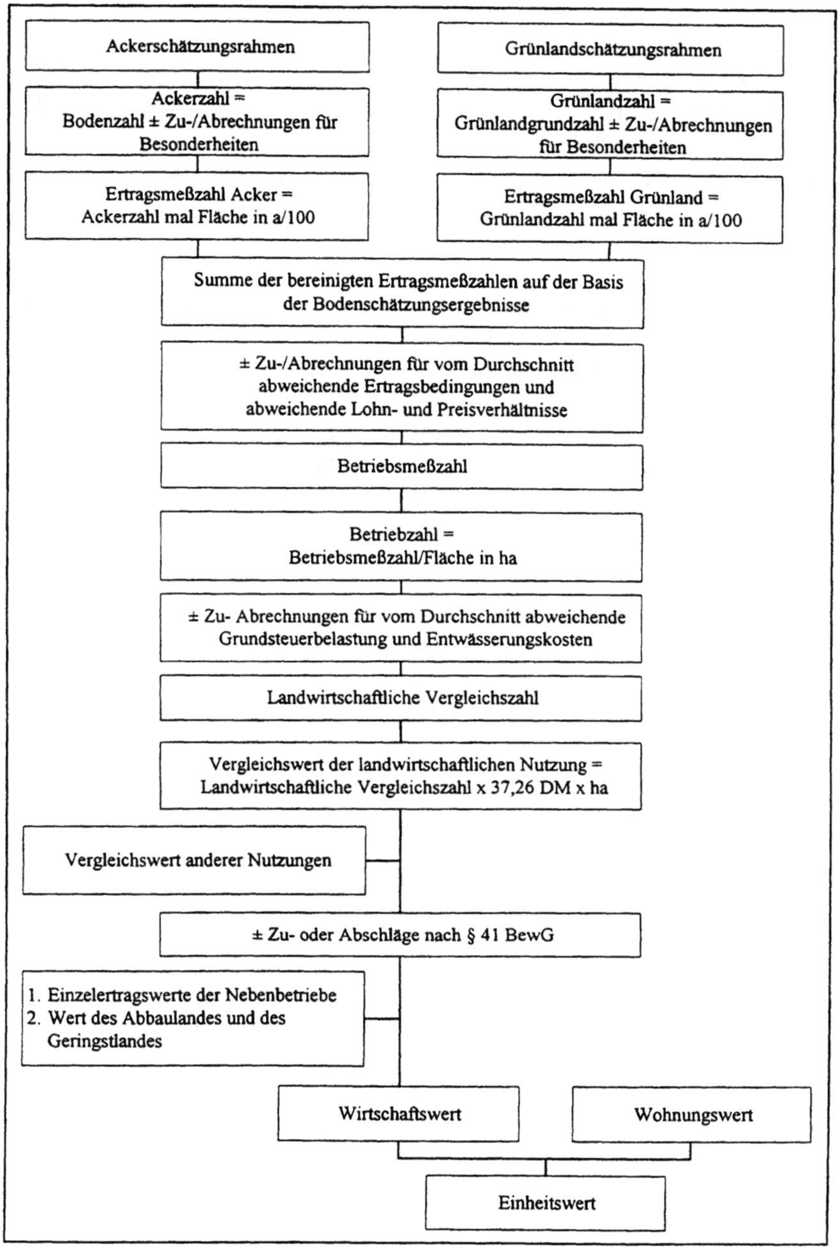

Abbildung 18: Ablaufschema der Einheitsbewertung land- und forstwirtschaftlichen Vermögens.[183]

183 Abbildung in Anlehnung an Köhne, M./Wesche, R., Landwirtschaftliche Steuerlehre (1990), S. 92.

Die gesamten Einheitswerte für land- und forstwirtschaftliches Vermögen werden von Teilen der Literatur als nicht verfassungsgemäß abgelehnt.[184] Diesen Ausführungen ist beizustimmen, da die Vorgabe der Ertragswerte durch die Bestimmung von Vergleichszahlen in § 40 II BewG nicht auf Basis der durch die Bewertungsstützpunkte ermittelten Reinertragswerte von 420,- DM/ha erfolgte,[185] sondern aufgrund von politischen Erwägungen auf 207,- DM/ha festgelegt wurde,[186] was die Einheitswerte für landwirtschaftliches Vermögen schon im Zeitpunkt der ersten Anwendung unrealistisch werden ließ.

Schwarz/Wätzig[187] führen die korrekte Kapitalisierung mit dem Vervielfältiger an. Dabei wird allerdings verkannt, daß die Korrekturen der von den Bewertungsstützpunkten für die Hauptfeststellung 1964 ermittelten Vergleichszahlen auf Basis der Erträge durch die Herabsetzung der Werte zunichte gemacht wurden. Somit wurde ein Vervielfältiger von 8,87, der einem Zinssatz von 11,3 % entspricht, eingeführt.[188] Die Unterstellung, daß ein landwirtschaftlicher Betrieb einen jährlichen Reinertrag in Höhe von 11,3 % des Ertragswertes erbringt, ist aber nicht realistisch, wenn man von den durchschnittlichen Erträgen ausgeht, die sich auf ca. 3 % p.a. belaufen.[189]

Die Ergebnisse der Bodenschätzung sind für alle land- und forstwirtschaftlichen Betriebe in Deutschland vergleichbar. Hierdurch entsteht eine Transparenz, die sich auch im allgemeinen Geschäftsverkehr z.B. bei Bewertungen von landwirtschaftlichen Flächen mittels Bodenwertzahlen bei Veräußerungen manifestiert.[190] Die betriebsindividuellen Korrekturen der Ertragsmeßzahlen stellen eine erste Stufe der Einbeziehung "persönlicher" Verhältnisse unterschiedlicher land- und forstwirtschaftlicher Betriebe dar.

Das Verfahren der Einheitsbewertung des land- und forstwirtschaftlichen Grund und Bodens ist in der derzeitigen Form abzulehnen, da die Kapitalisierung mit zu hohen Zinssätzen zu unrealistisch geringen Einheitswerten führt. Zudem ist die Aktualität

---

184 Vgl. Pelka, J., Einheitsbewertung (Steuer und Wirtschaft 3/1975), S. 210 ff.

185 Zu den Bewertungsstützpunkten und den von ihnen ermittelten Reinertragswerten vgl. Schwarz, H. J./Wätzig, M., Land- und Forstwirtschaft (1989), Teil 11 Kapitel 1.3.4 S. 1.

186 Vgl. Rössler, R./Troll, M., BewG (1994), § 40 BewG Anm. 5.

187 Vgl. Schwarz, H. J./Wätzig, M., Land- und Forstwirtschaft (1989), Teil 11 Kapitel 1.3.2 S.2.

188 Es wird zwar korrekt der Wert von 207,- DM/ha mit 18 vervielfältigt, der Wert von 3726,- DM/ha bezogen auf den richtigen Reinertrag von 420,- DM/ha führt aber zu dem endgültig eingeführten Vervielfältiger von 8,87.

189 Vgl. Freund, K. L., Land- und Forstwirtschaft (DStZ 1994), S. 459.

190 Zur Anwendung der Ergebnisse der Bodenschätzung und z.B. zu den verschiedenen Kaufpreisen landwirtschaftlicher Grundstücke in Abhängigkeit von Bodenwertzahlen vgl. Sommerfeldt, H., Bodenschätzung (DStZ 1/1994), S. 11 f.

der zugrunde gelegten Erträge nicht gegeben.[191] Trotzdem ist das Verfahren aus Konzeptionsgesichtspunkten ein interessanter Ansatz. Es stellt eine erste Stufe der Standardisierung eines "Grundwertes" dar, der daraufhin von der Gesetzgebung in einem mißglückten Versuch über ein Vergleichsverfahren zu einem "Ertragswert" umgerechnet wird.

5. Exkurs: Reformvorschläge der Einheitsbewertung

a) Reformbedarf

Durch das Bewertungsänderungsgesetz 1965 wurde der Hauptfeststellungszeitpunkt 01.01.1964 für Grundbesitz festgelegt.[192] Eine Hauptfeststellung von Einheitswerten für Grundbesitz ist gemäß § 21 I Nr. 1 BewG alle sechs Jahre durchzuführen.

Durch Artikel 2 des Gesetzes zu Änderung und Ergänzung bewertungsrechtlicher Vorschriften vom 22.07.1970[193] wurde der schon durch den Artikel 2 I BewÄndG 1965[194] auf den 01.01.1971 verschobene nächste Hauptfeststellungstermin aufgehoben und eine separat zu verabschiedende gesetzliche Regelung für die Festlegung des nächsten Hauptfeststellungszeitpunktes für Grundbesitz eingeführt. Bis heute ist das zu verabschiedende Gesetz zur Bestimmung des nächsten Hauptfeststellungszeitpunktes noch nicht erlassen worden.

Seit der letzten Hauptfeststellung der Einheitswerte des Grundbesitzes sind mittlerweile mehr als 30 Jahre vergangen. Über die in den damaligen Einheitswerten liegenden Verzerrungen hinaus sind weitere Wertverzerrungen untereinander und in Bezug zu anderen Vermögensarten entstanden. Die nachfolgenden drei Beispiele verdeutlichen die mittlerweile offensichtlichen Verzerrungen:

1. Bei baureifen Grundstücken im Sinne des § 73 BewG sind die Verkehrswerte seit 1964 aufgrund der Baulandknappheit stärker gestiegen als bei unbebauten oder bebauten Grundstücken.

2. Der Wertansatz von Gebäuden, die nach dem 31.12.1963 fertiggestellt wurden, erfolgt immer zu dem ungeminderten Gebäudewert. Ein Neubau des Jahres 1965 z.B. hat heute aber bis zu 50 % seiner Nutzungsdauer erreicht. Er wird aber trotzdem mit dem gleichen Gebäudewert bewertet wie ein Neubau des Jahres 1990.

---

191 Zu dem Problem der nicht aktuellen Ertragsüberlegungen, vgl. Flaspöhler, J., Land- und Forstwirtschaft (BB 32/1994), S. 2248.

192 Vgl. Gesetz zur Änderung des Bewertungsgesetzes vom 13.08.1965, Artikel 2 I, BGBl. I 1965, S. 866.

193 Vgl. BGBl. I 1970, S. 1118.

194 Vgl. BGBl. I 1965, S. 866.

3. Die Spanne zwischen den durch die gemeinen Werte dargestellten Verkehrswerten des Grundbesitzes und den durch die gemeinen Werte aufgrund von z.B. Tageskursen dargestellten Verkehrswerten von Wertpapieren bedingt eine ungerechtfertigte Ungleichbehandlung der verschiedenen Investitionsformen.

Aufgrund der von den Finanzämtern 1992 durchgeführten Probebewertungen wurde das Verhältnis zwischen den Kaufpreisen und Einheitswerten innerhalb der Grundstücksarten mehrfach untersucht:

Verhältnisse zwischen Kaufpreisen und Einheitswerten	nach Jakob[195]	nach Wolf[196]		
Grundstücksart	$\frac{\text{Einheitswert}}{\text{Kaufpreis}} \times 100$	Ø Einheitswert ohne Zuschlag in DM	Ø Kaufpreis in DM	$\frac{\text{Einheitswert}}{\text{Kaufpreis}} \times 100$
Einfamilienhäuser		30.300	242.200	12,52
- im Ertragswertverfahren	12,49			
- im Sachwertverfahren	20,58			
Zweifamilienhäuser		34.800	297.100	11,71
- im Ertragswertverfahren	11,67			
- im Sachwertverfahren	25,51			
Mietwohnungen		45.000	390.800	11,51
- im Ertragswertverfahren	11,50			
- im Sachwertverfahren	15,56			
Geschäftsgrundstücke		102.800	580.600	17,71
- im Ertragswertverfahren	15,23			
- im Sachwertverfahren	20,60			
Mischgrundstücke unter 50 v.H. betrieblicher Nutzung		55.500	422.100	13,15
- im Ertragswertverfahren	13,11			
- im Sachwertverfahren	16,81			
Mischgrundstücke über 50 v.H. betrieblicher Nutzung		64.800	431.100	15,03
- im Ertragswertverfahren	14,83			
- im Sachwertverfahren	19,01			
Eigentumswohnungen		20.700	163.400	12,67
- im Ertragswertverfahren	12,68			
- im Sachwertverfahren	13,21			
unbebaute Grundstücke	8,95	7.200	80.700	8,92

Abbildung 19: Verhältnisse zwischen Kaufpreisen und Einheitswerten.

Aufgrund der großen Diskrepanz zwischen Einheitswerten und den am Markt gewöhnlichen Kaufpreisen ist eine "Diskussion" über die Verfassungskonformität der Einheitsbewertung von Grundbesitz und die Reformierung der

195 Vgl. Jakob, W., Bewertungsvereinfachung (1993), S. 65.

196 Vgl. Wolf, M., Einheitswerte (DStR 15-16/1993), S. 546.

Einheitsbewertung entbrannt.[197] Seinen vorläufigen Höhepunkt hat diese "Diskussion" in den Urteilen des Bundesverfassungsgerichtes vom 22.06.1995 gefunden.[198]

Den Gleichheitsgrundsatz sieht das Bundesverfassungsgericht im Rahmen der derzeit bestehenden Einheitsbewertung als nicht gewahrt. Falls der Gesetzgeber einen einheitlichen Steuersatz erläßt, kann eine gleichmäßige Besteuerung nur in den Bemessungsgrundlagen der jeweils für sich zu bewertenden wirtschaftlichen Einheiten sachgerecht verwirklicht werden.[199] Das Gericht verpflichtet den Gesetzgeber für den Bereich der Vermögensteuer bis zum 31.12.1996 eine Neuregelung zu treffen.[200] Übergangsregelungen im Falle der Reform der Vermögensteuer, die eine Neubewertung der vermögensteuerlichen Bemessungsgrundlagen bedingen, sind für den Zeitraum von längstens fünf Jahren ab der Verkündung der neuen Vorschriften der Vermögensteuer zulässig und dürfen lediglich eine teilweise Fortgeltung der bisherigen Normen anordnen.[201] Für die Erbschaftsteuer ist eine Regelung bis zum 31.12.1996 zu verabschieden, die verbindlich ab dem 01.01.1996 anzuwenden ist.[202]

b) Lösungsansätze

Die Bundesverfassungsgerichtsbeschlüsse umzusetzen, kann auf unterschiedliche Weise versucht werden.[203] Denkbar sind

- Zuschläge,
- gespaltene Steuersätze,
- die Reindexierung der übrigen Vermögenswerte,
- Raum- bzw. Flächenverfahren,

---

197 Stellvertretend für viele sei an dieser Stelle die Literaturzusammenfassung zu der Einheitswertproblematik von Rössler/Troll angeführt, vgl. Rössler, R./Troll, M., BewG (1994), § 21 BewG Anm. 10. Die Übersicht von Schelle/Schemmel über die verschiedenen Vorschläge zur Reformierung der Einheitsbewertung bezieht die Wirkungen auf die einheitswertabhängigen Steuern in die Reformbetrachtungen ein, vgl. Schelle, K./Schemmel, L., Einheitsbewertung (1993), S. 143 ff.

198 Vgl. BVerfG vom 22.06.1995 2 BvL 37/91, BStBl. II 1995, S. 655 und BVerfG vom 22.06.1995 2 BvR 552/91, BStBl. II 1995, S. 671.

199 Vgl. BVerfG vom 22.06.1995 2 BvL 37/91, BStBl. II 1995, S. 655, Leitsatz 1.

200 Vgl. BVerfG vom 22.06.1995 2 BvR 37/91, BStBl. II 1995, S. 665, C. III. 3.

201 Vgl. BVerfG vom 22.06.1995 2 BvR 37/91, BStBl. II 1995, S. 665, C. III. 3.

202 Vgl. BVerfG vom 22.06.1995 2 BvR 552/91, BStBl. II 1995, S. 675, C. II. 3. b).

203 Ob die möglichen Umsetzungsversuche den Vorgaben des Bundesverfassungsgerichtes entsprechen ist im Rahmen der Darstellung zu beantworten.

- die ausschließliche Bodenbewertung,
- der Ansatz der Maklerformel,
- die Übernahme von Brandversicherungswerten und
- die Abschaffung der Einheitswertbesteuerung.

aa) Anpassung der Einheitsbewertung

aaa) Zuschläge

Unter Beibehaltung der bisherigen Einheitswerte für Grundbesitz soll mittels Zuschlägen für eine steuerliche Gleichbehandlung gesorgt werden. Da die Einheitswerte nicht einheitlich hinter den Verkehrswerten zurückgeblieben sind, müßten unterschiedliche Zuschlagssätze aufgestellt werden, die den verschiedenen Grundstücksarten entsprechen. Die Einheitswerte der gleichen Grundstücksarten stehen wiederum nicht in gleichen Verhältnissen zueinander. Deshalb können sie nicht mit grundstücksartspezifischen Zuschlagssätzen den Verkehrswerten von heute angepaßt werden.

Bundeseinheitliche Zuschlagssätze für die gleiche Grundstücksart sind nicht möglich, da die starken regionalen Unterschiede (z.B. Nord-Süd Gefälle oder Ost-West Gefälle, Ballungsräume, Verdichtungsräume, Randgebiete etc.) nicht in der groben Einteilung nach Gemeindegrößenklassen erfaßt werden können. Darüber hinaus haben die Objekte je nach Baualter und -ausführungen stark unterschiedliche Wertveränderungen erfahren.

Die Arbeitsgruppe zur Vorbereitung einer neuen Einheitsbewertung[204] kam zu dem Ergebnis, daß Wertbrüche nur durch die Anwendung von 288 verschiedenen Zuschlagssätzen überwunden werden könnten.[205]

Die Kombination von alten Einheitswerten und mit neuen Zuschlagssätzen stellt keine praktikable Lösung dar, um einen den Verkehrswerten angenäherten Einheitswert zu berechnen. Eine solchermaßen ausgestaltete Reform der Einheitsbewertung von Grundvermögen kann allenfalls als eine befristete Übergangslösung verwendet werden, da die grundlegenden Probleme durch die Zuschläge nicht gelöst werden. Eine neue Hauptfeststellung wäre somit dringend notwendig, da die Bemessungsgrundlagen nach dem Beschluß des Bundesverfassungsgerichtes realitätsgerecht sein müssen.[206]

---

204 Zu der Arbeitsgruppe zur Vorbereitung einer neuen Einheitsbewertung vgl. Wolf, M., Einheitswerte (DStR 15-16/1993), S. 546.

205 Vgl. Wolf, M., Einheitswerte (DStR 15-16/1993), S. 546.

206 Vgl. BVerfG vom 22.06.1995 2 BvR 37/91, BStBl. II 1995, S. 655, Leitsatz 1.

bbb) Gespaltene Steuersätze

Als anderer Ansatzpunkt zur Realisierung einer dem Gleichheitsgrundsatz des Artikel 3 GG entsprechenden Besteuerung können die Steuersätze je nach der Art der Bemessungsgrundlage ausgestaltet werden.[207] Demnach wären die Steuersätze aufzuspalten. Fraglich ist jedoch, wie weit diese Aufspaltung gehen soll. Damit der Grundsatz der gleichmäßigen Besteuerung verwirklicht wird, müßten die Steuersätze nicht nur nach den unterschiedlichen Vermögensarten aufgeteilt werden, vielmehr wären die Steuersätze für die unterschiedlichen Untergruppen der Vermögensarten individuell zu bemessen. Beispielsweise könnte der heute schon gespaltene Vermögensteuersatz des § 10 VStG je nach Grundvermögen, das nicht Betriebsvermögen ist, nach Betriebsvermögen und nach sonstigem Vermögen differenziert werden. Der Steuersatz für das Grundvermögen könnte aber aufgrund der innerhalb dieser Vermögensart bestehenden Wertverschiebungen der Einheitswerte nicht für das gesamte Grundvermögen einheitlich ausgestaltet werden. Es wären weitere Differenzierungen einzuführen, die einen individuellen Steuersatz je nach Bemessungsgrundlage als Schlußpunkt hätten.

Gespaltene Steuersätze können demnach nicht zu einer gleichmäßigen Besteuerung führen, da die neu zu ermittelnden individuellen Steuersätze die Verhältnisse der Vermögensarten, der Grundstücksarten und der Grundstücke berücksichtigen müßten.[208]

Die gleichen Ausführungen betreffen etwaige multiplikative Veränderungen der auf die Immobilien anfallenden Steuern, da auch hier realistische Verhältnisse auf der Basis von unrealistischen Einheitswerten nur durch zahlreiche Einzelregelungen erreicht werden könnten.

ccc) Reindexierung der übrigen Vermögenswerte

Der letzte Hauptfeststellungszeitpunkt für Grundvermögen liegt inzwischen mehr als dreißig Jahre zurück. Da es allgemein als zu aufwendig und schwierig angesehen wird, eine neue Hauptfeststellung des Grundbesitzes durchzuführen,[209] könnten die übrigen Vermögenswerte, also z.B. das Betriebsvermögen, die Wertpapiere oder Kunstgegenstände wertmäßig auf den 01.01.1964 bezogen werden.

Bei der Reindexierung der anderen Vermögensarten auf den 01.01.1964 kann auf statistische Aufzeichnungen z.B. des statistischen Bundesamtes zurückgegriffen

---

207 Vgl. BVerfG vom 22.06.1995 2 BvR 37/91, BStBl. II 1995, S. 655, Leitsatz 1.

208 Vgl. Miehler, K./Kronthaler, L., Einheitsbewertung (DStZ 23/1992), S. 745.

209 Vgl. z.B. Wolf, M., Einheitswerte (DStR 15-16/1993), S. 549.

werden. Die Indizes für die Reindexierung auf den 01.01.1964 sind somit relativ leicht zu ermitteln und ohne große Schwierigkeiten jährlich anzupassen.[210]

Probleme ergeben sich bei der Bemessung von Indizes für die Bewertung des sonstigen Vermögens, insbesondere bei Schmuck- und Kunstgegenständen. Darüber hinaus sind die Werte des Betriebsvermögens ebenso auf den 01.01.1964 zu beziehen, was nicht nur in dem Problem der einzelnen Reindexierung der Wirtschaftsgüter und Verbindlichkeiten mündet, sondern auch zu dem Problem führen würde, mit welchen Indizes zwischenzeitliche Erfindungen, so z.B. Computer, auf den 01.01.1964 zu beziehen wären.

Zur Sicherung des Steueraufkommens sind entweder die sich ergebenden Einheitswerte mit höheren Steuersätzen zu belasten oder die Gesamteinheitswerte durch die Multiplikation mit der durchschnittlichen Preissteigerungsrate für Konsumgüter seit 01.01.1964 auf den heutigen Stand zu beziehen.

Das Verfahren der Reindexierung kann im Grunde auch durch die Indexierung der Einheitswerte des Grundbesitzes auf den Zeitpunkt der Besteuerung umgesetzt werden. Unterschiedliche Preisindizes für die unterschiedlichen Grundstücksarten, Bauarten und Baujahre wären zu ermitteln. Dies bedingt aber wiederum einen relativ großen Verwaltungsaufwand, da die Indizes zunächst zu ermitteln und dann anzuwenden wären.

Des weiteren kann die Reindexierung die in der Vermögensart Grundvermögen liegenden unterschiedlichen Wertverhältnisse von Einheitswerten und Verkehrswerten ebenfalls nicht lösen. Somit kann die Reindexierung der Vermögenswerte auf den 01.01.1964 nur eine Übergangslösung darstellen. Als Übergangslösung ist sie allerdings als zu aufwendig zu verwerfen.

ddd) Raum- bzw. Flächenverfahren

Von einer Bund-Länder-Arbeitsgruppe[211] wurde ein Sachwertverfahren auf der Basis der Kubikmeter umbauten Raumes entwickelt. Dieses Verfahren wurde als einheitliches, alle anderen Verfahren ersetzendes Verfahren konzipiert.

Die Bewertung hat durch die genaue Ermittlung der Kubikmeter umbauten Raumes und deren anschließenden Bewertung mit typisierten Baukosten je Kubikmeter zu erfolgen. Wertminderungen sind durch Wertabschläge der standardisierten Baukosten zu berücksichtigen.[212]

---

210 Vgl. Miehler, K./Kronthaler, L., Einheitsbewertung (DStZ 23/1992), S. 745.

211 Zu der Arbeitsgruppe vgl. Wolf, M., Einheitswerte (DStR 15-16/1993), S. 548.

212 Vgl. Wolf, M., Einheitswerte (DStR 15-16/1993), S. 548.

Die Durchführung des Raumverfahrens wurde von der Bund-Länder-Arbeitsgruppe als zu verwaltungsaufwendig betrachtet und deshalb verworfen.

Im Anschluß daran entwickelte die Bund-Länder-Arbeitsgruppe das sog. Wohn- und Nutzflächenverfahren, um ein einfaches für eine Massenbewertung geeignetes Verfahren zur Verfügung zu stellen.

Das Wohn- und Nutzflächenverfahren bewertet die zu schätzenden Liegenschaften in Abhängigkeit von der Wohn- und Nutzfläche. Die den Steuerpflichtigen und den Finanzbehörden schon vor der Bewertung bekannten Flächen sind entsprechend einer groben Einteilung in einfache, gute oder sehr gute Ausstattung mit bundeseinheitlich typisierten Baukosten je Flächeneinheit anzusetzen. Wertminderungen sind über Abschläge des sich ergebenden Gebäudewertes zu berücksichtigen. Die Bodenwerte werden zu dem Gebäudewert addiert. Etwaige Außenanlagen bleiben außer Ansatz. Die Bodenwerte sind auf Basis der von den Gutachterausschüssen ermittelten Richtwerte abzuleiten.[213]

Dieses typisierte Sachwertverfahren soll den Verfahrensdualismus durch die einheitliche Anwendung bei sämtlichen Grundstücksarten vermeiden.[214] Dies ist nur innerhalb der Bewertung der Gebäude möglich, da die Bodenrichtwerte im Vergleichswertverfahren ermittelt werden.

Des weiteren stellt eine unveränderte Übernahme der Bodenrichtwerte und der Ansatz bundeseinheitlicher Baukosten eine sehr starke Pauschalierung dar, die zu deutlicher Unter-, aber auch Überbewertung einzelner Grundstücke führen kann. Da Überbewertungen vermieden werden sollen, sind deutliche und bundeseinheitliche Wertabschläge vorzunehmen.[215] Diese dürfen jedoch nicht zu weitreichend sein, damit der Grundsatz der gleichmäßigen Besteuerung der unterschiedlichen Vermögensarten gewahrt bleibt.

eee) Ausschließliche Bodenbewertung

Durch den Verzicht auf die Bewertung der Gebäudesubstanz werden nur die Verhältnisse des Bodens den Ausschlag für die Wertvorstellungen geben. Somit sind die theoretischen und nicht die umgesetzten Bebauungsmöglichkeiten für die Wertverhältnisse des Grundstückes von Bedeutung.[216]

---

213 Vgl. Wolf, M., Einheitswerte (DStR 15-16/1993), S. 548.

214 Vgl. Rid, M., Neubewertung des Grundvermögens? (DStR 1/1994), S. 3.

215 Vgl. Rid, M., Neubewertung des Grundvermögens? (DStR 1/1994), S. 4.

216 Der Ansatz des Verzichtes von Gebäudewerten bei der Einheitsbewertung kommt von Miehler/Kronthaler. Vgl. Miehler, K./Kronthaler, L., Einheitsbewertung (DStZ 23/1992), S. 746.

Folglich sind in diesem Zusammenhang die Bodenrichtwerte die relevante Grundlage für so ermittelte Einheitswerte. Die Gebäude beeinflussen die Ertragsfähigkeit der Grundstücke maßgeblich. Die Problematik der ausschließlichen Bodenbewertung verdeutlicht z.B. die Bewertung eines Einfamilienhaus in der Innenstadt und eines direkt daneben befindlichen Warenhauses. Hier kann der Ansatz der Bodenwerte nicht die unterschiedlichen Leistungsfähigkeiten der Gesamtgrundstücke ausdrücken. Deshalb kann der ausschließliche Ansatz der Bodenwerte nicht zu einer gleichmäßigen und gerechten Besteuerung führen.[217]

fff) Ansatz der Maklerformel

Für die Bewertung von bebauten Grundstücken wurde die sog. Maklerformel von der Praxis aufgestellt. Hierbei werden anhand von Verkaufsfällen Erfahrungswerte für Multiplikatoren ermittelt, die den Wert des Objektes als das "x-fache" der Netto-Jahreskaltmiete abbilden sollen.[218]

Die Maklerformel kann ein sinnvolles anwendbares Bewertungsinstrument sein, wenn eine große Anzahl von Verkaufsfällen zur Verfügung steht und die Verhältnisse des zu bewertenden Objektes nicht von außergewöhnlicher Natur sind. Trotzdem ergeben sich bei diesem sehr stark vereinfachten, verkürzten und pauschalierten Verfahren die gleichen Schwierigkeiten, wie z.B. das Problem einer etwaigen Überbewertung.

Somit ist bei der Anwendung der Maklerformel für Besteuerungszwecke große Vorsicht geboten, da eventuell die Grenze der zulässigen Typisierung überschritten werden könnte.[219]

ggg) Übernahme von Brandversicherungswerten

Die Bewertung der Gebäude erfolgt im Rahmen der Brandversicherungswerte durch ein Sachwertverfahren.[220]

Alljährlich haben die Brandversicherungen eine Großzahl von Bewertungen zu bewältigen. Dies ist nur durch eine hochgradige Vereinheitlichung und Rationalisierung der Bewertung möglich. Ausgangspunkt sind die Normalherstellungskosten 1914, die mit Hilfe von Indizes auf das jeweilige Versicherungsjahr

---

217 Zu dem gleichen Ergebnis kommt Wolf, vgl. Wolf, M., Einheitswerte (DStR 15-16/1993), S. 545.

218 Zu der Maklerformel vergleiche detailliert Kleiber, W./Simon, J./Weyers, G., Verkehrswertermittlung (1994), S. 531 f.

219 Zu der Grenze der Typisierungsbefugnisse des Gesetzgebers bei der Einheitsbewertung vgl. Wolf, M., Einheitswerte (DStR 15-16/1993), S. 547.

220 Zu der Ermittlung der Brandversicherungswerte vgl. unten: Zweiter Teil: IV. A. "Immobilienversicherungen".

hochgerechnet werden. Die Bewertung anhand der Baukosten und der darauf aufbauenden Indexierungen erreicht in der Realität die wirklichen Baukosten in einem Toleranzbereich von ± 10 % - 15 %. Der zeitliche Aufwand für das einzelne zu bewertende Objekt bewegt sich im Minutenbereich. Ca. 200 Mitarbeiter bewältigen die ca. 6,3 Millionen Objekte im Bestand der ehemaligen bayerischen Monopolbrandversicherung.[221]

Das Argument der Nähe zu den wirklichen Baukosten, der Schnelligkeit und Einfachheit der Ermittlung der Brandversicherungswerte verleitet zu der Annahme, die Brandversicherungswerte könnten auch für die Besteuerung angewandt werden.

Die Brandversicherungswerte sind normalerweise für die gleitende Neuwertversicherung zu ermitteln.[222] Für Versicherungszwecke sind keine Altersabschläge vorzunehmen, da von dem Wiederaufbau nach einem potentiellen Schadensfall ausgegangen wird. Im Rahmen der Besteuerung sind Wertminderungen von großer Bedeutung, weshalb Brandversicherungswerte nur als noch zu korrigierender Ausgangspunkt für die steuerlichen Bemessungsgrundlagen herangezogen werden können. Darüber hinaus sind nur die Bauten Gegenstand der versicherungsrechtlichen Bewertung. Der Grund und Boden wird nicht bewertet und ist zu den korrigierten Gebäudesachwerten hinzuzuzählen.

Die Übernahme von Brandversicherungswerten für die Einheitsbewertung kann die Leistungsfähigkeit des zu besteuernden Gebäudes nicht wiedergeben. Die Zusammenführung mit den Bodenrichtwerten der Gutachterausschüsse würde lediglich einen Wert darstellen, der aus der bundeseinheitlichen Indexierung von Baukosten und der Zusammenführung mit durchschnittlichen Bodenwerten einer Gegend entstanden wäre. Ein solchermaßen ermittelter Wert ist nicht in der Lage, die Leistungsfähigkeit des Grundstückes abzubilden und ist deshalb nicht als eine dem Gleichheitsgrundsatz entsprechende Bemessungsgrundlage im Sinne der Bundesverfassungsgerichtsbeschlüsse[223] anzusehen.[224]

---

221 Vgl. Jakob, W., Bewertungsvereinfachung (1993), S. 77.
"Bewältigen" ist in diesem Kontext zu ungenau, da keine Unterscheidung in z.B. eine laufende, regelmäßige oder einmalige Bewertung bzw. Verwaltung getroffen wurde.

222 Erfolgen Gebäudeversicherungen zu anderen Versicherungsarten, als der gleitenden Neuwertversicherung, so sind detailliertere und aufwendigere Bewertungen notwendig.

223 Vgl. BVerfG vom 22.06.1995 2 BvL 37/91, BStBl. II 1995, S. 655 und BVerfG vom 22.06.1995 2 BvR 552/91, BStBl. II 1995, S. 671.

224 Wolf führt in diesem Zusammenhang weitere Gedanken in bezug auf verfassungsrechtliche Bedenken und die verwaltungstechnische Umsetzung dieses Verfahrens an, vgl. Wolf, M., Einheitswerte (DStR 15-16/1993), S. 548.

bb) Abschaffung der Einheitswertbesteuerung

Als Ausweg bei der Reformierung der Einheitsbewertung bietet sich die Abschaffung der Einheitsbewertung an.[225] Hierbei ist zu beachten, daß die Abschaffung der Einheitswerte die Aussetzung der gesamten Vermögensbesteuerung nach Art. 10 § 3 VStrRG 1974 und die Aussetzung der Tarif- und Freibetragsvorschriften des Erbschaftsteuer- und Schenkungsteuergesetzes nach Art. 10 § 3 ErbStRG bedingen würde. Darüber hinaus würden die steuerlichen Regelungen, die auf den Einheitswerten des Grundbesitzes basieren, wie z.B. § 8 II GrEStG, § 9 Ziff. 1 GewStG und § 12 III GewStG, nicht mehr angewendet werden können.[226] Gleiches gilt, falls die Neuregelungen aufgrund der Entscheidungen des Bundesverfassungsgerichtes über die Einheitsbewertung nicht vor Ablauf der Übergangsfristen verabschiedet werden können.[227] Bei einer Abschaffung der Einheitsbewertung sind die auf den Einheitswerten aufbauenden Steuern entweder abzuschaffen oder zu reformieren.[228]

Da die Versuche der Abschaffung der Vermögensteuer gescheitert sind und sogar eine Verdoppelung des Vermögensteuersatzes bei nichtbetrieblichem Vermögen verfügt wurde[229], ist nicht von der Abschaffung der Einheitswertbesteuerung auszugehen. Somit sind die auf der Einheitsbewertung basierenden Steuern zu reformieren, falls die Einheitsbewertung abgeschafft werden sollte. Im Rahmen der Sollertragsteuern Vermögensteuer, Grundsteuer und Gewerbekapitalsteuer wäre eine andere Bemessungsgrundlage anzudenken als bei der Erbschaftsteuer, die die Bereicherung und nicht den Sollertrag besteuern möchte.[230]

- Die Vermögensteuer auf Grundvermögen ist von besonderer Problematik, da der Grundbesitz zusätzlich der Sollertragsteuer Grundsteuer unterworfen

---

225 So äußert sich auch der wissenschaftliche Beirat beim Bundesministerium der Finanzen und stellt gleichzeitig ein komplettes Reformkonzept für die einheitswertabhängigen Steuern auf. Vgl. Wissenschaftlicher Beirat beim Bundesministerium der Finanzen, Einheitsbewertung (1989), in Bundesministerium der Finanzen, Schriftenreihe, Heft 41, Bonn 1989, S. 42 ff.

226 Vgl. dazu weiter Rössler, R./Troll, M., BewG (1994), § 21 BewG Anm. 13.

227 Für die Vermögensteuer gilt ein Zeitraum bis zum 31.12.1996 mit der Möglichkeit einer teilweisen Weitergeltung der bestehenden Regelungen für fünf Jahre ab Verkündung der Neuregelungen. Vgl. BVerfG vom 22.06.1995 2 BvR 37/91, BStBl. II 1995, S. 665, C. III. 3. Für die Erbschaft- und Schenkungsteuer ist eine Regelung bis zum 31.12.1996 zu verabschieden, die verbindlich ab dem 01.01.1996 anzuwenden ist. Vgl. BVerfG vom 22.06.1995 2 BvR 552/91, BStBl. II 1995, S. 675, C. II. 3. b).

228 Zu den Reformierungsbestrebungen der Einheitsbewertung und der eventuellen Abschaffung der einheitswertabhängigen Steuern vgl. Schelle, K./Schemmel, L., Einheitsbewertung (1993), S. 99 ff.

229 Vgl. § 10 Ziff. 1 VStG.

230 Vgl. Tipke, K., Steuerrechtsordnung, Band II (1993), S. 745 ff.

ist. Diese Doppelbelastung ist abzubauen. Deshalb kann eine Reformierung der Bemessungsgrundlage Grundvermögen bei der Vermögensteuer somit nur die Befreiung des Grundbesitzes von der Vermögensteuer bedeuten, wenn davon ausgegangen wird, daß die Grundsteuer nicht abgeschafft wird.[231]

- Im Rahmen der Grundsteuer könnte auf den Zwang zur aktuellen Bewertung der Bemessungsgrundlagen verzichtet werden, da sie nur die Vermögensart Grundbesitz betrifft und keine Ungleichbehandlungen zu anderen Vermögensarten vermieden werden müssen.

  Denkbar wären Bemessungsgrundlagen, die sich an den Quadratmetern der Fläche an Wohn-, Nutz- oder der Grundstücksfläche feststellen lassen. Darüber hinaus könnte nach der möglichen baulichen Nutzung und nach der konkreten Lage des Grundstückes besteuert werden.[232]

- Die Gewerbekapitalsteuer hat als Bemessungsgrundlage den Einheitswert des Betriebsvermögens. Der Einheitswert des Betriebsvermögens beinhaltet die Einheitswerte der betrieblichen Grundstücke (§ 99 BewG).

  Die Einheitswerte des Betriebsvermögens sind bei der Ermittlung des Gewerbekapitals um die in dem Betriebsvermögen enthaltenen Einheitswerte des Grundbesitzes zu vermindern (§ 12 III Nr. 1 GewStG). Die Bewertung von Grundstücken für die Zwecke der Gewerbekapitalsteuer ist nach heutigem Recht somit nicht notwendig; durch die Korrektur der entsprechenden Regelungen des § 12 GewStG kann die Abschaffung der Einheitsbewertung leicht umgesetzt werden.[233]

- Im Rahmen der Erbschafts- und Schenkungsteuer wird die Bereicherung des Erwerbers der Besteuerung unterworfen.[234] Um die Bereicherung des Erwerbers zu bemessen, wird in § 12 ErbStG die Bewertung nach den allgemeinen Vorschriften des Bewertungsgesetzes gefordert. Im derzeitigen Erbschaftsteuergesetz wird auf die Bewertung mit den Einheitswerten abgestellt. Da die anderen einheitswertabhängigen Steuern auf den Sollertrag des Vermögens zugreifen, ist für die Bereicherungssteuer Erbschaft- und Schenkungsteuer eine gesonderte Bemessungsgrundlage zu finden.[235] Im Rahmen des Grundbesitzes kommt es zu der Bewertung mit einem auf dem Ertragswertverfahren basierenden gemeinen Wert.

  Bei einer Abschaffung der Einheitsbewertung müßte in dem Bereich der Erbschaftsteuer eine Bemessungsgrundlage gefunden werden, die den Wert

---

231 Vgl. Miehler, K./Kronthaler, L., Einheitsbewertung (DStZ 23/1992), S. 747.

232 Zu möglichen Reformen der Grundsteuerbemessungsgrundlage vgl. Schelle, K./Schemmel, L., Einheitsbewertung (1993), S. 102 ff. und Miehler, K./Kronthaler, L., Einheitsbewertung und kein Ende?, DStZ 23/1992, S. 746 f.

233 Vgl. Miehler, K./Kronthaler, L., Einheitsbewertung (DStZ 23/1992), S. 747.

234 Vgl. § 1 ErbStG.

235 Vgl. Miehler, K./Kronthaler, L., Einheitsbewertung (DStZ 23/1992), S. 746.

der Bereicherung abbildet. Die Bewertung mit dem Verkehrswert würde den wirklichen Verhältnissen entsprechen und die unterschiedlichen Investitionsformen gleich behandeln.[236] Da es im Durchschnitt nur alle dreißig Jahre zu Generationswechseln kommt, kann die Ermittlung von Einzelwerten für Zwecke der Erbschaft- und Schenkungsteuer durchgeführt werden. Es besteht somit kein Bedarf für eine Bewertung mit dem flächendeckenden Massenbewertungsverfahren Einheitsbewertung, sondern eine Bewertung im Rahmen der angefallenen Vermögensübergänge genügt, da sie die individuellen Verhältnisse am besten berücksichtigen kann.[237]

Die Abschaffung der Einheitsbewertung ist eine sinnvolle Alternative zur Anpassung der Einheitsbewertung und einer erneuten Hauptfeststellung. Insbesondere der Beschluß des Bundesverfassungsgerichts vom 22.06.1995 hat über die Vorgabe der hälftigen Teilung der Sollerträge zwischen privater und öffentlicher Hand hierzu den Weg geebnet,[238] weil in diesem Zusammenhang die Abschaffung der einheitswertabhängigen Steuern einen wichtigen Beitrag leisten könnte.

6. Zwischenergebnis

Die Einheitsbewertung zerfällt in die Hauptbereiche der Bewertung von unbebauten und von bebauten Grundstücken. Für die Bewertung von unbebauten Grundstücken sollen die gemeinen Werte auf der Basis eines Vergleichswertverfahrens ermittelt werden. Im Rahmen der bebauten Grundstücke sind für Mietwohngrundstücke etc. die Jahresrohmieten mit einem Vervielfältiger zu einem "Ertragswert" zu kapitalisieren. Sonstige bebaute Grundstücke oder bebaute Grundstücke mit Besonderheiten sind im Wege des Sachwertverfahrens über die Zusammenführung der Bodenwerte, der Gebäudeherstellungskosten und der Herstellungskosten der Außenanlagen zu einem Ausgangswert und der anschließenden Angleichung über Wertzahlen an den gemeinen Wert zu bewerten.

Sämtliche verschiedenen Bewertungsverfahren zur Ermittlung der gemeinen Werte des Grundvermögens im Rahmen der Einheitsbewertung sollen an dieser Stelle nochmals grafisch zusammengeführt werden.

---

236 So auch der wissenschaftliche Beirat beim Bundesministerium der Finanzen, vgl. Wissenschaftlicher Beirat beim Bundesministerium der Finanzen, Einheitsbewertung (1989), in Bundesministerium der Finanzen, Schriftenreihe, Heft 41, Bonn 1989, S. 45.

237 So auch Miehler/Kronthaler, vgl. Miehler, K./Kronthaler, L., Einheitsbewertung (DStZ 23/1992), S. 748.
In diesem Zusammenhang werden auch Gedanken über die Freistellung von selbstgenutzten Immobilien bei der Erbschaftsteuer angesprochen, die zu einer weitergehenden Vereinfachung und Verminderung der Bewertung führen könnten, vgl. Miehler, K./Kronthaler, L., Einheitsbewertung (DStZ 23/1992), S. 748. Dadurch würden jedoch erneute Probleme der Gleichbehandlung verschiedener Investitionsalternativen aufgeworfen.

238 Vgl. BVerfG vom 22.06.1995 2 BvR 37/91, BStBl. II 1995, S. 655, Leitsatz 2.

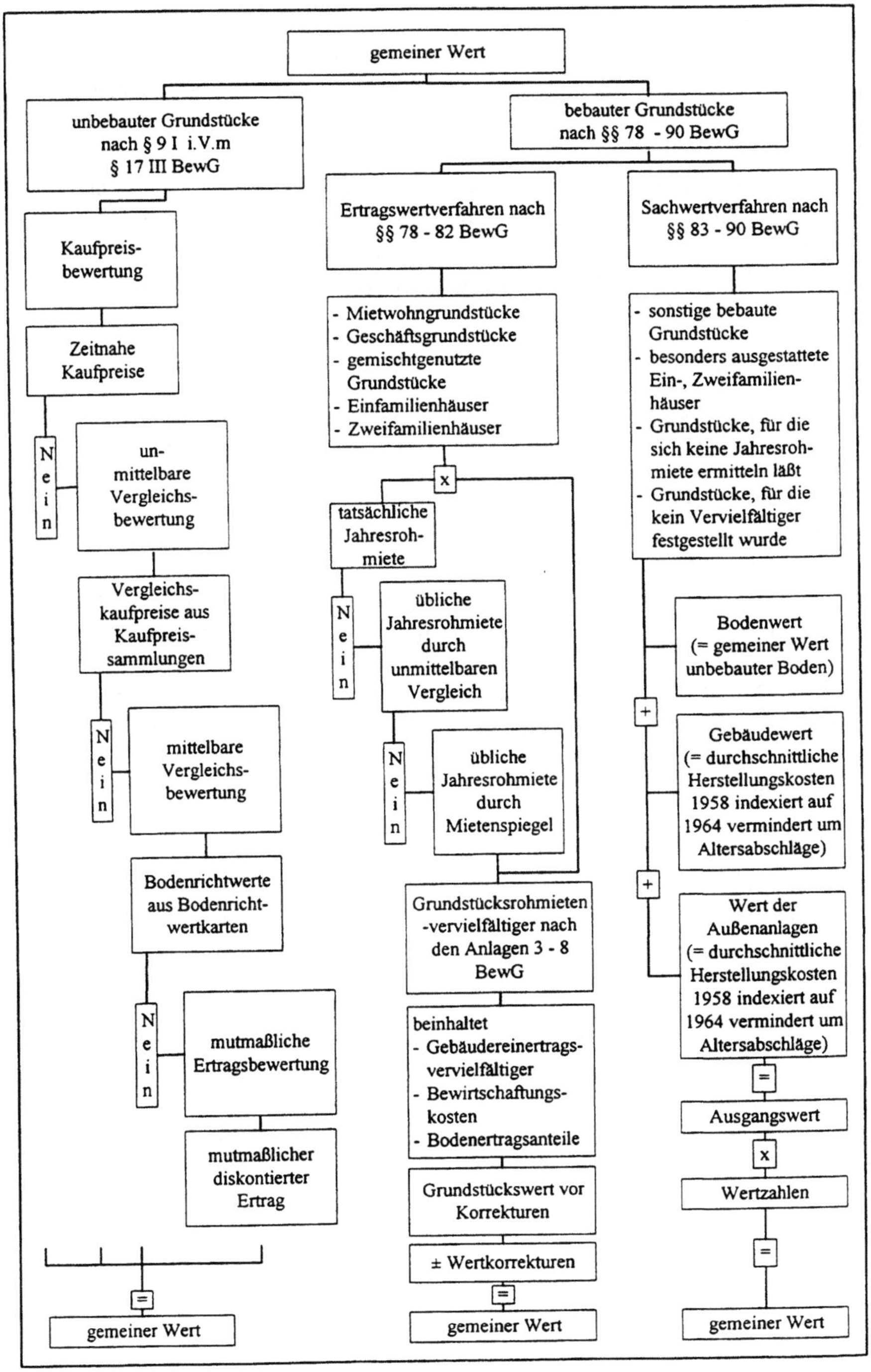

Abbildung 20: Verfahren der Einheitsbewertung

Da nur eine gleichmäßige Besteuerung als verfassungsgemäß erachtet wird, müssen unterschiedliche Investitionen gleichmäßig besteuert werden. Eine zeitnahe und der Realität entsprechende Einheitsbewertung unterliegt immer dem Problem der großen Anzahl von Bewertungsfällen. Dies bedingt den Einsatz von Pauschalierungen und Typisierungen und führt zu zeitlichen Verschiebungen.

Darüber hinaus hat die Steuererhebung nach wirtschaftlichen Gesichtspunkten zu erfolgen. Die Einheitsbewertung und die darauf aufbauende Besteuerung ist für die Steuergläubiger nur dann eine wirtschaftlich positive "Unternehmung", wenn die Erträge aus den auf den Einheitswerten basierenden Steuern größer sind als die damit verbundenen Aufwendungen.

Somit stellen sich folgende Fragen:

1. Sind die einheitswertabhängigen Steuern abzuschaffen, da sie aus Sicht der Steuergläubiger nicht zu positiven Überschüssen führen?

2. Sollten die einheitswertabhängigen Steuern nicht abgeschafft werden, kann die Einheitsbewertung so reformiert werden, daß die Steuererhebung zu positiven Überschüssen der Steuergläubiger führt?

3. Kann die Reformierung der Einheitsbewertung zu realistischen Einheitswerten führen, die unterschiedliche Investitionen gleich belasten?

• ad 1: Die Frage der Abschaffung der gesamten einheitswertabhängigen Besteuerung aufgrund des Vergleichs von Aufwendungen und Erträgen läßt sich nicht genau beantworten, da es sich hierbei um das Problem der Ermittlung von Steuererhebungskosten handelt.

Die genaue Bewertung der Aufwendungen für die Ermittlung, Feststellung und Fortschreibung von Einheitswerten und der darauf basierenden Steuererhebung stellt in diesem Zusammenhang das Hauptproblem dar. Die Erhebungskosten der unterschiedlichen öffentlichen Hände müßten ermittelt und zusammengeführt werden, um dann den Steuerarten zugerechnet werden zu können.[239] In dem Gutachten der Kommission zur Verbesserung der steuerlichen Bedingungen für Investitionen und Arbeitsplätze wird ausgeführt, daß das Aufkommen der einheitswertabhängigen Steuern für 1990 sich auf 4,1 % des gesamten Steueraufkommens beläuft.[240] Dem steht z.B. ein dauernder Personalbedarf von 6 bis 7 % der Bediensteten in den Finanzämtern gegenüber, die nur mit der Feststellung der

---

239 Vgl. zu der Problematik der Bestimmung von Steuererhebungskosten Fischer, L., Steuererhebungskosten (1989).

240 Vgl. Kommission zur Verbesserung der steuerlichen Bedingungen für Investitionen und Arbeitsplätze, Gutachten (1991), in Bundesministerium der Finanzen, Schriftenreihe, Heft 46, Bonn 1991, S. 83 f.

Bemessungsgrundlagen beschäftigt sind.[241] Weiterer erheblicher Personalbedarf fällt in anderen Behörden zusätzlich noch an. Insofern könnte durch die Abschaffung der Einheitsbewertung und der einheitswertabhängigen Steuern das Nettosteueraufkommen der gesamten öffentlichen Hände gesteigert werden, da den 4,1 % Steueraufkommen mehr als 6 % der Steuererhebungskosten gegenüberstehen.

In einem weiteren Schritt wären die Aufwendungen der Steuererhebung den Steuererträgen gegenüberzustellen, um feststellen zu können, welche Steuerart zu positiven Nettoerträgen für die öffentlichen Hände führt. Hierbei ist die jeweilige Beteiligung der einzelnen Körperschaften an dem Steueraufkommen zu berücksichtigen, um für die einzelne Gebietskörperschaft die Vorteilhaftigkeit der "Beteiligung" an der Steuer zu beurteilen. In diesem Zusammenhang wären offene Subventionen oder verdeckte Subventionen durch die Übernahme von hoheitlichen Tätigkeiten der öffentlichen Hände untereinander in die Betrachtungen einzubeziehen.

Da jedoch die Abschaffung der gesamten einheitswertabhängigen Besteuerung unwahrscheinlich ist, müßte diese grundlegend reformiert werden.

• ad 2: Die Frage der Reformierung der Einheitsbewertung zur Erreichung von positiven "Einkommenswirkungen" der öffentlichen Hände bedingt die Vereinfachung der Besteuerung, um zu höheren Nettoerträgen aus der Steuererhebung zu gelangen.[242]

Lediglich eine grundlegende Vereinfachung des gesamten Besteuerungsverfahrens kann zu drastisch erhöhten Nettonutzen aus der Besteuerung für die öffentlichen Hände führen. Manche der Reformvorschläge haben den Ansatz, die Einheitswertbesteuerung zu erhalten und eine eigene Bewertung für Steuerzwecke als Grundlage hierfür bereitzustellen.

Das hierbei bevorzugte Flächenverfahren benötigt aber wiederum eine Vielzahl von Eingangsdaten, um über zu ermittelnde bundeseinheitliche Baukostenindizes zu einem Wert zu gelangen, der mit dem gemeinen Wert übereinstimmt. Auf der Basis dieses - fiktiven - Wertes werden die einheitswertabhängigen Steuern erhoben. Da dies aber nicht zu einem dem Grundgedanken der Sollertragsbesteuerung gerecht werdenden Weg führt - es wird auf Baukosten zurückgegriffen, um die Ertragspotentiale des Grundstückes zu schätzen - können die so erhobenen einheitswertabhängigen Steuern nicht als verfassungskonform betrachtet werden.

---

241 Vgl. Rid, M., Neubewertung des Grundvermögens? (DStR 1/1994), S. 5.

242 Eine eingehende Diskussion über die verfassungsrechtlichen Spielräume und die Grenzen einer Steuerbemessungsgrundlage und der Reform der Einheitsbewertung führt Jakob in seinem Gutachten an, vgl. Jakob, W., Bewertungsvereinfachung (1993), S. 92 ff.

Eine grundlegende Vereinfachung der einheitswertabhängigen Besteuerung kann somit nur durch die Abschaffung einer eigenen steuerlichen Bewertung erfolgen. Die Regelungen des Bewertungsgesetzes müßten im Rahmen der Bewertung des Grundbesitzes die Übernahme von externen Werten ermöglichen. Als anderen Ansatz könnten die einzelnen Steuergesetze so reformiert werden, daß eigene möglichst einfache und schnell zu beschaffende Daten die Bemessungsgrundlagen der einzelnen Steuerarten darstellen würden. Dies würde bedeuten, die Einheitsbewertung aufzugeben. Die externen Werte müßten dann entsprechend dem Hauptfeststellungsrhythmus des Bewertungsgesetzes festgeschrieben werden.

• ad 3: Ob die so zu ermittelnden steuerindividuellen Bemessungsgrundlagen und eine eventuelle Übernahme von externen Werten die Gleichmäßigkeit der Besteuerung sicherstellen können, ist zu untersuchen. Je stärker Pauschalierungen und Typisierungen vorgenommen werden, desto geringer fällt die Einzelfallgerechtigkeit der so errechneten Bemessungsgrundlagen aus. Da jedoch vom Gesichtspunkt der Wirtschaftlichkeit aus die Besteuerung möglichst geringe Kosten verursachen soll, ist die Übernahme von individuellen und zeitnah ermittelten externen Werten einer typisierenden pauschalen Bewertung der Finanzbehörden vorzuziehen.

Im Rahmen der Besteuerung sind die individuellen Werte den pauschalen Werten vorzuziehen, da individuelle Werte den ständigen Korrekturen durch die jeweiligen regionalen Märkte unterworfen sind. Auf diese Weise kann eine weitergehende Annäherung der Wertansätze der unterschiedlichen Vermögensarten erreicht werden. Zum Beispiel können die Kurse von Wertpapieren direkt mit den aktuellen Werten von Immobilienvermögen zum Gesamtvermögen addiert werden, ohne daß es zu Ungerechtigkeiten aufgrund der unterschiedlichen Aktualität der Werte kommen würde.

Somit verbleibt das Problem, welche Werte von externer Seite zu übernehmen sind. Da die zeitliche Aktualität und die intersubjektive Überprüfbarkeit der Werte von großer Bedeutung sind, kann nur ein im allgemeinen Wirtschaftsverkehr anerkannter Wertmaßstab herangezogen werden. Dieser Wertmaßstab für Immobilien ist der aufgrund der Regelungen des Baurechtes zu ermittelnde Verkehrswert.[243]

"Der zu ermittelnde Wert eines Grundstücks wird im allgemeinen mit den untereinander gleichbedeutenden Begriffen "gemeiner Wert", "Verkehrswert" oder auch "Marktwert" bezeichnet."[244] Die gleiche Auffassung wurde von dem

---

243 Die grundsätzliche Frage der Übernahmemöglichkeit des Verkehrswertes nach § 194 BauGB für steuerliche Zwecke wurde schon in zahlreichen Urteilen festgestellt. Vgl. Urteil des BFH vom 10.09.1991, BFH/NV 1992, S. 232, Urteil des BFH vom 02.02.1990, BStBl. II 1990, S. 497 und Urteil des BFH vom 15.01.1985 mit weiteren Nennungen, BStBl. II 1985, S. 252.

244 Rössler, R./Langner, J./Simon, J./Kleiber, W., Grundstückswerte (1990), S. 15.

Schätzungsausschuß zur Vorbereitung der Einheitsbewertung des Grundvermögens geteilt.[245] Der Gesetzgeber hat die Identität von gemeinem Wert und Verkehrswert erkannt, indem er die Definition des gemeinen Wertes des § 9 II BewG in der Definition des Verkehrswertes in § 194 BauGB bis auf redaktionelle Änderungen wiederholt. Auch die Rechtsprechung hat die Identität der Begriffe "gemeiner Wert" und "Verkehrswert" inzwischen verstanden, indem die Übernahme der Wertermittlungen der Sachverständigen, die auf der Basis der Wertermittlungsverordnung entstanden sind, uneingeschränkt für steuerliche Zwecke als gültig erklärt wird.[246]

Somit kann durch die Übernahme von Verkehrswerten für die Zwecke der Besteuerung der gesamte Bereich der Bewertung von Immobilien aus dem hoheitlichen Arbeitsbereich der Finanzverwaltung herausgelöst werden.[247] Die Finanzbehörden hätten nur noch die im Rahmen der Steuererhebung notwendigen Arbeiten z.B. der Erledigung von Überprüfungsaufgaben und Überwachungstätigkeiten durchzuführen. Die Hauptarbeiten der Wertermittlung wären von den Steuerpflichtigen selbst zu übernehmen. Diese könnten sich entsprechend wie bei der Durchführung der Gewinnermittlung sachverständiger Hilfe bedienen.[248]

Trotzdem wäre die Abschaffung der Substanzbesteuerung der eleganteste und angenehmste Weg zu der Vereinfachung und Entrümpelung des Steuersystems.

---

245 Vgl. Gutachten des Schätzungsauschusses zur Vorbereitung der Einheitsbewertung des Grundvermögens über die Bewertung des Grundvermögens, BT-Drs. IV/1488, S. 87.

246 Vgl. Urteil des BFH vom 10.09.1991, BFH/NV 1992, S. 232, Urteil des BFH vom 02.02.1990, BStBl. II 1990, S. 497 und Urteil des BFH vom 15.01.1985 mit weiteren Nennungen, BStBl. II 1985, S. 252.

247 Die Übernahme von Werten der Gutachterausschüsse funktioniert bisher schon in dem Bereich der Bewertung von unbebauten Grundstücken. Darüber hinaus arbeiten die Schätzungsstellen der Finanzbehörden und die Gutachterausschüsse bei der Aufstellung von Bodenrichtwerten erfolgreich zusammen.

248 So äußern sich auch Miehler/Kronthaler, die eine Selbsteinschätzung der Steuerpflichtigen als einen praktikablen Ausweg aus der Ungleichbehandlungsproblematik der Einheitsbewertung und aus der Personalnot der Finanzbehörden ansehen, vgl. Miehler, K./Kronthaler, L., Einheitsbewertung (DStZ 23/1992), S. 748 f.

B. Immobilienwerte im Ertragsteuerrecht

Im Rahmen dieser Arbeit wird auf die umfassende Darstellung sämtlicher potentieller Bewertungsvorgänge von Immobilien im Rahmen der Ertragsbesteuerung verzichtet. Gleichermaßen werden Probleme im Rahmen des Handelsrechts ausgegrenzt, da die Bedeutung des Grundsatzes der Maßgeblichkeit[249] zu verhältnismäßig geringen Immobilienwertverwerfungen zwischen Handels- und Steuerrecht führen kann. Es werden lediglich markante Problembereiche, die in dem Zusammenhang mit Immobilien und Ertragssteuern stehen, aufgezeigt, wenn in diesen Fällen von "offizieller Seite" Bewertungsvorschriften "erlassen" wurden.

1. Teilwertbegriff

Der Teilwertbegriff ist im Ertragsteuerrecht von überragender Bedeutung und wird in § 6 I Nr. 1 S. 3 EStG und in § 10 BewG definiert. Der Teilwert für ein einzelnes Wirtschaftsgut kann nur ermittelt werden, wenn das gesamte Unternehmen bewertet und der Unternehmenswert unter der Annahme der Betriebsfortführung[250] auf die einzelnen Wirtschaftsgüter aufgeteilt wird. Ein eventueller Unterschiedsbetrag von Unternehmenskaufpreis und der Summe der Wiederbeschaffungskosten der einzelnen Wirtschaftsgüter, der als Firmen- oder Geschäftswert bezeichnet wird, kann nicht auf die Wirtschaftsgüter verteilt werden. Deshalb muß der Teilwert der einzelnen Wirtschaftsgüter geschätzt werden.[251]

Begrifflich ist der gemeine Wert unterschiedlich von dem Begriff des Teilwerts. Der gemeine Wert stellt den Verkaufspreis der einzelnen Wirtschaftsgüter auf dem freien Markt dar. In der Realität sind die beiden Begriffe in betraglicher Höhe meist identisch, da die Teilwertermittlung auf die Einzelveräußerungspreise oder auf die Wiederbeschaffungskosten der einzelnen Wirtschaftsgüter zurückgreift.[252] Die gemeinen Werte werden als identisch mit den Verkehrswerten angesehen, was die Bewertung zu Anschaffungs- oder Herstellungskosten auch im Bereich der privaten Immobilien über Teilwertvermutungen ermöglicht.[253] Aus diesem Grunde ist die Übernahme der Grundsätze der Teilwertermittlung auch außerhalb der betrieblichen Vermögenssphäre möglich.[254]

---

249 Vgl. § 5 I S. 1 EStG.

250 Vgl. § 6 I Nr. 1 S. 3 EStG.

251 Vgl. auch Biergans, E., Einkommensteuer (1992), S. 421.

252 Vgl. Hermann, C./Heuer, G./Raupach, A., EStG (1950/94), § 6 Anm. 573.

253 Werden Immobilien im Privatvermögen gehalten, so ist eine Teilwertabschreibung nicht möglich. Reine Wertänderungen können nicht als Werbungskosten geltend gemacht werden, vgl. Schmidt, L., EStG (1995), § 9 Anm. 11 a).

254 Vgl. § 21 I EStG i.V.m. § 9 I S. 3 Nr. 7 EStG und Schmidt, L., EStG (1995), § 7 Anm. 1 e) und 1 b).

Die Untergrenze der Teilwerte stellen die Einzelveräußerungs- oder Liquidationswerte dar.[255] In bezug auf Immobilien sind die Grundlagen der Wertermittlungsverordnung als Bewertungsmethoden heranzuziehen, um den Einzelveräußerungspreis als Untergrenze des Teilwertansatzes zu ergründen.[256]

Die obere Wertgrenze für den Teilwert sind die Wiederbeschaffungskosten. Die Wiederbeschaffungskosten sind aus dem Neupreis inklusive Nebenkosten eines gleichen oder gleichartigen Wirtschaftsgutes, vermindert um Abschreibungen, zu bemessen.[257] Die Obergrenze der Teilwertbewertung von Bauten sowie von Grund und Boden sind die um Abschreibungen verminderten Wiederbeschaffungskosten. Als Grundlage der Bewertung sind wiederum die Bewertungsverfahren der Wertermittlungsverordnung maßgebend.[258]

Um die Problematik der Bewertung zu überwinden, hat die Rechtsprechung Teilwertvermutungen für Wirtschaftsgüter des Anlagevermögens entwickelt:[259]

1. Im Zeitpunkt der Anschaffung oder Herstellung eines Wirtschaftsguts liegt der Teilwert nicht unter den tatsächlichen Anschaffungs- oder Herstellungskosten, die gewöhnlich den Wiederbeschaffungskosten entsprechen.

2. Bei nicht abnutzbaren Wirtschaftsgütern des Anlagevermögens liegt der Teilwert auch an späteren Bilanzstichtagen nicht unter den Anschaffungskosten.[260]

3. Bei Wirtschaftsgütern des Anlagevermögens, die der Abnutzung unterliegen, entspricht der Teilwert den um die steuerlichen Abschreibungen gekürzten Anschaffungs- oder Herstellungskosten (= fortgeführte Anschaffungs- oder Herstellungskosten).

---

255 Vgl. BFH vom 04.12.1986, BFH/NV 1987, S. 296, BFH vom 17.09.1987, BStBl. II 1988, S. 488.

256 Vgl. Schmidt, L., EStG (1995), § 6 Anm. 55.

257 Vgl. BFH vom 20.07.1973, BStBl. II 1973, S. 794, BFH vom 04.12.1986, BFH/NV 1987, S. 296.

258 Vgl. Hermann, C./Heuer, G./Raupach, A., EStG (1950/94), § 6 Anm. 635.

259 Vgl. beispielhaft BFH vom 20.07.1973, BStBl. II 1973, S. 794, BFH vom 21.07.1982, BStBl. II 1982, S. 760, BFH vom 04.12.1986, BFH/NV 1987, S. 296, BFH vom 17.09.1987, BStBl. II 1988, S. 488, BFH vom 07.11.1990, BStBl. II 1991 S. 343, BFH vom 03.01.1991, BStBl. II 1991, S. 627 und Biergans zu den gesamten Rechtsprechungsurteilen, Biergans, E., Einkommensteuer (1992), S. 422 f.

260 Die Problematik, daß z.B. Preise sinken oder eine Altlast unter einem Gebäude entdeckt wird, führt unter Umständen zu einem Teilwertabschreibungsbedarf je nach der Vermögenszuordnung des Wirtschaftsgutes. Diese Fälle stellen Ausnahmen von der hier angesprochenen Grundregel dar.

Immobilien befinden sich nur in dem Fall, daß sie nicht nachhaltig dem Betrieb dienen, im Umlaufvermögen,[261] wobei von der Identität von Teilwert und Wiederbeschaffungskosten ausgegangen wird.[262]

Die Wertgrundsätze Einzelveräußerungspreis und Wiederbeschaffungskosten im Rahmen der Bestimmung von Teilwerten bei Immobilien sind bis auf preisbedingte Differenzen als identisch zu beurteilen. Da kein Bewertungsverfahren gesetzlich vorgeschrieben wurde und auch die Rechtsprechung keine Bewertungsverfahren allgemeinverbindlich vorschreibt, sind in der Praxis die Teilwertermittlungsverfahren von Immobilien nicht einheitlich. Aufgrund der Verbreitung der Wertermittlungsverordnung kann diese als einheitlicher Anhaltspunkt für die Bestimmung von Immobilienteilwerten dienen.[263]

2. Bewertungsanlässe

Bewertungen von Immobilien werden durch das Ertragsteuerrecht bedingt, sobald Immobilien im Rahmen der Erzielung von Einkünften im Sinne des § 2 I EStG eingesetzt werden. Sie sind notwendige Bestandteile zur Ermittlung des Gewinns im Sinne des § 2 II Nr. 1 EStG oder des Überschusses der Einnahmen über die Werbungskosten im Sinne des § 2 II Nr. 2 EStG. Darüber hinaus können Immobilienbewertungen durch die Vorschriften des Einkommensteuergesetzes zur Berücksichtigung von Aufwendungen der privaten Lebensführung veranlaßt werden.[264]

Einlagen von Immobilien in Betriebsvermögen müssen zu realistischen Teilwerten bewertet werden.[265] Im Rahmen der laufenden Verwertung der Immobilien sind Wertermittlungen notwendig um Wertveränderungen in den "Büchern" abbilden zu können.[266] Bei Entnahmen von Immobilien aus dem Gesamthandsvermögen oder bei der Überführung von Liegenschaften des Sonderbetriebsvermögens in die Privatvermögenssphäre sind etwaige Entnahmegewinne durch die Gegenüberstellung von Teilwert und Buchwert zu ermitteln.[267] Über Immobilienbewertungen ist festzustellen, ob verdeckte Gewinnausschüttungen[268] bei der Veräußerung von

---

261 Dies ist z.B. bei einem gewerblichen Grundstückshandel der Fall.

262 Vgl. BFH vom 20.07.1973, BStBl. II 1973, S. 794.

263 So wird in dem Urteil des BFH vom 02.02.1990 bewußt die Formulierung "... kann auf der Grundlage der Verordnung über die Ermittlung des Verkehrswerts von Grundstücken ... geschätzt werden ... ." verwandt, vgl. BStBl. II 1990, S. 497.

264 Vgl. z.B. § 10 e EStG.

265 Vgl. § 6 I Nr. 5 EStG.

266 Vgl. § 6 I Nr. 1 EStG.

267 Vgl. § 6 I Nr. 4 EStG i.V.m. § 4 I EStG.

268 Vgl. § 8 III S. 2 KStG.

Immobilien an Gesellschafter von Kapitalgesellschaften und/oder an ihnen nahestehende Personen vorliegen.

Diese verschiedenen Bewertungsanlässe können in Gruppen zusammengefaßt werden. Als Kriterium dafür dient der Zustand der Zurechnung der Immobilien zu den Ertragsteuersubjekten. Als **erste** Bewertungsanlaßgruppe kann die Phase der Zuordnung betrachtet werden, in der die Immobilien der einschlägigen Vermögenssphäre des Ertragsteuersubjektes zugeführt werden. Eine Bewertung der Immobilien erfolgt nach den vom Steuersubjekt aufgebrachten Anschaffungs- oder Herstellungskosten.[269] Sollten sich die Immobilien in einer anderen Vermögenssphäre des Steuersubjektes befunden haben, so sind die Einlagewerte der Immobilien zu ermitteln.[270]

Die **zweite** Gruppe von Bewertungsanlässen bildet die laufende Verwertungsphase. Bei dieser Phase ändert sich der Zustand der Zuordnung der Immobilien zu der Vermögenssphäre nicht. Von Bedeutung ist hierbei der Wert, mit dem die Bauten dem Werteverzehr unterliegen.[271] In diesem Zusammenhang ist ein eventueller Wertverlust des Grund und Bodens ebenfalls zu betrachten.[272] Die Verwertungsphase kann erst mit der Zuordnung der Objekte zum Verwertungsbereich beginnen. Hier sind zunächst die Werte der ersten Bewertungsanlaßgruppe zu übernehmen. Die Basis für die normalen Abschreibungen bilden die im Rahmen der Zuordnung anzusetzenden Immobilienwerte.[273] In diesem Zusammenhang sind Bewertungsanlässe der zweiten Gruppe vor allem im Rahmen von Teilwertabschreibungen[274] zu sehen.

Die **dritte** Gruppe der Bewertungsanlässe bildet die Phase, in der die Immobilien den Bereich der laufenden Verwertung wieder verlassen und eine Zuordnung bei anderen Steuersubjekten oder aber in einer anderen Vermögenssphäre des bisherigen Ertragsteuersubjektes erfolgt. Die Abordnung bedient sich der Bewertung mit Verkaufspreisen oder mit fiktiven Verkehrswerten,[275] falls die Verkaufspreise nicht marktkonform sind oder aber gar keine Tauschhandlungen vorgenommen wurden.

Die nachfolgende Abbildung verdeutlicht die unterschiedlichen Bewertungsanlaßgruppen grafisch:

---

269 Vgl. § 6 I Nr. 1 EStG i.V.m. § 5 I S. 1 EStG.

270 Vgl. § 6 I Nr. 5 EStG.

271 Vgl. § 6 I Nr. 1 EStG.

272 Vgl. § 6 I Nr. 2 EStG.

273 Vgl. § 7 I EStG.

274 Vgl. § 6 I Nr. 1 S. 2 EStG.

275 Vgl. § 4 I EStG und § 6 I Nr. 4 EStG.

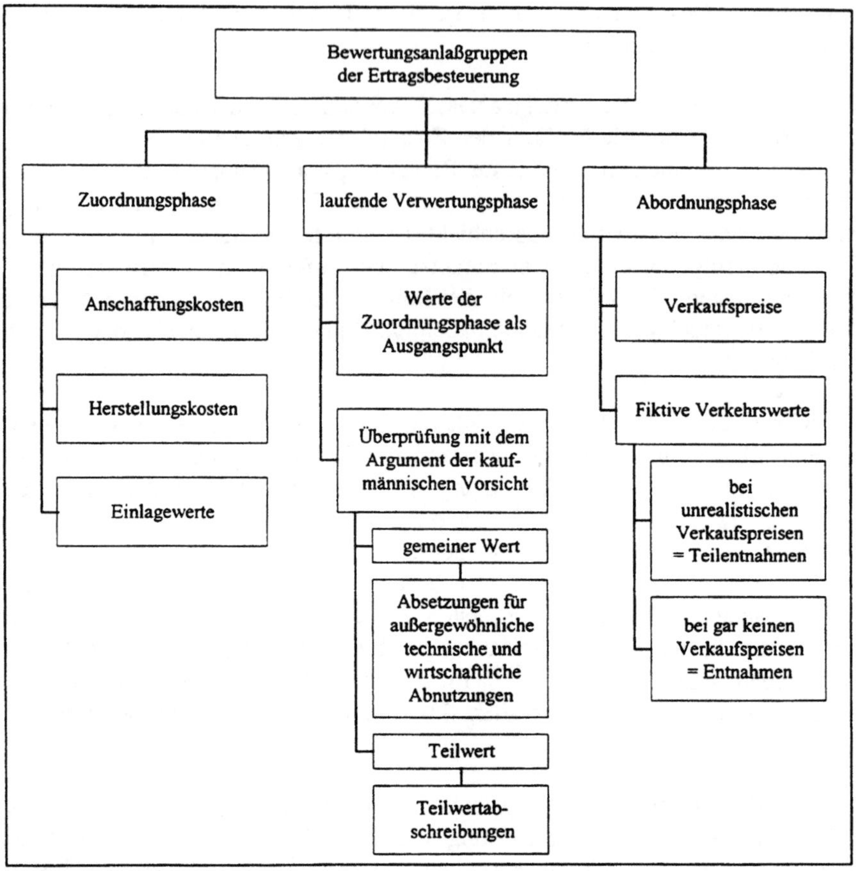

Abbildung 21: Bewertungsanlaßgruppen der Ertragsbesteuerung.

3. Anlaßbezogene Immobilienbewertungen im Ertragsteuerrecht

a) Zuordnung

Unter Immobilienbewertungen im Rahmen der Zuordnung sollen die Bewertungen verstanden werden, die im Zusammenhang mit der Anschaffung oder der Herstellung von Immobilien oder der Einlage von früher "angeschafften" Immobilien durchzuführen sind.[276],[277]

276 Die Abgrenzung von Anschaffungskosten, Herstellungskosten, anschaffungsnahen Kosten und Erhaltungsaufwand wird in der Arbeit nicht näher betrachtet. Für die Abgrenzung der Begriffe in ihren Details sei auf die Einkommensteuerrichtlinien R 32 a und R 33 a sowie auf das Schrifttum verwiesen, welches z. B. bei Schmidt umfassend wiedergegeben wird, vgl. Schmidt, L., EStG (1995), Anmerkungen zu § 6.

aa) Anschaffungskosten

aaa) Begriff der Anschaffungskosten

Ein Anschaffungsvorgang bezieht sich auf ein vorhandenes Grundstück mit einem evtl. schon darauf befindlichen Gebäude. Anschaffungskosten sind alle erbrachten Aufwendungen, die im unmittelbaren Zusammenhang mit der Erlangung des wirtschaftlichen Eigentums des Grundstücks stehen.[278] Soweit neben den Anschaffungskosten noch weitere Aufwendungen notwendig sind, um die erworbenen Wirtschaftsgüter in einen betriebsbereiten Zustand zu versetzen, sind diese Aufwendungen als Anschaffungsnebenkosten den Anschaffungskosten hinzuzurechnen.[279] Nachträgliche Anschaffungskosten sind Anschaffungskosten, die auf den Zeitpunkt des Vertragsschlusses zurückwirken und die Anschaffungskosten für das Wirtschaftsgut nachträglich erhöhen.[280]

Die abnutzbaren Teile sind von den nicht abnutzbaren Teilen des gesamten Grundstückes zu trennen, um den getrennten Ansatz des Bodens von den baulichen Anlagen für die Bestimmung der Absetzungen für Abnutzung zu ermöglichen.

bbb) Feststellung des Bodenwertanteils

In der Steuerbilanz sind die Anschaffungskosten für den Grund und Boden und für die Bauten gesondert zu erfassen.[281] Da in der Regel bei der Anschaffung eines bestehenden Gebäudes keine Aufteilung des gesamten Kaufpreises auf die Bauten und auf den Grund und Boden erfolgt, ist der jeweilige Anteil an dem Gesamtwert der Liegenschaft zu ermitteln.[282] Der gesamte Gebäudeanteil ist entsprechend den Teilwerten von den jeweiligen Bestandteilen auf die einzelnen Wirtschaftsgüter aufzuteilen. Folgendes Beispiel ist denkbar: Ein gesamtes Grundstück wird veräußert. Der Bodenanteil ist herauszurechnen. Die Bauten auf dem Grundstück

---

277 Im Rahmen der Arbeit wird nicht auf Immobilienbewertungen bei Sonderfällen bei Zuordnung oder Abordnung von Immobilien eingegangen. Es sei auf die Darstellungen der Literatur zu z.B. Tauschhandlungen, unentgeltlichem und teilentgeltlichem Erwerb verwiesen, vgl. Hermann, C./Heuer, G./Raupach, A., EStG (1950/94), § 6 Anm. 324 - 436.

278 Vgl. BFH vom 11.10.1960, BStBl. III 1960, S. 492.

279 Vgl. BFH vom 14.11.1985, BStBl. II 1986, S. 60.

280 Vgl. BFH vom 17.02.1965, BStBl. III 1965, S. 354.

281 Vgl. BFH vom 16.07.1968, BStBl. II 1969, S. 109.

282 Die Tragweite der Aufteilung des Gesamtkaufpreises bezieht sich nicht nur auf die Verteilung auf Boden und Bauten. Auch innerhalb der abnutzbaren Teile bestehen unterschiedliche Bestandteile, so z.B. selbständige Gebäudeteile, die im Rahmen einer gesamten Veräußerung übernommen werden.

bestehen jedoch aus einem Kaufhaus mit Rolltreppen, die von dem Betrag, der dem Gebäude zugeschlagen wurde, getrennt werden müssen.

Durch das Urteil des Reichsfinanzhofs vom 19.11.1941[283] wurde als Aufteilungsmethode das sogenannte Restwertverfahren eingeführt. Demnach wurden die Kaufpreise in erster Linie für den Grund und Boden bezahlt. Hierbei überwog die Überlegung, daß die Bodenwerte bei gleicher Lage und gleichen Nutzungszwecken in der Regel den gleichen Wert haben. Die stark schwankenden Kaufpreise wurden über die Unterschiedlichkeiten der Bebauungen erklärt. Bei der Restwertmethode wurde der separat ermittelte Bodenwert von der Kaufpreissumme abgezogen. Der restliche Kaufpreis wurde dem als relativ wertlos angesehenem Gebäude zugerechnet.[284]

Die Praxis bediente sich der umgekehrten Restwertmethode, indem die Werte der Gebäude ermittelt und dann von den Gesamtkaufpreisen subtrahiert wurden. Die so errechneten Bodenwerte waren dementsprechend niedriger, da die Gebäudewerte in Anlehnung an die zeitgemäßen Herstellungskosten vermindert um angemessene Wertminderungen angesetzt wurden.[285]

Der BFH hat die Restwertmethoden mit dem Urteil vom 21.01.1971[286] abgelehnt und nicht als mit dem Grundsatz der Einzelbewertung konform betrachtet. Als neue Aufteilungsmethode wurde die sogenannte Teil-/Verkehrswertmethode entwickelt. Die Aufteilung des Kaufpreises hat nach den Verhältnissen der Teil-/Verkehrswerte der Bestandteile Grund und Boden und der Bauten zu dem gesamten Teil-/Verkehrswert des Objektes zu erfolgen.

Dabei geht der BFH davon aus, daß die Teilwerte weitgehend mit den Verkehrswerten übereinstimmen, da die Teilwerte Wiederbeschaffungskosten darstellen.[287] Eine Bezugnahme auf die Regelungen des Bewertungsrechtes zur Ermittlung des gemeinen Wertes nach § 9 II BewG wird trotz der Verwendung des Begriffes gemeiner Wert nicht für möglich erachtet.[288]

283 Vgl. RFH vom 19.11.1941, RStBl 1942, S. 42.

284 In diesem Zusammenhang sind die daraus resultierenden geringeren Abschreibungsmöglichkeiten zu beachten.

285 Vgl. Hermann, C./Heuer, G./Raupach, A., EStG (1950/94), § 6 Anm. 313.

286 Vgl. BFH vom 21.01.1971, BStBl. II 1971, S. 682.

287 Vgl. BFH vom 21.01.1971, BStBl. II 1971, S. 684.

288 Vgl. BFH vom 15.01.1985, BStBl. II 1985, S. 252 und darauf aufbauend Hermann, C./Heuer, G./Raupach, A., EStG (1950/94), § 6 Anm. 313.

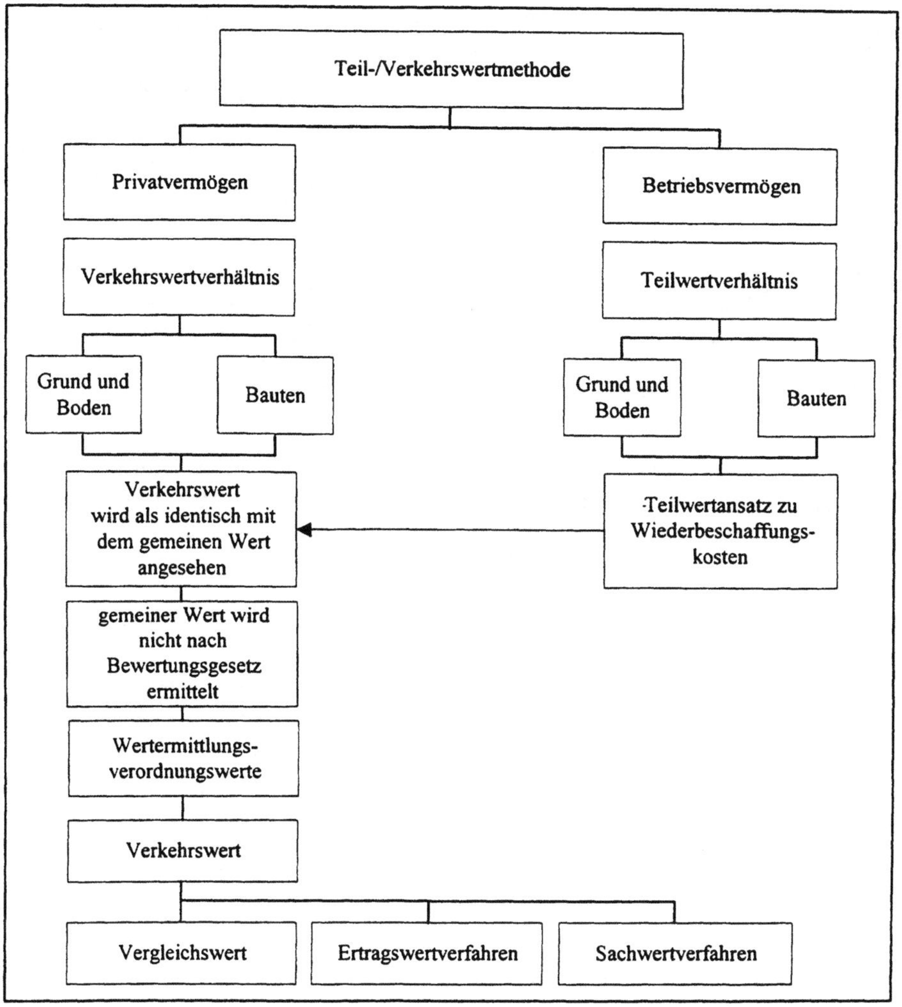

Abbildung 22: Teil-/Verkehrswertmethode

In der nachfolgenden Abbildung wird die Berechnung der Teil-/Verkehrswerte für die Bestimmung des Bodenwertanteiles an dem Gesamtwert der Liegenschaft nochmals in einem Zahlenbeispiel verdeutlicht.

	Gemeiner Wert	Kaufpreisanteil
Grund und Boden	200.000,-	32,26 % $\frac{200.000,-}{620.000,-} \times 580.000,- = 187.097,-$
Gebäude	420.000,-	67,74 % $\frac{420.000,-}{620.000,-} \times 580.000,- = 392.903,-$
Summe Verkehrswert	620.000,-	
Summe Kaufpreis		580.000,-

Abbildung 23: Beispiel zu der Teil-/Verkehrswertmethode

Die herausragende Bedeutung der Wertermittlungsverordnung auch für die Ertragsbesteuerung wird wiederum durch die Notwendigkeit einer Verkehrswertermittlung bei der Aufteilung der Immobiliengesamtkaufpreise und durch die Versagung der Relevanz der bewertungsrechtlichen Regelungen deutlich.

bb) Herstellungskosten

Erstellt der Steuerpflichtige ein Gebäude auf einem Grundstück "selber", so sind die Herstellungskosten alle Aufwendungen, die der Steuerpflichtige zu übernehmen hat und die unmittelbar in Zusammenhang mit der Errichtung des Gebäudes anfallen bzw. erforderlich sind, um seine Errichtung erst zu ermöglichen.[289] Zu den Herstellungskosten des Gebäudes rechnen weiterhin die Kosten für die Errichtung unselbständiger Gebäudeteile.[290] Herstellungskosten können auch nachträglich bei einem bereits bestehenden Gebäude anfallen (Umbau, Anbau).[291]

Die Summe der Aufwendungen für das gesamte bebaute Grundstück sind relativ einfach aufzuteilen, weil die Herstellung der Bauten klar abgegrenzt von der Anschaffung des Baugrundstückes ist. Probleme ergeben sich lediglich, falls das neu zu bebauende Grundstück vorher schon bebaut war. Die steuerlichen Folgen des

289 Vgl. Schmidt, L., EStG (1995), § 6 Anm. 40 ff. Zu der detaillierten Erläuterung und der genauen Darstellung der Einzelheiten der Herstellungskosten vgl. Simon, J./Cors, K./Troll, M., Grundstückswertermittlung (1992), S. 582 ff.

290 Auf die genauen Abgrenzungen der selbständigen von den unselbständigen Gebäudeteilen wird verzichtet, vgl. R 13 V EStR und R 42 V und IV EStR.

291 Ebenso werden die Abgrenzungen von Erhaltungsaufwand und Herstellungskosten nicht vorgenommen, da es nur auf das Ergebnis ankommt, vgl. dazu Kleinjohann, S., Abgrenzung (1986) und mit weiteren Nennungen Schmidt, L., EStG (1995), § 6 Anm. 43.
In diesem Zusammenhang sind nur die Aufwendungen von Bedeutung, die als Ergebnis der Abgrenzung den Herstellungskosten der Gebäude zugerechnet werden.

Abbruchs eines Gebäudes werden nach R 33 a II S. 1 EStR folgendermaßen unterschieden:[292]

1. Der Steuerpflichtige hat das Gebäude auf einem ihm bereits gehörenden Grundstück errichtet.
2. Der Steuerpflichtige hat das Gebäude ohne Abbruchabsicht erworben.
3. Der Steuerpflichtige hat das Gebäude mit Abbruchabsicht erworben.
4. Der Steuerpflichtige hat das Gebäude mit Abbruchabsicht in das Betriebsvermögen eingelegt.

Die Abbruchkosten und der Restbuchwert des abgebrochenen Gebäude sind sofort abziehbare Betriebsausgaben nach R 33 a II S. 2 EStR, wenn das alte Gebäude von dem Steuerpflichtigen selbst erstellt wurde (Erster Fall) oder er das Grundstück nicht in Abbruchabsicht erworben hat (Zweiter Fall). Die Abbruchabsicht wird aufgrund des ersten Anscheins unterstellt, wenn innerhalb von drei Jahren nach dem Erwerb mit dem Abbruch begonnen wird.[293],[294]

Wird das Gebäude mit Abbruchabsicht erworben und ist das Gebäude technisch oder wirtschaftlich nicht verbraucht (Dritter Fall, Teilfall a), so gehören sein Buchwert und die Abbruchkosten zu den Herstellungskosten des neuen Gebäudes, wenn ein enger wirtschaftlicher Zusammenhang zwischen dem Abbruch und der Herstellung besteht.[295] Ist dagegen kein enger wirtschaftlicher Zusammenhang gegeben, so erhöhen die Abbruchkosten und der Restbuchwert des alten Gebäudes die Anschaffungskosten des Grund und Bodens.[296] War das Gebäude im Zeitpunkt des Erwerbs objektiv wertlos (Dritter Fall, Teilfall b), so ist der Anschaffungspreis vollständig den Anschaffungskosten des Grund und Bodens zuzurechnen. Die Abbruchkosten sind in diesem Fall bei einem engen wirtschaftlichen Zusammenhang zwischen Abbruch des alten und Herstellung des neuen Gebäudes den Herstellungskosten des

---

292 Vgl. z.B. BFH vom 12.06.1978, BStBl. II 1978, S. 620 und BFH vom 04.12.1984, BStBl. II 1985, S. 208. Auf die Angabe der zahlreichen weiteren Urteile der Rechtsprechung wird verzichtet. Hierzu wird auf die in den Richtlinien R 33 a II EStR gegebenen Fundstellen verwiesen.

293 Vgl. R 33 a II S. 4 EStR.

294 Eine außergewöhnliche Abschreibung im Privatvermögen ist nicht möglich, wenn durch den Abriß eines werthaltigen Gebäudes ein unbebautes Grundstück veräußert werden soll. Ansonsten könnte der Restbuchwert abgeschrieben werden, wobei der höhere Grundstücksverkaufspreis nach dem Abriß steuerfrei bleiben würde. Vgl. Hinweis 44 EStR.

295 Vgl. R 33 a II S. 2 Nr. a) 1. HS EStR.

296 Vgl. R 33 a II S. 2 Nr. a) 2. HS EStR.

neuen Gebäudes zuzuschlagen. Sollte dieser Zusammenhang fehlen, sind die Abbruchkosten den Anschaffungskosten des Grund und Bodens zuzurechnen.[297]

Für den Fall der Einlage mit Abbruchabsicht (Vierter Fall) gehören die Abbruchkosten und der Restbuchwert des alten Gebäudes zu den Herstellungskosten des neu erbauten Gebäudes. Grund hierfür ist die Überlegung, daß das Gebäude mit einem Teilwert von 0,- DM in das Betriebsvermögen eingelegt wird, weil sein Abbruch beabsichtigt ist.[298]

cc) Einlagewerte

Werden Grundstücke in Betriebsvermögen aus Privatvermögen oder aus anderem Betriebsvermögen eingebracht, so sind diese grundsätzlich mit dem Teilwert zu bewerten.[299] Die Einlagewerte werden durch § 6 I Nr. 5 S. 1 2. HS a) EStG je nach dem Zeitpunkt der Anschaffung oder Herstellung der eingelegten Wirtschaftsgüter abgegrenzt. Grundstücke, die innerhalb eines Zeitraumes von drei Jahren vor der Einlage angeschafft oder hergestellt wurden, sind mit ihren um die Abschreibungen verminderten fortgeführten Anschaffungs- oder Herstellungskosten zu bewerten.[300] Grund hierfür ist die Teilwertvermutung der Identität von Anschaffungskosten und Teilwert im Zeitpunkt der Anschaffung. Ist der Dreijahres-Zeitraum vorüber, so ist der Teilwert auf der Basis einer separaten Wertermittlung zu schätzen.[301]

Bei der Einbringung aus Betriebsvermögen sind die Entnahmewerte des Betriebsvermögens, aus dem das Grundstück entnommen wurde, zu übernehmen.[302]

Unter Einlagen sollen auch Überführungen im Rahmen des Privatvermögens von der Vermögensverwendungssphäre in die Einkommenserzielungssphäre des Steuerpflichtigen (Nutzungsänderungen) verstanden werden. Grundstücke, die von dem Steuerpflichtigen privat genutzt wurden und der Einkommenserzielungssphäre zugeordnet werden, sind mit dem gemeinen Wert zu bewerten, weil im Rahmen der Einkünfteerzielung im Sinne des § 2 II Nr. 2 EStG die Werte der Immobilien für die Bestimmung der Abschreibungen nach § 9 I S. 3 Nr. 7 EStG benötigt werden. Der gemeine Wert ist hierbei jedoch nicht nach den Regelungen des Bewertungsrechts zu ermitteln, sondern es ist ein Ansatz entsprechend dem Teilwert einschlägig.[303] Demnach sind für die Zuordnung von Immobilien zur Einkommenserzielungssphäre

---

297 Vgl. R 33 a II S. 2 Nr. b) EStR.

298 Vgl. R 33 a II S. 8 EStR.

299 Vgl. § 6 I Nr. 5 S. 1 1. HS EStG.

300 Vgl. § 6 I Nr. 5 S. 2 EStG.

301 Vgl. auch Hermann, C./Heuer, G./Raupach, A., EStG (1950/94), § 6 Anm. 1208.

302 Vgl. § 6 I Nr. 5 S. 3 EStG.

303 Vgl. § 9 I S. 3 Nr. 7 EStG i.V.m. § 6 I Nr. 5 S. 1 EStG.

die Verkehrswerte anzusetzen. Als Bewertungsgrundlage sind die Grundsätze der Wertermittlungsverordnung als Maßstab angebracht.[304]

dd) Fazit

Im Rahmen der Zuordnung von Immobilien wird die Bewertung der zuzuordnenden Liegenschaften auf die von den Steuerpflichtigen geleisteten Aufwendungen abgestellt. Probleme ergeben sich durch die zahlreichen Abgrenzungen zwischen Kosten, die dem Boden oder den Bauten zuzurechnen sind. Diese Unterscheidung ist vor allem für die Bemessung der planmäßigen Abschreibungen von Bedeutung.

Darüber hinaus hat die Abgrenzung von Anschaffungskosten und nachträglichen Anschaffungskosten große Bedeutung für die zeitliche Verteilung der Ausgaben. Die Unterscheidung, welche Teile eines Gebäudes unselbständige und welche Teile selbständige Gebäudebestandteile sind und deshalb ein eigenes separat abzuschreibendes Wirtschaftsgut bilden, beeinflußt die Ertragsbesteuerung insofern, daß unterschiedliche Nutzungsdauern zu einer stark unterschiedlichen Periodisierung der ansetzbaren Aufwandspotentiale führen.

Wird eine Einlage vorgenommen, so ist diese mit dem Teilwert zu bewerten, falls die Liegenschaft nicht innerhalb einer Dreijahresfrist ab "Anschaffung"[305] eingelegt wurde, ansonsten hat die Einlage mit den fortgeführten Anschaffungskosten zu erfolgen.

b) Laufende Verwertung

Die laufende Verwertungsphase von Immobilien ist der Zeitraum, in dem die Immobilien keine Veränderung ihrer Zuordnung zu einer Vermögenssphäre erfahren. Im Rahmen der laufenden Verwertung sind Immobilienbewertungen notwendig, um die Aufwandskomponenten durch den Werteverzehr[306] der eingesetzten Immobilien zu bemessen.

---

304 Vgl. auch Hermann, C./Heuer, G./Raupach, A., EStG (1950/94), § 6 Anm. 635.

305 In diesem Zusammenhang sollen Anschaffung und Herstellung als Synonyme betrachtet werden.

306 In dieser Arbeit wird auf die von der Literatur diskutierten Unterschiede von Wertverzehrthese und Aufwandsverteilungsthese der Abschreibungen nicht eingegangen, da für die Immobilienbewertung hieraus keine Unterschiede erwachsen. Es sei jedoch auf die Problematik verwiesen, daß es nicht darauf ankommt, ob und in welcher Höhe tatsächlich ein Wertverzehr eingetreten ist, sondern, daß die historischen Aufwendungen auf die Nutzungsdauer des Gebäudes verteilt werden. In der Realität ist somit von Abschreibungen auszugehen, obwohl gerade bei Gebäuden die Werteverzehre nicht in dem entsprechenden Maße der Abschreibungen entstanden sind. Vgl. Breidert, U., Grundsätze ordnungsmäßiger Abschreibungen (1994), S. 57 f. und Schmidt, L., EStG (1995), § 7 Anm. 1 b).

Der anfallende Werteverzehr kann in eine planmäßige oder in eine unplanmäßige Komponente zerlegt werden. Der planmäßige Werteverzehr fällt nur bei den abnutzbaren Teilen der Liegenschaften an, da der Gebrauch z.B. der Bauten zu einer Abnutzung führt, während der Grund und Boden hingegen keiner Abnutzung unterliegt.

aa) Planmäßiger Werteverzehr

Der Wertverzehr der abnutzbaren Wirtschaftsgüter müßte in der genau angefallenen Höhe der Abrechnungsperiode ermittelt werden. Da dieses jedoch zu unüberwindlichen Problemen im Hinblick auf den Arbeitsaufwand und auf die wirkliche Bestimmung des individuellen Wertverzehres führen würde, sollen Abschreibungsmethoden die historischen Anschaffungs- oder Herstellungskosten auf die voraussichtliche Nutzungsdauer der Wirtschaftsgüter verteilen.[307],[308]

Da jedoch in bezug auf die Bestimmung der voraussichtlichen Nutzungsdauer von Gebäuden den Steuerpflichtigen ein sehr großer Schätzungsspielraum entstehen würde, gibt der Gesetzgeber in § 7 IV und V EStG Abschreibungsprozentsätze vor. Durch die Vorgabe der Abschreibungsprozentsätze wird die entsprechende Abschreibungsmethode und die gesamte Nutzungsdauer der Gebäude vorher bestimmt.

Der § 7 IV EStG bestimmt als normale Abschreibungsmethode für Gebäude die lineare Abschreibung. Für Gebäude, die zu einem Betriebsvermögen gehören, nicht Wohnzwecken dienen und für die nach dem 31.03.1985 ein Bauantrag gestellt wurde, gilt ein jährlicher Satz von 4 v.H. der historischen[309] Anschaffungs- oder Herstellungskosten als Abschreibungsbetrag.[310] Ist der Bauantrag für die Gebäude vor dem 31.03.1985 gestellt worden, befinden sie sich in Privatvermögen oder dienen sie Wohnzwecken, so ist die Abschreibungshöhe nach § 7 IV S. 1 Nr. 2. EStG entweder 2 Prozent, oder bei Gebäuden, die vor dem 01.01.1925 fertiggestellt wurden 2,5 Prozent der Anschaffungs- oder Herstellungskosten.

---

307 Grundlage dieser Betrachtungsweise von Abschreibungen ist die Wertverzehrthese. Vgl. Breidert, U., Grundsätze ordnungsmäßiger Abschreibungen (1994), S. 57 f.

308 Im weiteren Verlauf soll auf die exakte Verwendung des handelsrechtlichen Begriffes "Abschreibung" und des steuerrechtlichen Begriffes "Absetzung für Abnutzung" verzichtet werden und der in dem Sprachgebrauch übliche Begriff der Abschreibung verwandt werden. Zu den Abgrenzungen der Begriffe vgl. Breidert, U., Grundsätze ordnungsmäßiger Abschreibungen (1994), S. 9 ff. und S. 57 f.

309 Zu der Einbeziehung nachträglicher Anschaffungs- und Herstellungskosten vgl. R 44 EStR und Schmidt, L., EStG (1995), § 7 Anm. 6d).

310 Vgl. § 7 IV S. 1 Nr. 1. EStG.

§ 7 V EStG gewährt abweichend von § 7 IV EStG unter gewissen Voraussetzungen degressive Abschreibungsmöglichkeiten[311] für Gebäude. Die degressive Gebäudeabschreibung unterlag häufigen Veränderungen des Gesetzgebers, die zu einer Vielzahl von je nach Baualter und Nutzungsart unterschiedlichen Abschreibungsbeträgen führen.[312] Ab dem Jahre 1995 ist eine degressive Abschreibung nur noch für Gebäude möglich, die zu Wohnzwecken genutzt werden und nach dem 28.02.1989 angeschafft oder hergestellt wurden.[313],[314] Durch das Jahressteuergesetz 1996[315] wurden die degressiven Abschreibungsbeträge für Gebäude, für die nach dem 31.12.1995 der Bauantrag gestellt wurde und die Wohnzwecken dienen, weiter vermindert.[316]

Liegt die tatsächliche Nutzungsdauer unter der bei den Abschreibungsprozentsätzen zugrunde gelegten Gebäudenutzungsdauer, bleibt es nach § 7 IV S. 2 EStG dem Steuerpflichtigen vorbehalten, entsprechend der tatsächlichen Nutzungsdauer Abschreibungen geltend zu machen. Als Abschreibungsmethode ist in diesem Fall nur die lineare Abschreibungsmethode zulässig.[317]

bb) Unplanmäßiger Werteverzehr

Immobilienbewertungen sind für die Bemessung des unplanmäßigen Werteverzehres vonnöten.[318],[319] Die unterschiedliche Zuordnung zu den verschiedenen

---

311 Die Bezeichnung degressive Abschreibung ist nicht exakt, da es sich im Grunde um eine lineare Abschreibung mit fallend gestaffelten Beträgen handelt, vgl. Biergans, E., Einkommensteuer, 6. Auflage, München 1992, S. 462 ff. Es soll jedoch die im Sprachgebrauch übliche Bezeichnung verwandt werden.

312 Zur Darstellung der einzelnen Regelungen sei auf die Anlage 2 zu R 44 EStR verwiesen.

313 Vgl. § 7 V EStG.

314 Die erhöhte degressive Abschreibung nach § 7 V Nr. 2 EStG ist für Gebäude mit Bauantragstellung nach dem 01.01.1995 ausgelaufen.

315 Vgl. Art. 1 Nr. 9 Jahressteuergesetz 1996.

316 Vgl. § 7 V S. 1 Nr. 3 EStG in der Fassung des Gesetzes vom 11.10.1995.

317 Vgl. Breidert, U., Grundsätze ordnungsmäßiger Abschreibungen (1994), S. 64.

318 Sonderabschreibungen sind nicht als Berücksichtigung des unplanmäßigen Werteverzehres zu betrachten, da sie steuerliche Fördermaßnahmen darstellen, die nicht in Zusammenhang mit wirklichen oder dem Versuch, die wirklichen Wertminderungen abzubilden, stehen.

319 Unplanmäßigkeit und Außergewöhnlichkeit von Wertverzehren sind als inhaltlich identisch anzusehen, da eine nicht planmäßige Wertminderung immer außergewöhnlich ist.

Vermögenssphären Betriebsvermögen und Privatvermögen bedingt unterschiedliche Abschreibungsmöglichkeiten und -zwänge.[320]

Es sind zwei Abschreibungsarten für unplanmäßigen Werteverzehr zu unterscheiden:

1. Absetzungen für außergewöhnliche technische und wirtschaftliche Abnutzungen und
2. Teilwertabschreibungen.

Außergewöhnliche Abschreibungen können sowohl im Bereich des Betriebs- wie auch des Privatvermögens, falls die Immobilien zur Einkommenserzielung verwandt werden, angesetzt werden. Teilwertabschreibungen sind dagegen nur in dem Bereich des Betriebsvermögens möglich, weil im Rahmen des Privatvermögens reine Wertänderungen nicht als Werbungskosten berücksichtigt werden können.[321]

aaa) Unplanmäßiger Werteverzehr im Betriebsvermögen

Je nach der handelsbilanziellen Zuordnung der Immobilien zu dem Anlage- oder dem Umlaufvermögen[322] der Unternehmung sind unplanmäßige Werteverzehre unterschiedlich zu berücksichtigen.

Für Immobilien des Anlagevermögens gilt das gemilderte Niederstwertprinzip des § 253 II HGB. Bei voraussichtlich dauernden Wertminderungen schreibt der § 253 II S. 3 HGB eine Abschreibung auf den niedrigeren Tageswert vor. Bei einer voraussichtlich nur vorübergehenden Wertminderung kann auf eine Abschreibung auf den niedrigeren Tageswert verzichtet werden. Bei Kapitalgesellschaften besteht für vorübergehende Wertminderungen ein Abschreibungsverbot nach § 279 I HGB.

Immobilien des Umlaufvermögen sind bei Wertminderungen nach dem strengen Niederstwertprinzip des § 253 III HGB, unbeachtlich der Dauer der Wertminderung, auf den niedrigeren Tageswert abzuschreiben.

Fallen die Gründe für die unplanmäßigen Abschreibungen weg, so können die Wertansätze beibehalten werden oder aber Zuschreibungen sind bis zu den historischen Anschaffungs- oder Herstellungskosten vorzunehmen.[323] Für die

---

320 Zu der Diskussion über die Verpflichtung zur Durchführung von außergewöhnlichen Abschreibungen vgl. Breidert, U., Grundsätze ordnungsmäßiger Abschreibungen (1994), S. 67. Zu Teilwertabschreibungspflichten und -wahlrechten sei auf die Literatur zu dem Maßgeblichkeitsgrundsatz und dem Niederstwertprinzip des § 253 II HGB verwiesen.

321 Vgl. Schmidt, L., EStG (1995), § 9 Anm. 11 a).

322 Vgl. § 247 II HGB.

323 Vgl. § 253 V HGB und für Kapitalgesellschaften § 280 II HGB.

Bestimmung der beizulegenden Wertansätze der Handelsbilanz und zur Feststellung, ob unplanmäßiger Werteverzehr eingetreten ist, greift das Handelsrecht auf die Bewertung anhand der Beschaffungs- und Absatzmärkte zurück.[324] Die Beschaffungsmarktorientierung bewertet die Vermögensgegenstände über die Kosten der Wiederbeschaffung gegebenenfalls abzüglich anteiliger Abschreibungen.[325] Die Absatzmarktorientierung bedient sich der Schätzung möglichst vorsichtiger Veräußerungswerte von Vermögensgegenständen des Unternehmens.[326] In bezug auf Immobilien sind bei beiden Ansätzen der jeweils aktuelle Verkehrswert der Liegenschaft zu bemessen.

Den außerplanmäßigen handelsrechtlichen Abschreibungen entsprechen im Steuerrecht die Absetzungen für außergewöhnliche Abnutzung im Sinne des § 7 I S. 5 EStG und die Teilwertabschreibungen nach § 6 I Nr. 1 S. 2 EStG.[327]

Die Absetzung für Abnutzung im Sinne des § 7 EStG umfaßt die Abschreibung für außergewöhnliche technische oder wirtschaftliche Abnutzung nach § 7 I S. 5 EStG. Sie stellt eine Ergänzung zu den planmäßigen Abschreibungen dar und berücksichtigt Umstände, die von den laufenden normalen Absetzungen für Wertminderungen nicht erfaßt werden. Außergewöhnliche Abschreibungen können in zwei Formen auftreten, indem sie einerseits die technischen oder wirtschaftlichen Minderungen des Wertes bei unveränderter Restnutzungsdauer durch einen Wertabschlag erfassen. Andererseits kann der Restbuchwert auf eine verkürzte Restnutzungsdauer verteilt werden.[328] Bei Gebäuden sind die Absetzungen für unplanmäßige technische und wirtschaftliche Abnutzung auch ansetzbar, falls die planmäßigen Wertminderungen in degressiver From berücksichtigt werden.[329]

Entsprechend der Verteilungsthese der Aufwendungen[330] kann eine Abschreibung wegen außergewöhnlicher technischer oder wirtschaftlicher Abnutzung[331] auch

---

324 Vgl. Forster, K.-H./Goerdeler, R./Lanfermann, J./Müller, H.-P./Siepe, G./Stolberg, K., Adler/Düring/Schmaltz (1995), § 253 HGB Rdnr. 457 ff. und Rdnr. 460 ff.

325 In Betracht kommen betriebsnotwendiges Anlagevermögen und Normalbestände an Vorräten.

326 In Betracht kommen vor allem nicht betriebsnotwendiges Anlagevermögen und Überbestände an Vorräten.

327 Vgl. Knobbe-Keuk, B., Bilanz- und Unternehmenssteuerrecht (1993), S. 200.

328 Eventuell können beide Arten der außergewöhnlichen Abschreibungen zusammen auftreten.

329 Vgl. R 44 XIII EStR.

330 Vgl. zur Aufwandsverteilungsthese Breidert, U., Grundsätze ordnungsmäßiger Abschreibungen (1994), S. 57 f.

331 Zu den genauen Voraussetzungen und der Abgrenzungen der technischen von der wirtschaftlichen Abnutzung vgl. Biergans, E., Einkommensteuer (1992), S. 484 f.

dann in Anspruch genommen werden, wenn kein Werteverzehr eintritt.[332] Nach einer außergewöhnlichen Abschreibung sind die weiteren planmäßigen Abschreibungsbeträge nach der Höhe der um die außergewöhnliche Abschreibung verminderten Anschaffungs- oder Herstellungskosten der Gebäude zu bemessen. Entsprechendes gilt, wenn der Steuerpflichtige eine Teilwertabschreibung vorgenommen hat.[333]

Bei außergewöhnlichen Abschreibungen kann der Nachweis eines Teilwertes als Mindestwert unterbleiben. So ist z.B. denkbar, daß ein Gebäude aufgrund von zu geringem Komfort nicht mehr vermietbar ist. Eine außergewöhnliche Abschreibung entsprechend der Einschränkung der Nutzungsmöglichkeiten auf einen Erinnerungswert von z.B. 1,- DM wäre durchführbar. Der Teilwert des Gebäudes hingegen könnte durchaus existent sein, da dieser Wert des Gebäudes nach dem Sachwertverfahren zum Verkehrswert angesetzt werden könnte. Dieses eher unwahrscheinliche Beispiel soll die Abgrenzungsprobleme von Teilwertabschreibungen und außergewöhnlichen Abschreibungen aufzeigen. Dem entsprechend sind auch die in der Literatur vertretenen Meinungen zur Unterschiedlichkeit und Gemeinsamkeit von beiden Abschreibungsarten kontrovers.[334]

Zur Bestimmung von etwaig vorzunehmenden Teilwertabschreibungen sind die Teilwerte über die Verkehrswerte der Immobilien zu ergründen. Da jedoch keine gesetzlich vorgeschriebenen Verfahren bestehen, können die Steuerpflichtigen entsprechend ihren Vorstellungen Bewertungen durchführen.[335] Es ist nicht vorhersagbar, ob diese Werte intersubjektiv akzeptable Werte darstellen. Für den Fall, daß die Grundsätze der Wertermittlungsverordnung angewandt wurden, kann man jedoch mit großer Wahrscheinlichkeit von einer breiten Akzeptanz ausgehen.[336]

bbb) Unplanmäßiger Werteverzehr im Privatvermögen

Außergewöhnliche Abschreibungen können bei Immobilien des Betriebsvermögens wie auch bei Immobilien des Privatvermögens durchgeführt werden.[337]

---

332 Vgl. mit weiteren Nennungen Schmidt, L., EStG (1995), § 7 Anm. 1 b).

333 Vgl. § 11 c II EStDV.

334 Vgl. Breidert, U., Grundsätze ordnungsmäßiger Abschreibungen (1994), S. 83.

335 Breidert führt sehr enge sachliche und betragliche Grenzen von Teilwertabschreibungen an, vgl. Breidert, U., Grundsätze ordnungsmäßiger Abschreibungen (1994), S. 157 ff.

336 Es sei auf die Bestrebungen der Rechtsprechung verwiesen, die Wertermittlungsverordnungswerte auch in dem Bereich der Teilwertbetrachtungen zu etablieren, vgl. oben: Zweiter Teil: I. B. 1. Teilwertbegriff.

337 Vgl. § 7 I S. 5 EStG.

Wertänderungen, die nicht auf technischer oder wirtschaftlicher Abnutzung beruhen, können nicht durch den Ansatz von außergewöhnlichen Absetzungen berücksichtigt werden. So können z.B. keine Wertverluste des Bodens durch die außergewöhnlichen Absetzungen abgebildet werden, was insbesondere im Rahmen des Privatvermögens den Ansatz des Wertverlustes bei z.B. gesunkenen Wiederbeschaffungskosten unter die historischen Anschaffungskosten des Bodens unmöglich macht. Erst ab dem Zeitpunkt, zu dem eine Minderung des Wertes der noch abzugebenden Leistungen erfolgt, kann in diesem Fall eine außergewöhnliche Absetzung für Abnutzung des wirtschaftlichen Nutzungspotentiales durchgeführt werden.[338] Bei dem Ansatz im Rahmen des Betriebsvermögens würde schon im Augenblick des Wertverlustes aufgrund der gesunkenen Wiederbeschaffungskosten eine Teilwertabschreibung des Bodens möglich sein.[339]

Für die Frage der Immobilienbewertung im Falle von unplanmäßigen Wertverzehren im Privatvermögen stellt sich das Abgrenzungsproblem zwischen außergewöhnlichen Abschreibungen und Teilwertabschreibungen nicht, da Teilwertabschreibungen im Privatvermögen nicht möglich sind.[340]

cc) Fazit

Die Zuordnungswerte zu übernehmen, bedeutet eine große Vereinfachung, da auf separate Bewertungen zur Bestimmung der Ausgangsbasis für die planmäßigen Abschreibungen verzichtet wird. Die Bewertung des jeweils planmäßig angefallenen Werteverzehrs würde jährliche Immobilienbewertungen bedingen, wollte man den effektiv angefallenen Wertverlust bemessen.

Die gesamte Bewertung von Immobilien im Rahmen der Bemessung von planmäßigen und außerplanmäßigen Abschreibungen ist äußerst unbefriedigend. Die in § 7 IV und V EStG vorgegebenen planmäßigen Abschreibungssätze sind nicht in der Lage, die wirklichen Wertverluste abzubilden. Darüber hinaus bestehen keine allgemeinverbindlichen Verfahren zur Bemessung von außergewöhnlichen technischen und wirtschaftlichen Abschreibungen und von Teilwertabschreibungen. Dadurch wird jedem Steuerpflichtigen die Möglichkeit gegeben, die entstandenen Wertminderungen auf der Grundlage der Grundsätze ordnungsmäßiger Buchführung (GoB) zu "erklären". Gerade in bezug auf die bedeutenden Werte von Immobilien scheint es angebracht, den Methodenwildwuchs und die Willkür der Steuerpflichtigen schon vor etwaigen Auseinandersetzungen mit der Finanzverwaltung zu beschneiden und ihnen ein Hilfsmittel der Bewertung an die Hand zu geben.

---

338 Vgl. Schmidt, L., EStG (1995), § 7 Anm. 9 b).

339 Vgl. näher dazu Biergans, E., Einkommensteuer (1992), S. 486.

340 Vgl. Schmidt, L., EStG (1995), § 9 Anm. 11 a).

Besonders im Rahmen der Bewertung von betrieblichen Immobilien könnten die jährlich notwendigen Teilwertbewertungen[341] durch die Übernahme von externen Immobilienwerten vereinfacht und beschleunigt werden. Die Angabe der Teilwerte der Immobilien des Betriebsvermögens könnte verläßlichere Daten als die historischen fortgeführten Anschaffungs- oder Herstellungskosten bereitstellen. Die Dokumentation der Vermögens-, Finanz- und Ertragslage der Unternehmen könnte durch die Angabe der Höhe, der Werthaltigkeit und der Entwicklung der stillen Reserven mittels Teilwerten verbessert werden.

Somit könnte in dem Bereich der laufenden Ertragsbesteuerung von Immobilien auf den Ansatz von "pauschalen" Aufwandskomponenten verzichtet und nur noch entsprechend dem wirklich angefallenen Aufwand besteuert werden. Im Rahmen der Bilanzierung würden die Immobilien zu den Teilwerten, also den Verkehrswerten, angesetzt werden. Etwaige nicht realisierte Gewinne, die aus den gestiegenen Immobilienwerten resultieren, wären vor der Ausschüttung zu sperren.[342]

In dem Bereich des Privatvermögens mit der Erzielung von z.B. Einkünften aus Vermietung und Verpachtung könnten die bedenklichen Wechselwirkungen von steuerlich berücksichtigungsfähigen Aufwendungen durch den Ansatz planmäßiger Abschreibungen und steuerlich irrelevanter Veräußerungsvorgänge[343] mit der steuerfreien Realisierung von steuerlich entlasteten und nicht eingetretenen Wertminderungen vermieden werden.

c) Abordnung

Die Abordnung stellt den Zeitpunkt dar, in dem die Immobilie einer anderen als der bisherigen Vermögenssphäre zugeordnet wird. Diese Änderung der Zugehörigkeit kann sich auf den Wechsel der Zugehörigkeit zu einem Steuersubjekt oder auf den Wechsel in der jeweiligen Vermögenssphäre des bisherigen wirtschaftlichen Eigentümers der Immobilie beziehen. Veränderungen in der Zuordnung können

---

341 Bewertungen sind fortlaufend notwendig, da bei jedem Bilanzansatz der Teilwert als mögliche untere Wertgrenze zu beachten ist (§ 6 I Nr. 1, Nr. 2 EStG). Erst in einem weiteren Schritt ist zu prüfen, ob die Wertminderungen von vorübergehender Natur sind.

342 In Großbritannien ist eine entsprechende handelsrechtliche Regelung seit Oktober 1992 in Kraft, die etwaige Neubewertungsgewinne von Immobilien in eine Neubewertungsrücklage einstellt und vor Ausschüttungen sperrt. Vgl. Accounting Standards Board (Hrsg.), Financial Reporting Standard 3, Paragraph 13 und Davies, M./Paterson, R./Wilson, A., UK GAAP (1994), S. 558 ff. und S. 566 ff.

343 Es wird nicht auf die Abgrenzung der privaten Vermögensverwaltung und des gewerblichen Grundstückshandels eingegangen, vgl. dazu Biergans, E., Einkommensteuer (1992), S. 999 ff.

durch den Verkauf von Immobilien und durch die Entnahme von Immobilien anfallen.[344]

Steuerliche Folgen ergeben sich bei der Abordnung für den Steuerpflichtigen sowohl im Bereich des Betriebsvermögens als auch im Privatvermögen. Bei Betriebsvermögen entstehen Gewinne im Sinne des § 4 I S. 1 EStG, wenn die Werte, mit denen die Immobilien das Betriebsvermögen verlassen, größer sind als die Restbuchwerte.[345] Demgegenüber sind Abgänge von Immobilien aus dem Privatvermögen nur unter zwei Bedingungen relevant, erstens, wenn ein Spekulationsgeschäft im Sinne des § 23 I S. 1 Nr. 1a) EStG vorliegt, und zweitens, wenn die Veräußerung als ein Akt des gewerblichen Grundstückshandels[346] zu beurteilen ist. Beide Fälle sollen im Rahmen der weiteren Betrachtungen nicht näher dargestellt werden.

aa) Veräußerungswerte

Veräußerungen sind die Handlungen, in denen Immobilien neue Zuordnungen erfahren, die nicht mit einem Wechsel innerhalb der Vermögenssphäre des Steuerpflichtigen zusammenhängen.[347] Darunter fallen sämtliche Änderungen in der personellen Zurechnung der Immobilien. Mögliche Veräußerungen sind Verkäufe und Tauschhandlungen.[348] Ertragsteuerlich relevant sind die Fälle, in denen ein zu berücksichtigender Gewinn oder Verlust entsteht.

Die Differenz aus dem Veräußerungspreis und den Restbuchwerten der veräußerten Immobilienbestandteile ist der Veräußerungserfolg. Für den Veräußerer ist die Verteilung der Veräußerungspreise auf die verschiedenen Bestandteile der gesamten Liegenschaft nicht notwendig, da etwaige Veräußerungsgewinne oder Veräußerungsverluste ohnehin "gemeinsam" in die Erfolgsermittlung eingehen.[349]

---

344 Zur Behandlung von Sonderfällen z.B. der voll unentgeltlichen Schenkung, der gemischten Schenkung und der vorweggenommenen Erbfolge sei auf die Literatur verwiesen, vgl. Biergans, E., Einkommensteuer (1992), S. 585 ff.

345 Der Verlustfall ist ebenso möglich, aber bei Immobilien eher unwahrscheinlich.

346 Vgl. Schreiben des Bundesministers der Finanzen vom 20.12.1990, BStBl. I 1990, S. 884 ff.

347 Es wird nicht auf den Sonderfall eingegangen, daß ein Betrieb nur aus einer oder aus mehreren Immobilien besteht und veräußert wird. Zu Betriebsveräußerungen vgl. Biergans, E., Einkommensteuer (1992), S. 767 ff.

348 Auf die Betrachtung von Tauschhandlungen im Rahmen von Veräußerungen wird in der Arbeit verzichtet. Vgl. dazu Hermann, C./Heuer, G./Raupach, A., EStG (1950/94), § 6 Anm. 324 - 436.

349 Anders hingegen ist die Lage für den Käufer der Immobilie. Hier ist die Aufteilung des Gesamtkaufpreises auf die verschiedenen Komponenten und die Feststellung des Bodenanteiles von großer Bedeutung, vgl. oben: Zweiter Teil: I. B. 3. a) aa) bbb) Feststellung des Bodenwertanteils.

Der Veräußerungspreis stellt den Wert der Immobilie im Zeitpunkt der Veräußerung ausgedrückt in "Geld" oder anderen vertretbaren Sachen[350] dar. Es handelt sich im Grunde wiederum um eine Teilwertvermutung, da der Käufer der Immobilie die von ihm geleisteten Aufwendungen als Anschaffungskosten der Immobilie ansetzt und die aufgewandten Mittel im Zeitpunkt der Zuordnung gewöhnlich den Wiederbeschaffungskosten, also dem Teilwert entsprechen. Je nach den Konditionen des Veräußerungsgeschäftes sind die Nominalwerte der Kaufpreisforderungen,[351] die mit z.B. 5,5 % diskontierten Barwerte der Kaufpreisforderungen[352] oder aber die gemeinen Werte von eingetauschten Wirtschaftsgütern als Veräußerungswert der Liegenschaften anzusetzen.

Stehen sich der Wert von Leistung und Gegenleistung nicht entsprechend gegenüber, so ist in dem Fall, daß ein Veräußerungsgewinn erzielt wird, ein normales positives Geschäft getätigt worden. Ist ein Veräußerungsverlust aufgrund der mangelnden Werthaltigkeit und der daraus resultierenden geringen Verwertungsmöglichkeiten der Immobilie entstanden, so hätten etwaige außergewöhnliche Abschreibungen für technische oder wirtschaftliche Abnutzung nach § 7 I S. 5 EStG oder eine Teilwertabschreibung nach § 6 I Nr. 1 S. 2 EStG vorgenommen werden müssen.[353]

Kann hingegen der niedrige Verkaufserlös nicht über den geringen Wert oder die schlechte Marktlage erklärt werden, muß es einen Grund für die Veräußerung zu diesem Kaufpreis geben. Als Grund können betriebliche oder betriebsfremde Zwecke angenommen werden.

- Sind die Gründe für den Verkauf zu dem geringen Preis betrieblich veranlaßt, so sind keine Korrekturen des Abordnungswertes der Immobilie davon die Folge.[354]
- Sind jedoch betriebsfremde Zwecke anzunehmen, so sind die geringen Verkaufspreise zu korrigieren.

In dem Zusammenhang der betriebsfremden Zwecke sind Veräußerungen an Gesellschafter von Kapitalgesellschaften unter Einräumung einer verdeckten Gewinnausschüttung[355] oder aber die (teil-)unentgeltliche Übertragung der

---

350 Auf Tauschhandlungen soll in diesem Zusammenhang nicht eingegangen werden, da hierdurch zusätzlich die Tauschgüter in üblichen Wertkonventionen auszudrücken sind.

351 Vgl. § 12 I BewG.

352 Vgl. § 12 III BewG.

353 Die Betrachtung, ob die Vornahme von Abschreibungen auch möglich gewesen wäre, ist im Rahmen der laufenden Verwertung der Immobilien betrachtet worden. Vgl. oben: Zweiter Teil: I. B. 3. b) bb) Unplanmäßiger Werteverzehr.

354 Im Rahmen der Veräußerung aufgrund betrieblicher Zwecke ist die Veräußerung aufgrund wirtschaftlicher Zwänge besonders hervorzuheben.

355 Vgl. § 8 III S. 2 KStG.

Immobilie vom bisherigen Eigentümer an einen Dritten zu verstehen. Als Korrektur des Veräußerungspreises sind in diesem Fall die Teilwerte der Immobilien, vermindert um den Veräußerungserlöse, als Entnahmen anzusetzen.[356]

Veräußerungsgewinne im Rahmen des Privatvermögens zählen nicht zu den Überschüssen der Einnahmen über die Werbungskosten. Deshalb sind Veräußerungen von Immobilien des Privatvermögens in der Regel ertragsteuerlich nicht relevant.[357]

bb) Entnahmewerte

Gegenstand von Entnahmen[358] können bilanzierte Wirtschaftsgüter aller Art sein, also auch Immobilien.[359] Entnahmehandlungen können nur bei Immobilien von Einzelunternehmen oder Personengesellschaften, die dem gewillkürten Betriebsvermögen zuzurechnen sind, zum Erfolg führen.[360] Eine Immobilie, die nach der Entnahme weiterhin Betriebsvermögen darstellt, also notwendiges Betriebsvermögen ist, kann nicht in den Privatvermögensbereich des Steuerpflichtigen überführt werden.[361]

Von Bedeutung ist, daß bei Immobilien immer der Zusammenhang von Grund und Boden sowie baulichen Anlagen zu einer Entnahme der beiden zusammengehörigen Wirtschaftsgüter führt, auch wenn sich die Entnahmehandlung nur auf ein Wirtschaftsgut, z.B. das Gebäude bezieht.[362]

Im Falle einer "Überführung" der Immobilie aus dem Vermögen einer Kapitalgesellschaft in das Vermögen eines Gesellschafters liegt entweder die Rückgewähr von Einlagen oder eine offene vielleicht auch eine verdeckte Gewinnausschüttung vor. Die Liegenschaft ist für diese "Entnahmehandlungen" mit dem Teilwert nach

356 Vgl. Hermann, C./Heuer, G./Raupach, A., EStG (1950/94), § 6 Anm. 435.

357 Vgl. zu den Ausnahmen § 23 I S. 1 Nr. 1a) EStG und Schreiben des Bundesministers der Finanzen vom 20.12.1990, BStBl. I 1990, S. 884 ff.

358 Zu den genauen Einzelheiten, den Voraussetzungen und den Wirkungen von Entnahmen vgl. Biergans, E., Einkommensteuer (1992), S. 570 ff.

359 Vgl. Schmidt, L., EStG (1995), § 4 Anm. 51.

360 Aufgrund der Definition der Entnahme in § 4 I S. 2 EStG kann eine Entnahme bei Kapitalgesellschaften nicht angenommen werden. Auf die Darstellung der Besteuerungswirkungen bei Überführungen von Immobilien von Einzelunternehmen und Personengesellschaften in Privatvermögen wird verzichtet. Vgl. dazu Schmidt, L., EStG (1995), § 4 Anm. 70 a) und 70 b).

361 Vgl. Schmidt, L., EStG (1995), § 4 Anm. 52.

362 Vgl. BFH vom 24.11.1982, BStBl. II 1983, S. 365.

§ 6 I Nr. 4 EStG zu bewerten.[363] Der Teilwertansatz soll die Versteuerung der stillen Reserven sicherstellen.[364]

cc) Fazit

Bewertungen von Immobilien werden durch die Veränderung der Zuordnung notwendig. Es können dabei Vorfälle der Übertragung des wirtschaftlichen Eigentums oder aber auch nur der Zuordnung zu einer anderen Vermögenssphäre desselben wirtschaftlichen Eigentümers unterschieden werden. In den Fällen der Übertragung des wirtschaftlichen Eigentums ergeben sich die Abordnungswerte durch die vereinbarten Entgelte, die bei den neuen wirtschaftlichen Eigentümern mit den "anfänglichen" Zuordnungswerten identisch sind.

In diesem Zusammenhang werden Immobilienbewertungen zur Begründung von Kaufpreisvorstellungen benötigt. Vorgeschriebene Grundlagen für die Ermittlung der Wertgrundlagen für die Kaufpreisbestimmung bestehen jedoch nicht. Etwaige Diskrepanzen zwischen den vereinbarten Kaufpreisen und den offensichtlich bestehenden Verkehrswerten der Immobilien sind über den Ansatz der Verkehrswerte der veräußerten Immobilien und die anschließende Aufteilung der Verkehrswerte auf entgeltliche und unentgeltliche Geschäfte zu bereinigen.[365]

Werden die Liegenschaften einem anderen Vermögensbereich des wirtschaftlichen Eigentümers zugeordnet, so sind die Abordnungswerte im Rahmen der Überführung von betrieblichen Objekten in die Privatsphäre oder in anderes Betriebsvermögen zu ermitteln.[366] Als Abordnungswerte werden in diesem Zusammenhang die Teilwerte der Immobilien angesetzt, die gleichzeitig die "anfänglichen" Zuordnungswerte der Liegenschaften zu den neuen Vermögenssphären darstellen.

---

363 Etwaige steuerliche Folgen werden nicht näher betrachtet, da dies keine Problematik der Bewertung darstellt.

364 Die Überführung von Wirtschaftsgütern aus einer betrieblichen Sphäre und die Wiedereinlage in Betriebsvermögen wird von der Rechtsprechung nicht als Entnahme der Wirtschaftsgüter betrachtet, wenn evtl. vorhandene stille Reserven der Steuer verhaftet bleiben. In diesem Fall handelt es sich um eine Einschränkung der Bewertungsvorschrift des § 6 I Nr. 4 EStG, was die Fortführung der Buchwerte entsprechend § 7 I EStDV ermöglicht. Vgl. Schmidt, L., EStG (1995), § 6 Anm. 101.

365 Vgl. dazu mit weiteren Nennungen Schmidt, L., EStG (1995), § 16 Anm. 6 - 7.

366 Spekulationsgeschäfte oder die Behandlung privater Geschäfte als gewerblichen Grundstückshandel sollen außer acht gelassen werden. Darüber hinaus sei auf die Möglichkeiten der Buchwertfortführung bei Wiedereinlagen verwiesen, vgl. Schmidt, L., EStG (1995), § 6 Anm. 101.

4. Zwischenergebnis

Im Rahmen der Zuordnung zu Vermögenssphären, der laufenden Verwertung und der Abordnung von Vermögenssphären von Immobilien bedingt die Ertragsbesteuerung Immobilienbewertungen. Der überragende Wertbegriff des Ertragssteuerrechtes für Betriebsvermögen ist der Teilwert. Daneben tritt der gemeine Wert als Wertmaßstab für den Bereich des Privatvermögens. In überwiegendem Maße sind die Regelungen bezüglich des Teilwertes von Immobilien und die Regelungen für den Bereich des privaten Immobilienbesitzes identisch.[367]

Eine theoretisch exakte Teilwertermittlung für Immobilien des Betriebsvermögens benötigt als Ausgangspunkt die Gesamtbewertung des Unternehmens unter der going-concern-Prämisse und die anschließende Aufteilung des gesamten Unternehmenswertes. In der Realität kann der Teilwertbegriff demnach nicht mit einem Wert ausgefüllt werden, der über den theoretisch richtigen Weg der vorhergehenden Gesamtbewertung des Unternehmens unter Beachtung der Erwerberfiktion und der going-concern-Prämisse ermittelt wurde. Deshalb werden Teilwertvermutungen verwandt. Teilwertvermutungen bedienen sich der grundsätzlichen Idee, daß die potentiellen Erwerber von Unternehmen für jedes Wirtschaftsgut soviel bezahlen würden, wie sie im Falle einer identischen Rekonstruktion aufwenden müßten. Als Wertmaßstäbe wären somit als Obergrenze die Wiederbeschaffungskosten und als Untergrenze die Einzelveräußerungspreise anzusetzen.

In bezug auf Immobilien sind demnach die Verkehrswerte als Wertmaßstab für die Teilwertbewertung anzuwenden. Eine Abgrenzung zwischen Teilwert und gemeinem Wert von Immobilien kann nicht aufrechterhalten werden, da die Wiederbeschaffungskosten und die Einzelveräußerungspreise bei Immobilien als identisch anzusehen sind.[368]

Demnach kann die Ertragsbesteuerung auf Verkehrswerte aufbauen. Die Übernahme externer Werte kann Steuergestaltungsspielräume verkleinern, indem z.B. bei Teilwertabschreibungen oder Abschreibungen aufgrund technischer oder wirtschaftlicher Abnutzung der Verkehrswert als Grundlage für die Bemessung des Restwertes herangezogen wird.

Im Rahmen der laufenden Verwertung der Immobilien soll der Werteverzehr über die laufenden Abschreibungen berücksichtigt werden. Das deutsche Steuersystem berücksichtigt über die planmäßigen Abschreibungen hinaus auch Reparaturaufwendungen für Immobilien als sofort abzugsfähigen Aufwand. Dies führt jedoch

---

367 Vgl. oben: Zweiter Teil: I. B. 1. Teilwertbegriff.

368 An dieser Stelle soll das Problem der nicht den exakten Wiederaufbaukosten entsprechenden Gebäudeverkaufspreise bei gebrauchten Immobilien ausgegrenzt werden. Vgl. Simon, J./Cors, K./Troll, M., Grundstückswertermittlung (1992), S. 630 f.

zu einem "Rechenfehler", da die reparierten Bestandteile weiterhin in den laufenden Abschreibungen des Gebäudes berücksichtigt werden und gleichzeitig die Erhaltungsaufwendungen erfolgsmindernd abgesetzt werden können. Dies führt zu einer falschen Aufwandsperiodisierung und durch den Ansatz von Abschreibungen auf die eigentlich wertlos gewordenen beschädigten Bestandteile sowie durch die steuerliche Abzugsfähigkeit der Erhaltungsaufwendungen zu einer zusätzlichen Steuerentlastung.[369]

Die wirtschaftlich "richtige" Betrachtungsweise würde zu einer Abschreibung aufgrund wirtschaftlicher oder technischer Abnutzung verpflichten mit der anschließenden nachträglichen Korrektur der Anschaffungs- oder Herstellungskosten. Die neugeschaffenen Gebäudebestandteile wären über die voraussichtliche Nutzungsdauer abzuschreiben. Da dieser Ansatz zur Berücksichtigung von Werteverzehren und Reparaturen in der Realität zu einer vollkommenen Dekomposition der Gebäude in sämtliche Bauteile führen würde, ist die Durchführbarkeit in der Realität nicht gegeben, da in ständiger Folge unplanmäßige Abschreibungen auf die verschiedenen Bauteile vorzunehmen wären. Es würden große Bewertungsprobleme anfallen und die renovierten Bauteile wären gesondert abzuschreiben. Da dieser Dekompostionsansatz nicht pragmatisch ist, muß nach einem anderen Lösungsweg gesucht werden, um die Immobilienwerte im Rahmen der Ertragsbesteuerung auf eine sinnvolle Basis zu stellen.

Als Ansatz bietet sich die Übernahme von externen Immobilienverkehrswerten an.[370] Das Argument, eine fortlaufende Bewertung von Immobilien würde zu einem zu hohen Aufwand der Besteuerung führen, ist nicht stichhaltig, da ohnehin immer Bewertungen zur Prüfung der Frage durchzuführen sind, ob eventuelle Teilwertabschreibungen aufgrund gesunkener Werthaltigkeit der Objekte vorzunehmen sind. Eine erhöhte Belastung der Steuerpflichtigen durch die umfassende und genaue Ermittlung der Bemessungsgrundlagen kann aber nicht als Argument zur Ablehnung der fortlaufenden Immobilienbewertung akzeptiert werden, da dies in den Bereich der normalen Mitwirkungspflichten der Steuerpflichtigen des § 90 I AO fällt.

Fortlaufende Bewertungen der Immobilien würden in der Realität häufig zu gestiegenen Verkehrswerten führen. Das Vorsichtsprinzip[371] und dessen Ausprägung in Form des Realisationsprinzips verhindern einen Ansatz der Vermögensgegenstände über die historischen Anschaffungs- oder Herstellungskosten hinaus. Sollte die Immobilienertragsbesteuerung auf aktuelle Wertgrundlagen umgestellt werden, so wären die noch nicht realisierten Gewinne, die durch den

369 Dieser Effekt wird durch den steuerlichen Sofortabzug der Erhaltungsaufwendungen noch verstärkt.

370 Unter Verkehrswerten soll ein nach den Grundsätzen der Immobilienbewertung ermittelter Wert verstanden werden. Als Grundlage wäre z.B. der Verkehrswert nach Wertermittlungsverordnung denkbar.

371 Vgl. detailliert zum Vorsichtsprinzip Federmann, R., Bilanzierung (1994), S. 144 ff.

Ansatz von Verkehrswerten, die über den fortgeführten Anschaffungs- oder Herstellungskosten liegen, in eine ausschüttungsgesperrte Rücklage z.B. in Form einer steuerfreien Neubewertungsrücklage einzustellen. Abschreibungen wären nur in der Höhe der negativen Differenz zwischen den Anschaffungs- oder Herstellungskosten, die den Verkehrswerten im Anschaffungszeitpunkt entsprochen haben und den Verkehrswerten möglich.

Probleme werfen in diesem Zusammenhang

(1) Wertaufholungen und

(2) inflationär bedingte Preissteigerungen auf.

Die Pflicht zur Wertaufholung durch den Wegfall von Gründen für vorherige außergewöhnliche Abschreibungen und Teilwertabschreibungen führt zu einem steuerpflichtigen Ertrag, der neues Abschreibungspotential erschließt.[372] Genau genommen müßten Teilwertabschreibungen als Verkehrswertabschreibungen bezeichnet werden, da diese als Grundlage den Verkehrswert haben. Folglich entsteht ein Abgrenzungsproblem, ob die Erträge aus der Verkehrswertaufholung auf dem Wegfall von Gründen für vorherige Verkehrswertabschreibungen beruhen, oder ob die Verkehrswerte nur aus inflationären Gründen wieder angestiegen sind.

Als Lösung für die Frage der Preissteigerungen bietet sich die Indexierung der historischen Anschaffungskosten an. Dies ist aber nicht notwendig, weil die derzeitige Besteuerungskonzeption keine Rücksicht nimmt, da sie auf dem Nominalwertprinzip aufbaut und deshalb keine Steuerbefreiung von nominellen Wertgewinnen vorsieht. Wertaufholungen, die unterhalb der historischen Anschaffungskosten bleiben, wären somit immer voll der Besteuerung zu unterwerfen.[373] Lediglich Wertsteigerungen, die über die historischen Aufwendungen für die Wirtschaftsgüter hinausgehen, könnten in die steuerfreie Neubewertungsrücklage eingestellt werden.

Veränderungen der Verkehrswerte, die oberhalb der historischen Anschaffungs- oder Herstellungskosten bleiben, würden lediglich zu einer Korrektur der Neubewertungsrücklage führen. In dem Zeitpunkt der Veräußerung der Liegenschaften würden die Veräußerungserlöse den historischen Anschaffungs- oder Herstellungskosten gegenüber gestellt. Eine negative Differenz wäre schon im Rahmen der Verkehrswertabschreibungen erfolgswirtschaftlich berücksichtigt worden. Eine positive Differenz, die bis zu der endgültigen Realisierung in der Neubewertungsrücklage auszuweisen wäre, würde erfolgswirksam aufgelöst werden

---

372 Vgl. oben: Zweiter Teil: I. B. 3. b) bb) aaa) Unplanmäßiger Werteverzehr im Betriebsvermögen.

373 Vgl. zu den Wertaufholungen und den steuerlichen Folgen Federmann, R., Bilanzierung (1994), S. 344 ff.

müssen, da auch inflationäre Preissteigerungen voll der Besteuerung unterworfen werden.

Für den Bereich des Privatvermögens würde eine entsprechende Besteuerung die steuerliche Privilegierung der Veräußerungserlöse abschaffen. Dem entsprechend könnte der Tatbestand der Immobilienspekulationsgeschäfte im Sinne des § 23 I Nr. 1 a) EStG abgeschafft werden. Darüber hinaus würden die Abgrenzungsfragen zwischen Anschaffungs- oder Herstellungskosten und den Erhaltungsaufwendungen gänzlich überwunden werden können, da sämtliche Aufwendungen immer als Anschaffungs- oder Herstellungskosten zu qualifizieren wären. Als entsprechender Aufwand könnten Differenzen zwischen den Verkehrswerten und den historischen Anschaffungskosten erfolgswirksam angesetzt werden.

Somit stellt eine Immobilienertragsbesteuerung[374] auf der Basis von fortlaufenden Verkehrswertansätzen unter Abschaffung von planmäßigen Abschreibungsmöglichkeiten und der Einbeziehung von privaten Veräußerungsgewinnen einen Lösungsansatz dar, der unter dem Aspekt einer sachgerechten Besteuerung zu pragmatischen Ergebnissen führt.[375]

C. Ergebnis

Immobilienbewertungen sind im Rahmen der Besteuerung in zweierlei Hinsicht von Bedeutung, da:

1. die Substanzbesteuerung auf der Basis von Einheitswerten und
2. die Ertragsbesteuerung auf der Basis der realisierten Erträge abzüglich realisierter und nicht realisierter Aufwendungen erfolgt.

Die Substanzbesteuerung ist umstritten, immer wieder werden berechtigte Forderungen nach deren Abschaffung gestellt.[376] Solange die politischen Realitäten

---

374 Das hier dargestellte Ertragsbesteuerungssystem stellt eine umfassende Änderung mit weitreichender Tragweite in vielerlei Hinsicht dar. Trotzdem würde die hier aufgezeigte Reform einen Beitrag zur Vereinfachung der Besteuerung liefern, da häufig strittige Aufwandskomponenten nur unter der Voraussetzung einer stichhaltigen Beweisführung anerkannt würden. Für den Großteil der Immobilien würde durch die Versagung von planmäßigen Abschreibungen ein Bewertungsfall erst in dem Fall durchgeführter Reparaturen oder bei Veräußerungen anstehen, da von zumindest gleichbleibenden Werten auf den Immobilienmärkten ausgegangen wird.

375 Es sei an dieser Stelle auf das Problem der Nominalbesteuerung verwiesen, das nur über die Inflationsberücksichtigung aufgrund von Indexierungen gelöst werden könnte.

376 Vgl. stellvertretend für viele Tipke, K., Steuerrechtsordnung, Band II (1993), S. 875 ff. mit weiteren Nennungen.

eine Abschaffung verhindern, kann nur eine Reformierung des bestehenden Systems eine gleichmäßige Besteuerung garantieren.

Tipke/Lang[377] plädieren für eine generelle Selbsteinschätzung der Steuerpflichtigen, wobei in Streitfällen die unabhängigen Gutachterausschüsse zur Wertermittlung beauftragt werden könnten. Die Rolle der Finanzverwaltung würde sich hier wie auch in den übrigen Bereichen des Besteuerungsverfahrens auf eine Plausibilitätskontrolle beschränken.[378]

Wird die Substanzbesteuerung von Immobilien auf eine von den Steuerpflichtigen selber zu erklärende Bemessungsgrundlage gestellt, bestünde die Möglichkeit, diese Bemessungsgrundlage auch in anderen Bereichen als relevante Inputgröße zu verwenden. Im Bereich der Immobilienertragsbesteuerung könnten die Verkehrswerterklärungen der Steuerpflichtigen Eingang finden, indem bei der Bemessung von Betriebseinnahmen/-ausgaben bzw. Einkünften/Werbungskosten die wirklichen Wertveränderungen als Grundlagen genommen würden.

Unter dem Aspekt der Übernahme externer Werte sind die Referentenentwürfe für das Jahressteuergesetz 1997[379] zu interpretieren, die für die Bewertung von unbebauten Grundstücken im Rahmen der Erbschaftsteuer eine Bewertung anhand der Übernahme der Bodenrichtwerte der Gutachterausschüsse in § 146 BewG vorschreiben. Die vorgesehene Bewertung bebauter Grundstück kann als ein vereinfachtes Sachwertverfahren auf der Basis von sehr grob pauschalierten Baukosten (§ 152 BewG) betrachtet werden, wobei eine linearisierte Wertminderung (§ 153 BewG) in Abzug zu bringen ist. Zusätzlich kann auf Antrag bei Mietwohngrundstücken eine Ertragsbewertung auf der Basis stark vereinfachter und pauschalisierter Daten der vergangenen Jahre durchgeführt werden (§ 154 BewG).

Sollten die auf Basis der neuen steuerlichen Regelungen ermittelten Grundstückswerte in den Augen der Steuerpflichtigen als zu hoch erachtet werden, können die Grundstückseigentümer den tatsächlichen Grundstückswert nachweisen (§ 157 BewG). Diese sind dann der Besteuerung zu unterwerfen.[380] Dieser Entwurf eines Jahressteuergesetzes 1997 stellt eine "Verneigung" des Steuerrechts vor dem Baurecht dar, weshalb zu fragen ist, wieso externe Immobilienwerte nicht generell als Bemessungsgrundlagen übernommen werden.

---

377 Vgl. Tipke, K./Lang, J., Steuerrecht (1994), S. 472 f.

378 Sie fordern hauptsächlich die Abschaffung der gesamten Substanzbesteuerung und zeigen den Weg der Selbsterklärung für eine Reform der Erbschaft- und Schenkungsteuer auf, vgl. Tipke, K./Lang, J., Steuerrecht (1994), S. 472 f.

379 Vgl. Bundesministerium der Finanzen, Entwurf eines Jahressteuergesetzes 1997, Artikel 1 Nr. 49.

380 Vgl. Bundesministerium der Finanzen, Begründung zum Entwurf eines Jahressteuergesetzes 1997, S. 14.

II. Immobilienbewertungen auf Basis des Baugesetzbuches

A. Überblick

In § 194 BauGB wird der Begriff des Verkehrswertes definiert:

> *"Der Verkehrswert wird durch den Preis bestimmt, der in dem Zeitpunkt, auf den sich die Ermittlung bezieht, im gewöhnlichen Geschäftsverkehr nach den rechtlichen Gegebenheiten und tatsächlichen Eigenschaften, der sonstigen Beschaffenheit und der Lage des Grundstücks oder des sonstigen Gegenstands der Wertermittlung ohne Rücksicht auf ungewöhnliche oder persönliche Verhältnisse zu erzielen wäre."*

Auf der Grundlage des § 199 I BauGB i.V.m. den §§ 192 ff. BauGB wurde die Wertermittlungsverordnung in der Fassung vom 06.12.1988 erlassen,[381] die die Details der Verkehrswertermittlung regelt. Die Wertermittlungsverordnung ist immer von Bedeutung, wenn in Gesetzen, Verordnungen, Richtlinien, Erlassen oder Urteilen auf den Verkehrswert im Sinne des Baugesetzbuches Bezug genommen wird. In der Praxis hat sich die Verkehrswertdefinition auch im allgemeinen Geschäftsverkehr durchgesetzt, so daß es heute keinerlei Diskussion über diese grundlegende Definition des Verkehrswertes gibt.

Die allgemeine Bedeutung der Verkehrswertdefinition des Baugesetzbuches entsteht durch die Nähe dieser Definition zu der Verkehrswertdefinition des "The International Assets Valuation Standard Committee".

> *"A definition of market value often described as open market value, is the price at which an interest in property might reasonably be expected to be sold at the date of valuation assuming:*
>
> *(a) a willing seller;*
>
> *(b) a reasonable period within to negotiate the sale, taking into account the nature of property and the state of the market;*
>
> *(c) the values will remain static during that period;*
>
> *(d) that the property will be freely exposed to the open market; and*
>
> *(e) that no account will be taken of any higher price that might be paid by a purchaser with a special interest."*[382]

---

381 BGBl. I 1988, S. 2209.

382 TIAVISC Guidance Note 3, Ziff. 9 abgedruckt in Vogels, M., Grundstücks- und Gebäudebewertung (1991), S. 211.

Diese Definition wurde für die Bundesrepublik durch den "Bundesverband öffentlich bestellter und vereidigter Sachverständiger" (BVS), den "Deutschen Verein für Vermessungswesen" und durch den Bund der öffentlich bestellten Vermessungsingenieure gemeinsam übersetzt und in verbindlicher Form verabschiedet.[383] Hierdurch hat sich die Verkehrswertdefinition des Bundesbaugesetzes über den eigentlichen hoheitlich bedingten Einflußbereich aufgrund "rechtlicher Gegebenheiten" weiter ausgedehnt und ist zum anerkannten terminus technicus geworden.[384]

Die Bedeutung des Verkehrswertes nach § 194 BauGB geht über die Anwendung im Städtebaurecht weit hinaus. Die Verbreitung in zahlreichen Bereichen des Wirtschafts- und Rechtslebens drängt die Fragestellung auf, ob Verkehrswerte von Immobilien in weiteren Bereichen zum Einsatz kommen können, da sie in den verschiedensten Anwendungsfällen den Bewertungsanlässen konforme Ergebnisse liefern. Die Anwendungsbereiche des nach den Grundsätzen der Wertermittlungsverordnung ermittelten Verkehrswertes sind z.B.:

- die Bestimmung von Entschädigungswerten nach § 95 I BauGB im Rahmen von Enteignungen,[385]
- die Bestimmung von Bemessungsgrundlagen nach § 28 III BauGB für die Ausübung von Vorkaufsrechten,
- die Bestimmung von Grundstückswerten im Zwangsvollstreckungsrecht nach § 74 a V ZVG,[386]
- die Bestimmung des Verkaufswertes im Rahmen der Beleihungswertermittlung von Kreditinstituten,[387]
- die Bestimmung des Erbbauzinses nach § 19 Sachenrechtsbereinigungsgesetz für in den neuen Bundesländern von "Fremden" bebaute Grundstücke [388] und
- die Bestimmung des Wertes von Grundstücken im Sinne des Bürgerlichen Gesetzbuches z.B. nach § 453 und § 2311 BGB bei Erbauseinandersetzungen.[389]

---

383 Vgl. Vogels, M., Grundstücks- und Gebäudebewertung (1991), S. 212.

384 Dementsprechend wird der Begriff Verkehrswert in den weiteren Ausführungen immer mit dem baurechtlichen Verkehrswertbegriff nach § 194 BauGB ausgefüllt.

385 Zu der Bewertung bei Enteignungen vgl. die Werke von Aust, M./Jacobs, R., Enteignungsentschädigung (1991), und Stolze, G., Enteignungsentschädigung (1986).

386 Zu der Bewertung vgl. Stöber, K./Zeller, F., ZVG (1993), § 74 a Anm. 7.3.

387 Vgl. unten: Zweiter Teil: III. Immobilienbewertung des Geschäftsbankensektors.

388 Zu den Kommentierungen der Regelungen des am 01.01.1995 in Kraft getretenen Sachenrechtsbereinigungsgesetzes vgl. Czub, H.-J., Sachenrechtsbereinigung (1994), S. 97 ff. und Zimmermann, P., Verkehrswert in den neuen Bundesländern (1995), S. 85 ff.

Weitere Anwendungsmöglichkeiten bestehen im Bereich der Beleihungswertermittlung und in der Versicherungswertermittlung. Darüber hinaus sei auf die Begründung zu der Wertermittlungsverordnung verwiesen, die gleiche Grundlagen und Materialien für die Wertermittlung durch amtliche und private Stellen bereitstellen will.[390]

In § 7 der Wertermittlungsverordnung werden als zulässige Bewertungsverfahren eingeführt:

- das Vergleichswertverfahren,
- das Ertragswertverfahren und
- das Sachwertverfahren.

Inhaltlich unterscheiden sich alle drei Verfahren - trotz gleichlautender Bezeichnung - von den steuerlichen Bewertungsverfahren und sind eigenständige Bewertungsmethoden für den Bereich der baurechtlichen Verkehrswertermittlung.

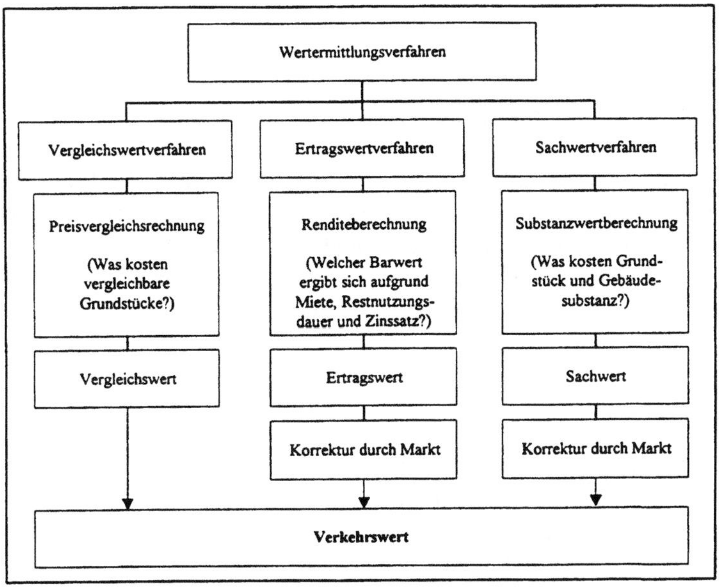

Abbildung 24: Übersicht über die Wertermittlungsverfahren nach Wertermittlungsverordnung[391]

---

389 Vgl. Bassenge, P./Diederichsen, U./Edenhofer, W./Heinrichs, H./Helderich, A./Putz, H./Thomas, H., Palandt (1995), § 2311 Rdnr. 10.

390 Vgl. BR-Drs. 352/88, S. 30.

391 Vgl. Kleiber, W./Simon, J./Weyers, G., Verkehrswertermittlung (1994), S. 464.

Die verschiedenen Bewertungsverfahren stehen gleichrangig nebeneinander, wobei nach § 7 II WertV die Wahl des konkreten Bewertungsverfahrens zu begründen ist. Allerdings soll zumindest zunächst immer versucht werden, einen Vergleichswert zu ermitteln, da der Verkehrswert aus der Definition des § 194 BauGB den Wert im gewöhnlichen Geschäftsverkehr zum Ziel hat. Das Vergleichswertverfahren kann demnach als das Hauptverfahren der Verkehrswertermittlung angesehen werden, weil es in der Lage ist, unmittelbar den auf den Immobilienmärkten üblichen Marktwert abzubilden. Werte aufgrund des Ertragswertverfahrens haben gleichermaßen Bedeutung. da das Ertragswertverfahren für Investitionsentscheidungen wichtige Ertragskomponenten explizit darstellt. Die Bewertung mit dem Sachwertverfahren kann zu der Beantwortung der Frage beitragen, ob etwaige Preisvorstellungen durch die Bausubstanz gerechtfertigt sind.

Der Grund und Boden ist generell bei allen Verfahren nach dem Vergleichswertverfahren zu bewerten, weil der Boden für sich nur äußerst selten einen laufenden Ertrag generieren kann sowie im Rahmen einer Sachwertermittlung nicht im Wege der Herstellungskostenermittlung bewertet werden kann.

B. Vergleichswertverfahren

1. Unmittelbare Vergleichswertermittlung

Grundlage des Vergleichswertverfahrens ist der Gedanke, daß der Wert einer Sache durch den Preis im gewöhnlichen Geschäftsverkehr bestimmt wird. Somit ist im Wege der Vergleichswertermittlung eine möglichst breite Basis an Kaufpreisen von Immobilien zu finden, die nach Art, Größe und weiteren verschiedenen wertbestimmenden Faktoren hinreichend identisch sein sollen.

Das gesamte Verfahren läßt sich in **fünf Stufen** darstellen.

Die **erste Stufe** stellt die Suche nach vergleichbaren Objekten und ihren Verkaufspreisen dar. Die ausgewählten Objekte müssen hinreichend in der Lage, der Art und dem Maß der baulichen Nutzung, der Bodenbeschaffenheit, der Größe, der Grundstücksgestalt, dem Erschließungszustand, sowie bei baulichen Anlagen in dem Alter, dem Bauzustand und dem Ertrag übereinstimmen.[392]

---

392 Vgl. Gerardy, T./Möckel, R., Grundstücksbewertung (1995), Teil 4.2.2, S. 2.

In der **zweiten Stufe** müssen persönliche oder ungewöhnliche Verhältnisse der heranzuziehenden Vergleichspreise eliminiert werden (vgl. § 6 WertV).

Die **dritte Stufe** stellt die Anpassung der Vergleichswerte durch Zu- und Abschläge nach § 14 WertV dar. Hierbei werden die verschiedenen Kaufzeitpunkte auf den Zeitpunkt der Verkehrswertermittlung durch Indexreihen (§ 9 WertV) und Umrechnungskoeffizienten (§ 10 WertV) zusammengeführt. In demselben Schritt müssen unterschiedliche Zustandsmerkmale der zum Vergleich herangezogenen Grundstücke nach § 4 i.V.m. § 5 WertV ebenfalls durch Zu- oder Abschläge berücksichtigt werden.

Die somit auf das zu bewertende Grundstück standardisierten Vergleichspreise werden trotz der Vereinheitlichung weiterhin unterschiedlich sein. Die Angabe einer Verkehrswertspanne ist nicht zulässig.[393] Um einen eindeutigen Verkehrswert zu errechnen, ist in der **vierten Stufe** der am wahrscheinlichsten zu erzielende Preis des Grundstückes zu ermitteln. Dieser wird z.B. durch die Bildung des arithmetischen Mittels der Vergleichspreise errechnet.[394]

Der dadurch ermittelte Wert stellt noch nicht den Verkehrswert dar, da dieser Zwischenwert eventuell in einer **fünften Stufe** korrigiert werden muß, wenn die aktuelle Lage auf dem Grundstücksmarkt noch nicht in den Eingangsdaten erfaßt wurde (vgl. § 7 I S. 2 WertV). Darüber hinaus ist der Vergleichswert noch nicht mit dem Verkehrswert identisch, falls die beiden anderen gleichwertigen Bewertungsverfahren angewandt wurden und die ermittelten Ergebnisse "unter Würdigung ihrer Aussagefähigkeit" divergieren (vgl. § 7 I S. 3 WertV).

---

393 Vgl. Kleiber, W./Simon, J./Weyers, G., Verkehrswertermittlung (1994), S. 195 f.

394 Die unmittelbare Vergleichsbewertung stellt das **Beispiel 2. a)** dar.

1.		Vergleichspreise hinreichend übereinstimmender Vergleichsgrundstücke nach § 13 I WertV (Ansatz der Bodenrichtwerte bei unbebauten Grundstücken § 13 II WertV)
2.		persönliche oder ungewöhnliche Verhältnisse nach § 6 WertV
	±	Ausschluß von Verkaufspreisen oder
	±	Berücksichtigung des Einflusses
3.	±	Berücksichtigung von Abweichungen nach § 14 WertV bezüglich allgemeiner Wertverhältnisse auf dem Grundstücksmarkt Zustand des Grundstücks
4.		Ermittlung des am wahrscheinlichsten zu erzielenden Preises
5.	=	Zwischenwert
	±	Berücksichtigung der aktuellen Lage auf dem Grundstücksmarkt, falls diese noch nicht erfaßt wurde (§ 7 I S. 2 WertV)
	±	Heranziehung anderer Verfahrensergebnisse (§ 7 I S. 3 WertV)
6.	=	Verkehrswert

Abbildung 25: Ablaufschema der unmittelbaren Vergleichswertermittlung

2. Verkehrswertermittlung mittels Vergleichsfaktoren

Der § 13 III WertV räumt die Ermittlung von Vergleichspreisen für bebaute Grundstücke über den Einsatz von Vergleichsfaktoren ein. Die Bewertung über Vergleichsfaktoren gemäß § 12 WertV berücksichtigt das Praxisproblem mit der Bereitstellung von vergleichbaren bebauten Grundstücken, da die individuelle Bebauung die Objekte nicht mehr vergleichbar macht. Darüber hinaus kommt die Vergleichsfaktorenbewertung zum Einsatz, wenn die Referenzobjekte der zu beurteilenden Liegenschaften stark schwankende Bodenwerte oder Grundstücksgrößen aufweisen.[395] Zwei Arten von Vergleichsfaktoren werden in § 12 WertV geregelt:

- Ertragsfaktoren werden durch den Bezug der Kaufpreise auf den jährlichen nachhaltigen Ertrag ermittelt. Hierbei können sowohl die Reinerträge als auch die Roherträge herangezogen werden.

- Gebäudefaktoren werden durch den Bezug der Kaufpreise auf eine "sonstige geeignete Bezugseinheit", insbesondere auf eine Flächen- oder Raumeinheit des Gebäudes ermittelt.[396]

395 Vgl. Simon, J./Cors, K./Troll, M., Grundstückswertermittlung (1992), S. 49.

396 Vgl. § 12 II WertV.

Die Vergleichsfaktoren sind Vervielfältiger, die durch die Multiplikation mit z.B. den jährlichen Reinerträgen des Gebäudes den Verkehrswert der gesamten Immobilie ergeben.

Von Bedeutung ist hierbei, daß die gesonderte Bewertung von Gebäude und Boden auch im Wege einer Ertragskalkulation durchgeführt werden kann, aber nicht durchgeführt werden muß. Ansonsten verlangen der § 15 II WertV für das Ertragswertverfahren und der § 21 II WertV für das Sachwertverfahren immer eine separate Berücksichtigung des Bodenwertes mittels eines Vergleichswertes. Die gemeinsame Bewertung von Gebäude und Boden auf der Basis von Vergleichsfaktoren, insbesondere beim Ertragsfaktor, zeigt auf, daß schon innerhalb der WertV nicht unstrittig ist, ob der bebaute Boden überhaupt einen eigenen Ertragsanteil haben kann, oder ob die künstliche Trennung von Gebäude- und Bodenertrag aufgegeben werden muß.

3. Bodenwertermittlung

a) Überblick

Die Bodenwerte müssen grundsätzlich bei jedem der anzuwendenden Verfahren separat ermittelt werden. Eine Ausnahme stellen lediglich der Ansatz von Vergleichsfaktoren und die Bewertung mit dem sog. vereinfachten Ertragswertverfahren dar.[397]

Die Bodenwerte werden im Wege des unmittelbaren Preisvergleiches (1) entsprechend dem Vergleichswertverfahren ermittelt. Dies gilt gleichermaßen für bebaute und unbebaute Grundstücke.

Sollten keine Vergleichspreise vorhanden sein, ist die Bewertung mit dem normalen Vergleichswertverfahren nicht möglich. Somit ist der Bodenwert mit Hilfe von Bodenrichtwerten (2), durch die Bewertung mittels Vergleichsfaktoren (3)[398] oder durch eine Ertragswertkalkulation (4) zu ermitteln.[399] Diese vier unterschiedlichen Ansätze zu Bewertung von Grund und Boden werden in der folgenden Abbildung grafisch dargestellt:

397 Vgl. Kleiber, W./Simon, J./Weyers, G., Verkehrswertermittlung (1994), S. 686 f.

398 Die Bewertung mittels unmittelbarem Preisvergleich und mittels Vergleichsfaktoren wird nicht neuerlich dargestellt.

399 Darüber hinaus wurden weitere Verfahren der Bodenwertermittlung angedacht, wie z.B. das Verfahren zur Ermittlung von Bodenwerten aus dem Verhältnis von Bodenwert und Bauwert oder das "Rest-durch-Abzug-Verfahren", deren Verbreitung aber in der Praxis bis auf wenige Ausnahmefälle unterblieben ist. Vgl. dazu näher Ross, W./Brachmann, R./Holzner, P., Bau- und Verkehrswert (1993), S. 279, Ross, W./Brachmann, R., Bauwert (1983), S. 35 ff.

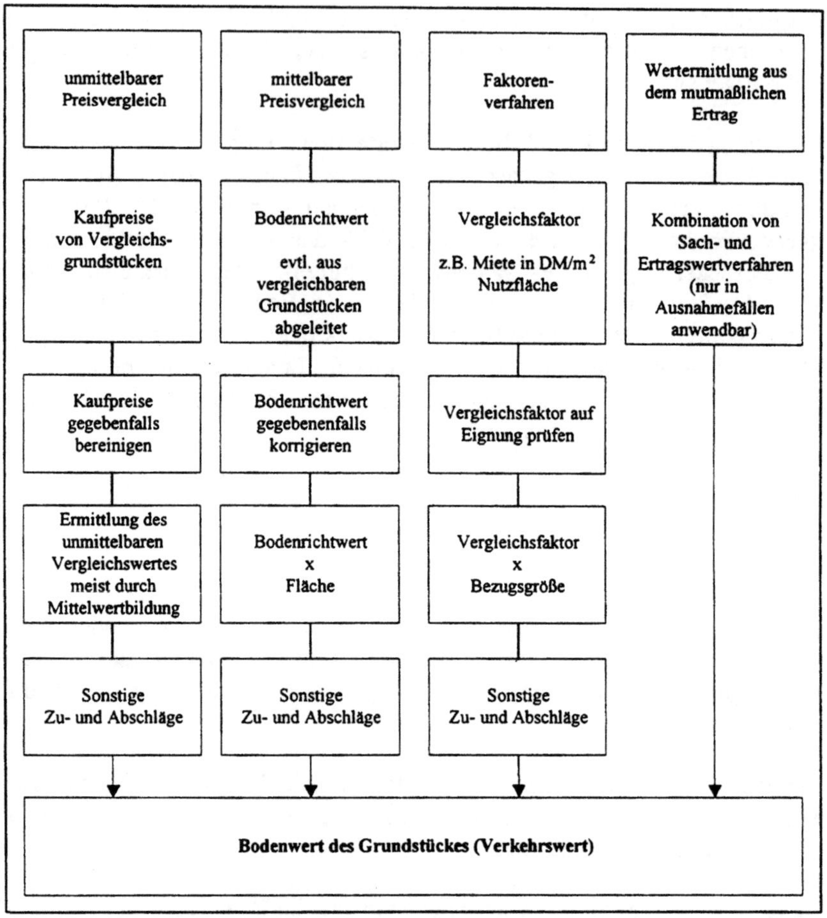

Abbildung 26: Wahl des Wertermittlungsverfahrens bei der Bodenwertermittlung[400]

b) Bodenrichtwerte

Der Begriff der Bodenrichtwerte stammt aus dem Baugesetzbuch. Der Ansatz von Bodenrichtwerten im Vergleichswertverfahren stellt im Gegensatz zu dem direkten Vergleich des zu bewertenden Grundstückes mit den in der gleichen "Gegend" befindlichen Immobilien einen mittelbaren Preisvergleich dar. Die Bewertung mit Hilfe des mittelbaren Preisvergleiches vereinfacht die Bewertung des Objektes entscheidend. Gleichermaßen sinkt die Exaktheit des zu ermittelnden Verkehrswertes, da die Bodenrichtwerte durchschnittliche Werte eines Gebietes sind. Somit

400 In Anlehnung an Kleiber, W./Simon, J./Weyers, G., Verkehrswertermittlung (1994), S. 466.

ist auf die qualitätsmäßige und gliederungsmäßige Einteilung der Bodenrichtwerte zu achten, sollten diese als Basis für die Bewertung herangezogen werden.[401]

> *"Aufgrund der Kaufpreissammlung sind für jedes Gemeindegebiet durchschnittliche Lagewerte für den Boden unter Berücksichtigung des unterschiedlichen Entwicklungszustands, ... , zu ermitteln (Bodenrichtwerte). In bebauten Gebieten sind Bodenrichtwerte mit dem Wert zu ermitteln, der sich ergeben würde, wenn der Boden unbebaut wäre. Die Bodenrichtwerte sind, soweit nichts anderes bestimmt ist, jeweils zum Ende eines jeden Kalenderjahres zu ermitteln. Für Zwecke der steuerlichen Einheitsbewertung des Grundbesitzes sind Bodenrichtwerte zum jeweiligen Hauptfeststellungszeitpunkt zu ermitteln."*[402]

Zum Ansatz können die allgemeinen Bodenrichtwerte im Sinne des § 196 I S. 1 - 3 BauGB und die besonderen Bodenrichtwerte nach § 196 I S. 5 BauGB kommen. Der Ansatz der für steuerliche Zwecke abgeleiteten Bodenrichtwerte im Sinne des § 196 I S. 4 BauGB nach § 196 II BauGB im Rahmen des Vergleichswertverfahrens ist möglich, falls sich die Wertermittlung auf einen zurückliegenden Stichtag bezieht.[403]

Bodenrichtwerte sind für die Verkehrswertermittlung geeignet, wenn:

- diese den örtlichen Verhältnissen entsprechend nach der Lage (§ 5 WertV) und dem Entwicklungszustand (§ 4 WertV) gegliedert sind und
- diese hinreichend nach Art und Maß der baulichen Nutzung (§ 5 I WertV), nach dem Erschließungszustand und nach der jeweils vorherrschenden Grundstücksgestalt bestimmt sind.[404]

Die Bodenrichtwerte werden von den Gutachterausschüssen nach § 193 III BauGB ermittelt und nach § 196 III BauGB veröffentlicht. Die Bodenrichtwerte sind durchschnittliche Lagewerte des Grund und Bodens, die aus der nach § 195 I BauGB zu führenden Kaufpreissammlung ermittelt werden. Die Kaufpreissammlungen führen nicht direkt zu den Bodenrichtwerten, da die individuellen Verhältnisse des Kaufes und unterschiedliche Verkaufszeitpunkte eliminiert werden müssen.

Die gesammelten in eine Gruppe gehörigen Kaufpreise werden meist mit Hilfe einfacher statistischer Verfahren, wie z.B. arithmetischer Mittelwertbildung oder

---

401 Zu den Problemen des mittelbaren Preisvergleiches mit Hilfe von Bodenrichtwerten vgl. Rössler, R./Langner, J./Simon, J./Kleiber, W., Grundstückswerte (1990), S. 117 ff.

402 § 196 I BauGB.

403 Vgl. Kleiber, W./Simon, J./Weyers, G., Verkehrswertermittlung (1994), S. 592.

404 Zu den Bodenrichtwertermittlungen und den aufzustellenden Bodenrichtwertkarten vgl. Rössler, R./Langner, J./Simon, J./Kleiber, W., Grundstückswerte (1990), S. 91 ff.

gleitender Durchschnitte, zusammengefaßt.[405] Das Ergebnis ist ein Wert, der den "durchschnittlichen" Lagewert des Grund und Bodens ausgedrückt in DM/m² darstellt.[406],[407]

c) Kalkulatorische Ermittlung des Bodenwertes

Sollten keine Vergleichspreise oder Bodenrichtwerte zur Verfügung stehen, so ist der Bodenwert auf Basis eines fiktiven Ertrages zu errechnen. Dieses Verfahren wird bei Rössler/Langner/Simon/Kleiber als "letzter" Ausweg aufgeführt, welcher darüber hinaus nach Kleiber/Simon/Weyers nur bei ertragsorientierten Geschäftsgrundstücken geeignet ist. Es sollte unter größter Vorsicht angewandt werden, da geringe Änderungen und Fehler bei den Eingaben zu großen Ausschlägen des errechneten kalkulatorischen Bodenwertes führen.[408]

Das Verfahren beruht von der Konzeption her auf dem Prinzip des Ertragswertverfahrens. Zunächst sind die Herstellungskosten der baulichen Anlage nach § 22 ff. WertV im Sachwertverfahren[409] zu ermitteln. Da der Ansatz zu den Neubaukosten erfolgt und keine Altersabschläge vorzunehmen sind, wird der Vervielfältiger entsprechend der maximalen Gebäudelebensdauer angesetzt. Die Gebäudeherstellungskosten werden durch den Vervielfältiger dividiert, das Ergebnis ist der Ertragsanteil des Gebäudes. Der Vervielfältiger ist entsprechend dem Liegenschaftszinssatz zu wählen.[410]

Der gesamte Grundstücksjahresrohertrag wird um die Bewirtschaftungskosten im Sinne des § 18 I WertV gekürzt. Der Gebäudeertragsanteil wird von dem Jahresreinertrag des Grundstückes abgezogen, welches den Ertragsanteil des Bodens zum Ergebnis hat. Dieser ist mit dem vorher im Rahmen des Ansatzes des Vervielfältigers ausgewählten Liegenschaftszinssatz zu kapitalisieren.[411] Grafisch kann das Verfahren der Bodenwertermittlung über den mutmaßlichen Ertrag folgendermaßen verdeutlicht werden:[412]

---

405 Vgl. Bauer, W., Verkehrswertermittlung (Allgemeine Vermessungsnachrichten 4/1978), S. 138.

406 Vgl. Kleiber, W./Simon, J./Weyers, G., Verkehrswertermittlung (1994), S. 228 ff.

407 Das **Beispiel 2. b)** veranschaulicht die Bodenbewertung mittels der Bodenrichtwerte.

408 Vgl. Rössler, R./Langner, J./Simon, J./Kleiber, W., Grundstückswerte (1990), S. 121.

409 Vgl. unten: Zweiter Teil: II. D. Sachwertverfahren.

410 Zu dem Liegenschaftszinssatz vgl. unten: Zweiter Teil: II. C. 3. a) Liegenschaftszinssatz.

411 Vgl. Rössler, R./Langner, J./Simon, J./Kleiber, W., Grundstückswerte (1990), S. 122 ff.

412 In **Beispiel 22.** wird die Bodenwertermittlung über den mutmaßlichen Ertrag für die Musterimmobilie durchgeführt.

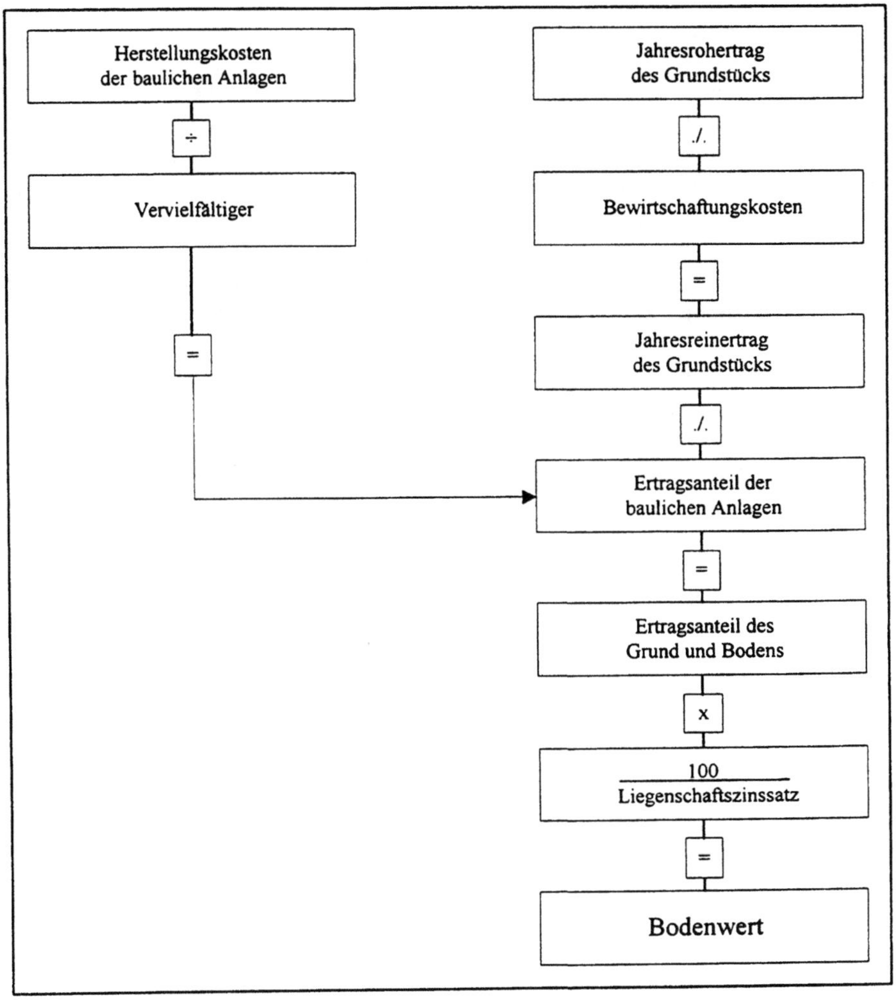

Abbildung 27: Bodenwertermittlung über den mutmaßlichen Ertrag.[413]

Geringe Variationen der Eingangsdaten von plus/minus wenigen Prozent führen zu beträchtlichen Änderungen des Bodenwertes. Dadurch läßt sich, da die Eingangsdaten ebenfalls geschätzt werden, auf diesem Wege ein Bodenwert in beliebiger Höhe darstellen. Deshalb ist das Verfahren der kalkulatorischen Bodenwertermittlung als zu ungenau und willkürlich abzulehnen.[414]

413 Kleiber, W./Simon, J./Weyers, G., Verkehrswertermittlung (1994), S. 586.

414 Vogels führt Beispiele für starke Schwankungen an, die bei der Variation der Eingabewerte von 5% Schwankungen des Bodenwertes von - 56% bis zu + 42% erzeugen, vgl. Vogels, M., Grundstücks- und Gebäudebewertung (1991), S. 28.

d) Dämpfung von Bodenwerten

Im Schrifttum stehen sich zwei Fraktionen gegenüber, die über den Einfluß der Bebauung auf den Bodenwert kontrovers diskutieren. Die eine Fraktion ist der Auffassung, daß die Bebauung den Grundstückswert nicht beeinflußt.[415] Die zweite Fraktion ist der Meinung, daß die Grundstückswerte bebauter Grundstücke nicht den Werten unbebauter Grundstücke entsprechen; hierbei wird eine Minderung des Bodenwertes angenommen, weil die Bebauung des Grundstückes die Dispositionsmöglichkeit über die Nutzungsmöglichkeiten des Grundes bis zur Beseitigung des Gebäudes einschränkt und damit den Bodenwert dämpft.[416]

Der Bodenwert eines bebauten Grundstückes hängt von dem Maß der baulichen Ausnutzung der Bebauungsmöglichkeiten ab. So bedeuten Bauten, die nicht die maximalen Möglichkeiten des Baurechtes ausnützen, eine Verschwendung von Grund und Boden. Gleiches gilt für das Problem der Gebäudealterung. Da ein bestehendes Gebäude immer trotz genügender Instandhaltung nicht dem letzten Stand der Möglichkeiten entspricht, bedeutet ein bestehendes Gebäude eine Belastung für den Boden. Seinen "Höhepunkt" findet diese Betrachtungsweise in dem Zeitpunkt, in dem das Gebäude wirtschaftlich verbraucht ist und zusätzlich die Abbruchkosten den wirtschaftlichen Wert der Immobilie vermindern.

Da der gemeinsame Wert des bebauten Grundstückes im Wege des Vergleichs-, des Ertrags- oder des Sachwertverfahrens ermittelt werden soll, bedeutet eine Dämpfung von Bodenwerten immer eine Verschiebung zugunsten der aufstehenden Bauten.[417] Der gesamte Verkehrswert der Liegenschaft wird durch eine Dämpfung des Bodenwertes nicht verändert. Somit kann die Senkung des Bodenanteiles durch Ansatz eines separaten - im Verhältnis zum Liegenschaftszinssatz für das Gesamtobjekt - geminderten "Bodenzinssatzes" unterbleiben.[418] Aus diesem Grunde ist zumindest auf Seite der Praxisanwendung der Bewertung Ruhe eingekehrt, da der Ansatz der ungeschmälerten Bodenwerte erfolgt.

Trotzdem ist die Theorie der Dämpfung der Bodenwerte von Bedeutung, da sie, ohne es explizit anzuführen, dem Gedanken der zeitlich begrenzten Schicksals-

---

415 Stellvertretend seien hier Kleiber, W./Simon, J./Weyers, G., Verkehrswertermittlung (1994), S. 571 ff. aufgeführt, mit weiteren Quellenangaben.

416 Vgl. Rössler, R./Langner, J./Simon, J./Kleiber, W., Grundstückswerte (1990), S. 125 ff. und Ross, W./Brachmann, R./Holzner, P., Bau- und Verkehrswert (1993), S. 61 ff.

417 Beispiele zu dieser Betrachtungsweise sind bei Rössler/Langner/Simon/Kleiber zu finden, vgl. Rössler, R./Langner, J./Simon, J./Kleiber, W., Grundstückswerte (1990), S. 126 f.

418 Bei stringenter Anwendung von gedämpften Bodenwerten, auch bei der Liegenschaftszinssatzermittlung, kommen beide Möglichkeiten zu dem gleichen Verkehrswert. Vgl. Kleiber, W./Simon, J./Weyers, G., Verkehrswertermittlung (1994), S. 574 f.

gemeinschaft von Boden und aufstehenden Bauten Rechnung trägt. Eine getrennte Verwertung des Grund und Bodens und der Bauten ist nicht möglich. Darum kann man der Argumentation der Dämpfung der Bodenwerte folgen, wenn man von der Ertragswertidee ausgeht. Es wird über den Zeitraum der Bebauung nur ein gemeinsamer Ertrag von der Immobilie erzeugt. Die künstliche Trennung des Gesamtertrages ist nicht möglich. Da die Kapitalisierung auf einen Ertragswert sämtliches Ertragspotential aus der gesamten Liegenschaft berücksichtigt, kann es keinen separaten Ansatz der Bodenwerte geben.

Probleme bei dieser Betrachtungsweise entstehen durch die zeitlich unbegrenzte Nutzungsmöglichkeit des Bodens, weshalb der Ansatz eines Bodenwertes vonnöten ist. Der Bodenwert ist ein Ertragswert auf Basis der zukünftigen ewigen Erträge des Bodens, der auf den Bewertungszeitpunkt bezogen werden muß.[419]

4. Fazit

Die Anwendung des Vergleichswertverfahrens ist bei unbebauten und bebauten Grundstücken möglich. Lediglich bei der Bewertung von bebauten Grundstücken bestehen Zweifel, ob der Ansatz von unbebauten Vergleichsgrundstücken und die unkorrigierte Übernahme der so ermittelten Werte für die Bewertung der bebauten Grundstücke möglich ist. Für eine Dämpfungslösung spricht die Idee der Gemeinsamkeit der Abgabe eines Grundstücksertrages. Dieser Gesamtertrag kann eben nicht aufgespalten werden.

Das Vergleichswertverfahren stellt die einfachste und pragmatischste Bewertungsmethode der Wertermittlungsverordnung dar, da sie auf den Marktpreisen von gehandelten Immobilien aufbaut. Darüber hinaus führt diese Bewertungsmethode direkt zu dem zu ermittelnden Verkehrswert. Es werden keine zu begründenden Marktanpassungszu- oder -abschläge in Ansatz gebracht. Lediglich die Anzahl, die Auswahl und die Vergleichbarkeit von Vergleichsgrundstücken stellt das Hauptproblem des Vergleichswertverfahrens dar. Ein Vergleichswert ist in den Augen von Simon/Cors erst dann aussagekräftig, wenn mindestens 30 Kaufpreise die Basis für die Vergleichswerte bilden,[420] da ab dieser Menge mit einer Normalverteilung der Stichprobe gerechnet werden kann.[421]

419 Zu der Problematik der Bodenwerte vgl. unten: Vierter Teil: II. C. 3. a) Problem der separaten Bodenbewertung bebauter Grundstücke.

420 Vgl. Simon, J./Cors, K./Troll, M., Grundstückswertermittlung (1992), S. 84.

421 25 Stichproben betrachten z.B. Freedman/Pisani/Purves/Adhikari als genügend. Vgl. Freedman, D./Pisani, R./Purves, R./Adhikari, A., Statistics (1991), S. 447.

C. Ertragswertverfahren

1. Überblick

Das Ertragswertverfahren stellt die zweite gleichwertige Bewertungsmethode der Wertermittlungsverordnung dar, es wird in den §§ 15 - 20 WertV geregelt. Schematisch kann das Ertragswertverfahren folgendermaßen abgebildet werden:

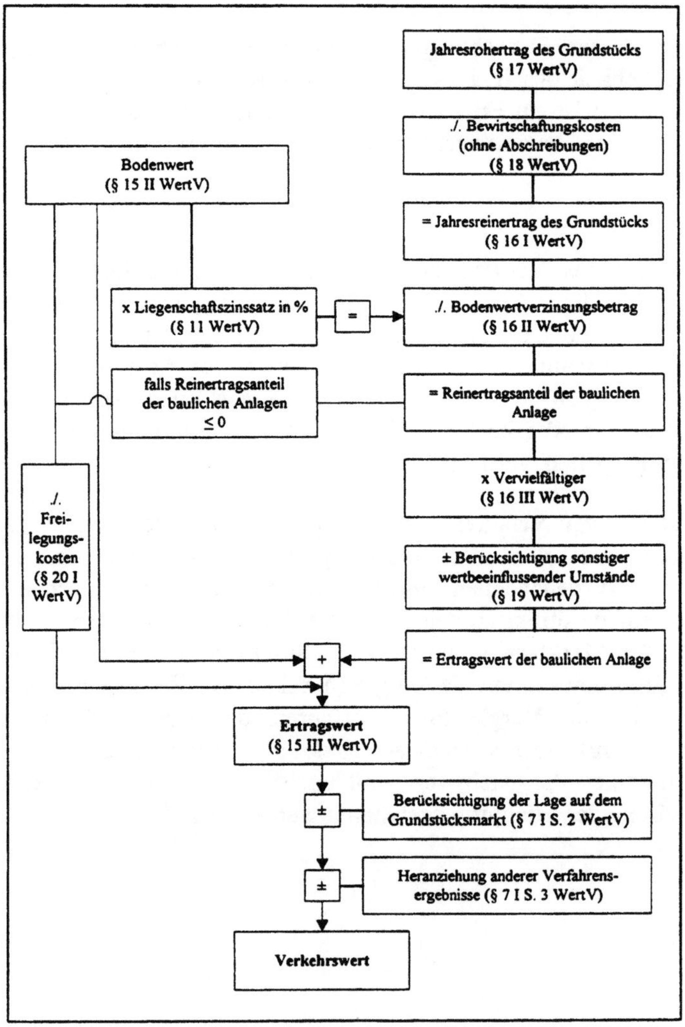

Abbildung 28: Schema des Ertragswertverfahrens.[422]

422 Vgl. Kleiber, W./Simon, J./Weyers, G., Verkehrswertermittlung (1994), S. 674.

2. Ertragsermittlung

Den Ausgangspunkt der Wertermittlung bildet der nachhaltig erzielbare Reinertrag des gesamten Grundstücks. Er ergibt sich aus dem Rohertrag nach § 17 I WertV, der alle bei ordnungsmäßiger Bewirtschaftung und zulässiger Nutzung fortlaufend erwirtschaftbare Einnahmen aus dem Grundstück, insbesondere Mieten und Pachten, umfaßt. Als Rohertrag sind nur solche nachhaltigen Einnahmen anzusetzen, die sich auf den Gegenstand der Wertermittlung selbst beziehen. Etwaige Vergütungen für Nebenleistungen sind nicht anzusetzen.[423] Umlagen, die zur Deckung von Betriebskosten geleistet werden, sind nicht als Erträge anzusehen.[424]

Der Rohertrag wird um die Bewirtschaftungskosten des § 18 WertV vermindert. Bewirtschaftungskosten sind die Abschreibung (§ 18 I S. 2 WertV), die Verwaltungskosten (§ 18 II WertV), die Betriebskosten (§ 18 III WertV), die Instandhaltungskosten (§ 18 IV WertV) und das Mietausfallwagnis (§ 18 V WertV). Von besonderer Bedeutung ist hierbei, daß die Abschreibungen nicht im Zusammenhang der Bewirtschaftungskosten angesetzt werden, sondern daß diese in dem Vervielfältiger beeinhaltet sind.[425]

Im Rahmen der Berücksichtigung der Bewirtschaftungskosten kann von den wirklich angefallenen Aufwendungen für die Verwaltung, den Betrieb, die Instandhaltung und für das Mietausfallwagnis ausgegangen werden, wenn sie laufend und üblicherweise im Zusammenhang mit der ordnungsgemäßen Bewirtschaftung des Grundstückes nachhaltig anfallen.

Lassen sich jedoch keine nachhaltigen Bewirtschaftungskosten feststellen, so kann z.B. auf Prozentsätze der Nettokaltmiete für Mietwohngrundstücke zurückgegriffen werden, wie sie in der Anlage 3 zu den Wertermittlungsrichtlinien 1991 veröffentlicht wurden. Darüber hinaus kann entsprechend den Angaben in der Zweiten Berechnungsverordnung z.B. der absolute Verwaltungskostenbetrag nach § 26 II II. BV in Höhe von 320,- DM je Wohnung pro Jahr angesetzt werden.[426] Der Umfang der Betriebskosten wird in der Anlage 3 zu § 27 II. BV abschließend definiert. Nicht zu den Betriebskosten gehören Beträge, die üblicherweise von den Mietern außerhalb der Miete unmittelbar getragen werden.[427]

---

423 Vgl. detailliert zu den Bestandteilen des Rohertrages Rössler, R./Langner, J./Simon, J./ Kleiber, W., Grundstückswerte (1990), S. 126 f.

424 Vgl. § 17 I S. 2 WertV.

425 Vgl. § 18 I S. 2 WertV.

426 Die Zweite Berechnungsverordnung ist für wohnungswirtschaftliche Berechnungen insbesondere bei der Erstellung von Wohnraum mit öffentlichen Geldern relevant.

427 Vgl. Rath, F./Rath, J., Wertermittlungspraxis (1992), S. 159.

Im Ertragswertverfahren wird unterstellt, daß der während der Restnutzungsdauer der baulichen Anlagen erzielbare jährliche Reinertrag unverändert bleibt. Ertragssteigerungen und -minderungen sowie Wertsteigerungen und -minderungen sollen im Rahmen des Liegenschaftszinssatzes berücksichtigt werden[428], so daß Prognoseaspekte bei der Bestimmung der nachhaltigen Jahreserträge und der nachhaltigen Bewirtschaftungskosten außer acht gelassen werden können.

Die ermittelten Jahresreinerträge des Grundstückes werden um einen fiktiven Bodenwertverzinsungsbetrag gekürzt. Dieser Bodenwertverzinsungsbetrag wird durch die Multiplikation des Bodenwertes des Vergleichswertverfahrens mit dem einschlägigen Liegenschaftszinssatz, der auf der Basis von geeigneten Kaufpreisen von Grundstücken und deren Jahresroherträgen unter Berücksichtigung der Restnutzungsdauer aufstehender Gebäude im Sinne des § 11 II WertV ermittelt wurde, errechnet.

Der dadurch ermittelte Reinertragsanteil der baulichen Anlage wird mit dem Vervielfältiger, der sich aufgrund des schon vom Bodenwertverzinsungsbetrag bekannten einschlägigen Liegenschaftszinssatzes und der Restnutzungsdauer des Gebäudes ergibt, kapitalisiert.[429]

Beim Ertragswertverfahren werden die jährlichen nachhaltigen Reinerträge um die Bodenwertverzinsung vermindert. Der Ertrag der baulichen Anlagen wird mit dem Vervielfältiger multipliziert. Der abgezinste Bodenwert mit dem Ertragswert der baulichen Anlagen addiert, hat den Ertragswert des Gesamtgrundstückes zum Ergebnis. Die mathematische Ausdrucksweise bildet das Ertragswertverfahren folgendermaßen ab:[430]

$$EW = (RE - p \times BW)\frac{1}{\frac{q^{n_{Wert}}(q-1)}{q^{n_{Wert}}-1}} + BW$$

$$EW = (RE - p \times BW) \times V + BW$$

$$EW = RE \times V + \frac{BW}{q^{n_{Wert}}}$$

EW = *Ertragswert*
RE = *Jährlicher Reinertrag nach § 16 WertV*
BW = *Bodenwert*

---

428 Vgl. zu der Diskussion um den Niederschlag der Markteinflüsse in dem Zinssatz, Vogels, M., Grundstücks- und Gebäudebewertung (1991), S. 154 ff.

429 Vgl. § 16 III WertV.

430 Vgl. Kleiber, W./Simon, J./Weyers, G., Verkehrswertermittlung (1994), S. 675.

V = *Vervielfältiger nach der Anlage zu § 16 III WertV*

q = *Zinsfaktor* $= 1 + \frac{p}{100}$

p = *Liegenschaftszinssatz*[431]

n_{Wert} = *Restnutzungsdauer nach § 16 IV WertV.*

Der errechnete Ertragswert wird um etwaige wertbeeinflussende Zustände nach § 19 WertV korrigiert. Die vorzunehmenden Korrekturen dürfen jedoch nicht zu einer mehrfachen Berücksichtigung von Sachverhalten führen.

3. Kapitalisierung

Die Höhe des Ertragswertes wird maßgeblich von der Höhe der Jahresreinerträge und der Höhe des Liegenschaftszinssatzes bestimmt. Dagegen nimmt die Restnutzungsdauer der baulichen Anlagen nur einen bedeutenden Einfluß auf den Wert ein, wenn die Restnutzungsdauer gering[432] ist.[433]

Die in Abhängigkeit von den Liegenschaftszinssätzen und den Restnutzungsdauern unterschiedlichen Vervielfältiger werden über die Barwertformel einer nachschüssigen Zeitrente errechnet. Die Restnutzungsdauer der Gebäude stellt dabei die Laufzeit der Zeitrente dar.

$$V = \frac{1}{\frac{q^n(q-1)}{q^n - 1}} = \frac{EW - \frac{BW}{q^n}}{RE}$$

V = *Vervielfältiger*

EW = *Ertragswert*

BW = *Bodenwert*

RE = *Reinertrag*

q = *Zinsfaktor* $= 1 + \frac{p}{100}$

431 Im Rahmen der Betrachtung des Liegenschaftszinssatzes soll die Diktion der Grundstücksbewertungslehre verwendet werden, so daß der Zinssatz mit p abgekürzt wird.

432 Problematisch ist die Wahl der Formulierung "gering", da es z.B. je nach der Gebäudeart und der Bauweise eine deutlich voneinander abweichende Restnutzungsdauer geben kann. Als geringe Restnutzungsdauer kann im Normalfall eine Restnutzungsdauer bis zu 50 Jahren angenommen werden.

433 Vgl. dazu mit ausführlichen Berechnungen und Variationen der Determinanten des Ertragswertes, Simon, J./Cors, K./Troll, M., Grundstückswertermittlung (1992), S. 120 f.

p = *Liegenschaftszinssatz*
n = *Restnutzungsdauer.*[434]

a) Liegenschaftszinssatz

Die Definition des Liegenschaftszinssatzes in der WertV geht von der Überzeugung aus, daß für Immobilien aufgrund der langen Kapitalbindungsdauer ein von dem Kapitalmarkt abweichender Zinssatz maßgebend ist.[435] Da der Grund und Boden gegenüber dem Geldvermögen als wertbeständiger und sicherer erachtet wird, begnügt sich der Immobilieneigentümer mit einem geringeren jährlichen Ertrag als bei einer Investition in nominelle Geldwerte. Daraus resultiert die Forderung der Wertermittlungsverordnung nach einer gesonderten Errechnung eines eigenen Kapitalisierungszinssatzes. Somit wird der Liegenschaftszinssatz in der Wertermittlungsverordnung folgendermaßen definiert:

> *"(1) Der Liegenschaftszinssatz ist der Zinssatz, mit dem der Verkehrswert von Liegenschaften im Durchschnitt marktüblich verzinst wird.*
>
> *(2) Der Liegenschaftszinssatz ist auf der Grundlage geeigneter Kaufpreise und der ihnen entsprechenden Reinerträge für gleichartig bebaute und genutzte Grundstücke unter Berücksichtigung der Restnutzungsdauer der Gebäude nach den Grundsätzen des Ertragswertverfahrens (§§ 15 bis 20) zu ermitteln."*[436]

Die WertV gibt einen Kapitalisierungszinssatz nicht vor, da der Immobilienmarkt regional und je nach Investitionsobjekt stark unterschiedlich ist. Die Daten der Kaufpreissammlungen, die die regionalen Immobilienmärkte abbilden, werden in der Art ausgewertet, daß die zu den Objekten gehörigen Reinerträge in Abhängigkeit der Restnutzungsdauern der aufstehenden Bauten in Bezug zu den Ertragswerten der gesamten Grundstücke gebracht werden. Hierbei wird unterschwellig davon ausgegangen, daß die Kaufpreise von besonderen Einflüssen bereinigt sind und somit Verkehrswerte darstellen. Dies dürfte im Normalfall bei den Kaufpreisen, die in die Kaufpreissammlungen der Gutachterausschüsse aufgenommen wurden, der Fall sein. Nur unter dieser Annahme kann durch die Beziehung auf den Reinertrag des Grundstückes ein Liegenschaftszinssatz durch die Umkehrung des Ertragswertverfahrens errechnet werden.

Bei Objekten mit langer Restnutzungsdauer der Gebäude (mehr als 50 Jahre) stellt der Bodenwert für sich alleine gesehen eine vernachlässigbare Größe dar, da fast das gesamte Nutzungspotential des gesamten Grundstückes über die lange

---

434 Vgl. Rössler, R./Langner, J./Simon, J./Kleiber, W., Grundstückswerte (1990), S. 187.

435 Vgl. Kleiber, W./Simon, J./Weyers, G., Verkehrswertermittlung (1994), S. 509.

436 § 11 WertV.

Restlaufzeit durch die Reinerträge der baulichen Anlagen erwirtschaftet wird.[437] Deshalb kann bei langen Restnutzungsdauern das vereinfachte Ertragswertverfahren angewandt werden, welches keine Trennung in den Gebäude- und den Bodenertrag vornimmt.

$$EW = RE \times V$$

EW	=	*Ertragswert*
RE	=	*Reinerträge*
V	=	*Vervielfältiger nach der Anlage zu § 16 III WertV oder auf der Basis eigener Erhebungen.*

Diese vereinfachte Ertragswertbetrachtung kann nach dem Vervielfältiger aufgelöst werden. Die Beziehung zwischen dem Vervielfältiger und dem Liegenschaftszinssatz ist reziprok.

$$V = \frac{EW}{RE} = \frac{1}{p} \Rightarrow p = \frac{RE}{EW} = \frac{1}{V}$$

EW	=	*Ertragswert*
RE	=	*Reinertrag*
V	=	*Vervielfältiger nach der Anlage zu § 16 III WertV oder auf der Basis eigener Erhebungen*
p	=	*Liegenschaftszinssatz.*[438]

Da der Boden unbegrenzt nutzbar ist und bei einer kurzen Restnutzungsdauer der Gebäude der Bodenwert nicht vernachlässigt werden kann, sind in Abhängigkeit von der Restnutzungsdauer der Bauten die über die Auflösung der Vervielfältiger errechneten Liegenschaftszinssätze zu korrigieren.

$$p = \frac{RE \times 100}{KP} - \frac{100 \times (q-1)}{q^n - 1} \times \frac{KP - BW}{KP}$$

RE	=	*Reinertrag*
KP	=	*Kaufpreis (fiktiv = Ertragswert)*
BW	=	*Bodenwert*
q	=	*Zinsfaktor* $= 1 + \frac{p}{100}$

437 Vgl. Gerardy, T./Möckel, R., Grundstücksbewertung (1995), Teil 4.3.5, S. 6 f.

438 Vgl. Kleiber, W./Simon, J./Weyers, G., Verkehrswertermittlung (1994), S. 511.

p = *Liegenschaftszinssatz*
n = *Restnutzungsdauer.*[439]

Der Faktor $\frac{RE \times 100}{KP}$ stellt den auf dem vereinfachten Ertragswertverfahren beruhenden Liegenschaftszinssatz dar. Dieser kann jedoch nur als Näherungswert angesehen werden, da die Gebäudenutzungsdauer relativ kurz ist und der Bodenwert ebenfalls wertbestimmend ist. Die Korrektur dieses Näherungswertes des Liegenschaftszinssatzes erfolgt durch die Subtraktion des Produktes von Wiedergewinnungsfaktor $\frac{100 \times (q-1)}{q^n - 1}$ und Gebäudewertanteil $\frac{KP - BW}{KP}$. Da in dem Wiedergewinnungsfaktor der zu ermittelnde Liegenschaftszinssatz mit dem Term q^n enthalten ist, kann eine Lösung für den Liegenschaftszinssatz nur durch Iteration ermittelt werden. In der Praxis wird meist nach der ersten Iteration das Verfahren abgebrochen.[440] Dieser erste Korrekturfaktor wird zum Zwecke der Minderung des Liegenschaftszinssatzes mit dem Gebäudewertanteil zur Liegenschaftszinssatzminderung multipliziert.

Einen anderen Ansatz zur Ermittlung von Liegenschaftszinssätzen spricht Vogels an.[441] Vogels geht vom Kapitalmarkt aus und sieht als Referenzbasis für den Liegenschaftszinssatz eine langfristige Anlage am Kapitalmarkt. Er leitet den Liegenschaftszins über den Einfluß des Marktes auf die Erträge der Immobilie und über die Bedeutung der Fremdfinanzierung bei Immobilieninvestitionen ab.[442],[443]

Als Hauptbestandteil des vom Kapitalmarkt abgeleiteten Zinssatzes wird die Eigenkapitalrendite auf der Basis einer erhöhten langfristigen Hypothekenfinanzierung bestimmt. Dann ist ein fiktiver Eigenkapitalanteil je nach der Art der Immobilieninvestition anzusetzen. Der fiktive restliche Betrag bis zur völligen Finanzierung des Objektes wird durch die vorher als "risikonormal" betrachtete Hypothekenfinanzierung aufgefüllt. Entsprechend finden die beiden Zinssätze in

---

439 Vgl. Kleiber, W./Simon, J./Weyers, G., Verkehrswertermittlung (1994), S. 516.

440 Vgl. Rath, F./Rath, J., Wertermittlungspraxis (1992), S. 119. Kleiber/Simon/Weyers gehen von weiteren Iterationen aus, brechen jedoch auch nach der zweiten Iteration ab, vgl. Kleiber, W./Simon, J./Weyers, G., Verkehrswertermittlung (1994), S. 516.

441 Vgl. Vogels, M., Grundstücks- und Gebäudebewertung (1991), S. 154 ff.

442 Zu der technischen Umsetzung des Zinssatzermittlungsverfahrens vgl. Vogels, M., Grundstücks- und Gebäudebewertung (1991), S. 154 ff.

443 Demgegenüber reduzieren Simon/Cors/Troll die Bedeutung des Kapitalmarktes völlig auf die Möglichkeit zur Beurteilung der ermittelten Liegenschaftszinssätze anhand des Kapitalmarktniveaus, vgl. Simon, J./Cors, K./Troll, M., Grundstückswertermittlung (1992), S. 135.

dem Verhältnis der Finanzierungen Eingang in die Ermittlung des Liegenschaftszinssatzes.[444]

Daraufhin erfolgen Erhöhungen dieses Basiszinssatzes durch die Berücksichtigung von Wert- und Ertragsminderungen. Den nächsten Schritt des von Vogels als Hypotheken-Koeffizienten-Verfahren benannten Verfahrens stellen die Verminderungen des Zinssatzes aufgrund von Wert- und Ertragssteigerungen dar. Darüber hinaus setzt Vogels den Eigenkapitalzuwachs durch die Tilgung der Fremdmittel zinssatzvermindernd an.[445] Den so aus den Markteinflüssen errechneten Liegenschaftszinssatz beschreibt Vogels als relativ unempfindlich gegen Marktschwankungen. Darüber hinaus sieht Vogels den Liegenschaftszinssatz auf der Basis des Hypotheken-Koeffizienten-Verfahrens als vergleichbar mit dem auf der Basis des Ertragswertverfahrens der Wertermittlungsverordnung ermittelten Liegenschaftszinssatz an.[446]

Vogels stellt sich mit seinem Ansatz der Ermittlung von Liegenschaftszinssätzen gegen die etablierte Grundstücksbewertungslehre. Von besonderer Bedeutung ist der Ansatz deshalb, weil hier im Grunde entsprechend den Verfahren der Unternehmensbewertung der Kapitalmarktzinssatz als Basiszinssatz herangezogen wird, der um allgemeine und um investitionsobjektgruppenspezifische Zu- und Abschläge verändert wird.

b) Restnutzungsdauer

Neben dem Liegenschaftszinssatz ist die Restnutzungsdauer das zweite Kriterium zur Ableitung des maßgeblichen Vervielfältigers. Sie gibt darüber Auskunft, wie lange die baulichen Anlagen des gesamten Grundstückes voraussichtlich Erträge erwirtschaften können.

Von Bedeutung sind hierbei die technische Nutzungsdauer, die durch den materiellen Verschleiß der Bauten bestimmt wird, sowie die wirtschaftliche Nutzungsdauer, die durch die marktliche Verwertbarkeit der Bauten determiniert wird. Die wirtschaftliche Nutzungsdauer kann die technische Nutzungsdauer nicht überschreiten. Im Gegensatz dazu kann die technische Nutzungsdauer die wirtschaftliche Nutzungsdauer überschreiten. Die Bauten wären in diesem Fall technisch noch nicht bis zur Unbenützbarkeit verbraucht, dagegen wäre eine marktliche Verwertung der Bauten nicht mehr möglich. Von Relevanz für die Bestimmung der Restnutzungsdauer ist immer die wirtschaftliche Nutzungsdauer.

---

444 Vgl. Vogels, M., Grundstücks- und Gebäudebewertung (1991), S. 155.

445 Vgl. Vogels, M., Grundstücks- und Gebäudebewertung (1991), S. 155.

446 Vgl. Vogels, M., Grundstücks- und Gebäudebewertung (1991), S. 156.

Da bebaute Grundstücke zu bewerten sind, muß für die Bestimmung des Vervielfältigers die verbleibende Nutzungsdauer angesetzt werden. Diese wirtschaftliche Restnutzungsdauer unterliegt vielen verschiedenen Determinanten, so z.B. der Veränderung von Wohngewohnheiten oder von Produktionsmethoden. So haben sich die wirtschaftlichen Gesamtnutzungsdauern von Bauten[447] in den letzten Jahrzehnten drastisch verkürzt.[448]

Theoretisch liegt das Ende der wirtschaftlichen Nutzungsdauer dann vor, wenn der jährliche Reinertrag nicht mehr mindestens den Verzinsungsbetrag des Bodenwertes decken kann, weil in diesem Fall die alleinige Nutzung des unbebauten Grundstückes einen höheren Ertrag realisieren könnte, als die derzeitige Nutzung. Probleme ergeben sich bei dieser Betrachtungsweise durch die Veränderungen des Bodenwertes mit dem Zeitablauf, so daß Bodenwertsteigerungen eine Art Bodenwertverzinsungsbetrag darstellen und auf eine jährliche Bodenwertverzinsung verzichtet werden kann.[449] Deshalb wird in der Praxis der Bestimmung der wirtschaftlichen Restnutzungsdauer auf das am Anfang vorhandene zeitliche Nutzungspotential der Bauten abgestellt. Von dieser Durchschnittsgröße wird das Gebäudealter subtrahiert. Die errechnete Differenz zwischen dem durchschnittlich möglichen Nutzungszeitraum und den schon abgelaufenen Jahren ist unter Umständen zu modifizieren, da evtl. Modernisierungen oder aber Baumängel und Bauschäden einen Einfluß auf die wirtschaftliche Nutzungsdauer der Gebäude haben.

Die Ableitung aus Kaufpreisen stellt einen weiteren Weg zu der Ermittlung von Restnutzungsdauern dar. Hierbei wird das Ertragswertverfahren derart umgeformt und aufgelöst, daß bei bekanntem Liegenschaftszinssatz, bekannten jährlichen nachhaltigen Erträgen und bekannten Bodenwerten die Restnutzungsdauer der baulichen Anlagen errechnet werden kann.[450] Dieses Verfahren wird von der Fachliteratur überwiegend ablehnend beurteilt, da es erstens an zahlreichen Prämissen krankt und zweitens auf dem Grundstücksmarkt häufig gleiche Erträge für Grundstücke mit unterschiedlichen Restnutzungsdauern der Bauten realisiert werden.[451]

447 Eine Ausnahme stellen denkmalgeschützte und erhaltenswerte Gebäude dar.

448 Vgl. Kleiber, W./Simon, J./Weyers, G., Verkehrswertermittlung (1994), S. 719.

449 Vgl. Vogels, M., Grundstücks- und Gebäudebewertung (1991), S. 139.

450 Vgl. Rössler, R./Langner, J./Simon, J./Kleiber, W., Grundstückswerte (1990), S. 197.

451 Vgl. Vogels, M., Grundstücks- und Gebäudebewertung (1991), S. 92.

4. Fazit

Das Ertragswertverfahren der Wertermittlungsverordnung stellt eine Wertermittlungsmethode dar, die der Realität entsprechende Verkehrswerte liefern kann.[452] Insbesondere die Ermittlung eines eigenen Liegenschaftszinssatzes beruht auf der Überlegung, daß der Immobilienmarkt von den Verhältnissen am Kapitalmarkt abgekoppelt ist. Der Versuch von Vogels, hier eine Annäherung zu erzielen und den Liegenschaftszinssatz entsprechend der Vorgehensweise der Unternehmensbewertung von dem Kapitalmarktzinssatz abzuleiten, wird von der einschlägigen Fachliteratur nicht aufgegriffen. Die einzige Bezugnahme auf die Investitionsalternative Kapitalmarkt sieht die Fachliteratur in der Plausibilitätskontrolle der errechneten Liegenschaftszinssätze.

Trotzdem stellt dieses Hypotheken-Koeffizienten-Verfahren einen "Durchbruch" in der systematischen Ableitung des Kapitalisierungszinssatzes durch eine Korrektur von Basiszinssätzen dar. Die aus den Kaufpreisen ermittelten Liegenschaftszinssätze wären im Grunde zu korrigieren, da Wertveränderungen von Immobilien sich mittelbar auf den Ertrag auswirken. Gleiches gilt für Ertragsschwankungen, da auch diese Einfluß auf den Ertragswert und damit auf den Verkehrswert haben. Diese Veränderungen der Verhältnisse müßte der Liegenschaftszinssatz berücksichtigen. Wird er jedoch aus den korrigierten Kaufpreisen und den nachhaltigen Vergangenheitserträgen abgeleitet, kann der Zinssatz nicht zukünftige Veränderungen antizipieren. Lediglich über die Beziehung auf Kaufpreise (bzw. Ertragswerte) werden Zukunftsgesichtspunkte in begrenztem Maße in die Wertermittlungen integriert.

Bei allen Versuchen, die tatsächlichen Verhältnisse abzubilden, darf nicht vergessen werden, daß wertbeeinflussende Faktoren nur einmal in die Berechnungen eingehen dürfen. Dies ist bei dem Ertragswertverfahren der Wertermittlungsverordnung prinzipiell der Fall. In der Realität bestehen jedoch große Probleme ob z.B. ein Baumangel den jährlichen nachhaltigen Jahresreinertrag geschmälert hat oder ob dieser Baumangel erst in der Bemessung der Restnutzungsdauer zu berücksichtigen ist.

Darüber hinaus wirft die Beurteilung der jährlichen nachhaltigen Erträge weitere Fragen auf. Gerade die Annahme der Nachhaltigkeit kann nicht als realitätskonform angesehen werden. Vielmehr müßten die jährlichen Reinerträge explizit Zukunftsaspekte berücksichtigen. Dies kann mittels der Prognose der Miet- und Pachtentwicklungen geschehen. Eine dem Ertragswertverfahren der Unternehmensbewertung ähnliche Vorgehensweise ist denkbar.

---

452 Entsprechend ist das Ergebnis des **Beispiels 6.** zu interpretieren.

D. Sachwertverfahren

1. Überblick

In § 21 bis § 25 WertV wird das Sachwertverfahren als das dritte gleichwertige Bewertungsverfahren der Wertermittlungsverordnung aufgeführt. Das Sachwertverfahren ermittelt aus dem Wert der Substanz der verschiedenen Bestandteile des Grundstückes den sog. Sachwert des Grundstücks nach § 21 V WertV. Der Sachwert umfaßt nach § 21 I WertV:[453]

- den Bodenwert nach § 13 II WertV,
- den Wert der baulichen Anlagen nach § 21 I WertV und
- den Wert der sonstigen Anlagen nach § 21 IV WertV.

Dieser Sachwert des Grundstückes ist der Ausgangswert für die Ableitung des Verkehrswertes und nicht etwa schon der Verkehrswert. Im Rahmen der Ableitung des Verkehrswertes haben die jeweiligen gewöhnlichen regionalen Marktverhältnisse Einfluß auf den Verkehrswert. Deshalb sind die Werte des Sachwertverfahrens entsprechend der Lage auf dem Grundstücksmarkt nach § 7 I WertV anzupassen. *"Die häufig geübte Praxis, den Sachwert des Grundstücks ohne Prüfung mit dem Verkehrswert gleichzusetzen, ist grundsätzlich falsch. Die Sachwertermittlung ist in erster Linie ein Rechenverfahren zur Ermittlung des Wertes der Grundstückssubstanz."*[454]

Auch im Sachwertverfahren ist der Bodenwert nach § 21 II WertV mittels des Vergleichswertverfahrens nach den §§ 13 und 14 WertV zu ermitteln, wobei der Boden ebenfalls als fiktiv unbebaut anzusetzen ist.[455]

Die Werte der baulichen Anlagen sind nach § 21 III WertV über den Ansatz der Herstellungskosten der Gebäude unter Berücksichtigung des Alters, etwaiger Baumängel und Bauschäden und sonstiger wertbeeinflussender Umstände zu errechnen. Zu den baulichen Anlagen gehören in diesem Zusammenhang auch die Außenanlagen.

Der Verordnungsgeber grenzt nicht exakt zwischen Außenanlagen und sonstigen Anlagen ab, so daß in § 21 IV WertV die eigentlich überflüssige Vorschrift erlassen wurde, daß die Werte der baulichen Anlagen und der sonstigen Anlagen nur separat

---

453 **Beispiel 15.** ermittelt den Sachwert der Musterimmobilie nach der WertV.

454 Kleiber, W./Simon, J./Weyers, G., Verkehrswertermittlung (1994), S. 826.

455 An dieser Stelle sei auf die obigen Ausführungen zur Bodenwertermittlung verwiesen.

zu berücksichtigen sind, wenn sie nicht in den Bodenwert eingeflossen sind.[456] Unter sonstigen Anlagen sind besondere auf dem Grundstück befindliche nichtbauliche Außenanlagen, z.B. spezielle Anpflanzungen, etc. zu verstehen, die eine eigene Bewertung rechtfertigen.[457] Bewertungstechnisch werden die sonstigen Anlagen über Erfahrungssätze angesetzt. Es kann aber auch bei Fehlen von Erfahrungssätzen von den Normalherstellungskosten der sonstigen Anlagen ausgegangen werden. Systematisch wäre dann der gleiche Verfahrensablauf wie bei baulichen Anlagen zu befolgen.[458]

Die baulichen Außenanlagen sind z.B. Garagen, Wegbefestigungen, Einfriedungen oder ähnliche Bauten, die im Rahmen der Bewertung den gesamten baulichen Anlagen zugeschlagen werden. Als Definition für die Arten und den Umfang der Außenanlagen sei auf DIN 276 Teil 2 Nr. 5 verwiesen.[459] Gleichermaßen wird mit besonderen relativ werthaltigen Betriebseinrichtungen verfahren, die zu den baulichen Anlagen hinzugerechnet werden, falls sie nicht schon im Rahmen des Bodenwertes berücksichtigt sind. Hierunter fallen z.B. Tankanlagen, Aufzüge oder Tresoranlagen.[460]

---

456 Zu den Abgrenzungen sei auf die Begründung zu § 21 Wertermittlungsverordnung verwiesen:
"Als bauliche Anlagen sind genannt Gebäude, Außenanlagen und besondere Betriebseinrichtungen. Dies sind jedoch nur Beispiele. Die Vielfalt der Grundstücke läßt es nicht zu, alles, was unter den Begriff "bauliche Anlagen" fällt, aufzuzählen. Als Beispiele für Gebäude können genannt werden Wohngebäude, Verwaltungsgebäude, Garagen, Betriebsgebäude und Parkhäuser, als besondere Betriebseinrichtungen Tankanlagen, Aufzüge, Tresoranlagen und als Außenanlagen Ver- und Entsorgungsanlagen, Einfriedungen, Treppen und Terrassen. Sonstige Anlagen sind demgegenüber insbesondere Gartenanlagen, Anpflanzungen und Parks."
BR-Drs. 352/88, S. 61.

457 Vgl. Simon, J./Cors, K./Troll, M., Grundstückswertermittlung (1992), S. 116.

458 Die Bewertung von Parkanlagen und ähnlichen Anpflanzungen verursacht erhebliche Probleme, da bei zunehmendem Alter die Anlagen meist in einen nichtrepoduzierbaren werthaltig(er)en Zustand "wachsen" und dann eine fiktive Herstellungskostenbewertung nicht mehr durchgeführt werden kann. Hier versucht man durch die Aufzinsung von Herstellungskosten für jüngere Anpflanzungen und durch die Aufzinsung jährlicher Pflegekosten zu einem Wert zu gelangen. Vgl. Rössler, R./Langner, J./Simon, J./Kleiber, W., Grundstückswerte (1990), S. 375. Die Bewertung von "Aufwuchs" wurde in zahlreichen Urteilen und Abhandlungen eingehend diskutiert, für eine umfassende Darstellung des Schrifttums und der Urteile vgl. Kleiber, W./Simon, J./Weyers, G., Verkehrswertermittlung (1994), S. 295 Fußnote 16.

459 Vgl. DIN 276 Teil 2 Nr. 5 in Deutsches Institut für Normung e.V. (Hrsg.), DIN Taschenbuch 114 (1988), S. 15.

460 Vgl. BR-Drs. 352/88, S. 61.

2. Wert der baulichen Anlagen

Bewertungstechnisch sind die Herstellungswerte der Gebäude, der Außenanlagen, der Betriebseinrichtungen und der sonstigen Anlagen nach den Grundsätzen der §§ 22 bis 25 WertV zu ermitteln.

Unter Herstellungswert definiert der § 22 I WertV die gewöhnlichen Kosten für die Erstellung der zu bewertenden Objekte. Der Gebäudenormalherstellungswert bemißt sich nach den am Wertermittlungsstichtag für die identische Errichtung des Gebäudes aufzubringenden gewöhnlichen Herstellungskosten und somit an dem technischen Reproduktionswert des Gebäudes. Hierzu kann sich der Bewerter auf die nach Erfahrungssätzen als sinnvoll erachteten Erstellungskosten beziehen. Ausnahmsweise kann der Bewerter auch gänzlich oder teilweise die gewöhnlichen Herstellungskosten einzelner Bauleistungen ansetzen oder die tatsächlich entstandenen, als gewöhnlich anzusehenden Herstellungskosten in die Bewertung einbeziehen.[461]

Da sich der Bewertungsstichtag der Wertermittlung im Normalfall zeitlich von den Bauzeitpunkten unterscheidet, kann der Einsatz von sog. Baupreisindexreihen notwendig werden. So könnte z.B. die Wertermittlung nach den als gewöhnlich angesehenen Herstellungskosten gewählt werden, jedoch liegt der Bauzeitraum drei Jahre zurück. Hier könnte der Einsatz von Baupreisindexreihen,[462] den Herstellungswert des Gebäudes auf den Wertermittlungsstichtag umrechnen.

Rössler/Langner/Simon/Kleiber sprechen fünf Methoden zur Ermittlung der Gebäudenormalherstellungswerte an:

1. Ansatz der tatsächlichen Herstellungskosten,
2. Ansatz nach einer nach einzelnen Gewerken gegliederten Kostenschätzung der Baumaßnahmen nach DIN 276, Teil 3, Anhang A,[463]
3. Bewertung nach der detaillierten Kostenberechnung nach DIN 276, Teil 3, Anhang B,[464]
4. Schätzung in Anlehnung an in Bauart und Bauweise vergleichbare bekannte Gebäudeherstellungskosten,
5. Schätzung durch Multiplikation von Duchschnittspreisen je Maßeinheit (Raummaß, Flächenmaß) mal der Anzahl der Maßeinheiten.[465]

---

461 Vgl. § 22 WertV.

462 Vgl. § 22 III WertV.

463 Vgl. Deutsches Institut für Normung e.V. (Hrsg.), DIN Taschenbuch 114 (1988), S. 39 ff.

464 Vgl. Deutsches Institut für Normung e.V. (Hrsg.), DIN Taschenbuch 114 (1988), S. 42 ff.

465 In Anlehnung an Rössler, R./Langner, J./Simon, J./Kleiber, W., Grundstückswerte (1990), S. 220.

Im Normalfall werden die Gebäudewerte über die Ermittlung von auf Bezugseinheiten bezogenen Normalherstellungskosten berechnet.[466] Als Bezugseinheit haben sich z.B. die Größe der Wohnfläche bei Mietwohngebäuden oder die Kubatur (Kubikmeter des umbauten Raumes) bei Wohn- und Geschäftsgebäuden bewährt. Die Gebäudewerte können durch Multiplikation der Bezugseinheit mit einem durchschnittlichen Preis je Bezugseinheit, z.B. je Kubikmeter umbauten Raumes, relativ kostengünstig und schnell ermittelt werden.[467] Dieses Verfahren wird als Kubikmeterverfahren bezeichnet und ist als Standardbewertungsverfahren anerkannt.[468] Die Ermittlung des umbauten Raumes in Kubikmetern und die Ermittlung des durchschnittlichen Raummeterpreises sind die beiden Komponenten des Kubikmeterverfahrens.

a) Berechnung des umbauten Raumes

Ausgangspunkt ist die richtige Erfassung des umbauten Raumes des zu bewertenden Gebäudes. Die Kubatur von Bauten ist in zahlreicher Hinsicht von Bedeutung. Deshalb wurde die Berechnungsmethode der Kubatur durch das Deutsche Institut für Normung e.V. in der DIN 277 (umbauter Raum von Hochbauten) standardisiert. Da sich Bauausführungen und Baustile im Zeitablauf verändert haben, wurde auch die Norm zur Berechnung des umbauten Raumes reformiert. Hierbei führten die letzten Änderungen der aus dem Jahre 1950 stammenden Norm durch die DIN 277 (1973/1987) zu der Aufspaltung der Gebäude in eine größere Anzahl verschiedener Bauteile.[469]

Im Rahmen der Reformierung wurden Begriffsdefinitionen von Bezugsgrößen für die Kostenermittlung eindeutiger festgelegt und die Berechnung des Rauminhaltes insbesondere bei Dachausbauten korrigiert. Da die Reform der DIN 277 hauptsächlich den geänderten Bauarten und den darauf aufbauenden Kostenberechnungen Rechnung tragen sollte, ist auch heute noch eine Verkehrswertermittlung auf der Basis der Version 1950 als sachgemäß anzusehen. Darüber hinaus ist die Berechnung nach DIN 277 (1950) einfacher als nach der Fassung 1973/1987. Im Rahmen der Fachliteratur werden nach wie vor fast alle Raummeterpreise auf die Kubikmeter des umbauten Raumes nach der DIN 277 (1950) bezogen.[470]

Im Rahmen der Reform der Norm zur Berechnung der Kubatur von Hochbauten wurden Verfahren zur Bestimmung des "Masseninhaltes" nach der Fläche eingeführt, so daß auch auf der Basis der vor allem im gewerblichen Bereich

---

466 So auch § 22 I WertV.

467 Rössler/Langner/Simon/Kleiber sprechen den Weg der Vervielfachung als pragmatisch an, vgl. Rössler, R./Langner, J./Simon, J./Kleiber, W., Grundstückswerte (1990), S. 221.

468 Vgl. Kleiber, W./Simon, J./Weyers, G., Verkehrswertermittlung (1994), S. 834.

469 Vgl. Gerardy, T./Möckel, R., Grundstücksbewertung (1995), Teil 4.4.3, S. 2 f.

470 Vgl. Rössler, R./Langner, J./Simon, J./Kleiber, W., Grundstückswerte (1990), S. 222.

relevanten Flächenmaße, Geschoßfläche und Nutzfläche Bezugsgrößen für die Ermittlung der Baukosten bereit stehen. Somit kann für die Ermittlung der Herstellungswerte die jeweils günstigste und im Markt übliche Bezugseinheit, so z.B. der Bruttorauminhalt, die Bruttogeschoßfläche oder die Bruttonutzfläche, gewählt werden.[471] Besonderes Gewicht ist hierbei auf die richtige Beziehung zwischen den unterschiedlichen Standardisierungen der Inputgrößen und den Bezugsbasen zu legen, da eine Umrechnung nicht ohne weiteres möglich ist.[472]

b) Ermittlung des Raummeterpreises

Die exakteste Vorgehensweise für die Ermittlung der Raummeterpreise wäre eine genaue Berechnung der Baukosten nach DIN 276. Der Raummeterpreis soll für die Verkehrswertermittlung ein durchschnittlicher, von ungewöhnlichen oder persönlichen Verhältnissen unabhängiger Preis sein. Deshalb ist auf normalisierte, von ungewöhnlichen oder persönlichen Verhältnissen befreite Herstellungskosten zurückzugreifen. Bei der Bewertung im Sachwertverfahren wird von den Herstellungskosten für ein vergleichbares Gebäude im Zeitpunkt der Wertermittlung ausgegangen.[473] Die Höhe des Raummeterpreises ist vor allem von der Bauart, der Bauausführung, der Ausstattung, der Nutzung, der Objektgröße, der Zahl, Höhe und Tiefe der Geschosse, sowie von der Grundrißgestaltung abhängig.

Der Raummeterpreis ergibt sich durch die Division der gewöhnlichen Herstellungskosten durch die Anzahl der Kubikmeter umbauten Raumes. Da vielerlei verschiedene Bauausführungen unterschiedliche Herstellungskosten bedingen, sind die Bewerter auf Baupreistabellen angewiesen, in denen durchschnittliche Raummeterpreise für verschiedene Bauwerksarten festgehalten werden. Baupreistabellen beziehen sich auf Gebäude mit normaler Bauausführung. Besonderheiten werden über Zu- oder Abschläge berücksichtigt. Nach § 22 II WertV gehören auch die üblicherweise entstehenden Baunebenkosten, insbesondere Architektur-, Ingenieur- und Behördenleistungen, sowie Kosten der Finanzierung im Rahmen der Herstellung zu den Normalherstellungskosten des Gebäudes.

Da die Verschiedenartigkeit der Bauwerke zu einer zu geringen Anzahl von Werten bei der Bildung von durchschnittlichen Baupreisen führt, sind die Erhebungsgebiete großflächig zu bemessen. Probleme wirft der räumliche Ausdehnungsbereich auf, da die Baukosten regional unterschiedlich sind und somit eine Baupreistabelle für ganz Deutschland nicht sinnvoll ist.[474] Gutachter müssen deshalb die Lage auf dem

---

471 Vgl. Rössler, R./Langner, J./Simon, J./Kleiber, W., Grundstückswerte (1990), S. 221 f.

472 Zu den Veränderungen und der Entwicklung der DIN 277 vgl. Simon, J./Cors, K./Troll, M., Grundstückswertermittlung (1992), S. 86 ff. Zu zahlreichen Berechnungsbeispielen vgl. Rössler, R./Langner, J./Simon, J./Kleiber, W., Grundstückswerte (1990), S. 222 ff.

473 Vgl. Rössler, R./Langner, J./Simon, J./Kleiber, W., Grundstückswerte (1990), S. 240.

474 So auch Kleiber, W./Simon, J./Weyers, G., Verkehrswertermittlung (1994), S. 837.

regionalen Baumarkt mit den in der Literatur angegeben Baupreistabellen vergleichen und haben Veränderungen durch Zu- oder Abschläge von den Raummeterpreisen zu berücksichtigen.

Die Wertermittlungsrichtlinien 1991 verlangen beim Ansatz der durchschnittlichen Raummeterpreise die Übernahme der Werte des Basisjahres 1913.[475] Die in der Zwischenzeit erfolgten Änderungen der Bauarten und -ausführungen können in diesen Raummeterpreisen nur über die Zurückrechnung der "neuartigen Bestandteile" auf das Basisjahr 1913 integriert werden. Durch die Division der Preise neuartiger Ausführungen durch den Baupreisindex des statistischen Bundesamtes werden die Neuentwicklungen auf das Basisjahr 1913 bezogen. Im Rahmen der Bewertung sind dann die Werte des Jahres 1913 für die Bauleistungen anzusetzen und durch Multiplikation mit dem Baupreisindex des statistischen Bundesamtes[476] auf den Bewertungsstichtag hochzurechnen.

Problematisch ist dieses Verfahren insofern, da die unterschiedlichen Preisentwicklungen bei Bauleistungen, die Preisentwicklungen bei neuartigen Bauleistungen, die überproportionalen Preisanstiege bei nunmehr selten ausgeführten Bauleistungen und die regionalen Unterschiede nicht realitätskonform berücksichtigt werden. Ursache dieses Problems ist die geringe Auswahl von nur 220 Bauleistungen, die dem Baupreisindex 1985 des statistischen Bundesamtes zugrunde liegt.[477] Die Bezugnahme auf die Raummeterpreise des Jahres 1913 sowie die Verwendung des Baupreisindexes 1985 führen zu unrealistischen Gebäudeherstellungswerten, da einige Raummeterpreise auf veralteten Fassungen der DIN 277 beruhen, die Ermittlung und Verkettung der Indizes auf der Basis 1958 und 1985 vom statistischen Bundesamt unrealistisch niedrig festgesetzt wurden und die derzeitigen Preisverhältnisse durch den Baupreisindex nicht realistisch abgebildet werden.[478]

Gebäudefertigstellung und Baupreistabellen weichen im Normalfall von dem Zeitpunkt des Wertermittlungsstichtages ab. Deshalb müssen die unterschiedlichen

---

475 Vgl. Wertermittlungsrichtlinien 1991, Abschnitt 3.6.1.1 Wert der Gebäude, BAnz. 1992, Nr. 86a, S. 27.

476 Vgl. Baupreisindex des statistischen Bundesamtes, Statistisches Bundesamt (Hrsg.), Statistisches Jahrbuch (1994), S. 651.

477 Vgl. zu der Umstellung des Baupreisindexes auf das Basisjahr 1985, Minding, B. von, Baupreisindizes (Wirtschaft und Statistik 3/1991), S. 209 ff. und Angermann, O., Neuberechnung (Wirtschaft und Statistik 4/1988), S. 229 ff.

478 Zu der Kritik an den Baupreisindizes und dem Wertabstand zwischen den wirklichen Raummeterpreisen und den Raummeterpreisen auf der Basis 1913 vgl. Kleiber, W./Simon, J./Weyers, G., Verkehrswertermittlung (1994), S. 838.
Rössler/Langner/Simon/Kleiber warnen vor der kritiklosen Anwendung der Raummeterpreistabellen, da diese nur Durchschnittswerte ähnlich den Bodenrichtwerten sind, vgl. Rössler, R./Langner, J./Simon, J./Kleiber, W., Grundstückswerte (1990), S. 241 f.

Zeitpunkte durch den Einsatz von Baupreisindizes zusammengeführt werden.[479] Als Index kann wiederum der Baupreisindex des statistischen Bundesamtes angesetzt werden. Aufgrund der oben angeführten Probleme sind jedoch auch die auf dem regionalen Baumarkt zu beobachtenden Verhältnisse als Grundlage für die Indexierung der Raummeterpreise zu verwenden.

Generell bleibt festzuhalten, daß die ermittelten Gebäudeherstellungswerte um so realistischer und damit aussagekräftiger sind, je aktueller und regional aufgegliederter die Baupreistabellen sind, und je besser die wirklichen Preisveränderungen durch die Baupreisindizes abgebildet werden.

c) Korrekturen der Herstellungswerte

Die nach § 22 WertV errechneten Herstellungswerte beziehen sich auf ein neues Gebäude, das am Wertermittlungsstichtag in Benutzung genommen wird. Da Gebäude einer Abnutzung unterliegen, sind die Herstellungswerte um einen Betrag zu mindern, der dem Verbrauch des gesamten Nutzungspotentials der Gebäude entspricht.

aa) Wertminderung wegen Alters

Auch bei sorgfältigster Instandhaltung unterliegt ein Gebäude immer einem Werteverzehr aufgrund Alterung und Abnutzung. Der § 23 I WertV schreibt die Berücksichtigung der Wertminderung wegen Alters über das Verhältnis der Restnutzungsdauer zu der Gesamtnutzungsdauer, ausgedrückt in einem Vomhundertsatz, vor. Die Determinanten der Wertminderung wegen Alters sind die Gesamtnutzungsdauer, die Restnutzungsdauer und der Verlauf des Wertverzehres der Gebäude.

aaa) Nutzungsdauerproblematik

Im Rahmen der Bewertung ist die übliche Gesamtnutzungsdauer der Gebäude anzusetzen. Sie wird einerseits durch die technische Lebensdauer und andererseits durch die wirtschaftliche Nutzungsdauer der Gebäude bestimmt.[480] Die technische Lebensdauer eines Gebäudes ist der Zeitraum, in dem das Gebäude bei normaler

---

479 Vgl. § 22 III S. 2 WertV.

480 Das Bundesministerium für Raumordnung, Bauwesen und Städtebau ist der Ansicht, daß nur die an der wirtschaftlichen Nutzungsfähigkeit orientierte wirtschaftliche Gesamtnutzungsdauer für die Bewertung der baulichen Anlagen relevant ist, vgl. BAnz. 1993, Nr. 199, S. 9630, Ziff. 2. a). Anders dagegen Kleiber/Simon/Weyers die von der üblichen Gesamtnutzungsdauer auf der Basis sowohl der technischen als auch der wirtschaftlichen Nutzungsdauer ausgehen. Sie verweisen jedoch auch auf die Relevanz der Liste des Bundesministeriums, vgl. Kleiber, W./Simon, J./Weyers, G., Verkehrswertermittlung (1994), S. 844.

Bauunterhaltung in seiner wesentlichen Bausubstanz bestehen kann. Sie wird hauptsächlich von der Bauart, der Bauausführung, der Bauweise, der Art der Baustoffe, der Nutzungsart und der laufenden Unterhaltung bestimmt. Die maximale technische Lebensdauer wird durch die Haltbarkeitsgrenze der tragenden Bauteile begrenzt. Werden regelmäßig unbrauchbar gewordene Bauteile ersetzt, sind der Lebensdauer theoretisch keine Grenzen gesetzt.[481],[482]

Die wirtschaftliche Lebensdauer wird durch den Zeitraum der marktlichen Verwertbarkeit der Gebäude entsprechend ihrer Zweckbestimmung vorgegeben. Die wirtschaftliche Nutzungsdauer liegt im allgemeinen unter 50 Jahren.[483]

Die übliche Gesamtnutzungsdauer wird über empirisch ermittelte Erfahrungssätze angesetzt. So gibt z.B. das Bundesministerium für Raumordnung, Bauwesen und Städtebau eine Liste der durchschnittlichen wirtschaftlichen Gesamtnutzungsdauern von Gebäuden[484] heraus, wobei der Anwender die Werte jedoch nur als Anhaltspunkte ansehen soll. Eigenverantwortlich soll der Anwender die Gesamtnutzungsdauer unter Berücksichtigung der Lage des Objekts, seiner Eigenschaften und der wirtschaftlichen Verwertungsfähigkeit ermitteln.[485]

Im Grunde wäre bei der Immobilienbewertung immer nur von der wirtschaftlichen Restnutzungsdauer auszugehen. Baumängel, Bauschäden, sowie Instandhaltungsarbeiten oder Modernisierungen wären im Rahmen der wirtschaftlichen Restnutzungsdauer zu berücksichtigen. Da jedoch von der üblichen Gesamtnutzungsdauer ausgegangen wird, führen weder durchgeführte noch unterlassene Instandhaltungen und Modernisierungen zu einer Veränderung der Gesamtnutzungsdauer. Um in der Wertminderung wegen Alters der Gebäude diese wertbeinflussenden Faktoren aufzunehmen, werden die Baualter der Gebäude fiktiv "verschoben",[486] bei unterlassener Instandhaltung und Modernisierung in die

---

481 Man denke an dieser Stelle an die zahlreichen baulichen Kulturdenkmäler in unterschiedlichen Ländern.

482 Vgl. Rössler, R./Langner, J./Simon, J./Kleiber, W., Grundstückswerte (1990), S. 323.

483 Vgl. Kleiber, W./Simon, J./Weyers, G., Verkehrswertermittlung (1994), S. 844. Demzufolge muß eine Gesamtnutzungsdauer entsprechend der Liste des Bundesministeriums für Raumordnung, Bauwesen und Städtebau (vgl. BAnz. 1993, Nr. 199, S. 9630, Ziff. 2. c)) die technische Lebensdauer berücksichtigen, sonst könnten keine Werte über 50 Jahren angegeben werden.

484 Vgl. BAnz. 1993, Nr. 199, S. 9630, Ziff. 2. c).

485 Vgl. BAnz. 1993, Nr. 199, S. 9630, Ziff. 2. c).

486 Vgl. § 23 II WertV.

Vergangenheit über das Baujahr des Gebäudes hinaus und bei durchgeführten Instandhaltungen und Modernisierungen ab dem Baujahr in Richtung Zukunft.[487]

Ein anderer Ansatz zur Bestimmung der Wertminderungen durch Alter und Abnutzung könnte die empirisch zu beweisende Korrelation zwischen technischer Lebensdauer und wirtschaftlicher Nutzungsdauer sein. So haben Untersuchungen eine wirtschaftliche Lebensdauer in Prozent der technischen Lebensdauer je nach unterschiedlicher Bauausführung von 65 bis 100 % errechnet.[488] Somit könnte über die relativ gesehen einfachere Ermittlung der technischen Nutzungsdauer eine wirtschaftliche Gesamtnutzungsdauer errechnet werden, die als Basis für die Wertminderung wegen Alters angesetzt werden könnte.

bbb) "Abschreibungsmethoden"

Die betragliche Höhe der Wertminderung wegen Alters und Abnutzung richtet sich neben der Gesamtnutzungsdauer und der Restnutzungsdauer vor allem nach der Abschreibungsmethode. Hier kann nach § 23 I S. 2 WertV entweder eine gleichmäßige oder eine im Alter zunehmende Wertminderung angesetzt werden.

Die Wertminderung der einzelnen Gebäude ist je nach den Umständen unterschiedlich. Im Rahmen der Sachwertbewertung zur praktischen Umsetzung der Berücksichtigung der Wertminderungen wegen Alters sind schematische Abschreibungssätze anzuwenden. Hierbei kann auf der Basis von mathematisch-theoretischen Abschreibungsverfahren oder auf der Basis von empirisch ermittelten Abschreibungssätzen gearbeitet werden. Zu den mathematisch-theoretischen Abschreibungsverfahren, die in der Immobilienbewertung Verbreitung gefunden haben, gehören die lineare Abschreibung, die parabolische Abschreibung,[489] sowie die progressive Abschreibung nach Ross.

Denkbar sind auch andere mathematisch-theoretische Abschreibungsformen, wie z.B. die geometrisch-degressive Abschreibung oder die Leistungsabschreibung. Die geometrisch-degressive Abschreibung beruht auf der Annahme gleichbleibender Abschreibungsprozentsätze von dem jeweils nach der Abschreibung vorhandenen absoluten Wert des Vorjahres, wobei der absolute Wert des Vorjahres das mögliche theoretische Restnutzungspotential abbilden soll. Die Leistungsabschreibung

---

487 Zu der technischen Durchführung der Berücksichtigung von unterlassenen oder durchgeführten Instandhaltungen und Modernisierungen vgl. Gerardy, T./Möckel, R., Grundstücksbewertung (1995), Teil 4.4.5, S. 6 f.

488 Die an sich unveröffentlichten Ergebnisse von Brachmann/Ammann und Tiemann werden knapp bei Rössler/Langner/Simon/Weyers angesprochen, vgl. Rössler, R./Langner, J./ Simon, J./Kleiber, W., Grundstückswerte (1990), S. 323.

489 Unter der parabolischen Abschreibung wird ein Wertminderungsverlauf auf der Basis einer mathematischen Funktion zweiten Grades verstanden, deren Graph die Form einer Parabel hat.

versucht über die vorweggenommene Ermittlung des gesamten Gebäudenutzungspotentials und der Bestimmung der Leistungsentnahmen der einzelnen Perioden den einzelnen Perioden einen Leistungsverbrauch zuzuordnen.[490] Problematisch erscheint die Anwendung der Leistungsabschreibung, weil die Bestimmung des Gesamtnutzungspotentials einer Immobilie in Anbetracht von Schwankungen der martklichen Verwertungsmöglichkeiten noch schwieriger ist, als die Schätzung der wirtschaftlichen Restnutzungsdauer für einen langen Prognosehorizont und weil die Feststellung der Leistungsentnahme jeder Periode beträchtlichen Aufwand bedingt. Aus diesen Gründen haben sich die mathematisch-theoretischen Abschreibungsverfahren, nämlich die geometrisch-degressive Abschreibung und die Leistungsabschreibung in der Praxis der Immobilienbewertung nicht durchgesetzt.

Die lineare Abschreibung verteilt die Wertminderung über die geschätzte übliche Gesamtnutzungsdauer in gleiche Teile. Hierbei wird im Normalfall von einem Restwert von Null ausgegangen.

Demgegenüber unterstellt die parabolische Abschreibung einen progressiv verlaufenden Wertverlust und arbeitet mit einer exponentiellen Funktion zweiten Grades.

$$W = \left[\frac{A}{D}\right]^2 \times 100 = \frac{A^2}{D^2} \times 100$$

W	=	*Wertminderung in % der Gebäudenormal-herstellungskosten*
A	=	*Gebäudealter in Jahren*
D	=	*übliche Gesamtnutzungsdauer in Jahren.*[491]

Die parabolische Wertminderung eignet sich für Gebäude mit einem stark ansteigenden Wertverlust bei Überschreiten der Hälfte der üblichen Gesamtnutzungsdauer in Abhängigkeit von der Nutzungsdauer. Hierunter sind insbesondere Bauten mit einer geringwertigen Innenausstattung und mit mittlerer Beanspruchung zu subsumieren.[492]

490 Zu den unterschiedlichen Abschreibungsverfahren vgl. Eisele, W., Rechnungswesen (1993), S. 276 ff.

491 Hier wurde eine andere als die übliche Darstellung der parabolischen Abschreibung gewählt, um die Nähe zu der Wertminderung nach Ross darzustellen. Zu der üblichen Darstellungsform vgl. Rössler, R./Langner, J./Simon, J./Kleiber, W., Grundstückswerte (1990), S. 336.

492 So auch Rössler, R./Langner, J./Simon, J./Kleiber, W., Grundstückswerte (1990), S. 336.

In der Bewertungspraxis werden hauptsächlich die von Ross/Brachmann/Holzner veröffentlichten Wertminderungstabellen verwandt.[493] Hierbei handelt es sich um eine mathematisch-theoretische Abschreibungsmethode, die sich seit dem Zeitpunkt der Aufstellung der Wertminderungsfunktion als praxisrelevant erwiesen hat. Die Funktion von Ross entspricht nahezu dem Verlauf einer Zinseszinskurve bei einprozentiger Soll- und Habenverzinsung. Die Wertminderungstabellen werden nach der folgenden Formel berechnet:[494]

$$W = \left\{ \frac{1}{2} \times \left[\frac{A^2}{D^2} + \frac{A}{D} \right] \right\} \times 100$$

W	=	*Wertminderung in % der Gebäudenormalherstellungskosten*
A	=	*Gebäudealter in Jahren*
D	=	*übliche Gesamtnutzungsdauer in Jahren.*

Die empirischen Abschreibungsmethoden versuchen durch die Beziehung von Kaufpreisen auf Zielgrößen und dem späteren Bezug zu dem Baualter der Gebäude im Wege der Regressionsanalyse Abschreibungsbeträge zu ermitteln. Problematisch erscheint in diesem Zusammenhang die Anzahl der vorhandenen Kaufpreise, die nicht nachvollziehbare Aufteilung in Gebäude- und Bodenwert, sowie die Beziehung auf die Zielgröße, z.B. Quadratmeter. Die empirisch ermittelten Abschreibungsbeträge haben sich in der Bewertungspraxis nicht durchgesetzt.[495] Bei empirisch aufgestellten Wertminderungstabellen wird meistens ein Restwert von 50 % nach der Hälfte der üblichen Gesamtnutzungsdauer erreicht. Am Ende verbleibt ein Restwert in Höhe von ca. 20 %. Diese Ergebnisse decken sich ungefähr mit Untersuchungen der Finanzverwaltung, bei denen Restwerte von ca. 30 % der Gebäudenormalherstellungskosten festgestellt wurden.[496] In der Abbildung 29 werden die Wertminderungsverläufe nach den unterschiedlichen Methoden nochmals grafisch dargestellt.

---

493 Vgl. Rössler, R./Langner, J./Simon, J./Kleiber, W., Grundstückswerte (1990), S. 341.

494 Vgl. Ross, W./Brachmann, R./Holzner, P., Bau- und Verkehrswert (1993), S. 270.

495 Vgl. Rössler, R./Langner, J./Simon, J./Kleiber, W., Grundstückswerte (1990), S. 341.

496 Vgl. Simon, J./Cors, K./Troll, M., Grundstückswertermittlung (1992), S. 109.

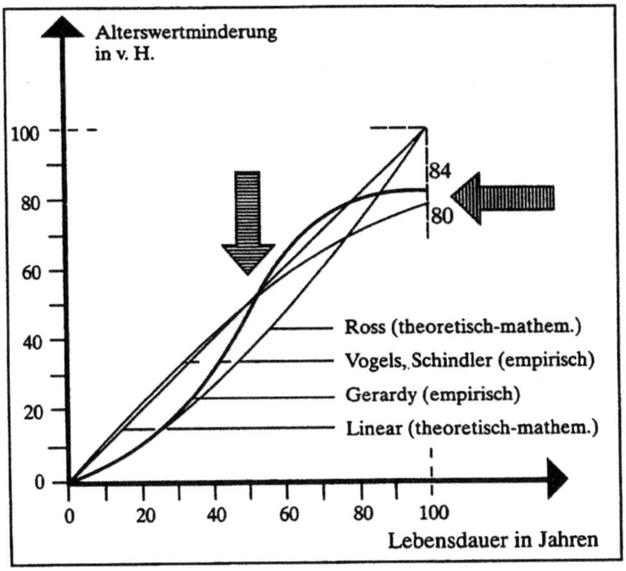

Abbildung 29: Verschiedene Abschreibungsverfahren im Vergleich.[497]

bb) Weitere wertbeeinflussende Faktoren

Nach §§ 24, 25 WertV ist der um die Alterswertminderung reduzierte Gebäudenormalherstellungswert um weitere evtl. vorhandene wertbeeinflussende Faktoren zu korrigieren. Dies können Baumängel und Bauschäden oder andere wertbeeinflussende Umstände sein.

Unter Baumängeln werden Fehler während der Bauphase verstanden, die zu einem Folgeschaden führen.[498] Der Mangelfolgeschaden kann nur durch die Beseitigung des Baumangels behoben werden. Unter einem Bauschaden werden nach der Fertigstellung durch äußere Einwirkungen auf das Gebäude entstehende wertmindernde Veränderungen der Bausubstanz verstanden.[499]

Wertmäßig sind Baumängel und Bauschäden nach § 24 WertV entweder mit einem Abschlag vom alterswertgeminderten Gebäudenormalherstellungswert, nach Erfahrungssätzen oder durch den Ansatz der Kosten der Beseitigung der Baumängel und Bauschäden zu berücksichtigen. Sind Baumängel und Bauschäden nicht

497 Simon, J./Cors, K./Troll, M., Grundstückswertermittlung (1992), S. 110.

498 Hierzu zählen z.B. fehlerhafte Planungen und Bauausführungen einschließlich der Verwendung mangelhafter Baustoffe.

499 Dies können z.B. Sturm, Regen oder Feuer sein.

behebbar,[500] so sind sie im Rahmen der Bemessung der üblichen Gesamtnutzungsdauer im Rahmen der Alterswertminderung anzusetzen.

Eine besondere Stellung nimmt in diesem Zusammenhang die mögliche Veränderung der marktlichen Verwertbarkeit eines mit einem behebbaren Baumangel oder Bauschaden behafteten Bauwerks ein. Trotz einer vielleicht schon erfolgten Beseitigung der Schäden, kann auf dem Immobilienmarkt solch ein Objekt einem Minderwert unterliegen. Das gleiche gilt für eine Wertminderung, die über den Werteinfluß der Schäden hinausgeht. Dies wird als merkantiler Minderwert wegen Baumängeln und Bauschäden bezeichnet.[501] Dieser merkantile Minderwert kann nicht nach technischen Gesichtspunkten berechnet werden. Es werden lediglich die Auswirkungen auf mögliche Verkaufspreise geschätzt.[502] Deshalb ist die Höhe des Abschlages aufgrund umfangreicher Marktuntersuchungen zu bestimmen.

Unverständlich ist, weshalb der Ansatz eines merkantilen Minderwertes innerhalb der Errechnung des Sachwertes erfolgt. Im Grunde ist dies eine Stufe der Angleichung des Sachwertes an den Verkehrswert. In der Begründung zu § 7 WertV wird ausgeführt, daß die jeweiligen Bewertungsverfahren die Lage auf dem Grundstücksmarkt berücksichtigen sollen, da nur so vermieden werden kann, daß die ermittelten Werte nicht der Lage auf dem Grundstücksmarkt entsprechen.[503]

Der § 25 WertV verlangt die Berücksichtigung im Rahmen der §§ 22 - 24 WertV noch nicht beachteter, den Wert beeinflussender Umstände. Der Gebäudesachwert wird vor allem nach den bautechnischen Gegebenheiten ermittelt. Der § 25 WertV stellt eine Art Auffangbecken dar, mit dessen Hilfe sämtliche Werteinflüsse durch Zu- oder Abschläge in die Bewertung zu integrieren sind.[504] Die Aufzählung des § 25 WertV ist nicht abschließend. Die Zu- oder Abschläge werden normalerweise in einem Vomhundertsatz des korrigierten Gebäudeherstellungswertes angesetzt.

Kleiber/Simon/Weyers führen zahlreiche Gründe für Zu- oder Abschläge am Gebäudenormalherstellungswert an. Sie nennen z.B. Zu- oder Abschläge aufgrund

---

500 Unbehebbare Baumängel oder Bauschäden können z.B. Verwerfungen der Fundamente oder eine Gebäudeschieflage sein.

501 Detailliert zu dem merkantilen Minderwerten vgl. Kleiber, W./Simon, J./Weyers, G., Verkehrswertermittlung (1994), S. 858 f.

502 Kleiber/Simon/Weyers sprechen sogar von dem Einfluß auf den Verkaufswert, wobei keinerlei Abgrenzung dieses Begriffes zu dem Begriff der Beleihungswertermittlung gegeben wird, vgl. Kleiber, W./Simon, J./Weyers, G., Verkehrswertermittlung (1994), S. 858.

503 Vgl. BR-Drs. 352/88, S. 44.

504 Zu der technischen Umsetzung der Integration verschiedenster wertbeeinflussender Umstände in die Sachwertermittlung vgl. Rössler, R./Langner, J./Simon, J./Kleiber, W., Grundstückswerte (1990), S. 359 ff.

Denkmalschutzes und wegen erheblichen Abweichens der tatsächlichen Nutzung von der nach § 5 I WertV maßgeblichen Nutzung. Weiterhin führen sie Zuschläge wegen überdurchschnittlichen Erhaltungszustandes und Abschläge wegen wirtschaftlicher Überalterung oder unzeitgemäßer Raumaufteilung an.[505]

Eine kritische Betrachtung dieser Vorgehensweise drängt sich entsprechend der Berücksichtigung eines merkantilen Minderwertes auf. So sind Marktkorrekturen der Herstellungswerte der Gebäude evtl. nicht marktgerecht, da sich die Markteinflüsse im Normalfall auf das ganze Grundstück beziehen. Eine Aufteilung der Veränderungen hätte zu erfolgen, diese Aufteilung wäre jedoch kaum sinnvoll darstellbar.[506]

d) Wert der baulichen Außenanlagen

Die baulichen Außenanlagen bilden einen Teil der gesamten baulichen Anlagen und unterliegen deshalb nach den §§ 22 bis 25 WertV den gleichen Wertermittlungsgrundsätzen wie die übrigen baulichen Anlagen.

Die Ermittlung des Normalherstellungswertes der baulichen Außenanlagen erfolgt entsprechend § 22 WertV über den Ansatz der am Wertermittlungsstichtag für die identische Errichtung der Außenanlagen aufzubringenden gewöhnlichen Herstellungskosten. Einerseits können die nach den Baupreisverhältnissen am Wertermittlungsstichtag aufzuwendenden durchschnittlichen Herstellungskosten oder andererseits die um besondere Mehr- und Minderkosten bereinigten tatsächlichen Herstellungskosten angesetzt werden. Zeitliche Unterschiede zwischen Fertigstellung und Wertermittlungsstichtag sind anhand der Korrektur der tatsächlichen Herstellungskosten durch Baupreisindexreihen zu beseitigen.

Von den Herstellungskosten sind die Wertminderungen wegen Alters und die Wertminderungen aufgrund baulicher Mängel und Schäden abzuziehen. Die Altersabschläge sind entsprechend der Wertminderung bei Gebäuden zu bemessen. Somit stehen hier die verschiedenen Abschreibungsmethoden offen, wobei jedoch im Normalfall für die Außenanlagen die gleiche Methode wie bei der Alterswertminderung der Gebäude zu verwenden ist.[507] Die übliche Gesamtnutzungsdauer kann für die baulichen Außenanlagen über die technische Lebensdauer bestimmt

---

505 Vgl. Kleiber, W./Simon, J./Weyers, G., Verkehrswertermittlung (1994), S. 860.

506 Zu weiteren kritischen Anmerkungen insbesondere in Bezug auf das Verhältnis zwischen den Zu- und Abschlägen nach § 25 WertV und den Korrekturen nach § 7 II WertV vgl. Gerardy, T./Möckel, R., Grundstücksbewertung (1995), Teil 4.4.6, S. 1 ff.

507 Vgl. Simon, J./Cors, K./Troll, M., Grundstückswertermittlung (1992), S. 116.

werden.[508] Hierbei sind z.B. die Werte der technischen Lebensdauer nach der Anlage 7 zu Abschnitt 3.6.3.1 WertR 1991[509] anzusetzen.

Kleiber/Simon/Weyers sehen jedoch auch im Bereich der Außenanlagen die wirtschaftliche Nutzungsdauer als die relevante Größe zur Bestimmung der Wertminderungssätze an.[510] Bei einer praxisbezogenen Betrachtungsweise haben beide Meinungen ihre Berechtigung, da die häufig kürzere technische Lebensdauer der Außenanlagen im Verhältnis zu den Gebäuden zu einer überwiegenden Nutzung der Außenanlagen bis zum Verbrauch der technischen und damit auch der wirtschaftlichen Nutzungsdauer führt.

Baumängel und Bauschäden im Sinne des § 24 WertV und sonstige wertbeeinflussende Umstände sind entsprechend dem § 25 WertV auch bei Außenanlagen zu beachten. Die Berücksichtigung geschieht in der gleichen Weise wie bei Gebäuden.[511]

Da die genaue Bewertung der vielen verschiedenen baulichen Außenanlagen über die Ermittlung der Normalherstellungswerte unter dem Ansatz von Alterswertminderungen und der Wertminderung aufgrund baulicher Mängel und Schäden sowie aufgrund wertbeeinflussender Umstände häufig zu unwirtschaftlich wäre, wurde eine pauschale Wertermittlungsmethode entwickelt. Hierbei werden die baulichen Außenanlagen über unterschiedliche Vomhundertsätze des korrigierten Gebäudeherstellungswertes bewertet.[512]

3. Ableitung des Verkehrswertes

Die Summe aus dem Bodenwert nach dem Vergleichswertverfahren, dem Wert der baulichen Anlagen nach dem Sachwertverfahren und dem Wert der sonstigen Anlagen nach dem Sachwertverfahren stellen den Sachwert des Grundstücks nach § 21 V WertV dar. Dieser Sachwert stimmt nur in wenigen Fällen mit dem Verkehrswert überein, da sich die beiden Sachwertbestandteile, Wert der baulichen Anlagen und Wert der sonstigen Anlagen, hauptsächlich nach bautechnischen Gesichtspunkten ergeben.

---

508 So z.B. Rössler, R./Langner, J./Simon, J./Kleiber, W., Grundstückswerte (1990), S. 370 f.

509 Vgl. BAnz. 1992, Nr. 86a.

510 Vgl. Kleiber, W./Simon, J./Weyers, G., Verkehrswertermittlung (1994), S. 845.

511 Für Beispiele und Details vgl. Rössler, R./Langner, J./Simon, J./Kleiber, W., Grundstückswerte (1990), S. 372.

512 Die Sätze reichen von unter 1 % bis zu 5 % des Gebäudewertes, vgl. Rössler, R./Langner, J./Simon, J./Kleiber, W., Grundstückswerte (1990), S. 372.

Der Verkehrswert ist unter der Einbeziehung der Lage auf dem Grundstücksmarkt und unter der Beachtung evtl. vorhandener anderer Verfahrensergebnisse abzuleiten.[513] Dies setzt fundierte Marktkenntnisse voraus, um sicher beurteilen zu können, in welchem Verhältnis der Sachwert zu dem Verkehrswert des Grundstückes steht.

Als ein Verfahren zur Ableitung sind Auswertungen von zeitnahe vorliegenden Verkäufen auf einem vergleichbaren Teilgrundstücksmarkt durch Mittelwertbildungen möglich. Hierbei werden die Sachwerte der veräußerten Objekte mit ihren Kaufpreisen verglichen und eine durchschnittliche Abweichung des Kaufpreises von dem Sachwert ermittelt.[514] Dies stellt eigentlich die Anwendung des Vergleichswertverfahrens auf bebaute Grundstücke dar, wobei die Sachwerte der Grundstücke lediglich als Anhaltspunkte für die Korrekturen der geleisteten Vergleichskaufpreise bei der Ableitung der Verkehrswerte dienen.

Relevant wird in diesem Zusammenhang wieder die Problematik des Vergleichswertverfahrens, da häufig nicht genügend vergleichbare Veräußerungen vergleichbarer Objekte vorhanden sind. Dieses Problem bezieht sich ebenfalls auf die Ableitung des Verkehrswertes und stellt damit die Schwachstelle des Sachwertverfahrens dar.[515] Andere im Grunde mindestens genauso angreifbare Vorgehensweisen der Ableitung des Verkehrswertes aus dem Sachwert sind:

- die Nachkalkulation von Gutachten und die Ableitung einer Verhältniszahl,
- das Erstellen einer Kaufpreissammlung zu Vergleichszwecken, oder
- das Auswerten von Immobilienanzeigen und Marktberichten.[516]

Allen "Verfahren" zur Ableitung des Verkehrswertes aus dem Sachwert des Grundstückes gemein ist die Bezugnahme auf Daten, die in Bezug zu anderen Immobilienobjekten stehen. Sie sind somit alle immer nur unterschiedlich fundierte und nachvollziehbare Ausprägungen eines vergleichenden Verkehrswertanpassungsverfahrens.

---

513 Vgl. § 7 I WertV.

514 Vgl. Rössler, R./Langner, J./Simon, J./Kleiber, W., Grundstückswerte (1990), S. 378 f.

515 So auch Gerardy, T./Möckel, R., Grundstücksbewertung (1995), Teil 4.4.7, S. 4.

516 Vgl. Kleiber, W./Simon, J./Weyers, G., Verkehrswertermittlung (1994), S. 490. Darüber hinaus führen Rössler/Langner/Simon/Kleiber zahlreiche Beispiele für technische Anwendungen statistischer Verfahren an. Alle bauen jedoch auf der Auswertung von vergleichbaren Kaufpreisen vergleichbarer Objekte auf, vgl. Rössler, R./Langner, J./ Simon, J./Kleiber, W., Grundstückswerte (1990), S. 383 ff.

E. Ergebnis

Zusammenfassend stellt die Abbildung 30 nochmals die drei Verfahren der Wertermittlungsverordnung zur Grundstücksbewertung dar:

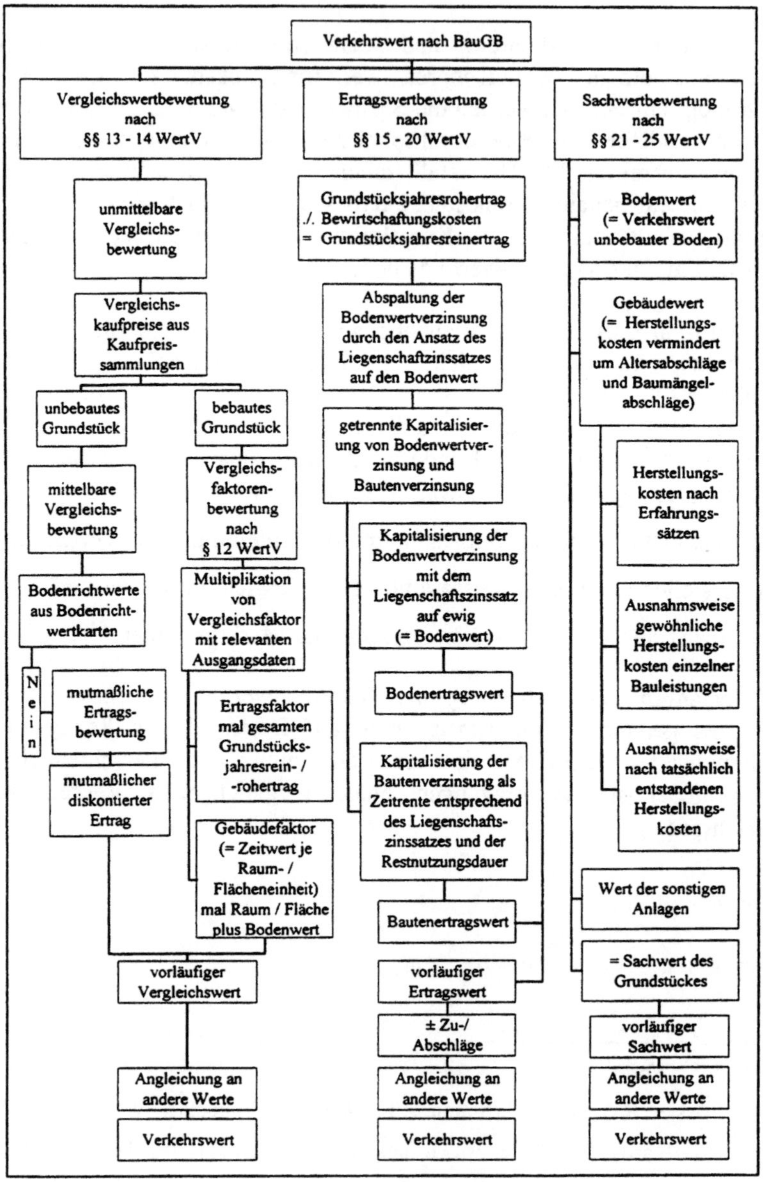

Abbildung 30: Verkehrswertermittlung nach Baugesetzbuch.

Die exakte Ermittlung des Verkehrswerts eines Grundstücks ist unmöglich, weil es sich bei einer Bewertung immer um eine Schätzung handelt. Es kann lediglich ein ungefährer Wert angegeben werden, der auf der Basis von den am Immobilienmarkt herrschenden Verhältnissen entstanden ist.

Beim Vergleichswertverfahren, das den Verkehrswert mittels direktem und indirektem Preisvergleich ableitet, ist die Güte des Ergebnisses von den Vergleichspreisen der Vergleichsobjekte abhängig. Je übereinstimmender die verschiedenen wertbestimmenden Parameter der verglichenen Objekte sind, desto wahrscheinlicher ist, daß der Verkehrswert bei einem unter normalen Umständen stattfindenden Verkauf erzielt werden kann.

Die Hauptfehlerquelle bei dem Vergleichswertverfahren besteht in der Anzahl, der Auswahl und der Art der zu beschaffenden Vergleichsfälle. Liegen genügend relevante Daten vor, kann ohne eine weitere Angleichung direkt der Verkehrswert abgeleitet werden.[517] Probleme können in diesem Zusammenhang lediglich durch die Umrechnung von Vergangenheitsdaten entstehen, da die Vergleichsdaten immer mit einer zeitlichen Verzögerung zur Verfügung stehen und somit den Entwicklungen auf den Immobilienmärkten hinterherlaufen.

Generell bleibt festzuhalten, daß das Vergleichswertverfahren als das Hauptbewertungsverfahren[518] der Wertermittlungsverordnung zu relevanten Verkehrswerten kommen kann. Die in § 7 I WertV eingeführten beiden anderen Bewertungsverfahren, Ertrags- und Sachwertverfahren, führen zu einer Erhöhung der Güte der Vergleichsverkehrswerte, da in der Praxis meistens versucht wird, den Verkehrswert zumindest auf der Basis eines der beiden Verfahren auf die grundsätzlichen ertragswirtschaftlichen oder bautechnischen Grundlagen zu stellen.

Darüber hinaus stellen die Verkehrswerte auf der Basis von Vergleichswerten immer nur das Ergebnis mathematisch-statistischer Verfahren dar. So ist z.B. der Mittelwert der Kaufpreise einer Anzahl von Vergleichsobjekten nicht als Verkehrswert anzusehen. Die Statistik ermöglicht lediglich die Aussage, wenn eine Normalverteilung unterstellt wird, daß der Verkehrswert mit einer Wahrscheinlichkeit von y % im Bereich von plus/minus x DM des Mittelwertes liegt. Eine Normalverteilung bei der regionalen Grundgesamtheit von Verkehrswerten vergleichbarer Immobilien kann nur angenommen werden, wenn eine Stichprobe mit

---

517 Entsprechend äußern sich auch Gerardy, T./Möckel, R., Grundstücksbewertung (1995), Teil 4.3.6, S. 3 f.

518 In § 7 I S. 1 WertV werden alle drei Verfahren gleichwertig nebeneinander aufgeführt. Trotzdem ist das Vergleichswertverfahren aufgrund seiner "Überzeugungskraft und Plausibilität" das Hauptbewertungsverfahren der WertV. Vgl. Kleiber, W./Simon, J./ Weyers, G., Verkehrswertermittlung (1994), S. 550.

dem Mindestumfang von 30 Objekten vorliegt.[519],[520] Dann kann auf den Mittelwert der zugehörigen Grundgesamtheit mit einer Irrtumswahrscheinlichkeit von z.B. 20 % geschlossen werden, und in einem Konfidenzintervall angegeben werden, daß der Verkehrswert in einer Spanne von z.B. plus/minus x DM um den Mittelwert der Stichprobe liegt.[521]

Die Veröffentlichung von Verkehrswertbandbreiten unter der Angabe verschiedener Konfidenzintervalle auf der Basis von Vergleichswerten stellt eine sinnvolle Ergänzung der Grundstücksbewertung dar, da die Exaktheit vortäuschende Angabe eines Verkehrswertes unterbleibt und die Marktteilnehmer einen Informationsgewinn erlangen.

Das Ertragswertverfahren der Wertermittlungsverordnung versucht über die Bezugnahme auf Marktdaten, wie z.B. die Marktmiete, die Bewirtschaftungskosten oder den Liegenschaftszinssatz der Immobilienverwertungsmärkte, einen Anhaltspunkt für die allgemeingültigen Veräußerungswerte der Immobilien zu ermitteln. Durch diese Vorgehensweise sind die auf den Ausgangswert am Ende der Ertragskapitalisierung anzuwendenden Marktanpassungszu- oder -abschläge geringer als bei dem Sachwertverfahren, das hauptsächlich auf bautechnischen Einflußgrößen beruht und nur vereinzelt Immobilienverwertungsdaten berücksichtigt.

Einen pragmatischen Ansatz stellt die Bewertung von bebauten Immobilien über die Ertragsfaktoren im Sinne des § 12 WertV dar. Die hierbei vorgenommenen Vereinfachungen des Ertragswertverfahrens, die die Bauten nicht von dem Grund und Boden trennen und den jährlichen Ertrag auf den Kaufpreis beziehen, führen zu einem schnell anzuwendenden und äußerst praxisrelevanten Verfahren. Solch eine Bewertung kann als kostengünstige und schnelle Information über den Immobilienmarkt dienen; sie kann jedoch eine fundierte Verkehrswertermittlung nicht ersetzen. Die zahlreichen Vereinfachungen führen zu einem Informationsverlust, der gerade für Laien einen bedenklichen Transparenzverlust im Gegensatz zu einem ausführlichen Verkehrswertgutachten mit der eingehenden Beschreibung der Wertdeterminanten darstellt.[522]

---

519 Vgl. Simon, J./Cors, K./Troll, M., Grundstückswertermittlung (1992), S. 84 und Vogels, M., Grundstücks- und Gebäudebewertung (1991), S. 212 ff.

520 Es kann eine Zahl von 25 Stichproben als genügend betrachtet werden. Vgl. Freedman, D./Pisani, R./Purves, R./Adhikari, A., Statistics (1991), S. 447.

521 Zu den exakten statistischen Bezeichnungen und den statistischen Methoden zur Intervallschätzung vgl. Hartung, J., Statistik (1993), S. 129 ff. und Neubauer, W., Statistische Methoden (1994), S. 399 ff.

522 Kleiber/Simon/Weyers sprechen von der Verwendung der Vergleichsfaktoren als grobe Überschlagsfaktoren ähnlich den Maklervervielfältigern, vgl. Kleiber, W./Simon, J./Weyers, G., Verkehrswertermittlung (1994), S. 482.

Das Sachwertverfahren der Wertermittlungsverordnung ist eine logisch stringente Bewertungsmethode, die auf der Basis von exakten Begutachtungen der einzelnen Bestandteile der Liegenschaften zu einer Wertaussage gelangt. Hierzu werden die im Rahmen der Immobilienwirtschaft üblichen baurechtlichen und bautechnischen Grundlagen verwandt.

Beim Sachwertverfahren ist einerseits die Ermittlung der Herstellungskosten mittels verschiedener Verfahren problematisch. Die Methoden zur Herstellungskostenbestimmung sind sämtlich zwischen dem Streben nach Exaktheit und dem Streben nach einer möglichst schnellen und praktikablen Anwendbarkeit eingebunden. Andererseits führt die Festlegung der Wertminderungen der Bauwerke zu großen Bewertungsschwierigkeiten, was sich schon an der beträchtlichen Zahl von seit Jahrhunderten bestehenden Gebäuden zeigt. In der Praxis hat sich eine parabolische Wertminderung im Rahmen der Verkehrswertermittlung durchgesetzt, die jedoch lediglich auf der Basis der breiten Anwendung ihre Berechtigung erfährt.

Zusätzlich ist die Differenz zwischen den fortgeführten historischen Herstellungskosten und den auf den Immobilienmärkten realisierten Verkaufspreisen bzw. den kapitalisierten Erträgen zu beachten. Dies führt dazu, daß die Marktanpassung im Verhältnis zu Ertragswertverfahren drastisch verkompliziert bzw. teilweise eine Sachwertbewertung unmöglich wird.

Die Ermittlung der Ausgangswerte vor der Marktanpassung ist bei allen Bewertungsmethoden nachvollziehbar und objektiv feststellbar. Die Marktanpassung verläßt den Bereich der objektiv nachprüfbaren Determinanten und stellt somit das Hauptproblem der Immobilienbewertungsverfahren nach dem Baugesetzbuch dar. Es kann aber andererseits nicht unterbleiben, die Ausgangswerte an Hand der Marktverhältnisse zu überprüfen, da sonst unrealistische Werte ermittelt würden, die nicht der Aufgabenstellung der Wertermittlungsverordnung[523] gerecht würden, welche gleiche Grundlagen und Materialien für die Wertermittlung schaffen möchte.

523 Vgl. Begründung zu der Wertermittlungsverordnung 1988, BR-Drs. 352/88, S. 30.

III. Immobilienbewertung des Geschäftsbankensektors

A. Anlässe

Die Immobilienbewertung im Rahmen des Geschäftsbankensektors[524] kennt zwei Ausprägungen, die jeweils in den einzelnen Bankbereichen zum Tragen kommen. Einerseits haben Kreditinstitute im Rahmen ihres Aktivgeschäftes Immobilienbewertungen für die Beleihungswertermittlung durchzuführen, andererseits sind Immobilienbewertungen notwendige Entscheidungsgrundlagen für Investitionen von Banken in Immobilien, sei es aus geschäftspolitischen Gründen, wie z.B. bei der Eröffnung einer Filiale oder zur Rettung von notleidenden Kreditengagements. Darüber hinaus können andere, den Unternehmenszielen nur mittelbar dienende Gründe Immobilienbewertungen bedingen. Denkbar wäre hierbei z.B. die Bewertung von Immobilienobjekten im Rahmen der Bereitstellung von bankeigenem Mitarbeiterwohnraum in Ballungszentren.

In den weiteren Ausführungen werden die Immobilienbewertungsanlässe von Kreditinstituten in die Bewertungen im Zusammenhang mit dem Aktivgeschäft und in die Bewertungen im Zusammenhang mit Immobilieninvestitionen von Banken unterteilt. Die Bewertungen im Rahmen des Aktivgeschäftes der Banken unterliegen zahlreichen, häufig sogar kreditinstitutsgruppenspezifischen, Regelungen. Im Gegensatz dazu sind die Kreditinstitute bei Investitionen in Immobilien relativ frei und können uneingeschränkt Bewertungen im Sinne ihrer eigenen Zielvorstellungen durchführen. Aus diesem Grund wird der Abschnitt über die Bewertung bei Immobilieninvestitionen nicht nach unterschiedlichen Kreditinstitutsgruppen unterschieden. Darüber hinaus agieren die Kreditinstitute in diesem Zusammenhang als normale Marktteilnehmer, weshalb ihnen das gesamte Spektrum der unterschiedlichen Bewertungsverfahren offensteht, die in anderen Abschnitten eingehend erläutert werden.

B. Immobilienbewertungen im Rahmen des Aktivgeschäftes

Alle Kreditinstitute unterliegen dem Kreditwesengesetz.[525] Das KWG schreibt keine besonderen Regeln für die Bemessung und Bewertung von Immobilien bei der Finanzierung von Immobilieninvestitionen vor. Die Beleihung von Immobilieninvestitionen gehört zu der Gruppe der Realkredite. Realkredite sind Geldleihen, die bei der Absicherung des Geschäftes nicht nur die persönlichen Verhältnisse des Schuldners berücksichtigen, sondern noch zusätzlich eine Sicherung durch die

---

524 Zur Definition und Abgrenzung der verschiedenen Bankengruppen vgl. Kloten, N./Stein, J. von (Hrsg.), Obst/Hintner (1993), S. 216 ff.

525 Gesetz über das Kreditwesen in der Fassung der Bekanntmachung vom 30. Juni 1993, BGBl. I 1993, S. 1082, zuletzt geändert durch Gesetz vom 29.04.1994, BGBl. I 1994, S. 918.

Verwertung von Sachwerten einbeziehen. Im Rahmen der Kreditierung von Immobilieninvestitionen wird häufig von dem sog. Hypothekarkredit gesprochen.[526]

Zunächst sollen die Regelungen des Hypothekenbankensektors erläutert werden, da diese auch für die anderen verschiedenen Bankengruppen von grundlegender Bedeutung sind.

1. Hypothekenbankensektor

Hypothekenbanken sind Spezialkreditinstitute, die sich auf die Vergabe von langfristigen Krediten gegen die Einräumung von Grundpfandrechten spezialisiert haben.

a) Beleihungswert nach Hypothekenbankgesetz

aa) Überblick

Für die Realkreditvergabe hat die Festlegung von sog. Beleihungswerten eine zentrale Bedeutung, da die Stellung von Sicherheiten und deren mögliche Verwertung im Rahmen der Kreditvergabe wichtige Entscheidungsgrundlagen sind. Der Beleihungswert ist vom Gesetzgeber nicht normiert worden. Die Regelung des § 12 I HypBankG besagt, daß der bei der Beleihung angenommene Wert der Immobilie den durch sorgfältige Ermittlung festgestellten "Verkaufswert" nicht übersteigen darf.

> *"Der bei der Beleihung angenommene Wert des Grundstücks darf den durch sorgfältige Ermittlung festgestellten Verkaufswert nicht übersteigen. Bei der Feststellung dieses Wertes sind nur die dauernden Eigenschaften des Grundstücks und der Ertrag zu berücksichtigen, welchen das Grundstück bei ordnungsmäßiger Wirtschaft jedem Besitzer nachhaltig gewähren kann."*[527]

Der Beleihungswert kann bei jedem Bankinstitut unterschiedlich sein, da keine Bewertungsvorgaben vom Gesetzgeber gemacht wurden. Lediglich nach § 13 HypBankG haben die einzelnen Banken Wertermitttlungsanweisungen zu erlassen, die vom Bundesaufsichtsamt für das Kreditwesen genehmigt werden müssen. Dies führt zu einer geringen Vereinheitlichung.[528]

Der Begriff Verkaufswert wird nicht als identisch mit dem Begriff Verkehrswert angesehen. Verkaufswert ist der von einem nach rein wirtschaftlichen Gesichtspunk-

---

526 Vgl. Kreutzfeldt, R., Realkreditgeschäft (1990), S. 27.

527 § 12 I HypBankG.

528 Vgl. Kittel, H., Hypothekarkreditgeschäft (1974), S. 126.

ten handelnden Käufer zu zahlende Kaufpreis.[529] *"Die Bewertung kann und muß normale Verkaufsfälle unter normalen Verhältnissen unterstellen. Preisminderungen, die bei Not- oder Zwangsverkäufen oder bei künftigen Rezessionen zu befürchten sind, sind ebensowenig zu berücksichtigen wie überhöhte Liebhaber- oder Hochkonjunkturpreise und erkennbar fremde Gesichtspunkte (z.B. steuerliche Effekte)."*[530]

Der Verkaufswert soll nach § 12 I S. 2 HypBankG die dauernden Eigenschaften des Grundstückes und den nachhaltigen Ertrag berücksichtigen. Die Ausrichtung des Verkaufswertes auf Dauerhaftigkeit und Nachhaltigkeit bezieht sich auf die gesamte Laufzeit des zu gewährenden Darlehens. Der Verkaufswert muß den ständigen Wertveränderungen der Immobilie durch Abschläge und Sicherheitsspannen Rechnung tragen.[531]

Der Verkaufswert stellt sich als ein langfristiger, nicht auf einen Stichtag bezogener Verkehrswert dar. Aus diesem Grunde erfolgt die Abgrenzung zu der Definition des Verkehrswertes des § 194 BauGB, der auf den Zeitpunkt der Wertermittlung bezogen ist. Darum verlangt § 12 II HypBankG die Kontrolle der Verkaufswerte an eventuell schon ermittelten Verkehrswerten nach BauGB.[532]

Die Ermittlung des Beleihungswertes erfolgt im allgemeinen nach Ertrags- oder Sachwertverfahren oder nach Vergleichswertverfahren, wobei hauptsächlich die allgemein üblichen Bewertungsmethoden angewandt werden, wie sie mit der Verabschiedung der Wertermittlungsverordnung festgehalten wurden. Darüber hinaus war die Bewertung durch Mittelwertbildung weit verbreitet. Zunächst wird dabei die Bewertung im Sachwertverfahren erörtert, da sie einerseits die historische Bewertungsmethode aus den Anfängen der Realkreditvergabe in der zweiten Hälfte des 19. Jahrhunderts ist und andererseits bis vor wenigen Jahren im Bereich der Hypothekenbanken vorherrschend war.[533] Die Vergleichswertbewertung wird nach der Ertragswertmethode diskutiert, da Kreditinstitute nur bedingt Einblick in die offiziellen Kaufpreissammlungen erhalten und dementsprechend Vergleichs-

---

529 Vgl. Rode, D., Hypothekarkredit (1993), in Rüchardt, K. (Hrsg.), Handbuch des Hypothekarkredits (1993), S. 76 und Fleischmann, R./Bellinger, D./Kerl, V., HypBankG (1979), § 12 Anm. 5.

530 Rode, D., Hypothekarkredit (1993), Rüchardt, K. (Hrsg.), Handbuch des Hypothekarkredits (1993), S. 77.

531 Vgl. Rode, D., Hypothekarkredit (1993), in Rüchardt, K. (Hrsg.), Handbuch des Hypothekarkredits (1993), S. 76.

532 Stannigel/Kremer/Weyers bemessen den Verkehrswerten nach BauGB eine größere Bedeutung zu, vgl. Stannigel, H./Kremer, E./Weyers, G., Beleihungsgrundsätze (1984), S. 51.

533 Zu der geschichtlichen Entwicklung vgl. Rüchardt, K., Bewertung (1993), in Rüchardt, K. (Hrsg.), Handbuch des Hypothekarkredits (1993), S. 182 ff.

bewertungen hauptsächlich für die Beleihungswertermittlung von marktgängigen Immobilien z.B. Eigentumswohnungen angewandt werden.

bb) Sachwertverfahren

Das Sachwertverfahren wird heutzutage meist nur noch als Kontrollrechnung für die Wertermittlung nach dem Ertragswertverfahren eingesetzt. Darüber hinaus hat es seine Bedeutung in Bereichen, in denen keine Erträge von Immobilien ermittelt werden können, z.B. bei der Beleihung von Einfamilienhäusern oder von gewerblich genutzten Grundstücken mit betriebsindividuellen speziellen Bauten.

Hierbei wird zunächst der Bodenwert aufgrund der Verhältnisse auf dem Immobilienmarkt geschätzt. Eine Bewertung der Grundstücke soll nach den Kriterien Lage, Zufahrtsmöglichkeit, Gestaltung und Beschaffenheit des Bodens, Schnitt und Größe des Grundstückes, Grad der Erschließung, Nutzungsart und Ausnutzungsgrad der rechtlich möglichen Bebauung erfolgen.[534] Die Bodenrichtwerte der Gutachterausschüsse und andere Kaufpreissammlungen werden hierbei als Bewertungsmaßstab herangezogen, wodurch die Bewertung des Grund und Bodens im Rahmen der Hypothekenbankenkreditvergabe im Wege des Vergleichsverfahrens erfolgt.[535]

Das Indexverfahren und das Abschlagsverfahren sind mögliche Verfahrensvarianten für die Bewertung mit dem Sachwertverfahren. Die Berechnung des Gebäudewertes durch das Indexverfahren erfolgt entweder "von unten" oder "von oben".[536]. Grafisch können die unterschiedlichen Verfahren folgendermaßen dargestellt werden:

534 Zu der Bewertung der Grundstücke im Hypothekarkreditgeschäft vgl. Rüchardt, K., Bewertung (1993), in Rüchardt, K. (Hrsg.), Handbuch des Hypothekarkredits (1993), S. 188 ff.

535 Vgl. Rode, D., Hypothekarkredit (1993), in Rüchardt, K. (Hrsg.), Handbuch des Hypothekarkredits (1993), S. 79.

536 Vgl. Rüchardt, K., Bewertung (1993), in Rüchardt, K. (Hrsg.), Handbuch des Hypothekarkredits (1993), S. 204.

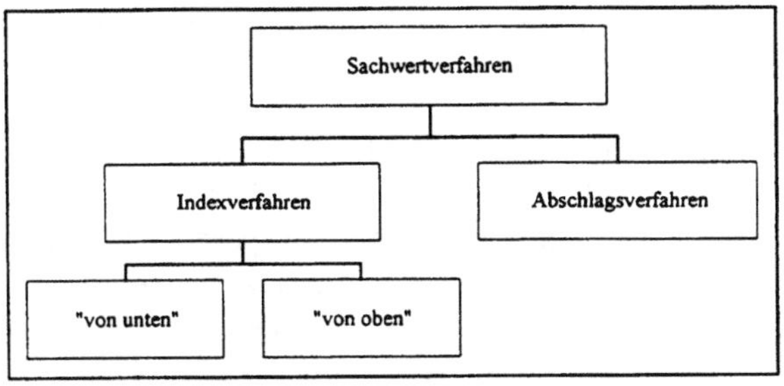

Abbildung 31: Sachwertverfahren der Hypothekenbanken

Bei der "Bewertung von unten" werden die Baukosten aufgrund der vom statistischen Bundesamt veröffentlichten Baukostenindizes ermittelt. Die Kubikmeter umbauten Raumes nach DIN 277 werden mit den Normalherstellungskosten von 1913, erhöht um einen pauschalen Satz für die Baunebenkosten, multipliziert und auf das jeweilige Bewertungsjahr hochgerechnet. Daraufhin erfolgen Altersabschläge für technische Abnutzungen. Mathematisch läßt sich das Indexverfahren "von unten" folgendermaßen abbilden:[537]

$$GW = UR \times \underbrace{\left\{ \underbrace{\left[M + \underbrace{(M \times BN)}_{\text{Baunebenkosten}} \right]}_{\text{Basiswert 1913}} \times I_{BEW} \times \underbrace{(1 - AB)}_{\substack{\text{Restwert-}\\ \text{prozentsatz}}} \right\}}_{\text{Wert je } m^3 \text{ zum Bewertungsstichtag in DM}}$$

GW	=	*Gebäudezeitwert*
UR	=	*Umbauter Raum*
M	=	*Basispreis 1913 in* M/m^3
BN	=	*Baunebenkostenprozentsatz in Prozent*
I_{BEW}	=	*Bauindex für den Bewertungsstichpunkt*
AB	=	*Absetzung wegen Abnutzung in Prozent.*

Das Indexverfahren "von unten" mittels besonderer Indexzahlen der Aufsichtsbehörde der Hypothekarkreditinstitute wurde inzwischen aufgegeben.[538] Die "Bewertung von unten" führte zu unrealistischen Werten, da die Indexzahlen der Kreditinstitute dem Baukostenindex des statistischen Bundesamtes hinterher gelaufen sind. Dadurch waren die Beleihungswerte zusätzlich zu dem Grundproblem durch

537 **Beispiel 16. a)** verdeutlicht die Indexbewertung "von unten" zusätzlich.

538 Das alte Verfahren der Vorgabe von speziellen Indizes erläutert Kittel, vgl. Kittel, H., Hypothekarkreditgeschäft (1974), S. 146 f.

die Bewertung durch einen Index auch noch durch den Einsatz eines nicht realistischen Indexes verfälscht.[539]

Erfolgt die Bewertung nach der Methode "von oben", so sind die Basis der Kubikmeterpreise nicht die Normalherstellungskosten 1913, sondern die normalen Neubaukosten zuzüglich der pauschal festgesetzten Baunebenkosten im Bewertungszeitpunkt. Diese werden dann mit dem umbauten Raum multipliziert und um die technische Alterung vermindert. Dies ergibt den Gebäudewert. Mathematisch kann das Indexverfahren "von oben" folgendermaßen dargestellt werden:[540]

$$GW = UR \times \underbrace{\Big\{ \underbrace{\Big[MN + \underbrace{(MN \times BN)}_{\text{Baunebenkosten}}\Big]}_{\text{Neubauwert}} \times \underbrace{\frac{I_{BEW}}{I_{MN}}}_{\text{Index-verhältnis}} \times \underbrace{(1-AB)}_{\text{Restwert-prozentsatz}} \Big\}}_{\text{Wert je } m^3 \text{ zum Bewertungsstichtag in DM}}$$

GW	=	*Gebäudezeitwert*
UR	=	*Umbauter Raum*
MN	=	*Basispreis in DM/m³ Neubaukosten*
BN	=	*Baunebenkostenprozentsatz in Prozent*
I_{BEW}	=	*Bauindex für den Bewertungsstichpunkt*
I_{MN}	=	*Bauindex für den Basispreis*
AB	=	*Absetzung wegen Abnutzung in Prozent.*

Der Vorteil dieses Verfahrens liegt darin, daß es die am Markt gängigen Baukosten und technische Änderungen in der Bauausführung berücksichtigt (Geschoßhöhe, Stahlbetonkonstruktionen etc.). Somit führt die Bewertung des Gebäudes mit den marktüblichen Herstellungskosten zu einem Wert, der sich durch die Summe der einzelnen Gewerke bei einer identischen Rekonstruktion ergeben würde, was sich als realistischer erweist als die Berechnung "von unten".[541]

Die Berechnung des Bauwertes nach der Abschlagsmethode erfolgt über den Ansatz der angemessenen Herstellungskosten zuzüglich der Baunebenkosten des Gebäudes. Von diesem Wert wird ein Abschlag je nach Alter und Zustand der Immobilie

---

539 Vgl. Rüchardt, K., Bewertung (1993), in Rüchardt, K. (Hrsg.), Handbuch des Hypothekarkredits (1993), S. 187.

540 Das **Beispiel 16. b)** bewertet die Musterimmobilie mit dem Indexverfahren "von oben".

541 Vgl. Rüchardt, K., Bewertung (1993), in Rüchardt, K. (Hrsg.), Handbuch des Hypothekarkredits (1993), S. 205.

vorgenommen. Der Gebäudewert wird daraufhin um einen mindestens 10%-igen Sicherheitsabschlag vermindert.[542]

Als Problem erweist sich hierbei die Bemessung der angemessenen Herstellungskosten. Diese ermittelt der Gutachter im Normalfall auf Basis von Baukostenindizes. Somit differiert die Abschlagsmethode nur in bezug auf den Sicherheitsabschlag von mindestens 10% von der Indexmethode bei der Berechnung "von oben".[543]

Im Falle der Bewertung von Neubauten ist die Abschlagsmethode auf alle Fälle vorzuziehen, da sie die effektiv angefallenen Baukosten als Bemessungsgrundlage heranzieht und somit den Beleihungswert vor allem für den Bauherren nachvollziehbar werden läßt.[544]

cc) Ertragswertverfahren

Das Ertragswertverfahren des Hypothekenbankensektors baut auf zwei Teilen auf. Ein Teil ist die Ermittlung der nachhaltigen Reinerträge. Der andere Teil ist die Kapitalisierung der Reinerträge.

Grundlage sind die Mieterträge, die nach den örtlichen Gegebenheiten für vergleichbare Objekte nachhaltig und unter Ausschluß von vorübergehenden Einflüssen erzielt werden können.[545] Hiermit wird ein den Branchendurchschnitt übersteigendes Risiko in der Miete ausgeschlossen. Ist die vereinbarte Miete im Rahmen des marktüblichen, ist diese nach Abzug der Bewirtschaftungskosten zu kapitalisieren. Liegt das vereinbarte Entgelt außerhalb des Branchendurchschnittes, ist die Miete vorher zu objektivieren, also dem Durchschnitt anzupassen.[546]

Daraufhin werden die Roherträge um die Bewirtschaftungskosten mit einem pauschalen Satz von 15 - 35 % vermindert. Die Bewirtschaftungskosten werden entsprechend des § 18 WertV angesetzt, also als Verwaltungskosten, Betriebskosten, Instandhaltungskosten und Mietausfallwagnisse. Dabei wird in der Praxis die Abschreibung nicht in dem Vervielfältiger berücksichtigt, wie es die WertV vorschreibt, sondern in dem pauschalen Abzugsbetrag.[547]

---

542 Vgl. Rüchardt, K., Bewertung (1993), in Rüchardt, K. (Hrsg.), Handbuch des Hypothekarkredits (1993), S. 188.

543 Vgl. Rüchardt, K., Bewertung (1993), in Rüchardt, K. (Hrsg.), Handbuch des Hypothekarkredits (1993), S. 207.

544 Vgl. Kittel, H., Hypothekarkreditgeschäft (1974), S. 148.

545 Vgl. dazu § 16 I WertV.

546 Vgl. Rüchardt, K., Bewertung (1993), in Rüchardt, K. (Hrsg.), Handbuch des Hypothekarkredits (1993), S. 167 und 214 ff.

547 Vgl. Rüchardt, K., Bewertung (1993), in Rüchardt, K. (Hrsg.), Handbuch des Hypothekarkredits (1993), S. 253.

Erfolgt die Kapitalisierung von unterschiedlichen Arten von Immobilien mit identischen Zinssätzen, wird bei diesen Immobilien die gleiche Risikostruktur angenommen. Somit müßten im Rahmen der Bemessung und des Ansatzes der Jahresroherträge der Objekte die verschiedenen Unsicherheitsfaktoren in bezug auf die Verwertbarkeit des Anwesens eingebracht werden. Wird hierbei die "ortsübliche Miete" ohne Berücksichtigung von persönlichen Verhältnissen angesetzt, so muß die Kapitalisierung mit nur einem Faktor zu unrealistischen Werten führen.[548]

Aus diesem Grunde erfolgt die Kapitalisierung mit den jeweils einschlägigen branchenüblichen Zinssätzen. Diese Zinssätze werden durch die Beobachtung der im Branchendurchschnitt erzielten Renditen als Durchschnittswert errechnet.[549]

Der Ertragswert berechnet sich aus der Division des objektivierten Reinertrages durch den branchenüblichen Zinssatz. Als branchenüblicher Zinssatz hat sich eine Spanne von 4,5 % bei Einfamilienhäusern auf dem Lande, bis zu 9 % bei gewerblich genutzten Objekten in Stadtlagen herausgebildet.[550]

Von besonderer Bedeutung ist hierbei die Einbeziehung des Bodenwertes in die Ermittlung des Ertragswertes. Hierbei gibt es auch im Bereich der Immobilienbewertung im Geschäftsbankensektor zwei Fraktionen, die unterschiedlicher Auffassung sind. Eine Fraktion ist der Ansicht, daß die Erträge des gesamten Grundstückes nicht um einen Betrag der fiktiven Bodenwertverzinsung zu korrigieren sind. Von Stein/Kirschner vertreten die gegensätzliche Meinung, daß die Bodenwerte entsprechend der WertV separat im Wege eines Vergleichsverfahrens zu ermitteln sind und der Bodenertragsanteil aus dem Jahresertrag des Anwesens herausgenommen werden muß.[551]

In der überwiegenden Anzahl der praktischen Immobilienbewertungen der Hypothekenbanken wird keine Trennung der Jahresreinerträge durchgeführt und nicht unterschiedlich kapitalisiert. Demzufolge wird der Bodenwertanteil nach Vergleichswertverfahren nicht separat zum Ansatz gebracht.[552,553]

---

548 Vgl. Kittel, H., Hypothekarkreditgeschäft (1974), S. 149.

549 Vgl. Rüchardt, K., Bewertung (1993), in Rüchardt, K. (Hrsg.), Handbuch des Hypothekarkredits (1993), S. 154

550 Vgl. Rüchardt, K., Bewertung (1993), in Rüchardt, K. (Hrsg.), Handbuch des Hypothekarkredits (1993), S. 223.

551 Vgl. Stein, J. von/Kirschner, M., Kreditgewährung (1993), in Kloten, N./Stein, J. von (Hrsg.), Obst/Hintner (1993), S. 411.

552 Vgl. Rüchardt, K., Bewertung (1993), in Rüchardt, K. (Hrsg.), Handbuch des Hypothekarkredits (1993), S. 251 ff.

553 Vgl. das **Beispiel 7.** zum Ertragswert der Hypothekenbanken.

Aus Gründen der Einfachheit und schnellen Anwendbarkeit in der Praxis ist das bei den Hypothekenbanken übliche vereinfachte Ertragswertverfahren zu bevorzugen, da es dem Gedanken Rechnung trägt, daß das Grundstück und das aufstehende Gebäude untrennbar verbunden sind und der Boden seine Werthaltigkeit erst mit der Beseitigung des Gebäudes wieder entwickeln kann. Darüber hinaus sind bei einem separaten Ansatz der Bodenwerte Vergleichswerte für in der Realität bebaute Grundstücke derart zu ermitteln, als ob sie unbebaut wären. In der Praxis greifen deshalb die Hypothekenbanken auf die Bodenrichtwertkarten im Sinne des Baugesetzbuches zurück, um die Vergleichswerte für den Boden bei dem Ertragswertverfahren anzusetzen. Dies führt dazu, daß die Berechtigung eines vereinfachten Bewertungsverfahrens neben dem nicht sehr starken Argument der Einfachheit und der zügigen Anwendbarkeit zusätzliche Unterstützung aufgrund der Bodenrichtwertproblematik erfährt.

Für die Ermittlung des Beleihungswertes im Ertragswertverfahren wird immer wieder auf die Bedeutung der Wertermittlungsverordnung verwiesen. Trotzdem wird der Wertermittlungsverordnung die Ermittlung von zutreffenden Beleihungswerten wegen des Argumentes der Stichtagsbezogenheit abgesprochen.[554] Dies ergibt keinen Sinn, da Verkehrswert und Verkaufswert identisch sind.

dd) Vergleichswertverfahren

Im Rahmen der Bewertung der Immobilien zur Ermittlung des Beleihungswertes ist das Vergleichswertverfahren der WertV als Referenzbasis für das Vergleichswertverfahren herangezogen worden.[555]

> *"Im Hypothekarkredit hat sich ein unmittelbarer Vergleich ganzer Objekte nur bei der Ermittlung von Grundstückswerten und bei der Bewertung von Eigentumswohnungen, die am Markt in der Regel nach Kaufpreisen je Quadratmeter Nutzfläche bewertet und beurteilt werden, durchgesetzt. Ansonsten dient das Vergleichswertverfahren bestenfalls zur pauschalen Kontrolle von Gutachten und für eine erste überschlägige Beurteilung angebotener Beleihungsobjekte."*[556]

Darüber hinaus führen von Stein/Kirschner an, daß der Verkehrswert auf Basis des Vergleichsverfahrens für die Beleihungswertermittlung nicht geeignet ist, da die Vergleichswerte, die meist nur in geringer Zahl vorliegen, immer von den individuellen jeweils persönlichen Einflüssen der Marktlage beeinträchtigt sind und

---

554 Vgl. Rüchardt, K., Bewertung (1993), in Rüchardt, K. (Hrsg.), Handbuch des Hypothekarkredits (1993), S. 239.

555 Vgl. Stein, J. von/Kirschner, M., Kreditgewährung (1993), in Kloten, N./Stein, J. von (Hrsg.), Obst/Hintner (1993), S. 410.

556 Rüchardt, K., Bewertung (1993), in Rüchardt, K. (Hrsg.), Handbuch des Hypothekarkredits (1993), S. 184.

somit nicht den objektivierten Verkehrswert der Immobilie darstellen können.[557] Diese Aussage fußt auf einer grundsätzlichen Fehlinterpretation der baurechtlichen Immobilienbewertung.

ee) Mittelwertverfahren

In der heutigen Zeit hat die Bewertung durch die Mittelung des Sachwertes und des Ertragswertes jegliche Bedeutung im Rahmen der Immobilienschätzung verloren. Die Bewertung von einigen Hypothekenbanken erfolgte sogar bis in die Siebziger Jahre hinein mit dem Mittelwertverfahren. Die Summe aus Ertragswert und Sachwert, manchmal zusätzlich unter Einbeziehung des Verkehrswertes, wurde durch zwei bzw. drei geteilt.[558]

Den Unsinn dieses Verfahrens erkennt man an der möglichen Einbeziehung des Verkehrswertes, der vorher ermittelt werden muß, wobei sich nur die drei möglichen Verfahren Sach-, Ertrags- und Vergleichswertverfahren anbieten. Dadurch wird die Informationslage nicht verbessert.

Somit ist der Beleihungswert im Verfahren des Mittelwertes nur ein Zufallsprodukt der Algebra, das den nachhaltigen Ertrag der Immobilie durch die Mittelung nicht genauer abzubilden vermag.[559]

b) Fazit

Das HypBankG stellt mit dem Verkaufswert einen Wertbegriff auf, der in der Literatur vom Verkehrswert abgegrenzt wird. Beide Wertbegriffe unternehmen den Versuch, den dauerhaften und nachhaltigen Wert des Grundstückes zu ermitteln, ohne die persönlichen Verhältnisse einzubeziehen. Die Unterscheidung in Verkaufs- und Verkehrswert ist abzulehnen, da die Beleihungsgrenze des § 11 HypBankG in Höhe von 60 % des Verkaufswertes (= Beleihungswertes) die Risiken der Kreditvergabe schon berücksichtigt. Somit ist eine separate Wertermittlung von Verkaufswerten nicht angebracht, da sie gleiche Risiken zweifach einbezieht.

Infolgedessen muß auf die gesonderte Wertermittlung von Verkaufswerten verzichtet werden, da diese nichts anderes darstellen können als den Verkehrswert. Die Ermittlung der Verkaufswerte wird ebenfalls zu einem bestimmten Zeitpunkt

---

557 Vgl. Stein, J. von/Kirschner, M., Kreditgewährung (1993), in Kloten, N./Stein, J. von (Hrsg.), Obst/Hintner (1993), S. 410 f.

558 Vgl. Kittel, H., Hypothekarkreditgeschäft (1974), S. 151.

559 Zu der geschichtlichen Entwicklung und der Berechtigung des Mittelwertverfahrens vgl. Rüchardt, K., Bewertung (1993), in Rüchardt, K. (Hrsg.), Handbuch des Hypothekarkredits (1993), S. 183.

durchgeführt.[560] Inhaltlich besteht somit kein Unterschied zwischen Verkaufswert und Verkehrswert. Darüber hinaus sinkt die Vergleichbarkeit der verschiedenen Beleihungswerte der verschiedenen Banken durch die bankenindividuellen Anweisungen für die Beleihungswertermittlung. Dies ist nicht sinnvoll, da es nur einen Verkehrswert der Immobilie geben kann.

Trotzdem wird in der Literatur[561] die Bedeutung der Wertermittlungsverordnung nebst Richtlinien für die Bemessung des Beleihungswertes angesprochen. Wenn aber ein Unterschied bestehen sollte, so muß dieser Unterschied einerseits in einer unterschiedlichen Bewertungsmethode und andererseits in unterschiedlichen Ergebnissen zum Tragen kommen. Da aber immer wieder auf die Grundlagen der WertV Bezug genommen wird, ist die künstliche Trennung von Verkehrswert und Verkaufswert abzulehnen.[562]

Der Gesetzgeber sollte in § 12 HypBankG den Verweis auf die Verkehrswerte nach BauGB aufnehmen, um die Beleihungswertermittlung auf eine objektiv nachprüfbare Basis zu stellen und willkürliche Unterschiede im Rahmen der Kreditvergabe erst bei der Beleihungsgrenze zu ermöglichen.

Unterschiede in der Beleihungsgrenze müssen nach der Verabschiedung eines Bewertungsverfahrens möglich sein, da sonst nur noch die anderen Kreditkonditionen, wie z.B. Zinssatz, Auszahlungsbetrag, Laufzeit etc. als Aktionsparameter auf dem Kreditmarkt eingesetzt werden können. Deshalb muß die derzeitige Beleihungsgrenze des § 11 HypBankG aufgehoben werden und eine Begrenzung auf 100 % des Beleihungswertes erlassen werden,[563] wobei der Beleihungswert identisch mit dem Verkehrswert nach BauGB wäre.

Das fünfte Änderungsgesetz zum HypBankG von 1963 hat die Verkehrswerte nach BauGB als Hilfs- und Kontrollwerte eingeführt.[564] Dieser erste Versuch der Annäherung sollte fortgesetzt werden. Die Annäherung der Wertbegriffe sollte in einem einheitlichen Wertbegriff ihren Abschluß finden. Durch die Reformierung des Hypothekenbankgesetzes könnte beträchtlicher Verwaltungsaufwand im Rahmen des Erlasses, der Kontrolle und der Genehmigung von Wertermittlungsanweisungen

---

560 Zu der Problematik der Stichtagsbezogenheit vgl. Rode, D., Hypothekarkredit (1993), in Rüchardt, K. (Hrsg.), Handbuch des Hypothekarkredits (1993), S. 76.

561 Vgl. stellvertretend für viele Rüchardt, K., Bewertung (1993), in Rüchardt, K. (Hrsg.), Handbuch des Hypothekarkredits (1993), S. 239.

562 Zu der Diskussion um die Vereinheitlichung der Wertbegriffe vgl. Vogel, R., Verkehrswert und Verkaufswert (Der langfristige Kredit 20/1992), S. 660 ff.

563 Zu Marktstrategien im Bereich der Beleihungspolitik vgl. Kittel, H., Hypothekarkreditgeschäft (1974), S. 131 ff.

564 Vgl. BGBl. I 1993, S. 11.

eingespart werden. Darüber hinaus könnten die Transaktionskosten der Finanzierung von Immobilieninvestitionen gesenkt werden.

2. Kreditbankensektor

a) Überblick

Bei Ausleihungen von Kreditbanken bestehen keinerlei gesetzliche Restriktionen hinsichtlich des Beleihungsumfanges. Ebenso wird die Ermittlung von Beleihungswerten nicht gesetzlich vorgeschrieben.[565]

Lediglich in § 20 II Nr. 1 KWG fordert der Gesetzgeber die Vergabe von Krediten entsprechend den Regelungen der §§ 11 und 12 HypBankG, wenn das Kreditinstitut die Hinzurechnung von herausgegebenen Krediten bei den Großkrediten nach § 13 KWG und bei Organkrediten nach § 16 KWG vermeiden will. Dadurch wird der Realkredit für sämtliche Kreditinstitute als ein Kredit bis zur Beleihungsgrenze des § 11 HypBankG und unter Ermittlung des Verkaufswertes nach § 12 HypBankG definiert.[566] Trotzdem wird im allgemeinen Gebrauch bei der Beleihung von Immobilieninvestitionen immer von Realkrediten gesprochen.

Die Kreditbanken sind somit nicht an die Beleihungswertermittlung nach Hypothekenbankengesetz gebunden. Es sei denn, verauslagte Kredite sollen im Rahmen der KWG-Grundsätze bezüglich des haftenden Eigenkapitals nicht zu 100 % einbezogen werden. In diesem Fall ist die Beleihungswertermittlung nach Hypothekenbankengesetz einschlägig.[567] Deshalb wurden bankenindividuelle Beleihungsgrundsätze und Wertermittlungsanweisungen entwickelt.[568]

Anders als bei einem reinen Hypothekarkredit haben die Universalbanken einen Wissensvorsprung gegenüber Hypothekenbanken, da zu den Kunden im Normalfall schon vor Kreditbeantragung Geschäftsbeziehungen bestanden haben, die es der Bank erleichtern, die persönliche Bonität des Kunden zu begutachten und dadurch Beleihungen bis zu 100 % des Beleihungswertes ermöglichen. Die Beleihungsgrenze stellt somit nur einen möglichen Aktionsparameter dar, da die Beleihungswertermittlung nicht von gesetzgeberischer Seite oder aufgrund von Verbandsregeln vorgeschrieben wird.

---

565 Vgl. Pauluhn, B., Hypothekarkreditgeschäft der Geschäftsbanken (1993), in Rüchardt, K. (Hrsg.), Handbuch des Hypothekarkredits (1993), S. 1087.

566 Vgl. Reischauer, F./Kleinhans, J., KWG (1993), § 20 Anm. 18.

567 Vgl. Jährig, A./Schuck, H., Handbuch Kreditgeschäft (1989), S. 147.

568 Vgl. Sauter, W., Bankgeschäft (1991), S. 407.

b) Bewertungskonzeption

Auch im Bereich der Kreditbanken haben sich Tendenzen in Richtung auf eine Vereinheitlichung der Bewertung ergeben, da die Regeln des Hypothekenbankensektors und der Sparkassen als Grundlage für die erlassenen Vorschriften herangezogen wurden.

Von Stein/Kirschner sprechen die Bedeutung der Beleihungsgrundsätze der Sparkassen an.[569] Damit zeigen sie die in der Praxis realisierten Standardisierungen der Beleihungswertermitttlung für sämtliche Kreditinstitutsgruppen auf. Der Grund dafür ist, daß in den Beleihungsgrundsätzen der Sparkassen die Wertermittlungsverordnung mit ihren gesetzlich festgelegten Bewertungsverfahren ohne Einschränkungen als Bewertungsmethoden zugelassen werden.[570]

Die Bewertung[571] erfolgt mit dem Sachwert, dem Ertragswert, dem Verkehrswert oder mit dem Mittelwert aus Sach- und Ertragswert. Die Mittelwertbildung ist abzulehnen, da der Informationsgehalt durch die Addition der beiden Werte Sachwert und Ertragswert und durch die anschließende Division durch zwei nicht erhöht wird. Trotzdem wird dieses Verfahren von zahlreichen Banken angewandt.[572]

aa) Ertragswertbewertung

Der Ertragswert wird über die Kapitalisierung der Jahresreinerträge der Objekte ermittelt. Eine gesonderte Berücksichtigung des Bodenanteils und der Bodenwertverzinsung erfolgt nicht. Die Berücksichtigung der Wertminderung wegen Alters wird nicht explizit vorgenommen, aber in dem angewandten Vervielfältiger bei der Kapitalisierung der Jahresnettomieten wird die Restnutzungsdauer und damit der Verschleiß eingebracht.

Sauter spricht sogar von einer Kapitalisierung mit einem nicht korrigierten Vervielfältiger, da er davon ausgeht, daß der Alterszustand des Objekts in der Jahresnettomiete bereits berücksichtigt wird.[573] In der Abbildung 32 wird beispielhaft für den gesamten Kreditbankensektor das Ertragswertverfahren der

---

569 Vgl. Stein, J. von/Kirschner, M., Kreditgewährung (1993), in Kloten, N./Stein, J. von (Hrsg.), Obst/Hintner (1993), S. 410 ff.

570 Vgl. § 2 I S. 2. BelG.

571 Die hier angeführten Aussagen stützen sich hauptsächlich auf die internen Bewertungsrichtlinien der Deutschen Bank AG Frankfurt am Main.

572 Vgl. Sauter, W., Bankgeschäft (1991), S. 407.

573 Vgl. Sauter, W., Bankgeschäft (1991), S. 406.

Beleihungswertermittlung nach der Wertermittlungsanweisung der Deutsche Bank AG dargestellt:[574]

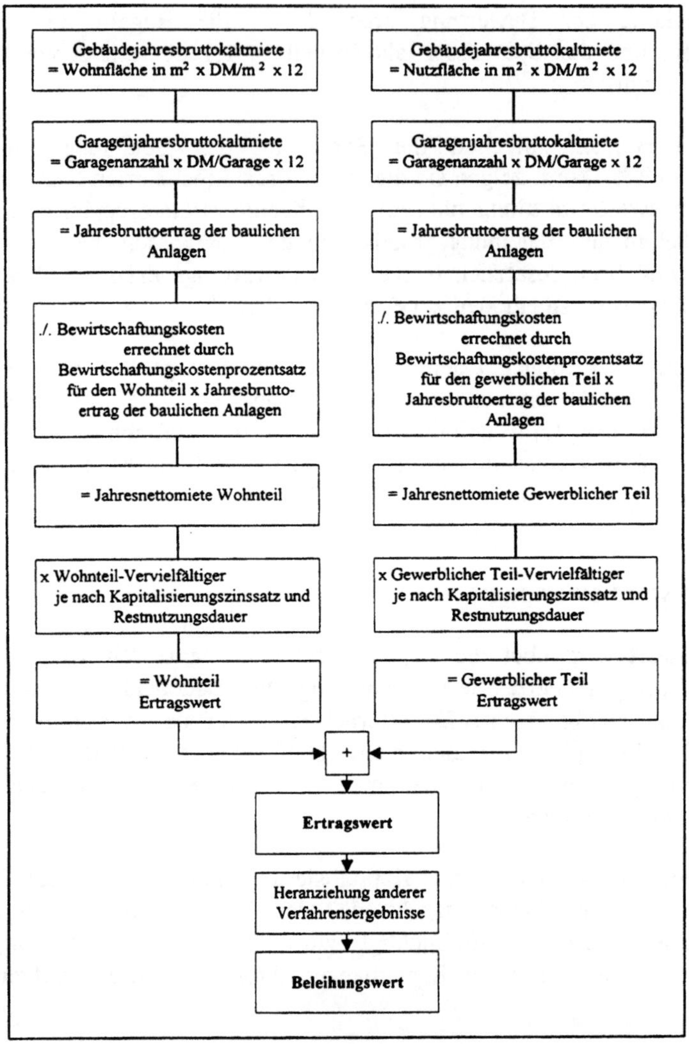

Abbildung 32: Ertragswertermittlung nach Wertermittlungsanweisung der Deutsche Bank AG.[575]

574 Das **Beispiel 8.** bewertet die Musterimmobilie nach der Wertermittlungsanweisung der Deutsche Bank AG.

575 Vgl. Deutsche Bank AG, Bewertungsrichtlinien (1993).

bb) Sachwertbewertung

Das Sachwertverfahren teilt die Bewertung in die Ermittlung des Bodenwerts und des Bauwertes auf. Der Bodenwert wird auf Grundlage der Bodenrichtwerte der Gutachterausschüsse ermittelt.

Der Bauwert wird durch die Multiplikation der Kubikmeter umbauten Raumes mit den von den Banken individuell vorgegebenen Preisen je Kubikmeter errechnet. Probleme ergeben sich hierbei durch die Vorgabe von Kubikmeterpreisen, die nicht auf dem Baupreisindex des statistischen Bundesamtes, sondern auf eigenen Untersuchungen fußen. Diese sind für den Kreditnehmer oftmals nicht nachzuvollziehen. Der Bauwert zuzüglich der Baunebenkosten und der Außenanlagen abzüglich der Altersabschreibung und besonderer Sicherheitsabschläge in Höhe von 10 - 30 % ergibt den Sachwert des Gebäudes. Dieser Wert wird mit dem Bodenwert zusammengeführt, dies ergibt den Beleihungswert im Sachwertverfahren. Zur Verdeutlichung wird in der Abbildung 33 das Sachwertverfahren nach der Wertermittlungsanweisung der Deutsche Bank AG aufgezeigt:[576]

---

576 **Beispiel 17.** führt eine entsprechende Sachwertbewertung durch.

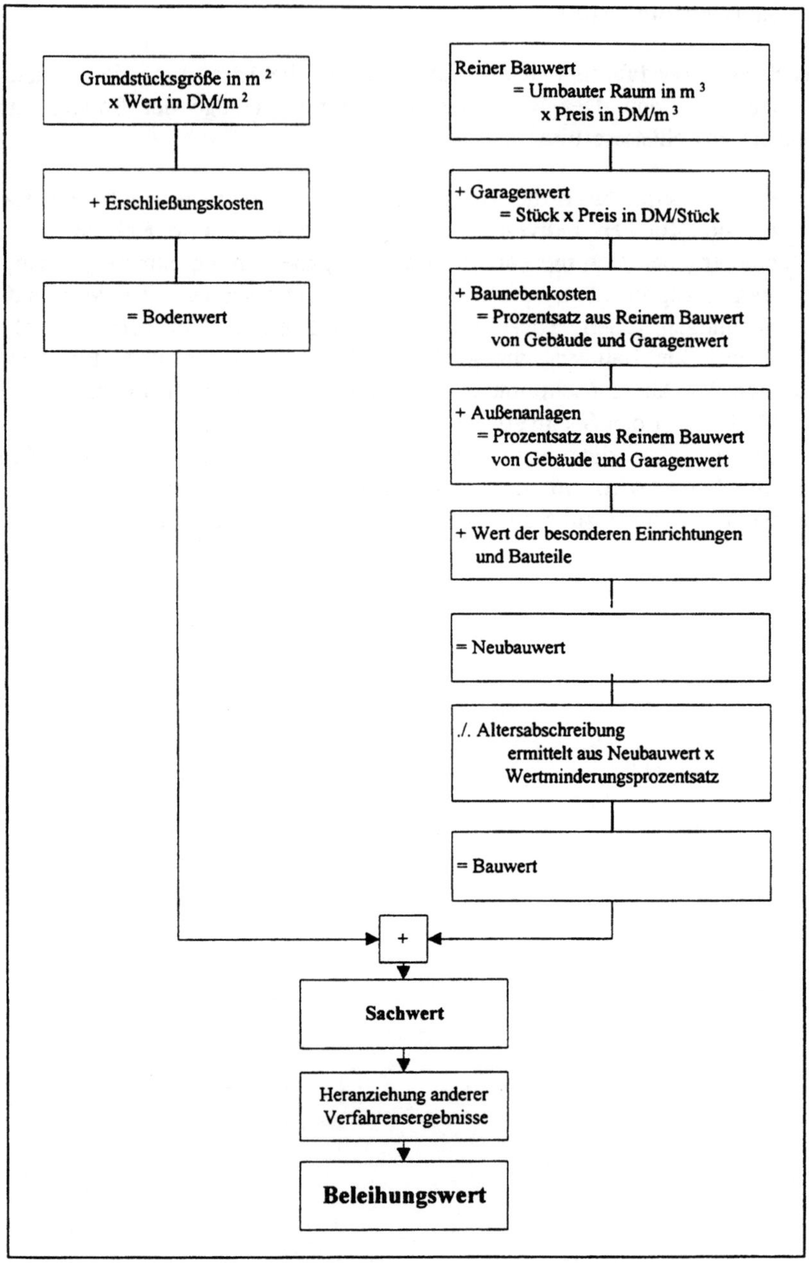

Abbildung 33: Sachwertermittlung nach Wertermittlungsanweisung der Deutsche Bank AG.[577]

---

577 Vgl. Deutsche Bank AG, Bewertungsrichtlinien (1993).

c) Fazit

Die Freiheit der Bewertungsmethoden im Kreditbankensektor führt über den Wettbewerb zu der Durchsetzung der Verfahren, die in den Augen der Marktteilnehmer die Kriterien von Bewertungsverfahren entsprechend der Zielstruktur am weitesten erfüllen können. Dies scheinen die einfachen Verfahren der Ertragswertberechnung ohne gesonderte Bodenbewertung und die Sachwertberechnung über die Normalherstellungskosten der Kubikmeter umbauten Raumes am besten zu können.

In Anbetracht des Erfolges der Kreditbanken gemessen an der Ausdehnung des Marktanteils bei der Realkreditfinanzierung im Jahre 1970 von 5 % auf 19 % im Jahre 1991[578] müssen diese Bewertungskonzeptionen marktadäquat (gewesen) sein. Diese Marktadäquanz besteht nicht nur in der Vergabe von günstigen Krediten, sondern auch in der hohen Nachvollziehbarkeit, Schnelligkeit und Einfachheit der angewandten Beleihungswertermittlungsverfahren.

Eine Beleihungsgrenze unter 100 % des Beleihungswertes für die Vergabe von Realkrediten ist somit ebenso wenig notwendig, wie eine Begrenzung der Beleihung auf maximal 100 % des Beleihungswertes, da die Hauptpunkte bei der Kreditvergabe die persönlichen Verhältnisse des Kreditnehmers sind. Sollten die Kreditausfälle und Verluste im Rahmen der Beleihungen unter Einsatz dieser Verfahren zu hoch sein, würden die Banken in kürzester Zeit besondere Regelungen verabschieden, die die Ermittlung von Beleihungswerten auf eine restriktivere Basis stellen.

Somit stellt die Beleihungswertermittlung der Kreditbanken einen interessanten Bereich dar, da die verschiedenen Banken trotz der ihnen anheim gestellten Methodenauswahl auf die gleichen Bewertungskonzeptionen zurückgreifen. Die Kräfte des Marktes erreichen in diesem Fall ohne Zutun des Gesetzgebers eine Harmonisierung. Dies könnte als Ansatzpunkt für eine völlige Freigabe der Bewertung im Kreditsektor dienen.

---

578 Vgl. Pauluhn, B., Hypothekarkreditgeschäft der Geschäftsbanken (1993), in Rüchardt, K. (Hrsg.), Handbuch des Hypothekarkredits (1993), S. 1086.

3. Sparkassensektor

Die Gesetzgebungskompetenz für die Belange der öffentlich-rechtlich organisierten Sparkassen liegt in Deutschland bei den Ländern. Die Sparkassengesetze haben alle den Verzicht auf die Regelung von Fragen der Beleihung und Bewertung von Immobilien im Rahmen des Sparkassenkreditgeschäftes gemeinsam.[579] Somit ist es möglich, die nachfolgenden Erläuterungen als von grundsätzlicher Natur für alle Sparkassen in der gesamten Bundesrepublik zu betrachten und auf länderspezifische Ausführungen zu verzichten.

Die bundesweit einheitlichen Beleihungsgrundsätze von Sparkassen beruhen auf einem Vorschlag des Deutschen Sparkassen- und Giroverbandes e.V., der durch den Arbeitskreis der Länder für Sparkassenfragen am 05.02.1970 als verbindlich erklärt wurde.[580] Der Beleihungsgrundsätzevorschlag des Sparkassen- und Giroverbandes e.V. wurde von den jeweils zuständigen Länderministern im Wege der Erlasse verbindlich festgeschrieben.[581]

a) Bewertungskonzeption

aa) Überblick

Die Beleihungsgrundsätze der Sparkassen definieren in § 2 den Begriff und die Ermittlung des Beleihungswertes.

Zunächst werden in § 2 I S. 2 BelG als Grundwerte der Ertragswert, der Bau- und Bodenwert, sowie der Verkehrswert eingeführt. Als problematisch erweist sich die Formulierung Verkehrswert, da auch die anderen beiden Wertarten den Verkehrswert abbilden wollen. Andererseits ist die Verwendung des Begriffes Verkehrswert von herausragender Bedeutung, denn durch die Verwendung des Begriffes des Baugesetzbuches wird die Wertermittlungsverordnung als Bewertungsgrundlage für die Beleihungswertermittlung relevant und zum ersten Mal rechtsverbindlich vorgeschrieben. Somit stellt sich die Frage, ob die Verwendung des Begriffes Verkehrswert willentlich geschah, oder aber, ob es eine Verwechslung mit dem Begriff Vergleichswert war.

Somit steht der Bewertung von Sparkassen ein großes Spektrum offen, das sämtliche Verfahren der Wertermittlungsverordnung umfaßt und darüber hinaus die zwei in den Beleihungsgrundsätzen geregelten Verfahren, Ertragswertbewertung und Bau-

---

579 Vgl. dazu das gesamte Werk von Weides, vgl. Weides, P., Sparkassengesetze (1992).

580 Vgl. Stannigel, H./Kremer, E./Weyers, G., Beleihungsgrundsätze (1984), S. 23 und S. 1080.

581 Vgl. Stannigel, H./Kremer, E./Weyers, G., Beleihungsgrundsätze (1984), S. 49 und bezüglich der Rechtsverbindlichkeit z.B. § 52 SpKG NRW.

und Bodenwertbewertung aufgreift. Die Abbildung 34 stellt das mögliche Spektrum der unterschiedlichen Bewertungsmethoden mit ihren unterschiedlichen Ergebnissen dar, von denen eines als Beleihungswert zu übernehmen ist.

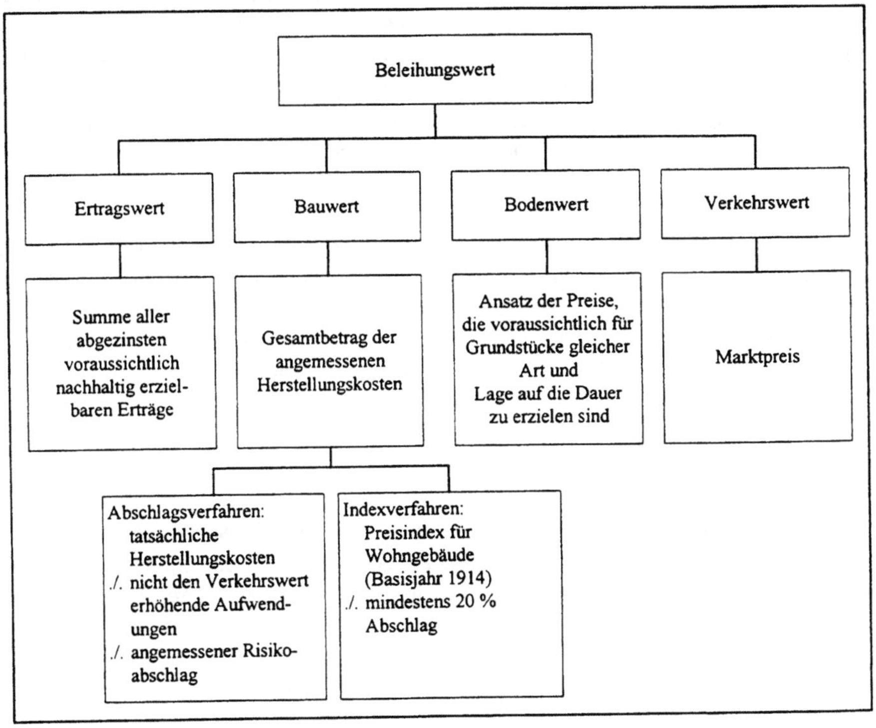

Abbildung 34: Verfahren zur Beleihungswertermittlung bei Sparkassen[582]

Da auf die nach den baurechtlichen Grundsätzen ermittelten Verkehrswerte Bezug genommen werden kann, erübrigen sich separate Ausführungen zu diesen Bewertungsmethoden im Rahmen der Beleihungswertermittlung nach Sparkassengrundsätzen. Deshalb werden nur die beiden selbständigen sparkassenrechtlichen Wertermittlungsverfahren Ertragswertverfahren und Sachwertverfahren erörtert.

582 Zügel, W., Sparkassen (1993), in Rüchardt, K. (Hrsg.), Handbuch des Hypothekarkredits (1993), S. 1009. Die Darstellung von Zügel ist als eine weiteres Beispiel der "Verwirrung" über die Immobilienbewertung zu beurteilen, da hier eine Unterscheidung von Verkehrswert und Ertrags, Bau- und Bodenwert vorgenommen wird, wobei richtiger der Begriff Vergleichswert verwendet worden wäre.

bb) Ertragswertbewertung

Bei der Ermittlung des Jahresrohertrages wird von der nach DIN 283 berechneten Wohn- und Nutzfläche ausgegangen. Diese wird mit dem orts- und artüblichen Mietpreis je Quadratmeter multipliziert, was den nachhaltigen Jahresrohertrag ergibt. Daraufhin werden die Bewirtschaftungskosten mit einem pauschalen Satz von 15 bis zu 33 % der Jahresrohmiete abgezogen. Die Bodenverzinsung des Grundstücks wird durch die Multiplikation des Vergleichswertes des Grundstücks mit dem Liegenschaftszinssatz des § 11 WertV errechnet und zum Abzug gebracht.[583]

Der so entstandene Gebäudereinertrag wird mit dem Vervielfältiger der Anlage 4 der WertR kapitalisiert. Die Addition des Grundstückswertes (Vergleichswertverfahren) und des Gebäudeertragswertes ergibt den Ertragswert nach Beleihungsgrundsätzen. Ein Unterschied zu der Bewertung der WertV besteht nicht, da die identischen Kapitalisierungszinssätze benützt werden.

cc) Sachwertbewertung

Bei der Sachwertermittlung[584] erfolgt zunächst eine Bodenwertermittlung, die nach dem Vergleichswertverfahren abläuft, da in § 2 IV BelG die Bodenwerte mit den auf Dauer zu erzielenden Preisen gleicher Grundstücke anzusetzen sind.[585] Die Ermittlung des Bauwertes erfolgt durch die Bewertung mit dem Abschlags- oder Indexverfahren (§ 2 III BelG).

Beim Abschlagsverfahren nach § 2 III BelG sind die angefallenen Herstellungskosten, korrigiert um Zu- oder Abschläge für Besonderheiten im Bauzustand, anzusetzen. Handelt es sich nicht um einen Neubau, so sind die Baukosten mittels des Baukostenindexes auf den Bewertungsstichtag hochzurechnen. Minderungen wegen Baumängeln und Bauschäden werden zusätzlich zu der Wertminderung wegen Alters zum Abzug gebracht. Darüber hinaus wird ein Wertabschlag von 10 bis 40 % je nach Nutzungsart der Gebäude vorgenommen, um das individuelle Verwertungsrisiko der Objekte zu berücksichtigen.[586] Der Gebäudezeitwert wird mit dem Bodenwert zum Beleihungswert addiert.

Beim Indexverfahren nach § 2 III BelG wird eine Bewertung des umbauten Raumes in Kubikmeter nach DIN 277 vorgenommen. Die Multiplikation mit den

---

583 Zu der Ertragswertermittlung in Einzelheiten vgl. Stannigel, H./Kremer, E./Weyers, G., Beleihungsgrundsätze (1984), S. 67 - 91.

584 Zu der Sachwertermittlung im einzelnen vgl. Stannigel, H./Kremer, E./Weyers, G., Beleihungsgrundsätze (1984), S. 95 - 161.

585 Vgl. Stannigel, H./Kremer, E./Weyers, G., Beleihungsgrundsätze (1984), S. 96 ff.

586 Vgl. Stannigel, H./Kremer, E./Weyers, G., Beleihungsgrundsätze (1984), S. 145.

Normalherstellungskosten von 1913 ergibt den Normalherstellungswert des Gebäudes 1913. Im Bereich der Sparkassen wird nicht mit dem Baukostenindex des Statistischen Bundesamtes gearbeitet. Die oberste Aufsichtsbehörde erläßt nach § 2 III S. 4 BelG einen eigenen Baukostenindex.[587] In der Praxis hinkt dieser Index hinter der aktuellen Baukostenstatistik des Statistischen Bundesamtes her, was die Ergebnisse des Indexverfahrens ohne ersichtliche Berechtigung zusätzlich verfälscht.[588]

Die so errechneten Gebäudeneuwerte nach Bankaufsichtsindex werden um den Wertminderungsabschlag wegen Alters vermindert. Die Addition mit dem Bodenwert ergibt den Beleihungswert. Die Verfahren zur Sachwertermittlung bei Sparkassen werden in der folgenden Abbildung in ihrem Aufbau grafisch verdeutlicht:

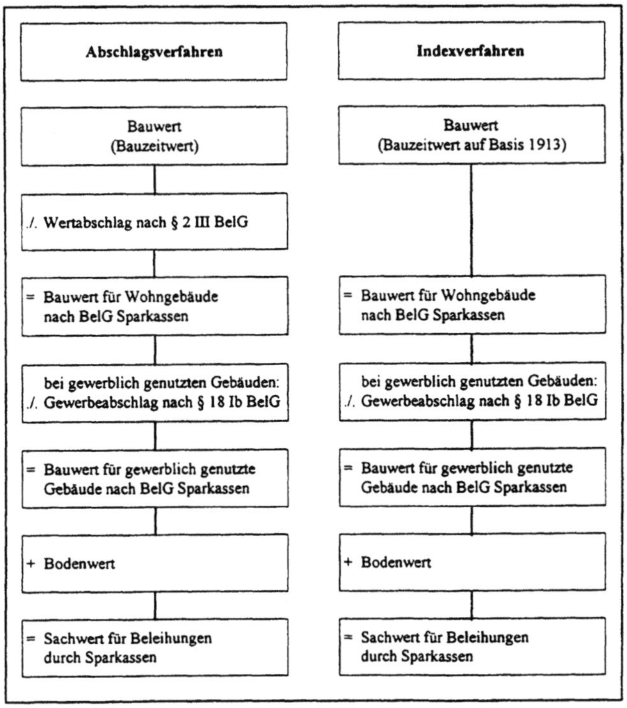

Abbildung 35: Verfahren zur Sachwertermittlung bei Sparkassen.[589]

---

587 Der Grund für einen eigenen Baukostenindex der obersten Sparkassenaufsichtsbehörde ist in dem Bestreben nach größter Vorsicht bei der Beleihungswertermittlung zu sehen.

588 Vgl. Stannigel, H./Kremer, E./Weyers, G., Beleihungsgrundsätze (1984), S. 147.

589 In Anlehnung an Stannigel, H./Kremer, E./Weyers, G., Beleihungsgrundsätze (1984), S. 151.

Die Vorgabe eigener Indizes für den Sparkassensektor führt neben der Festlegung von Beleihungsgrenzen in Höhe von 60 % im § 5 I BelG zu einer besonderen Beschränkung der möglichen Kreditvergabe an Kunden, was die Marktposition der Sparkassen im Verhältnis zu den Konkurrenten schwächt.[590]

b) Fazit

Die Bewertung der Immobilien für die Ermittlung von Beleihungswerten bei Sparkassen richtet sich durch die Verabschiedung der Beleihungsgrundsätze nach den Regelungen, die aufgrund des Baugesetzbuches erlassen wurden. In dem von sämtlichen Sparkassen als Grundlage für die internen Beleihungswertermittlungsrichtlinien verwendeten Werk von Stannigel/Kremer/Weyers[591] wird immer wieder auf die Bedeutung der Wertermittlungsverordnung nebst -richtlinien hingewiesen.

Die Verantwortlichen haben durch die Verabschiedung und die praktische Umsetzung der Beleihungswertermittlung nach der WertV die anderen speziellen Regelungen der Beleihungswertermittlung der übrigen Kreditinstutsgruppen (wahrscheinlich unbewußt) ausgehebelt und damit ihrer Daseinsberechtigung beraubt. Die Immobilienbewertung im Rahmen der Beleihung kann somit standardisiert werden.

Somit ist die Vereinheitlichung des Gebietes der Beleihungswertermittlung mit der Ermittlung von allgemein gültigen Verkehrswerten möglich. Lediglich die verschiedenen kreditbedingten Risiken, wie z.B. die Verwertbarkeit, sollten in der Vorgabe von unterschiedlichen Beleihungsgrenzen berücksichtigt werden, um unterschiedliche Risikoneigungen der unterschiedlichen Kreditinstitute zu berücksichtigen. Ob diese Beleihungsgrenzen aber wiederum vom Gesetzgeber vorgeschrieben werden müssen, wirft weiteren Diskussionsbedarf auf.

---

590 Das **Beispiel 18.** veranschaulicht die Sachwertbewertung der Sparkassen.

591 Stannigel, H./Kremer, E./Weyers, G., Beleihungsgrundsätze (1984).

4. Genossenschaftsbankensektor

Kreditgenossenschaften sind Universalbanken. Sie unterliegen dem Genossenschaftsgesetz und dem Kreditwesengesetz. Das mögliche Geschäftsfeld erstreckt sich auf den gesamten Bereich der Bankgeschäfte, wie sie der § 1 KWG anspricht.[592]

a) Beleihungswert

Aus dem Genossenschaftsgesetz ergehen keine besonderen Regelungen bezüglich der Ermittlung von "Beleihungswerten". Demzufolge hat der Bundesverband der Deutschen Volksbanken und Raiffeisenbanken e.V. in Bonn Wertermittlungsrichtlinien erlassen, nach denen sich die Kreditgenossenschaften richten müssen.[593] Die Bewertung richtet sich wiederum nach den grundsätzlichen Ausgestaltungen des Sach-, Ertrags- und Vergleichswertverfahrens.

Da Beleihungsgrenzen nicht gesetzlich vorgeschrieben werden, hat der Bundesverband der Deutschen Volksbanken und Raiffeisenbanken Richtwerte vorgegeben, bis zu denen die Beleihung in % des Beleihungswertes erfolgen kann. Diese liegen je nach Grundstücksart zwischen 40 und 80 % des Beleihungswertes.[594]

Die Bewertung mit dem Ertragswert richtet sich nach den Hypothekenbanken-Grundsätzen. Explizit wird aber vom Bundesverband der Volksbanken und Raiffeisenbanken die separate Ermittlung der Bodenwerte und der Abzug der Bodenwertverzinsung von dem Grundstücksreinertrag gefordert.

Hierdurch rückt die Ertragswertberechnung der Genossenschaftsbanken noch näher an die Grundsätze der Wertermittlungsverordnung heran. Diese Nähe zeigt sich z.B. auch in der Bezugnahme auf die Definition des Liegenschaftszinssatzes der WertV.[595]

Die Abbildung 36 stellt den Aufbau des genossenschaftlichen Ertragswertverfahrens grafisch dar:

---

592 Zu den Abgrenzungen der Genossenschaftstypen und den Kreditgenossenschaften vgl. Baumann, H./Metz, E./Kessel, W./Schaffland, H.-J., Genossenschaftsgesetz (1984), § 1 Anm. 53 ff.

593 Vgl. Bundesverband der Deutschen Volksbanken und Raiffeisenbanken e.V. (Hrsg.), Handbuch (1993), Nr. 5.1.

594 Vgl. Ohlmeyer, D./Gördel, K.-J., Kreditgeschäft der Kreditgenossenschaften (1990), S. 169 ff.

595 Vgl. Ohlmeyer, D./Gördel, K.-J., Kreditgeschäft der Kreditgenossenschaften (1990), S. 144.

1.		Jahresmiete (ohne Umlage)
2.	./.	gegebenenfalls Sicherheitsabschlag
3.	=	gegebenenfalls reduzierte Jahresmiete
4.	./.	Bewirtschaftungskosten
5.	=	Grundstücksreinertrag
6.	./.	Bodenwertverzinsungsbetrag (Bodenwert x Liegenschaftszinssatz)
7.	=	Gebäudereinertrag
8.	x	Vervielfältiger (abgeleitet aus Restnutzungsdauer und Liegenschaftszinssatz)
9.	=	Gebäudeertragswert
10.	+	Bodenwert (abgeleiteter Sachwert)
11.	=	Ertragswert

Abbildung 36: Beleihungswertermittlung im Ertragswertverfahren bei Genossenschaftsbanken.[596]

Das Sachwertverfahren bedient sich der Indexmethode der "Bewertung von unten" mit den Normalherstellungskosten von 1913. Bei Neubauten bis zu zehn Jahren Alter kann das Abschlagsverfahren auf Basis von bekannten aktuellen Herstellungskosten angewandt werden.[597] Die unveränderte Übernahme der Bewertungsmethoden aus dem Bereich der Beleihungswertermittlung der Hypothekenbanken verdeutlicht die zentrale Stellung der Verkaufswertermittlung nach § 12 I HypBankG.

Als drittes Verfahren wird die Bewertung mit einem Vergleichswertverfahren aufgeführt, das sich z.B. der Bodenrichtwerte der Kaufpreissammlungen bei der Schätzung von Bodenpreisen bedienen soll. Hierbei ist die völlige Übereinstimmung mit der WertV festzustellen.[598]

b) Fazit

Die Beleihungswertermittlung bei Kreditgenossenschaften stellt keine neuen Regeln oder Verfahren auf. Lediglich die größere Annäherung an die Wertermittlungs-

596 Bundesverband der Deutschen Volksbanken und Raiffeisenbanken e.V. (Hrsg.), Handbuch (1993), Nr. 5.1. S. 5.

597 Vgl. Bundesverband der Deutschen Volksbanken und Raiffeisenbanken e.V. (Hrsg.), Handbuch (1993), Nr. 5.1. S. 4.

598 Vgl. Ohlmeyer, D./Gördel, K.-J., Kreditgeschäft der Kreditgenossenschaften (1990), S. 150 und Bundesverband der Deutschen Volksbanken und Raiffeisenbanken e.V. (Hrsg.), Handbuch (1993), Nr. 5.1. S. 6.

verordnung ist von Bedeutung und zeigt die Tendenz zu der Vereinheitlichung der Immobilienbewertung auf. Darüber hinaus hat das Bundesaufsichtsamt für das Kreditwesen in seinem Schreiben vom 27.08.1974[599] die Bedeutung der Beleihungswertermittlung des § 12 I HypBankG für die Beleihungswertermittlungsrichtlinien sämtlicher Kreditinstutsgruppen angesprochen und damit auf eine Standardisierung in diesem Bereich hingearbeitet.

5. Bausparkassensektor

Die Bausparkassen sind Kreditinstitute, die darauf ausgerichtet sind, Einlagen von Bausparern hereinzunehmen und aus den dadurch angesammelten Beträgen Bausparern Darlehen für wohnungswirtschaftliche Maßnahmen zu geben (vgl. § 1 BausparkassenG). Im Rahmen der Vergabe der Bauspardarlehen hat eine Bewertung der zu beleihenden Immobilien zu erfolgen.

a) Bewertungskonzeption

Die Sicherung der Darlehen erfolgt durch die Bestellung von Hypotheken und Grundschulden an Immobilien. Das Bausparkassendarlehen muß zusammen genommen mit den anderen vor- oder gleichrangigen Lasten 80 % des Beleihungswertes unterschreiten (§ 7 I S. 3 BausparkassenG).

Der § 7 VII S. 1 BausparkassenG definiert die Bewertung des Pfandobjekts, die mit dem Verkehrswert erfolgen soll. Dieser Verkehrswert soll sich nur auf die dauernden Eigenschaften und den nachhaltigen Ertrag des Objektes stützen. Dies entspricht somit in weiten Teilen einer Beleihungswertermittlung nach § 12 I HypBankG.[600] Von Bedeutung ist, daß das Bundesaufsichtsamt für das Kreditwesen in seinem Schreiben vom 04.08.1980[601] ausdrücklich die Anwendbarkeit der Bewertungsmethoden der WertV verneint und hierdurch den Versuch unternimmt, den Verkaufswert zu bestätigen und zu kräftigen.[602]

Ein konkretes Bewertungsverfahren für Bausparkassen wird jedoch nicht vorgeschrieben, weshalb allgemeine Bedingungen für Bausparverträge der privaten und der öffentlichen[603] Bausparkassen (MBp/öB) von den Verbänden der privaten und öffentlichen Bausparkassen entwickelt wurden. Der § 5 II Nr. 3 BausparkassenG verlangt die Festlegung der Beleihungswert-

---

599 Vgl. Consbruch, J./Möller, A./Bähre, I. L./Schneider, M., KWG (1995), Nr. 4.116.

600 Vgl. Lehmann, W./Schäfer, O./Cirpka, E., Bausparkassengesetz (1992), § 7 Anm. 11.

601 Vgl. Schreiben des Bundesaufsichtsamtes für das Kreditwesen an die Spitzenverbände der Bausparkassen vom 04.08.1980 veröffentlicht in Consbruch, J./Möller, A./Bähre, I. L./Schneider, M., KWG (1995), Nr. 9.33.

602 Vgl. Lehmann, W./Schäfer, O./Cirpka, E., Bausparkassengesetz (1992), § 5 Anm. 19.

603 Im Rahmen dieser Arbeit werden nur die privaten Bausparkassen betrachtet.

ermittlungsmethode in den "Allgemeinen Geschäftsgrundsätzen". Die Musterbedingungen haben die Bausparkassen in ihren "Allgemeinen Geschäftsgrundsätzen" und den "Allgemeinen Bedingungen für Bausparverträge", die nach § 5 BausparkassenG die Grundlage des Geschäftsbetriebes bilden sollen, aufgenommen.[604]

Hierdurch erfolgt die Beleihungswertermittlung nach § 16 MBpB, der die Regelung des § 7 VII BausparkassenG aufgreift, jedoch kein konkretes Bewertungsverfahren vorschreibt. Da keine Abgrenzung von anderen Rechtsgebieten beim Begriff "Beleihungswert" erfolgt, ist die Bewertung nach den allgemein anerkannten Grundsätzen der Beleihungswertermittlung nach Hypothekenbankgesetz vorzunehmen.

Als Methode der Beleihungswertermittlung bei sachwertbezogenen Objekten wird die Bewertung mit dem Abschlagsverfahren bei Neubauten und mit dem Indexverfahren bei älteren Objekten vorgeschlagen. Bei Renditeobjekten soll eine Bewertung durch die Kapitalisierung der Jahresreinerträge erfolgen.[605]

b) Fazit

Die Bewertung bei der Beleihung im Rahmen der Vergabe von Bauspardarlehen richtet sich nach den Grundsätzen des Hypothekenbankgesetzes, ohne explizit gesetzlich geregelt zu sein. Als Quelle dienen die Musterbedingungen für private Bausparkassen, die über die verpflichtende Aufnahme in die "Allgemeinen Geschäftsgrundsätze" Bestandteil eines jeden Bausparvertrages werden.

Die Bewertung mit den Methoden der WertV wird explizit als nicht statthaft angesprochen, was wahrscheinlich aus dem Glauben an einen vom Verkehrswert unterschiedlichen Verkaufswert kommt. Durch den Verweis auf die Regelungen des Beleihungswertes des § 12 I HypBankG, könnte auch hier mehr Rechtssicherheit geschaffen werden, da keine Gründe für eine separate Bewertung ersichtlich sind.

6. Zwischenergebnis

Die Abbildungen 37 und 38 verdeutlichen nochmals die Beleihungswertermittlung von Immobilien bei verschiedenen Kreditinstitutsgruppen.

---

604 Vgl. Lehmann, W./Schäfer, O./Cirpka, E., Bausparkassengesetz (1992), Einleitung IV. S. 46 und § 5 Anm. 4 und Degner, J./Röher, A., Bausparkassen (1986), S. 22.

605 Vgl. Degner, J./Röher, A., Bausparkassen (1986), S. 45 und Laux, H., Bausparfinanzierung (1992), S. 80 f.

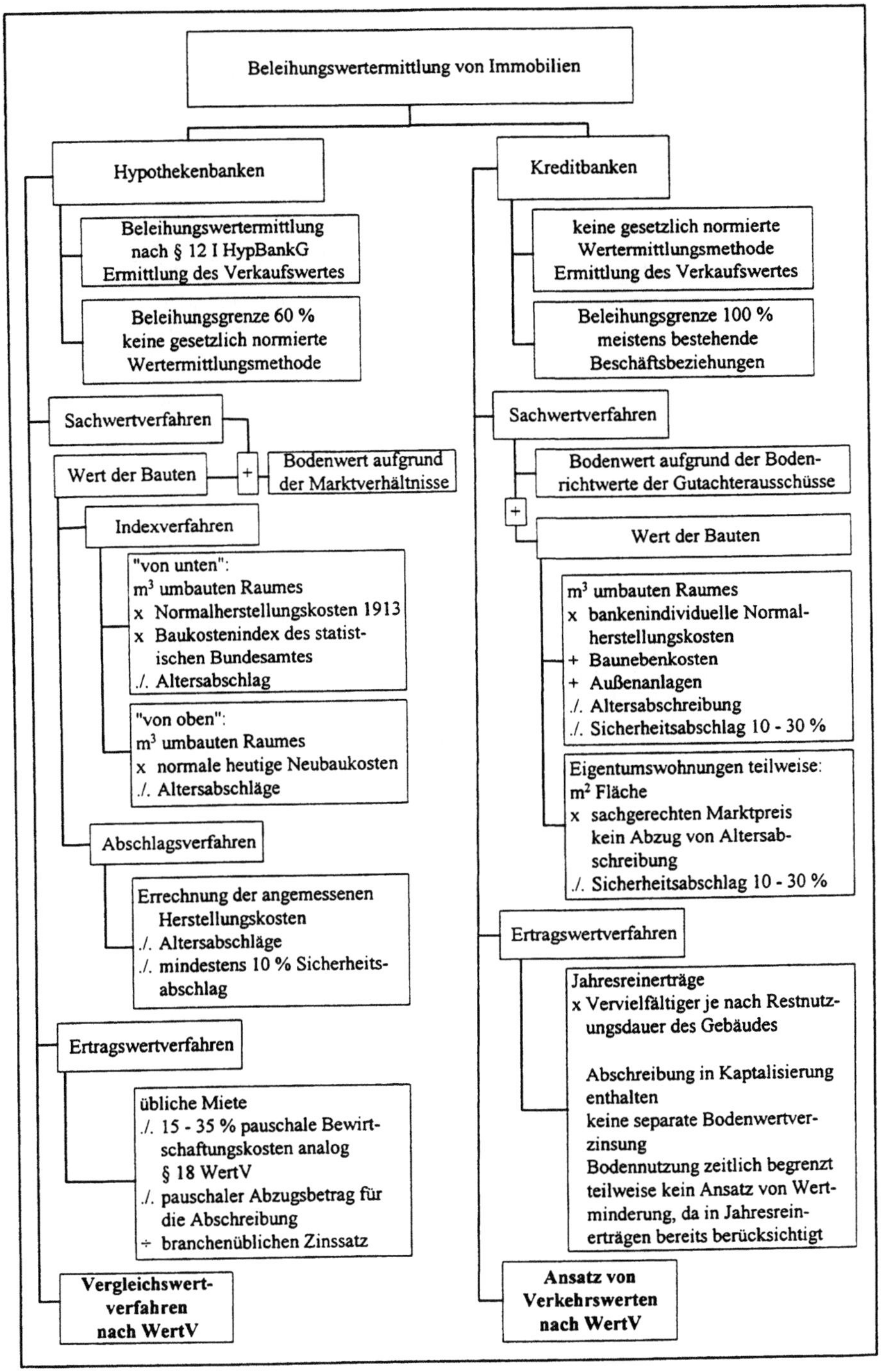

Abbildung 37: Beleihungswertermittlung bei Hypothekenbanken und Kreditbanken

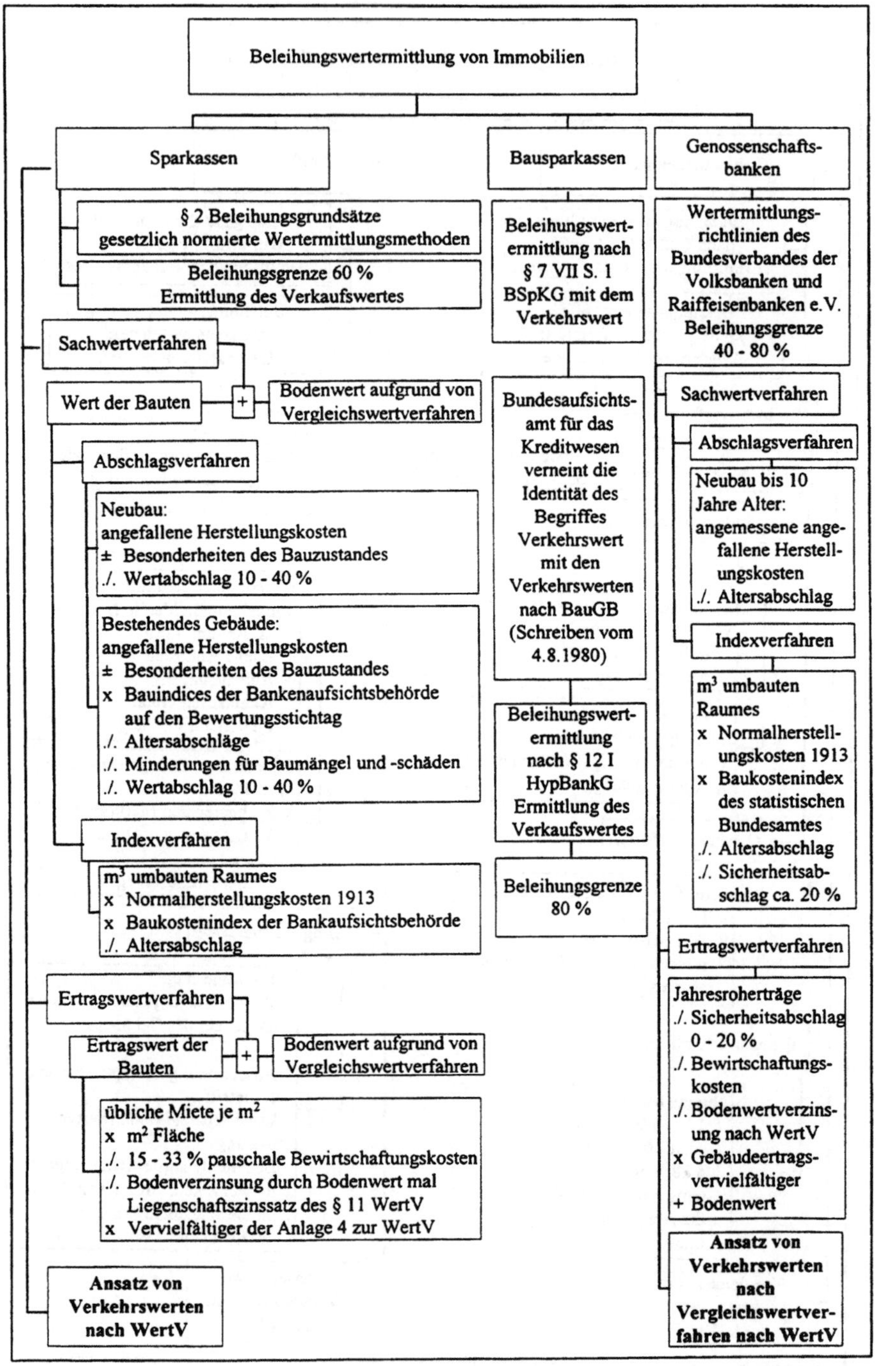

Abbildung 38: Beleihungswertermittlung bei Sparkassen, Bausparkassen und Genossenschaftsbanken

Im Rahmen der Bewertung von Immobilien als Sicherheiten für Kredite sind die beiden Grundkonzeptionen der Bewertungsverfahren, das Ertragswert- und das Sachwertverfahren von Bedeutung. Es werden je nach Bankengruppe und teilweise je nach individuellem Kreditinstitut unterschiedliche Modifikationen vorgenommen.

Die Bewertung mit den Verfahren der WertV wird aufgrund der Stichtagsbezogenheit des Verkehrswertes abgelehnt. Dem ist aber nicht zu folgen, da die Bewertung mit dem Dauerwert Beleihungswert zu einem Stichtag erfolgt und die Verkehrswerte nach WertV den nachhaltigen Wert der Immobilie losgelöst von persönlichen Einflüssen der Eigentümer ermitteln.[606] So wird z.B. in den Beleihungswertermittlungsrichtlinien der WestLB vom 20.02.1990 explizit die Anwendung von Verkehrswerten nach WertV vorgeschrieben.[607]

Der Ansatz eines aus einem anderen Rechtskreis abgeleiteten Wertes erfolgte schon im 19. Jahrhundert in den Satzungen fast aller Institute, die Hypothekendarlehen vergaben. Als Maßstab diente der Grundsteuer-Reinertrag, der aus dem Reinertrag der Landwirtschaft abgeleitet wurde. Die Beleihungsgrenze betrug dabei bis zu zwei Drittel des durch das 36fache des Grundsteuer-Reinertrages festgestellten Grundstückswertes.[608] Die Beleihungswertermittlung könnte sich somit auch heute auf einen Standardwert stützen und diesen sogar unverändert übernehmen, da die individuellen Risiken im Rahmen der Beleihungsgrenze berücksichtigt werden und dadurch die individuellen Marktstrategien der Kreditinstitute umgesetzt werden können. Die Beleihungswertermittlung wäre für sämtliche Beteiligten kostengünstig, einfach und schnell nachvollziehbar.

C. Bewertungen im Rahmen von Immobilieninvestitionen der Kreditinstitute

1. Investitionen in Immobilien von Kreditinstituten

Kreditinstitute können aufgrund vielfältiger Zielsetzungen in Immobilien investieren. Der normale Hintergrund von Immobilieninvestitionen der Kreditinstitute ist, daß der Geschäftsbetrieb durch die Bereitstellung von geeigneten Räumlichkeiten unterstützt werden soll und aufgrund der Zielvorstellungen eine direkte oder indirekte Investition des Kreditinstitutes in Immobilien durchgeführt wird.

Als andere freiwillige Immobilieninvestition sind Investitionen in Immobilien denkbar, um andere hierarchisch untergeordnete Unternehmenszielsetzungen zu verfolgen. Hierunter könnte der Erwerb von Wohnimmobilien zur Bereitstellung

---

606 So auch Vogel, vgl. Vogel, R., Verkehrswert und Verkaufswert (Der langfristige Kredit 20/1992), S. 665.

607 Vgl. Kleiber, W./Simon, J./Weyers, G., Verkehrswertermittlung (1994), S. 1483 ff.

608 Vgl. Stannigel, H./Kremer, E./Weyers, G., Beleihungsgrundsätze (1984), S. 45.

von günstigem Mitarbeiterwohnraum fallen, oder aber Investitionen in Gewerbeimmobilien im Rahmen einer inflationsgesicherten Absicherung von Pensionsrückstellungen verstanden werden.

Diese freiwilligen Immobilieninvestitionen unterliegen keinerlei Bewertungsvorschriften. Als wahrscheinlich erscheint in diesem Zusammenhang die Durchführung der Investition anhand eines von sachverständiger Seite angefertigten Verkehrswertgutachtens und auf der Basis von Investitionsrechnungen.

Es ist lediglich die Regelung des § 12 I KWG zu beachten, die besagt, daß die Anlagen von Kreditinstituten in Grundstücke, Gebäude, Betriebs- und Geschäftsausstattung und weiteren Positionen, nach Buchwerten berechnet, zusammengenommen das haftende Eigenkapital nicht übersteigen dürfen. Als Wert wird somit der nach den Grundsätzen ordnungsmäßiger Buchführung ermittelte Buchwert angesetzt, der den fortgeführten Anschaffungs- oder Herstellungskosten nach § 255 I HGB entspricht. Aufgrund dieser Vorschrift sind die Kreditinstitute jedoch bemüht, Immobilieninvestitionen vornehmlich über ausgegliederte Kreditinstitutstöchter durchzuführen, die den Vorschriften des KWG nicht unterliegen.

Die Regelung des § 12 I KWG gilt nicht für den Ausnahmefall im Rahmen des Bankgeschäftes, daß die Bank zur Verhütung von Verlusten Grundstücke und Gebäude erworben hat. Dabei kann die Hinzurechnung zu den anderen Anlagen unterbleiben, wenn das Kreditinstitut die Immobilie nicht länger als fünf Jahre hält oder halten will.[609]

Immobilieninvestitionen der Kreditinstitute können unfreiwillig sein, wenn Kredite notleidend werden, für die als Sicherheiten Grundpfandrechte bestellt wurden. In diesem Fall haben die Kreditinstitute bei der Kreditgewährung eine Beleihungswertermittlung durchgeführt. Dieser Beleihungswert soll nach der Diktion der einschlägigen Beleihungswertermittlungsliteratur ein dauerhafter Wert sein.[610]

Ob dieser Wert auch im Rahmen der Zwangsversteigerung als relevanter Wertmaßstab betrachtet wird, ist jedoch zu bezweifeln. Gelangen die Immobilien durch die Verwertung von Sicherheiten im Wege der Zwangsversteigerung in das Eigentum der Kreditinstitute, so wurden vorher schon bei der Festlegung der Grundstückswerte nach § 74 a V ZVG Verkehrswerte ermittelt und angesetzt. Die Kreditinstitute übernehmen neben dem aufgelaufenen gesamten Forderungsbetrag in der Regel die für das Zwangsversteigerungsverfahren ermittelten Verkehrswerte als Grundlage für die Entscheidung, ob das Grundstück ersteigert werden soll.

---

609 Vgl. § 12 II Nr. 4. KWG.

610 Vgl. oben: Zweiter Teil: III. B. 1. a) Beleihungswert nach Hypothekenbankengesetz.

Kommt es nicht zur Zwangsversteigerung und einigen sich das Kreditinstitut und der Schuldner auf den Ankauf von Immobilien zur Verhütung von Forderungsausfällen des Kreditinstituts, so ist keine Bewertungsmethode vorgeschrieben. Wahrscheinlich basiert die Entscheidung einerseits auf einem vorher ermittelten Beleihungswert oder aber auf einem von sachverständiger Seite erstellten Gutachten.

Diese zweite Gruppe von Immobilieninvestitionen können als unfreiwillige Immobilieninvestitionen zusammengefaßt werden.

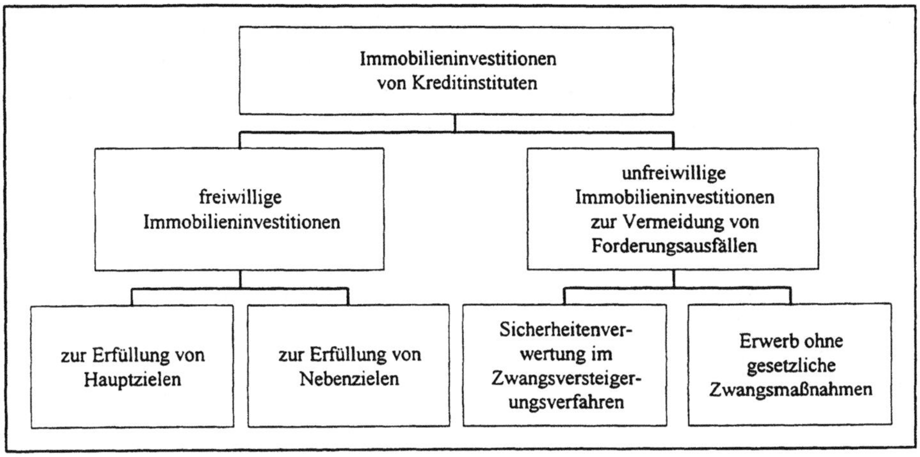

Abbildung 39: Immobilieninvestitionen von Kreditinstituten

2. Immobilienbewertungen im Rahmen von Neubewertungsrücklagen bei Kreditinstituten

Die Bewertung von Immobilien wird im Rahmen der Anlage von Bankgeldern in Immobilien durch die Novelle des KWG durch das 4. KWG Änderungsgesetz vom 08.10.1992[611] zunehmend an Bedeutung gewinnen.

Die Umsetzung der EG-Eigenmittelrichtlinie vom 17.04.1989[612] in deutsches Recht führt zu der Änderung des § 10 IV a Nr. 4a KWG. Demnach ist es möglich, bei der Ermittlung des haftenden Eigenkapitals eines Kreditinstitutes nicht realisierte Reserven in Höhe von 45 % des Unterschiedsbetrages zwischen dem Buchwert und dem Beleihungswert bei Grundstücken, grundstücksgleichen Rechten und Gebäuden dem haftenden Eigenkapital hinzuzurechnen. Die nicht realisierten stillen Reserven werden als Neubewertungsrücklagen bezeichnet. Sollten die Buchwerte höher als die

611 Vgl. BT-Drs., 12/3377.

612 Vgl. Amtsblatt der Europäischen Gemeinschaften, 1989, 89/299, Nr. L 124, S. 16.

Beleihungswerte sein, so sind die Neubewertungsrücklagen zu vermindern.[613] Die Bewertung der Immobilien hat dabei nach § 10 IV b S. 1 KWG mit dem Beleihungswert des Hypothekenbankengesetzes zu erfolgen.[614]

Von Bedeutung ist die Regelung des § 10 IV b S. 2 KWG, da hierin der Bewertungsturnus von drei Jahren festgelegt wird. Im Rahmen der Kreditvergabe wird der Beleihungswert jedoch nur beim Beginn der Laufzeit des Hypothekarkredites ermittelt, da es sich um einen Dauerwert handeln soll. Durch diese Regelung werden turnusmäßige Bewertungszwänge notwendig, die die separate Ermittlung eines Standardwertes der Immobilie für verschiedene Bewertungsanlässe als sinnvoll erscheinen lassen. Daran zeigt sich, daß bereits innerhalb der Legislative Zweifel an der Dauerhaftigkeit des Beleihungswertes bestehen, die durch die Vorschrift zur turnusmäßigen Bewertung manifestiert werden.

D. Ergebnis

Die gesetzlich kodifizierte Immobilienbewertung von Kreditinstituten unterliegt hauptsächlich den Grundsätzen des Hypothekenbankengesetzes. Als Wertmaßstab wird der Beleihungswert auf der Basis des Verkaufswertes eingeführt. In zahlreichen Publikationen wird versucht, einen inhaltlichen Unterschied zwischen Verkaufs- und Verkehrswert zu definieren. Dies ist jedoch nicht möglich.

Da keine inhaltlichen Unterschiede bestehen, ist es unverständlich, weshalb an dem Begriff des Verkaufswertes als Basis des Beleihungswertes festgehalten wird. Darüber hinaus wird in zahlreichen Beleihungswertermittlungsanweisungen auf den Verkehrswert Bezug genommen, um den Verkaufswert zu überprüfen.

Im Rahmen von freiwilligen Immobilieninvestitionen bauen Kreditinstitute häufig auf Verkehrswertgutachten von sachverständiger Seite Entscheidungen auf. Im Normalfall ermitteln Gutachter Immobilienwerte auf der Basis der Grundsätze der Wertermittlungsverordnung. Dies führt inhaltlich zu den Verkehrswerten.

Werden Kreditinstitute zu Immobilienengagements zur Vermeidung von Verlusten gezwungen, so dienen im Wege des Zwangsversteigerungsverfahrens Verkehrswertgutachten als Grundlage der Wertbestimmung. Deshalb erscheint es unverständlich, weshalb sich weite Kreise der Kreditwirtschaft weigern, auch im Bereich des normalen Kreditgeschäftes den Verkehrswert als Grundlage der Beleihungswerte anzuwenden, da die Beleihungswerte in dem Fall, daß der Kredit notleidend wird, ohnehin irrelevant werden und auf die Verkehrswerte zurückgegriffen wird.

---

613 Vgl. mit näheren Erläuterungen Schork, L., KWG (1993), Anmerkungen zu § 10.

614 Somit kann auf die Ausführungen zu der Problematik der Immobilienbewertung nach HypBankG verwiesen werden.

Es bietet sich durch die Übernahme der Vorschriften der Wertermittlungsverordnung für den gesamten Bereich der Kreditinstitute die Möglichkeit, auf einer allgemeinverständlichen und allgemeinverbindlichen Wertbasis zu arbeiten. Dadurch erhöht sich für die Kreditnachfrager die Vergleichbarkeit von Kreditangeboten. Insbesondere in bezug auf die Höhe der Kreditsumme und die Höhe des Beleihungswertes der Immobilie kann durch den Grundwert Verkehrswert die bankenindividuelle Risikoneigung und Einschätzung der Kreditwürdigkeit der Kreditnachfrager transparent gemacht werden.

Die gesamte Kreditwirtschaft wie auch die Kreditnachfrager können durch die Bezugnahme auf einen Standardwert, z.B. den Verkehrswert nach Wertermittlungsverordnung, erhebliche Transaktionskosten vermeiden, da Bewertungen für die Finanzierung nur noch einmal durchzuführen sind. Die unterschiedlichen Banken könnten von diesen Standardwerten abweichen und einen Beleihungswert in einem beliebigen Verhältnis von Beleihungswert zu Verkehrswert ansetzen.

Als bestimmender Faktor erscheint somit nicht der Beleihungswert sondern die Beleihungsgrenze. Diese wäre von bankenaufsichtsrechtlicher Seite vorzugeben. Um den Kreditinstituten einen Aktionsparameter auf dem Markt zu belassen, wäre eine relativ hohe Grenze einzuführen. Als oberste Grenze könnten 100 %[615] des Verkehrswertes als Beleihungswert angesetzt und dann auch beliehen werden.

615 Etwaige übersteigende Beträge wären als unbesicherte Personalkredite zu beurteilen.

IV. Immobilienbewertung des Versicherungssektors

Versicherungsunternehmen[616] können in verschiedener Hinsicht mit Immobilienbewertungen in Verbindung gebracht werden. Versicherungen bewerten Immobilien, wenn sie Versicherungsschutz zusagen, sowie im Rahmen der Kapitalanlage, wobei die Anlage in mit Immobilien besicherten Forderungen und/oder direkt in Immobilien erfolgen kann.

A. "Immobilienversicherungen"

1. Formen der Gebäudeversicherung

Die Versicherung einer Sache kennt die Ausprägung Feuerversicherung, unter die sämtliche Bereiche der Immobilienversicherung fallen. Die Versicherungsunternehmen gewähren für Gebäude zweierlei Arten von Versicherungsschutz. Gebäude der Industrie und des Gewerbes werden im Rahmen der Industriefeuerversicherung nach den "Allgemeinen Bedingungen für die Feuerversicherung (AFB 87)" versichert. Die Versicherung der Wohn- und Geschäftsgebäude erfolgt im Rahmen der verbundenen Wohngebäudeversicherung nach den "Allgemeinen Wohngebäudeversicherungsbedingungen (VGB 88)". Hierbei werden neben der Feuergefahr verschiedene Gefahren, z.B. Sturmschäden, abgedeckt.[617],[618] Die unterschiedlichen Gebäudeversicherungsformen zeigt Abbildung 40:

616 Zu den Definitionen von Versicherungen und Versicherungsarten vgl. Müller-Lutz, H. L., Versicherungslehre (1991), in Müller-Lutz, H. L./Schmidt R. (Hrsg.), Versicherungsenzyklopädie (1991), S. 416 ff. und S. 445.

617 Zu den Abgrenzungen und Definitionen der Gebäudeversicherung vgl. Wenzl, L., Feuerversicherung (1991), in Müller-Lutz, H. L./Schmidt R. (Hrsg.), Versicherungsenzyklopädie (1991), S. 9 ff.

618 Im Rahmen dieser Arbeit ist lediglich die verbundene Wohngebäudeversicherung von Bedeutung, weil es sich hierbei um die Gebäudeversicherung im engeren Sinne handelt.

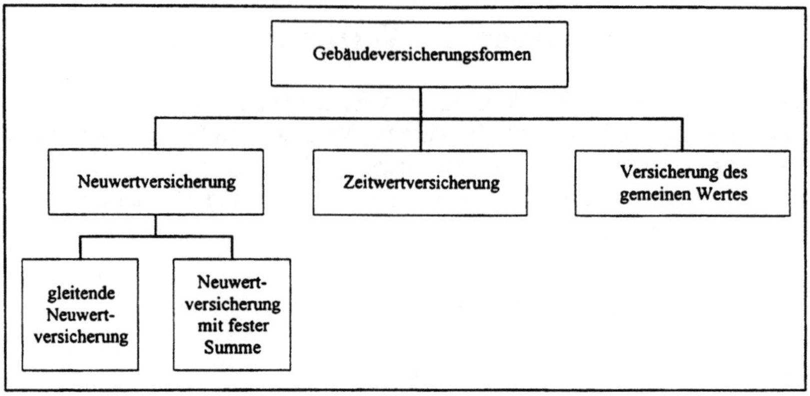

Abbildung 40: Gebäudeversicherungsformen.

Nach § 52 VVG ist der Wert der Sache als der Versicherungswert anzusetzen. Somit ist eine eigene Bewertung für die Versicherung von Bauwerken durchzuführen.

In der Praxis werden Wohngebäude fast nur mit der gleitenden Neuwertversicherung versichert. Trotzdem ist es möglich, entsprechend § 14 VGB 88 Wohngebäude mit dem Neubauwert, dem Zeitwert oder dem gemeinen Wert zu versichern.[619]

2. Gleitende Neuwertversicherung

Die gleitende Neuwertversicherung gewährt den weitestgehenden Versicherungsschutz, weil sie den Neuwert der Bauten versichert und damit die Wiedererrichtung im Schadensfall sicherstellt. Hierbei werden zunächst die Baukosten des Gebäudes für das Jahr 1914 ermittelt. Versicherungswert der gleitenden Neuwertversicherung ist der Neubauwert des Gebäudes entsprechend seiner Größe und Ausstattung nach den Preisen des Jahres 1914 (§ 13 Nr. 2 VGB 88). Die Baukostensteigerungen werden über Veränderungen eines Indexes berücksichtigt. Als Basis wird der Baukostenindex des Statistischen Bundesamtes herangezogen.[620]

Sämtliche Gebäudewerte werden somit auf das Jahr 1914 bezogen und der Versicherungswert 1914 ermittelt. Die Versicherungssumme wird in Höhe dieses Versicherungswertes angesetzt. Die Veränderungen der Baukosten werden in den jeweiligen Baukostenindizes berücksichtigt. Somit kann es nicht zu einer

619 Vgl. Martin, A., Sachversicherungsrecht (1992), S. 1259 und Mesenhöller, A., Gebäude-Versicherungswerte (1994), S. 23.

620 Vgl. Mesenhöller, A., Gebäude-Versicherungswerte (1994), S. 20 f.

Unterversicherung kommen, wenn der Versicherungswert richtig bemessen wurde. Durch die gleitende Neuwertversicherung ist dem entsprechend im Schadensfall die Schadensbeseitigung immer gewährleistet, da die Baupreisentwicklung zwischen 1914 und dem jeweiligen Jahr durch den Baupreisindex ausgeglichen wird. Die Versicherungen beziehen sich jedoch nicht direkt auf die auf Veränderungen der Indizes, sondern zunächst wird ein Prämienfaktor für das jeweilige Versicherungsjahr ermittelt. Der Prämienfaktor wird jeweils zum 1. Januar angeglichen und beinhaltet die Änderung gegenüber dem Vorjahr des Baupreisindexes des Statistischen Bundesamtes zu 80 % und des Tariflohnindexes des Statistischen Bundesamtes zu 20 %.[621] Für die Bemessung der Versicherungsprämie der einzelnen Jahre wird der Prämienfaktor mit der Prämie für die Versicherungssumme 1914 multipliziert.

Der Versicherungswert kann nach § 16 Nr. 3 VGB 88 aufgrund einer Schätzung eines Bausachverständigen, aufgrund der effektiv angefallenen Neubaukosten oder aufgrund der richtigen Angaben des Versicherungsnehmers auf dem Summenermittlungsbogen des Verbandes der Sachversicherer festgelegt werden.[622] Die Wertermittlung wird deshalb über die Herstellungskosten von Gewerken nach DIN 277, nach dem umbauten Raum oder nach der bebauten Fläche unter Zuhilfenahme von geeigneten Tabellenwerten durchgeführt.[623]

Die Bewertung der Immobilie erfolgt immer zu den Herstellungskosten über den Ansatz der Fiktion, daß die Bauwerke neu errichtet werden. Die Standardisierung auf das Jahr 1914 ermöglicht es, sämtliche Gebäude unabhängig von dem Zeitpunkt der Erstellung auf eine Wertbasis zu beziehen und immer zu den Normalherstellungswerten zu versichern. Die Probleme einer fortlaufenden oder turnusmäßigen Bewertung entstehen somit nur in der Ermittlung von exakten und realistischen Indizes.[624]

3. Neuwertversicherung mit fester Summe

Im Rahmen der Neuwertversicherung mit fester Summe nach § 14 1a) VGB 88, welche die geschichtliche Vorstufe der gleitenden Neuwertversicherung darstellt, ist der Neubauwert des Gebäudes mit den gleichen Methoden wie bei der gleitenden Neuwertversicherung zu ermitteln.[625] Der konzeptionelle Unterschied besteht in der

---

621 Vgl. Wenzl, L., Feuerversicherung (1991), in Müller-Lutz, H. L./Schmidt R. (Hrsg.), Versicherungsenzyklopädie (1991), S. 34.

622 Vgl. Martin, A., Sachversicherungsrecht (1992), S. 1439 ff.

623 Vgl. Simon, J./Cors, K./Troll, M., Grundstückswertermittlung (1992), S. 371 ff.

624 Auf Basis der Regelungen zur Sachwertermittlung der gleitenden Neuwertversicherung wird die Musterimmobilie in **Beispiel 19.** bewertet.

625 Zu der Neuwertversicherung mit fester Summe vgl. Mesenhöller, A., Gebäude-Versicherungswerte (1994), S. 21.

Vereinbarung einer festen Versicherungssumme. Dies führt bei Baukostensteigerungen zu einer Unterversicherung. Deshalb sind feste Versicherungssummen den veränderten Versicherungswerten turnusmäßig anzupassen.

4. Zeitwertversicherung

Bei der Zeitwertversicherung wird der an dem Tag des Vertragsabschlusses bestehende Wert des Gebäudes versichert. Der Zeitwert wird über den Neubauwert abzüglich der technischen Wertminderung ermittelt. Der Neubauwert wird über die effektiv angefallenen Baukosten oder die Normalherstellungskosten errechnet.

Die Wertminderung wird über die Proportional-Methode[626] oder die Wertminderungstabellen nach Ross/Brachmann/Holzner[627] festgestellt. Die geschätzte Restlebensdauer des Gebäudes ist hierbei von großer Bedeutung.

Bei dieser Versicherungsart ist wie bei der Neuwertversicherung mit fester Summe der Versicherungswert und damit die Versicherungssumme möglichst in jährlichen Abständen den veränderten Werten anzupassen.

5. Versicherung des gemeinen Wertes

Der gemeine Wert kommt bei Versicherungen dann in Betracht, wenn weder der Neuwert noch der Zeitwert zutreffend sind. Mit dem gemeinen Wert sind folglich Gebäude, die zum Abbruch bestimmt sind, oder Gebäude, die dauerhaft entwertet sind, also für ihren Zweck nicht mehr zu verwenden sind, im Rahmen der Versicherung zu bewerten.[628]

---

626 Zu der Proportional-Methode vgl. Simon, J./Cors, K./Troll, M., Grundstückswertermittlung (1992), S. 361.
Die sehr vereinfachte und ungenaue Formel zur Bestimmung der Wertminderung lautet:

$$W = \frac{NW \times A}{LD}$$

W	=	*Wertminderung in % der Gebäudenormalherstellungskosten*
NW	=	*Neuwert*
A	=	*Gebäudealter in Jahren*
LD	=	*Lebensdauer in Jahren.*

Dieses lineare Wertminderungsverfahren wird in der Praxis nur sehr vereinzelt angewandt.

627 Vgl. Ross, W./Brachmann, R./Holzner, P., Bau- und Verkehrswert (1993), S. 272 f.

628 Zu der Versicherung mit dem gemeinen Wert und insbesondere der Feststellung der Entwertung vgl. Martin, A., Sachversicherungsrecht (1992), S. 1265 ff.

Die Versicherung zum gemeinen Wert stellt die Ausnahme dar. Der gemeine Wert ist nach § 14 1c) VGB 88 der für den Versicherungsnehmer erzielbare Verkaufspreis. Demnach ist in diesem Fall eine Verkehrswertermittlung des Gebäudes durchzuführen. Dies kann z.B. mit den bekannten Verfahren der Wertermittlungsverordnung erfolgen.

6. Zwischenergebnis

Bei jedem Abschluß einer Gebäudeversicherung ist eine Bewertung durchzuführen. Im Normalfall wird eine gleitende Neuwertversicherung abgeschlossen, welche die Wiederherstellung des Gebäudes im Schadensfall gewährleistet. Die Ermittlung des Versicherungswertes erfolgt über die Neubauwerte und deren Rückrechnung auf das Basisjahr 1914.

"Bezieht sich eine Versicherung auf eine Sache, so gilt, soweit sich nicht aus den Umständen ein anderes ergibt, der Wert der Sache als Versicherungswert."[629] Versichert ist somit nicht die Sache an sich, sondern das Interesse an der Sache.[630]

Das Interesse an einer Sache kann aber nur den "Ertrag" zum Ziel haben. "Ertrag" kann in diesem Zusammenhang monetärer oder auch nicht monetärer Natur (z.B. Freude über den Baustil) sein. Da es sich im Rahmen des Versicherungsvertrages aber um eine monetäre Absicherung von Risiken handelt, ist der Ertrag ebenfalls auf monetärer Basis zu bemessen. Aus diesem Grunde ist die Versicherung einer Immobilie immer die Versicherung eines Interesses und dadurch, daß es sich um den Objekten zugeschriebene Bedürfnisbefriedigungspotentiale handelt, die Versicherung eines Ertrages.

Die Versicherung des Ertrages bedarf der Bewertung des Ertrages. Somit ist die Versicherungsbewertung im Grunde mit dem Ertragswertverfahren durchzuführen. Es können demzufolge keine konzeptionellen Unterschiede zwischen der Bewertung von Immobilien im Rahmen von Versicherungen und z.B. Entschädigungsbewertungen bestehen. Die Versicherung muß den möglichen Schaden des Versicherungsnehmers abdecken. Deshalb ist eine Bewertung im Ertragswertverfahren ebenfalls im Bereich der Versicherungen die theoretisch richtige Bewertungskonzeption. Da zahlreiche Probleme (z.B. Schätzungsprobleme) bei der Ermittlung des Ertragswertes bestehen, sind das Sachwertverfahren auf einer individualisierten Basis - nicht das stark standardisierte Bewertungsverfahren über die Normalherstellungskosten 1914 - und das Vergleichswertverfahren weitere Verfahren zur Abschätzung des zu versichernden Verkehrswertes.

Die Gebäudebewertung zum Ertragswert kann zwar zu einem geringeren Versicherungswert als bei einer Sachwertbewertung führen, sollte aber trotzdem als

---

629 § 52 VVG.

630 Vgl. Prölss, E./Martin, A., VVG (1992), § 52 Anm. 1.

eine mögliche Versicherungsform in der Versicherungswirtschaft aufgegriffen werden. Insbesondere die Besicherung von Renditeobjekten, bei denen keine emotionalen Bindungen der Versicherungsnehmer zu den Bauwerken bestehen, könnte über den Ansatz eines Versicherungswertes auf der Basis eines zukunftsorientierten Ertragskalküls kostengünstig realisiert werden.

Als Ziel dient die Entschädigung des Interesses an den Gebäuden und somit des Ertrages der Gebäude. Es soll nur eine Wiedergutmachung in Höhe des Ertragswertes des Gebäudes geleistet werden. Durch die Entschädigung zum Sachwert werden eventuell neue Ertragspotentiale geschaffen, die dazu führen können, daß der Versicherungsnehmer durch den Schadensfall, trotz der Regelung des Bereicherungsverbotes des § 51 VVG, bereichert wird.[631]

In der Abbildung 41 wird der Sachverhalt einer Bereicherung durch eine Sachwertentschädigung beispielhaft dargestellt. Hierbei wird von der sehr ungünstigen Konstellation ausgegangen, daß die Gebäuderestnutzungsdauer durch die Rekonstruktion der baulichen Anlagen nur um den Faktor 1,5 erhöht wird, obwohl nunmehr gänzlich neue Bauten genützt werden können. Darüber hinaus wird von einer nachhaltigen Mietpreissteigerung von 20 % bei einer Neuvermietung ausgegangen.

Versicherungssumme		2.168.000 DM		
Liegenschaftszinssatz		5,00 %		
Restnutzungsdauer in Jahren	Alt	20	Neu	30
Monatsmiete	Alt	10.000 DM	Neu	12.000 DM
Jahresmiete	Alt	120.000 DM	Neu	144.000 DM
Ertragswert	Alt	1.495.000 DM	Neu	2.214.000 DM
Bereicherung	absolut	719.000 DM		
durch Sachwertentschädigung	Prozent	48,00 %		

Abbildung 41: Bereicherung durch Sachwertentschädigungen

Auf der Basis der Ertragswertbetrachtung wird deutlich, daß eine Entschädigung zu Sachwerten mittels der Rekonstruktion von beschädigten Gebäuden unter den meisten Umständen eine Besserstellung des Versicherungsnehmers im Schadensfall

631 Zu dem Bereicherungsverbot vgl. Martin, A., Sachversicherungsrecht (1992), S. 1282.

ergibt.[632] Durch die Entschädigung des Sachwertes wird eine nicht sachgerechte Wiedergutmachung geleistet.

Im Rahmen der verbundenen Wohngebäudeversicherung wird dem Versicherungsnehmer gemäß § 1 Nr. 3 VGB 88 ein etwaiger Mietausfall bis zu sechs Monaten ersetzt. Dieser Ersatz eines Ertrages bietet den Ansatzpunkt für weitere Überlegungen zur Reform der Gebäudeversicherung. Sollte diese um eine Normalversicherung zum Ertragswert erweitert werden, könnten für die Großzahl der Versicherungsnehmer die Prämien reduziert werden, da nicht mehr teure Rekonstruktionen zu entschädigen wären. Der Normalversicherung zu Ertragswerten können die bekannten Sachwertversicherungen an die Seite gestellt werden, falls die Kunden die "exakte" Rekonstruktion der Bauten wünschen sollten. Hierbei wären dann die Prämien je nach Bauarten etc. zu differenzieren.

Durch die Ertragswertversicherung könnten die Versicherungsnehmer unabhängig von der Art der Investition gleich entschädigt werden. Somit würde die Problematik der Entschädigung zum Zeitwert bei nicht erfolgter Rekonstruktion des Gebäudes innerhalb von drei Jahren trotz abgeschlossener gleitender Neuwertversicherung endgültig überwunden werden können.[633]

Somit kann die Entschädigung des monetären Interesses zum Verkehrswert erfolgen, was aber wiederum eine separate Bewertung von Gebäuden durch die Versicherungen überflüssig macht. Die Versicherungen benötigen demnach eine Grundlage der Versicherungswerte in Form von aktuellen Verkehrswerten.

B. Kapitalanlagen

1. Arten von Kapitalanlagen

Bei der Anlage von Kapital haben die Versicherungsunternehmen die Regelungen des Versicherungsaufsichtsgesetzes[634] zu befolgen. Der Gesetzgeber stellt in § 54 I VAG den Grundsatz auf, daß die Vermögensanlage des Versicherungsunternehmens bei möglichst großer Sicherheit und Rentabilität, bei jederzeitiger Liquidität und unter Wahrung angemessener Mischung und Streuung erfolgen muß. Ein Unternehmen, das seinen Kunden Sicherheit verspricht, hat vor

632 Die 48 %-ige Bereicherung kann in Abhängigkeit der Gebäuderestnutzungsdauer sogar noch deutlich gesteigert werden. Weitere Gründe hierfür sind z.B. die Verwendung von neuen Baumaterialien und anderen Grundrissen.

633 Zu der Zeitwertentschädigung vgl. Wenzl, L., Feuerversicherung (1991), in Müller-Lutz, H. L./Schmidt R. (Hrsg.), Versicherungsenzyklopädie (1991), S. 33.

634 Versicherungsaufsichtsgesetz in der Fassung der Bekanntmachung vom 17.12.1993, BGBl. I 1993, S. 2.

allem die Sicherheit der Kapitalanlagen zu gewährleisten, um das Versprechen der Sicherheit erfüllen zu können.[635]

Die Vermögenssphäre der Versicherung wird in zwei Hauptbereiche unterteilt:

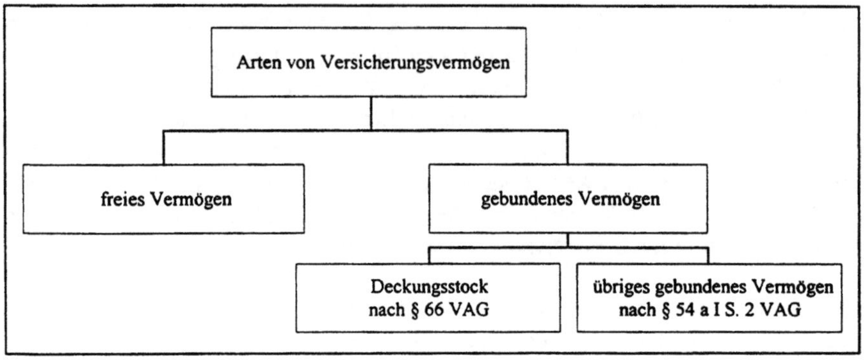

Abbildung 42: Arten von Versicherungsvermögen.

Der Deckungsstock ist ein vom übrigen Vermögen getrenntes Sondervermögen, dessen Bestand durch ein Verzeichnis nachgewiesen werden muß und von einem Treuhänder überwacht wird.[636] Dem Deckungsstock sind Anlagen zuzuführen, die der voraussichtlichen Entwicklung der in § 65 VAG aufgeführten Deckungsrücklage für die Verpflichtungen der einzelnen Versicherungsarten entsprechen müssen.[637] Das übrige gebundene Vermögen definiert § 54 a I S. 2 VAG. Übrige gebundene Vermögenswerte sind Vermögensgegenstände, die außerhalb des Deckungsstockes in der Höhe der versicherungstechnischen Rückstellungen, in der Höhe der Verbindlichkeiten aus Versicherungsverhältnissen und in der Höhe der Rechnungsabgrenzungsposten gebildet wurden.

Neben den allgemeinen Vermögensanlagegrundsätzen des § 54 VAG wird in § 54 a VAG für die Bestände des Deckungsstockes und des übrigen gebundenen Vermögens vorgeschrieben, daß nur nach den besonderen Regeln des § 54 a VAG investiert werden darf.

Der § 54 a II VAG zählt die möglichen Investitionen für gebundenes Vermögen abschließend auf. Dabei wird die Investition in grundpfandrechtlich gesicherte Forderungen und in Immobilien explizit aufgeführt.

---

635 Vgl. Goldberg, A./Müller, H., VAG (1980), § 54 Anm. 7.

636 Vgl. Fahr, U./Kaulbach, D., VAG (1994), § 65 und § 66.

637 Zu der Problematik der Deckungsrücklage, die eigentlich Deckungsrückstellung heißen müßte, und den Deckungsstockzuführungen vgl. Fahr, U./Kaulbach, D., VAG (1994), Vor § 65 Anm. 2, § 65 Anm. 1 und § 66 Anm. 1.

2. Grundpfandrechtlich gesicherte Forderungen

Die Vergabe von Krediten gegen die Besicherung durch Grundpfandrechte schreibt die Beachtung der §§ 11 und 12 Hypothekenbankgesetz vor (§ 54 a II Nr. 1 a VAG). Die Beleihung erfolgt demnach nur bis zu der bankaufsichtsrechtlichen Grenze von 60 % des Beleihungswertes. Deshalb müßte die Bewertung der Immobilien im Rahmen der Realkreditvergabe von Versicherungen auf der Basis der Verkaufswertermittlung nach Hypothekenbankgesetz erfolgen.

Vor der Novellierung des VAG 1974 richtete sich die Beleihungswertermittlung nur nach den sog. "Beleihungsrichtlinien des Aufsichtsamtes", die die Vorschriften der § 68 und 69 VAG a.F. ausfüllten. Seit der Bezugnahme auf das Hypothekenbankgesetz haben die "Beleihungsrichtlinien des Aufsichtsamtes für das Kreditwesen" an Bedeutung verloren.

In seinem Rundschreiben 2/75 in Textziffer 6.2. hat das Bundesamt für das Versicherungswesen (BAV) die Versicherungsunternehmen dazu verpflichtet, entsprechend § 13 HypBankG Beleihungs- und Bewertungsgrundsätze zu erlassen.[638] Diese Grundsätze können durch die Übernahme der "Beleihungsrichtlinien des Aufsichtsamtes"[639] oder durch die Übernahme von den Beleihungsgrundsätzen des Gesamtverbandes der Deutschen Versicherungswirtschaft und des Verbandes der Lebensversicherungsunternehmen aus dem Jahre 1975[640] oder aber aufgrund eigener Anweisungen des Unternehmens befolgt werden. In der Praxis haben sich die Beleihungsgrundsätze des Gesamtverbandes der Deutschen Versicherungswirtschaft nebst Erläuterungen durchgesetzt. Grund hierfür ist, daß das BAV keinerlei Einwendungen erhoben hat.[641]

Der § 4 Beleihungsgrundsätze Gesamtverband schreibt die Wertermittlung mit dem Beleihungswert im Wege des Ertrags- und des Sachwertverfahrens vor. Etwaige Verkehrswerte nach BauGB sind zu berücksichtigen. Insofern werden in den Beleihungsgrundsätzen keine neuen Verfahren beschrieben. Lediglich der in § 7 III Beleihungsgrundsätze Gesamtverband vorgeschriebene Kapitalisierungszinssatz von einheitlich 5 % bei den verschiedenen Objekten mit Ausnahme von gewerblich genutzten Objekten, Altbauten und aufwendigen Häusern führt zu einer Vereinfachung des Ertragswertverfahrens. Diese nimmt keine Rücksicht auf die empirisch bewiesenen Unterschiede der verschiedenen Liegenschaftszinssätze und die unterschiedlichen Restnutzungsdauern.

---

638 Vgl. VerBAV 1975, S. 103.

639 Vgl. VerBAV 1963, S. 18 ff.

640 Vgl. Schwebler, R. (Hrsg.), Vermögensanlagepraxis (1991), Anhang IV. 4. a).

641 Vgl. Loidl, V., Realkreditgeschäft (1991), in Schwebler, R. (Hrsg.), Vermögensanlagepraxis (1991), S. 281.

Die in den Beleihungsrichtlinien des BAV und in den Erläuterungen des Gesamtverbandes angeführte Methode der Mittelwertbildung von Ertrags- und Sachwert wird inzwischen nicht mehr angewendet, was die Verbreitung der Grundsätze der Unternehmensbewertung auch im Versicherungssektor ausdrückt.[642]

Die Beleihungswertermittlung bei Versicherungen ist nicht mit den Beleihungswerten nach Hypothekenbankgesetz identisch. Diesen Widerspruch zu lösen, sollte durch die Abschaffung von eigenen Beleihungsgrundsätzen im Versicherungssektor und durch die vorbehaltslose Übernahme der Bewertung des Hypothekenbankgesetzes versucht werden. Die Vorgabe von Beleihungsgrenzen im Versicherungsbereich sollte im Gleichklang mit den Regelungen des Kreditsektors erfolgen, um die Konkurrenzfähigkeit der Versicherungen im Realkreditgeschäft zu erhalten.

3. Immobilieninvestitionen

Wenn Versicherungsunternehmen Kapital in Immobilien investieren, handelt es sich um Investitionsentscheidungen, die - wie bei allen Wirtschaftssubjekten - je nach individueller Zielpräferenz und Kenntnisstand erfolgen. Als Wertbasis stehen sämtliche Immobilienbewertungsverfahren zur Verfügung. Bei Versicherungen treten Aspekte der Inflationssicherung durch Investitionen in Sachwerte und generelle Sicherheitsaspekte im Hinblick auf die Versicherungsaufsicht hinzu.[643]

Immobilieninvestitionen von freiem und von gebundenem Vermögen der Versicherungen sind genehmigungsfrei, wobei der Erwerb dem BAV mit einer überschlagsmäßigen Wirtschaftlichkeitsberechnung auf einem Formblatt[644] anzuzeigen ist. Die Anlage von Mitteln des gebundenen Vermögens in Immobilien ist nach § 54 a II Nr. 10 VAG nur zugelassen, wenn die Angemessenheit des Kaufpreises durch ein Gutachten eines vereidigten Sachverständigen oder auf vergleichbare Weise nachgewiesen wird.

Damit entsteht die Notwendigkeit von Immobilienbewertungen durch sachverständige Gutachter zur Überprüfung des Kaufpreises sowohl bei der Erstinvestition in Immobilien von Versicherungsunternehmen, als auch bei dem laufenden Ansatz der Anrechnungswerte für den Deckungsstock.

---

642 Vgl. Loidl, V., Realkreditgeschäft (1991), in Schwebler, R. (Hrsg.), Vermögensanlagepraxis (1991), S. 303.

643 Vgl. Bargen, M. von/Frenz, R., Vermögensanlage (1991), in Müller-Lutz, H. L./Schmidt R. (Hrsg.), Versicherungsenzyklopädie (1991), S. 500 f.

644 Vgl. Anlage 2 zum Rundschreiben des BAV R 2/75, VerBAV 1975, S. 110.

a) Verkehrswertermittlung zur Angemessenheitsprüfung

Den Nachweis der Angemessenheit des Kaufpreises hat das BAV konkretisiert. Zugelassen für die Angemessenheitsprüfung sind demnach:[645]

- Gutachten eines vereidigten Sachverständigen,
- Gutachten eines Gutachterausschusses und
- auf sonstige Weise ermittelte Werte. Sonstige Werte sind Werte von Gutachtern, die nicht öffentlich bestellt oder vereidigt wurden.

Die Versicherungsunternehmen haben beim Nachweis der Angemessenheit des Kaufpreises immer den teuren Weg über Beauftragung von externen Schätzern zu gehen.[646]

Die von der Versicherung beauftragten externen vereidigten oder nicht vereidigten Gutachter richten sich im Normalfall bei ihrer Verkehrswertermittlung für die Angemessenheitsprüfung des Kaufpreises nach den Grundsätzen des Baurechtes mit der Definition des Verkehrswertes in § 194 BauGB und damit nach der Wertermittlungsverordnung. Eine gesetzliche Verpflichtung zu der Wahl einer Methode besteht nicht. Die Gutachterausschüsse bewerten in der Praxis entsprechend den ihnen vorliegenden Kaufpreissammlungen,[647] die ebenfalls auf der Basis der Wertermittlungsverordnung aufgestellt werden.

b) Verkehrswertermittlung für Anrechnungswerte

Bei Immobilien, die im Rahmen des Deckungsstockes gehalten werden, haben die Versicherungsunternehmen die Immobilien zu den historischen Anschaffungskosten nach § 66 III a VAG anzusetzen. Dieser Wert wird als sog. Anrechnungswert bezeichnet. Diese Anrechnungswerte werden durch das Versicherungsunternehmen autonom festgesetzt.

Stimmen die Verkehrswerte der Objekte zum Bewertungsstichtag nicht mit den Bilanzwerten überein, so sind etwaige niedrigere Verkehrswerte in den Deckungsstock zu übernehmen. Es herrscht ein strenges Niederstwertprinzip, da die Wertansätze des Deckungsstockes der Versicherung auf den Problemfall der Insolvenz gerichtet sein müssen und somit die Wertansätze unter der going-concern-Prämisse bei Wertminderungen verlassen werden müssen. Die Aufsichtsbehörde hat aber auch nach § 66 III a VAG die Möglichkeit, die Anrechnungswerte auf Basis

---

645 Vgl. Rundschreiben des BAV R 2/75, Tz. 14.3, VerBAV 1975, S. 106.

646 Vgl. Nickisch, H.-P., Vermögensanlage (1991), in Schwebler, R. (Hrsg.), Vermögensanlagepraxis (1991), S. 247.

647 Vgl. Nickisch, H.-P., Vermögensanlage (1991), in Schwebler, R. (Hrsg.), Vermögensanlagepraxis (1991), S. 246 und 257.

der von Sachverständigen ermittelten Verkehrswerte zuzulassen, wenn diese um mindestens 100 % über den Bilanzwerten liegen.[648] Die Versicherungen haben die Immobilien des Deckungsstockes fortlaufend zu bewerten, solange sie im Deckungsstock gehalten werden.[649]

Das BAV hat die Bezugnahme auf den Verkehrswert und damit auf das Baugesetzbuch und die Wertermittlungsverordnung in seinem Rundschreiben R 11/76 in Tz. 2.22[650] konkretisiert, wodurch die Bewertung für die Ermittlung des Deckungsstockes auf eine einheitliche Basis gestellt wurde. Da immer die gleichen Wertermittlungsmethoden angewandt werden, ist es irrelevant, ob die Bewertung der Liegenschaften durch externe Gutachter oder versierte Mitarbeiter des Versicherungsunternehmens erfolgt.

Um die Wertermittlung der Versicherungsunternehmen zu vereinfachen, hat der Gesamtverband der Deutschen Versicherungswirtschaft im Einvernehmen mit dem BAV einen einheitlichen Wertermittlungsbogen aufgestellt. In diesem Ermittlungsbogen werden die Grundkonzeptionen der Wertermittlungsverordnung aufgegriffen, so z.B. die separate Bewertung des Bodens im Vergleichswertverfahren oder die separate Berücksichtigung der Bodenwertverzinsung beim Ertragswertverfahren.[651]

C. Ergebnis

Versicherungen bewerten im Rahmen ihrer Investitionsentscheidungen genauso wie andere Wirtschaftssubjekte. Aufgrund der Vorgaben der Versicherungsaufsicht haben sie jedoch zusätzlich besondere Sicherheitsaspekte zu beachten.

Die Beleihungswertermittlung der Versicherungen wird nach eigenen Grundsätzen, die inhaltlich fast identisch mit den Regelungen des Hypothekenbankensektors sind, durchgeführt. Die Angemessenheitsprüfung und die Verkehrswertermittlung für den Ansatz der Anrechnungswerte zwingen den Versicherungsunternehmen weitere Bewertungen, neben der eigentlichen Bewertung im Rahmen der Investitionsentscheidung, auf. Diese versicherungsaufsichtsrechtlichen Bewertungen sind jeweils auf Basis der Grundsätze der Wertermittlungsverordnung durchzuführen. Die Abbildung 43 verdeutlicht die gesamte Immobilienbewertung des Versicherungsbereiches in grafischer Form:

---

648 Vgl. Fahr, U./Kaulbach, D., VAG (1994), § 66 Rdnr. 5 f.

649 Zu der Aktualisierung der Anrechnungswerte vgl. Bundesaufsichtsamt für das Versicherungswesen, Geschäftsbericht (1985), S. 50 und Rundschreiben des BAV R 4/77, VerBAV 1977, S. 320, Tz. 2.3.

650 Vgl. VerBAV 1976, S. 385.

651 Vgl. Schwebler, R. (Hrsg.), Vermögensanlagepraxis (1991), Anhang IV. 3. b).

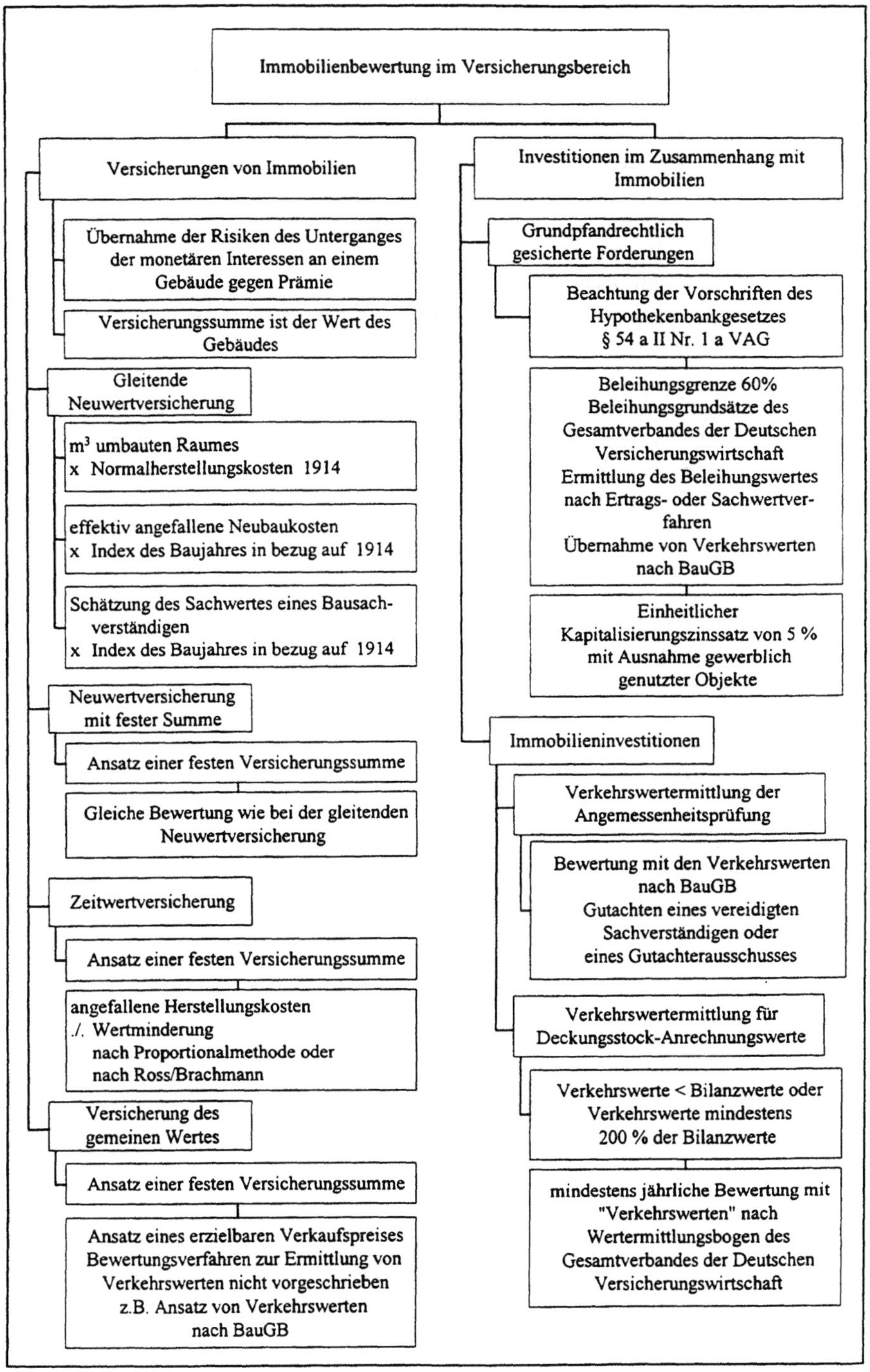

Abbildung 43: Immobilienbewertung im Versicherungsbereich.

Die Besicherungsbewertung richtet sich hauptsächlich nach den zur "identischen" Rekonstruktion notwendigen Aufwendungen. Die Beleihungswertermittlung bei Versicherungen baut auf den Regeln des Hypothekenbankengesetzes auf. Rendite- und Sicherheitsgesichtspunkte sind die Grundlage bei Bewertungen im Rahmen von Immobilieninvestitionen. Die Werte nach der Wertermittlungsverordnung finden Bedeutung für die Angemessenheitsprüfung und die Anrechnungswertermittlung.

Von Interesse ist, daß verschiedene Bewertungskonzeptionen nebeneinander geduldet werden, z.B. die Bewertung zu den Normalherstellungskosten 1914, die Bewertung zu Beleihungswerten mit der Ermittlung des Dauerverkaufswertes und die Bewertung mit den aus der Wertermittlungsverordnung abgeleiteten Werten im Rahmen der Anlagevorschriften des § 54 a VAG.

Wie oben ausgeführt, ist die Trennung zwischen den Verkaufswerten nach Hypothekenbankgesetz und den Werten nach Baugesetzbuch nicht begründbar, auch im Versicherungsbereich ist diese künstliche Unterscheidung aufzubrechen.

Da Versicherungen fortlaufend Immobilienverkehrswertermittlungen für die Deckungsstockverzeichnisse durchführen müssen, könnten erhebliche Einsparungen durch die Übernahme von externen Werten realisiert werden. Gleiches gilt für die Bewertung von Immobilien im Rahmen der Versicherung der Gebäude; auch hier ließe sich erheblicher Aufwand durch die Übernahme von externen Werten vermeiden, wobei besonderer Wert auf die Aktualität der Standardwerte gelegt werden müßte.

Darüber hinaus ist das Problem der Bewertung zum Sachwert im Rahmen der Gebäudeversicherung zu beachten, die auch Renditeobjekte mit dem Sachwert bewertet, wobei durch die Bewertung von bestehenden Objekten zu Rekonstruktionswerten im Versicherungsfall ein höherer Ertragswert, als der schon existente, geschaffen werden kann.[652]

652 Der Fall, daß durch die Rekonstruktion der Immobilie ein geringerer Ertragswert geschaffen wird ist nur von theoretischer Natur und in der Realität nicht wahrscheinlich.

V. Sonstige Immobilienbewertungen

A. Vereinfachtes Ertragswertverfahren

In der Bewertungspraxis hat eine vereinfachende Abwandlung des Ertragswertverfahrens große Relevanz. Es wird als vereinfachtes Ertragswertverfahren bezeichnet, weil die in § 15 I Wertermittlungsverordnung vorgeschriebene separate Bewertung des Bodens unterbleibt.

Das vereinfachte Ertragswertverfahren ist ein nicht gesetzlich kodifiziertes Bewertungsverfahren, das insbesondere bei der Schätzung von möglichen Kaufpreisen schnelle Resultate liefert und von den Marktteilnehmern angewandt wird. Im Rahmen der angelsächsischen Grundstücksbewertung hat das vereinfachte Ertragswertverfahren große Verbreitung gefunden.[653]

Das vereinfachte Ertragswertverfahren kapitalisiert den gesamten Reinertrag des Grundstückes, der als nachhaltig angesehen wird, entweder auf ewig oder entsprechend der Restnutzungsdauer der baulichen Anlagen.

Bei der Annahme einer ewigen Nutzung wird der Ertragswert mittels der Division der Reinerträge durch den Kapitalisierungszinssatz errechnet. Als Kapitalisierungszinssatz werden die auf dem Markt realisierten Liegenschaftszinssätze der Belegenheitsregion der Immobilie angesetzt. Mathematisch kann das eine ewige Nutzungsdauer annehmende vereinfachte Ertragswertverfahren folgendermaßen ausgedrückt werden:

$$EW = \frac{RE}{p} \times 100$$

EW	=	*Ertragswert*
RE	=	*Reinertrag*
p	=	*Liegenschaftszinssatz.*

Der zweite Verfahrensweg der Kapitalisierung entsprechend der Restnutzungsdauer der Bauten führt nur zu einem annehmbaren Ertragswert, wenn die Restnutzungsdauer mindestens 50 Jahre beträgt. Dann kann davon ausgegangen werden, daß die jährlichen Reinerträge fast gänzlich durch die Verwertung der

653 An dieser Stelle unterbleibt die genauere Darstellung des angelsächsischen Ertragswertverfahrens, vgl. dazu Appraisal Institute (Hrsg.), The Appraisal (1992), S. 467 ff. Zu einer Gegenüberstellung des deutschen und des angelsächsischen Ertragswertverfahrens vgl. Kleiber, W./Simon, J./Weyers, G., Verkehrswertermittlung (1994), S. 1001.

baulichen Anlagen entstehen.[654] So läßt sich der jeweils einschlägige Gebäudevervielfältiger auf den gesamten Reinertrag des Grundstückes anwenden. Als Vervielfältiger kommen wiederum die in der Anlage zu § 16 III WertV angegebenen Multiplikatoren der baulichen Anlagen oder empirisch ermittelte Multiplikatoren in Betracht.

$$EW = RE \times V$$

EW	=	*Ertragswert*
RE	=	*Reinerträge*
V	=	*Vervielfältiger nach der Anlage zu § 16 III WertV oder auf der Basis eigener Erhebungen.*[655]

Der über die nun begrenzte Restnutzungsdauer errechnete Ertragswert weicht von dem auf ewiger Basis errechneten Ertragswert je weniger ab, desto länger die Restnutzungsdauer und desto höher der Liegenschaftszinssatz[656] ist. Fraglich ist, welcher Ansatz zu vertretbaren Ergebnissen führt. Die Kapitalisierung über einen begrenzten Zeitraum entsprechend der geschätzten Restnutzungsdauer ist der Kapitalisierung einer fiktiv ewigen Nutzungsmöglichkeit vorzuziehen, da diese nicht bestehen kann.

Über die lange Laufzeit betrachtet führen beide Verfahrensvarianten zu einem Ertragswert, der im Rahmen der Schätzungsgenauigkeiten und Rundungsdifferenzen des Bewertungsverfahrens liegt.[657] Insofern kann auch das vereinfachte Ertragswertverfahren mit ewiger Nutzungsdauer angewandt werden, da es einen sehr pragmatischen und schnellen Bewertungsweg darstellt, bei dem die Ungenauigkeiten durch den Verfahrensablauf jedoch nicht vergessen werden dürfen.[658]

Um auch Objekte mit einer kurzen Restnutzungsdauer mit dem vereinfachten Ertragswertverfahren bewerten zu können, sind eigene Vervielfältiger aufzustellen, die den stark ansteigenden Bodenwertanteilen bei sinkender Gebäuderestnutzungsdauer Rechnung tragen. Die abzuleitenden "Vervielfältiger für kurze Restnutzungsdauern unter Einschluß des Bodenwertes" werden entsprechend den Ertragsfaktoren des § 12 WertV abgeleitet, indem die bereinigten Kaufpreise durch den nachhaltigen Jahresreinertrag geteilt werden.

---

654 Zu den Berechnungen und den Anteilen des Bodenwertes an dem Ertragswert vgl. Kleiber, W./Simon, J./Weyers, G., Verkehrswertermittlung (1994), S. 511 und S. 1002.

655 Zu der Ableitung der Vervielfältiger vgl. oben: Zweiter Teil: II. C. 3. Kapitalisierung.

656 Es wird bei beiden Verfahren von dem gleichen Liegenschaftszinssatz ausgegangen.

657 So auch Kleiber, W./Simon, J./Weyers, G., Verkehrswertermittlung (1994), S. 1002.

658 Das vereinfachte Ertragswertverfahren wird in **Beipiel 9.** dargestellt.

Solchermaßen aufgestellte Ertragsfaktoren müssen auf der Basis von Objekten ermittelt werden, die nach Altersklassen zu unterscheiden und in ihren Ausprägungen als typisch anzusehen sind. Durch die Ableitung von empirisch über die Ertragsfaktoren zu bestimmenden Vervielfältigern kann eine Ermittlung von Liegenschaftszinsssätzen unterbleiben, da die Vervielfältiger und die Liegenschaftszinssätze im vereinfachten Ertragswertverfahren reziprok sind.

$$V = \frac{EW}{RE} = \frac{1}{p} \Rightarrow p = \frac{RE}{EW} = \frac{1}{V}$$

EW	=	*Ertragswert*
RE	=	*Reinertrag*
V	=	*Vervielfältiger nach der Anlage zu § 16 III WertV oder auf der Basis eigener Erhebungen*
p	=	*Liegenschaftszinssatz.*[659]

Hierbei stellt sich erneut das Problem der Beschaffung und Auswertung relevanter Kaufpreise, relevanter Jahresreinerträge sowie der Bestimmung der Restnutzungsdauern.

Das vereinfachte Ertragswertverfahren besticht durch seine einfache Ausführbarkeit und seinen Verzicht auf eine separate Bodenwertermittlung mit einer fiktiven Trennung von Bauten und Boden. Darüber hinaus führt die Ableitung von empirisch ermittelten Vervielfältigern sofort über die Reziprozität zu den Liegenschaftszinssätzen. Problematisch erscheint die Bestimmung von nach Altersklassen und verschiedenen Objekten differenzierten Vervielfältigern, was jedoch bei einer großen Verbreitung des Verfahrens in der Praxis als lösbar angesehen wird.[660]

---

659 Vgl. Kleiber, W./Simon, J./Weyers, G., Verkehrswertermittlung (1994), S. 511.

660 Vgl. Kleiber, W./Simon, J./Weyers, G., Verkehrswertermittlung (1994), S. 511 und S. 1003.

B. Residualverfahren

Das Residualverfahren ist ein Bewertungsverfahren, mit dem Bodenwerte errechnet werden. Es geht von einer baurechtlich maximal möglichen Nutzung des zu bewertenden Grundstückes aus.

Das Residualverfahren gewinnt in Deutschland zunehmend an Bedeutung, da zusätzliches Bauland, insbesondere in Stadtlagen, nur noch in geringem Umfang ausgewiesen wird. Das Residualverfahren wird auch als Bauträgermethode bezeichnet.[661] In den Vereinigten Staaten von Amerika ist das Residualverfahren sehr verbreitet und wird als "Highest and Best Use Analysis" bezeichnet.[662]

Zunächst wird die maximale Bebauungsmöglichkeit des Grundstückes geklärt und ein entsprechendes Gebäude fiktiv auf dem Grundstück erstellt. In einem weiteren Schritt wird der Verkehrswert des fiktiv bebauten Gesamtgrundstückes über das Vergleichswertverfahren oder auf der Basis des Ertragswertverfahrens[663] bestimmt. Der so errechnete Verkehrswert wird um die fiktiven Baukosten, etwaige Abbruchkosten bei schon bebauten Grundstücken sowie um Vermarktungs- und Erschließungskosten vermindert. In diesem Schritt ist auch ein kalkulatorischer Unternehmergewinn anzusetzen und ebenfalls von dem Verkehrswert des fiktiv bebauten Gesamtgrundstückes abzuziehen.[664]

Der verbleibende Rest stellt den maximal möglichen Wert des Bodens im Zeitpunkt der Realisierung des Verkehrswertes dar. Der Zeitraum zwischen dem Abschluß des Grundstückskaufvertrages und dem Ende der Verwertungsphase wird als Gesamtentwicklungszeit bezeichnet. Der Bodenwert ist entsprechend der Gesamtentwicklungszeit abzuzinsen, wobei ein Diskontierungszinssatz zu verwenden ist, der den Verhältnissen auf dem Kapitalmarkt entspricht.[665] Einmalige Kosten, die mit dem Erwerb zusammenhängen, sind zeitlich direkt bei dem

---

661 Vgl. Falk, B., Immobilien-Handbuch (1994), III. 4.4., S. 5.

662 Vgl. Appraisal Institute (Hrsg.), The Appraisal (1992), S. 275 ff.

663 Insbesondere bei der Verkehrswertermittlung im Wege des Ertragswertverfahrens ist die richtige Bestimmung des Liegenschaftszinssatzes von großer Wichtigkeit, da die Gebäudegesamtnutzungsdauer als Restnutzungsdauer angesetzt wird und bei geringen Zinssatzunterschieden hohe Differenzen der errechneten Verkehrswerte erzeugt werden. Vgl. Kleiber, W./Simon, J./Weyers, G., Verkehrswertermittlung (1994), S. 994.

664 Zu der genauen Darstellung der einzelnen Rechenschritte vgl. Falk, B., Immobilien-Handbuch (1994), III. 4.4., S. 7 f.

665 Vgl. Kleiber, W./Simon, J./Weyers, G., Verkehrswertermittlung (1994), S. 996.

Erwerbszeitpunkt anzusetzen.[666] Dies ergibt den für den Bauträger gerade noch wirtschaftlich tragbaren Bodenwert. In Abbildung 44 wird das Schema des Residualverfahrens grafisch dargestellt:[667]

1.		Ermittlung der möglichen Netto-Geschoßfläche
2.		Berechnung des fiktiven Ertragswertes:
		Jährlicher Reinertrag je Quadratmeter Netto-Geschoßfläche in DM
	x	Vervielfältiger
	=	Ertragswert im Falle eines Neubaues
3.		Berechnung der Bau- und Entwicklungskosten:
	./.	Baukosten je Quadratmeter Netto-Geschoßfläche
	./.	Finanzierungskosten
	./.	Vermarktungskosten
	./.	Gebühren, Abgaben
	./.	Sonstiges
	./.	Unternehmergewinn in % des Gesamtgrundstücksertragswertes
	=	Residuum = Bodenwert bei Abschluß der Verwertungsphase
4.		Errechnung des tragbaren Bodenwertes:
		Bodenwert bei Abschluß der Verwertungsphase
	÷	(Grundstücksfinanzierungszinssatz)^n
		wobei n die Zeit vom Grundstückskauf bis zum Abschluß der Verwertung ist
	./.	Notargebühren und sonstige Gebühren für den Grundstückskauf
	=	tragbarer Bodenwert

Abbildung 44: Ablaufschema der Residualmethode.[668]

Der Bodengrenzwert ist der Grenzpreis für einen potentiellen Erwerber des Grundstückes. Kann der Erwerber das Grundstück unterhalb des Grenzwertes erstehen, so erhöht sich sein Unternehmergewinn, wenn alle anderen Annahmen genau wie vorhergeplant eintreffen. Der auf der Basis des Residualverfahrens errechnete Grundstückswert ist vorsichtig zu betrachten, weil eine Großzahl von Unwägbarkeiten der Eingangsparameter besteht und der errechnete Grundstückswert

666 Kleiber/Simon/Weyers beziehen die einmaligen Erwerbskosten in einen Gesamtdiskontierungszinssatz ein. Vgl. Kleiber, W./Simon, J./Weyers, G., Verkehrswertermittlung (1994), S. 998. Diese Vorgehensweise ist fehlerhaft und verfälscht das Ergebnis deutlich.

667 In **Beispiel 23.** wird eine Residualbewertung für den Boden der Musterimmobilie durchgeführt.

668 In Anlehnung an Falk, B., Immobilien-Handbuch (1994), III. 4.4., S. 7 f.

sehr stark auf Schwankungen der Eingangsparameter reagiert. So wird das Verhältnis von Gebäudewert zu Bodenwert maßgeblich verändert, wenn es zu Baupreissteigerungen kommt. Da im Normalfall der Kaufpreis für den Boden bereits festgelegt ist, führen Veränderungen von Baukosten oder Verwertungsmöglichkeiten zu starken Gewinnveränderungen des Bauträgers.[669]

"Die "Schwäche" des Verfahrens liegt darin, daß es sich um einen konstruierten Bodenwert handelt, dessen Höhe durch eine Reihe unsicher kalkulierbarer Faktoren und unter Umständen verhängnisvoller Fehler-Fortpflanzungsquoten bestimmt wird und daher auch beeinflußbar ist."[670] Durch das Residualverfahren läßt sich fast jeder mögliche Bodenwert errechnen,[671] so daß diese Methode nur im Rahmen von Kaufpreisverhandlungen als Bestimmungsweg eines Grenzpreises des Käufers eingesetzt wird.

Hauptvorteil des Residualverfahrens ist, daß alle wichtigen wertbeeinflussenden Faktoren, wie z.B. Gestaltungsvorschriften, Stellplatzfragen, Abstandszahlungen, aber auch Zwischenfinanzierungs- und Rechtsberatungskosten berücksichtigt werden können. Sämtliche Positionen fließen entweder in die Bau- und Entwicklungskosten ein, oder werden im Rahmen der marktlichen Verwertung in den Veräußerungserlösen berücksichtigt.[672],[673]

---

669 Vgl. Gerardy, T./Möckel, R., Grundstücksbewertung (1995), Teil 1.3.7, S. 33 f.

670 Falk, B., Immobilien-Handbuch (1994), III. 4.4., S. 6.

671 Naegeli/Hungerbühler führen eine Modellberechnung durch, in der die Inputgrößen nur gering variiert werden, jedoch die Ergebnisse stark streuen, vgl. Naegeli, W./Hungerbühler, K., Liegenschaftsschätzer (1988), S. 40 f.

672 Vgl. Falk, B., Immobilien-Handbuch (1994), III. 4.4., S. 7.

673 Kritisch merken Kleiber/Simon/Weyers an, daß die potentiellen Erwerber die höchsten Preise für die Liegenschaften bieten werden, die die intensivste Nutzung des Grundstückes anstreben. Sie verweisen auf die möglichen städtebaulichen Folgen, da immer das höchste tragbare Kaufangebot den Grundstücksmarkt bestimmt. Vgl. Kleiber, W./Simon, J./Weyers, G., Verkehrswertermittlung (1994), S. 998.

C. Vergleichswertverfahren auf Basis privater Kaufpreissammlungen

Bewertungen auf der Basis von Kaufpreissammlungen sind Bewertungen im Vergleichswertverfahren, die nicht auf gesetzlichen Zwängen aufbauen. Dem entsprechend führen und veröffentlichen einzelne Sachverständige, Makler, Maklervereinigungen, Banken und Versicherungen eigene Kaufpreissammlungen. Bewertungen mit den gesetzlich kodifizierten Vergleichswertverfahren bauen häufig auch auf den Daten verschiedener Kaufpreissammlungen der Immobilienwirtschaft auf, da Sammlungen von Verkehrswerten, die aufgrund der gesetzlichen Ansprüche aufgestellt werden müssen, nicht immer auf einer statistisch repräsentativen Stichprobe basieren.

Bewertungen mit Hilfe von Kaufpreissammlungen sind in der Praxis sehr weit verbreitet, um im Rahmen von Investitionsentscheidungen Anhaltspunkte für den am Markt üblichen Wert der betrachteten Immobilie schnell und kostengünstig abzuschätzen. Hierbei sind insbesondere potentielle Unterschiede zwischen Kaufpreisen und den hinter den Kaufpreisen stehenden Werten zu beachten, da persönliche und/oder ungewöhnliche Einflüsse evtl. nicht bei der Aufstellung der Kaufpreissammlungen eliminiert wurden.

Darüber hinaus stellt sich die Frage, ob die Werte der Kaufpreissammlungen wirkliche Verkaufspreise zur Basis haben, oder ob es sich um eine Auswertung von Verkaufsangeboten handelt.

Da die Beschaffung von Vergleichswerten immer das Hauptproblem jedes Vergleichswertverfahrens ist,[674] hängt die Güte der ermittelten Werte immer von der Breite der Stichprobe, dem Zeitpunkt der Stichprobenwerte, der Qualität der Vergleichsobjekte und von den Auswertungsmethoden der Stichprobe ab. Hierbei kann generell die Aussage getroffen werden, daß eine Kaufpreissammlung die Marktgegebenheiten umso besser abbildet, je größer die Anzahl vergleichbarer Verkaufsfälle und Vergleichsobjekte ist, je detaillierter die regionale Gliederung der Kaufpreissammlung ist, je aktueller die Vergleichsverkäufe sind, und je besser und genauer die Auswertungen einzelner Vergleichsverkäufe vor der Aufnahme in die Kaufpreissammlung im Hinblick auf ungewöhnliche und persönliche Verhältnisse (Eliminierung von Ausreißern) sind.

Deshalb sind zahlreiche Kaufpreissammlungen regional begrenzt arbeitender Unternehmen der Immobilienbranche qualitativ hochwertige Abbildungen des jeweiligen Immobilienmarktes. So stellen z.B. die Büromarktberichte des Hauses

674 Aus diesem Grunde verzichtet z.B. das Unternehmen DTZ Zadelhoff Consulting auf statistische Auswertungen von Vergleichsverkäufen und führt einzelfallbezogene Bewertungen durch, bei denen auf der Basis von einzelnen Vergleichsobjekten, die Verkehrswerte ermittelt werden.

Müller International Immobilien GmbH[675] oder die Marktberichte für Gewerbeobjekte der AENGEVELT-RESEARCH[676] eine gute Grundlage dar, um die sowohl inhaltlich als auch regional eng abgegrenzten Teilmärkte anhand dieser Berichte zu analysieren.

Insbesondere Zusammenschlüsse von Unternehmen der Immobilienvermittlungsbranche wie z.B. der Ring Deutscher Makler (RDM) oder der Verband Deutscher Makler (VDM) verfügen durch die große Anzahl der an der Erstellung der Kaufpreissammlungen beteiligten Unternehmen über eine relativ aktuelle Kaufpreissammlung für weite Bereiche der regional aufgesplitterten Immobilienmärkte. Im Rahmen der Erstellung dieser Kaufpreissammlungen sind die beteiligten Unternehmen angehalten, ungewöhnliche Einflüsse aufgrund des eigenen Sachverstandes zu erkennen und bei der Aufnahme in die Kaufpreissammlung zu eliminieren. Darüber hinaus sind z.B. die Mitgliedsunternehmen des Verbands Deutscher Makler angehalten, Mitteilungen der örtlichen Gutachterausschüsse, Behörden und anderer Institutionen in die Kaufpreissammlungen aufzunehmen.[677]

Gemeinsam haben im Grunde alle Kaufpreissammlungen, daß die Durchschnittsbildung für die Auswertung der zahlreichen Stichproben verwandt wird. Als weitere Angaben werden häufig neben dem Durchschnittswert Spitzenwerte und Spannweiten für die betreffende Immobiliengruppe gemacht. Sinnvoll ist diese Vorgehensweise vieler Kaufpreissammlungen, nicht nur einen Wert für die Vergleichsobjekte, sondern eine Spannweite anzugeben, da es keinen exakt zu bestimmenden Wert gibt. Des weiteren können Angaben von Spitzenwerten zusätzliche wertvolle Angaben sein, die eine bessere Einschätzung der Verhältnisse auf dem betrachteten Markt ermöglichen.

Als wichtigstes sind somit immer die Kaufpreissammlungen genau zu analysieren und zu hinterfragen, bevor ein auf dieser Basis errechneter Wert als marktkonform zu beurteilen ist. Bedauerlicherweise unterbleiben bei fast allen Kaufpreissammlungen Angaben in bezug auf die Größe der Stichprobe, die Art und den Umfang der Wertkorrekturen, die Aktualität der Daten und die Standardabweichung und die Schiefe[678] der Kaufpreissammlungen.

---

675 Müller International wertet in seiner Research Abteilung in Hamburg Büromärkte verschiedener deutscher Großstädte aus.

676 Die AENGEVELT-RESEARCH bedient sich für ihre Auswertungen des Düsseldorfer Gewerbeobjektmarktes der Unterstützung des Institutes für Wohnungsrecht und Wohnungswirtschaft an der Universität zu Köln.

677 So auch die Auskunft des Verbands Deutscher Makler vom 06.06.1995.

678 Angaben über die Symmetrie bzw. Asymmetrie der Häufigkeitsverteilung gibt das Schiefemaß. Es ist von Bedeutung, da bei einer Spannweitenangabe nicht der Schwerpunkt der Häufigkeitsverteilung angegeben wird und somit die zusätzliche Angabe des Durchschnittswertes evtl. irreführend ist. Zu den Meßkonzepten der Schiefe einer Häufigkeitsverteilung vgl. Neubauer, W., Statistische Methoden (1994), S. 93 ff.

Die Bewertung anhand von Kaufpreissammlungen kann eine schnelle und kostengünstige Bewertungsmethode sein, wenn die Kaufpreissammlung den an sie gestellten Qualitätsanforderungen gerecht wird.[679] Diese Bewertungen sind vor allem im Rahmen von Investitionsentscheidungen ein gutes Hilfsmittel, um die Marktverhältnisse abzuschätzen. Bewertungen auf der Basis nicht gesetzlich kodifizierter Kaufpreissammlungen können eine eingehende Bewertung auf der Basis eines Verkehrswertgutachtens nicht ersetzen.

D. Immobilienbewertungen aufgrund der Makler- und Bauträgerverordnung

Nach § 34 c I GewO ist die gewerbsmäßige Durchführung der Geschäfte von Maklern, Anlage- und Darlehensvermittlern sowie Bauträgern und Baubetreuern an die Erlaubnis der zuständigen Behörde geknüpft. Die Makler- und Bauträgerverordnung verpflichtet ihrerseits den in § 34 c I GewO angesprochenen Personenkreis zur Befolgung der Pflichten aus der MaBV.

Die Bauträger unterliegen hierbei nach § 3 ff. MaBV besonderen Sicherungspflichten. Die Bauträger dürfen nach § 4 I Nr. 2 MaBV die Mittel der Auftraggeber nur zur Vorbereitung und Durchführung des Bauvorhabens verwenden, auf die sich der Auftrag bezieht. Somit ist die Entnahme von Gewinnen entsprechend den einzelnen Baufortschritten nicht möglich, da die Mittel ansonsten nicht für die Vorbereitung der weiteren Maßnahmen dienen können. Der § 16 I MaBV spricht eine Prüfungsverpflichtung aus, mit der die Erfüllung der durch die MaBV auferlegten Pflichten überwacht wird. Im Rahmen der jährlich durchzuführenden Prüfungen, deren Berichte bis zum 31.12. des darauffolgenden Jahres bei der zuständigen Behörde eingegangen sein müssen, ist die Verwendung der Mittel der Auftraggeber nachzuweisen.[680]

Der Wert des Baugrundstückes gehört zu den Kosten des Bauvorhabens. Die Verwendung von Grundstücken aus dem Vorratsvermögen des Bauträgers für Baumaßnahmen führt zu dem Bewertungsproblem, ob das Grundstück mit den Anschaffungskosten des Bauträgers, oder mit dem Verkehrswert in die "Kosten" des Bauträgers eingerechnet wird. Erfolgt der Ansatz bei den Kosten des Bauträgers zu den Anschaffungskosten des Grundstückes, so ist die Entnahmemöglichkeit des Bauträgers stark eingeschränkt. Da aber die unwiderrufliche Verpflichtung zur

---

679 In dem von Sailer/Langemaack herausgegebenen Kompendium sehen diese die Möglichkeit der Verwendung von Kaufpreissammlungen des Rings Deutscher Makler sehr weit. So kann demnach von einem RDM-Preisspiegel auch auf die Immobilienwerte einer vergleichbaren nicht erfaßten Gegend geschlossen werden, vgl. Sailer E./Langemaack, H.-E. (Hrsg.), Makler-Kompendium (1993), S. 209. Diese Vorgehensweise ist als zu ungenau und zu sehr der Willkür unterworfen zu beurteilen.

680 Vgl. Bergmeister, K./Reiß, H., Prüfung (1993), S. 86 ff.

Hingabe des Grundstückes im Zeitpunkt des Vertragsabschlusses erfolgt, hat der Bauträger in diesem Zeitpunkt den Gewinn aus der Veräußerung des Grundstückes realisiert. Insofern können die Grundstücke, die der Bauträger aus seinem Vorratsvermögen entnimmt, zu den Anschaffungskosten oder zu dem Verkehrswert angesetzt werden, wenn dieser höher als die Anschaffungskosten ist.[681]

Dadurch entsteht ein Bewertungsproblem, das den Prüfer verpflichtet, den Verkehrswert für die aus dem Vorratsvermögen des Bauträgers entnommenen Grundstücke zu ermitteln. Marcks spricht sich z.B. für ein Gutachten eines öffentlich bestellten und vereidigten Gutachters oder des Gutachterausschusses nach der WertV aus.[682] Bergmeister/Reiß sprechen hingegen die Möglichkeit an, die Bodenrichtwerte der Gutachterausschüsse als Basis der Verkehrswerte zu nehmen und erachten den Vorschlag eines Sachverständigengutachtens als überzogen.[683] Der wohnungswirtschaftliche Fachausschuß des Instituts der Wirtschaftsprüfer (IDW) geht auf dieses Problem in seiner Stellungnahme WFA 1/1978 in der Fassung 1992 "Zur Prüfung Gewerbetreibender im Sinne des § 34 c Abs. 1 der GewO gemäß § 16 Makler- und Bauträgerverordnung (MaBV)" nicht ein.[684]

Demnach sind die individuellen Vorstellungen von Immobilienbewertung Grundlage der Immobilienbewertung aufgrund der MaBV, was bei der Unterstellung von langen Verweildauern von Vorratsgrundstücken zu beträchtlichen Unterschieden im Ansatz bei den Kosten und somit in den Entnahmemöglichkeiten von Mitteln aus Projekten führen kann.

E. Immobilienbewertung nach DM-Eröffnungsbilanzgesetz

Durch die Einheit Deutschlands wurden drastische Veränderungen für die neuen Länder wirksam. Immobilienbewertungen wurden durch die Einführung der marktwirtschaftlichen Verhältnisse zu einem normalen Vorgang im Wirtschaftskreislauf. Dieser normale Vorgang war aber nur dem Grunde nach normal, da die Immobilienmärkte erst entstehen mußten bzw. müssen. Inzwischen sind diese Entwicklungen teilweise schon abgeschlossen, teilweise aber noch im Gange.

Inhaltliche Besonderheiten ergeben sich für die Immobilienbewertung durch die Probleme der Datenbeschaffung. Da diese Problematik aber nur ein zeitliches

681 Vgl. Marcks, P., MaBV (1991), S. 96.

682 Vgl. Marcks, P., MaBV (1991), § 4 Rdnr. 8.

683 Vgl. Bergmeister, K./Reiß, H., Prüfung (1993), S. 96 und Fußnote 237.

684 Vgl. WFA 1/1978 in der Fassung 1992, Zur Prüfung Gewerbetreibender im Sinne des § 34 c Abs. 1 der GewO gemäß § 16 Makler- und Bauträgerverordnung (MaBV), in Institut der Wirtschaftsprüfer in Deutschland e.V. (Hrsg.), Fachgutachten (1995), WFA S. 7 - 18.

Problem ist, das teilweise schon gelöst wurde, kann an dieser Stelle auf weitere Ausführungen zu der Bewertung in den neuen Bundesländern verzichtet werden, weil die Sonderregelungen nur von vorübergehender Natur sind.[685]

Inhaltlich stellen die Sonderregelungen Vereinfachungen der schon in den alten Bundesländern etablierten Bewertungsverfahren dar. Neue Bewertungsmethoden wurden nur in geringem Umfang aufgestellt. Das bedeutendste dieser neuen Bewertungsverfahren ist die Methode der Bewertung von Immobilien in der DM-Eröffnungsbilanz von ehemaligen in der DDR gelegenen Unternehmen.

Im Rahmen der Erstellung der DM-Eröffnungsbilanzen für die Unternehmen der ehemaligen DDR mußten die Immobilien bewertet werden, die sich zu dem Stichtag 01.07.1990 im "Eigentum" der Unternehmen befanden oder bis zum Ende der Aufstellungsfrist des § 4 DMBilG unentgeltlich aus volkseigenem Vermögen übertragen wurden.

Die Bewertung richtete sich dabei nach den §§ 9 und 10 DMBilG. Durch die Vorschrift des § 36 II i.V.m. § 36 IV S. 2 DMBilG hatte die Regelung weiterhin Bedeutung für die Änderung der Eröffnungsbilanzen bis zum Ende des Jahres 1994. Von Relevanz ist die Norm aber darüber hinaus, da sich der Gesetzgeber in § 9 I S. 3 DMBilG in dem Bereich der Rechnungslegung auf die einzurichtenden Gutachterausschüsse stützt. Hierdurch wird die Bedeutung der unabhängigen Gutachterausschüsse weiter aufgewertet. Weiterhin ist das Verfahren, das in der Arbeitsrichtlinie vom Bundesministerium für Wirtschaft[686] festgelegt wurde, von Interesse, da hier ein stark vereinfachtes Vergleichswertverfahren herangezogen wird.

1. Bewertung des Grund und Bodens

Der § 9 DMBilG verlangt den Ansatz des Grund und Bodens mit seinem Verkehrswert. Hierbei ist aber die Situation im gesamten Bundesgebiet zu berücksichtigen. De facto erfolgte die Bewertung zu den Verkehrswerten der alten

---

685 So auch Ross/Brachmann/Holzner, die von einem Zeitraum von fünf bis zehn Jahren sprechen und deshalb die Sonderregelungen nur sehr knapp aufnehmen, vgl. Ross, W./Brachmann, R./Holzner, P., Bau- und Verkehrswert (1993), S. 350 ff. Darüber hinaus sei an dieser Stelle an die zahlreichen Werke erinnert, die sich mit der Bewertung von Immobilien in den neuen Bundesländern beschäftigen, so z.B. Bischoff, B., Grundstückswerte (1994) und Winckler E. (Hrsg.), Immobilienhandbuch (1993), Band II.

686 Vgl. Bundesministerium für Wirtschaft, Referat Öffentlichkeitsarbeit, Arbeitsorientierung (1990), veröffentlicht in KPMG (Hrsg.), D-Mark-Bilanzgesetz (1990), Anlage 18.

Bundesländer oder aber zu den Richtwerten des Bundesministeriums für Wirtschaft, herausgegeben vom Referat Öffentlichkeitsarbeit.[687]

a) Ansatz der Verkehrswerte im allgemeinen

Der Ansatz zum Verkehrswert bedingt über die Regelung des § 194 BauGB den Ansatz zu den drei Verfahren der WertV. Im Normalfall sollten die Werte des Grund und Bodens durch das Vergleichswertverfahren ermittelt werden.[688]

Da es aber in der ehemaligen DDR keinen funktionierenden Grundstücksmarkt gab, waren auch keine Vergleichswerte für die Bewertung vorhanden. Somit hat schon der Gesetzgeber in § 9 I DMBilG die Bewertung nach den Wertverhältnissen auf dem westdeutschen Markt angesprochen. Deshalb wurden vielfach Immobilienwerte in DM-Eröffnungsbilanzen übernommen, die auf Basis der westdeutschen Marktverhältnisse entstanden sind. Diese erwiesen sich oftmals als nicht werthaltig und dadurch nicht haltbar. Somit ist häufig eine weitere Bewertung des Grund und Bodens notwendig geworden, um zwingende Bilanzberichtigungen und/oder Teilwertabschreibungen vorzunehmen.

b) Richtwertbewertung nach dem Bundesministerium für Wirtschaft

In der Bewertungsrichtlinie des Bundesministeriums für Wirtschaft wird von einem durchschnittlichen Bodenwert in den alten Bundesländern zwischen 1985 und 1989 in Höhe von 85 DM/m^2 ausgegangen. Dieser Basiswert wird in Abhängigkeit von den örtlichen Gegebenheiten korrigiert. Für die Berücksichtigung von speziellen Wertmerkmalen wie z.B. Größenunterschieden, Immissionen etc. wird ein zwischen 0,3 und 1,5 frei wählbarer Zu- oder Abschlag auf den Grundstückswert durch Multiplikation eingeräumt.

Die verschiedenen wertbeeinflussenden Faktoren sind bei diesem Verfahren die Zuordnung zu den verschiedenen Bundesländern, die Baulandart, die Gemeindegrößenklasse, die Geschäfts- bzw. Industrielage, sowie die Erschließung/Infrastruktur.

Sämtliche Korrekturen bei dem Verfahren der Grundstücksbewertung des Bundesministeriums für Wirtschaft erfolgen mit Hilfe von multiplikativen Verknüpfungen. So wird z.B. für Berlin Mitte - City der Basiswert von 85 DM/m^2 durch die Multiplikation mit 1,5 für das Bundesland, mit 1,5 für die Baulandart, mit 3,5 für die Gemeindengrößenklasse, mit 2,5 für Geschäftslage, mit 1,25 für sehr gute Erschließung und mit 1,5 für gute Wertsteigerungsmöglichkeiten auf einen

---

687 Vgl. Bundesministerium für Wirtschaft, Referat Öffentlichkeitsarbeit, Arbeitsorientierung (1990), veröffentlicht in KPMG (Hrsg.), D-Mark-Bilanzgesetz (1990), Anlage 18.

688 Vgl. KPMG (Hrsg.), D-Mark-Bilanzgesetz (1990), S. 151.

Betrag von 3.137,69 DM/m² hochgerechnet.[689] Diesen Wert darf man aber nicht unreflektiert ansetzen, da diese Beträge lediglich als Orientierungsvorgaben konzipiert sind.[690]

Die multiplikative Verknüpfung führt durch die mehrfache Hintereinanderschaltung der Korrekturen zu einer nicht tolerierbaren "exponentiellen" Veränderung des Basiswertes. Darüber hinaus sind die verschiedenen Determinanten nicht trennscharf und stellen somit teilweise die gleichen Faktoren, bloß unter anderem Namen, dar. Insbesondere die Korrektur für die verschiedenen Bundesländer, die Gemeindegrößenklasse, die Geschäfts- bzw. Industrielage und die Erschließung/Infrastruktur hängen direkt zusammen. Diese Faktoren stellen lediglich verschiedene Ausprägungen der Lage dar.

Somit muß dieses Verfahren der Korrektur von Basiswerten durch mehrfache Multiplikation abgelehnt werden. Die Verwaltung hat ein Bewertungsverfahren umgesetzt, das einfach und von allen Beteiligten schnell nachvollziehbar ist. Es wird dem Auftrag eines Massen-Wertermittlungsverfahrens gerecht. Realistische Grundstücksverkehrswerte lassen sich hierdurch jedoch nicht abbilden.

2. Bewertung der Bauten

Der § 10 DMBilG regelt die Bewertung der Bauten. Diese sind entweder mit ihren Wiederbeschaffungskosten (§ 7 III DMBilG) oder mit ihren Wiederherstellungskosten (§ 7 II DMBilG) anzusetzen. Höchstens kann ein Ansatz zu dem Zeitwert nach § 7 I S. 2 DMBilG erfolgen.

Die Bewertung zu Wiederherstellungskosten erfolgt dabei nicht nach den einzelnen Gewerken, sondern im Wege der Multiplikation des umbauten Raumes mit einem Wert der Normalherstellungskosten je Kubikmeter. In dem Schreiben vom 21.07.1994[691] hat der Bundesminister der Finanzen Normalherstellungskosten je Kubikmeter umbauten Raumes von 15,- DM für Baujahre bis 1925 und von 19,- DM für Baujahre ab 1926 erlassen. Bei Plattenbauten ist stets der Wert von 15,- DM anzusetzen. Die Normalherstellungskosten werden mit dem durchschnittlichen Baupreisindex des Statistischen Bundesamtes auf den 01.01.1990 hochgerechnet (1.744,5).[692]

---

689 Vgl. Bundesministerium für Wirtschaft, Referat Öffentlichkeitsarbeit, Arbeitsorientierung (1990), veröffentlicht in KPMG (Hrsg.), D-Mark-Bilanzgesetz (1990), Anlage 18, S. 565.

690 Vgl. KPMG (Hrsg.), D-Mark-Bilanzgesetz (1990), S. 147.

691 Vgl. Schreiben des Bundesministers der Finanzen vom 21.07.1994, BStBl. I 1994, S. 599 f.

692 Vgl. Schreiben des Bundesministers der Finanzen vom 21.07.1994, BStBl. I 1994, S. 599.

Im Anschluß daran werden Wertminderungen durch Abschläge für die bisherige Nutzung berücksichtigt; ein Prozent pro Nutzungsjahr bei herkömmlichen Steinbauten und 1,66 Prozent pro Jahr bei Plattenbauten. Dieser Zwischenwert wird bei herkömmlicher Bauweise nochmals um einen Angleichungsabschlag in Höhe von 20 % und bei Plattenbauweise in Höhe von 40 % vermindert.[693]

Die Bewertung der Bauten zum Zeitwert nach § 10 II DMBilG erfolgt über die Verkehrswerte, die nach baurechtlichen Regelungen zu ermitteln sind.

Zeitwerte von Gebäuden sind nach der Finanzverwaltung mindestens 20 % des Gebäudeneubauwertes auf der Basis der vorgegebenen Kubikmeterpreise.[694] Die Ermittlung von Verkehrswerten zur Bewertung von Gebäuden kann somit de facto unterbleiben, da in Anbetracht des schlechten Erhaltungszustandes die Verkehrswerte der Gebäude häufig unter 20 % der Neubauwerte liegen dürften. Das Schema für die Ermittlung der Zeitwerte von Gebäuden zeigt die Abbildung 45 auf:

1.		Normalherstellungskosten
2.	x	Baupreisindex (1.744,5 v.H.)
3.	=	Neuwert des Gebäudes
4.	./.	Abschreibung (1 v.H. bzw. 1,66 v.H. jährlich von Nr. 3.)
5.	=	Zwischenwert
6.	./.	Angleichungsabschlag (20 v.H. bzw. 40 v.H. von Nr. 5.)
7.	=	Zeitwert des Gebäudes (mindestens 20 v.H. von Nr. 3.)

Abbildung 45: Ermittlungsschema für Zeitwerte von Gebäuden im Beitrittsgebiet.[695]

Die Bewertung von Gebäuden im Rahmen der Aufstellung von DM-Eröffnungsbilanzen stellt ein stark standardisiertes Sachwertverfahren dar. Die realen Gegebenheiten sollen durch den Ansatz der Zeitwerte Eingang in die Bewertung finden. Unverständlich ist deshalb, daß die Finanzverwaltung den Ansatz eines Mindestwertes von 20 % der Neuwerte vorschreibt. Der Mindestwert von 20 % der Neubauwerte bezogen auf den 01.01.1990 führt vielfach zu unrealistisch hohen Wertansätzen bei den Gebäudewerten. Somit wäre es günstiger gewesen, die Bewertung den beteiligten Steuerpflichtigen frei zu überlassen, da diese am besten die Verwertungsmöglichkeiten der vorhandenen Immobilien vor Ort einschätzen können.

693 Vgl. Schreiben des Bundesministers der Finanzen vom 21.07.1994, BStBl. I 1994, S. 600.

694 Vgl. Schreiben des Bundesministers der Finanzen vom 21.07.1994, BStBl. I 1994, S. 600.

695 Anlage zum Schreiben des Bundesministers der Finanzen vom 21.07.1994, BStBl. I 1994, S. 600.

F. Immobilienbewertung im Rahmen der Flurbereinigung

Die Flurbereinigung weist die Besonderheit auf, daß nach § 27 FlurbG der Landtausch nicht nach dem Flächeninhalt, sondern nach Wertverhältnissen durchgeführt wird. Die Bewertung erfolgt dabei aber nicht isoliert, sondern nach dem Verhältnis des Grundstückes zu dem Wert der gesamten Fläche des Flurbereinigungsgebietes, also zu einem relativen Wert. Dies drückt die Wertverhältniszahl aus, die aus dem Nutzungswert, sowie dem Reinertrag je Flächeneinheit des Bodens einer Klasse abgeleitet wird.[696]

Hierbei ist die Grundlage für die Ermittlung des Nutzungswertes und damit der Wertverhältniszahl die Durchführung einer Bodenschätzung nach Bodenschätzgesetz, die zu großen Teilen auf Vergleichsgrundstücke zurückgreift.[697] Das Verfahren der Bewertung von landwirtschaftlichen Flächen im Rahmen der Flurbereinigung ist in erster Hinsicht ein Vergleichsverfahren wegen der Ermittlung der Ertragsmeßzahlen der Bodenschätzung und in zweiter Hinsicht ein Verfahren, das die individuellen Wertverhältnisse durch die relative Einordnung des einzelnen Grundstücks bestimmt.

Die Übertragbarkeit dieses Verfahrens auf die Immobilienbewertung von Mietwohngrundstücken wäre durch die Ermittlung eines Gesamtwertes eines gleichartigen Gebietes auf Basis von Vergleichsmeßzahlen und der Ermittlung des relativen Anteiles daran möglich. Auf diese Weise könnten Einflüsse von anderen Immobilien auf die gesamte Bewertung einer Lage und dadurch auf die Werte der einzelnen Immobilien erfaßt werden. So könnte z.B. die Wertsteigerung einer gesamten Lage durch den Bau eines Einkaufszentrums auf die verschiedenen Immobilien verteilt werden, ohne daß aufwendige Einzelbewertungen durchzuführen wären und vielleicht in der Summe mehrfach die Wertveränderung wiedergegeben würde. Durch den Einsatz dieses Verfahrens wäre es möglich, mit einer Hauptbewertung und den darauffolgenden Änderungsbewertungen einfach einzelne Werte von Immobilien zu ermitteln und auf dem aktuellen Stand zu halten.

Probleme könnten hierbei durch die Zusammenfassung in einer Gruppe entstehen, die immer homogen zusammengesetzt sein müßte, was aber besonders im Zeitablauf Probleme aufwirft. Darüber hinaus ist die starke Standardisierung dieses Verfahrens aus Gründen der Genauigkeit abzulehnen.

Der § 29 I FlurbG sieht für die Wertermittlung von Bauflächen, Bauland und der baulichen Anlagen den Verkehrswert vor. In § 29 II FlurbG wird die Definition des Verkehrswertes des § 194 BauGB übernommen. In § 31 FlurbG wird die

---

696 Vgl. Seele, W./Pawig, U./Clever, J., Flurbereinigung (1982), in Bundesminister für Ernährung, Landwirtschaft und Forsten (Hrsg.), Flurbereinigung (1982), S. 7.

697 Vgl. Seele, W./Pawig, U./Clever, J., Flurbereinigung (1982), in Bundesminister für Ernährung, Landwirtschaft und Forsten (Hrsg.), Flurbereinigung (1982), S. 17.

Wertermittlungsmethode nur mittelbar angesprochen, da landwirtschaftliche Sachverständige die Bewertung vornehmen und für die Ermittlung des Verkehrswertes die WertV anwenden.[698]

G. Immobilienbewertung im Rahmen des Bundesberggesetzes

Der Bergbauunternehmer haftet nach § 114 I Bundesberggesetz für Bergschäden. Bergschäden in bezug auf Immobilien können z.B. Senkungen, Zerrungen, Pressungen, Schieflagen, Krümmungen, Erdspalten, Erdtreppen und Tagesbrüche sein. Dies kann zu beträchtlichen Schäden an den aufstehenden Gebäuden führen, die ihren Schlußpunkt in der Unbenutzbarkeit finden können. Die Entschädigung für Bergschäden richtet sich dabei laut § 117 I BBergG nach den Regelungen des Ersatzes des Vermögensschadens bei unerlaubten Handlungen entsprechend § 823 BGB.[699] Inhalt und Umfang der Schadensersatzpflicht bemessen sich dabei nach den Regelungen des bürgerlichen Gesetzbuches (§§ 249 - 253 BGB).[700] Die Höhe des Schadensersatzes berechnet sich grundsätzlich nach der konkreten Schadenshöhe, wobei beim Vermögensschaden von der Differenzhypothese auszugehen ist, die besagt, daß ein Vermögensschaden gegeben ist, wenn der gegenwärtige tatsächliche Vermögenswert des Geschädigten geringer ist als das Vermögen ohne den Einfluß des schadensersatzpflichtigen Ereignisses.[701]

Somit ist der Ansatz des Verkehrswertes für die Höhe des Schadensersatzes maßgebend. Im Rahmen der Bewertung des Bergschadens ist die Definition des Verkehrswertes des § 85 II BBergG, die mit der Definition des § 194 BauGB übereinstimmt, anzuwenden. Dadurch wird der Einsatz der Wertermittlungsverordnung für die Bewertung der durch Bergschäden beeinträchtigten Immobilien relevant (§ 85 III BBergG).[702]

Im Rahmen der Enteignung von Grundstücken für die Beschaffung von Grundstücken z.B. beim Braunkohlentagebau, wird die Definition des Verkehrswertes als Maßstab für die Entschädigungsleistung herangezogen (§ 85 II BBergG). Durch die Regelung des § 85 III BBergG, der auf die Regeln des

---

698 Vgl. Seele, W./Pawig, U./Clever, J., Flurbereinigung (1982), in Bundesminister für Ernährung, Landwirtschaft und Forsten (Hrsg.), Flurbereinigung (1982), S. 8 und S. 13 sowie Quadflieg, F., Flurbereinigung (1989), § 37 Rdnr. 83 und Kleiber, W./Simon, J./Weyers, G., Verkehrswertermittlung (1994), S. 203.

699 Vgl. Boldt, G./Weller, H., Bundesberggesetz (1984), § 117 Anm. 5.

700 Vgl. Bassenge, P./Diederichsen, U./Edenhofer, W./Heinrichs, H./Helderich, A./Putz, H./Thomas, H., Palandt (1995), § 823 Rdnr. 159.

701 Vgl. Bassenge, P./Diederichsen, U./Edenhofer, W./Heinrichs, H./Helderich, A./Putz, H./Thomas, H., Palandt (1995), Vorbemerkungen vor § 249 Rdnr. 8 und Rdnr. 50.

702 Dementsprechend äußern sich auch Dapprich, G./Römermann, K., BBergG (1983), § 117 Anm. 3.

Bundesbaugesetzes verweist, ist die Wertermittlung nach der WertV für die Bemessung der Entschädigungsleistung anzuwenden.[703]

Auch in dem Bereich des Bergrechts hat die Wertermittlungsverordnung ihre Bedeutung, die sich auch hier als eine kodifizierte und breit anwendbare Grundlage für die Immobilienbewertung darstellt. Demzufolge stellt sich die Frage, ob die Einsatzfähigkeit der Wertermittlungsverordnung noch auf weitere Rechtsgebiete ausgedehnt werden kann, ohne dabei eventuelle konzeptionelle Fehler und Reformzwänge der WertV aus den Augen zu lassen.

H. Immobilienbewertungen offener Investmentfonds

Besonderheiten im Hinblick auf die Bewertung von Immobilien haben nur die offenen Investmentfonds zu verzeichnen, da sie im Gegensatz zu den geschlossenen Fonds dem Gesetz über Kapitalanlagegesellschaften unterliegen.[704] Im Rahmen des Grundstückssondervermögens von Investmentfonds schreibt das KAGG in § 32 I die Bildung eines Sachverständigenausschusses vor, der für die Bewertung von Vermögensgegenständen zuständig ist. Der Ausschuß setzt sich aus mindestens drei unabhängigen, zuverlässigen und fachlich geeigneten Mitgliedern zusammen (§ 32 II KAGG).

Da das KAGG aus Gründen des Schutzes des Anteilseigners die Bewertung des einzelnen Anteilscheines (auch Inventarwert) nach § 21 II KAGG vorschreibt, müssen die Werte des Sondervermögens festgestellt werden. Die Ermittlung des Inventarwertes, der die Ausgabe- und Rücknahmepreise des Anteiles bestimmt, erfolgt durch die Bewertung des Sondervermögens und die darauffolgende Division des Wertes durch die in Verkehr gelangten Anteile.[705]

Anders als Wertpapiere haben Immobilien keinen Preis, der durch Börsen oder durch ein ähnlich institutionalisiertes Zusammentreffen von Angebot und Nachfrage schnell und jederzeit allgemein verfügbar ist.[706] Für das Grundvermögen des

---

703 Vgl. Piens, R./Schulte, W./Vitzthum, S. Graf, BBergG (1983), § 85 Anm. 5.

704 Zu den Fondsabgrenzungen und Definitionen vergleiche Klumpe, W./Nastold, U., Immobilienfonds (1993), S. 3 ff. Die offenen Investmentfonds sind im Sinne des § 1 I Nr. 6 KWG Spezialkreditinstitute. Die Kapitalanlagegesellschaft unterliegt den Regeln des KWG, stellt ein Sonderkreditinstitut dar, weshalb die Bewertung von Immobilien von offenen Investmentfonds als eine sonstige Immobilienbewertung eingeordnet wird.

705 Vgl. § 21 II KAGG und die Ausführungen dazu in Beckmann, K./Scholtz, R.-D., Investment (1995), 425 § 21 Rdnr. 10 ff.

706 Das grundsätzliche Problem der Immobilienwertermittlung im Kontext des Investmentfonds wird von Wechsler, U., Immobilien-Investmentfonds (1966), S. 145 ff. angesprochen.

Investmentfonds ist eine mindestens jährliche Bewertung vorgeschrieben (vgl. § 34 I i.V.m. § 24 a I KAGG).

Darüber hinaus schreibt der Gesetzgeber aus Aspekten des Anlegerschutzes die Bewertung durch den Sachverständigenausschuß vor, wenn die Fondsverwaltung Grundstücke für das Sondervermögen erwerben möchte oder aber aus dem Sondervermögen veräußern will.[707] Dies soll die Übervorteilung der Anteilsinhaber und neuer Anteilserwerber mittels einer unanfechtbaren Wertfeststellung durch den Sachverständigenausschuß sicherstellen.[708]

Der Bundesverband deutscher Investmentgesellschaften e.V. Frankfurt/Main hat für die Wertermittlungsgutachten Richtlinien erlassen, an die sich die Mitglieder der Sachverständigenausschüsse halten sollen.[709] Diese Richtlinien verweisen zum einen auf die "Mindestanforderungen an Gutachten über die Bewertung bebauter und unbebauter Grundstücke", die der Deutsche Industrie- und Handelstag (DIHT) für das Gebiet der Bundesrepublik Deutschland erlassen hat und zum anderen auf die Wertermittlungsverordnung in der jeweils gültigen Fassung.[710]

In den "Mindestanforderungen an Gutachten über die Bewertung bebauter und unbebauter Grundstücke" des DIHT wird im Grunde nur die äußere Form eines Bewertungsgutachtens dargestellt und für die Sachverständigen vorgeschrieben. Die inhaltliche Seite wird durch die Bezugnahme auf die Wertermittlungsverordnung geregelt.

In dem Bereich der offenen Investmentfonds ist demnach eine jährliche Immobilienbewertung neben einer Anschaffungs- und Veräußerungsbewertung vorgeschrieben. Diese Bewertung stützt sich wiederum auf die Regeln der Wertermittlungsverordnung. Von besonderem Interesse ist aber hierbei, daß in den Paragraphen des Gesetzes über Kapitalanlagegesellschaften gerade nicht auf die Wertermittlungsverordnung Bezug genommen wird. Hier ist die Stellung der Berufsvereinigung von herausragender Natur, die über den Erlaß von Richtlinien de facto die gesamte Branche dazu zwingt, nach den von ihr als Grundsätze einer ordnungsmäßigen Immobilienbewertung angesehenen Regeln, in diesem Fall nach der Wertermittlungsverordnung, zu verfahren.

---

707 Vgl. § 27 III S. 1 KAGG und § 37 I KAGG.

708 Vgl. dazu genauer Beckmann, K./Scholtz, R.-D., Investment (1995), 425 § 32 Rdnr. 1, § 27 Rdnr. 22 und § 37 Rdnr. 5.

709 Vgl. Klumpe, W./Nastold, U., Immobilienfonds (1993), S. 13.

710 Vgl. Beckmann, K./Scholtz, R.-D., Investment (1995), 425 Anhang 1 zu § 32.

Dritter Teil: Ausgewählte Bewertungskonzeptionen des Auslands

I. Immobilienbewertung in der Schweiz

A. Überblick

Die Immobilienbewertung der Schweiz kennt keine bundeseinheitlich gesetzlich normierten Bewertungsverfahren, wie sie in Deutschland durch die Wertermittlungsverordnung vorgegeben werden. Trotzdem sind die verwendeten Verfahren in den Grundzügen identisch, da die drei Bereiche Vergleichswert-, Ertragswert- und Sachwertverfahren zu dem Verkehrswert führen. Begriffsbezeichnungen werden jedoch in unterschiedlicher Weise benützt. Das Werk von Naegeli/Hungerbühler[711] über die schweizerische Liegenschaftsbewertung verwendet den Begriff Verkehrswert auch für eine Mittelwertbildung aus Ertrags- und Sachwert.[712] In den einschlägigen Gerichtsurteilen und Kommentaren wird auf das Werk von Naegeli und Hungerbühler in Fragen der Wertermittlung uneingeschränkt Bezug genommen,[713] obwohl z.B. in Artikel 19 Absatz I des schweizerischen Bundesgesetzes über die Enteignung[714] der Begriff Verkehrswert verwandt wird.

Darüber hinaus bestehen einige verfahrenstechnische Unterschiede zu den deutschen Wertermittlungsgrundsätzen, auf die genauer einzugehen ist. Des weiteren werden Richter im Rahmen von gerichtlichen Wertermittlungen - ebenso wie in Deutschland - nicht auf die Verwendung einer oder mehrerer Bewertungsmethoden festgelegt.[715] Dies rückt die Immobilienbewertung in der Schweiz in den Bereich eines unbestimmten Rechtsbegriffes, da der Begriff Verkehrswert nicht mit einem starren Schema der Wertvorstellungen und der darauf aufbauenden Wertermittlungsmethoden ausgefüllt wird.[716]

---

711 Naegeli, W./Hungerbühler, K., Liegenschaftsschätzer (1988).

712 Vgl. Naegeli, W./Hungerbühler, K., Liegenschaftsschätzer (1988), S. 123.

713 Vgl. stellvertretend für weitere Hess, H./Weibel, H., Enteignungsrecht (1986), Artikel 19 Anm. 10 ff. und Dilger, P., Raumplanungsrecht (1982), S. 303 ff.

714 Vgl. Bundesgesetz über die Enteignung vom 22. Juni 1930, veröffentlicht in Schweizerische Bundeskanzlei (Hrsg.), Systematische Sammlung des Bundesrechts, Band 7, Bern 1995, Nr. 711.

715 Vgl. Naegeli, W./Hungerbühler, K., Liegenschaftsschätzer (1988), S. 303.

716 In den weiteren Ausführungen wird nur auf Wertermittlungsverfahren eingegangen, die in bezug auf deutsche Wertermittlungsmethoden Besonderheiten aufweisen.

In dem schweizerischen Bundesgesetz über die Raumplanung vom 22. Juni 1979[717] werden keine Regelungen bezüglich der Wertermittlung erlassen. In der Schweiz regeln die kantonalen Planungs- und Baugesetze[718] sowie die kantonalen Schatzungsverordnungen[719] den Bereich der kodifizierten Immobilienbewertungen.[720] Im Kanton Zürich z.B. erfolgt die amtliche Schätzung durch die Kantonale Gebäudeversicherung, die staatlich und obligatorisch ist. Sie legt den Gebäudewert fest. Die Gemeinden legen dann aufgrund dieser Gebäudeschätzung und der von der Steuerverwaltung für jede Gemeinde amtlich angegebenen Durchschnittslandwerte den Grundstücksgesamtsteuerwert fest. Der Versicherungswert basiert auf dem Gesetz und der Verordnung über die Gebäudeversicherung.[721] Die aktuellen Bodenpreise sind nicht maßgeblich, sondern nur die amtlich festgelegten Durchschnittsbodenwerte je Gemeinde.

Die Schatzungsverordnungen bauen häufig auf den Immobilienbewertungsgrundlagen des Werkes von Naegeli/Hungerbühler[722] auf, weshalb nicht auf die einzelnen kantonalen Regelungen eingegangen werden soll, sondern die von Naegeli/Hungerbühler angesprochenen Verfahren Grundlage der weiteren Ausführungen sind.

---

717 Vgl. Bundesgesetz über die Raumplanung vom 22. Juni 1979, veröffentlicht in Schweizerische Bundeskanzlei (Hrsg.), Systematische Sammlung des Bundesrechts, Band 7, Bern 1995, Nr. 700.

718 Zu einer Übersicht über die kantonalen Planungs- und Baugesetze vgl. Dilger, P., Raumplanungsrecht (1982), S. XXXIX f.

719 Der Begriff Schätzung lautet im schweizerischen Sprachgebrauch Schatzung.

720 Hierbei sind gleichermaßen die baurechtlichen als auch die steuerrechtlichen Immobilienbewertungsvorschriften relevant, vgl. Naegeli, W./Hungerbühler, K., Liegenschaftsschätzer (1988), S. 44 und S. 149 ff.
Aufgrund der häufigen Übernahme der baurechtlichen Werte, vollständig oder in Teilen, und durch die Bezugnahme auf den Begriff Verkehrswert wird auf die Darstellung der schweizerischen kantonal unterschiedlichen steuerrechtlichen Immobilienbewertung verzichtet und auf das Werk von Höhn, E., Steuerrecht (1993), S. 334 und S. 441 verwiesen .

721 Vgl. Kanton Zürich, Gesetz über die Gebäudeversicherung vom 2. März 1975 Abschnitt V. und Kanton Zürich, Verordnung über die Gebäudeversicherung vom 21. Mai 1975 Abschnitt III.

722 Vgl. Naegeli, W./Hungerbühler, K., Liegenschaftsschätzer (1988), S. 44.

B. Landwertberechnung

Die Landwertberechnung ist die Schätzung der unbebauten Grundstücke und der Bodenwertanteile bebauter Grundstücke in der Schweiz. Sie bedient sich des Vergleichswertverfahrens, der Rückwärtsrechnung und der Lageklassenmethode.[723]

Das **Vergleichswertverfahren** wird in der Schweiz hauptsächlich für die Landwertermittlung eingesetzt und wird auch als statistische Methode bezeichnet. Hierbei bestehen keinerlei Vorschriften zur Korrektur und Relativierung der in den Preisvergleich aufzunehmenden Verkaufspreise, weshalb die statistische Bewertungsmethode von Naegeli/Hungerbühler für die Bewertung abgelehnt wird. Sie bezeichnen Kaufpreissammlungen als Zahlenfriedhöfe und verweisen auf die in der Schweiz ungenügenden Unterlagen, da es keine Richtwertkarten von Gutachterausschüssen gibt.[724]

Im Rahmen von Enteignungen sehen Hess/Weibel jedoch durchaus Sinn in der Anwendung des Preisvergleichsverfahrens. Die Verkaufspreise sind entsprechend den deutschen Grundsätzen bei der Immobilienbewertung aufgrund von Vergleichswerten im Hinblick auf qualitative Merkmale auszuwerten und um den Einfluß ungewöhnlicher und persönlicher Verhältnisse zu korrigieren. Dem entsprechend wird eine genügende Anzahl Vergleichsgrundstücke mit zeitlich aktuellen Kaufpreisen gefordert.[725]

Das in der Schweiz sehr übliche Verfahren zur Landbewertung durch **Rückwärtsrechnung** entspricht dem Residualverfahren, wobei der Wert des Grund und Bodens über die theoretisch mögliche Bauausnutzung und der Verwertung der theoretischen Bebauung erfolgt.[726]

Ein nur in der Schweiz verwandtes Verfahren ist die von Naegeli entwickelte **Lageklassenmethode**.[727] Dieses Verfahren beruht auf Betrachtungen von zurückliegenden Immobilienverkäufen, die im Hinblick auf lagebeeinflussende Faktoren untersucht wurden. Hierbei wurde festgestellt, daß der Wert des Baulandes

---

723 Darüber hinaus kann unter starken Einschränkungen ein Verfahren angewandt werden, das über die (positive) Differenz von Ertragswert und Sachwert des Gesamtgrundstückes einen Bodenwert errechnet. Vgl. Naegeli, W./ Hungerbühler, K., Liegenschaftsschätzer (1988), S. 42 f.

724 Vgl. Naegeli, W./Hungerbühler, K., Liegenschaftsschätzer (1988), S. 36 und S. 38.

725 Vgl. Hess, H./Weibel, H., Enteignungsrecht (1986), Artikel 19 Anm. 80 ff.

726 Zu der Beschreibung des Residualverfahrens vgl. oben: Zweiter Teil: V. B. Residualverfahren und zu der Verbreitung in der schweizerischen Grundstücksbewertung vgl. Naegeli, W./Hungerbühler, K., Liegenschaftsschätzer (1988), S. 38 ff.

727 Zu der Lageklassenmethode vgl. Naegeli, W./Hungerbühler, K., Liegenschaftsschätzer (1988), S. 45 ff.

in einer ganz bestimmten Relation zum Gesamtwert und dem Mietwert[728] der Liegenschaft stand. Für die Bewertung wird dieses aus der Vergangenheit abgeleitete Verhältnis als konstant angenommen und auf die Zukunft übertragen. *"Die überraschendste und für die Berechnung des Baulandwertes wichtigste Erkenntnis war die Feststellung, daß Objekte in gleicher Lage stets gleiche Verhältniszahlen von Gesamtanlagewert, Mietzinstotal und Landwert besitzen."*[729, 730]

Die Verhältnisse von Jahreszins zu Baulandwert wurden auf der Abszisse in einem Koordinatensystem und die Verhältnisse von Gesamtanlagewert zu Baulandwert auf der Ordinate abgetragen. Die Auswertung ergab einen keilförmigen Sektor ausgehend vom Ursprung, in dem die Immobilien mit einem normalen Verhältnis von Gesamtanlagewert zu Baulandwert und Jahreszins zu Baulandwert lagen. Hochwertige Objekte lagen in dieser Abbildungsweise weit vom Koordinatennullpunkt entfernt.[731]

Die mit den Objekten in Bezug stehenden wertbestimmenden Faktoren wie z.B. Lage und Nutzung, wurden in einem weiteren Schritt qualitativ ausgewertet, um einen funktionellen Zusammenhang von Verhältniszahlen und Wertdeterminanten zu erhalten. Als Determinanten der Verhältniszahlen wurden die allgemeine Situation, die Verkehrsrelation, die Nutzungsintensität/der Ausbaustandard, der Wohnsektor, der Handels- und Dienstleistungssektor, die Industrie, die Steigerungsfaktoren und die Reduktionsfaktoren ermittelt, die in dem sog. Lageklassenschlüssel zusammengeführt wurden. Die Bestimmungsfaktoren haben unterschiedliche Ausprägungen, wobei den verbalen Beschreibungen der unterschiedlichen Zustände ein Wert zugeordnet wird. Die Summe der Werte der Bestimmungsfaktoren wird durch die Anzahl der als relevant betrachteten und in die Beurteilung eingeflossenen Determinanten geteilt, was einen Wert zwischen Eins und Acht ergibt. Diese Werte sind die Grundlage für die Zuordnung zu den Lageklassen.[732]

Die Lageklassen stellen ein Verhältnis von jährlichem Mietertrag zu dem Baulandwert dar. Entsprechend kann auf der Basis der durch die Auswertungen von Naegeli aufgestellten Anteile des Baulandwertes am gesamten Immobilienwert der Bodenwert errechnet werden, indem der Jahresmietertrag mit dem Faktor der Lageklasse multipliziert wird. *"In wenigen Worten läßt sich das Resultat auch so formulieren: "Je wertvoller der Baugrund, desto größer sein Anteil am Gesamtwert;*

---

728 Unter Mietwert wird der Ertragswert verstanden.

729 Naegeli, W./Hungerbühler, K., Liegenschaftsschätzer (1988), S. 46.

730 Der Begriff Gesamtanlagewert ist mit dem gesamten Verkehrswert der Liegenschaft und das Mietzinsstotal mit dem nachhaltigen Ertrag gleichzusetzen.

731 Vgl. zu der grafischen Darstellung des Lageklassenverfahrens Naegeli, W./ Hungerbühler, K., Liegenschaftsschätzer (1988), S. 47.

732 **Beispiel 21.** bewertet den Boden der Musterimmobilie über die Lageklassenmethode.

proportional verändert sich das Verhältnis zwischen Zinseinnahmen und Bodenwert. " "[733]

Unverständlich ist, weshalb Naegeli/Hungerbühler die statistische Methode aufgrund der nicht genügend aktuellen und vergleichbaren Daten ablehnen, andererseits aber die Lageklassenmethode als Möglichkeit zur Landbewertung anführen, da diese an den gleichen Prämissen krankt. Deshalb ist die Kritik an dem Lageklassenverfahren von Kleiber/Simon/Weyers, die das Lageklassenverfahren als unbrauchbar für eine sachgerechte Immobilienbewertung erachten und lediglich als relevant für den schweizerischen Immobilienmarkt in den Jahren der Aufstellung (1955 - 1957) beurteilen.[734]

C. Ertragswertverfahren

Die Ertragswertermittlung der schweizerischen Immobilienbewertung bedient sich des vereinfachten Ertragswertverfahrens.[735] Hierbei wird keine separate Bodenwertverzinsung angesetzt, sondern im Rahmen der Kapitalisierung wird von einer unbegrenzten Nutzungsdauer der baulichen Anlagen ausgegangen.

Grundlage der Kapitalisierung ist der Bruttomietertrag einer Periode, die als nachhaltig für die zukünftigen Perioden angesehen wird. Bewirtschaftungskosten, Verwaltungskosten und Abschreibungen sind in den Kapitalisierungsfaktor eingerechnet. Naegeli/Hungerbühler[736] setzen den Liegenschaftszinssatz generell um 1 bis 3 Prozent höher als den Zinsfuß der 1. Hypothek an. Die Kapitalisierungsfaktoren sind je nach der Zuordnung der Gebäude als Neu- oder Altbauten und je nach der Gebäudeart um 1 bis 5 Prozentpunkte zu erhöhen.[737, 738] In diesem Zusammenhang wird von einem kostendeckenden Kapitalisierungszinssatz gesprochen. In der Weisung des Regierungsrates an die Steuerbehörden über die Bewertung von Liegenschaften und die Festsetzung der Eigenmietwerte wird für die Ertragswertermittlung von Mehrfamilienhäusern und Geschäftshäusern je nach Alter

---

733 Naegeli, W./Hungerbühler, K., Liegenschaftsschätzer (1988), S. 61.

734 Vgl. Kleiber, W./Simon, J./Weyers, G., Verkehrswertermittlung (1994), S. 577. Zu weiteren kritischen Anmerkungen zu der Lageklassenmethode vgl. Hess, H./Weibel, H., Enteignungsrecht (1986), Artikel 19 Anm. 96.

735 Vgl. Naegeli, W./Hungerbühler, K., Liegenschaftsschätzer (1988), S. 107 f. Zu dem vereinfachten Ertragswertverfahren vgl. oben: Zweiter Teil: V. A. Vereinfachtes Ertragswertverfahren.

736 Vgl. Naegeli, W./Hungerbühler, K., Liegenschaftsschätzer (1988), S. 111 f.

737 Vgl. Naegeli, W./Hungerbühler, K., Liegenschaftsschätzer (1988), S. 112 f.

738 Diese Vorgehensweise wird in dem **Beispiel 10.** dargestellt.

der Liegenschaft ein einheitlicher Kapitalisierungszinssatz zwischen 7,0 % und 8,5 % vorgeschrieben.[739]

Das schweizer Verfahren der Ertragswertermittlung stellt ein stark vereinfachtes Verfahren dar, welches von der Suche nach einem Liegenschaftszinssatz bestimmt wird. Dieser soll eine allgemein als Mindestrendite angesehene Rendite der Investition sicherstellen. In Anbetracht der auf dem schweizer Immobilienmarkt herrschenden, relativ gesehen höheren Renditen, mag diese Überlegung auf dem Boden der Realität angesiedelt sein. Trotzdem birgt die Berücksichtigung der Bewirtschaftungskosten in dem Kapitalisierungsfaktor ein zu großes Ertragswertschwankungspotential, zumal auch noch von einer unendlichen Gebäudenutzungsdauer ausgegangen wird.

Im Rahmen der Bewertung der Vermögensteuer wird der Mittelwert aus Sachwert und dreifach gewichtetem Ertragswert angesetzt.[740] dieses Mittelwertverfahren führt zu keiner Annäherung an den eigentlich als Besteuerungsgrundlage vorgesehenen Verkehrswert.

D. Bauwertschatzung

Das Sachwertverfahren wird in der schweizerischen Gundstücksbewertung Bauschatzung genannt.

Ausgangswert ist der Neubauwert der Gebäude, der einerseits auf der Basis von effektiv angefallenen als normal anzusehenden Herstellungskosten oder auf der Basis von über Bauindizes ermittelten Neubaukosten bestimmt wird. Der Neubauwert wird um Alterswertminderungen und sonstige Wertminderungen korrigiert. Naegeli/Hungerbühler greifen die Diskussion um die Bestimmung der "richtigen" Wertminderung wegen Alters und Abnutzung auf. Sie beurteilen Wertminderungstabellen als Unsinn, da eine genaue Schätzung der Wertminderungen anhand der Lebensdauer und der voraussichtlichen Nutzungsdauer nicht sinnvoll ist, weil der Schätzungshorizont zu lang ist.[741] Vielmehr verweisen sie auf die genaue Beurteilung der wirtschaftlichen Verhältnisse und verlangen eine grobe Schätzung der Alterswertminderung anhand des bei dem Augenschein des Objektes

---

739 Vgl. Weisung des Regierungsrates des Kantons Zürich an die Steuerbehörden über die Bewertung von Liegenschaften und die Festsetzung der Eigenmietwerte vom 10. Juni 1992, in Zürcher Steuerbuch Band I A Nr. 22/20, Abschnitt I. D. 4. und Abschnitt I. E. 4.

740 Vgl. Weisung des Regierungsrates des Kantons Zürich an die Steuerbehörden über die Bewertung von Liegenschaften und die Festsetzung der Eigenmietwerte vom 10. Juni 1992, in Zürcher Steuerbuch Band I A Nr. 22/20, Abschnitt I. D. 1.

741 Vgl. Naegeli, W./Hungerbühler, K., Liegenschaftsschätzer (1988), S. 22 ff.

gewonnenen Eindruckes und der Einschätzung der wirtschaftlichen Altersentwertung aufgrund von Erfahrungswerten.[742]

Von besonderer Bedeutung ist in diesem Zusammenhang die Bestimmung der relevanten Baukostenindizes. Die Städte Zürich, Bern sowie die Brandversicherung des Kantons Luzern veröffentlichen jeweils einen eigenen Baukostenindex. Einen einheitlichen Baukostenindex für die gesamte Schweiz gibt es nicht.[743]

Vorteilhaft ist die regionale Aufteilung der Bauindizes, die den unterschiedlichen Baupreisverhältnissen Rechnung trägt. Die Indexermittlungsverfahren sind jedoch nicht aufeinander abgestimmt, sowie nur bedingt vergleich- und nachvollziehbar, da die Baupreise und deren Veränderungen nur anhand von wenigen oder einem ausgewählten Objekt dokumentiert werden. So wird z.B. in der Stadt Zürich seit 1988 der Index nur noch auf der Basis von einem 40 Wohnungen umfassenden Hochhaus errechnet.[744]

Dadurch sind die Schätzer gezwungen, bei abweichenden Bauausführungen durch Zu- oder Abschläge unterschiedliche Baupreise anzusetzen, was der Nachvollziehbarkeit und dem Grundgedanken der Anwendung von Indizes zusätzlich entgegenläuft. Sinnvoll wäre die Bestimmung von zahlreichen verschiedenen Bauindizes, um einerseits den verschiedenen regionalen Verhältnissen und andererseits den unterschiedlichen Bauausführungen Rechnung tragen zu können.[745] Dabei sollten die Indizes zusätzlich nicht nur auf der Basis von einem oder von einigen wenigen Objekten ermittelt werden, vielmehr wären homogene Teilmengen der unterschiedlichen Bauausführungen anzusetzen.

E. Ableitung des Verkehrswertes

Definiert wird der Verkehrswert einer Liegenschaft als der Verkaufswert im normalen Geschäftsverkehr.[746] Insofern stimmt die schweizerische Definition vom Verkehrswert mit der deutschen Verkehrswertdefinition des § 194 BauGB weitgehend überein.

Beträchtliche Unterschiede bestehen bei der Ausfüllung des Verkehrswertbegriffes. So wird im Rahmen der Besteuerung im Kanton Zürich der Verkehrswert des

742 Naegeli/Hungerbühler können somit auch nur auf den Sachverstand und die Marktkenntnis des Sachverständigen verweisen.

743 Vgl. Naegeli, W./Hungerbühler, K., Liegenschaftsschätzer (1988), S. 20.

744 Vgl. Naegeli, W./Hungerbühler, K., Liegenschaftsschätzer (1988), S. 20.

745 Der Baupreisindex von der Brandversicherung des Kantons Luzern stellt einen breiteren Ansatz dar, vgl. Naegeli, W./Hungerbühler, K., Liegenschaftsschätzer (1988), S. 357 f.

746 Vgl. Naegeli, W./Hungerbühler, K., Liegenschaftsschätzer (1988), S. 117.

Landes bebauter Grundstücke für die ersten 700 m^2 mit den gemeindlich festgelegten Werten angesetzt. Übersteigende Quadratmeter werden mit pauschal 50 Schweizer Franken je m^2 bewertet.[747]

Der Verkehrswert der schweizerischen Immobilienbewertung wird nicht über Zu- oder Abschläge der ermittelten Ertrags- und Sachwerte errechnet. Vielmehr wird auf die vorher errechneten Sach- und Ertragswerte zurückgegriffen und eine Mischung aus beiden Werten gebildet. *"Aus den voneinander unabhängig errechneten Größen Realwert und Ertragswert wird der Verkehrswert bestimmt. ... Im Idealfall liegen Real- und Ertragswert sehr nahe beieinander; dann darf für die Verkehrswertermittlung das Mittel gezogen werden; andernfalls ist der Ertragswert mit zwei, drei eventuell vierfachem Gewicht einzusetzen."*[748] Naegeli/Hungerbühler haben eine Gewichtungsvorschrift aufgestellt, die je nach der Abweichung von Ertrags- und Realwert, das "Mischungsverhältnis" von Ertrags- und Realwert vorgibt. Bei einer Abweichung von 40 % reicht das Verhältnis bis zu einer Gewichtung des Ertrags zu Realwert von eins zu fünf. Dies bezeichnen sie als in der Schätzungspraxis sehr gut anwendbar.[749] Trotzdem können Mittelwertverfahren keinerlei neuartige Informationen bereitstellen, weshalb dieses Gewichtungsverfahren von Ertrags- und Sachwert abzulehnen ist.

Ansonsten wird auch in der schweizerischen Immobilienbewertung auf den Sachverstand des Gutachters verwiesen, der anhand verschiedener wertbestimmender Faktoren einen objektiv ausgewogenen Wert der zu bewertenden Objekte anhand der Verhältnisse auf den lokalen Immobilienmärkten bestimmen soll.[750] Dies bedeutet den Vorrang des Vergleichswertverfahrens mit seiner Bewertung mittels realisierter Preise vor anderen Bewertungskonzeptionen.

F. Zwischenergebnis

Die schweizerische Immobilienbewertung bedient sich der Grundstrukturen einschlägigen Verfahren Vergleichswert-, Ertragswert- und Sachwertverfahren. Konzeptionelle Unterschiede bestehen vor allem in der Ausgestaltung der Verfahren.

Generell abzulehnen ist eine Mischung der Ergebnisse von verschiedenen Verfahren, um den Verkehrswert abzubilden, da dadurch keine neuen Informationen in die Bewertungen einbezogen werden, sondern lediglich Produkte der Mathematik

---

747 Vgl. Weisung des Regierungsrates des Kantons Zürich an die Steuerbehörden über die Bewertung von Liegenschaften und die Festsetzung der Eigenmietwerte vom 10. Juni 1992, in Zürcher Steuerbuch Band I A Nr. 22/20, Abschnitt I. D. 2.

748 Naegeli, W./Hungerbühler, K., Liegenschaftsschätzer (1988), S. 123.

749 Vgl. Naegeli, W./Hungerbühler, K., Liegenschaftsschätzer (1988), S. 123.

750 Vgl. Naegeli, W./Hungerbühler, K., Liegenschaftsschätzer (1988), S. 122.

entstehen. Diese Werte können jedoch durch die mathematische Veränderung den zu ermittelnden Verkehrswert nicht genauer darstellen als die Inputgrößen.

Die im Rahmen der Bauwertschatzung verwendeten Baupreisindizes erfüllen das Postulat nach einer regionalen Aufteilung. Andererseits sind sie nicht sehr aussagekräftig, da die Basis der Indizes im überwiegenden Maße zu schmal ist, um übliche Baupreise und wirkliche Baupreisveränderungen darzustellen. Darüber hinaus werden durch die schmale Basis der Indizes nur wenige übliche Gewerke preislich abgebildet, so daß sie den Gutachter bei fast allen Schätzungen zu Korrekturen an den Indizes zwingen. In diesem Zusammenhang ist die Verwendung der Lageklassenmethode zur Bestimmung der Bodenwerte ebenfalls negativ zu beurteilen, da Bodenwertermittlungen zu vereinfacht und auf der Basis von veralteten Daten durchgeführt werden.

Im Rahmen der Ertragswertermittlung fällt die Bestimmung des Kapitalisierungszinssatzes auf der Basis von langfristigen Hypothekenzinssätzen besonders auf. Die darauf aufbauende Korrektur der Zinsfüße stellt den gravierendsten Unterschied zu der Immobilienbewertung anderer Länder dar. So werden die kompletten Bewirtschaftungskosten in den Kapitalisierungsfaktor einbezogen. Dies führt über die Vernachlässigung der realisierten historischen und über den Verzicht einer Schätzung der aktuellen Bewirtschaftungskosten zu großen Schwankungsbreiten der Ertragswerte. Darüber hinaus wird immer eine unbegrenzte Gebäudenutzung angesetzt, was den Ertragswert zusätzlich verfälscht. Die Anwendung des vereinfachten Ertragswertverfahrens ist eine weitere Vereinfachung, die den Bodenwert außer Betracht läßt.

Für zu entwickelnde Immobilienbewertungsverfahren sind die schweizerischen Grundsätze der Immobilienbewertung trotzdem relevant, da sie als Vorzüge die Regionalisierung der Baupreisindizes und die Bestimmung der Kapitalisierungszinsfüße auf der Basis der Verhältnisse auf dem Kapitalmarkt umgesetzt haben.

II. Immobilienbewertung in Großbritannien

A. Überblick

Die Immobilienbewertung in Großbritannien richtet sich nach den durch die Royal Institution of Chartered Surveyors im sog. White Book[751] erlassenen Grundsätzen. Die Guidance Notes des RICS sind für unterschiedliche Immobilienbewertungsanlässe relevant. Im Rahmen der Bestimmung von Verkehrswerten durch Gutachter, von Beleihungswerten durch Banken oder auch bei der Bestimmung von Grundsteuerbemessungsgrundlagen, wird der nach den Grundsätzen des RICS ermittelte Wert angesetzt.[752]

Als Bewertungsgrundsatz wird die Bewertung mit dem Open Market Value vorgeschrieben,[753] der vom RICS folgendermaßen definiert wird:

> *"Open Market Value means the best price at which the sale of an interest in the property might reasonably be expected to have been completed unconditionally for cash consideration on the date of the valuation assuming:*
>
> *(a) a willing seller;*
>
> *(b) that, prior to the date of valuation, there had been a reasonable period (having regard to the nature of the property and the state of the market) for the proper marketing of the interest, for the agreement of price and terms and for the completion of the sale;*
>
> *(c) that the state of the market, level of values and other circumstances were, on any earlier assumed date of exchange of contracts, the same as on the date of valuation, and*
>
> *(d) that no account is taken of any additional bid by a purchaser with a special interest."*[754]

---

751 The Royal Institution of Chartered Surveyors (Hrsg.), The White Book - Manual of Valuation, Guidance Notes, 3. Auflage, 4th Amendment April 1995, London 1995.

752 Vgl. The Royal Institution of Chartered Surveyors (Hrsg.), The White Book - Manual of Valuation, Guidance Notes, 3. Auflage, 4th Amendment April 1995, London 1995, Appendix 1 S. 2.

753 In der britischen Bewertungslehre kann von zwei Grundannahmen ausgegangen werden; einerseits kann der Open Market Value for the Existing Use und andererseits der Open Market Value for Alternative Use ermittelt werden. Den Normalfall stellt die Bewertung mit dem Open Market Value for the Existing Use dar, da von einer Kontinuität der Nutzungen ausgegangen wird. So werden z.B. Wohnimmobilien weiterhin als Wohnimmobilien bewertet. Dieser Ansatz stellt die auch für andere Rechtskreise übliche Vorgehensweise dar. Vgl. dazu The Royal Institution of Chartered Surveyors (Hrsg.), The White Book - Manual of Valuation, Guidance Notes, 3. Auflage, 4th Amendment April 1995, London 1995, Appendix 4 S. 1 und Novelli, N./Procter, A., Real Estate Valuation (The Appraisal Journal 4/1992), S. 247 ff. insbesondere S. 250.

Die Guidance Notes sind als unbestimmte Rechtsbegriffe abgefaßt und können als grundlegende Bewertungsprinzipien bezeichnet werden. Die Details werden nicht von dem RICS in Guidance Notes vorgeschrieben, sondern die Praxis der Grundstücksbewertung füllt die Regeln aus.[755] Hierbei hat sich als Standardwerk, welches die genauen Vorgehensweisen und Abläufe beschreibt, das Buch "Modern Methods of Valuation"[756] durchgesetzt.

Als Bewertungsmethoden werden in Großbritannien die auch in Deutschland üblichen Verfahren Vergleichs-, Ertrags- und Sachwertverfahren benützt. Darüber hinaus werden für Sonderfälle von Bewertungen zwei Methoden eingesetzt, die in Deutschland nur eingeschränkt Anwendung finden. Der Residual Approach und die Profits Method. Der Residual Approach entspricht dem in Deutschland benützten Residualverfahren.[757] Außer bei Verkäufen, Beleihungen und Versicherungen sind Immobilienbewertungen für die Ermittlung von Neubewertungsrücklagen nach den GAAP[758] und bei der Bestimmung der Grundsteuerbemessungsgrundlage nicht Wohnzwecken dienender Liegenschaften[759] durchzuführen.

B. Direct Capital Comparison

Das Vergleichswertverfahren wird in Großbritannien als Direct Capital Comparison, Direct Value Comparison oder Comparative Method bezeichnet.

Das britische Vergleichswertverfahren geht von einem direkten Vergleich der zu bewertenden Liegenschaft mit ähnlichen Objekten aus. Es gibt keine Gutachterausschüsse, die die lokalen Immobilienmärkte überwachen und die Marktverhältnisse auswerten. Lediglich private Unternehmen und Gutachter führen eigene Statistiken, die dann im Rahmen der Bewertungen mit der Vergleichswertmethode zu Vergleichswerten führen. Aufgrund der relativ hohen Fungibilität von Immobilien und der großen Anzahl von Immobilienverkäufen in Großbritannien besteht ein relativ guter Einblick in die Marktverhältnisse, so daß Vergleichs-

---

754 The Royal Institution of Chartered Surveyors (Hrsg.), The White Book - Manual of Valuation, Guidance Notes, 3. Auflage, 4th Amendment April 1995, London 1995, Appendix 4 S. 1.

755 Vgl. dazu The Royal Institution of Chartered Surveyors (Hrsg.), The White Book - Manual of Valuation, Guidance Notes, 3. Auflage, 4th Amendment April 1995, London 1995, Background Note to Value Guidance Note 1 S. 1.

756 Britton, W./Davies, K./Johnson, T., Modern Methods of Valuation, 8. Auflage, London 1989.

757 Zum Residualverfahren vgl. oben: Zweiter Teil: V. B. Residualverfahren.

758 Vgl. Davies, M./Paterson, R./Wilson, A., UK GAAP (1994), S. 558 ff. und S. 566 ff.

759 Vgl. Smith, K., Valuation for Rating (1992), S. 3 ff.

bewertungen auch auf einer relativ schmalen Basis von direkt vergleichbaren Objekten zu sinnvollen Verkehrswerten führen.

Die Normalfälle der Vergleichsbewertung sind meist direkte Vergleichsbewertungen mit wenigen Vergleichsobjekten, die möglichst weitgehend in den wichtigen wertbestimmenden Faktoren übereinstimmen sollen.

In der Praxis werden nur Residential Properties (Wohnimmobilien), Agricultural Property (land- und forstwirtschaftliches Vermögen) und Development Land (unbebautes oder evtl. neu zu bebauendes Land) mit dem Vergleichswertverfahren bewertet, da bei ihnen die Vergleichbarkeit mit anderen gleichartigen Objekten relativ leicht gegeben ist.[760] Unter Residential Properties werden sämtliche Arten von Wohngebäuden subsumiert, wobei Mietwohnobjekte im Normalfall mit dem Ertragswertverfahren bewertet werden, da hier die Ertragsvorstellungen im Vordergrund stehen.[761] Von besonderem Interesse ist, daß in Großbritannien Objekte wie Wohnhäuser fast nie im Wege des Sachwertverfahrens bewertet werden, sondern auch für diese, in Deutschland als typische Sachwertobjekte angesehenen Immobilien, immer das Vergleichswertverfahren eingesetzt wird.[762]

Darüber hinaus werden selbstgenutzte Fabrikgelände ebenfalls mit dem Vergleichswertverfahren bewertet, selbst dann, wenn nur in größerem räumlichem Abstand vergleichbare Liegenschaften vorhanden sind.[763]

Das britische Vergleichswertverfahren ermittelt die Verkehrswerte über den direkten Vergleich mit anderen Verkaufspreisen vergleichbarer Objekte, oder durch den Bezug von Vergleichskaufpreisen auf eine Flächen- oder Raumeinheit. Zu beachten ist, daß die Anwendung von statistischen Methoden unterbleibt und immer auf die ursprünglichen Ausgangsdaten Bezug genommen wird.[764] In einem weiteren Schritt

---

760 Vgl. Britton, W./Davies, K./Johnson, T., Valuation (1989), S. 41.

761 Zu der Bewertung von Mietwohnimmobilien detailliert vgl. Britton, W./Davies, K./Johnson, T., Valuation (1989), S. 368 ff.

762 Vgl. Morgan, J., Immobilienbewertung (Der langfristige Kredit 12/1989), S. 384 und S. 383.

763 Vgl. Morgan, J., Immobilienbewertung (Der langfristige Kredit 12/1989), S. 384 und S. 383.

764 Zu eingehenden Beispielen vgl. Britton, W./ Davies, K./ Johnson, T., Valuation (1989), S. 41 ff.

sind Zu- oder Abschläge aufgrund unterschiedlicher wirtschaftlich bedeutender Umstände anzubringen:[765]

1. Location:
   Aufgrund der immer einzigartigen Lage von Liegenschaften sind Unterschiede in der Werthaltigkeit von Lagen durch Zu- oder Abschläge zu korrigieren.[766]

2. Physical State:
   Hierunter sind der Erhaltungszustand, die Ausstattung, unterschiedliche Baumaterialien und verschiedenartige Grundrisse zu verstehen, die durch Zu- oder Abschläge entsprechend zu berücksichtigen sind.[767]

3. Tenure:
   Die mit dem Objekt zusammenhängenden abgeschlossenen Verträge sind von außerordentlicher Wichtigkeit, da diese den Wert maßgeblich beeinflussen können. So sind unkündbare wie auch kündbare Miet- und Pachtverträge genau zu analysieren und evtl. in Wertzu- oder -abschläge umzurechnen.[768]

4. Time:
   Zeitliche Unterschiede zwischen dem Zeitpunkt von Vergleichsveräußerungen und dem Bewertungsstichtag sind insbesondere im Hinblick auf Marktschwankungen zu beachten und gegebenenfalls zu eliminieren.[769]

Da die zahlreichen Vergleichswertkorrekturen nicht in genau vorgegebenen Prozentsätzen oder Recheneinheiten angegeben werden können, wird auch in diesem Zusammenhang auf den Sachverstand und die Erfahrung des Gutachters verwiesen. Aufgrund der langjährigen Ausbildung und den hohen Zulassungshürden zum Immobiliengutachter in Großbritannien ist generell mit einem großen Erfahrungsschatz und einem hohen Wissensstand in der Immobilienbegutachtung zu rechnen. Demzufolge werden diese Vergleichswertkorrekturen die Verhältnisse auf

---

765 Shapiro führt als hauptsächliche wertbestimmende Faktoren an: 1. Location; 2. Accomodation; 3. The nature of the housing unit; 4. The quality of repair, appearance and quality of finish; 5. The quality and quantum of the fixtures and fittings; 6. The potential of the neighbourhood in terms of general improvement and the potential of the property to be improved and modernised. Vgl. Shapiro, E., Residential Properties (1992), in Rees, W. (Hrsg.), Valuation (1992), S. 37.
Diese werden jedoch auch durch die von Britton/Davies/Johnson aufgezählten wertbestimmenden Faktoren abgebildet, vgl. Britton, W./ Davies, K./ Johnson, T., Valuation (1989), S. 39 ff.

766 Vgl. Britton, W./Davies, K./Johnson, T., Valuation (1989), S. 39.

767 Vgl. Britton, W./Davies, K./Johnson, T., Valuation (1989), S. 39 f.

768 Vgl. Britton, W./Davies, K./Johnson, T., Valuation (1989), S. 40.

769 Vgl. Britton, W./Davies, K./Johnson, T., Valuation (1989), S. 40 f.

den Immobilienmärkten widerspiegeln und dazu beitragen, die "richtigen" Immobilienverkehrswerte zu ermitteln.

Die Kritik von Rüchardt an dem britischen Vergleichswertverfahren[770] wirft in diesem Zusammenhang die grundsätzliche Frage auf, ob Vergleichswertbewertungen durchgeführt werden können, wenn die Datenbasis zum Vergleich der Objekte nur sehr gering ist und/oder den qualitativen Ansprüchen nicht gerecht wird. Dies ist insbesondere in ländlichen Gegenden und bei geringen Immobilienumsätzen sowie bei einer nicht gegebenen oder nur bedingten Ähnlichkeit der Objekte der Fall. Trotzdem ist die britische Verfahrensweise mit der hauptsächlichen Bezugnahme auf Marktdaten, sei es auf Kaufpreise oder auf Mieterträge, als Versuch zu werten, die wirklichen Marktgeschehnisse in den Immobilienbewertungsgutachten abzubilden.

C. Investment Approach

Das Ertragswertverfahren wird für Objekte eingesetzt, die normalerweise unter Renditegesichtspunkten erworben werden. Deshalb hat sich im britischen Sprachgebrauch auch die Bezeichnung Investment Approach oder Rental Comparison Approach für das Ertragswertverfahren durchgesetzt.

Als Bewertungsmethoden im Ertragswertverfahren sind in Großbritannien verschiedene Ansätze üblich. Inhaltlich gleiche Verfahren werden sowohl bei der Bewertung von Wohnräumen wie auch bei gewerblichen Räumlichkeiten angewandt. Hervorzuheben ist, daß immer eine eingehende Analyse abgeschlossener Mietverträge im Hinblick auf die am Markt zum Bewertungsstichtag üblichen Mieten und Laufzeiten durchzuführen ist. So wurde eine als Zoning bezeichnete Methode entwickelt, die entsprechend den Einteilungen in verschiedene Bereiche von Ladenlokalen die Mieterträge von Läden analysiert und vergleichbar macht.[771]

Als klassische Bewertungsmethoden sind das vereinfachte Ertragswertverfahren mit unbegrenzter Restnutzungsdauer für Fully Let Freeholds und vereinfachte Ertragswertverfahren mit Abstufungen für Revisionary Freeholds zu verwenden. Unter Fully Let Freeholds sind komplett vermietete Immobilien mit einem unbefristeten Mietvertrag zu verstehen, der den marktüblichen Verhältnissen von Kündigung und Mieterhöhung ausgesetzt ist. Revisionary Freeholds sind befristet vermietete oder mit Mietanpassungsklauseln vermietete Immobilien.

---

770 Vgl. Rüchardt, K., Immobilienbewertung (GuG 6/1991), S. 310.

771 Zu der genauen Vorgehensweise des Zoning vgl. Hill, J., Shops (1992), in Rees, W. (Hrsg.), Valuation (1992), S. 167 ff.
In Deutschland sind ähnliche Methoden bei der Wertbestimmung von Vorder- und Hinterland von Grundstücken im Vergleichswertverfahren üblich, vgl. dazu Kleiber, W./Simon, J./Weyers, G., Verkehrswertermittlung (1994), S. 630 ff.

Darüber hinaus kann die Discounted Cash Flow Method als neueres Bewertungsverfahren zur expliziten Berücksichtigung von zukünftigen Veränderungen für die Bewertung herangezogen werden.

1. Conventional Market Valuation Models

a) Fully Let Freeholds

Fully Let Freeholds werden mit dem vereinfachten Ertragswertverfahren bewertet. Hierzu sind die Reinerträge der Liegenschaft mit dem aus dem Liegenschaftszinssatz abgeleiteten Multiplikator zu vervielfältigen.[772]

Die Reinerträge (Net Income bzw. Estimated Rental Value) werden aus der vereinbarten Miete zuzüglich eines als Service Charge bezeichneten, möglichen Aufschlags für die Inanspruchnahme von Leistungen, wie z.B. von Aufzügen und Wachdiensten, berechnet.[773] Von diesem Jahresbruttoertrag werden die als Outgoings bezeichneten Bewirtschaftungskosten abgezogen.[774] Unter Outgoings fallen Aufwendungen für Instandhaltung, Reparaturen, Mietausfallwagnis, Versicherungen und Verwaltung. Manchmal wird ein Prozentsatz der Bruttomiete als eine Art Gebäudererhaltungsrückstellung zusätzlich von der Miete als Bewirtschaftungskosten abgezogen.[775]

Die Kapitalisierungszinssätze sind aus Vergleichsverkäufen und den dazugehörenden Mieterträgen, aus Renditen von Regierungsanleihen, die um Risiko- und Immobilitätszuschläge zu korrigieren sind, oder aus Dividenden abzuleiten.[776] Hierbei werden jedoch keine Angaben über das "Wie" gemacht, weshalb nur auf den allgemeinen Sachverstand und die Sorgfalt eines Gutachters verwiesen werden kann. Zu beachten ist, daß in der britischen Bewertungspraxis Mietwohnimmobilien in die höchste Risikoklasse eingestuft werden. Dementsprechend sind die Liegenschaftszinssätze am höchsten, nämlich zwischen 12 % und 18 %. Demgegenüber werden für Läden zwischen 3,5 % und 12 %, für Büros 5 % bis 10 % und für Fabriken und Warenhäuser zwischen 7 % und 12 % als Rendite angesetzt.[777]

---

772 Vgl. dazu **Beispiel 9.** Vereinfachtes Ertragswertverfahren.

773 Vgl. Britton, W./Davies, K./Johnson, T., Valuation (1989), S. 69 und S. 79 f.

774 Zu den Outgoings im Detail vgl. Britton, W./Davies, K./Johnson, T., Valuation (1989), S. 69 ff.

775 Vgl. Britton, W./Davies, K./Johnson, T., Valuation (1989), S. 75.

776 Vgl. Britton, W./Davies, K./Johnson, T., Valuation (1989), S. 90.

777 Vgl. Britton, W./Davies, K./Johnson, T., Valuation (1989), S. 92 f.

Der Kehrwert des Liegenschaftszinssatzes wird als Years´Purchase bezeichnet und ist der Reinertragsvervielfältiger unter der Annahme einer ewigen Restnutzungsdauer:[778]

$$Value = Net\ Income \times YP_Y$$

$$YP_Y = Years\text{´}Purchase = \frac{1}{Y} \times 100$$

$$Y = Yield\ (= Liegenschaftszinssatz).$$

b) Revisionary Freeholds

Revisionary Freeholds (vermietete Immobilien mit befristeten oder anpassungsfähigen Mietverträgen) werden in der Praxis mit drei Verfahren bewertet, der Term and Reversion Method, der Layer Method und der Equivalent Yield Method, wobei jedoch nur die Equivalent Yield Method als theoretisch korrekt betrachtet wird.[779],[780]

aa) Term and Reversion Method

Den historischen Anfang machte die Term and Reversion Method, die auf der Überlegung aufbaut, daß der bestehende Mietertrag nach dem Ablauf der Bindung an die bestehenden Marktverhältnisse angepaßt werden kann.[781]

Hierzu wird aus Vergleichsverkäufen ein Liegenschaftszinssatz abgeleitet. Dieser wird um einen Risikoabschlag, meist in Höhe von einem Prozent, vermindert, da der bestehende Mietvertrag als mit geringen Risiken behaftet angesehen wird und zusätzlich von in der Zukunft steigenden Mieten ausgegangen wird, so daß ein Mieter den mit dem Zeitablauf relativ gesehen günstiger werdenden Mietvertrag bis zum Ablauf erfüllen wird.[782]

Der vertraglich festgelegte Mietertrag wird über die Vertragsrestlaufzeit mit dem risikogeminderten Liegenschaftszinssatz kapitalisiert. Nach Ablauf der Mietbindung wird der heutige Net Estimated Rental Value mit dem aus den Vergleichskauf-

---

778 Vgl. Britton, W./Davies, K./Johnson, T., Valuation (1989), S. 15.

779 Vgl. Baum, A./Crosby, N., Investment Appraisal (1995), S. 90 und S. 91.

780 Die Verbreitung in der Praxis dokumentiert sich auch in dem gesamten Werk von Rees, vgl. Rees, W. (Hrsg.), Valuation (1992).

781 Zu der Term and Reversion Methode vgl. Baum, A./Crosby, N., Investment Appraisal (1995), S. 89 ff.

782 Vgl. Baum, A./Crosby, N., Investment Appraisal (1995), S. 89 f.

preisen abgeleiteten Liegenschaftszinssatz auf ewig kapitalisiert und über die Restlaufzeit des ursprünglichen Mietvertrages abdiskontiert.[783]

$$Value = TR \times YP_{Y_I}^{n} + \frac{ERV_{REV} \times YP_{Y_R}}{(1+Y_R)^n}$$

TR = *Term Rent*

ERV_{REV} = *Reversion to Estimated Rental Value*

$YP_{Y_I}^{n}$ = *Years´Purchase for Remaining Contract* $= \frac{(1+Y_I)^n - 1}{Y_I \times (1+Y_I)^n}$

n = *Remaining Contract Period*

Y_I = *Initial Yield in Percent* $= Y_R -$ *Risk Adjustment*

YP_{Y_R} = *Years´Purchase on Revisionary* $= \frac{1}{Y_R}$

Y_R = *Revisionary Perpetual Yield in Percent*

bb) Layer Method

Im Rahmen der Ertragswertbestimmung durch die in den 70er Jahren entwickelte Layer Method wird von einem ewigen Mietertrag in Höhe der vertraglich festgelegten Miete ausgegangen.[784] Dieser Mietertrag wird als Bottom Slice, also als Layer, bezeichnet und mit dem aus Vergleichsverkäufen abgeleiteten Liegenschaftszinssatz kapitalisiert.

Den "darüber liegenden" Layer bildet die als Top Slice bezeichnete Schicht der Differenz zwischen dem marktüblichen Nettomietertrag (Estimated Rental Value) und dem vereinbarten Mietertrag. Diese Top Slice wird unter der Annahme einer unendlichen Erzielbarkeit kapitalisiert und dann für die Restlaufzeit der ursprünglichen Mietbindung abgezinst. Somit wird davon ausgegangen, daß immer der maximal mögliche Mietertrag aus dem Objekt zu erzielen ist, aufgrund der abgeschlossenen Mietverträge jedoch erst nach Ablauf der "Mietbindung" realisiert werden kann. Mathematisch läßt sich die Layer Method folgendermaßen darstellen:

---

783 Die Term and Reversion Method wird in **Beispiel 11.** für die Musterimmobilie durchgerechnet.

784 Zu der Layer Methode vgl. Baum, A./Crosby, N., Investment Appraisal (1995), S. 91 ff.

$$Value = TR \times YP_{Y_R} + \frac{(ERV_{REV} - TR) \times YP_{TS}}{(1 + Y_{TS})^n}$$

TR = *Term Rent (= Bottom Slice)*
ERV_{REV} = *Reversion to Estimated Rental Value (Top Slice* $= ERV_{REV} - TR$*)*
YP_{Y_R} = *Years' Purchase on Revisionary* $= \frac{1}{Y_R}$
Y_R = *Revisionary Perpetual Yield in Percent*
YP_{TS} = *Years' Purchase of Top Slice* $= \frac{1}{Y_{TS}}$
Y_{TS} = *Yield in Percent on Top Slice (*$= Y_R +$ *Risk Adjustment for Top Slice)*
n = *Remaining Contract Period.*

cc) Equivalent Yield Method

Die Equivalent Yield Method unterscheidet sich von den beiden anderen Methoden durch den Verzicht auf die Differenzierung der Liegenschaftszinssätze.[785] Für die vertraglich festgelegten Mieterträge und die unbestimmten zukünftigen Mieterträge wird der gleiche Kapitalisierungszinssatz angesetzt.

Die Equivalent Yield Method berücksichtigt in ihrem Liegenschaftszinssatz implizit die Zukunftsrisiken und verzichtet auf die explizite Berücksichtigung der als unterschiedlich beurteilten Risiken durch die Spaltung der Kapitalisierungszinssätze. *"The single capitalization rate is the true all risks yield of the investment. It represents the growth of the investment as a whole and the other risks applied to the property as a whole (not to parts of the income profile)."*[786]

Wie auch bei der Layer Method wird der derzeitige Mietertrag als Bottom Slice auf ewig kapitalisiert. Die nach der Mietbindung möglichen Erträge werden in einer Top Slice erfaßt, ebenfalls auf ewig kapitalisiert und auf den Bewertungsstichtag mit dem einheitlichen Liegenschaftszinssatz diskontiert. Als Liegenschaftszinssatz ist der aus Vergleichsverkäufen und den zugehörigen Mieterträgen abgeleitete Zinssatz anzusetzen. Dieser wird meistens in die Richtung des Kapitalisierungszinssatzes für Fully Let Freeholds korrigiert.[787]

---

785 Zu der Equivalent Yield Methode vgl. Baum, A./Crosby, N., Investment Appraisal (1995), S. 93 f.

786 Baum, A./Crosby, N., Investment Appraisal (1995), S. 94.

787 Vgl. Baum, A./Crosby, N., Investment Appraisal (1995), S. 94.

$$Value = TR \times YP_Y + \frac{(ERV_{REV} - TR) \times YP_Y}{(1+Y)^n}$$

TR	=	*Term Rent (= Bottom Slice)*
ERV_{REV}	=	*Reversion to Estimated Rental Value*
		$(Top\ Slice = ERV_{REV} - TR)$
YP_Y	=	*Years'Purchase* $= \frac{1}{Y}$
Y	=	*Perpetual Yield in Percent*
		(True All Risks Yield of the Investment)
n	=	*Remaining Contract Period*

Die Equivalent Yield Method ist eine Weiterentwicklung der Layer Method, die aber ebenfalls nur bereits realisierte Marktmieten aufnimmt. Bedenklich ist wiederum die Trennung in verschiedene Einkommensbestandteile, weil einheitliche Mieterträge fiktiv in unterschiedliche Bestandteile aufgespalten werden, obwohl die gesamten Mieterträge den gleichen zukünftigen Unwägbarkeiten ausgesetzt sind. Dies ist jedoch durch die Anwendung eines Liegenschaftszinssatzes im Verhältnis zu der Layer Method vertretbar.

c) Fazit

Allen klassischen Bewertungsmethoden ist gemeinsam, daß sie versuchen, die Risiken der Zukunft durch den Kapitalisierungszinssatz implizit in die Bewertung zu integrieren.[788] Als Grundlage der zu errechnenden Ertragswerte werden einerseits Liegenschaftszinssätze aus vergangenen Vergleichsverkäufen abgeleitet und andererseits die marktüblichen Estimated Rental Values zum Bewertungsstichtag angesetzt. Beides stellt keine konsequente Berücksichtigung der unsicheren Zukunft dar, weil die Liegenschaftszinssätze aus historischen Verkäufen abgeleitet und auf der Basis der für die Zukunft irrelevanten Vergangenheit korrigiert werden.

Die unsicheren Zahlungsströme der Zukunft sollten als solche erkennbar sein. Dieses "Zukunftsproblem" versuchen die Immobilienbewertungsmethoden durch die explizite Betrachtung der Zukunftseinschätzungen zu beseitigen.

788 Britton/Davies/Johnson sehen diese implizite Berücksichtigung der Zukunft als ausreichend an, vgl. Britton, W./Davies, K./Johnson, T., Valuation (1989), S. 56. Dagegen wird dieser Ansatz von Baum/Crosby als überholt abgelehnt, vgl. Baum, A./Crosby, N., Investment Appraisal (1995), S. 95 und S. 90.

2. Contemporary Growth Explicit Valuation Models

Seit Anfang der 80er Jahre haben neue Bewertungsmethoden zur expliziten Berücksichtigung der zukünftigen Ereignisse in Immobilienbewertungen beigetragen. Diese Entwicklungen führten zu der Anwendung der aus der Unternehmensbewertung bekannten Methode der Discounted Cash Flow Analyse. Andere Verfahren wurden zwar entwickelt, haben sich aber nicht durchgesetzt.[789],[790]

Die Discounted Cash Flow Method diskontiert die zukünftigen Erträge auf den Bewertungsstichtag.[791] Der Unterschied zu den klassischen Bewertungsmethoden besteht in der Veränderung der jährlichen Reinerträge aufgrund von Annahmen über die zukünftigen Entwicklungen. Der Immobilienwert wird somit nicht aufgrund einer Extrapolation der Vergangenheitsdaten vorhergesagt. Der Liegenschaftswert wird vielmehr aus den Einschätzungen der zukünftigen Verhältnisse gewonnen. Die klassische Immobilienbewertungslehre geht von einer statischen Umwelt aus. Die heutigen Mieterträge werden als nachhaltig für die Zukunft angesetzt. Nur in dem Liegenschaftszinssatz, der aus Vergleichsverkäufen von anderen Objekten abzuleiten ist, wird eine implizite Annahme über die Zukunft getroffen, die davon ausgeht, daß im Rahmen der Verkäufe der Vergleichsliegenschaften die Zukunftsvorstellungen der Käufer und der Verkäufer bei der Preisfindung eingeflossen sind und deshalb im Liegenschaftszinssatz beinhaltet sind.

Die britische Discounted Cash Flow Method arbeitet mit einem Liegenschaftszinssatz, der normalerweise von dem marktüblichen Fremdkapitalzinssatz abgeleitet wird.[792],[793] Mathematisch läßt sich die Discounted Cash Flow Method folgendermaßen abbilden:

---

789 Hierunter fällt die von Wood entwickelte Real Value Bewertungsmethode, die jedoch von den verantwortlichen Stellen des RICS als zu komplex und kompliziert für eine Anwendung in der Praxis abgelehnt wurde, vgl. Baum, A./Crosby, N., Investment Appraisal (1995), S. 123.

790 Darüber hinaus wird die Discounted Cash Flow Methode in dem britischen Standardwerk von Britton/Davies/Johnson nur auf die Unterstützung von Investitionsentscheidungen bezogen und von den "normalen" Immobilienbewertungsmethoden abgegrenzt, vgl. Britton, W./ Davies, K./ Johnson, T., Valuation (1989), S. 169.

791 Auf die besonders im Rahmen von Investitionsentscheidungen bedeutsame Interne Zinsfußmethode (Internal Rate of Return Method) wird nicht eingegangen, da dieser lediglich eine andere Sichtweise bei dem gleichen Ansatz zugrunde liegt.

792 Vgl. Britton, W./Davies, K./Johnson, T., Valuation (1989), S. 170.

793 Die Bezeichnung Liegenschaftszinssatz wird gleichermaßen für einen aus Immobilienerträgen und einen aus Kapitalmarktzinssätzen abgeleiteten Zinssatz verwandt.

$$PV = \left[\sum_{0}^{n} ERV_n \times \frac{1}{(1+Y)^n} \right] + ERV_N \times \frac{1}{(1+Y)^N}$$

PV	=	*Present Value*
ERV_n	=	*Estimated Rental Value of specified period*
Y	=	*Equated Perpetual Yield derived from Financial Markets (= angepaßter Kapitalmarktdiskontierungszinssatz)*
n	=	*Number of Years in the Projection*
N	=	*Last Year of Projection.*[794, 795]

Aus Vereinfachungsgründen kann der Discounted Cash Flow mit einer Formel errechnet werden, die von einem kontinuierlichen Nettomietsteigerungsverlauf ausgeht. Dies ist jedoch eine in der Realität sehr bedenkliche Annahme, so daß sich die Bewertung mit der Discounted Cash Flow Formel fast nicht verbreitet hat.[796]

Inhaltlich sind die in den Vereinigten Staaten von Amerika angewandte und die britische Discounted Cash Flow Method identisch. Beiden wohnt die Grundidee inne, zukünftige Reinerträge durch die Kapitalisierung auf den Bewertungsstichtag zu beziehen. Hierbei sind lediglich geringe Unterschiede in der Vorgehensweise und im Rahmen der Bezeichnungen zu verzeichnen. Weitere Unterschiede bestehen in

---

794 Etwaige Restverkaufserlöse sind im Rahmen des *Estimated Rental Value of specified period* für die letzte Periode *N* beinhaltet.

795 Baum/Crosby geben die Forderung nach einem einheitlichen Kapitalisierungszinssatz auf und benützen die Mietsteigerungsrate als ewigen Kapitalisierungsfaktor, um den Mietsteigerungen entsprechend den Nettorestverkaufserlös am Ende des Betrachtungszeitraumes zu errechnen, der dann mit dem gemeinsamen Kapitalisierungszinssatz diskontiert wird, vgl. Baum, A./Crosby, N., Investment Appraisal (1995), S. 119 ff.

Diese Vorgehensweise läßt sich folgendermaßen darstellen:

$$PV = \left[\sum_{0}^{n} ERV_n \times \frac{1}{(1+Y)^n} \right] + ERV_N \times \frac{1}{(1+Y_P)^N}$$

PV	= *Present Value*
ERV_n	= *Estimated Rental Value of specified period*
Y	= *Equated Yield derived from Financial Markets (= angepaßter Kapitalmarktdiskontierungszinssatz)*
Y_P	= *Perpetual Yield (= ewiger Diskontierungsfaktor auf Basis der Mietsteigerungsrate)*
n	= *Number of Years in the Projection*
N	= *Last Year of Projection.*

796 Zu der Discounted Cash Flow Formel vgl. Baum, A./Crosby, N., Investment Appraisal (1995), S. 119 ff.

der Länge des Betrachtungszeitraumes, der bei der britischen Bewertung meist nur bis zum Ende der bestehenden Mietbindungen reicht. In den Vereinigten Staaten von Amerika werden häufig längere Investitionszeiträume angesetzt, wobei die Restverkaufserlöse, im Gegensatz zu der britischen Methodik, als gesonderte Jahresreinerträge kapitalisiert werden. Im Ergebnis kommen beide Bewertungsverfahren zu den gleichen Immobilienwerten, wenn von den gleichen Ausgangsdaten ausgegangen wird.[797]

D. Cost of Replacement Approach

Das Sachwertverfahren in Großbritannien wird Cost of Replacement Approach oder Contractors Method genannt.

Die Anwendung des Sachwertverfahrens ist in Großbritannien sehr limitiert. Es wird nur in den Fällen angewandt, in denen weder für das zu bewertende noch für vergleichbare Grundstücke Mieterträge festgestellt werden können und eine Bewertung aufgrund von Vergleichsverkäufen nicht möglich ist. Bei im Sachwertverfahren zu bewertenden Liegenschaften handelt es sich um sehr selten oder gar nicht vermietete Objekte, wie z.B. spezielle industrielle Liegenschaften wie Ölraffinerien und Zementwerke oder aber um öffentliche Einrichtungen wie Stadthallen, Klärwerke oder Feuerwehrstationen.[798]

Die Verwandtschaft des britischen Sachwertverfahrens zum britischen Ertragswertverfahren wird durch die inhaltliche Konzeption des Sachwertverfahrens deutlich. Die Contractors Method basiert auf der Theorie, daß ein hypothetischer Mieter, wenn ein Vermieter eine überhöhte Miete verlangt, sich entschließt, vergleichbaren Grund und Boden selber zu erwerben und darauf ein Gebäude mit vergleichbaren Nutzungsmöglichkeiten zur Selbstnutzung zu errichten.[799]

Der Sachwert der Liegenschaft zum Bewertungsstichtag, der als Effective Capital Value bezeichnet wird, ist über die Addition von Bodenwert und Wiederherstellungskosten der baulichen Anlagen zu errechnen. Die Werte von Anlagen und Maschinen sind zu addieren, wenn sie feste Bestandteile der Liegenschaft geworden sind.[800] Bei der Wertermittlung ist immer von gleichbleibenden Nutzungen und keinerlei Substanzveränderungen durch Baumaßnahmen auszugehen.

---

797 Zu einem Vergleich mit Beispielen der britischen und der amerikanischen Immobilienbewertung vgl. Novelli, N./Procter, A., Real Estate Valuation (The Appraisal Journal 4/1992), S. 247 ff. insbesondere S. 254.

798 Vgl. Britton, W./Davies, K./Johnson, T., Valuation (1989), S. 463.

799 Vgl. Jayne, M., Rating (1992), in Rees, W. (Hrsg.), Valuation (1992), S. 375.

800 Vgl. Smith, K., Valuation for Rating (1992), S. 12.

Der Bodenwert ist im Vergleichswertverfahren zu bewerten. Etwaige Nutzungsbeeinträchtigungen durch die aufstehenden baulichen Anlagen sind in Abzug zu bringen. Der Wert der baulichen Anlagen kann einerseits über den Replacement Cost Approach und andererseits über den Simple Substitute Building Approach ermittelt werden.

• Der **Replacement Cost Approach** stellt den Effective Capital Value auf Basis der gedachten Rekonstruktionskosten eines identischen Gebäudes dar. Übermäßige Verzierungen und Ornamentierungen, architektonische Übertreibungen, die Verwendung extravaganter und unnötig teurer Materialien führen zu Abschlägen bei den Rekonstruktionskosten, da ein hypothetischer Mieter im Regelfall aus diesen Gründen keine höhere Miete zahlen würde.[801]

• Der **Simple Substitute Building Approach** stellt eine weitere Möglichkeit der Bewertung von Gebäuden, insbesondere von veralteten und abgenützten Bauten dar. Hierbei wird der Ansatz der Rekonstruktion aufgegeben und auf die Baukosten eines funktionell gleichen, einfach gestalteten modernen Gebäudes mit dem gleichen umbauten Raum abgestellt.

Handelt es sich um gebrauchte Immobilien, so sind die Wertminderungen aufgrund von Alter und Abnutzung in Abzug zu bringen. Hierbei wird nicht von Wertminderungstabellen ausgegangen, sondern entsprechend den Vorstellungen, den Erfahrungen und dem Sachverstand des Gutachters sind die Wertminderungsbeträge in Prozent der Wiederherstellungskosten abzuziehen.[802]

Die Summe aus dem Bodenwert, den Wiederbeschaffungskosten und den Zeitwerten der um Wertminderungen gekürzten Anlagen- und Maschinenwerte ist der Effective Capital Value.[803] Die Abbildung 46 verdeutlicht nochmals den Aufbau der Contractors Method:

---

801 Vgl. Britton, W./Davies, K./Johnson, T., Valuation (1989), S. 463.

802 Vgl. Britton, W./Davies, K./Johnson, T., Valuation (1989), S. 464. In der Praxis wird bei Verweisen auf den Gutachtersachverstand immer der Ausdruck "say" verwandt. So auch bei Jayne, M., Rating (1992), in Rees, W. (Hrsg.), Valuation (1992), S. 391.

803 Teilweise werden die Baunebenkosten in From von Architekturleistungen und Gebühren als ein eigener Faktor mit den anderen Bestandteilen addiert und teilweise sind sie in den Wiederherstellungskosten schon beinhaltet. Hier werden sie im Rahmen der Wiederherstellungskosten angesetzt, vgl. dazu Britton, W./ Davies, K./ Johnson, T., Valuation (1989), S. 463.

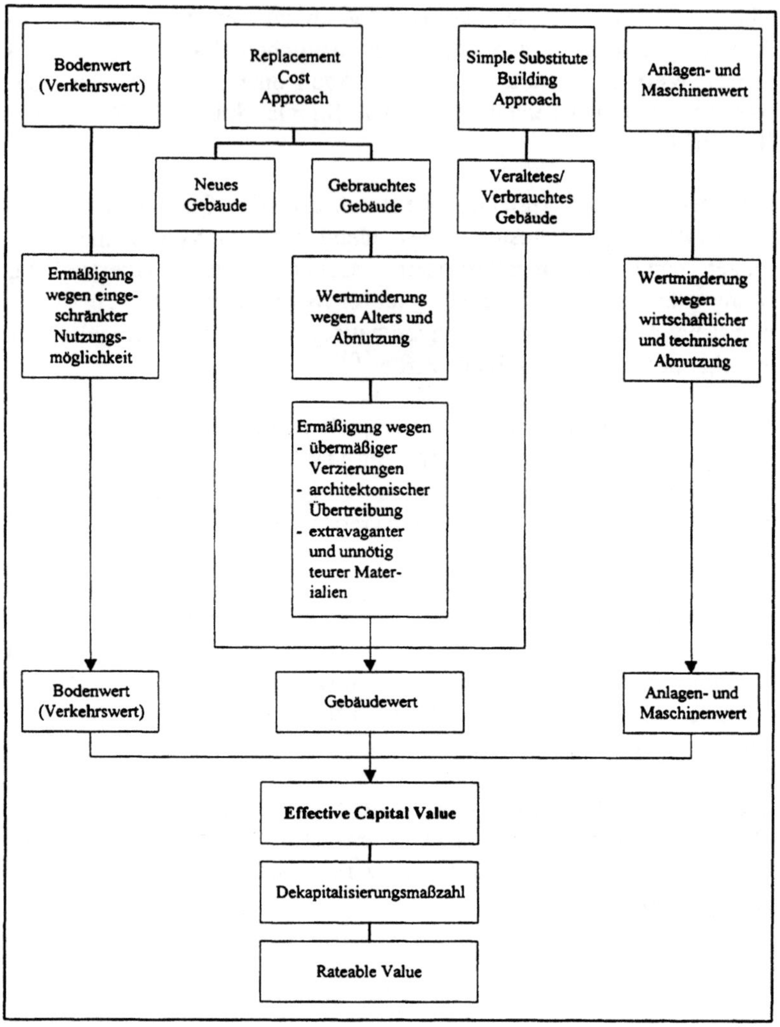

Abbildung 46: Immobilienbewertung der Contractors Method.

Ausgehend von dem Effective Capital Value wird für Zwecke der Grundsteuer aus dem Effective Capital Value der Rateable Value, ein fiktiver jährlicher Reinertrag, durch die Multiplikation mit fiktiven Renditen abgeleitet. Als Renditen, die in diesem Zusammenhang als Dekapitalisierungsmaßzahlen bezeichnet werden, sind inzwischen einheitlich für Immobilien, die Bildungszwecken dienen, sowie für Krankenhäuser 4 % p.a. und für alle übrigen Immobilien 6 % p.a. des Effective Capital Values vorgeschrieben.[804]

---

804 Vgl. Smith, K., Valuation for Rating (1992), S. 12.

Der Effective Capital Value ist der hypothetische Kaufpreis, den der hypothetische Mieter für das Grundstück zu zahlen bereit wäre. Diese Ansicht kommt in der Einschätzung des Sachwertes in Großbritannien zum Ausdruck. Der Sachwert wird in Großbritannien nicht als Verkehrswert oder als Indikator für den Verkehrswert angesehen, sondern der Sachwert wird als subjektiver Wert für den Eigentümer betrachtet. Für die Bewertung von Renditeobjekten unterbleibt die Angabe von Sachwerten gänzlich. Wird ein Gutachten auf der Basis des Sachwertes erstellt, so hat der Sachverständige extra darauf hinzuweisen, daß die Bewertung mit dem Verkehrswert nicht möglich war.[805]

E. Profits Method

Können keine Mieterträge für das zu bewertende Grundstück oder für die evtl. vorhandenen Vergleichsgrundstücke gefunden werden und kann auch die Contractors Method keine Immobilienwerte liefern, so ist die Profits Method anzuwenden. Demnach wird die Profits Method hauptsächlich für die Bestimmung von Grundsteuerbemessungsgrundlagen eingesetzt, wenn die anderen Methoden nicht zu verwertbaren Werten führen. Im Rahmen der übrigen Immobilienbewertungen hat die Profits Method fast keine Bedeutung. In Deutschland stellt die Bewertung von Hotelbetrieben einen ähnlichen Ansatz wie die Profits Method dar.[806]

Die hinter der Profits Method stehenden Überlegungen gehen davon aus, daß der Wert des Grundstücks über die Mietofferte eines hypothetischen Mieters des Grundstücks bestimmt werden kann, da der Mieter entsprechend seinem Unternehmensgewinn eine bestimmte Miete zu zahlen bereit ist. Voraussetzung ist, daß ein "vernünftiger" Gewinn des Mieters und eine "vernünftige" Rendite des Vermieters ermittelt werden können.[807]

Für eine Bewertung mit der Profits Method ist von dem dem Bewertungsstichtag vorangegangenen Jahresabschluß des die Liegenschaft nutzenden Eigentümers auszugehen. Der Bruttogewinn (Gross Profit) errechnet sich durch den Abzug der Bruttoaufwendungen (Gross Expenditure) von den Bruttoerträgen (Gross Receipts). Aufwendungen für Miete und für Grundsteuern (Non-Domestic Rate) werden nicht zu den Bruttoaufwendungen gezählt.

---

805 Vgl. Morgan, J., Immobilienbewertung (Der langfristige Kredit 12/1989), S. 384 und S. 383.

806 Zu der Bewertung von Beherbergungsbetrieben vgl. Kleiber, W./ Simon, J./ Weyers, G., Verkehrswertermittlung (1994), S. 819 ff.

807 Es wird von einem Fair Share der Miete an dem Erlös gesprochen, vgl. Smith, K., Valuation for Rating (1992), S. 12.

In einem weiteren Schritt werden von dem Gross Profit Aufwendungen des (fiktiven) Mieters (Tenant´s Expenditure) abgezogen, die in Zusammenhang mit der Liegenschaft stehen. So sind Reparatur- und Erhaltungsaufwendungen ebenso abzuziehen, wie z.B. Versicherungsprämien, sinkende Gebäudeerträge und etwaige Zinsen auf das durch Mietereinbauten gebundene Kapital des Mieters. Dies ergibt die Net Profits, von denen der vernünftige Anteil (Tenant´s Fair Share) des (fiktiven) Mieters abgezogen wird. Dieser Mieteranteil soll einen ausreichenden Anreiz zur gewerblichen Nutzung des Grundstücks darstellen und muß mindestens die Verzinsung des investierten Kapitals, sowie das eingegangene Geschäftsrisiko und eine angemessene Entlohnung für die Geschäftsführung gewährleisten. Als üblichen Fair Share des Tenant´s haben sich Anteile von 10 % bis 20 %, manchmal auch 50 % eingebürgert.[808]

Der verbleibende Rest stellt den jährlichen Mietwert des Grundstückes inklusive Grundsteuern (Rateable Value plus Rates) dar. Dieser Rateable Value plus Rates ist die Bruttomiete, die mittels Division auf die Nettomiete nach Grundsteuern umgerechnet werden muß.

1.		Gross Receipts
2.	./.	Gross Expenditure
3.	=	Gross Profits
4.	./.	Tenant´s Expenditure
5.	=	Net Profits
6.	./.	Tenant´s Share
7.	=	Rateable Value plus Rates[809]

$$\text{Rateable Value} = \frac{\text{Rateable Value plus Rates}}{(1 \ + \text{Rates in Percent})}$$

Abbildung 47: Ablaufschema der Profits Method

Dieser Nettomietertrag ist die Basis für die Besteuerung mit der Uniform Business Rate, die circa 40 % der fiktiven Jahresmiete beträgt.[810]

808 Vgl. Britton, W./Davies, K./Johnson, T., Valuation (1989), S. 467 und zahlreiche Gerichtsentscheidungen, da in Großbritannien das Case Law von herausragender Bedeutung ist, vgl. dazu Smith, K., Valuation for Rating (1992), Appendix 81/4, 84/5.

809 Smith, K., Valuation for Rating (1992), S. 13.

810 Für den Veranlagungszeitraum 04/1993 bis 04/1994 beträgt die Uniform Business Rate 41,6 % des Rating Values, vgl. Graham, A./Randell, C., Investitionen (IStR 4/1993), S. 163.

Um den Wert der Immobilien aus den Rateable Values zu ermitteln, sind diese entsprechend den auf dem Markt herrschenden Liegenschaftszinssätzen zu kapitalisieren, wobei insbesondere auf die am Markt üblichen Renditen Rücksicht zu nehmen ist.[811]

Die Profits Method ist vor allem aufgrund der zahlreichen Annahmen und der in der Realität evtl. gänzlich anderen Verhältnisse nur einzusetzen, wenn andere Verfahren keine verwertbaren Ergebnisse liefern. So wird von einem hohen Unternehmensgewinn auf eine hohe Leistungsfähigkeit und die Bereitschaft bzw. die Fähigkeit des hypothetischen Mieters zur Zahlung einer hohen Miete geschlossen. Oftmals wird ein Mieter jedoch bei Gewinnen und einer positiven Gewinnentwicklungstendenz nicht bereit sein eine höhere Miete zu begleichen, da der Erfolg hauptsächlich auf seinen Anstrengungen beruht.

Mit der Vorgehensweise bei der Ertragsbestimmung sich nicht mehr auf die Erträge von den Liegenschaften zu beziehen, sondern auf die Erträge von mit Hilfe der Liegenschaften wirtschaftenden Subjekten aufzubauen, verläßt die Profits Method den Bereich der Immobilienbewertung. Die Profits Method stellt somit ein Unternehmensertragszurechnungsverfahren dar. Sie ist ein verstümmeltes Unternehmensbewertungsverfahren, das die Immobilienwerte durch einen fiktiven Anteil der Immobilienerträge an den Unternehmenserträgen errechnen möchte, dies jedoch aufgrund der zahlreichen unrealistischen Annahmen nicht kann.

F. Zwischenergebnis

Die britische Immobilienbewertung zeichnet sich vor allem durch die Einheitlichkeit der Bewertungsverfahren aus. Die einheitlichen Werte sind für Verkehrswertermittlungen bei Enteignungen, für den Ansatz von Verkehrswerten von Immobilien in Bilanzen, für die Bestimmung von Grundsteuerbemessungsgrundlagen, für die Feststellung von Beleihungswerten sowie als Grundlagen für Investitionsentscheidungen anzuwenden.

Am Markt haben sich wenige Methoden durchgesetzt, obwohl Bewertungsverfahren nicht gesetzlich normiert und ebenfalls nicht von der Berufsvereinigung RICS in den Valuation Guidance Notes vorgegeben werden. Demzufolge betrachten die verschiedenen Anwender die Ergebnisse der Bewertungsverfahren (Direct Capital Comparison, Investment Approach, Cost of Replacement Approach) als zieladäquat.

Die Vereinheitlichung der Bewertungsmethoden liegt vor allem an dem hohen Ausbildungsstandard der in Großbritannien tätigen Sachverständigen. Zahlreiche Verpflichtungen zu ständiger Fortbildung garantieren, daß die neuesten Entwicklungen in anderen Bereichen der Bewertungslehre auch in der

811 Üblich sind Liegenschaftszinssätze von ca. 3,5 % bis 17 % p.a., vgl. Britton, W./Davies, K./Johnson, T., Valuation (1989), S. 18 und S. 465.

Immobilienbewertung beachtet werden.[812] Hierbei erfolgt nicht immer eine Übernahme neuer Methoden, da die eingehende Diskussion in den sehr aktiven Fachgremien und Zusammenschlüssen zu einer Ablehnung bestimmter Verfahrensweisen führen kann.

Trotzdem werden neuere Entwicklungen zügig aufgenommen und finden im Normalfall schneller Eingang in die Bewertungspraxis als wenn auf die Vorgabe von gesetzlicher Seite gewartet wird.

Die Royal Institution of Chartered Surveyors (RICS) nimmt in diesem Zusammenhang eine überragende Rolle ein, da sie erstens einen Zusammenschluß der gesamten Branche darstellt und zweitens auch von der Legislative als fachkundig erachtet wird. Deshalb greift die Legislative nicht in den gesamten Bewertungsapparat ein, da mit der Festlegung von Regeln und der Überwachung der Einhaltung dieser Regeln die Royal Institution of Chartered Surveyors selber schneller auf Marktveränderungen reagieren, wie sie auch Verstöße gegen die Standesregeln rascher ahnden kann. Vielmehr wird der Sachverstand in der Berufsvereinigung so hoch angesiedelt, daß das RICS sogar offizielle Aufgaben angetragen bekommt und wahrnimmt.[813]

Besonders zu beachten ist, daß die Bewertung von Immobilien möglichst immer mit Vergleichswerten zu erfolgen hat. Vergleichsverkaufspreise sind auszuwerten oder aber es sind Vergleichsmieterträge und aus Vergleichen abgeleitete Liegenschaftszinssätze anzusetzen. Eine besonders wichtige Stellung nimmt in diesem Zusammenhang die sorgfältige Auswertung bestehender Mietverträge ein.

Als weitere Hauptunterschiede zu der Deutschen Immobilienbewertungslehre sind die im Rahmen des Ertragswertverfahrens unbegrenzte Nutzungsdauer der Gebäude wie auch der Verzicht auf eine Trennung von Boden- und Gebäudewertverzinsung zu nennen. Die fast völlige Vernachlässigung des Sachwertverfahrens zeigt weiterhin die britische Vorliebe für einen vom Markt abgeleiteten Verkehrswert.

---

812 Kritisch sehen dies Baum/Crosby, die von einer Art intellektuellen Inzucht sprechen, die dazu führt, daß die neuesten Entwicklungen erst mit einer Verspätung von circa 20 Jahren in die Bewertungspraxis aufgenommen werden. Dies liegt in ihren Augen an der Ausbildung, die nicht schnell genug neue Methoden aufnimmt. Vgl. Baum, A./Crosby, N., Investment Appraisal (1995), S. 83 f.

813 Die Anerkennung von Berufsexamina aus anderen EWG-Ländern ist eine der dem RICS übertragenen hoheitlichen Aufgaben. Vgl. Morgan, J., Immobilienbewertung (Der langfristige Kredit 12/1989), S. 382.

III. Immobilienbewertung in den Vereinigten Staaten von Amerika

A. Überblick

Die Immobilienbewertung in den Vereinigten Staaten von Amerika baut auf den Regeln der Standesvereinigung der Immobilienbewerter (Real Estate Appraiser), dem Appraisal Institute in Chicago Illinois auf. Diese Regelungen sind allgemeingültig und werden sowohl von offizieller Seite als auch von privaten Wirtschaftssubjekten angewandt. Als Grundlagen hat das Appraisal Standards Board des Appraisal Institute die Uniform Standards of Professional Appraisal Practice (USPAP) erlassen. Hierin werden die grundsätzlichen Bewertungsstandards festgelegt.[814]

Alle möglichen verschiedenen Immobilienbewertungsanlässe greifen auf die gleichen Immobilienbewertungsverfahren zurück, die von dem Appraisal Institute erarbeitet wurden. Dies gilt z.B. für Immobilienbewertungen im Rahmen der Wertbestimmung der abschreibungsfähigen Bestandteile von Immobilien bei der Ertragsbesteuerung, sowie bei der Festsetzung von Erbschaftsteuern. Im Rahmen der Besicherung von Krediten werden die Bewertungsregeln des Appraisal Institute ebenso beachtet wie bei der Bestimmung von Entschädigungen und bei der Feststellung von Versicherungswerten. Im Zusammenhang mit Immobilienkäufen und anderen Entscheidungen, wie z.B. bei der Bestimmung von Miet- und Pachtzahlungen sowie bei Renovierungsmaßnahmen, sind die Grundsätze der Immobilienbewertung ebenfalls einschlägig. In allen Fällen wird auf die von dem Appraisal Institute in dem Buch "The Appraisal of Real Estate"[815] erläuterten Bewertungsgrundsätze der USPAP Bezug genommen.[816]

Der hauptsächliche Wertbegriff in den USA ist der Market Value. Dieser wird in als normale Verkehrswertgutachten anzusehenden Bewertungen angesetzt. Die amerikanischen Bundesbehörden weichen von der Definition des Market Value des Appraisal Institutes nur in redaktioneller Hinsicht ab, wobei die Inhalte als identisch zu betrachten sind.[817]

---

814 Zu der Entwicklung, den Veränderungen, wie auch der Verbreitung der USPAP vgl. Appraisal Institute (Hrsg.), Standards of Professional Appraisal Practice of the Appraisal Institute, Chicago 1995, Foreword.

815 Vgl. Appraisal Institute (Hrsg.), The Appraisal (1992).

816 Zu einer detaillierten Liste der unterschiedlichen Bewertungsanlässe und der Relevanz der Appraisal-Vorschriften vgl. Appraisal Institute (Hrsg.), The Appraisal (1992), S. 11 ff.

817 Vgl. zu den genauen Wortlauten der beiden Definitionen Appraisal Institute (Hrsg.), Residential Properties (1994), S. 25 ff.

In den USA bestehen Bestrebungen auf gesetzlicher Basis, die verschiedenen Immobilienbewertungsvorschriften entsprechend der deutschen Wertermittlungsverordnung festzulegen. Zu diesem Zweck wurde das Federal Real Property Appraisal Committee (FIRPAC) gebildet. Es wurden jedoch noch keine gesetzlichen Regelungen erlassen und somit stellen die Grundsätze des Appraisal Institutes nach wie vor auch die Basis von staatlichen Wertermittlungen dar.[818]

Inhaltlich sind die Wertermittlungsgrundsätze des Appraisal Institutes entsprechend den deutschen Regelungen aufgebaut, wobei einige Unterschiede in bezug auf einzelne Regelungen zu verzeichnen sind.

B. Sales Comparison Approach

In der amerikanischen Bewertungsliteratur wird das Vergleichswertverfahren als ein gleichwertiges Bewertungsverfahren eingeführt, das nicht nur zur Bewertung von unbebauten Grundstücken, sondern auch für die Bewertung von bebauten Grundstücken angewandt werden kann. Hierbei sind zunächst die Vergleichsdaten zu erheben, auszuwerten und evtl. zu korrigieren, um den Market Value der zu bewertenden Liegenschaft abzuleiten.

Die Sales Comparison Method bewertet Grundstücke über einen direkten Vergleich von wenigen Vergleichsgrundstücken. Da es in den Vereinigten Staaten von Amerika keine Gutachterausschüsse gibt, ist der Gutachter auf andere Informationsquellen, wie z.B. Marktübersichten, Zeitungsberichte, eigene Erhebungen und Befragungen angewiesen. Die Praxis bedient sich aufgrund der Probleme, zuverlässige aktuelle Daten zu beschaffen, der direkten unmittelbaren Vergleichsmethode.[819]

Bei der unmittelbaren Vergleichsmethode sind die Datenerhebungsprobleme jedoch ebenfalls von großer Tragweite und verhindern evtl. eine Bewertung mit der Sales Comparison Method. Kaufpreise von Immobilien werden nicht veröffentlicht, Baupläne sind nur bedingt einsehbar. Die individuellen Verhältnisse der Vergleichsimmobilien lassen sich meist nur durch Ortsbegehungen genauer erforschen. Diese sind jedoch häufig nicht möglich.[820] Darüber hinaus sind die Angaben etwaiger Beteiligter und Nichtbeteiligter, wie z.B. von Maklern oder Nachbarn, nur mit Vorsicht in die Bewertungen zu übernehmen.[821]

---

818 Vgl. Appraisal Institute (Hrsg.), The Appraisal (1992), S. 646 Fußnote *.

819 Vgl. Appraisal Institute (Hrsg.), Residential Properties (1994), S. 280 ff.

820 Vgl. Appraisal Institute (Hrsg.), Residential Properties (1994), S. 378.

821 Vgl. Appraisal Institute (Hrsg.), The Appraisal (1992), S. 369.

Üblich sind Immobilienbewertungen aufgrund einer Zahl von drei bis fünf direkten Vergleichsgrundstücken.[822] Das Appraisal Institute erwähnt die Möglichkeit von relativ aufwendigen Auswertungen, wie z.B. Regressions- und Sensitivitätsanalysen, verweist jedoch auf die ungenügende Anzahl von Vergleichsgrundstücken. So sind entsprechende einfache Auswertungsmethoden wie z.B. der Mittelwert, der Median und die Standardabweichung als die normalen Auswertungsverfahren im Rahmen der Sales Comparison Method anzuwenden.[823]

Der Gutachter analysiert die Vergleichsgrundstücke in bezug auf ihre wertbestimmenden Faktoren. Die Sales Comparison Method verlangt die Analyse des Gutachters der wertbestimmenden Faktoren des zu bewertenden Grundstückes anhand der wertbestimmenden Faktoren der Vergleichsgrundstücke. Wertbestimmende Faktoren im Rahmen der Vergleichsmethode sind:

1. Real property rights conveyed:
   Darunter werden die rechtlichen Verhältnisse des Grundstückes, wie z.B. Bau-, Nutzungs-, Wegerechte, Miet- und Pachtverhältnisse, verstanden.[824]

2. Financing terms:
   Finanzierungsbedingungen, die die Grundstücksvergleichskaufpreise verändert haben, dürfen den Grundstückswert nicht verfälschen und sind zu korrigieren.[825]

3. Conditions of sale:
   Ungewöhnliche Verkaufsverhältnisse, wie z.B. Notverkäufe und Verkäufe an Verwandte, sind zu eliminieren. Es sind die auf dem Open Market üblichen Verkaufspreise anzusetzen.[826]

4. Market conditions:
   Die Verkaufspreise von Vergleichsobjekten reflektieren die vergangenen Marktverhältnisse. Zwischenzeitliche Änderungen der Marktsituationen sind zu berücksichtigen.[827]

5. Location:
   Besonders schwierig sind die Korrekturen wegen unterschiedlicher Lagen. Hierbei wird auf den breiten Erfahrungsschatz der Gutachter Bezug

822 Vgl. Appraisal Institute (Hrsg.), Residential Properties (1994), S. 375.

823 Vgl. Appraisal Institute (Hrsg.), The Appraisal (1992), S. 371 f.

824 Vgl. Appraisal Institute (Hrsg.), The Appraisal (1992), S. 374 ff.

825 Vgl. Appraisal Institute (Hrsg.), Residential Properties (1994), S. 380 f. Zu den Korrekturmethoden vgl. Appraisal Institute (Hrsg.), The Appraisal (1992), S. 376 ff.

826 Vgl. Appraisal Institute (Hrsg.), Residential Properties (1994), S. 381 f.

827 Vgl. mit weiteren Nennungen Appraisal Institute (Hrsg.), Residential Properties (1994), S. 382.

genommen, um anhand von qualitativen Vergleichen unterschiedliche Lagen durch prozentuale Zu- und Abschläge vergleichbar zu machen.[828]

6. Physical characteristics:
Unterschiede der baulichen Beschaffenheit in Art, Architektur, Größe, Alter sowie in der Grundstücksgröße sind durch vorsichtige Analysen des Grundstücksmarktes zu egalisieren.[829]

7. Other characteristics:
Sonstige wertbeeinflussende Faktoren, wie z.B. das Immobilienmanagement bei Gewerbe und Mietwohnimmobilien, der Mietermix oder die übliche Laufzeit von Verträgen, sind anhand der Vergleichsobjekte auszuwerten.[830]

In der Realität werfen viele der angeführten Korrekturen aufgrund der unterschiedlichen wertbestimmenden Faktoren große Probleme auf, da die gleichen Faktoren nicht mehrfach angesetzt werden dürfen und in vielen Bereichen Überschneidungen bestehen. Als Angleichungsmethoden können quantitative wie auch qualitative Verfahren eingesetzt werden.[831]

In der Praxis hat sich die Bestimmung der wertbestimmenden Komponenten und somit der Vergleichswerte auf der Basis von "Market Data Grids" durchgesetzt. In diesen Gittern werden die zu bewertenden Objekte anhand meistens dreier Vergleichsobjekte in allen wichtigen Faktoren verglichen.[832] Wertkorrekturen können einerseits in Prozent des Ausgangskaufpreises oder in absoluten Währungsbeträgen angesetzt werden.[833]

Im Anschluß daran sind die korrigierten Vergleichskaufpreise auf eine Bezugsgröße, meistens ein Flächenmaß, zu beziehen.[834] Die amerikanische Bewertungslehre schreibt keine verbindliche Stelle vor, an der die Vergleichswertkorrekturen angebracht werden müssen. Möglich sind Veränderungen der Gesamtverkaufspreise, der Preise je Flächeneinheit oder eine Mischung aus beiden. Es ist aber darauf zu

---

828 Zu der Problematik der Angleichung nicht vergleichbarer Immobilienlagen vgl. Appraisal Institute (Hrsg.), The Appraisal (1992), S. 382 f.

829 Ein Ansatz über die Wiederbeschaffungskosten von abweichenden Komponenten führt nicht zu einem richtigen Ergebnis, weshalb wiederum auf den Softfact Market Analysis verwiesen wird. Vgl. Appraisal Institute (Hrsg.), Residential Properties (1994), S. 383.

830 Vgl. Appraisal Institute (Hrsg.), Residential Properties (1994), S. 384.

831 Als quantitative Verfahren wären statistische Auswertungen oder Trendanalysen und als qualitative Verfahren Ranglistenauswertungen oder persönliche Interviews möglich. Zu den vielen verschiedenen Wertkorrekturmethoden vgl. Appraisal Institute (Hrsg.), The Appraisal (1992), S. 384 ff.

832 Vgl. Appraisal Institute (Hrsg.), Residential Properties (1994), S. 384 f.

833 Vgl. Appraisal Institute (Hrsg.), The Appraisal (1992), S. 390.

834 Vgl. Appraisal Institute (Hrsg.), The Appraisal (1992), S. 372.

achten, daß die Korrekturen bei den Vergleichsliegenschaften in der gleichen Weise vorgenommen werden.[835]

Aus den statistischen Daten errechnet der Gutachter einen Vergleichswert. Der Vergleichswert wird auf das zu bewertende Grundstück angewandt, wobei immer der Bezug zu den Verhältnissen auf dem aktuellen Immobilienmarkt gewahrt werden muß.[836]

Das Vergleichswertverfahren ist insofern von Interesse, als hier der Versuch unternommen wird, aktuelle Marktdaten in bezug auf das zu bewertende Objekt auszuwerten und auf das Objekt anzuwenden. Dieser Ansatz mag vielleicht den amerikanischen Marktverhältnissen entsprechen, da eine im Verhältnis zu den deutschen Immobilienmärkten extrem hohe Fungibilität herrscht und die Vergleichbarkeit aufgrund der weitverbreiteten einheitlichen Arrondierung der Grundstücke in Siedlungsgebieten zusätzlich erhöht wird. Eine Übertragbarkeit auf die Deutschen Immobilienmärkte erscheint aufgrund der deutlich unterschiedlichen Verhältnisse nur bedingt möglich.

Die Bedeutung der Sales Comparison Method geht über die eigentliche Ermittlung des Open Market Value, des Verkehrswertes, hinaus. Durch die Auswertung von Immobilienverkäufen werden entsprechend der Vorgehensweise der deutschen Wertermittlungsverordnung Liegenschaftszinssätze, Ertrags- und Gebäudefaktoren sowie Vervielfältiger abgeleitet, die als wichtige Inputgrößen Eingang in andere Bewertungsverfahren finden.[837]

C. Income Capitalization Approach

Zur Bewertung von Immobilien werden auch in den Vereinigten Staaten von Amerika Ertragswertansätze verwandt. Diese als Income Capitalization Approach bezeichneten Verfahren lassen sich in zwei Gruppen unterscheiden.

- Die Direct Capitalization baut auf Vergangenheitsdaten auf und kapitalisiert den Ertrag des Gesamtgrundstückes auf ewig.

- Im Rahmen der als Yield Capitalization bezeichneten Bewertung werden die prognostizierten Erträge unterschiedlicher Perioden zu einem Ertragswert kapitalisiert.

Beiden Bewertungsverfahren wohnt die Problematik der Bestimmung der relevanten Erträge und Kapitalisierungsfaktoren inne. Die Gebäuderestnutzungsdauer wird nur

835 Vgl. Appraisal Institute (Hrsg.), The Appraisal (1992), S. 373.

836 Vgl. Appraisal Institute (Hrsg.), Residential Properties (1994), S. 285 ff.

837 Vgl. Appraisal Institute (Hrsg.), The Appraisal (1992), S. 372.

im Rahmen der Yield Capitalization unterschwellig beachtet, da hierbei von Restverkaufserlösen am Ende des Betrachtungszeitraumes ausgegangen wird.

1. Direct Capitalization

Das Appraisal Institute definiert die Direct Capitalization wie folgt:

> *"Direct capitalization is a method used to convert a single year´s income expectancy into an indication of value in one direct step - either by dividing the income estimate by an appropriate income rate or by multiplying the income estimate by an appropriate factor."*[838]

Um den Ertragswert zu errechnen, werden die Inputgrößen "jährlicher Ertrag" und "Kapitalisierungsfaktor" benötigt.

a) Income Estimate

Ansetzbar sind beim jährlichen Ertrag verschiedene Ertragsgrößen, die sich lediglich im Umfang unterscheiden. Dies bedingt jedoch auch den Einsatz der entsprechenden Vervielfältiger. Normalerweise wird das Net Operating Income als Ertrag angesetzt. Grundlage des Net Operating Income ist das Potential Gross Income, welches den potentiellen Bruttogesamtertrag des Objektes darstellt, wie er für ein vergleichbares Objekt auf dem Immobilienmarkt realisiert werden könnte. Etwaige Unterschiede zwischen der potentiellen Marktmiete und der für das zu bewertende Objekt vereinbarten Miete sind durch den Ansatz der Martkmiete zu eliminieren.[839]

Von dieser fiktiven Größe des potentiellen Gesamtertrages werden Abschläge für das Mietausfallwagnis aufgrund von Leerstand und Zahlungsausfällen abgezogen. (Vacancy and Collection Loss). Diese Größe wird als Effective Gross Income bezeichnet.

Von dem Effective Gross Income werden die gesamten Bewirtschaftungskosten (Operating Expenses) abgezogen, wobei unter Bewirtschaftungskosten zu verstehen sind:

1. Fixed Expenses,
2. Variable Expenses und
3. Replacement Allowance.

---

838 Appraisal Institute (Hrsg.), The Appraisal (1992), S. 419.

839 Vgl. Appraisal Institute (Hrsg.), The Appraisal (1992), S. 429 ff. Zu der Bestimmung der Marktmiete auf der Basis des Comparison Approach, vgl. Appraisal Institute (Hrsg.), Residential Properties (1994), S. 446 ff.

Fixed expenses sind die unabhängig von der Benutzung des Grundstückes anfallenden Grundsteuern und Versicherungsprämien. Aufgrund von in den Vereinigten Staaten von Amerika flexiblen arbeitsrechtlichen Regelungen werden z.B. Aufwendungen für Hausmeister oder für Bewachung den Variable Expenses zugerechnet.[840]

Als Variable Expenses werden Verwaltungskosten, Provisionen für Immobilienmakler, sowie Heizungs-, Klimatisierungs-, Wasser- und Stromkosten für allgemeine Räumlichkeiten angesetzt. Darüber hinaus sind die für die Instandhaltung und kleinen Reparaturen anfallenden Kosten ebenfalls als variable Bewirtschaftungskosten von dem Effective Gross Income abzuziehen.

Unter der Replacement Allowance werden nicht die Instandhaltungs- und Reparaturaufwendungen erfaßt, sondern in dieser gesonderten Position werden pauschal die zukünftigen Aufwendungen für den Ersatz von bestimmten Liegenschaftsbestandteilen angesetzt. Die Replacement Allowance soll größere Reparaturaufwendungen zum Ersatz von z.B. dem Dach, von Küchen, Bädern, Teppichen, Aufzügen oder der Erneuerung von Wegen, Auffahrten und Parkplätzen, sowie des Außenanstriches abdecken.[841]

Das um die als Operating Expenses bezeichneten Bewirtschaftungskosten verminderte Effective Gross Income wird als Net Operating Income bezeichnet. Das Net Operating Income entspricht inhaltlich und im Umfang dem in der deutschen Immobilienbewertungslehre verwendeten Begriff des Grundstücksreinertrags.

Die Berücksichtigung der Gebäudeabschreibungen unterbleibt in der amerikanischen Grundstücksbewertung. Lediglich im Rahmen der Bestimmung von Nachsteuerimmobilienwerten werden der Schuldendienst und die buchmäßigen Abschreibungen angesetzt.[842] Somit übernimmt im Grunde die Replacement Allowance die Funktion der Abschreibung, indem sie den Kapitalbindungsverlauf durch die fiktive Ansparung von "Ersatzkosten" abzubilden versucht. Zu beachten ist, daß im Rahmen der Direct Capitalization von einer unbegrenzten Gebäudenutzungsdauer ausgegangen wird. Dies entspricht nur der Realität, soweit die Operating Expenses Bewirtschaftungskosten für Instandhaltungen beinhalten, die zu einer langen, im Grunde unendlichen Gebäuderestnutzungsdauer führen.

---

840 Vgl. Appraisal Institute (Hrsg.), The Appraisal (1992), S. 445 ff.

841 Vgl. Appraisal Institute (Hrsg.), The Appraisal (1992), S. 449.

842 Zu verschiedenen anderen Bezugsgrößen so z.B. dem Pre Tax Cash Flow und dem After Tax Cash Flow sowie zu den Bewertungsmethoden vgl. Appraisal Institute (Hrsg.), The Appraisal (1992), S. 413 f. und S. 420.

b) Capitalization

Kapitalisiert wird das Net Operating Income mittels Division durch einen Zinsfaktor, der dem auf der Basis der Marktverhältnisse abgeleiteten Liegenschaftszinssatz entspricht.[843]

$$Value = \frac{Net\ Operating\ Income}{Overall\ Capitalization\ Rate}$$ [844]

Die Direct Capitalization stimmt mit dem vereinfachten Ertragswertverfahren überein, wobei jedoch in geringem Umfang Zukunftseinschätzungen eingebracht werden, da die Verhältnisse auf den Immobilienmärkten für die Bestimmung des Potential Gross Income, des Mietausfallwagnisses und der übrigen Bewirtschaftungskosten auszuwerten sind.[845]

Die Bestimmung der Overall Capitalization Rate, die inhaltlich dem deutschen Liegenschaftszinssatz entspricht, kann auf fünf unterschiedliche Weisen[846] erfolgen:

1. Ableitung aus Vergleichsverkäufen
   (Derivation from Comparable Sales),
2. Ableitung aus Bruttoertragsvervielfältigern
   (Derivation from Effective Gross Income Multipliers),
3. Ableitung aus Fremdkapital- und Eigenkapitalverzinsung
   (Band of Investment - Mortgage and Equity Components),
4. Ableitung aus Bodenwert- und Gebäudewertverzinsung
   (Band of Investment - Land and Building Components),
5. Ableitung aus dem Schuldendeckungsverhältnis
   (Debt Coverage Formula).

ad 1.: Bei der Ableitung der Overall Capitalization Rate durch die Analyse von Vergleichsverkäufen werden Nettoerträge von Vergleichsgrundstücken auf die Preise der Vergleichsgrundstücke bezogen (Derivation from Comparable Sales).

---

843 Vgl. **Beispiel 9.** Vereinfachtes Ertragswertverfahren.

844 Appraisal Institute (Hrsg.), The Appraisal (1992), S. 467.

845 Vgl. Appraisal Institute (Hrsg.), The Appraisal (1992), S. 413.

846 Miles führt als Liegenschaftszinssatz die Component Rate ein, die über unterschiedliche Bestandteile zusammengesetzt wird. Die Standards des Appraisal Institutes greifen jedoch nicht auf dieses Verfahren zurück. Vgl. Miles, M., Real Estate Advisor (1989), S. 83.

$$R_O = \frac{NOI}{PRICE}$$

R_O	=	*Overall Capitalization Rate*
NOI	=	*Net Operating Income*

ad 2.: Aus Bruttoertragsvervielfältigern wird über einen pauschalen Ansatz der Bewirtschaftungskosten, über die Verhältnisbildung zu den Bruttoerträgen und durch den Bezug der realisierten Kaufpreise auf die Bruttoerträge die Overall Capitalization Rate errechnet (Derivation from Effective Gross Income Multipliers).

$$\begin{aligned} R_O &= \frac{1-OER}{EGIM} \\ &= \frac{1-\frac{OE}{EGI}}{\frac{PRICE}{EGI}} \\ &= \frac{EGI}{PRICE} \times \left(1-\frac{OE}{EGI}\right) \end{aligned}$$

R_O	=	*Overall Capitalization Rate*
OE	=	*Operating Expenses*
EGI	=	*Effective Gross Income*
OER	=	*Operating Expense Ratio* $= \frac{OE}{EGI}$
$EGIM$	=	*Effective Gross Income Multiplier* $= \frac{PRICE}{EGI}$ [847]

Der Ausdruck $EGI \times \left(1-\frac{OE}{EGI}\right)$ entspricht dem Net Operating Income.

ad 3.: Die Ableitung der Liegenschaftszinssätze aus den Fremdkaptial- und den Eigenkapitalzinssätzen, wird über den jeweiligen Anteil der Finanzierungsart an der Gesamtfinanzierung errechnet (Band of Investment - Mortgage and Equity Components). Der Liegenschaftszinssatz wird aus den Zinssätzen entsprechend den Finanzierungsanteilen gebildet. Unverständlich ist, weshalb in diesem Zusammenhang auf den Annuitätenfaktor Mortgage Constant (R_M) Bezug genommen wird, da dieser die jeweiligen Tilgungsanteile beinhaltet.

---

847 Appraisal Institute (Hrsg.), The Appraisal (1992), S. 470.

$$R_O = (MC \times R_M) + [(1 - MC) \times R_E]$$

R_O	=	*Overall Capitalization Rate*
MC	=	*Mortgage Component*
		(Fremdkapitalanteil an Gesamtfinanzierung)
R_M	=	*Mortgage Constant*
		(Annuitätenfaktor eines Annuitätendarlehens)
R_E	=	*Equity Capitalization Rate*
		(Aus Verkäufen abgeleitete Eigenkapitalverzinsung)[848]

ad 4.: Als weitere Methode zur Liegenschaftszinssatzbestimmung können die Bodenwertverzinsung und die Gebäudewertverzinsung in einem Verhältnis angesetzt werden (Band of Investment - Land and Building Components). Hauptvoraussetzung ist, daß der Bodenwert und der Gesamtwert des zu bewertenden Objektes entsprechend den Verhältnissen der Vergleichsgrundstücke zueinanderstehen. Durch den prozentualen Ansatz der Vergleichsbodenwert- und Vergleichsgebäudewertverzinsung kann der Liegenschaftszinssatz abgeleitet werden.

$$R_O = L \times R_L + B \times R_B$$
$$= L \times R_L + (1 - L) \times R_B$$

R_O	=	*Overall Capitalization Rate*
L	=	*Land Value in Percent of total property value*
R_L	=	*Land Capitalization Rate*
		(Bodenwertverzinsungszinssatz)
B	=	*Building Value in Percent of total property value*
R_B	=	*Building Capitalization Rate*
		(Gebäudewertverzinsungszinssatz)[849]

ad 5.: Das Schuldendeckungsverhältnis entsteht durch den Bezug von jährlichen Reinerträgen auf den jährlichen Kapitaldienst. Es soll abbilden, das Wievielfache des Kapitaldienstes die Reinerträge sind. Normalerweise wird dieses Verhältnis als Risikomaßstab bei Kreditvergaben für Immobilieninvestitionen verwandt. Die Debt Coverage Formula zur Bestimmung des Liegenschaftszinssatzes multipliziert dieses Verhältnis mit

848 Appraisal Institute (Hrsg.), The Appraisal (1992), S. 471.

849 Appraisal Institute (Hrsg.), The Appraisal (1992), S. 472.

dem Annuitätenfaktor eines Annuitätendarlehens und dem Anteil der Fremdfinanzierung an der Gesamtfinanzierung.[850]

$$R_O = DCR \times R_M \times MC$$

R_O	=	*Overall Capitalization Rate*
DCR	=	*Debt Coverage Ratio* $= \frac{NOI}{I_M}$
NOI	=	*Net Operating Income*
I_M	=	*Annual Debt Service*
R_M	=	*Mortgage Constant* (*Annuitätenfaktor eines Annuitätendarlehens*)
MC	=	*Mortgage Component* (*Fremdkapitalanteil an Gesamtfinanzierung*)

Sämtliche abgeleiteten Zinssätze sind auf der Basis von Vergangenheitsdaten entstanden, weshalb eine Überprüfung anhand der zukünftigen Erwartungen unumgänglich ist.

Als ein weiteres Verfahren zur Bestimmung von Liegenschaftszinssätzen kann der Liegenschaftszinssatz aus verschiedenen Bestandteilen zusammengesetzt werden. Der als Component Rate bezeichnete zusammengesetzte Liegenschaftszinssatz entsteht durch die Addition der als Safe Rate bezeichneten Verzinsung von Regierungsanleihen, der Rate for Uncertainty of Income, der Rate for Nonliquidity of Real Property und der Rate for Burden of Property Management.

$$r_p = r_1 + r_2 + r_3 + r_4$$

r_p	=	*Property Interest Rate*
r_1	=	*Safe Rate*
r_2	=	*Rate for Uncertainty of Income*
r_3	=	*Rate for Nonliquidity of Real Property*
r_4	=	*Rate for Burden of Property Management*[851]

Dieser Ansatz, der eine Ableitung des Zinssatzes von den Verhältnissen auf dem Kapitalmarkt ist, stellt einen ersten Schritt zur Annäherung der Immobilienbewertung an die Methoden der Unternehmensbewertung dar. Problematisch erscheint

850 Vgl. Appraisal Institute (Hrsg.), The Appraisal (1992), S. 472.

851 Miles, M., Real Estate Advisor (1989), S. 83.

jedoch der Ansatz der Rate for Burden of Property Management, da im Rahmen der Bestimmung der Reinerträge einerseits die Bewirtschaftungskosten für das Management schon abgezogen wurden und andererseits die "Last" der Immobilienbewirtschaftung durch eine entsprechende Eigenkapitalverzinsung abgedeckt wird.

Insofern ist es unverständlich, weshalb in der einschlägigen Immobilienbewertungsliteratur nicht hierauf eingegangen wird, da schon die Band of Investment Method einen Versuch unternimmt, die Kapitalmarkt-Verhältnisse in die Immobilienbewertung zu integrieren. Die Nähe von Unternehmensbewertung und Immobilienbewertung kann zusätzlich durch die Bezugnahme der Unternehmensbewertungslehre auf die Definition der Direct Capitalization[852] ausgemacht werden.[853]

2. Yield Capitalization

Das Appraisal Institute definiert Yield Capitalization folgendermaßen:

> *"Yield capitalization is a method used to convert future benefits into present value by discounting each future benefit at an appropriate yield rate or by developing an overall rate that explicitly reflects the investment's income pattern, value change and yield rate."*[854]

> *"A yield rate is a rate of return on capital. It is usually expressed as a compound annual percentage rate. The yield rate considers all expected benefits, including the proceeds from sale at the termination of the investment."*[855]

Die Yield[856] Capitalization greift die Betrachtungen der Zukunft anders auf als die Direct Capitalization. Im Verfahren der Direct Capitalization finden die Einschätzungen der zukünftigen Entwicklungen nur über die Liegenschaftszinssätze Eingang in die Bewertungen, da in den Liegenschaftszinssätzen bei deren Ableitung implizit Zukunftsannahmen getroffen werden, die in den am Markt üblichen Zinssätzen beinhaltet sind.

---

852 Vgl. Shannon, P., Valuing Small Businesses (1986), S. 144.

853 So wird z.B. die in der Immobilienbewertung übliche Methode der Direct Capitalization lediglich als inverses aber identisches Verfahren des Direct Comparison Approach der amerikanischen Unternehmensbewertungslehre angesehen. Vgl. Cornell, B., Corporate Valuation (1993), S. 57 f.

854 Appraisal Institute (Hrsg.), The Appraisal (1992), S. 420.

855 Appraisal Institute (Hrsg.), The Appraisal (1992), S. 425.

856 Der Begriff Yield kann einerseits als Rendite oder auch als Gewinn übersetzt werden. Der Begriff der Yield Capitalization wird nur in dem Bereich der Immobilienbewertung verwandt. Die Unternehmensbewertungsliteratur verwendet den Begriff der Yield Capitalization nicht und bezieht sich immer sofort auf die Diskontierung von Cash Flow im Wege der Discounted Cash Flow Methode.

Im Gegensatz dazu greift die Yield Capitalization auf explizite Zukunftseinschätzungen zurück, da sie die zukünftigen laufenden Erträge und die Veräußerungserlöse am Ende der Betrachtungszeiträume einbezieht.

Im Rahmen der Direct Capitalization wird ein als repräsentativ und nachhaltig beurteilter Jahresreinertrag als ewig erzielbar angesehen und auf ewig kapitalisiert. Anders bei der Yield Capitalization; hier wird entsprechend den Vorstellungen über die Zukunft der Jahresreinertrag jeder Periode und der Nettorestverkaufserlös geschätzt und dann durch den Ansatz von sogenannten Yield Rates kapitalisiert.[857] Da die Bestimmung von Yield Rates für einzelne Perioden zu große Probleme aufwirft, wird meist eine gesamte Yield Rate[858] auf die einzelnen Jahreserträge angewandt.[859]

"The method is referred to as yield capitalization because it analyzes whether an investment property will produce the particular level of profit or yield required."[860] Demzufolge sind zwei Ausprägungen der Yield Capitalization möglich; eine Vermögensmehrwert- und eine Zinssatzmethode. Als Vermögensmehrwertmethode wird die auch in Deutschland[861] unter dieser Bezeichnung verwandte Discounted Cash Flow Method angewandt. Als Zinssatzmethode wird die Interne Zinsfußmethode eingesetzt. Sie ist jedoch im Vergleich zu der Discounted Cash Flow Method wenig verbreitet und hauptsächlich im Rahmen von Investitionsentscheidungen relevant.[862]

Die Discounted Cash Flow Method baut auf der folgenden Formel auf:

$$PV = \frac{CF_1}{1+Y} + \frac{CF_2}{(1+Y)^2} + \frac{CF_3}{(1+Y)^3} + \ldots + \frac{CF_n}{(1+Y)^n}$$

---

857 Zu den Gemeinsamkeiten und Unterschieden von Yield Rate und Capitalization Rate vgl. Appraisal Institute (Hrsg.), The Appraisal (1992), S. 415 f. und S. 419 ff.

858 Es ist ebenso der Ansatz verschiedener Yield Rates möglich, wobei dies nur gemacht werden sollte, wenn die Verhältnisse auf den Immobilienmärkten dies verlangen. Vgl. Appraisal Institute (Hrsg.), The Appraisal (1992), S. 486.

859 Zu den verschiedenen Annahmen, die hinter der Yield Rate stehen, so z.B. verschiedene Ertragsstrukturen und Wertveränderungsannahmen, vgl. Appraisal Institute (Hrsg.), The Appraisal (1992), S. 486 ff.

860 Appraisal Institute (Hrsg.), The Appraisal (1992), S. 420.

861 Zu der Verbreitung, den Anwendungsgepflogenheiten der Discounted Cash Flow Methode und Ähnlichkeiten mit dem Liquidationswertverfahren des § 20 II WertV, vgl. Platz, J., Immobilien-Management (1994), S. 85 ff.

862 Deshalb wird auf weitere Ausführungen zu der Internen Zinsfußmethode im Rahmen von Immobilienbewertungen verzichtet. Vgl. dazu Appraisal Institute (Hrsg.), The Appraisal (1992), S. 541 ff.

PV	=	*Present Value*
CF_n	=	*Cash Flow from the period specified*[863]
Y	=	*appropriate periodic Yield or Discount Rate*
n	=	*Number of Years in the Projection.*[864]

Aussagen über die zukünftigen Cash Flow, die zu diskontieren sind, können von verschiedenen Annahmen ausgehen:

1. Die Cash Flow verändern sich nicht. In diesem Fall sind die späteren Cash Flow gleich dem Cash Flow zum Bewertungsstichtag, wobei von einer in der Realität nicht existenten starren Umwelt ausgegangen wird.
2. Die Cash Flow der einzelnen Perioden steigen durch z.B. inflationäre Einflüsse oder Veränderungen von Angebot und Nachfrage.
3. Die Cash Flow sinken durch geringere Verwertungsmöglichkeiten aufgrund Überalterung oder durch Reparaturaufwendungen.[865]

Bei sämtlichen Fällen ist zu bedenken, daß es sich um Einschätzungen der Zukunft handelt und daß Schätzungen aufgrund von Vergangenheitsdaten z.B. im Wege einer Trendextrapolation nur versuchen, die zukünftigen Ereignisse vorwegzunehmen, sie jedoch nicht hundertprozentig abbilden können.

So ist die Schätzung von Restverkaufserlösen auf das Ende des Betrachtungszeitraumes mit umso größerer Unsicherheit behaftet, je länger der Zeithorizont ist. Entsprechend sind dann im Rahmen der Kapitalisierungsfaktoren höhere Unsicherheitszuschläge anzusetzen.[866]

Die amerikanische Immobilienbewertungsliteratur beschränkt sich in diesem Zusammenhang wiederum auf den Sachverstand des Gutachters, der entsprechend den abzusehenden Entwicklungen die einzelnen Cash Flow schätzen muß. Unter Cash Flow können entsprechend dem zu ermittelnden Wert z.B. Total Property Value (Bruttogesamtwert) oder Loan Value (Beleihungswert) unterschiedliche Größen angesetzt werden. Der Open Market Value ist über die Kapitalisierung des Net Operating Income zu errechnen; dies ist die hauptsächliche Wertart.

Die Discounted Cash Flow Method bedient sich bei der Bestimmung der Kapitalisierungsfaktoren der schon für die Direct Capitalization beschriebenen

---

863 Etwaige Restverkaufserlöse werden bei der amerikanischen Immobilienbewertung explizit als ein Bestandteil des letzten Cash Flow betrachtet.

864 Appraisal Institute (Hrsg.), The Appraisal (1992), S. 485.

865 Zu der Kapitalisierung von steigenden, sinkenden oder in beide Richtungen schwankenden Immobilienerträgen vgl. Appraisal Institute (Hrsg.), The Appraisal (1992), S. 495 ff.

866 Vgl. Appraisal Institute (Hrsg.), The Appraisal (1992), S. 488.

Methoden. Lediglich aufgrund der expliziten Zukunftsannahmen bei der Festlegung der Erträge sind auch die Kapitalisierungsfaktoren unter expliziten Zukunftsannahmen aufzustellen. Dies führt zu der expliziten Berücksichtigung von Geldwertänderungen durch Inflation oder Deflation, sowie der Rücksichtnahme auf vorausveranschlagte Marktveränderungen, wie auch der voraussichtlichen Wiederveräußerung.[867] Da diese Vorgehensweise im Grunde nicht anders als bei der Bestimmung der aus der Vergangenheit abgeleiteten Direct Capitalization Rates ist, besteht der Hauptunterschied zwischen Yield und Direct Capitalization in der Schätzung der Zukunftserträge und in dem begrenzten Betrachtungszeitraum.

Die Discounted Cash Flow Method läßt sich bei Ansatz nur eines Kapitalisierungsfaktors wie folgt darstellen:[868]

$$PV = \left[\sum_{0}^{n} CF_n \times \frac{1}{(1+Y)^n} \right] + \frac{REV}{(1+Y)^n}$$

PV	=	*Present Value*
CF_n	=	*Cash Flow from the period specified*
Y	=	*Compound Yield (einheitlicher Diskontierungsfaktor)*
REV	=	*Reversion Proceeds (Netto-Restverkaufserlös)*
n	=	*Number of Years in the Projection.*

Wenn darüber hinaus von einer konstanten Höhe der verschiedenen Jahresreinerträge ausgegangen wird, läßt sich die Discounted Cash Flow Method weiter vereinfacht abbilden.

$$PV = CF_n \times \frac{(1+Y)^n - 1}{Y \times (1+Y)^n} + \frac{REV}{(1+Y)^n}$$

PV	=	*Present Value*
$CF_{\bar{n}}$	=	*Constant Cash Flow (einheitliche Jahresreinerträge)*
Y	=	*Compound Yield (einheitlicher Diskontierungsfaktor)*
REV	=	*Reversion Proceeds (Netto-Restverkaufserlös)*
n	=	*Number of Years in the Projection*

---

867 Vgl. Appraisal Institute (Hrsg.), The Appraisal (1992), S. 494.

868 Die Musterimmobilie wird in **Beispiel 12.** nach der amerikanischen Discounted Cash Flow Method bewertet.

Der Faktor $\frac{(1+Y)^n - 1}{Y \times (1+Y)^n}$ ist der nachschüssige Rentenbarwertfaktor, der bei konstanten nachträglich gezahlten Jahresreinerträgen angesetzt werden kann. Diese Darstellung entspricht der Vorgehensweise der Discounted Cash Flow Method im Rahmen der deutschen Immobilienbewertungslehre.[869]

D. Cost Approach

Die amerikanische Methode des Sachwertverfahrens wird Cost Approach genannt. Inhaltlich wird der Sachwert des gesamten Grundstückes über die Summe aus dem Bodenwert und den um Abschreibungen und andere Wertminderungen der baulichen Anlagen verminderten Normalherstellungskosten errechnet.

1. Land or Site Valuation

Eine separate Bodenbewertung ist nur für die Durchführung der Sachwertbewertung notwendig, da im Wege der Ertragswertverfahren immer auf der Basis von Grundstücksgesamterträgen gearbeitet wird. Als Hauptverfahren zur Landbewertung wird in den USA das Vergleichswertverfahren benützt, das als Sales Comparison bezeichnet wird.[870]

Sollten keine Verkäufe von Vergleichsgrundstücken bekannt sein, so kann versucht werden, den Bodenwert über das Verfahren der **Allocation** oder der **Extraction** zu ermitteln. Dies ist häufig bei komplett bebauten Innenstadtlagen oder bei abgelegenen Randlagen der Fall.[871]

- Bei der Bewertung mit Hilfe der **Allocation Method** wird nach einem ortsüblichen Verhältnis von Bodenwert zu Gesamtwert der Liegenschaft gesucht. Dann wird nach Verkäufen vergleichbarer bebauter Grundstücke in der direkten Nachbarschaft des zu bewertenden Grundstückes geforscht. Die Vergleichskaufpreise der Nachbarschaft werden entsprechend dem Verhältnis von Bodenwert zu Gesamtwert der Vergleichsgegend ausgewertet, was den Bodenwert ergibt.[872] Das Verfahren der Allocation stellt eine Ausprägung des

869 Die deutsche Immobilienbewertung benützt die entsprechende deutsche Nomenklatur, wobei hier auf die US-amerikanische Nomenklatur zurückgegriffen werden soll. Zu der deutschen Nomenklatur und der Darstellung der - deutschen - Discounted Cash Flow Methode vgl. Kleiber, W./ Simon, J./ Weyers, G., Verkehrswertermittlung (1994), S. 1006. Kleiber/Simon/Weyers rechnen in ihrem Beispiel mit konstanten Reinerträgen, weshalb auch der nachschüssige Rentenbarwertfaktor angesetzt wird, vgl. Kleiber, W./ Simon, J./ Weyers, G., Verkehrswertermittlung (1994), S. 1007.

870 Vgl. oben: Dritter Teil: III. B. Sales Comparison Approach.

871 Vgl. Appraisal Institute (Hrsg.), The Appraisal (1992), S. 304.

872 Vgl. Appraisal Institute (Hrsg.), Residential Properties (1994), S. 288.

Vergleichswertverfahrens dar, wobei auf der Basis von bebauten Parzellen und von Gesamtkaufpreisen gearbeitet wird.

- Die Bewertung nach der **Extraction Method** ist eine Variante der Allocation Method. Hierbei wird nicht nach einem Verhältnis von Bodenwert und Gesamtwert gesucht, sondern auf der Basis von Vergleichskaufpreisen bebauter Grundstücke wird nach dem Bodenwert als einer Restgröße gesucht. Der Bodenwert ist der Differenzbetrag von vergleichbaren Kaufpreisen bebauter Grundstücke minus dem Zeitwert der baulichen Anlagen, der auf der Basis der wertgeminderten Normalherstellungskosten errechnet wird.[873]

In der amerikanischen Bewertungsliteratur werden weitere Landbewertungsverfahren angesprochen, wie z.B. die Methode des Land Residual´s, die Subdivision Development Analysis oder die Ground Rent Capitalization.

Das Land Residual Bewertungsverfahren kann bei der Bewertung ertragbringenden Grundbesitzes eingesetzt werden. Es geht von der Isolierung eines eigenen Bodenertrages aus, der über die Diskontierung den Bodenwert ergibt. Von dem Grundstücksgesamtertrag ist der Gebäudeertrag, der aus der Verzinsung des Gebäudezeitwertes errechnet wird, abzuziehen. Dieser Bodenwertverzinsungsbetrag wird zum Bodenwert mit einem marktkonfomen Liegenschaftszinssatz kapitalisiert.[874,875]

Im Wege der Subdivision Development Analysis wird von der Teilung und Entwicklung der bestehenden Parzelle ausgegangen. Als Wert der Ursprungsparzelle wird dann der um die Parzellierungs- und Entwicklungskosten verminderte summierte und auf den Bewertungsstichtag diskontierte Verkaufserlös der einzelnen Grundstücke angesetzt.[876]

Das Verfahren der Ground Rent Capitalization kann angewandt werden, wenn ein unbebautes Grundstück erlösbringend verwertet werden kann. Die Erlöse können im Wege der Kapitalisierung zu einem Ertragswert errechnet werden, wobei jedoch von keinerlei Nutzungsänderungen auszugehen ist.[877]

---

873 Vgl. Appraisal Institute (Hrsg.), Residential Properties (1994), S. 290 ff.

874 Vgl. Appraisal Institute (Hrsg.), Residential Properties (1994), S. 292 ff.

875 Das Land Residual Bewertungsverfahren entspricht in den Grundannahmen dem Residualverfahren, so wird z.B. auch von einer Highest and Best Use Analysis ausgegangen. Zu dem Residualverfahren vgl. oben: Zweiter Teil: V. B. Residualverfahren.

876 Vgl. Appraisal Institute (Hrsg.), Residential Properties (1994), S. 294 ff.

877 Vgl. Appraisal Institute (Hrsg.), The Appraisal (1992), S. 308.

2. Reproduction/Replacement Cost of Primary Structure

a) Cost-Estimating Methods

Die Normalherstellungskosten der baulichen Anlagen bezogen auf den Bewertungsstichtag werden in den USA über drei verschiedene Ansätze bestimmt:

- Comparative Unit Method,
- Unit in Place Method,
- Quantity Survey Method.

aa) Comparative Unit Method

Bei der Comparative Unit Method handelt sich um ein Baukostenvergleichsverfahren, welches die Sachwerte über den Ansatz der effektiven Baukosten vergleichbarer kürzlich erstellter Gebäude errrechnet. Über Korrekturen der Baukosten evtl. unterschiedlicher Gewerke und Ausstattungen wird ein Baukostenwert je Flächenmaß/Raummaß errechnet. Dieser Wert wird mit der Anzahl der Bezugsgröße, z.B. Quadratfuß Brutto-Wohnfläche, zu den Baukosten multipliziert.[878]

Liegen keine Baukostenaufstellungen von Vergleichsobjekten vor, so können die Baukosten des zu bewertenden Gebäudes aus dem Kaufpreis eines vergleichbaren neubebauten Grundstücks abgeleitet werden. Zunächst wird ein vergleichbares bebautes Grundstück in der gleichen Bauausführung gesucht. Von dem Verkaufspreis des Vergleichsgrundstückes wird der Bodenwert abgezogen, was die Reproduktionskosten des vergleichbaren Gebäudes ergibt. Dieser Wert wird auf die Bruttofläche des Gebäudes oder auf den brutto umbauten Raum[879] bezogen, was einen Wert je Bezugseinheit ergibt. Das zu bewertende Gebäude wird dann entsprechend den Baukosten je Bezugseinheit, Bruttofläche bzw. Bruttorauminhalt, bewertet.[880]

Etwaige Zeitunterschiede zwischen Verkäufen oder den effektiv angefallenen Baukosten und dem Bewertungsstichtag sind über die Aufzinsung der errechneten

---

878 Vgl. Appraisal Institute (Hrsg.), The Appraisal (1992), S. 331 ff.

879 Es wird nicht auf Normen verwiesen, nach denen die Wohnflächen, Nutzflächen oder der umbaute Raum berechnet werden müssen. Lediglich die Guidelines der Federal National Mortgage Association (Fannie Mae) verlangen die Bruttowohnfläche als Bezugseinheit, wobei die als bewohnbare, fertig gebaute und über dem Boden liegende Fläche als Gross Living Area bezeichnet wird. Vgl. Appraisal Institute (Hrsg.), The Appraisal (1992), S. 330.

880 Zu dieser Variante der Comparative Unit Method vgl. Appraisal Institute (Hrsg.), Residential Properties (1994), S. 320 ff.

Baukosten mit Hilfe des Konsumpreisindexes oder Daten des Appraiser-Costestimating-Service[881] oder aber auf Basis eigener Baupreisindexreihen der Gutachter zu berücksichtigen.[882]

bb) Unit in Place Method

Die Unit in Place Method bestimmt die Gebäudeherstellungskosten über den Ansatz der standardisierten Kosten einzelner Gewerke. Diese Kostenaufstellung umfaßt nicht nur die effektiven Baukosten der erstellten Gewerke, die als Direct Costs[883] bezeichnet werden, sondern auch die als Indirect Costs[884] bezeichneten Baunebenkosten und den als Entrepreneurial Profit[885] bezeichneten (Gewinn-) Aufschlag des Bauträgers.[886]

cc) Quantity Survey Method

Die Quantity Survey Method wird von dem Appraisal Institute wie folgt beschrieben:

> *"A quantity survey is a computation that reflects the quantity and quality of all materials used and all categories of labor hours required. Unit costs are applied to these figures to arrive at a total cost estimate for materials and labor; then the contractor adds a margin for contingencies, overhead and profit."*[887]

Die Quantity Survey Method ist eine sehr aufwendige Bewertungsmethode, die sämtliche Gewerke erfaßt und die identischen Reproduktionskosten des zu bewertenden Gebäudes ermittelt.[888]

Die auf eine der drei Arten festgestellten Gebäudeherstellungskosten zum Stichtag sind um die Wertminderungen wegen Alters oder Abnutzung, baulicher Mängel und Schäden, sowie wegen sonstiger wertbeeinflussender Faktoren zu vermindern. In

---

881 Vgl. Appraisal Institute (Hrsg.), Residential Properties (1994), S. 321 Anmerkung *.

882 Zu der in den USA als Cost Index Trending bezeichneten Aufzinsung vgl. Appraisal Institute (Hrsg.), The Appraisal (1992), S. 329 f.

883 Zu dem Umfang der Direct Costs vgl. Appraisal Institute (Hrsg.), Residential Properties (1994), S. 310.

884 Zu dem Umfang der auch als "Soft Costs" bezeichneten Baunebenkosten vgl. Appraisal Institute (Hrsg.), The Appraisal (1992), S. 326 f.

885 Zu dem Entrepreneurial Profit vgl. Appraisal Institute (Hrsg.), The Appraisal (1992), S. 327 f.

886 Vgl. Appraisal Institute (Hrsg.), Residential Properties (1994), S. 323 f.

887 Appraisal Institute (Hrsg.), The Appraisal (1992), S. 336.

888 Zu den genauen Details vgl. Appraisal Institute (Hrsg.), Residential Properties (1994), S. 326 ff.

der amerikanischen Literatur wird der gesamte Wertminderungsbetrag als Accrued Depreciation bezeichnet und von den Reproduktionskosten bzw. Wiederbeschaffungskosten abgezogen.[889]

b) Accrued Depreciation

Als Abschreibungsverfahren werden:

- die Economic Age Life Method,
- die Modified Economic Age Life Method,
- die Breakdown Method und
- die Sales Comparison Method[890] angewandt.

aa) Economic Age Life Method

Bei der Economic Age Life Method wird das Verhältnis aus dem wirklichen Alter und der wirtschaftlichen Gesamtnutzungsdauer ermittelt und mit den Wiederbeschaffungskosten multipliziert. Es wird von einem linearen Wertminderungsverlauf ausgegangen, wobei behebbare Schäden, Mängel und Beeinträchtigungen der Bausubstanz außer Ansatz bleiben.[891] Sie kann folgendermaßen dargestellt werden:

$$AD = \frac{A}{N_T} \times C$$

AD	=	*Accrued Depreciation*
A	=	*Effective Age*
N_T	=	*Total Economic Life*
C	=	*Reproduction or Replacement Cost.*

bb) Modified Economic Age Life Method

Im Rahmen der Bestimmung der Wertminderungen nach der Modified Economic Age Life Method werden diese behebbaren Beeinträchtigungen berücksichtigt. Es werden vor der Verhältnisbildung die Kosten der Schadensbeseitigung von den gesamten Gebäudeneubaukosten abgezogen. Der "Restbetrag nach behebbaren

889 Zu der Diskussion um den Ansatz von Reproduction Costs oder Replacement Costs vgl. Appraisal Institute (Hrsg.), Residential Properties (1994), S. 339 f.

890 Entsprechend den jüngsten Entwicklungen gewinnt die Sales Comparison Method zur Bestimmung der Wertminderungsbeträge an Bedeutung, vgl. Appraisal Institute (Hrsg.), Residential Properties (1994), S. vii und S. 343.

891 Vgl. Appraisal Institute (Hrsg.), The Appraisal (1992), S. 345.

Beeinträchtigungen" wird entsprechend dem Verhältnis von Alter und wirtschaftlicher Gesamtnutzungsdauer gemindert. Zu beachten ist, daß eine Erhöhung der wirtschaftlichen Gesamtnutzungsdauer und/oder eine Verminderung des effektiven Gebäudealters mit der Beseitigung der Mängel einhergehen kann.[892]

cc) Breakdown Method

Beiden Verfahren liegt die gleiche Annahme zugrunde, daß ein Gebäude nur eine Gesamtnutzungsdauer hat.[893] Diese Annahme verläßt die Breakdown Method[894], indem sie die verschiedenen Gebäudebestandteile einzeln ansetzt und separat die verschiedenen Wertminderungen errechnet. Die Summe der Wertminderungen ergibt die Wertminderung der gesamten Gebäudeherstellungskosten.[895]

dd) Sales Comparison Method

Eine relativ neue Methode für die Bestimmung der Wertminderungen auf der Basis der Verhältnisse auf dem Immobilienmarkt ist die Sales Comparison Method.[896] Hierbei werden Verkäufe von Vergleichsobjekten als Basis herangezogen, indem davon ausgegangen wird, das der Wert der baulichen Anlagen den Wiederbeschaffungskosten auf dem Immobilienmarkt entspricht. Von den Verkäufen werden die Bodenwerte subtrahiert. Der verbleibende Wert stellt die um Wertminderungen verminderten Gebäudeherstellungskosten dar.

Die Gebäudegebrauchtwerte werden von den vorher errechneten Gebäudeherstellungskosten zum Bewertungsstichtag abgezogen, was den absoluten Wertminderungsbetrag ergibt. Dieser wird über den Bezug auf die Gebäudeherstellungskosten relativiert. Die errechnete Prozentzahl wird in dem nächsten Schritt durch das aktuelle Alter geteilt, was einen Abschreibungsprozentsatz per annum ergibt. Da mindestens zwei Verkäufe ausgewertet werden sollen, ist in einem nächsten Schritt der Mittelwert der Wertminderungsprozentsätze zu errechnen, die am nähesten an dem effektiven Alter des zu bewertenden Gebäudes liegen. Daraufhin wird der jährliche Wertminderungsprozentsatz mit dem Gebäudealter und den aktuellen Gebäudeherstellungskosten zum Wertminderungsbetrag multipliziert.

---

892 Vgl. Appraisal Institute (Hrsg.), Residential Properties (1994), S. 347.

893 Vgl. Appraisal Institute (Hrsg.), The Appraisal (1992), S. 346.

894 Zu der sehr aufwendigen Breakdown Method vgl. Appraisal Institute (Hrsg.), Residential Properties (1994), S. 349 ff.

895 Vgl. Appraisal Institute (Hrsg.), The Appraisal (1992), S. 360.

896 Zu den Details der Sales Comparison Method vgl. Appraisal Institute (Hrsg.), Residential Properties (1994), S. 340 ff.

c) Fazit

Es bleibt zu vermerken, daß die amerikanischen Bewertungsgrundsätze hauptsächlich von direkten Vergleichsdaten ausgehen und die gesamten aufgelaufenen Wertminderungen (Accrued Depreciation) als ein Betrag abgesetzt werden. Weiterhin werden immer lineare Abschreibungsverläufe unterstellt, die in der Realität nicht vorliegen. Eine Mindermeinung stellt der Ansatz von Miles[897] dar, der auch andere Abschreibungsverläufe beschreibt. Hierbei handelt es sich um mathematische Abschreibungsverfahren, so z.B. um eine digitale und eine exponentielle Abschreibungsmethode.[898] Die Verbreitung in der amerikanischen Bewertungspraxis ist jedoch unbedeutend.

Das Verfahren der Sales Comparison Method zur Bestimmung der Wertminderungen geht davon aus, daß die um die Bodenwerte geminderten Verkaufspreise den Sachwerten der Gebäude entsprechen. Diese Annahme kann jedoch nur sehr bedingt als wahr angesehen werden.

Durch den Begriff der "Improvements" wird die gesamte Palette der möglichen Veränderungen an dem Grundstück, so z.B. bauliche Anlagen, bauliche Außenanlagen, sowie nicht-bauliche Anlagen erfaßt und nur einem Bewertungssystem unterworfen, was zu beträchtlichen Bewertungsvereinfachungen führt. Lediglich im Rahmen der Breakdown Method wird dieser Grundsatz außer acht gelassen und versucht, den einzelnen Bauteilen entsprechende Nutzungsdauern und Werte zuzuordnen.

E. Zwischenergebnis

Die amerikanische Immobilienbewertungslehre baut auf den vom Appraisal Institute verabschiedeten Regelungen auf. Auch offizielle Stellen benützen diese Standards. Als Bewertungsverfahren werden das Vergleichswertverfahren, das Ertragswertverfahren und das Sachwertverfahren eingesetzt.

Zu beachten ist, daß im Rahmen der gesamten amerikanischen Immobilienbewertung außerordentlicher Wert auf das Sales Comparison Verfahren gelegt wird. Daten aus vergleichbaren Verkaufsfällen werden im Vergleichswertverfahren zur Bestimmung der Verkehrswerte, wie auch bei dem Ertragswertverfahren zur Festlegung von Kapitalisierungsfaktoren, wie auch bei dem Sachwertverfahren zur Bestimmung von Gebäudeherstellungskosten und Abschreibungsbeträgen eingesetzt.

Einen hauptsächlichen konzeptionellen Unterschied zu der deutschen Bewertungspraxis stellt die Methode der Yield Capitalization dar. Yield Capitalization ist ein

---

897 Vgl. Miles, M., Real Estate Advisor (1989), S. 44.

898 Vgl. Miles, M., Real Estate Advisor (1989), S. 44 f.

Ansatz zur Wertermittlung auf der Basis von Zukunftseinschätzungen und Erwartungen. Das Verfahren der Discounted Cash Flow Method kann als Verfahren zur Bestimmung von zukunftsorientierten Ertragswerten betrachtet werden, was einen Informationsgewinn gegenüber einem nur auf der Basis historischer Daten entwickelten Wert darstellt.

Die Übertragung der amerikanischen Discounted Cash Flow Method auf zu entwickelnde Ertragswertverfahren ist möglich, wobei insbesondere Aspekte der voraussichtlichen Restnutzungsdauer der Gebäude und einer Trennung in Gebäude- und Bodenertrag anzudenken sind.

IV. Ergebnis

Im Rahmen der Arbeit wurde die Immobilienbewertung in der Schweiz, in Großbritannien und in den Vereinigten Staaten von Amerika untersucht. Hierbei sind die schweizerischen Besonderheiten Lageklassenverfahren für die Bodenwertermittlung, Regionalisierung der Baupreisindizes und die Bezugnahme auf die Verhältnisse auf den Kapitalmärkten für die Bestimmung des Liegenschaftszinssatzes hervorzuheben. Für die standardisierte Immobilienbewertung ist insbesondere die Aufstellung der regional differierenden Baupreisindizes zu übernehmen.

Die Immobilienbewertung in Großbritannien wird maßgeblich durch die Royal Institution of Chartered Surveyors bestimmt. Als Bewertungsmethoden sind das Vergleichswertverfahren (Direct Capital Comparison) und das Ertragswertverfahren (Investment Approach) besonders hervorzuheben. Für Zwecke der Standardisierung der Immobilienbewertung kann auf bedeutende Teile dieser Methoden aufgebaut werden. Bezogen auf Implementierungsmöglichkeiten neuer Bewertungsverfahren bietet das RICS eine sehr relevante Referenzinstitution.

Von herausragender Bedeutung für die Konzeption neuer Bewertungsmethoden ist die amerikanische Immobilienbewertung. Das Sales Comparison Verfahren und die explizite Schätzung zukünftiger Entwicklungen im Rahmen der Yield Capitalization können hierbei als bedeutende Neuerungen in die deutsche Immobilienbewertung eingebracht werden.

Vierter Teil: Entwicklung und Implementierung standardisierter Verfahren der Immobilienbewertung

I. Immobilienbewertungsverfahren im Vergleich

Nach der eingehenden Darstellung und Beurteilung der zahlreichen verschiedenen Immobilienbewertungsverfahren wird in diesem Abschnitt eine die Vielzahl der Verfahren zusammenfassende Übersicht erstellt.[899] Im Anschluß an diese Synopse werden die unterschiedlichen Bewertungsverfahren anhand der Kriterien zur Beurteilung von Immobilienbewertungsverfahren in eine Rangliste überführt. Die Ergebnisse des Scoring-Verfahrens dienen als Grundlage für die zu entwickelnden standardisierten Immobilienbewertungsverfahren.

A. Synopse der Immobilienbewertungsverfahren

Damit die Übersichtlichkeit der Synopse nicht durch die große Anzahl der erläuterten Verfahren geschmälert wird, werden nicht sämtliche in den bisherigen Ausführungen dargestellten Immobilienbewertungsverfahren in die Übersicht aufgenommen. Auswahlkriterien für die Aufnahme in die Synopse der Immobilienbewertungsverfahren sind die theoretische Bedeutung für die zu entwickelnden Verfahren, die Praxisrelevanz und die Unterschiedlichkeit der Immobilienbewertungsverfahren.

Demnach werden in die Synopse die Bewertungsverfahren der Einheitsbewertung, die Bewertungsmethoden der WertV, die Methoden der Hypothekenbanken, das Sachwertverfahren der Feuerversicherung und das Residualverfahren aufgenommen. Grund hierfür ist einerseits die Praxisrelevanz bei sämtlichen Verfahren und andererseits bei den Verfahren der Wertermittlungsverordnung die Bedeutung für zu entwickelnde Bewertungskonzeptionen. Das vereinfachte Ertragswertverfahren, der Investment Approach und die Yield Capitalization werden in der Synopse berücksichtigt, weil diese Verfahren mögliche Referenzverfahren für aufzustellende Bewertungskonzeptionen sind. Als weiteres Verfahren wird das Mittelwertverfahren der Hypothekenbanken aufgenommen, um den Verfahrenstypus einer Mischung verschiedener Verfahrensergebnisse in der Synopse abzubilden. Die Lageklassen-

---

899 Die Unterschiedlichkeit der Ergebnisse der Bewertungsverfahren läßt sich zusätzlich an der synoptischen Gegenüberstellung der Ergebnisse der Beipielbewertungen für die Musterimmobilie erkennen. Hierbei sind teilweise Differenzen innerhalb einer Hauptgruppe von Bewertungsverfahren in Höhe von bis zu 3.100 % zu verzeichnen. Vgl. **Anhang: IV. Synoptische Gegenüberstellung der Ergebnisse der Beispiele**.

methode rundet die Übersicht ab, weil dieses Verfahren eine Bewertungsmethode ist, die anhand statistischer Auswertungen im Hinblick auf die Korrelation von Preis, Wert und Ertrag die Liegenschaften bewertet.

Die Verfahren, die in die Übersicht aufgenommen werden, können nach der ihnen zugrunde liegenden grundsätzlichen Bewertungskonzeption Vergleichswert-, Ertragswert- oder Sachwertverfahren differenziert werden. Dies verdeutlicht die Abbildung 48:

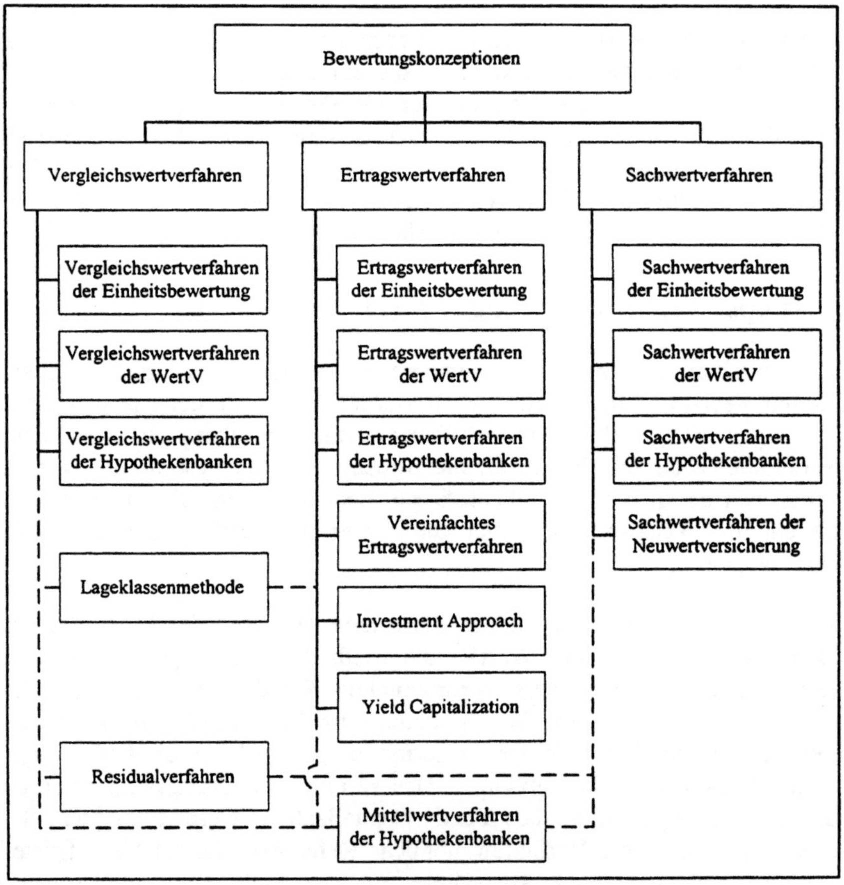

Abbildung 48: Bewertungsverfahren der Synopse.

Um die Unterschiede der einzelnen Methoden zu verdeutlichen, werden die Bewertungsverfahren, die auf der gleichen grundsätzlichen Bewertungskonzeption basieren, jeweils in engem Zusammenhang dargestellt. Die Bewertungsmethoden Mittelwertverfahren der Hypothekenbanken, Residualverfahren und Lageklassenmethode werden aufgrund der Überschneidungen zwischen den Grundkonzeptionen gesondert dargestellt.

Damit die unterschiedlichen Bewertungsverfahren verglichen werden können, sind die herausragenden Unterschiede der Methoden anhand von Merkmalen abzugrenzen. In der Synopse werden dementsprechend die Bewertungsverfahren über die folgenden Merkmale in Bezug gebracht:

1. Verfahrensart,
2. Verfahrensaufbau,
3. Anwendungsbereiche,
4. Berücksichtigung des Bodenwertes,
5. Berücksichtigung von Nutzungsdauer und Wertminderungen,
6. Abschätzung der zukünftigen Entwicklungen und
7. Marktanpassung.

ad 1: Für die Beurteilung und den Vergleich der Verfahren ist als wichtigstes Entscheidungskriterium zunächst zu unterscheiden, nach welcher grundsätzlichen Bewertungskonzeption eine Bewertungsmethode aufgebaut ist. Folgende Verfahrensarten werden z.B. unterschieden:[900]

- Vergleichswertverfahren (Veräußerungspreisvergleich),
- Ertragswertverfahren (Bewertung über nachhaltige Erträge) und
- Sachwertverfahren (Bewertung über Baukosten).

ad 2: Um die teilweise deutlichen Unterschiede der auf Basis der grundsätzlichen Bewertungskonzeption aufbauenden Verfahren zu verdeutlichen, wird als weiteres Merkmal der jeweilige Verfahrensaufbau dargestellt. Hierbei wird auf die Angabe marginaler Unterschiede verzichtet und das Hauptaugenmerk auf bedeutsame Bestandteile gelegt.

---

900 Für die Synopse werden die meistens in Klammer gegebenen Bezeichnungen benützt, weil diese teilweise kürzer und aussagekräftiger sind.

<u>ad 3:</u> Für die Praxis ist von großer Bedeutung, für welche Arten von Immobilien ein Bewertungsverfahren angewandt werden kann. Für dieses Merkmal wird auf die hauptsächlichen in der Praxis üblichen Anwendungsfälle Bezug genommen. Hierbei werden unterschieden:

- zu bebauende Grundstücke
- unbebaute Grundstücke,
- ertragbringende bebaute Grundstücke,
- marktgängige bebaute Grundstücke,
- bebaute Grundstücke mit geringer Ertragsfähigkeit und
- Bauten aller Art.

<u>ad 4:</u> Von besonderer Bedeutung für die Wirtschaftlichkeit, die Praktikabilität und die Nachvollziehbarkeit der Bewertung ist die Art der Berücksichtigung des Bodenwertes. Hierbei können die Ausgestaltungsmöglichkeiten der Bewertungsverfahren mit:

- einer separaten Berücksichtigung des Bodenwertes (explizit) oder
- einer Berücksichtigung des Bodenwertes innerhalb der ausgewerteten Parameter (implizit) differenziert werden.

<u>ad 5:</u> Für die Bewertung von bebauten Grundstücken ist es von großer Wichtigkeit welche Restnutzungsdauer den aufstehenden Bauten zugeschrieben wird. Grund hierfür ist, daß für die Bestimmung der Nachhaltigkeit und der Laufzeit der Erträge von einem zutreffenden Zeitraum auszugehen ist, um den Ertragswert "richtig" zu errechnen. Der Ansatz von Wertminderungen im Rahmen von Sachwertverfahren ist entsprechend bedeutsam.[901] Hierbei kann wiederum die explizite und die implizite Berücksichtigung unterschieden werden.

---

901 Die Wertminderungen im Rahmen der Ertragswertverfahren werden über die Laufzeiten und die Kapitalisierungstechnik berücksichtigt.

<u>ad 6:</u> Ein Aspekt für den Vergleich von Immobilienbewertungsverfahren ist die Integration der absehbaren zukünftigen Entwicklungen in die Bewertung. Je nach der Ausgestaltung der Bewertungsverfahren können bei dem Merkmal der Abschätzung der zukünftigen Entwicklungen die folgenden Ausprägungen unterschieden werden:

- implizite Beachtung der Zukunft (implizit),
- explizite Beachtung der Zukunft (explizit) und
- keine Beachtung der Zukunft (nein).

Die implizite Berücksichtigung geht von der Annahme aus, daß sich die zukünftigen Erwartungen in den realisierten Transaktionen widerspiegeln. Bei der expliziten Berücksichtigung wird versucht über eine gedankliche Vorwegnahme die Zukunft abzuschätzen. Darüber hinaus kann die Annahme von statischen Umweltgegebenheiten Grundlage eines Bewertungsverfahrens sein, was der Vernachlässigung der Schätzung der zukünftigen Entwicklungen gleich kommt.

<u>ad 7:</u> Je nach dem Ausgangspunkt der Bewertungen sind die Verfahren zu unterscheiden, die auf den realisierten Markttransaktionen basieren oder auf Martkdaten verzichten. Verfahren mit dem Ausgangspunkt der Immobilientauschmärkte haben keine Anpassung an den Markt nötig. Andere Verfahren sind auf die Marktanpassung zur Ableitung des Verkehrswertes angewiesen. Für den Vergleich der Immobilienbewertungsverfahren können folgende Methoden unterschieden werden:

- die auf dem Immobilientauschmarkt aufbauen (Ausgangspunkt Markt),
- die nicht auf dem Immobilientauschmarkt aufbauen und die Verfahrensergebnisse an den Markt anpassen (explizit bzw. implizit) und
- die nicht auf dem Immobilientauschmarkt aufbauen und keine Marktanpassung vornehmen (nein).

Die Synopse der Immobilienbewertungsverfahren hat demnach folgenden Inhalt:

Nr.	Merkmal / Verfahrensname	1. Verfahrensart	2. Verfahrensaufbau	3. Anwendungsbereiche	4. Berücksichtigung des Bodenwertes	5. Berücksichtigung von Nutzungsdauer und Wertminderungen	6. Abschätzung der zukünftigen Entwicklungen	7. Marktanpassung
1.	Vergleichswertverfahren der Einheitsbewertung	fiktiver Veräusserungspreisvergleich	Richtwertbewertung	unbebaute Grundstücke	explizit	nicht, da nur Bodenbewertung	nein, da Pauschalierungen	nein
2.	Vergleichswertverfahren der WertV	Veräusserungspreisvergleich	Ableitung aus vergleichbaren Preisen	unbebaute Grundstücke und marktgängige bebaute Grundstücke	explizit, bei unbebauten Grundstücken	nicht, da Bodenbewertung, bebaute Grundstücke implizit	implizit, durch Marktpreise	nein, da Ausgangspunkt Markt
3.	Vergleichswertverfahren der Hypothekenbanken	Veräusserungspreisvergleich	Ableitung aus vergleichbaren Preisen	unbebaute Grundstücke und marktgängige bebaute Grundstücke	explizit, bei unbebauten Grundstücken	nicht, da Bodenbewertung, bebaute Grundstücke implizit	implizit, durch Marktpreise	nein, da Ausgangspunkt Markt
4.	Ertragswertverfahren der Einheitsbewertung	Bewertung über nachhaltige Erträge	Diskontierung der historischen nachhaltigen Erträge	ertragbringende bebaute Grundstücke	implizit, durch Grundstücksrohertragsvervielfältiger	implizit, durch Grundstücksrohertragsvervielfältiger	nein	nein
5.	Ertragswertverfahren der WertV	Bewertung über nachhaltige Erträge	Endliche Diskontierung der Gebäudeerträge plus Bodenwert	Ertragbringende bebaute Grundstücke	explizit, über Vergleichswertverfahren	explizit, da fiktive Trennung des Gesamtgrundstückes	implizit, über Kapitalisierungszinssatz	explizit, über Erfahrungen des Gutachters
6.	Ertragswertverfahren der Hypothekenbanken	Bewertung über nachhaltige Erträge	Kapitalisierung des nachhaltigen Grundstücksertrags auf ewig	Ertragbringende bebaute Grundstücke	implizit, da Kapitalisierung von Gesamtertrag	implizit, über Kapitalisierung	implizit, über Kapitalisierungszinssatz	nein
7.	Vereinfachtes Ertragswertverfahren	Bewertung über nachhaltige Erträge	Kapitalisierung des nachhaltigen Grundstücksertrags auf ewig	Ertragbringende bebaute Grundstücke	implizit, da Kapitalisierung von Gesamtertrag	implizit, über Kapitalisierung	implizit, über Kapitalisierungszinssatz	nein
8.	Investment Approach	Bewertung über nachhaltige Erträge	Kapitalisierung des nachhaltigen Grundstücksertrags auf Planungshorizont	Ertragbringende bebaute Grundstücke	implizit, da Kapitalisierung von Gesamtertrag	explizit, durch Veränderungen der Nettoerträge	explizit, über Kapitalisierungszinssatz und Ertragsschätzung	implizit, über Schätzung der Ertragsänderungen
9.	Yield Capitalization	Bewertung über nachhaltige Erträge	Kapitalisierung des nachhaltigen Grundstücksertrags auf Planungshorizont	Ertragbringende bebaute Grundstücke	implizit, da Kapitalisierung von Gesamtertrag	explizit, durch Veränderungen der Nettoerträge	explizit, über Kapitalisierungszinssatz und Ertragsschätzung	implizit, über Schätzung der Ertragsänderungen

Abbildung 49: Synopse der Immobilienbewertungsverfahren; Teil 1.

Nr.	Merkmal / Verfahrensname	1. Verfahrensart	2. Verfahrens-aufbau	3. Anwendungs-bereiche	4. Berück-sichtigung des Boden-wertes	5. Berück-sichtigung von Nutzungs-dauer und Wertmin-derungen	6. Abschätzung der zukünftigen Entwicklun-gen	7. Markt-anpassung
10.	Sachwertverfahren der Einheitsbewertung	Bewertung über Ø Bau-kosten	Sachwert der baulichen Anlagen plus Bodenwert	bebaute Grundstücke mit geringer Ertrags-fähigkeit	explizit, über Ver-gleichs-wertverfahren der Einheits-bewertung	vermeintlich, lineare Abschreibung	nein	vermeint-lich, über Wert-zahlen (unrea-listisch)
11.	Sachwertverfahren der WertV	Bewertung über Ø Bau-kosten, effektive Baukosten	Bodenwert plus Baukosten nach DIN, evtl. indexierte Normalher-stellungskosten	bebaute Grundstücke mit geringer Ertrags-fähigkeit	explizit, über Ver-gleichs-wertverfahren	explizit, Ansatz der Wertminde-rungen über detaillierte Schätzungen	bedingt, weil Marktan-passung	explizit, über Erfah-rungen des Gutachters
12.	Sachwertverfahren der Hypothekenbanken	Bewertung über Ø Bau-kosten	Bodenwert plus indexierte Normalherstel-lungskosten; Ausnahme effektive Baukosten	bebaute Grundstücke mit geringer Ertrags-fähigkeit	explizit, über Ver-gleichs-wertverfahren	explizit, über Alters-abschläge	nein	nein
13.	Sachwertverfahren der Neuwertversicherung	Gebäudewert zum fiktiven Rekonstruk-tionswert	Ansatz indexierter Normalher-stellungskosten 1913	Bauten aller Art	nein	nein, da Neuwert-versicherung	nein	nein
14.	Mittelwertverfahren der Hypothekenbanken	Mittelwerter-mittlung	gewichtete Mischung ver-schiedener Verfahren	keiner, da kein Infor-mations-gewinn	implizit, über eingehende Verfahren	implizit, über eingehende Verfahren	nein	vermeint-lich, über Mittelung
15.	Residualverfahren	Residuum von fiktivem Verkaufspreis minus Boden-preis	Erlös bei maximaler Bebauung minus Baukosten = Bodenpreis	zu bebauende Grundstücke	explizit	nein	explizit, über Veräus-serung der fiktiven Bebauung	explizit, über Veräus-serung der fiktiven Bebauung
16.	Lageklassenmethode	Relation von Bodenwert zu Gesamtwert und Mietwert	Untersuchung der Preise im Hinblick auf Lagemerkmale	Bodenwerte	explizit	nein	nein	nein

Abbildung 50: Synopse der Immobilienbewertungsverfahren; Teil 2.

B. Rangliste der Immobilienbewertungsverfahren

Nach der synoptischen Darstellung der unterschiedlichen Immobilienbewertungsverfahren sind folgende Fragestellungen zu beantworten:

1. Welche Bewertungsverfahren entsprechen den Kriterien zur Beurteilung von Immobilienbewertungsverfahren?
2. Können Teile von Bewertungsverfahren übernommen werden, wenn es kein Bewertungsverfahren gibt, welches diesen Kriterien gerecht wird?

Die erste Frage kann nur durch die Anwendung von Beurteilungsmaßstäben beantwortet werden. Hierzu sollen die oben aufgestellten Kriterien benützt werden.[902] Diese sind jedoch nicht als gleichwertig anzusehen, so daß eine unterschiedliche Gewichtung der Bedeutsamkeit der Beurteilungskriterien in die Bewertung einbezogen werden muß. Grund hierfür sind die individuellen Präferenzen der Immobilienbewertungsadressaten und Immobilienbewerter, die

1. immer subjektiv sind und
2. oftmals durch die Immobilienbewertungsanlässe maßgeblich mitbestimmt werden.

Dementsprechend soll an dieser Stelle ein Versuch unternommen werden, Immobilienbewertungsverfahren anhand der oben erarbeiteten Kriterien einzuschätzen. Die Beurteilungskriterien sind:

1. Die Darstellung des Verkehrswertes durch die Bewertung;
2. Die Berücksichtigung der Lage auf dem Grundstücksmarkt (Dies ist eine bedeutende Unterausprägung des Kriteriums der Darstellung des Verkehrswertes, die im allgemeinen gesondert betrachtet wird);
3. Die Auswahl des Bewertungsverfahrens nach den Gepflogenheiten des gewöhnlichen Geschäftsverkehrs;
4. Die inhaltliche Übereinstimmung mit den Grundsätzen ordnungsmäßiger Unternehmensbewertung;
5. Die Darstellung der objektivierten Bedürfnisbefriedigungspotentiale durch den Verkehrswert;
6. Die Nachvollziehbarkeit der Bewertung;
7. Die Praktikabilität und Schnelligkeit der Bewertung;
8. Die Wirtschaftlichkeit der Bewertung.

---

902 Vgl. oben: Erster Teil: IV. Kriterien zur Beurteilung von Immobilienbewertungsverfahren.

In das Scoring-Verfahren werden nicht alle acht Beurteilungskriterien aufgenommen, da inhaltliche Überschneidungen zwischen manchen Kriterien bestehen und für die Durchführung eines Scoring-Verfahrens die Unabhängigkeit der Kriterien untereinander von großer Wichtigkeit ist.[903] Aufgrund der mangelnden Unabhängigkeit der beiden Kriterien "Darstellung des Verkehrswertes durch die Bewertung" und "Verkehrswert der Immobilie als Wert objektivierter Bedürfnisbefriedigungspotentiale" werden diese Kriterien unter dem Kriterium "Darstellung des Verkehrswertes durch die Bewertung" zusammengefaßt.

Das Kriterium der "Übereinstimmung mit den Grundsätzen ordnungsmäßiger Unternehmensbewertung" wird durch die grundsätzliche Forderung nach der Ermittlung des Verkehrswertes und durch die Beachtung der Unternehmensbewertungsgrundsätze Nachvollziehbarkeit, Wirtschaftlichkeit und Praktikabilität abgebildet. Deshalb wird dieses Kriterium nicht gesondert in dem Scoring-Verfahren betrachtet.

Trotz der Bedeutung der Unabhängigkeit der Kriterien im Rahmen von Scoring-Verfahren soll die Unterausprägung "Berücksichtigung der Lage auf dem Grundstücksmarkt" des hauptsächlichen Beurteilungsmaßstabes "Darstellung des Verkehrswertes" gesondert als Beurteilungskriterium betrachtet werden. Grund hierfür ist die Wichtigkeit dieses Aspektes für die Beurteilung von Immobilienbewertungsverfahren.

Die im Rahmen der Synopse angewandten Merkmale Verfahrensart, Verfahrensaufbau, Berücksichtigung des Bodenwertes, Berücksichtigung der Nutzungsdauer und der Wertminderungen wie auch der Abschätzung der zukünftigen Entwicklungen werden in der Rangliste der Immobilienbewertungsverfahren durch das Kriterium "Darstellung des Verkehrswertes" abgebildet. Das Merkmal der Marktanpassung wird durch den Maßstab "Berücksichtigung der Lage auf dem Grundstücksmarkt" erfaßt. Das Kriterium der "Auswahl des Bewertungsverfahrens nach den Gepflogenheiten des Geschäftsverkehrs" beinhaltet das Merkmal "Anwendungsbereiche" der Synopse.

Da nicht alle Kriterien gleichbedeutend für die Beurteilung der Immobilienbewertungsverfahren sind, müssen die verbleibenden sechs Beurteilungskriterien je nach ihrer Bedeutung mit unterschiedlichem Gewicht in die Rangliste der Immobilienbewertungsverfahren einfließen. Die Gewichtung der Kriterien wird auf der Basis intersubjektiv nachvollziehbarer allgemeiner Wertvorstellungen aufgebaut, wobei immer die Problematik im Auge behalten werden muß, daß andere Individuen evtl. andere Gewichtungen vornehmen.

---

903 Zu dem Problem der Unabhängigkeit der Kriterien bei Scoring-Verfahren vgl. Weber, M./ Krahnen, J./ Weber, A., Scoring-Verfahren (DB 33/1995), S. 1623.

Das Kriterium der "Darstellung des Verkehrswertes durch die Bewertung" wird dreifach gewichtet, da es als überragendes Grundprinzip anzusehen ist. Die "Berücksichtigung der Lage auf dem Grundstücksmarkt" wird einfach gewichtet, da sie eine Unterausprägung des Hauptkriteriums "Darstellung des Verkehrswertes" ist.[904] Die "Auswahl des Bewertungsverfahrens nach den Marktgepflogenheiten" wird zweifach berücksichtigt, weil dadurch die unterschiedlichen Anwendungsbereiche der Bewertungsverfahren und deren Marktnähe abgebildet werden. Die "Wirtschaftlichkeit der Bewertung" wird aufgrund der in der Praxis bestehenden Knappheit der Ressourcen mit zweifachem Gewicht in die Rangliste aufgenommen. Der Beurteilungsmaßstab der "Nachvollziehbarkeit" und das Kriterium der "Praktikabilität und Schnelligkeit" werden mit einfachem Gewicht im Scoring-Verfahren berücksichtigt. Die unterschiedlichen Gewichtungen der Kriterien verdeutlicht die folgende Abbildung:

Kriterium	Gewichtung
Darstellung des Verkehrswertes durch die Bewertung	dreifach
Auswahl des Bewertungsverfahrens nach den Gepflogenheiten des gewöhnlichen Geschäftsverkehrs	zweifach
Wirtschaftlichkeit der Bewertung	zweifach
Berücksichtigung der Lage auf dem Grundstücksmarkt	einfach
Nachvollziehbarkeit der Bewertung	einfach
Praktikabilität und Schnelligkeit der Bewertung	einfach

Abbildung 51: Gewichtung der Kriterien zur Beurteilung von Immobilienbewertungsverfahren.

Um die Gewichtung der Kriterien mit der Beurteilung der Bewertungsverfahren zu verbinden, sind die Gewichtungsfaktoren der unterschiedlichen Kriterien im Wege einer multiplikativen Verknüpfung in die Beurteilung aufzunehmen.

Für die Beurteilung der unterschiedlichen Bewertungsverfahren kann eine ordinale oder eine kardinale Skalierung gewählt werden.[905] Aufgrund der multiplikativen Einbindung der Gewichtung der unterschiedlichen Kriterien ist eine ordinale Skalierung über z.B. Ränge der unterschiedlichen Bewertungsverfahren nicht sinnvoll. Einerseits wird durch die ordinale Skalierung über Ränge ein etwaiger geringer Unterschied zwischen zwei Bewertungsverfahren mit einer großen Differenz gleichnamig gemacht. Andererseits führt die ordinale Skalierung zu Problemen, wenn Verfahren in bezug auf ein Kriterium mit gleichen Rängen belegt werden. Beides führt zu einem beträchtlichen Informationsverlust, der mittels einer kardinalen Skalierung umgangen werden kann. Problematisch bei einer kardinalen

904 Aus diesem Grunde werden beide Kriterien in der Rangliste nebeneinander gestellt.

905 Vgl. zu Skalierungen Neubauer, W., Statistische Methoden (1994), S. 13 ff.

Skalierung ist der Versuch ,fein abgestufte Werte den einzelnen Methoden zuzuordnen. Als mögliche kardinale Skalierung kann demnach ein Schulnotensystem mit folgenden Ausprägungen übernommen werden:

1 sehr gut,

2 gut,

3 befriedigend,

4 ausreichend,

5 mangelhaft,

6 ungenügend.

Für die Rangliste der Bewertungsverfahren werden zunächst Schulnoten im Rahmen der einzelnen Kriterien für die Beurteilung der Bewertungsverfahren vergeben. In einem weiteren Schritt wird die Gewichtung der Kriterien über eine multiplikative Verknüpfung der einzelnen Noten mit dem Gewichtungsfaktor der Kriterien einbezogen. Die Addition der unterschiedlichen Zwischenergebnisse ergibt einen Notengesamtwert je Bewertungsverfahren. Dieser Gesamtwert wird über die Vergabe von Rängen am Schluß der Bewertung in eine Ordinalskala überführt, um die Reihenfolge der Bewertungsverfahren zusätzlich zu verdeutlichen.

Die zusammenfassende Beurteilung der Immobilienbewertungsverfahren greift die hauptsächlich verwendeten Immobilienbewertungsmethoden und bedeutende mögliche alternative Bewertungsverfahren auf. Es wird auf die Bewertungsverfahren der Einheitsbewertung, auf die Wertermittlungsmethoden auf Basis des Baugesetzbuches, auf die Bewertungsmethoden des Geschäftsbankensektors, auf die Sachwertbewertung der Versicherungswirtschaft, auf das vereinfachte Ertragswertverfahren, auf den Investment Approach aus Großbritannien, auf die Yield Capitalization aus den Vereinigten Staaten von Amerika, auf das Residualverfahren und auf das Lageklassenverfahren nach Naegeli eingegangen. Damit ein direkter Vergleich der beurteilten Verfahren möglich ist, werden die Immobilienbewertungsverfahren entsprechend der Gruppierung in der Synopse in die Rangliste aufgenommen.

Nr.	Verfahrensname	Kriterien						
		Darstellung des Verkehrswertes durch die Bewertung		Berücksichtigung der Lage auf dem Grundstücksmarkt		Auswahl des Bewertungsverfahrens nach den Gepflogenheiten des gewöhnlichen Geschäftsverkehrs		
		Note	Gewicht	Note	Gewicht	Note	Gewicht	Σ I
1.	Vergleichswertverfahren. der Einheitsbewertung	5	3	5	1	6	2	32
2.	Vergleichswertverfahren der WertV	1	3	1	1	1	2	6
3.	Vergleichswertverfahren der Hypothekenbanken	1	3	2	1	2	2	9
4.	Ertragswertverfahren der Einheitsbewertung	5	3	5	1	6	2	32
5.	Ertragswertverfahren der WertV	2	3	2	1	2	2	12
6.	Ertragswertverfahren der Hypothekenbanken	2	3	3	1	2	2	13
7.	Vereinfachtes Ertragswertverfahren	2	3	3	1	3	2	15
8.	Investment Approach	2	3	2	1	3	2	14
9.	Yield Capitalization	2	3	2	1	3	2	14
10.	Sachwertverfahren der Einheitsbewertung	5	3	5	1	6	2	32
11.	Sachwertverfahren der WertV	3	3	3	1	3	2	18
12.	Sachwertverfahren der Hypothekenbanken	4	3	4	1	4	2	24
13.	Sachwertverfahren der Neuwertversicherung	5	3	6	1	6	2	33
14.	Mittelwertverfahren der Hypothekenbanken	6	3	6	1	6	2	36
15.	Residualverfahren	4	3	3	1	3	2	21
16.	Lageklassenmethode	6	3	6	1	6	2	36

Abbildung 52: Rangliste von Immobilienbewertungsverfahren; Teil 1.

Nr.		Kriterien							Gesamtrang	
		Wirtschaftlichkeit der Bewertung		Nachvollziehbarkeit der Bewertung		Praktikabilität und Schnelligkeit der Bewertung				
	Σ I	Note	Gewicht	Note	Gewicht	Note	Gewicht	Σ II	Σ I + Σ II	Rang
1.	32	1	2	6	1	4	1	12	44	12,5
2.	6	3	2	2	1	2	1	10	**16**	**1**
3.	9	2	2	2	1	3	1	9	18	**2**
4.	32	1	2	6	1	4	1	12	44	12,5
5.	12	2	2	2	1	2	1	8	**20**	**3**
6.	13	2	2	3	1	3	1	10	23	**5**
7.	15	2	2	1	1	2	1	7	22	**4**
8.	14	3	2	4	1	4	1	14	28	6,5
9.	14	3	2	4	1	4	1	14	28	6,5
10.	32	3	2	6	1	6	1	18	50	14
11.	18	4	2	2	1	3	1	13	**31**	8
12.	24	3	2	2	1	4	1	12	36	9
13.	33	1	2	5	1	1	1	8	41	10
14.	36	5	2	6	1	6	1	22	58	15
15.	21	6	2	4	1	6	1	22	43	11
16.	36	6	2	6	1	6	1	24	60	16

Abbildung 53: Rangliste von Immobilienbewertungsverfahren; Teil 2.

In der Rangliste für die Beurteilung der Immobilienbewertungsverfahren hat das Vergleichswertverfahren der Wertermittlungsverordnung (Nr. 2.) den ersten Rang eingenommen. Es ist in der Lage, die Verhältnisse auf den Immobilienmärkten zutreffend abzubilden und führt zu nachvollziehbaren Verkehrswerten in angemessener Zeit bei angemessenen Kosten. Den zweiten Rang nimmt das Vergleichswertverfahren der Hypothekenbanken (Nr. 3.) ein. Grund hierfür ist generell die Aktualität und die Marktverbundenheit eines Vergleichswertverfahrens. Das darauf folgende Verfahren ist das Ertragswertverfahren der Wertermittlungsverordnung (Nr. 5.), das vor allem durch die aktuellen Liegenschaftszinssätze und die Bestimmung der jährlichen Nettoerträge nach Bewirtschaftungskosten gut plaziert wurde. Das vereinfachte Ertragswertverfahren (Nr. 7.) erreicht den vierten Platz, weil bei Immobilien mit langen

Gebäuderestnutzungsdauern die aufwendige fiktive Trennung des Grundstücksgesamtertrages in Gebäude- und Bodenertrag unterbleiben kann.

Den fünften Platz erreicht das Ertragswertverfahren der Hypothekenbanken (Nr. 6.), weil ein branchenüblicher Zinssatz und die Bewirtschaftungskosten auf der konzeptionellen Grundlage der WertV angesetzt werden. Den sechsten und siebten Rang teilen sich die Yield Capitalization (Nr. 9.) und der britische Investment Approach (Nr. 8.). Die Yield Capitalization überzeugt insbesondere in der Ausprägung der Discounted Cash Flow Method, weil sie Zukunftsaspekte berücksichtigt wie auch aktuelle Liegenschaftszinssätze ansetzt. Der Investment Approach besticht durch die Integration von möglichen Mietertragsveränderungen in der Zukunft. Die beiden anglo-amerikanischen Ertragswertverfahren (Yield Capitalization (Nr. 9.) und Investment Approach (Nr. 8.)) liegen in der Plazierung nur hinter dem vereinfachten Ertragswertverfahren (Nr. 7.) und dem Ertragswertverfahren der Hypothekenbanken (Nr. 6.), weil diese ausgefeilten und komplizierten Verfahren im Hinblick auf Wirtschaftlichkeit, Nachvollziehbarkeit und Praktikabilität ihren konzeptionellen Vorsprung einbüßen. Das Sachwertverfahren der Wertermittlungsverordnung (Nr. 11.) kommt auf den achten Platz, da hierbei die Nachvollziehbarkeit, die Praktikabilität und Schnelligkeit des Bewertungsverfahrens bestechen. Besonders zu beachten, daß die Summe der gewichteten Noten zwischen dem vierten Gesamtrang und dem achten Gesamtrang nur um neun Einzelnoten variiert.

Keinem Bewertungsverfahren ist es gelungen, in sämtlichen Kriterien ein "Sehr gut" zu erhalten. Entsprechend der zweiten Fragestellung - der Übernahme von Bestandteilen von Bewertungsverfahren - sollen Bestandteile der ersten acht Bewertungsverfahren der Rangfolge in dem nächsten Abschnitt als Grundlage für die Aufstellung von Standardimmobilienbewertungsverfahren dienen. Die Verfahren der Wertermittlungsverordnung haben in sämtlichen Kategorien der grundsätzlichen Bewertungsverfahren als beste Verfahrensvariante abgeschnitten.[906] Dies läßt den Schluß zu, daß die zu entwickelnden Bewertungsverfahren in wesentlichem Umfang Anleihen bei den Bewertungskonzeptionen der Wertermittlungsverordnung nehmen können.

---

906 Die Gesamtwerte der jeweiligen Spitzenreiter der unterschiedlichen Grundkonzeptionen sind in der Rangliste hervorgehoben.

II. Entwicklung standardisierter Immobilienbewertungsverfahren

Primäres Ziel der unterschiedlichen Bewertungsanlässe ist, den Verkehrswert der zu schätzenden Immobilie zu ermitteln. Hierzu sollen in diesem Abschnitt einheitliche den Beurteilungskriterien für Immobilienbewertungsverfahren entsprechende Bewertungsverfahren entwickelt werden.

A. Überblick

Immobilien sind im Verhältnis zu Unternehmen relativ fungible Wirtschaftsgüter. Da die Werte mittels der von den Subjekten den zu schätzenden Objekten zugeschriebenen Bedürfnisbefriedigungspotentiale bestimmt werden, kann von realisierten vergleichbaren Immobilientauschtransaktionen auf den Verkehrswert geschlossen werden. Demnach ist eine Vergleichsbewertung aufgrund der Nähe der ermittelten Ergebnisse zu den auf den Immobilienmärkten herrschenden Verhältnissen ein zielkonformes Standardbewertungsverfahren, um den Verkehrswert abzubilden.

Fortlaufende sowie einmalige Immobilienerträge sind Indikatoren für die Werte der Objekte, die zur Zielerreichung eingesetzt werden, weil sie die Bedürfnisse durch die Verwertung befriedigen. Andernfalls würden die Objekte nicht in der realisierten Art und Weise verwertet werden, wenn sie nicht zielkonforme Resultate erwirtschaften würden. Als ein zweites Standardbewertungsverfahren ist demzufolge ein Ertragswertverfahren in der Lage, die Verkehrswerte durch die Kapitalisierung der Erträge darzustellen.

Führen beide Bewertungsmethoden zu keinen realistischen Ergebnissen, so kann aufgrund einer Bewertung mittels der Substanz versucht werden, die Verkehrswerte aus fortgeführten Anschaffungs- oder Herstellungskosten abzuleiten. Als unrealistisch sind die Ergebnisse anzusehen, wenn die auf den Immobilientauschmärkten gewöhnlichen, von persönlichen Verhältnissen befreiten Immobilienpreise nicht in den gleichen betraglichen Regionen liegen. Die Substanzbewertung geht von der Prämisse aus, daß die Sachwerte die Vollreproduktionswerte der Liegenschaften sind, weil im Normalfall Immobilien keinen Geschäftswert haben, der nicht schon innerhalb der Lagebeurteilung berücksichtigt wurde. Als drittes Standardbewertungsverfahren ist demnach ein Sachwertverfahren notwendig. Hierbei sind die Ergebnisse an die Marktverhältnisse in weitgehenderer Weise anzugleichen als die Ergebnisse des Ertragswertverfahrens, da z.B. mittels Baukosten auf die Bedürfnisbefriedigungspotentiale geschlossen wird.

Somit bestehen Notwendigkeiten für die drei grundsätzlich möglichen Bewertungskonzeptionen, wobei nur bedingt von einer hierarchischen Anordnung der Verfahren auszugehen ist.

B. Standardvergleichswertverfahren

1. Überblick

Ein Vergleichswertverfahren ist immer das Bewertungsverfahren, das am ehesten in der Lage ist, die auf den Immobilienmärkten herrschenden Verhältnisse am genauesten abzubilden. Dieser grundsätzliche Vorteil kann jedoch nur realisiert werden, wenn die in die Vergleiche eingehenden Daten in engem zeitlichen und räumlichen Zusammenhang stehen und frei von ungewöhnlichen und persönlichen Verhältnissen sind. Ist dies der Fall oder können die ungewöhnlichen und persönlichen Verhältnisse "richtig" quantifiziert und eliminiert werden, so kann ein Vergleichswertverfahren die Marktverhältnisse besser abbilden, als ein um Marktanpassungskorrekturen veränderter Ertrags- oder Sachwert.

Um ein breit akzeptiertes Vergleichswertverfahren zu erstellen, müssen der Verfahrensablauf wie auch die Verfahrensergebnisse von den Immobilienbewertern und den Bewertungsadressaten ohne große Schwierigkeiten verstanden und nachvollzogen werden können. Um dieses Postulat zu erfüllen, sollen in dem Standardvergleichswertverfahren bedeutende Komponenten angewandt werden, die intersubjektiv in der Immobilienwirtschaft als übliche und wichtige Grundlagen angesehen werden.

Inhaltlich beginnt das Standardvergleichswertverfahren mit der Suche nach Verkäufen vergleichbarer Objekte. Daran schließen sich etwaige Korrekturen aufgrund von ungewöhnlichen und persönlichen Verhältnissen der Vergleichsverkäufe an. Statistische Auswertungen führen zur Verdichtung der Daten der Kaufpreissammlungen. Je nach der Übereinstimmung des zu schätzenden Objektes mit Objekten der Kaufpreissammlung kann unmittelbar oder mittelbar der Verkehrswert über den Vergleich mit den Bezugsgrößen des Schätzungsobjektes abgeleitet werden.

Bei einer **sehr weitgehenden Übereinstimmung** von einem Vergleichsobjekt mit dem Schätzungsobjekt kann dessen Verkehrswert übernommen werden **(unmittelbare direkte Vergleichsbewertung)**. Sind die **Objekte unmittelbar vergleichbar**, bestehen jedoch Unterschiede z.B. in der Größe, Bauausführung und Ausstattung so kann über die speziellen Werte des Vergleichsobjektes der Kaufpreissammlung je Bezugseinheit multiplikativ ein Vergleichsverkehrswert abgeleitet werden **(unmittelbare indirekte Vergleichsbewertung)**. Kann **keine unmittelbare Vergleichbarkeit** zwischen dem Schätzungsobjekt und einer Liegenschaft der zutreffenden Kaufpreissammlung ausgemacht werden, ist für die Bewertung auf die verdichteten Angaben der Kaufpreissammlung zurückzugreifen, um den Verkehrswert abzuleiten **(mittelbare Vergleichsbewertung)**. In der Abbildung 54 werden die unterschiedlichen Arten der Vergleichswertbewertung grafisch dargestellt:

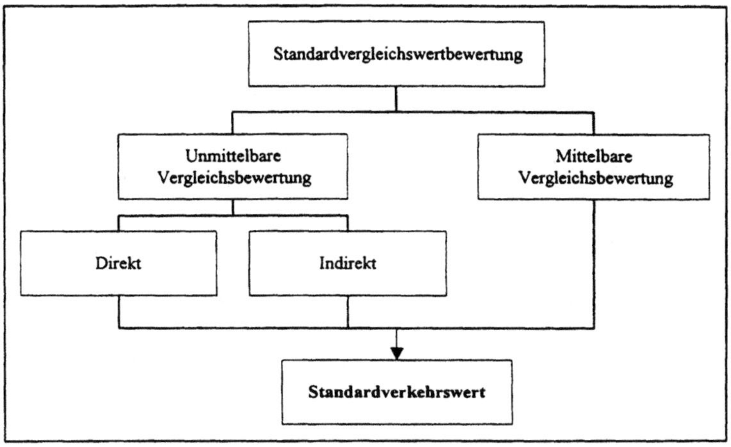

Abbildung 54: Standardvergleichswertverfahren.

Die Abbildung 55 verdeutlicht den grundsätzlichen Aufbau eines Standardvergleichswertverfahrens.

1.		Sammlung von Verkaufsfällen vergleichbarer Objekte in engem zeitlichem und räumlichem Zusammenhang
2.	±	Wertkorrekturen aufgrund von ungewöhnlichen oder persönlichen Verhältnissen nach standardisierten Kriterien
3.	=	Vergleichsobjekte
4.		Statistische Auswertung der Vergleichsobjekte nach standardisierten Verfahren in bezug auf Verkaufspreise und Flächen- bzw. Raummaße
5.	=	Vergleichswert
6.	./.	Bezug der Vergleichswerte auf standardisierte Flächen- bzw. Raummaße
7.	=	Vergleichswert je Bezugseinheit
8.		Berechnung der Flächen- bzw. der Rauminhalte des zu bewertenden Objektes nach standardisierten Verfahren
	x	Vergleichswert je Flächen- bzw. Raummaß
10.	=	Grundstücksvergleichswert

Abbildung 55: Grundaufbau des Standardvergleichswertverfahrens.

2. Liegenschaftsscheine

Um Kaufpreise in möglichst konkrete und relevante Wertangaben zu überführen, sind zahlreiche weitere Angaben notwendig. Insbesondere die Eliminierung von persönlichen und ungewöhnlichen Verhältnissen bei der Aufnahme der Verkaufsfälle in Kaufpreissammlungen kann durch detaillierte Angaben über die Bebauung im Hinblick auf Ausmaße, Ausführungen, Qualitäten, Alter sowie Baumängel und Bauschäden im Rahmen des Kaufvertrages deutlich erleichtert werden.

Entsprechend nimmt bei der Beurkundung von Kaufverträgen über zu erstellende Neubauobjekte die Baubeschreibung als Bestandteil des Kaufvertrages großen Raum ein. Bei bestehenden Neubauten und Gebrauchtimmobilien sind dagegen die Unterlagen über die Liegenschaften in den meisten Fällen äußerst unbefriedigend oder gar nicht vorhanden.

Um die Erstellung und Fortführung aussagefähiger Kaufpreissammlungen zu erleichtern, ist es notwendig, zusätzliche Angaben über die Objekte zwangsweise in die Kaufverträge aufzunehmen. Diese Angaben können unterschiedlich umfassend sein. Im Bereich des Kraftfahrzeugwesens z.B. werden durch den Kraftfahrzeugbrief und den Kraftfahrzeugschein, die notwendige Papiere für die Übereignung eines Kraftfahrzeuges sind, Angaben über die Ausführung, die Bauart, das Baujahr etc. des Kraftfahrzeuges gemacht.

Die Liegenschaften können mit einem neu einzuführenden Liegenschaftsschein in ihrer Erschließung, ihren Grundstücksmerkmalen, ihrer Bauausführung, ihrer Bauart, ihrem Baualter, ihrem umbauten Raum, ihrer Wohn- bzw. Nutzfläche und sonstigen Besonderheiten eingehend dokumentiert werden.

Da es sich bei dem Liegenschaftsschein um eine wichtige, die Immobilie möglichst umfassend darstellende "Urkunde" handelt, sind die darin aufzunehmenden Daten entsprechend den in der Immobilienbranche üblichen Normen und Beschreibungen zu erfassen.

Im Rahmen der Veräußerung von Immobilien sind die Angaben des Liegenschaftsscheines ohnehin von Bedeutung, da sie wichtige Angaben über die Grundstücksbebauung enthalten, die nicht in dem Grundbuch gegeben werden.[907]

---

907 Die Angaben des Grundbuches sind z.B. die Flurstücknummer oder die Belastung mit Rechten.

So sind, entsprechend den einzutragenden und vom technischen Überwachungsverein abzunehmenden Änderungen an einem Kraftfahrzeug, auch bedeutende Änderungen an den Bauten eines Grundstückes in dem Liegenschaftsschein zu dokumentieren. Die zusätzlich zur Verfügung gestellten Angaben führen einerseits für die am Veräußerungsgeschäft Beteiligten und andererseits für die Gutachterausschüsse zu einer Verbreiterung der Informationsbasis.

Problematisch ist eine umfassende Angabe von Details, da diese zu häufigen Änderungen des Liegenschaftsscheines zwingen. Insbesondere die Angabe der Wertminderung der baulichen Anlagen wäre eine für die Aufnahme in die Kaufpreissammlung äußerst wichtige Information, die jedoch aufgrund der ständigen Veränderungen zu übermäßigem Aufwand führen würde.

Nicht notwendig ist es, daß die Liegenschaftsscheine von offizieller Seite herausgegeben werden. Vielmehr genügt es, die Pflichtangaben vorzugeben, die dann von den Marktteilnehmern abzugeben sind.[908] Auf Aktualität des Liegenschaftsscheines wird ein potentieller Immobilienkäufer bestehen, da im Normalfall die hierin angegebenen Daten für die zu treffende Entscheidung als eine wichtige Grundlage dienen.

Beispielhaft zeigt die Abbildung 56 eine konkrete Ausgestaltung eines Liegenschaftsscheines auf:

908 Denkbar ist eine Bindungswirkung entsprechend einer eidesstattlichen Versicherung.

Liegenschaftsschein				
Ort:	Musterdorf			
Ortsklasse:	Nordbayern, Großstadt Einzugsgebiet, bis 30.000 Einwohner			
Flurstücknummer:	0815			
Kaufpreissammlung:	Rote Eiche			
Vergleichsort:	Vergleichingen, Hessen			
Vergleichskaufpreis-sammlung:	Grüner Waldesrand			
	Historischer Stand	Datum	Aktueller Stand	Datum
Grundstücksgröße in m^2	6.000	01.01.1936	480	01.12.1973
Geschoßflächenzahl	0,8	15.03.1974	1,0	01.01.1990
Nutzungsmöglichkeiten	Mischnutzung	15.03.1974	Mischnutzung	01.01.1990
Art der Bebauung	Einfamilienhaus	15.03.1974	Zweifamilienhaus	15.10.1992
Umbauter Raum in m^3	800	30.12.1976	950	15.10.1992
Wohnfläche in m^2	190	30.12.1976	250	15.10.1992
Nutzfläche in m^2	130	30.12.1976	145	15.10.1992
Baujahr der Bebauung	1976		1976/1992	
Hauptsächliche Bauausführungen	Kalksandstein, Betondecken, Flachdach	30.12.1976	Kalksandstein, Betondecken, Satteldach	15.10.1992
Frühere Nutzungsart	Landwirtschaft	01.01.1976	Einfamilienhaus	15.10.1992
Denkmalschutz	Naturdenkmal Eiche	01.01.1986	Naturdenkmal Eiche und Buche	01.01.1992
Besonderheiten			Überbauung von Grundstück 0816 5 m^2 mit Garage	30.12.1976

Abbildung 56: Konzeption eines Liegenschaftsscheines.

3. Kaufpreissammlungen

Der § 195 I BauGB bestimmt, daß jeder Vertrag, durch den sich jemand verpflichtet, Eigentum an einem Grundstück zu übertragen, von der beurkundenden Stelle in Abschrift dem Gutachterausschuß zu übersenden ist.[909] Diese Regelung führt dazu, daß der Gutachterausschuß über alle vereinbarten Kaufpreise seines jeweiligen Zuständigkeitsbereiches informiert ist. Es kann somit eine Kaufpreissammlung ohne Datenbeschaffungsprobleme angelegt werden. Die

909 Die Gutachterausschüsse erhalten ihre Daten überwiegend durch die Abschriften der vereinbarten Kaufverträge. Weitere relevante Daten für die Auswertung sind z.B. generelle Markteinschätzungen und Kapitalmarktkonditionen.

Gutachterausschüsse haben die Kaufpreissammlungen nach § 196 BauGB auszuwerten und durchschnittliche Lagewerte für den Boden, die sog. Bodenrichtwerte, anzugeben. Die Bodenrichtwerte sind immer für unbebaute Grundstücke anzugeben. Dies ist auch für bebaute Gegenden der Fall.

Nach § 197 BauGB hat der Gutachterausschuß die Befugnisse, notwendige Informationen einzuholen. Hierbei haben die Gutachterausschüsse zahlreiche Rechte, die den Immobilieneigentümer wie auch Behörden und Sachverständige sowie Einzelpersonen, die Angaben über das Grundstück machen können, zur Mitwirkung bei der Führung der Kaufpreissammlungen verpflichten. Die Großzahl der verkehrswertrelevanten Daten kann sich der Gutachterausschuß über diesen Weg beschaffen. Somit stellt die Pflicht zur Beifügung eines Liegenschaftsscheines keine bedeutende Veränderung der Mitwirkungspflichten dar. Die Datenbeschaffung und Datenauswertung der Gutachterausschüsse kann durch die Pflicht zur Beifügung des Liegenschaftsscheines zu den Kaufverträgen erheblich vereinfacht werden, weil aufwendige Untersuchungen vor Ort unterbleiben können und sich nur auf Ausnahmefälle beschränken.

Die Kaufpreissammlungen für das Standardvergleichswertverfahren müssen einheitlich und zeitnah geführt werden. Es ist auf die gleiche Kodierung der verschiedenen wertbestimmenden Merkmale, wie auch auf die einheitliche Auswertung der durch die Liegenschaftsscheine gegebenen Daten zu achten.

Problematisch erscheint dabei, daß für aktuelle Kaufpreissammlungen vergleichbare Verkaufsfälle vergleichbarer Objekte in engem zeitlichen und räumlichen Zusammenhang zu dem zu bewertenden Objekt vorhanden sein müssen. Dies stellt den schwierigsten und aufwendigsten Teil des Vergleichswertverfahrens dar.

a) Kaufpreissammlungen für unbebaute Grundstücke

Im Rahmen der bisherigen Kaufpreissammlungen wird auf den Bodenwert der Grundstücke abgestellt. Durch die Erweiterung der Anwendungsmöglichkeiten der Vergleichsbewertung auf zahlreiche verschiedene Arten von bebauten Grundstücken, wie es in Großbritannien und in den Vereinigten Staaten von Amerika üblich ist, sind die Kaufpreissammlungen zu differenzieren. Für die Bewertung von unbebauten Grundstücken oder die Bestimmung der Bodenwerte, z.B. für die Ertragsbesteuerung, sind Kaufpreissammlungen für unbebaute Grundstücke (Kaufpreissammlungen UB), aufgegliedert nach den unterschiedlichen baurechtlichen Nutzungsmöglichkeiten, aufzustellen.[910] Hierin sind alle Grundstücke zu erfassen. Bebaute Grundstücke sind entsprechend den Vorstellungen der Wertermittlungsverordnung zu bewerten, als ob sie unbebaut wären.

---

910 Demnach wären Kaufpreissammlungen z.B. für Bauerwartungsland, baureife oder unbebaute Grundstücke zu führen.

b) Kaufpreissammlungen für bebaute Grundstücke

Für die Bewertung von bebauten Liegenschaften im Vergleichswertverfahren ist eine separate Kaufpreissammlung notwendig, die den Gesamtverkehrswert der Objekte in der derzeitigen Bebauung und Nutzung angibt. Die Werte der Kaufpreissammlung B (B steht für bebaute Grundstücke) beinhalten die Werte der Kaufpreissammlung UB, da jedes Bauwerk auf einem Grundstück steht.

Unterschiede in den Werten der Kaufpreissammlungen UB und den Bodenwerten der Kaufpreissammlungen B entstehen nur durch einen etwaigen unterschiedlichen räumlichen Abgrenzungsbereich und darauf Bezug nehmende andere Verkehrswerte, sowie, wenn davon ausgegangen wird, daß die derzeitige Bodennutzung der baulichen Anlagen die Bodenwerte durch z.B. Geruchs- und Lärmimmissionen dämpft.

c) Korrektur von Vergleichsverkäufen

Die Korrektur von ungewöhnlichen und persönlichen Verhältnissen stellt eines der Hauptprobleme der Vergleichsbewertung dar, welches sich meist nicht genügend operationalisieren läßt. So kann an dieser Stelle wiederum nur auf den Sachverstand und die Erfahrung eines sachverständigen Gutachters Bezug genommen werden. Als standardisierte Kriterien für die Feststellung, ob Kaufpreise durch ungewöhnliche Einflüsse bestimmt sind, können die Kriterien des § 6 WertV angesetzt werden:

1. Erhebliches Abweichen der Kaufpreise von vergleichbaren Fällen,
2. Außergewöhnliches Interesse des Veräußerers oder des Erwerbers an dem Verkauf oder dem Erwerb des Grundstücks,
3. Besondere Bindungen verwandtschaftlicher, wirtschaftlicher oder sonstiger Art zwischen den Vertragsparteien,
4. Erhebliches Abweichen von Erträgen, Bewirtschaftungs- und Herstellungskosten von vergleichbaren Fällen.

Die Korrektur der Vergleichsverkäufe kann in Höhe eines wertmäßigen Ab- oder Zuschlages vom vereinbarten Kaufpreis oder mittels einer prozentualen Veränderung des Kaufpreises durchgeführt werden.[911]

Ist es nicht möglich, die ungewöhnlichen und persönlichen Verhältnisse im Umfang ihres Einflusses zu quantifizieren, kann das betreffende Vergleichsgrundstück nicht in die Kaufpreissammlung aufgenommen werden.

---

911 Hierbei können keine Beträge vorgegeben werden, da ansonsten die individuellen Verhältnisse nicht mehr berücksichtigt werden können.

d) Aktualität von Kaufpreisen

Die Definition des Verkehrswertbegriffes des § 194 BauGB stellt den Verkehrswert auf die Basis der Preise des gewöhnlichen Geschäftsverkehrs. Die Kaufpreissammlungen dienen der Dokumentation der Verhältnisse auf den Immobilienmärkten. Hierzu müssen sie

- laufend um neue Veräußerungsfälle aktualisiert, wie auch
- um Zeitunterschiede zwischen dem Bewertungsstichtag und dem Zeitpunkt, auf den sich die Vergleichswerte beziehen, bereinigt werden.

Das Problem der Aktualität der Kaufpreise entsteht durch den unterschiedlichen zeitlichen Anfall der Verkäufe. Als Verfahren zur Eliminierung der Zeitunterschiede wurde in der Wertermittlungsverordnung in § 9 die Bildung von Indexreihen vorgeschrieben.

Standardkaufpreissammlungen müssen die Periodisierungsunterschiede der Vergleichsverkäufe berücksichtigen. Da die Kaufpreissammlungen fortlaufend um Verkäufe ergänzt werden und alte Verkäufe durch neuerliche Verkäufe der gleichen Objekte ersetzt werden, kann die unterschiedliche zeitliche Verteilung nur innerhalb der Kaufpreissammlung erfolgen und nicht das Ergebnis der Kaufpreissammlung - ein einmal ermittelter Verkehrswert - mit Indizes hochgerechnet werden.

Die Kaufpreissammlungen sind jährlich je nach Vorstellungen und Marktveränderungen, evtl. sogar halb- oder vierteljährlich, fortzuschreiben. Hierzu muß innerhalb der Sammlung der einzelne Vergleichswert mit Hilfe von Indizes auf den Kaufpreissammlungsstichtag bezogen werden. Als Index ist z.B. der Lebenshaltungskostenindex des statistischen Bundesamtes zu verwenden.[912]

Die von der Brandversicherung ermittelten Prämienindizes sind ebenso zu ungenau, wie die Baupreisindizes des Statistischen Bundesamtes, wie auch die Baupreisindizes der Statistischen Landesämter. Entsprechend den Gepflogenheiten der schweizerischen Immobilienbewertung bietet sich als Index nur ein jeweils für den regional abgegrenzten Immobilienmarkt und für die individuelle Grundstücks- bzw. Gebäudenutzungsart zu bestimmender Index an.

Die Bestimmung dieser Indizes kann auf der Grundlage der Grundsätze zur Feststellung der Indexreihen des § 9 WertV durchgeführt werden. Als Grundlage dient hierbei der jährliche Anstieg der durchschnittlichen Bodenpreise des Kaufpreissammlungsgebietes. Dieser wird durch das Verhältnis des durchschnittlichen Bodenwertes des Kaufpreissammlungsstichtages zum Vergleichsverkaufsjahr gebildet. Für die bebauten Grundstücke der Kaufpreissammlung B wären sinngemäß die Änderungen der Verkehrswerte bebauter Objekte anzusetzen.

---

912 Vgl. Statistisches Bundesamt (Hrsg.), Statistisches Jahrbuch (1994), S. 662.

e) Statistische Methoden

Um die Vergleichsverkäufe der Kaufpreissammlungen auf einzelne Verkehrswertangaben zu verdichten, sind statistische Methoden notwendig, die von einer Vielzahl von Anwendern eingesetzt werden können, die die zahlreichen unterschiedlichen Inputdaten verdichten und zuverlässige Ergebnisse liefern.

Aufgrund der bedeutenden Fortschritte der elektronischen Datenverarbeitung und der Umsetzung von statistischen Auswertungsmethoden in einfach aufgebauten Anwendungsprogrammen bestehen keine Anwendungsrestriktionen bei aufwendigen statistischen Verfahren. Die Durchführung z.B. einer Regressionsanalyse und die anschließende Dokumentation der Ergebnisse in den Kaufpreissammlungen kann sinnvolle Angaben über die üblichen wertbestimmenden Faktoren machen. Als Grundlage sind die zahlreichen Angaben der Liegenschaftsscheine, der Kaufpreise und sonstige Angaben über die Liegenschaften des Bewertungsbereiches in ordinale Skalierungen zu überführen.[913] Diese werden mittels der multiplen Regressionsanalyse ausgewertet.[914],[915] Als Ergebnis werden die Korrelationen zwischen den Kaufpreisen als abhängigen Variablen und den anderen Eingabedaten als unabhängigen Variablen und innerhalb der Eingabedaten angegeben. Korrelationskoeffizienten von unter ± 0,5 bedeuten, daß der Zusammenhang von der abhängigen Variablen Kaufpreis und den Eingabedaten nicht ausgeprägt ist. Die betreffenden Eingabedaten sind somit nicht von großer positiver oder negativer Bedeutung für die Kaufpreise. Liegen Korrelationen über ± 0,5 vor, so bestimmen die Eingabedaten die Kaufpreise maßgeblich. Hohe Korrelationen zwischen den Eingabedaten bedeuten, daß die Eingabedaten als annähernd identisch anzusehen sind.

Wird nach den grundsätzlichen Zusammenhängen von Kaufpreisen und Eingabedaten gesucht, kann die Ausdehnung der Bewertungsgebiete sehr groß gewählt werden, um einerseits zahlreiche Datensätze für die Auswertung zu erhalten und andererseits weitere unterschiedliche Eingabedaten anzusetzen. Als Koordinationsstellen können hierfür die oberen Gutachterausschüsse im Sinne des § 198 BauGB dienen.

---

913 Kardinale Skalierungen würden in diesem Zusammenhang die Unterschiede zwischen geringen und großen Merkmalsdifferenzen "verwischen" und damit die Aussagekraft der Ergebnisse mindern.

914 Auf die Darstellung der mathematischen Grundlagen von Regressionsanalysen wird verzichtet und auf das Werk von Neubauer, W., Statistische Methoden (1994), S. 223 ff. verwiesen.

915 Kleiber/Simon/Weyers benützen Regressionsanalysen, um Abweichungen von den üblichen Verhältnissen nach § 14 WertV zu bestimmen. Hierbei wird jedoch nur die Abweichung der Verkehrswerte über Zustandsmerkmale ermittelt und nicht der Verkehrswert an sich. Vgl. Kleiber, W./ Simon, J./ Weyers, G., Verkehrswertermittlung (1994), S. 601 ff.

Sinnvoll kann eine Auswertung auf der Basis der logischen Aussagen über die Eigenschaften der Immobilie sein. Hierzu werden die Daten nicht in eine ordinale Skalierung überführt, sondern sämtliche Beschreibungen der Immobilien werden direkt miteinander in Bezug gebracht.[916] Als Ergebnis werden Korrelationen zwischen logischen Aussagen errechnet. Um hierbei verläßliche Auswertungsergebnisse zu erreichen, muß die Anzahl der ausgewerteten Objekte größer als bei einer ordinalen Skalierung sein, da jede Aussage als eine einzelne Variable behandelt wird. Von Vorteil ist solch eine statistische Auswertung, da hierdurch vor allem die nicht in eine nominale Skalierung zu überführenden Daten ausgewertet werden können. Insbesondere unterschiedliche Lagen und unterschiedliche Einschätzungen über Gegenden können mit den Verkaufspreisen der Objekte in Bezug gebracht werden.

Durch eine Auswertung der Kaufpreissammlungen und der mit den Objekten zusammenhängenden subjektiven Beschreibungen der Gutachter mittels der multiplen Regressionsanalyse können die im Hinblick auf die Korrelationen zwischen Grundstückseigenschaften und Grundstücksverkaufspreisen jeweils aktuellen wirklich wertbestimmenden Faktoren identifiziert werden. Dadurch können im Grunde überflüssige Pflichtangaben oder noch fehlende Pflichtangaben für die Kaufpreissammlungen identifiziert werden, wobei bei der Streichung von Pflichtangaben nicht vergessen werden darf, daß die Daten evtl. von Bedeutung für Fragestellungen außerhalb der eigentlichen Verkehrswertermittlung sind.

Problematisch erscheint in diesem Zusammenhang die Akzeptanz der Ergebnisse, die hauptsächlich durch die Verständlichkeit und die Nachvollziehbarkeit der durchgeführten Auswertungsschritte bestimmt wird. Dementsprechend sind die einfachen statistischen Methoden ebenfalls als sinnvolle Auswertungsverfahren zu betrachten. Mögliche Auswertungsverfahren sind demnach Methoden zur Bestimmung des Mittelwertes, der Standardabweichung und von Konfidenzintervallen.[917] Darüber hinaus beziehen Gerardy/Möckel die unterschiedlichen statistischen Auswertungsverfahren auf die Anwendung in der Immobilienbewertung.[918]

Aufgrund des dem Verkehrswertbegriff innewohnenden Bezugs auf den gewöhnlichen Geschäftsverkehr kann ein Verkehrswert im Grunde nicht auf einen absoluten Betrag festgelegt werden. Folglich kann die auch in der Praxis der nicht gesetzlich festgelegten Kaufpreissammlungsbewertungen teilweise übliche Angabe einer

916 Als Werkzeug kann hierzu die mathematische Software zur formalen Begriffsanalyse verwandt werden.

917 An dieser Stelle wird auf die Darstellung dieser Methoden verzichtet und auf das Werk von Neubauer verwiesen. Vgl. Neubauer, W., Statistische Methoden (1994).

918 Vgl. mit zahlreichen weiteren Literaturnennungen Gerardy, T./Möckel, R., Grundstücksbewertung (1995), Teil 2.2.

Wertspanne[919] für die Verkehrswertermittlung übernommen werden. Hierdurch wird die Informationsbasis der Marktteilnehmer verbessert. Zum einen kann die Unterschiedlichkeit der Liegenschaften besonders in bezug auf die Lage und den Zustand der baulichen Anlagen zusätzlich verdeutlicht werden. Zum anderen wird aufgezeigt, daß der Verkehrswert für ein Objekt nicht mit einem Mindestpreis gleichzusetzen ist, da der Verkehrswert die Verhältnisse des gewöhnlichen Geschäftsverkehrs abbildet.

Auf die standardisierte Immobilienbewertung übertragen, sind Verkehrswertspannweiten in die Kaufpreissammlungen UB und B aufzunehmen. Als ein weiterer Bestandteil sind die Mittelwerte der Kaufpreissammlungen als Verkehrs(mittel)wert anzugeben. Darüber hinaus wird die Standardabweichung der Verkehrswerte aufgenommen. Die Verkehrswertspannweiten sind als Konfidenzintervalle zu betrachten, die mit einer Sicherheitswahrscheinlichkeit von z.B. 80 % aufgestellt wurden. Dies bedeutet, daß der Verkehrswert der Stichprobe mit einer statistischen Sicherheit von 80 % die Grundgesamtheit aller Immobilienverkehrswerte des betrachteten Bereiches richtig wiedergibt.[920]

Je nach der Höhe der Irrtumswahrscheinlichkeit der Verkehrswertangaben in Verkehrswertspannen der Kaufpreissammlungen können unterschiedliche Ergebnisse herangezogen werden. Gerade für den Bereich der steuerlichen Bewertungen könnte aufgrund der Möglichkeit zu Pauschalierungen und Typisierungen auf Verkehrswertangaben mit höheren Irrtumswahrscheinlichkeiten zurückgegriffen werden. Ob dies jedoch dann noch dem Ziel entspräche, eindeutige und bestimmte Steuerbemessungsgrundlagen festzustellen, ist fraglich.

Um möglichst detaillierte Vergleichsangaben über die zu schätzenden Liegenschaften zu erhalten, sind die gesammelten Daten der Liegenschaftsscheine des Bewertungsbereiches nach z.B. Grundstücksgröße, Geschoßflächenzahl oder Kubikmeter umbauten Raumes auszuwerten. Dies ermöglicht zusätzliche Rückschlüsse auf wichtige wertbeeinflussende Umstände. Hierbei ist wiederum die Angabe von Durchschnittsmittelwerten, Spannen und Standardabweichungen möglich.

Problematisch ist es, marktgerechte und sinnvolle Verkehrswertspannweiten, Verkehrsmittelwerte und Standardabweichungen anzugeben, wenn die Datenbasis der betreffenden Kaufpreissammlung zu gering ist. Als Mindestanzahl der

---

919 Der statistisch exakte Begriff lautet Spannweite. Dementsprechend wird der Begriff Wertspanne synonym verwandt.

920 Es handelt sich immer bei den betrachteten Immobilienverkehrswerten um eine Stichprobe der Grundgesamtheit, weil einerseits zeitliche Verzerrungen der Vergleichsverkaufszeitpunkte bestehen und andererseits "willkürliche" Korrekturen der Vergleichskaufpreise durchgeführt werden.

auszuwertenden Verkäufe wird häufig die Zahl 30 angesetzt;[921] ab dieser ist von einer Standardnormalverteilung auszugehen.[922]

Können nicht mindestens 30 Vergleichsobjekte in einem abgegrenzten Bewertungsgebiet mit gleichen Verhältnissen ermittelt werden, so muß die Forderung nach einem engem räumlichen Zusammenhang aufgegeben werden. Als Ausweg können vergleichbare andere einheitliche Bewertungsgebiete für die Verkehrswertbewertung herangezogen werden.

Entsprechend den Grundsätzen der Bewertung eines Gesamtgebietes bei der Flurbereinigung sind vergleichbare räumlich abgrenzbare Bereiche zu identifizieren. Durch die Angabe von Vergleichsgebieten in den Kaufpreissammlungen kann vermieden werden, daß eine Kaufpreissammlung als repräsentativ angesehen wird, die es aus Gründen der Statistik nicht ist. Die Ankoppelung an die Verhältnisse in einem anderen Bereich ist dabei laufend zu überprüfen, da z.B. Wohn- und Gewerbelagen deutlichen Schwankungen unterliegen können.

Die Identifikation eines Vergleichsgebietes ist entsprechend den im Liegenschaftsschein gemachten Angaben über den Vergleichsort und die Vergleichskaufpreissammmlung vorzunehmen. Besonders hervorzuheben ist, daß je nach Art der Liegenschaften, unterschiedliche Bewertungsgebiete bestehen. Ein Bewertungsgebiet kann entsprechend dem britischen Vergleichsbewertungsansatz für Industriebauwerke auch eine sehr große räumliche Ausdehnung erfahren.

Festzuhalten bleibt, daß die unterschiedlichen Kaufpreissammlungen im Hinblick auf die Arten der Liegenschaften und der räumlichen Ausdehnung möglichst fein und detailliert gegliedert sein sollen. Ist dies nicht möglich, so sind entsprechende vergleichbare räumliche Bewertungsgebiete als Referenzmaßstäbe heranzuziehen, bevor unterschiedliche Objektarten eines Bewertungsgebietes in Gruppen zusammengefaßt werden. Dies ist in den Kaufpreissammlungen zu dokumentieren.

4. Unmittelbare Vergleichsbewertung

a) Überblick

Die unmittelbare Vergleichsbewertung bewertet Immobilien über eine direkte Gegenüberstellung von einzelnen Liegenschaften mit dem zu schätzenden Objekt. Entsprechend der amerikanischen Sales Comparison Method wird versucht, möglichst identische Liegenschaften genau zu analysieren. Je mehr wertbeeinflussende Faktoren der Objekte in quantitativer und vor allem qualitativer

921 Vgl. Simon, J./Cors, K./Troll, M., Grundstückswertermittlung (1992), S. 84 und Vogels, M., Grundstücks- und Gebäudebewertung (1991), S. 212 ff.

922 Vgl. Freedman, D./Pisani, R./Purves, R./Adhikari, A., Statistics (1991), S. 447.

Hinsicht übereinstimmen, als desto identischer werden die geschätzten Verkehrswerte mit den bereinigten Kaufpreisen der Vergleichsobjekte angesehen.[923]

Als bedeutendste Wertdeterminanten für unbebaute Grundstücke sind die Lage, die Größe des Grundstückes, die Art der Bebauungsmöglichkeiten, die geographischen Besonderheiten (z.B. Gefälle, Untergrund) zu vergleichen. Für bebaute Grundstücke treten zusätzlich Determinanten für die baulichen Anlagen hinzu, z.B. Kubatur des umbauten Raumes, Wohn- bzw. Nutzfläche, Bauausstattung, Erhaltungszustand und Wertminderung.

Besonders problematisch ist die Identifikation von vergleichbaren Liegenschaften und die Beschaffung der großen Anzahl der bewertungsrelevanten Daten der Vergleichsobjekte. Zunächst kann hierbei auf die Daten der Kaufpreissammlungen des gleichen Bewertungsgebietes zurückgegriffen werden. Diese enthalten die hauptsächlichen wertbeeinflussenden Daten der Objekte der "unmittelbaren Nachbarschaft" des Bewertungsobjektes.[924] Liegen nicht genügend vergleichbare Grundstücke in dem Kaufpreissammlungsgebiet, so kann auf die Verweise in der Kaufpreissammlung über vergleichbare Bewertungsgebiete Bezug genommen werden.

Für eine etwaige Konkretisierung der in den Kaufpreissammlungen gemachten Angaben kann der Bewerter versuchen, weitere Informationen über die Vergleichsobjekte von den Eigentümern der Vergleichsobjekte zu erlangen. So führen Besichtigungen der Vergleichsobjekte zu einer deutlich gesteigerten Informationsgüte.

b) Problem des Datenschutzes

Generell ist die Frage der informationellen Selbstbestimmung der Bürger und der Weitergabe der Daten der Kaufpreissammlung in Bezug zu den Kaufpreissammlungen zu bringen. Besonders bei der unmittelbaren Vergleichsbewertung können Probleme im Hinblick auf den Datenschutz bestehen.

Die Veröffentlichung der Daten oder eine Einsichtnahme in die Kaufpreissammlungen ist nach § 195 II BauGB nicht möglich. Lediglich für steuerrechtliche, gerichtliche oder staatsanwaltschaftliche Belange bestehen uneingeschränkte Einsichtsrechte. Auskünfte aus der Kaufpreissammlung dürfen nur bei berechtigtem Interesse nach landesrechtlichen Vorschriften erteilt werden.[925]

---

923 Das **Beispiel 3.** zeigt die unmittelbare Standardvergleichsbewertung auf.

924 Es muß sich nicht immer um eine konkrete Nachbarschaft der Liegenschaften handeln, weil die Vergleichsobjekte auch in den Referenzgebieten des Kaufpreissammlungsgebietes liegen können.

925 Vgl. § 195 III BauGB.

Nach § 1 BDSG werden die personenbezogenen Daten jedes Einzelnen geschützt. Die personenbezogenen Daten sind Einzelangaben über persönliche oder sachliche Verhältnisse einer bestimmten oder bestimmbaren natürlichen Person.[926] In den Kaufpreissammlungen sind personenbezogene Daten vorhanden, z.B. Namen, Adressen, Alter, Berufe der Käufer und Verkäufer sowie die Kaufpreise veräußerter Objekte.

Aus diesem Grunde haben die Bundesländer Regeln im (vermeintlichen) Einklang mit dem Bundesdatenschutzgesetz erlassen, nach denen Daten der Kaufpreissammlungen bei berechtigtem Interesse veröffentlicht werden können.[927] Sämtlichen Verordnungen ist gemein, daß die Daten der Eigentümer, deren Anschriften und sonstige personenbezogene Daten nicht mitgeteilt werden dürfen. Teilweise dürfen jedoch Grundstücksadressen angegeben werden.

Die informationelle Selbstbestimmung des einzelnen Grundstückseigentümers wird durch die Pflicht zur Datenbereitstellung mittels Kaufvertragsabschriften für den Gutachterausschuß beeinträchtigt. Die Auskunftserteilung und die Veröffentlichung der Daten der Kaufpreissammlungen müssen in anonymisierter From durchgeführt werden, um die Persönlichkeitsrechte des Einzelnen nicht zusätzlich zu beeinträchtigen.

Nach den Vorschriften des § 3 VII BDSG bedeutet Anonymisierung, daß die Einzelangaben über persönliche und sachliche Verhältnisse nicht mehr oder nur mit einem unverhältnismäßig großen Aufwand an Zeit, Kosten und Arbeitskraft einer bestimmten natürlichen Person zugeordnet werden können. Die Angabe von genauen Lagen kann demnach nicht mehr als eine anonymisierte Auskunft aufgefaßt werden.

In Anbetracht der in der Bundesrepublik Deutschland herrschenden Zurückhaltung bei der Veröffentlichung von als sensibel beurteilten Informationen werden sich die Eigentümer der Vergleichsobjekte nur zu einer Zusammenarbeit bereit erklären, wenn diese sich einen Nutzen davon versprechen. Dieser kann in der Überprüfung und etwaigen Revision der Verkehrswerte der eigenen Immobilien als Folge der Vergleichsbewertung liegen.

Da die Daten von Vergleichsobjekten nur ohne Angabe der sehr wertbestimmenden Lage zur Verfügung gestellt werden können,[928] muß ein anderer Weg gefunden werden, durch den die unmittelbare Vergleichsbewertung ermöglicht wird.

---

926 Vgl. § 3 I BDSG.

927 Zu den zahlreichen Vorschriften der unterschiedlichen Bundesländer vgl. Kleiber, W./ Simon, J./ Weyers, G., Verkehrswertermittlung (1994), S. 218 ff.

928 Dies bedeutet eine zusätzliche Verschärfung des Datenschutzes, da keine Lagen veröffentlicht werden.

c) Unmittelbare Vergleichsbewertung unter Beachtung des Datenschutzes

Als Ausweg aus der Datenschutzproblematik kann das unmittelbare Vergleichsbewertungsverfahren derart ausgestaltet werden, daß die Kaufpreissammlungsdaten nur in anonymisierter Form veröffentlicht werden. Weist ein Auskunftsuchender ein berechtigtes Interesse nach, z.B. den Auftrag zur Verkehrswertbewertung oder Kaufinteresse von einem ganz speziellen Objekt, so werden dem Auskunftsuchenden vom Gutachterausschuß z.B. fünf vergleichbare Objekte in anonymisierter Form benannt.

Die Namen der Eigentümer, wie auch die Lage des Grundstückes werden nicht mitgeteilt. Der Gutachterausschuß, der ohnehin die beste Marktübersicht im Hinblick auf unterschiedliche Lagen hat, gibt für die betreffenden Vergleichsobjekte den Grundstückswert in einem Betrag je Quadratmeter an. Als Grundlage dienen hierfür die um ungewöhnliche und persönliche Verhältnisse korrigierten Kaufpreise, die als identisch mit den Verkehrswerten anzusehen sind. Die Grundstücksgröße wird in einer groben Klassifizierung angegeben.[929]

Auf die Grundstücksgröße und damit über das Liegenschaftskataster auf die genaue Lage könnte nur über die Rückrechnung der Bebauung und der baurechtlichen Verwertungsmöglichkeiten geschlossen werden.[930] Da jedoch die baurechtliche Ausnutzung eines Grundstückes nur über den Liegenschaftsschein genau ausgerechnet werden könnte,[931] ist die Anonymisierung gewährleistet.

Darüber hinaus kann der Auskunftsuchende nicht sicher davon ausgehen, daß die Vergleichsobjekte in engem räumlichen Zusammenhang liegen, da evtl. Daten eines vergleichbaren, in den öffentlichen komprimierten Ergebnissen der Kaufpreissammlung angegebenen Vergleichsbewertungsgebietes herangezogen werden. Die veröffentlichten Daten sind aufgrund der nicht genau definierbaren Lagen somit auch bei einer direkten Angabe der Grundstücksgröße als anonymisiert anzusehen.[932]

---

929 Denkbar wären z.B. die Klassen: kleine, mittlere, große und übergroße Grundstücksfläche.

930 Die Bewertung etwaiger Baulücken stellt in diesem Zusammenhang keinerlei Problem dar, da die Kaufpreissammlungen UB auch bebaute Grundstücke bewerten, als ob sie unbebaut wären.

931 Aufgrund der Angaben über geographische Besonderheiten des Grundstückes, des umbauten Raumes, des Alters und des Erhaltungszustandes der Bauten von außerhalb ein Grundstück exakt zu definieren, ist als erheblicher Aufwand zu werten.

932 In diesem Fall sollte auf die Angabe von Grundstücksgrößen in einzelnen Quadratmeterschritten verzichtet und z.B. eine Einteilung in Zehnquadratmeterschritten gewählt werden.

Aus den Vergleichsobjekten wird die Liegenschaft mit den meisten identischen Eigenschaften in Bezug zu dem zu schätzenden Anwesen herausgesucht. Dann werden die einzelnen wertbestimmenden Faktoren detailliert analysiert.

Da es äußerst unwahrscheinlich ist, daß die zu bewertenden Objekte in der Grundstücksfläche, der Größe der umbauten Fläche oder des umbauten Raumes identisch sind, müssen die Vergleichswerte auf die aussagekräftigste Vergleichsgröße bezogen werden. Für Wohnbauten ist dies die Wohnfläche, für Büro- und Ladenbauten die Nutzfläche und für Industriebauten die Kubatur umbauten Raumes. Bei der Bewertung von Grund und Boden kann evtl. nach Vorder- oder Hinterland unterschieden werden.

Bewertungstechnisch wird bei einer direkt gegebenen Vergleichbarkeit der Objekte der Wert aus dem Wert des Vergleichsobjektes abgeleitet (unmittelbare direkte Vergleichsbewertung). Aufgrund der in der Realität zu beobachtenden Unterschiede der Liegenschaften ist jedoch meist auf die indirekte unmittelbare Vergleichsbewertung zurückzugreifen. Hierzu wird der Vergleichswert mit der entsprechenden Maßzahl des zu bewertenden Objektes multipliziert.

Der vermeintlich beträchtliche Aufwand der Durchführung der unmittelbaren Vergleichsbewertung hält sich aufgrund der Möglichkeit zu einer umfassenden Automation in Grenzen. Die Führung der Kaufpreissammlungen bedingt lediglich einen einmaligen großen Erfassungsaufwand, bis sämtliche Details der in den Liegenschaftsscheinen beschriebenen Immobilien erfaßt sind. Im Anschluß daran sind lediglich Fortschreibungen bei Neuverkäufen oder bei gravierenden Änderungen notwendig.

Für die Suche nach Vergleichsobjekten bei einem berechtigten Auskunftsersuchen kann auf die elektronische Datenverarbeitung verwiesen werden, da einerseits die zu schätzende Liegenschaft innerhalb der Sammlung in den Details schon erfaßt ist und andererseits die statistischen Auswertungsmethoden lediglich von einfacher Natur sind.

Die eigentliche Bewertungsarbeit des Sachverständigen auf der Basis der Vergleichsobjekte kann sich erheblich vereinfachen lassen, wenn die Gutachter zumindest die Lagen der Vergleichsobjekte mitgeteilt bekommen. Durch einen Ortstermin könnte die Lage auf dem Grundstücksmarkt erheblich besser, schneller und damit kostengünstiger abgebildet werden, als bei allgemein gehaltenen anonymisierten Auskünften.

5. Mittelbare Vergleichsbewertung

Deutlich geringerer Aufwand entsteht bei der Vergleichsbewertung auf mittelbarer Basis. Hierbei werden die veröffentlichten Daten der Kaufpreissammlungen als Bewertungsgrundlagen für die Verkehrswertermittlung herangezogen. Der Unterschied zu der unmittelbaren Vergleichsbewertung besteht darin, daß die verdichteten Daten der Kaufpreissammlungen nämlich die Verkehrsmittelwerte, die Standardabweichung und die Verkehrswertspannweite für die Bestimmung der eigentlichen Werte herangezogen werden. Grund hierfür ist, daß keine direkt oder indirekt unmittelbar vergleichbaren ähnlichen Objekte vorhanden sind.

Die ausgewerteten Daten der Liegenschaftsscheine sind zusätzlich zu betrachten, um Unterschiede und Abweichungen der zu bewertenden Liegenschaft von den im gewöhnlichen Geschäftsverkehr üblichen Verhältnissen durch Zu- oder Abschläge zu berücksichtigen. Die Wertkorrekturen werden von dem Verkehrsmittelwert bzw. dem ausgewählten Wert innerhalb der Verkehrswertspanne abgezogen, bzw. zu ihm addiert. Die Höhe der Wertkorrekturen und die Auswahl des Wertes innerhalb der Verkehrswertspannweite ist nur ungenügend zu operationalisieren. Als Kriterium dient an dieser Stelle ebenfalls der Sachverstand und die Erfahrung des sachverständigen Gutachters.

Die mittelbare Vergleichsbewertung kann sinnvolle Verkehrswerte errechnen. Notwendig ist es, eventuelle Abweichungen der zu bewertenden Liegenschaft von den durchschnittlichen Verhältnissen des Bewertungsgebietes zu überprüfen. Deshalb kann die zusätzliche Angabe von Spannen der Liegenschaftsscheindaten sehr hilfreich sein. Sogar die Angabe der Maximal- und Minimalwerte kann zu einer besseren Klassifizierung des Bewertungsobjektes führen.

Die Bewertung erfolgt durch die Multiplikation eines innerhalb der Verkehrswertspanne liegenden Wertes mit den Größen, auf den die Verkehrswertangaben bezogen sind. Als marktübliche Bezugsgrößen haben sich bei unbebauten Grundstücken die Grundstücksfläche in Quadratmetern, bei Wohn-, Büro- und Ladenobjekten die Größe der Wohn-, bzw. Nutzfläche der Bauten in Quadratmetern und bei Industrieobjekten die Kubatur des umbauten Raumes in Kubikmetern durchgesetzt.

Dementsprechend müssen die Daten der zu schätzenden Immobilien nach den genormten Verfahren bereitgestellt werden, die auch bei der Aufstellung der Kaufpreissammlungen verwandt werden.[933]

---

933 Die mittelbare Standardvergleichsbewertung wird in dem **Beispiel 4.** veranschaulicht.

6. Zwischenergebnis

Generell können Verkehrswerte nicht auf einen absoluten Betrag "festgezurrt" werden. Verkehrswerte sind erstens immer nur Schätzungen der den Immobilien von unterschiedlichen Individuen zugeschriebenen Bedürfnisbefriedigungspotentiale. Zweitens unterliegen die Märkte ständigen Veränderungen, die nur mit zeitlichen Verzögerungen erkannt und hoffentlich richtig dokumentiert werden können. Drittens sind die zu bewertenden Objekte - immer für sich gesehen - Unikate, da bei Immobilien der Verkehrswert zu großen Teilen durch die nicht-reproduzierbare Lage bestimmt wird.

Die Standardvergleichsbewertung besteht aus zwei Verfahrensbestandteilen.

- Wird ein **unmittelbarer Vergleich** auf der Basis der umfassenden Kaufpreissammlungen durchgeführt, ist davon auszugehen, daß die ermittelten Verkehrswerte den wirklichen Verkehrswerten entsprechen, wenn die Vergleichsobjekte richtig ausgewählt und entsprechend ausgewertet wurden. Hierbei wird das Schätzungsobjekt entweder direkt mit Vergleichsobjekten verglichen oder auf der Basis der errechneten Bezugsgrößen der vergleichbaren Objekte bewertet.[934]

- Die **mittelbare Vergleichsbewertung** versucht, über die verdichteten individuellen Transaktionsergebnisse das Marktgeschehen richtig abzubilden. Bei der mittelbaren Vergleichsbewertung der einzelnen Objekte wird über die allgemeingültigen Verhältnisse auf die Verkehrswerte geschlossen. Hierzu müssen die Kaufpreissammlungen möglichst detailliert und aktuell geführt sowie standardisiert ausgewertet werden.

Die Abbildung 57 stellt die Standardvergleichsbewertung zur Verkehrswertermittlung nochmals dar:

934 Die indirekte unmittelbare Vergleichsbewertung ist z.B. anzuwenden, wenn die Größe des "identischen" Vergleichsobjektes abweicht.

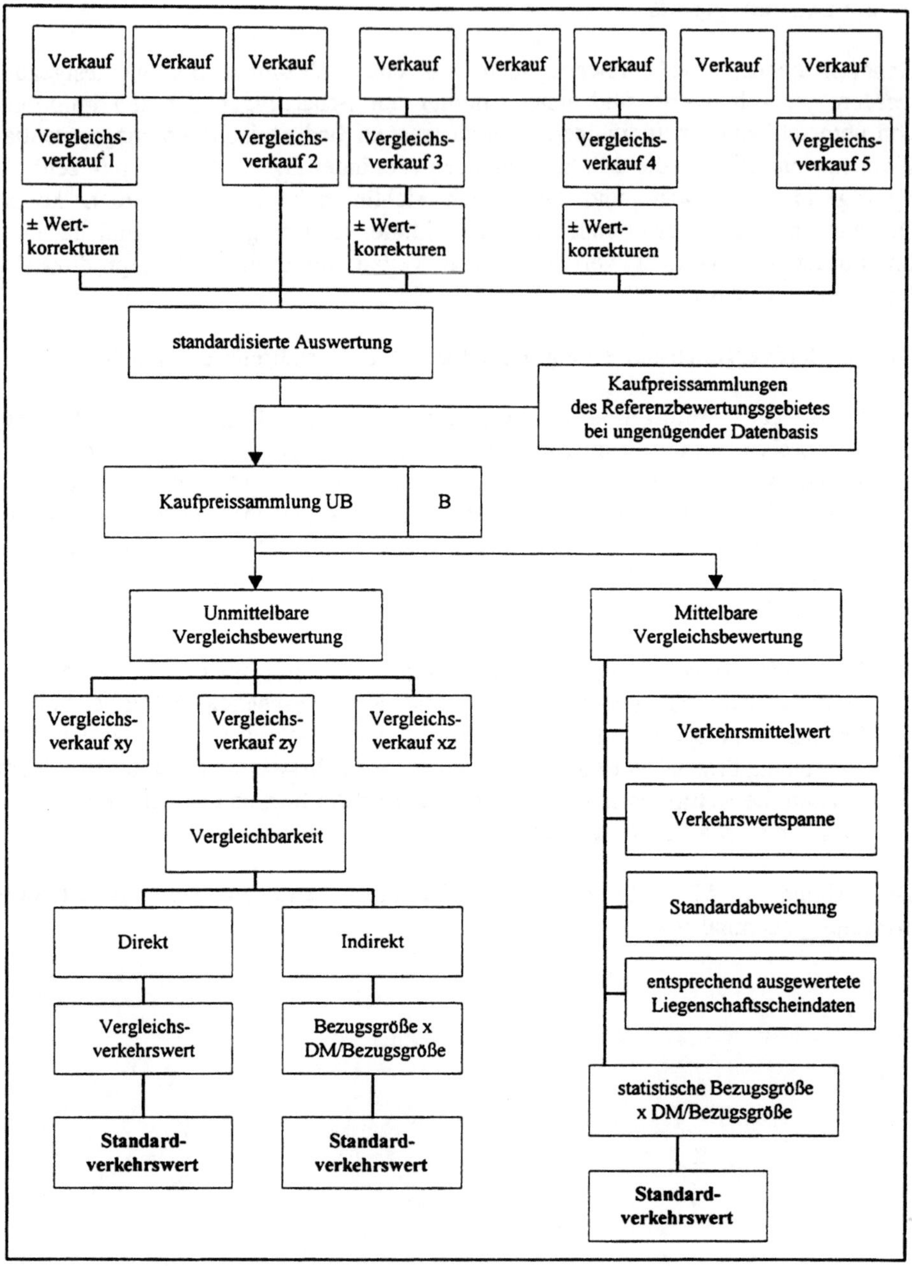

Abbildung 57: Standardvergleichsbewertung.

C. Standardertragswertverfahren

Entsprechend den Grundsätzen der Unternehmensbewertungslehre kann der Verkehrswert der Liegenschaften im Wege des Ertragswertverfahrens geschätzt werden. Für die Aufstellung des Standardertragswertverfahrens zur Immobilienbewertung bestehen zwei grundlegende konzeptionelle Möglichkeiten:

1. Das aufzustellende Standardertragswertverfahren kann entsprechend dem in der Abbildung 10 dargestellten Schema[935] ablaufen, wobei von einer fiktiven Aufteilung des gesamten Grundstücksertrags in einen zeitlich unbegrenzten Bodenertrag und in einen, durch die Gebäuderestnutzungsdauer zeitlich begrenzten Gebäudeertrag ausgegangen wird. Methodisch wird dieser Ansatz in dem klassischen Standardertragswertverfahren umgesetzt.

2. Alternativ verzichtet das aufzustellende Standardertragswertverfahren auf die fiktive Aufteilung des Gesamtertrages und berücksichtigt die unterschiedlichen zeitlichen Nutzungspotentiale von Boden und baulichen Anlagen durch die Abschätzung der zukünftigen Erträge. Methodisch wird dieser Ansatz im prognoseorientierten Standardertragswertverfahren verwirklicht.

Dementsprechend können zwei Standardertragswertverfahren unterschieden werden, die sich hauptsächlich bei der Einbindung von Zukunftsaspekten unterscheiden. Das klassische Standardertragswertverfahren und das prognoseorientierte Standardertragswertverfahren führen zu gleichen Ergebnissen, wenn von einer statischen Umwelt ausgegangen wird oder die veränderlichen Wertdeterminanten ignoriert werden. Beide Methoden arbeiten mit der gleichen Kapitalisierungstechnik und den gleichen Liegenschaftszinssätzen, die zunächst erläutert werden.

1. Kapitalisierung

Grundsätzlich wird bei jedem Ertragswertverfahren versucht, die laufenden Einzahlungs- und Auszahlungsströme zukünftiger Perioden zusammenzufassen und auf den Bewertungsstichtag mittels der Anwendung von finanzmathematischen Methoden zu beziehen.

Als wichtige Determinanten für den als Kapitalisierung bezeichneten Bezug von Zahlungen auf den Bewertungsstichtag sind

- die Höhe der Zahlungen,
- die zeitliche Verteilung im Anfall der Zahlungen und
- die Laufzeiten der Zahlungen zu identifizieren und konkretisieren.

---

935 Vgl. oben: Abbildung 10: Ablaufschema eines Standardertragswertverfahrens.

Um die Bewertungskalküle zu vereinfachen, werden die jeweiligen Salden aus Ein- und Auszahlungen der unterschiedlichen Perioden in der Bewertung angesetzt.

a) Kapitalisierungstechnik

Bei beiden Standardertragswertverfahren wird mit der gleichen technischen Ausgestaltung der Bewertungsverfahren gearbeitet. Die Einzahlungsüberschüsse der Perioden werden für die Dauer der Gebäudenutzung als eine Zeitrente mit dem Endpunkt der wirtschaftlichen Gebäudenutzungsdauer angenommen. Mathematisch kann die Zeitrente durch folgende Formel ausgedrückt werden:

$$EW = \sum_{t=1}^{m} \frac{E_t}{\left(1 + \frac{i}{100}\right)^t}$$

EW	=	*Ertragswert*
E_t	=	*Ertragsüberschuß der jeweiligen Periode*
i	=	*Diskontierungszinsfuß*
t	=	*Jahr*
m	=	*begrenzter Zeithorizont.*[936]

Die durch den Boden bedingten Einzahlungsüberschüsse werden aufgrund der grundsätzlich unendlichen Bodennutzung als unendliche Rente angesehen und auf den Bewertungsstichtag mit der folgenden Formel diskontiert, wobei von einer gleichbleibenden Höhe der Ertragsüberschüsse ausgegangen wird:

$$EW = \frac{E_{\bar{t}}}{i} \times 100$$

EW	=	*Ertragswert*
$E_{\bar{t}}$	=	*konstanter Ertragsüberschuß*[937]
i	=	*Diskontierungszinsfuß.*

Aufgrund der in der Realität zu beobachtenden Veränderungen von Zahlungen ist die Annahme einer ewigen Rente auf der Basis gleichbleibender Zahlungen als eine

936 Auf die Bezugnahme auf den Rentenbarwertfaktor wird verzichtet, da von jährlich schwankenden Zahlungen ausgegangen wird.

937 Inflationswirkungen z.B. verändern die Höhe des Ertragsüberschusses. Diese sind jedoch im Rahmen des Diskontierungszinsfußes zu berücksichtigen.

sehr weitgehende Vereinfachung zu beurteilen. Im Grunde genommen müßten die in der Realität unterschiedlichen Zahlungen für sich genommen einzeln auf den Bewertungsstichtag diskontiert werden. Der Ertragswert würde dann entsprechend der mathematischen Formel für die endliche Rente errechnet.

Unterschiedlich arbeiten das klassische und das prognoseorientierte Standardertragswertverfahren nur bei der Betrachtung der durch die Gebäude bedingten Zahlungen. Beide Verfahren kommen zu den gleichen Ergebnissen, wenn von der gleichen zeitlichen Struktur und der gleichen Höhe der Zahlungen, sowie von der gleichen Gebäuderestnutzungsdauer und den gleichen Liegenschaftszinssätzen ausgegangen wird.

Das klassische Standardertragswertverfahren spaltet die laufenden Erträge in die beiden Komponenten Bodenertrag und Gebäudeertrag auf. Hierzu bedient es sich der Annahme, daß die Bodenwerte, die durch das Vergleichswertverfahren vorher zu ermitteln sind, durch die Multiplikation mit dem einschlägigen Liegenschaftszinssatz einen unendlichen Bodenertrag generieren. Die Residualgröße des jährlichen Gesamtgrundstücksertrages nach Abzug der Bodenwertverzinsung sind die Reinerträge der baulichen Anlagen. Da die Gebäudenutzung nur begrenzter Natur ist, wird der Gebäudeertrag über die Gebäuderestnutzungsdauer mit dem Liegenschaftszinssatz kapitalisiert. Die Addition von Bodenwert und Gebäudeertragswert ergibt den Gesamtertragswert des Grundstückes.

Die Vorgehensweise der klassischen standardisierten Ertragsbewertung stellt die Abbildung 58 dar:

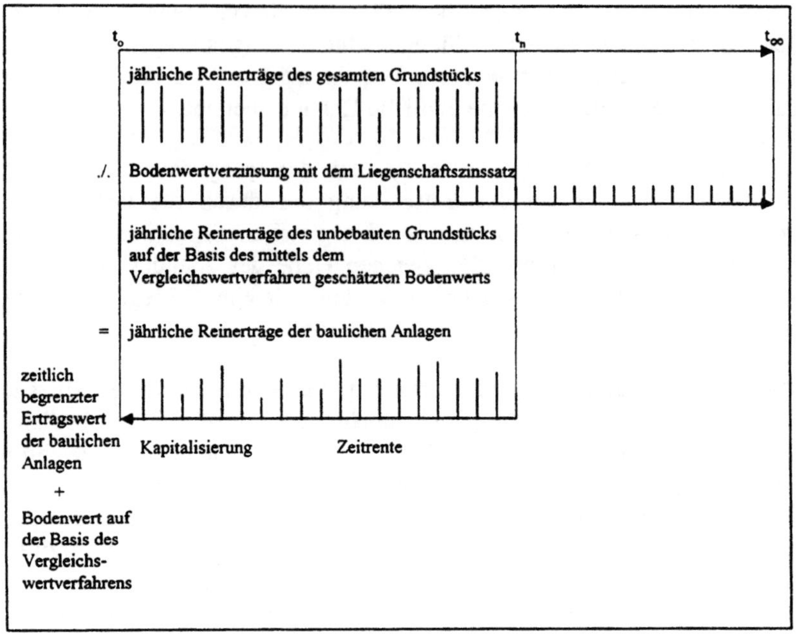

Abbildung 58: Vorgehensweise bei der Kapitalisierung des klassischen Standardertragswertverfahrens.

Im Gegensatz dazu geht das prognoseorientierte Standardertragswertverfahren von der Untrennbarkeit der Grundstückserträge aus und kapitalisiert die Grundstücksgesamterträge über die Laufzeit der Gebäudenutzung. Die Erträge nach der Beendigung der Gebäudeverwertung werden als unendliche Bodenerträge angesehen. Als Indikator für den Barwert der Bodenerträge am Ende der Gebäudenutzung kann vereinfachend der Bodenwert auf der Basis einer Vergleichsbewertung, bezogen auf das Ende der Gebäudenutzung, angesetzt werden. Dieser Bodenwert ist über die Dauer der Gebäudenutzung mit dem Liegenschaftszinssatz auf den Bewertungsstichtag zu diskontieren.

Das prognoseorientierte Standardertragswertverfahren soll in der Abbildung 59 grafisch verdeutlicht werden:

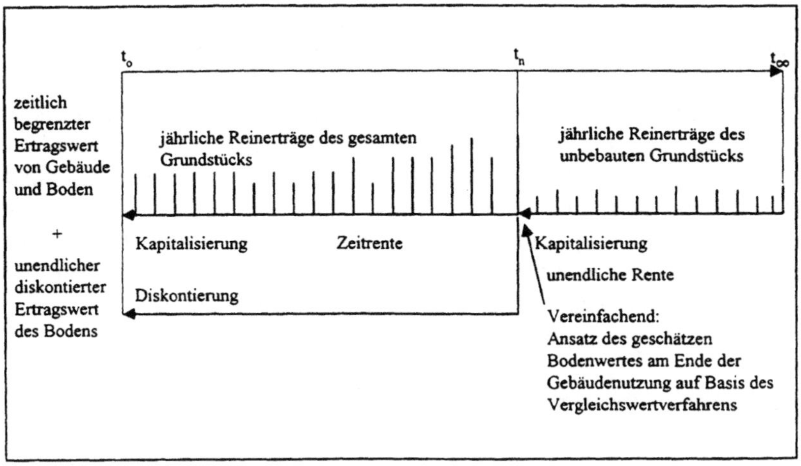

Abbildung 59: Vorgehensweise bei der Kapitalisierung des prognoseorientierten Standardertragswertverfahrens.

Unter der Annahme, daß die Inflation und die Veränderungen der Nachfrage- und Angebotsstrukturen die Bodenwerte im Gleichklang verändern, führen beide Standardertragswertverfahren zu den gleichen Werten. Der Unterschied zwischen dem Bodenwert am Bewertungsstichtag und dem Bodenwert am Ende der Gebäudenutzung entsteht durch die Diskontierung. Diese Differenz kann auch als Betrag der Bodenwertdämpfung interpretiert werden.[938]

b) Kapitalisierungszinssätze

Von außerordentlicher Wichtigkeit ist die Wahl des Kapitalisierungszinssatzes für die Ertragswertkalküle.

aa) Überblick

Eine Aufgabe des Kapitalisierungszinssatzes besteht darin, die unterschiedliche Periodisierung von Zukunftszahlungen gleichnamig zu machen, damit die Zahlungen addiert werden können. Eine weitere Aufgabe besteht in der Berücksichtigung von Unsicherheiten in der Ausprägung von Chancen und Risiken einer Investition, um damit unterschiedliche Investitionsalternativen vergleichbar zu machen. Zu beachten ist, daß die Unsicherheit nicht mehrfach in der Bewertung berücksichtigt werden

---

938 Vgl. oben: Zweiter Teil: II. B. 3. d) Dämpfung von Bodenwerten und unten: Vierter Teil: II. C. 3. a) Problem der separaten Bodenbewertung bebauter Grundstücke.

darf, weshalb diese entweder im Rahmen der Ertragsbestimmung oder bei der Festsetzung des Kapitalisierungszinssatzes zu integrieren ist.[939]

Grundsätzlich leitet die Unternehmensbewertungslehre den Diskontierungszinssatz aus den auf den Kapitalmärkten üblichen Verhältnissen ab. Als Grundlage wird der landesübliche Zinssatz als Basiszinssatz angesetzt und anschließend um individuelle Zu- und Abschläge korrigiert. Diese Methode wird benützt, weil bei Unternehmen aufgrund ihrer meist gegebenen Einzigartigkeit nur bedingt Renditen von Investitionsalternativen in anderen Unternehmen in Betracht kommen und eine Bewertung über den Ansatz von erwünschten und vom Investor geforderten Renditen nicht zu vernünftigen Ergebnissen führen würde.[940]

bb) Liegenschaftszinssatz auf Basis des Immobilienmarktes

Bei Immobilien stellt sich die Ausgangslage bedeutend anders dar. Die Kaufpreissammlungen dokumentieren vergleichbare Objekte in der unmittelbaren oder in einer vergleichbaren Nachbarschaft der zu schätzenden Immobilien. Aufgrund der schon in der Wertermittlungsverordnung in § 8 festgelegten Pflicht zur Auswertung dieser Sammlungen werden nach § 11 WertV Liegenschaftszinssätze abgeleitet. Diese sind viel eingehender in der Lage die Verhältnisse auf den jeweiligen Immobilienmärkten abzubilden als bundeseinheitliche erst noch zu korrigierende Wertpapierzinssätze, da sie jeweils für den eng umgrenzten Bereich der Kaufpreissammlungen erstellt werden.

Von großer Bedeutung ist, daß die Liegenschaftszinssätze aktuell sind und für die jeweilige Liegenschaftenart und das jeweilige Kaufpreissammlungsgebiet auf einer genügend breiten Stichprobe fundieren.

Die Liegenschaftszinssätze sollen die übliche Verzinsung des Ertragswertes darstellen. Als Ausgangsgrößen werden somit die Ertragswerte der Liegenschaften und die realisierten Reinerträge benötigt, um durch die - schon in § 11 II WertV geforderte - Umkehrung des Ertragswertverfahrens die Liegenschaftszinssätze zu errechnen.[941]

Da im Normalfall unbebaute Grundstücke keinen nachhaltigen Ertrag abwerfen, werden die Liegenschaftszinssätze auf der Basis der jährlichen Reinerträge bebauter Grundstücke ermittelt. Da die Bebauung nur von vorübergehender Natur ist, kann

---

939 Zu den Aufgaben des Kapitalisierungszinfußes vgl. Helbling, C., Unternehmensbewertung (1993), S. 373 ff.

940 Vgl. Institut der Wirtschaftsprüfer in Deutschland e.V. (Hrsg.), Wirtschaftsprüfer-Handbuch Band II (1992), S. 93 f.

941 Der Liegenschaftszinssatz ist somit kein Kapitalmarktzinssatz, sondern nur das Residuum aus der Umkehrung der Ertragswertbewertung der übrigen Liegenschaften eines Kaufpreissammlungsgebietes.

für die Ableitung der Zinsfüße nur mit einer begrenzten Nutzungsdauer gerechnet werden. Die unbegrenzte Nutzung des Bodens wird durch die fiktive Veräußerung des wirtschaftlich unbebauten Grundstückes am Ende der Gebäudenutzung erreicht. Diese Vorgehensweise geht von der Untrennbarkeit der gesamten Bodenerträge aus und ist von Bedeutung für das später dargestellte prognoseorientierte Standardertragswertverfahren.[942]

Für das ebenfalls unten erläuterte klassische Standardertragswertverfahren[943] ist der Liegenschaftszinssatz durch die entsprechende Umkehrung des Bewertungsverfahrens zu errechnen. Hierbei wird der Bodenwert auf ewig verzinst und mit den für die Gebäudenutzungsdauer diskontierten Reinerträgen addiert. Beide Bewertungsverfahren führen zu identischen Liegenschaftszinssätzen, wenn die gleichen Ertragswerte, die ex definitione mit den um ungewöhnliche und persönliche Verhältnisse korrigierten Verkaufspreisen gleichgesetzt werden, sowie die gleichen Restnutzungsdauern der Gebäude und die identischen Reinerträge angesetzt werden.

Damit marktkonforme Liegenschaftszinssätze ermittelt werden, müssen Vergleichsverkäufe aktuell und in genügender Anzahl vorliegen. Dies ist im Normalfall bei den Kaufpreissammlungen gegeben. Die Jahresreinerträge für die Errechnung des Zinssatzes sind auf der Basis der üblichen Marktverhältnisse anzusetzen. Hierbei sind die realisierten Mieterträge entsprechend den Analysen für die Durchführung der Standardertragswertverfahren anzunehmen. Als eventuelle Möglichkeit besteht die Übernahme von Werten der Mietspiegel.[944]

Die Annahme von konstanten Jahresreinerträgen ist eine Vereinfachung, die der Realität nicht entspricht und deshalb zu Verzerrungen des Liegenschaftszinssatzes führt. Die Bestimmung von effektiven wirtschaftlichen Gebäuderestnutzungsdauern stellt ein beträchtliches Problem dar, da es sich um die Abschätzung eines unter Umständen sehr langen Zeitraumes handelt. Über die zunehmende Gebäuderestnutzungsdauer nimmt der wertbestimmende Einfluß des Liegenschaftszinssatzes über die immer länger werdende Abzinsung ständig zu, so daß bei der Schätzung der Gebäudenutzungsdauer äußerste Vorsicht angebracht ist.

Verfahrenstechnisch werden die Liegenschaftszinssätze über die mathematische Umkehrung der Ertragswertverfahren errechnet. Aufgrund des beträchtlichen Aufwandes sei an dieser Stelle auf die elektronische Datenverarbeitung verwiesen, die eine "eindeutige" Lösung für den Liegenschaftszinssatz binnen Sekunden errechnen kann. Die Auswertung beginnt dabei mit der Ermittlung der individuellen Liegenschaftszinssätze jedes vergleichbaren Objektes der Kaufpreissammlung. Im

---

942 Vgl. unten: Vierter Teil: II. C. 3. Prognoseorientiertes Standardertragswertverfahren.

943 Vgl. unten: Vierter Teil: II. C. 2. Klassisches Standardertragswertverfahren.

944 Vgl. unten: Vierter Teil: II. C. 2. b) Ertragsermittlung und Vierter Teil: II. C. 3. c) Ertragsermittlung.

Anschluß daran kann unter Umständen auf einen speziellen Liegenschaftszinssatz eines bestimmten Objektes Bezug genommen werden. Ist nur die anonymisierte Weitergabe von Daten möglich, so sind die errechneten Liegenschaftszinssätze entsprechend den Angaben für die mittelbare Vergleichsbewertung in statistisch komprimierter Form im Rahmen der Kaufpreissammlungsergebnisse zu veröffentlichen. Durch diese Vorgehensweise bei der Ableitung der Liegenschaftszinssätze werden verläßliche Ergebnisse ermittelt, weil die Bewertung auf der Basis der auf dem Markt realisierten Transaktionen beruhen.

cc) Liegenschaftszinssatz auf Basis des Kapitalmarktes

aaa) Überblick

Da Immobilien bei einer rein wirtschaftlichen Betrachtungsweise mit anderen Investitionsmöglichkeiten um die knappen Ressourcen konkurrieren, stellt sich die Frage, ob der Liegenschaftszinssatz auch von den auf den Kapitalmärkten herrschenden Verhältnissen abgeleitet werden kann.

Darüber hinaus gibt es Objekte, für die keine Vergleichsobjekte vorhanden sind, so daß nur über den Ansatz von Zinssätzen grundsätzlich ähnlicher Objekte oder über die Ableitung aus Kapitalmarktzinssätzen Liegenschaftszinssätze für die Ertragswertermittlung abgeleitet werden können. Des weiteren hat die zu beobachtende steigende Fungibilität einige Immobilieninvestitionsformen in den Bereich einer "normalen" Kapitalanlage gebracht,[945] so daß diese unmittelbar mit Investitionsalternativen auf den Kapitalmärkten konkurrieren. Von grundsätzlicher Bedeutung ist, ob die Immobilien die von den Investoren geforderten Renditen erbringen und ob die Verhältnisse auf den Immobilienverwertungsmärkten diese Renditevorstellungen befriedigen können. Deshalb ist der Kapitalmarkt eine mögliche Referenzbasis. Dies führt bei der Immobilienbewertung in Großbritannien und in den Vereinigten Staaten von Amerika dazu, daß die Liegenschaftszinssätze zu großen Teilen aus den Kapitalmarktverhältnissen abgeleitet werden.[946]

Entsprechend den Grundsätzen der Unternehmensbewertung können die Liegenschaftszinssätze aus der landesüblichen Umlaufrendite eines Wertpapierportefeuilles erstklassiger Schuldner abgeleitet werden.[947] Für die Bundesrepublik Deutschland kann von einer langfristigen Umlaufrendite von 6,5 Prozent pro Jahr ausgegangen

---

945 Denkbar sind Eigentumswohnungen, die lediglich als Vermietungsobjekt erworben werden, sowie Einzelhandelsimmobilien.

946 Vgl. oben: Dritter Teil: II. C. Investment Approach und Dritter Teil: III. C. 1. Direct Capitalization.

947 Vgl. Institut der Wirtschaftsprüfer in Deutschland e.V. (Hrsg.), Wirtschaftsprüfer-Handbuch Band II (1992), S. 94.

werden.[948] Daraufhin ist der Kapitalmarktzinssatz um individuell zu bemessende Zu- und Abschläge zu korrigieren.

bbb) Inflationsabschlag

Investitionen in Immobilien können als relativ sicher vor Inflation angesehen werden, da einerseits im Rahmen der laufenden Verwertung von der Möglichkeit zur Überwälzung der Inflationswirkungen in den Mietverhältnissen auszugehen ist und andererseits die möglichen Verkaufserlöse bei einer Beendigung des Immobilienengagements wahrscheinlich mindestens mit der Inflationsrate gestiegen sind. Dieser "Inflationsschutz", der in gleichem Umfang bei der Bewertung eines Unternehmens angenommen wird, kann in einen Abschlag von dem Basiszinssatz des Kapitalmarktes umgesetzt werden.[949] Ausgehend von den langfristigen Veränderungen des Lebenshaltungskostenindexes in der Bundesrepublik Deutschland kann für den Inflationsabschlag ein Inflationssatz von circa zwei Prozent angenommen werden, der als entsprechender Abschlag des Basiszinssatzes anzusetzen ist.[950]

ccc) Risikokorrekturen

Um bei der Kapitalisierung die individuellen Verhältnisse in bezug auf das Risiko der Immobilieninvestition zu berücksichtigen, ist der inflationskorrigierte Basiszinssatz weiter zu verändern oder aber das Risiko im Rahmen der Bemessung der Erträge anzusetzen.

Einige Risiken können direkt den laufenden Erträgen oder den Wiederveräußerungserträgen zugeordnet werden. Diese Risikokomponenten können als spezielle Risiken in einer Gruppe zusammengefaßt werden. Da die speziellen Risiken der Erträge bei der Ertragsermittlung leichter zu bestimmen sind und dies vor allem direkter als bei der Kapitalisierung geschehen kann, sind diese im Rahmen der Ertragsermittlung anzusetzen. Darüber hinaus bestehen allgemeine Risiken, die nicht individuellen Perioden und/oder individuellen Erträgen zugeordnet werden können. Diese allgemeinen Risiken sind im Rahmen der Bemessung des Kapitalisierungszinsfußes anzusetzen.[951]

---

948 Vgl. Deutsche Bundesbank (Hrsg.), Kapitalmarktstatistik (1995), S. 34.

949 Die Problematik des Mieterschutzrechtes kann zu einer nur bedingten Weitergabe der Inflationswirkungen führen. Diese Fragestellung wird jedoch für die weiteren Ausführungen ausgeklammert.

950 Vgl. Statistisches Bundesamt (Hrsg.), Statistisches Jahrbuch (1994), S. 662.

951 Für die Unternehmensbewertung werden unvorhergesehene Ergebnisschwankungen, Haftungsrisiken und verschlechterte Wiederverkaufsbedingungen angeführt. Vgl. Institut der Wirtschaftsprüfer in Deutschland e.V. (Hrsg.), Wirtschaftsprüfer-Handbuch Band II (1992), S. 100.

Je nach der Art der Liegenschaft, dem Baualter, den Bauausführungen und der Lage gibt es unterschiedliche Unwägbarkeiten, die den Ertragswert des Objekts maßgeblich beeinflussen. Diese in einer möglichst detaillierten Prognose vorwegzunehmen und in einen Korrekturwert des Kapitalisierungszinssatzes zu überführen, ist Aufgabe eines versierten und sachverständigen Gutachters. Dazu kann sich dieser auf die vergleichbaren Liegenschaftszinssätze der Kaufpreissammlungen beziehen. Die Bestimmung der generellen Risiken und die Überführung in Zinssatzkorrekturen stellt den Gutachter vor eine schwierige Aufgabe, die sich nicht instrumentalisieren läßt.

ddd) Fungibilitätszuschlag

Da die Veräußerung von Immobilien in der Regel im Verhältnis zu Umschichtungen auf den Kapitalmärkten nur unter größerem Zeitaufwand und größeren Transaktionskosten bewerkstelligt werden kann,[952] sind die Fungibilitätsunterschiede entweder im Rahmen der Bemessung der Erträge oder aber in dem Kapitalisierungszinssatz zu integrieren. Weil es sich hierbei um ein grundsätzliches Problem von Immobilien handelt, das von den zu diskontierenden laufenden Erträgen unabhängig ist, ist die Fungibilität von Immobilien im Liegenschaftszinssatz zu berücksichtigen. Als Zuschlag kann die bei jedem Objekt individuell zu beurteilende Fungibilität den Liegenschaftszinssatz erhöhen und damit zu einem geringeren Ertragswert führen.

Bei dem Fungibilitätszuschlag handelt es sich um einen Zuschlag, der im Grunde schon durch die Berücksichtigung des allgemeinen Risikozuschlages berücksichtigt wurde. Demnach darf ein Fungibilitätszuschlag auf den Liegenschaftszins nur angesetzt werden, wenn von über das normale Maß hinausgehenden Problemen bei einer Veräußerung ausgegangen werden kann. Dies ist insbesondere bei Objekten, die unter Denkmalschutz stehen, oder bei speziellen Industrieliegenschaften der Fall. Als Größenordnung wären Zinssatzkorrekturen in Höhe von 50 % des Risikozuschlages anzusetzen. Vorteil dieser Vorgehensweise ist, daß die Problematik der Veräußerung der Immobilien schon im Zeitpunkt der Bewertung klar hervorgehoben wird.[953]

Zusammenfassend wird der Verfahrensablauf der Ableitung des Liegenschaftszinssatzes aus dem Kapitalmarktverhältnissen in einer Abbildung dargestellt:

---

952 Diese Argumentation entspricht der Vorgehensweise von Bellinger/Vahl und Helbling, die von einem Zuschlag bei dem Kapitalisierungszinssatz für schwer verkäufliche Unternehmen oder nichtnotierte Gesellschaften ausgehen. Vgl. Bellinger, B./Vahl, G., Unternehmensbewertung (1992), S. 174 und Helbling, C., Unternehmensbewertung (1993), S. 377.

953 Im Rahmen der Bestimmung des Kapitalisierungszinssatzes wird die Problematik der Ertragsbesteuerung ausgeklammert, da im Rahmen der gesamten Bewertungen lediglich Vorsteuerwerte errechnet werden.

1.		durchschnittliche langfristige Rendite von Wertpapieren erstklassiger Schuldner
2.	./.	Inflationsabschlag nach dem Lebenshaltungskostenindex
3.	=	inflationskorrigierter Basiszinssatz
4.	+	Risikozuschlag nach dem Ermessen des Gutachters auf der Basis von Vorstellungen über die generellen Risiken vergleichbarer Objekte
5.	+	evtl. Immobilitätszuschlag
6.	=	abgeleiteter Liegenschaftszinssatz

Abbildung 60: Ableitung des Liegenschaftszinssatzes aus Kapitalmarktzinssätzen.

dd) Fazit

Die Liegenschaftszinssätze auf der Basis der Kaufpreissammlungen sind den abgeleiteten kapitalmarktbedingten Liegenschaftszinssätzen überlegen, da sie unmittelbar die gesamten "Verhältnisse" der Liegenschaften in einem Zinssatz zusammenfassen, der auf der Basis der auf dem Markt realisierten Verhältnisse abgeleitet wurde. Es besteht nicht die Notwendigkeit nach Korrekturen für einen Basiszinssatz des Kapitalmarktes zu suchen, um dadurch den Versuch zu unternehmen, die Verhältnisse der Immobilienmärkte "richtig" abzubilden.[954] Von Vorteil kann jedoch die Vergleichbarkeit mit den auf dem Kapitalmarkt üblichen Anlage- und Finanzierungsmöglichkeiten sein, so daß die Angabe von abgeleiteten Kapitalisierungszinssätzen sinnvolle Informationen liefern kann.

Problematisch ist bei beiden Kapitalisierungszinssätzen (abgeleitet aus der Kaufpreissammlung oder aus den Kapitalmarktverhältnissen) die Annahme der Entwicklung der zukünftigen Verhältnisse. Deshalb ist die Fragestellung zu behandeln, ob die Zinssätze nicht auf der Prognose der zukünftigen Verhältnisse angesetzt werden müßten.[955] Dies mag durchaus zutreffen, würde jedoch noch zu weitergehenden Problemen führen, die den Rahmen einer Bestimmung des Kapitalisierungszinssatzes sprengen würde, da von unterschiedlichen Zinssätzen je Betrachtungszeitraum auszugehen wäre. Somit ist die implizite Berücksichtigung der zukünftigen Verhältnisse durch den Ansatz eines einheitlichen Kapitalisierungszinssatzes aus Praktikabilitätsgründen vertretbar.

954 Anders drückt sich Pensel aus, der die Intransparenz der Liegenschaftszinssätze kritisiert und diese als Schlupf- bzw. Residualgrößen bezeichnet, vgl. Pensel, J., Grundstücksunternehmen (WPg 12/1993), S. 372. Pensel verkennt jedoch die Problematik, daß synthetisch hergeleitete Kapitalisierungszinssätze nicht auf den Grundlagen des Marktes entstanden sind.

955 So wird bei Piltz die Prognoseorientierung der Zinssätze angesprochen, vgl. Piltz, D., Unternehmensbewertung (1994), S. 173 f.

c) Laufzeiten

Bei einer Ertragsbewertung ist neben dem Diskontierungszinssatz die angenommene Dauer der Zahlungen von ausgesprochener Wichtigkeit. Bei der Bewertung von Immobilien sind grundsätzlich zwei Zeiträume zu beachten. Einerseits kann bei dem Bodenanteil der Liegenschaften von einer ewigen Nutzung ausgegangen werden, weil der Boden im Normalfall keinerlei Abnutzung unterliegt.[956] Andererseits ist der begrenzte Zeitraum der Nutzung der baulichen Anlagen zu beachten, was dazu führt, daß die Bestimmung der Restnutzungsdauer der baulichen Anlagen von großer Bedeutung ist, da sich durch den Ansatz unterschiedlicher Gebäuderestnutzungsdauern die Ertragswerte maßgeblich verändern.

Grund hierfür ist, wenn man der Argumentation der Trennung der Grundstücksgesamterträge in Boden- und Gebäudeerträge folgt, daß die Gebäudeerträge im Verhältnis zu den Bodenerträgen deutlich größer sind und demnach auch bei einer Diskontierung über viele Jahre wertbestimmender sind als die ausschließlichen Bodenerträge nach dem Ende der wirtschaftlichen Gebäudenutzungsdauer. Die gleiche Argumentation ist bei einer Betrachtungsweise auf Basis der befristeten Gesamtgrundstückserträge einschlägig, wobei hierbei die Laufzeit des höheren Grundstücksgesamtertrages (= fast ausschließliche Gebäudeerträge) für die Ertragswerte maßgeblich ist, da die separaten Bodenwerte erst am Ende der Gebäudenutzung wieder aufleben und über die Laufzeit der Gebäudenutzung zu diskontieren sind.

Die zu beantwortende Fragestellung lautet deshalb:

> Wie läßt sich eine realistische wirtschaftliche Gebäuderestnutzungsdauer ermitteln?

Als Ausgangspunkt dient hierbei die übliche technische Gebäudenutzungsdauer. Dies kann z.B. den Aufstellungen der Anlage 5 zu den Wertermittlungsrichtlinien 1991[957] entnommen werden. Da die wirtschaftliche Nutzungsdauer durch die technische Nutzungsdauer begrenzt wird, könnte die technische Nutzungsdauer als Grundlage für die Bestimmung der Restnutzungsdauer der baulichen Anlagen und damit als Kapitalisierungszeitraum für die Nutzung der baulichen Anlagen angesetzt werden.

Aufgrund der sich ständig verändernden Umweltgegebenheiten, der Veränderungen der "modischen" Vorstellungen der Marktteilnehmer sowie der Entwicklung neuer Baustoffe und neuer Bauformen können Immobilien in den wenigsten Fällen für den Zeitraum ihrer technischen Nutzungsmöglichkeiten auch auf den Märkten der

---

956 Der Problemfall einer Altlastenverseuchung kann die Bodennutzungsmöglichkeiten für den Zeitraum bis zu einer erfolgreichen Bodensanierung einschränken.

957 Vgl. BAnz. 1992, Nr. 86a, S. 56 ff.

laufenden Immobilienverwertung verwertet werden.[958] Deshalb ist die wirtschaftliche Nutzungsdauer für die Kapitalisierung der Zahlungen zum Ertragswert die relevante Bemessungsgrundlage. Dies wirft um so größere Probleme auf, als es sich um die Abschätzung der Marktgepflogenheiten für einen sehr langen Zeitraum handelt.

Für die Bestimmung der Restnutzungsdauer der baulichen Anlagen kann als Ausgangspunkt die Liste des Bundesministeriums für Raumordnung, Bauwesen und Städtebau genommen werden, die an der wirtschaftlichen Nutzungsfähigkeit orientierte wirtschaftliche Gesamtnutzungsdauern für die Bewertung der baulichen Anlagen zur Verfügung stellt.[959] Kleiber/Simon/Weyers sprechen sogar von einer generellen wirtschaftlichen Gebäudenutzungsdauer von unter 50 Jahren.[960] Da es sich bei allen Nutzungsdauerangaben in Listen und Tabellen jedoch um Einschätzungen der zukünftigen Verhältnisse auf der Basis von Durchschnittsbildungen der Vergangenheit handelt, kann wiederum nur auf den Sachverstand des Gutachters verwiesen werden, der bei der Bestimmung der Restnutzungsdauer der baulichen Anlagen auf der Basis von Erfahrungswerten einen voraussichtlichen Nutzungszeitraum abzuschätzen hat.

Da es sich bei der Bestimmung der wirtschaftlichen Restnutzungsdauer meistens um eine Schätzung mit einem langen Prognosehorizont handelt, soll der Endpunkt der Gebäudenutzung nicht in einer Abstufung von einzelnen Jahren angegeben werden, was eine nicht gegebene Exaktheit vermitteln könnte. Vielmehr entspricht die Angabe in Sprüngen von jeweils fünf Jahren dem Schätzungscharakter.

2. Klassisches Standardertragswertverfahren

a) Verfahrensaufbau

Das klassische Standardertragswertverfahren ist eine Bewertungsmethode, die sich an das Vorbild des Ertragswertverfahrens der Wertermittlungsverordnung anlehnt. Nach der Feststellung der nachhaltigen Jahresroherträge werden die Bewirtschaftungskosten und die Bodenwertverzinsung in Abzug gebracht. Daraufhin wird der sich daraus ergebende Gebäudereinertrag eines Jahres in Abhängigkeit von der Restnutzungsdauer der Gebäude mit dem einschlägigen Liegenschaftszinssatz zum Gebäudeertragswert diskontiert.[961]

---

958 Auch bei bestehenden Altbauten ist die andauernde wirtschaftliche Verwertbarkeit nur durch laufende Modernisierungsmaßnahmen realisierbar.

959 Vgl. BAnz. 1993, Nr. 199, S. 9630.

960 Vgl. Kleiber, W./Simon, J./Weyers, G., Verkehrswertermittlung (1994), S. 844.

961 Entsprechend ist das Ergebnis der Ertragswertbewertung nach WertV für die Musterimmobilie mit dem Wert des klassischen Standardertragswertverfahrens identisch, da keine zusätzlichen Parameter zu berücksichtigen sind. Vgl. dazu **Beispiel 6.**

Daraufhin wird der Gebäudeertragswert mit dem Bodenwert zum Grundstücksertragswert addiert. Den Abschluß bildet die Angleichung des Ertragswertes an die auf den Immobilienmärkten herrschenden Verhältnisse. Problematisch ist dabei wiederum die Bemessung der Zu- und Abschläge, die der Sachverständige entsprechend seinen Erfahrungen vorzunehmen hat. In den weiteren Ausführungen werden die für das klassische Standardertragswertverfahren speziellen Verfahrensschritte und Determinanten erörtert. Das grundsätzliche Ablaufschema des klassischen Standardertragswertverfahrens wird in der Abbildung 61 dargestellt:

1.		Bestimmung der als nachhaltig angesehenen Jahresroherträge
2.	./.	Bewirtschaftungskosten
3.	=	Jahresreinerträge
4.	./.	Bodenwertverzinsungsbetrag aus dem Liegenschaftszinssatz x dem Bodenwert, in der Regel auf Basis des Vergleichswertverfahrens
5.	=	Gebäudereinertrag
6.	x	Vervielfältiger auf der Basis des Liegenschaftszinssatzes und der Gebäuderestnutzungsdauer
7.	=	Gebäudeertragswert
8.	+	Bodenwert
9.	=	Grundstücksertragswert

Abbildung 61: Ablaufschema des klassischen Standardertragswertverfahrens.

b) Ertragsermittlung

Den Anfang bildet die Bestimmung des als nachhaltig anzusehenden Jahresrohertrages. Als Ausgangspunkt können die vereinbarten Mieterträge angesetzt werden, wenn diese als marktkonform zu beurteilen sind. Der Umfang der Mieterträge kann entsprechend § 17 WertV definiert werden, so daß alle bei ordnungsgemäßer und zulässiger Nutzung der Liegenschaft nachhaltig erzielbaren Einnahmen aus dem Grundstück als Jahresroherträge zu betrachten sind. Die durch die Umlagen von den Mietern wirtschaftlich getragenen Betriebskosten sind kein Bestandteil der nachhaltigen Erträge.

Liegen keine marktkonformen Mieterträge vor, so sind geschätzte Vergleichsmieterträge als Jahresrohmieten anzusetzen. Um die vereinbarten Mietentgelte zu überprüfen, werden Vergleichsdaten benötigt, die dann bei einem negativen Ergebnis der Überprüfung als Jahresroherträge anzusetzen sind. Grundlage der Vergleichsdaten können die auf der Basis des § 2 V MHG von den Gemeinden aufzustellenden Mietspiegel sein, die nach den bundeseinheitlichen Hinweisen für die Aufstellung von Mietspiegeln[962] in einheitlicher Form aufzubauen und in zweijährigem Turnus zu aktualisieren sind. Dadurch kann auf eine verläßliche relativ aktuelle Basis für die Bestimmung von Vergleichsmieten Bezug genommen werden.

Die Zahl der von den Gemeinden aufgestellten Mietspiegel nimmt kontinuierlich zu, so daß auch für Gebiete, in denen noch kein Mietspiegel aufgestellt wurde, aufgrund von vergleichbaren Gebieten Vergleichsmieten angesetzt werden können. Insbesondere die Angaben der Kaufpreissammlungen über Vergleichsgebiete liefern hier wertvolle marktrelevante Angaben. Durch den Bezug auf die Kaufpreissammlungen von Vergleichsgebieten können auch Mieterträge von Objekten geschätzt werden, die in einer beträchtlichen Zahl der Fälle nicht vermietet werden, wie z.B. Einfamilienhäuser.

c) Bewirtschaftungskosten

Von den Jahresrohmieterträgen werden in dem nächsten Schritt die Bewirtschaftungskosten für die Liegenschaft abgezogen. Als Grundlage wird zunächst eine einheitliche Abgrenzung für den Umfang und die Art der Bewirtschaftungskosten benötigt. Hierzu kann auf den § 18 WertV verwiesen werden, der die Bewirtschaftungskosten in die Abschreibung, die Verwaltungskosten, die Betriebskosten, das Mietausfallwagnis und die Instandhaltungskosten unterteilt.

Die Bewirtschaftungskosten des Standardertragswertverfahrens umfassen nur die Positionen Verwaltungskosten, Betriebskosten, Mietausfallwagnis und Instandhaltungskosten. Die Abschreibungen werden nicht angesetzt, da es sich bei den Abschreibungen nicht um Zahlungsströme handelt und diese bei einer Betrachtung ohne Steuern keine Zahlungen bewirken. Im Rahmen der Standardertragswertverfahren werden die Abschreibungen durch den Vervielfältiger berücksichtigt, da es sich um ein dynamisches investitionstheoretisches Bewertungsverfahren handelt und die Abschreibungen lediglich nach den Gesichtspunkten der Zinseszinsrechnung berücksichtigt werden, um den Kapitalbindungsverlauf unter der Prämisse des vollkommenen Kapitalmarktes abzubilden.[963]

Diese Vorgehensweise entspricht der Wertermittlungsverordnung in der gültigen Fassung seit 1972, als die Trennung des Zinssatzes in einen Sollzinssatz und

962 Vgl. Bundesbaublatt, 1980, S. 357 ff.

963 Im Sachwertverfahren hat die Abschreibung eine andere Aufgabe. Sie soll die wirklichen Wertminderungen erfassen und nicht wie bei dem Ertragswertverfahren nur als Ergebnis der Zinseszinsrechnung aufgefaßt werden. Vgl. zu den unterschiedlichen begrifflichen Definitionen von Abschreibungen Rössler, R./ Langner, J./ Simon, J./ Kleiber, W., Grundstückswerte (1990), S. 332.

Habenzinssatz aufgegeben wurde.[964] Darüber hinaus ist es nicht verständlich, weshalb auf der einen Seite Abschreibungsbeträge angesetzt werden sollen, die der Ansparung einer Gebäudeerneuerungsrücklage dienen und auf der anderen Seite Instandhaltungskosten in vollem Umfang als Bewirtschaftungskosten abgezogen werden können. Als explizit zu berücksichtigende Größe ist demnach die Restnutzungsdauer der Gebäude zu schätzen. Hierbei ist nur die wirtschaftliche Gebäuderestnutzungsdauer von Bedeutung.

Die zahlungswirksamen Bewirtschaftungskosten Verwaltungskosten, Betriebskosten, Mietausfallwagnis[965] und Instandhaltungskosten sind in dem **Umfang** zu berücksichtigen, daß sie den in der Zweiten Berechnungsverordnung enthaltenen Angaben entsprechen.[966] Die Höhe der Bewirtschaftungskosten ist bei dem klassischen Standardertragswertverfahren nach den nachhaltig angefallenen historischen Aufwendungen des zu schätzenden Objektes unter Beachtung zukünftiger Veränderungen anzusetzen. Die zukünftigen Veränderungen der Höhe der Bewirtschaftungskosten können durch eine Schätzung oder auf der Basis einer Indexierung in die Bewertung integriert werden. Als Index kann der Lebenshaltungskostenindex angesetzt werden, da es sich im Normalfall bei zahlreichen Bewirtschaftungskosten um Kosten handelt, die in dem Warenkorb für die Indexbestimmung enthalten sind. Gleiches gilt für die Festlegung der Erträge unter Beachtung von Zukunftsaspekten.

Eventuell ist es nötig, auf Bewirtschaftungskosten vergleichbarer Liegenschaften auszuweichen. Hierzu können die Kaufpreissammlungen beitragen, wenn innerhalb der Sammlungen Ertragsdaten ebenfalls erfaßt werden. Ansonsten könnte eine gute Vergleichsbasis für Bewirtschaftungskosten geschaffen werden, indem die Datensammlungen der Mietenspiegel, in denen bisher lediglich Ertragskomponenten angegeben werden, um Aufwandsgrößen erweitert werden. Führen all diese Bemühungen nicht zu Bewirtschaftungskosten, kann als letzter Ausweg auf die in der Zweiten Berechnungsverordnung angegebenen Beträge an Bewirtschaftungskosten Bezug genommen werden.[967]

---

964 Trotz der seit über 20 Jahre gültigen einheitlichen Zinssätze stellen Kleiber/Simon/Weyers nach wie vor die Ermittlung des Vervielfältigers über den Weg der getrennten Zinssätze dar. Die beiden Zinssätze werden lediglich gleichgesetzt, um die Vervielfältiger auf der Basis eines einheitlichen Liegenschaftszinssatzes zu errechnen. Vgl. Kleiber, W./Simon, J./Weyers, G., Verkehrswertermittlung (1994), S. 717.

965 Das Mietausfallwagnis wird als zahlungswirksam betrachtet, da erwartete Einzahlungen ausbleiben können und ausbleiben.

966 Vgl. § 26 bis § 29 II. BV.

967 Vgl. § 26 bis § 29 II. BV.

d) Bodenwertverzinsung

Die Jahresroherträge vermindert um die Bewirtschaftungskosten ergeben die Jahresreinerträge des gesamten Grundstücks. Da von einer begrenzten Gebäudenutzung ausgegangen wird und eine Schätzung sowohl der Ertragsbedingungen bis zum Ende der Gebäudenutzungsdauer, als auch der zukünftigen Bodenwerte evtl. als mit zu großer Unsicherheit belastet angesehen wird, kann auf die fiktive Trennung von Gebäude- und Bodenertrag Bezug genommen werden, um die Ertragswerte der Objekte im klassischen Standardertragswertverfahren abzuleiten.

Hierbei wird der Bodenwert auf der Basis des Vergleichswertverfahrens mit dem Verkehrswert angesetzt und entsprechend mit dem Liegenschaftszinssatz für das gesamte Grundstück verzinst. Der Liegenschaftszinssatz für das gesamte Objekt ist anzusetzen, da die Gebäude und der Boden eine, zwar nur zeitlich beschränkte, doch im Grunde untrennbare Schicksalsgemeinschaft eingegangen sind. Darüber hinaus wird im Normalfall die Verzinsung des Gebäudes als überwiegender Bestandteil die Gesamterträge des Objektes bestimmen. Diese Ansicht entspricht weitgehend der in dem prognoseorientierten Standardertragswertverfahren umgesetzten Vorgehensweise, die von einer Untrennbarkeit der Liegenschaftserträge ausgeht.

Würde die Forderung nach der Trennung der Bodenerträge von den Gebäudeerträgen konsequent bis zu Ende verfolgt, so wären die Bodenwerte mit dem Liegenschaftszinssatz für unbebaute Grundstücke zu verzinsen. Diese sind im Normalfall deutlich geringer als für bebaute Grundstücke, weshalb ein geringerer Bodenwertverzinsungsbetrag von dem Gesamtgrundstücksreinertrag abzuziehen wäre. Für die Bewertung würde von einem hauptsächlichen Gebäudeertrag ausgegangen, der über die Restnutzungsdauer des Gebäudes zu kapitalisieren wäre. Die additive Verknüpfung von Gebäudeertragswert und Bodenwert würde den Ertragswert des Gesamtgrundstückes ergeben. Problematisch wäre hierbei die Bestimmung des Bodenwertes bei der anschließenden Addition zu dem Gebäudeertragswert. Entsprechend den Überlegungen zur Dämpfung von Bodenwerten,[968] wären gedämpfte Bodenwerte anzusetzen, da durch die Bebauung die Bodenwerte für den Zeitraum der Bebauung unterdrückt werden.[969] Könnte die Dämpfung des Bodenwertes in der "zutreffenden" Höhe angesetzt werden, so würde das gleiche Ergebnis errechnet werden, wie bei dem prognoseorientierten Standardertragswertverfahren.

Da die Bewertung über gedämpfte Bodenwerte als zu aufwendig zu beurteilen ist, wird für das klassische Standardertragswertverfahren auf die Aussage Bezug genommen, daß die Gebäudeerträge als hauptsächliche Grundstückserträge die

---

968 Vgl. oben: Zweiter Teil: II. B. 3. d) Dämpfung von Bodenwerten.

969 Kleiber/Simon/Weyers führen eine beispielhafte Berechnung für die Bewertung mit gedämpften Bodenwerten durch, vgl. Kleiber, W./ Simon, J./ Weyers, G., Verkehrswertermittlung (1994), S. 574.

Liegenschaftszinssätze der zu schätzenden Objekte determinieren. Dementsprechend wird der Bodenwert mit dem Liegenschaftszinssatz für das gesamte Grundstück zum Bodenwertverzinsungsbetrag multipliziert, wonach das Produkt von dem Grundstücksreinertrag abgezogen wird. Das Ergebnis ist der Gebäudereinertrag, der mit dem Bodenwert addiert den Gesamtgrundstücksertragswert ergibt.

e) Fazit

Das klassische Standardertragswertverfahren ist ein Bewertungsverfahren mit dem relativ zügig "richtige" Ertragswerte ausgerechnet werden können, da von den aus den Kaufpreissammlungen bekannten Bodenwerten auf die Bodenwertverzinsung geschlossen werden kann und die zukünftigen Ertragsverhältnisse durch eine Indexierung beachtet werden können.

Die zahlreichen vereinfachenden Annahmen führen dazu, daß die Ertragswerte nur unter Vorbehalt als "richtig" angesehen werden können. Insbesondere die implizite Berücksichtigung zukünftiger Verhältnisse durch die Annahme, daß die Wertverhältnisse sich entsprechend der allgemeinen Inflationsrate genauso entwickeln wie die Erträge und die Bewirtschaftungskosten, ist nur bedingt als richtig zu beurteilen. Ebenso ist die Annahme einer statischen Umwelt unrealistisch. Darüber hinaus ist die Annahme eines einheitlichen Liegenschaftszinssatzes in der Ausführung zwar richtig, jedoch nur zu tolerieren, weil die Bemessung der Dämpfung von Bodenwerten in der Praxis ein unlösbares Problem darstellt.

Trotzdem ist das klassische Standardertragswertverfahren eine Bewertungsmethode, die zielkonforme Verkehrswerte ermitteln kann, da auch bei der expliziten Berücksichtigung der Zukunft durch Schätzungen und Prognosen Annahmen getroffen werden, die nicht richtig sein müssen, sondern nur richtig sein können. Generell ist immer bei allen Bewertungen zu beachten, daß es sich bei Bewertungen nur um Schätzungen handelt, die einen nicht exakt feststellbaren Begriff, in diesem Fall den Verkehrswert abbilden wollen.

3. Prognoseorientiertes Standardertragswertverfahren

Als zweites standardisiertes Ertragswertverfahren ist das prognoseorientierte Ertragswertverfahren anzuführen. Es unterscheidet sich von dem klassischen Standardertragswertverfahren im Hinblick auf die Separierung des gesamten Grundstücksertrages und durch die explizite Abschätzung zukünftiger Verhältnisse.

a) Problem der separaten Bodenbewertung bebauter Grundstücke

Von außerordentlicher Bedeutung für das prognoseorientierte Standardertragswertverfahren ist die Frage, ob eine Liegenschaft einen fiktiv zu separierenden Bodenertrag hat oder ob die Bodenwerte durch die Bebauung derart gedämpft werden, daß die Bodenwerte erst mit dem Ende der wirtschaftlichen Gebäudenutzungsdauer wieder aufleben.

Bei zahlreichen Ertragswertverfahren der Immobilienbewertungslehre wird der Grundstücksgesamtertrag künstlich getrennt. Diese Trennung von materiell zusammenhängenden und untrennbar miteinander verbundenen "Objekten" ist nicht begründbar. Der Wert einer Sache wird durch das Interesse daran bestimmt. Das Interesse eines Subjektes an einer untrennbar zusammenhängenden Sache kann nicht in verschiedene Bereiche aufgeteilt werden.

Falls der Trennungsansatz richtig ist und konsequent weiter verfolgt wird, besteht keine Berechtigung, den Trennungsvorgang nach einer Trennung von Boden und Bauten zu beenden. Im Rahmen der Sachwertverfahren z.B. werden sogar die unterschiedlichen Bestandteile der Liegenschaften voneinander getrennt. Falls man der Trennungstheorie folgen will, müßten die gesamten Bauten und sonstigen Anlagen fiktiv in ihre Einzelteile und Komponenten zerlegt werden.

Als Argument kann in diesem Zusammenhang nicht die Berufung auf die Untrennbarkeit und die Schicksalsgemeinschaft der Bauteile dienen, da ja vorher die Trennung von Boden und Bauten erfolgt, wobei die Bauten nicht vom Boden getrennt vermietet werden können. Der Ertrag wird immer aus dem Zusammenspiel der verschiedenen Komponenten generiert. Deshalb kann es keine separaten Erträge und somit keinen separaten Wert der Bestandteile geben.

Es stellt sich demnach die Frage:

> Was ist der richtige Weg für die Bewertung von Grund und Boden und der aufstehenden Bauten in einem Ertragswertverfahren?

Die **getrennte Bewertung** entspricht **nicht der Realität**. Im Rahmen der zusammengefaßten Bewertung wird der Idee der Untrennbarkeit der Interessen an dem Objekt Rechnung getragen. Die Bewertung muß im Wege des **prognose-orientierten Standardertragswertverfahrens** das **gesamte**, aus der Liegenschaft zu ziehende **Ertragspotential gemeinsam** erfassen. Da aber der Grund und Boden im Normalfall sein Wertpotential nicht verliert, stellt sich das nächste Problem.

> Ist bei der Bewertung eines bebauten Grundstückes der Grundstückswert über die Nutzungsdauer des Gebäudes hinaus existent?

Da dies zu bejahen ist, ist der Bodenwert anzusetzen. Der Bodenwert ist deshalb für die Zeit nach der Erschöpfung des Nutzungspotentiales der Bauten zu ermitteln. Dies bedeutet, daß der Bodenwert zur Nutzung wieder zur Verfügung steht, sobald das Gebäude beseitigt ist. Die eventuell aufstehenden Bauten ohne marktliche Verwendungsmöglichkeit, können den Gesamtwert des Grundstückes dadurch in das Negative verkehren. Gleiches gilt besonders für die Problematik einer Altlasten-verseuchung des Bodens.

Der Boden ist im Grunde unzerstörbar und unterliegt keinem Werteverzehr. Deshalb ist er als ein ewiger Wert anzusetzen. Dieser ewige Wert erzeugt eigentlich einen nachhaltigen Ertrag mit ewiger Dauer, welcher mit Hilfe der dynamischen

Investitionskalküle auf den Bewertungsstichtag bezogen werden müßte. Dieser diskontierte Barwert der ewigen Rente stellt im Grunde den Bodenwert dar, der durch die "Freiräumung" des Grundstückes wieder aufleben würde.

Probleme ergeben sich bei dieser Betrachtungsweise durch mögliche Wiederbebauungen bzw. kontinuierliche "ewige" Reparaturen. Dadurch wird der separate Bodenwert abermalig unterdrückt. Hierbei wäre wiederum der Gesamtertrag des bebauten Grundstückes zu betrachten, der Bodenwert würde nur für den kurzen Zeitraum einer Freilegung des Bodens in den Vordergrund treten. Die Wiederbebauung bzw. kontinuierliche "ewige" Reparaturen stellen den wahrscheinlichen Fall der Bodennutzung in der Gegenwart bebauter Grundstücke in der fernen Zukunft dar, da das Gut Boden in der Bundesrepublik Deutschland äußerst knapp ist. Die Abbildung 62 verdeutlicht die theoretischen Grundlagen der Vernachlässigung einer separaten Bodenbewertung durch die kontinuierliche Bebauung bzw. "ewige" Reparaturen:

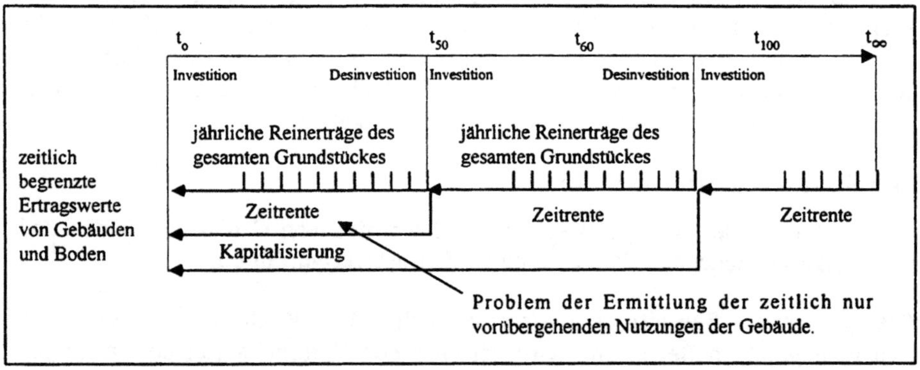

Abbildung 62: Problem der separaten Bodenbewertung; Kontinuierliche Bebauung.

Die logisch stringente Anwendung der Ermittlung des separaten Bodenwertes für den vorübergehenden Fall einer zeitlich unterbrochenen Bebauung mit der Folge des befristeten Auflebens des separaten Bodenertrages zeigt die Abbildung 63 auf:

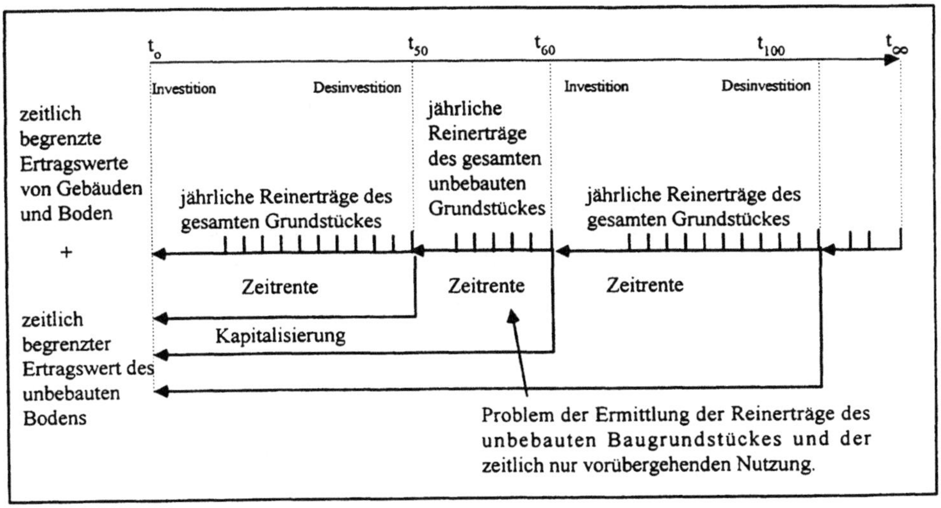

Abbildung 63: Problem der separaten Bodenbewertung; Unterbrochene Bebauung.

Durch eine etwaige Neubebauung in der Zukunft wird ein neuer zeitlich befristeter Gesamtertrag des Grundstückes geschaffen. Es ist wiederum eine Bewertung für die gesamte Nutzungsdauer des Gebäudes durchzuführen. Dies ist genauso unmöglich, wie das gesamte Nutzungspotential des schon bestehenden bebauten Grundstückes zu ermitteln ist. Somit befindet sich der Bewerter in einem Circulus vitiosus.

Als Ausweg, um das zukünftige Nutzungspotential des Grund und Bodens zu erfassen, bietet sich nur die Möglichkeit an, die Bewertung nach der Beendigung der marktlichen Verwertung des ersten Gebäudes derart zu beenden, daß der Wert des unbebauten Grundstückes vermindert um die Abbruchkosten am Ende der Verwertung des Gebäudes angesetzt wird.

Die Errichtung eines neuen Gebäudes ist eine zu tätigende Investition, die im Rahmen des Bewertungskalküls ebenfalls zu berücksichtigen wäre. Da aber im Zeitpunkt der Bewertung noch keine Aussage über etwaige Veränderungen in den z.B. zukünftigen Bauausführungen und die Möglichkeiten der Grundstücks-ausnützung gemacht werden kann, ist es zusätzlich erschwert, den Gesamtertrag des derzeit bebauten und fiktiv in der Zukunft neu bebauten Grundstückes zu ermitteln.

Aufgrund dieser Bewertungsprobleme ist der Ansatz des unbebauten Bodenwertes am Ende der Gebäudeverwertungsphase ein Ausweg, um dem durch die derzeitige Bebauung unterdrückten Boden einen Wert zuzuschreiben. Die Bewertung des unbebauten Grundstückes sollte mit Hilfe eines Ertragswertkalküls erfolgen. Die theoretische Vorgehensweise bei der Bewertung einer laufenden Nutzung des Bodens nach Ablauf der Gebäudenutzungsdauer stellt die Abbildung 64 dar:

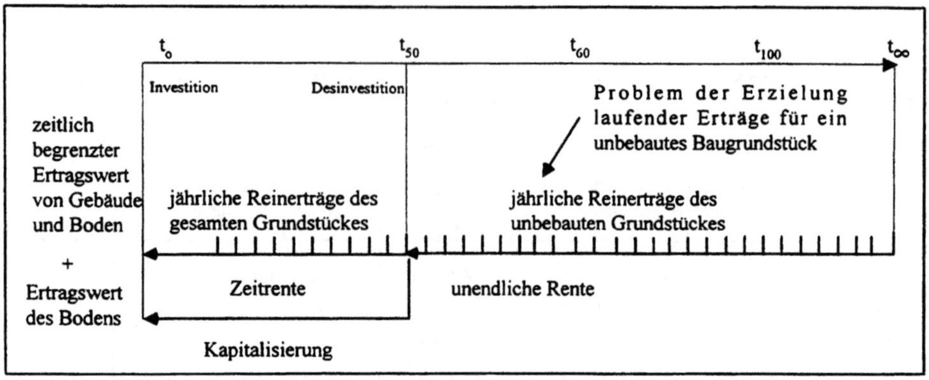

Abbildung 64: Problem der separaten Bodenbewertung; Keine Wiederbebauung und keine Veräußerung.

Da aber ein unbebautes Stück Boden nur im Ausnahmefall einen nachhaltigen Ertrag abwerfen kann (z.B. Vermietung und Verpachtung), stellt sich der Bodenwert als im Wege eines laufenden Ertragskalküls nicht ermittelbar dar. Für die Bestimmung des Ertragswertes des Gesamtgrundstückes am Ende der wirtschaftlichen Gebäudenutzung kann demnach nur ein potentieller Verkaufserlös angesetzt werden. der sich als Liquidationsertragswert unter Aufgabe der going-concern-Prämisse darstellt.

Da eine Sachwertbewertung bei Grund und Boden nicht erfolgen kann, muß ein Vergleichswert die Basis für die Bewertung bilden. Letztlich ist der Ansatz von Vergleichspreisen unbebauter Grundstücke für die Bodenbewertung der einzige Ausweg, dem Boden einen Wert zuzuordnen. Theoretisch müßten dabei die Vergleichspreise in der Zukunft angesetzt werden, bezogen auf den Endzeitpunkt der Gebäudeverwertung. Diese sind aber wiederum nicht vorhanden, deshalb muß nach einem Indikator für die zukünftigen Bodenwerte gesucht werden.

Die "Heute" angesetzten Bodenwerte stellen eine gedankliche Vorstellung der zukünftigen Nutzungspotentiale des betrachteten Grundstückes dar. Möchte man den Bodenwert der Zukunft ermitteln, so bieten die "Heute" angesetzten Bodenwerte eine Basis für die zukünftigen Vorstellungen, wenn man von normalen Entwicklungen ausgeht. Die heutigen Bodenwerte sind demnach ein Indikator für die zukünftigen Bodenwerte. Somit ist lediglich der zeitliche Bezug zwischen den Vergleichswerten in der Gegenwart und den Vergleichswerten in der Zukunft herzustellen. Als technisches Hilfsmittel bietet sich erneut ein dynamisches Investitionskalkül an. Hierbei wäre die Anlage der für den Boden heute aufzuwendenden Mittel am Kapitalmarkt anzuführen. Da aber die Anlage am Kapitalmarkt zu dem Kalkulationszinsfuß zu keinem positiven oder negativen Kapitalwert führt, sind die Bodenwerte von "Heute" mit den Bodenwerten der Zukunft identisch, wenn von folgenden Prämissen ausgegangen wird:

- Die Bodenpreise steigen entsprechend der allgemeinen Inflationsrate auf Konsumgütermärkten an.
- In den Preisen der Immobilienverwertung können Inflationswirkungen uneingeschränkt überwälzt werden.
- Die Abbruchkosten entwickeln sich in dem gleichen Maße wie die anderen Güter- und Dienstleistungspreise.
- Es treten keine Verschiebungen der Präferenzen der Immobiliennachfrager ein.

Die aufgezeigten vier Prämissen der Annahme einer betraglichen Identität von kapitalisierten Zukunftserträgen des Bodens und den heutigen Bodenvergleichswerten sind in der Realität nicht sinnvoll abzuschätzen. Als herausragendes Problem erweist sich z.B. der zu beobachtende zunehmende Wohnflächenbedarf der Bevölkerung.[970] Dies könnte zu einer weiteren Verknappung des Gutes bebaubarer und bebauter Grund und Boden und damit zu überdurchschnittlichen Bodenpreissteigerungen über den Anstieg der allgemeinen Inflationsrate hinaus führen. Die Annahme, daß die heutigen Bodenwerte Indikatoren für die zukünftigen Verhältnisse sind, ist aufgrund der zahlreichen Prämissen nicht als zielkonform zu beurteilen und wird in den beiden Standardertragswertverfahren nicht weiter verfolgt.

Das Problem der separaten Bodenbewertung wird mittels der Addition des abdiskontierten unendlichen Bodenertragswertes und des zeitlich durch die Gebäuderestnutzungsdauer begrenzten Grundstücksgesamtertrages gelöst. Durch die Abbildung 65 wird die Vorgehensweise des Standardertragswertverfahrens bei der Berücksichtigung der einheitlichen Gesamtgrundstückserträge in grafischer Form dargestellt, wobei die alternative Lösungsmöglichkeit der Indikatorlösung über den Ansatz heutiger Verkehrswerte keine weitere Beachtung erfährt:

970 Zu dem zunehmenden Wohnflächenbedarf je Person vgl. Statistisches Bundesamt (Hrsg.), Wohnen (1981), S. 50 ff.

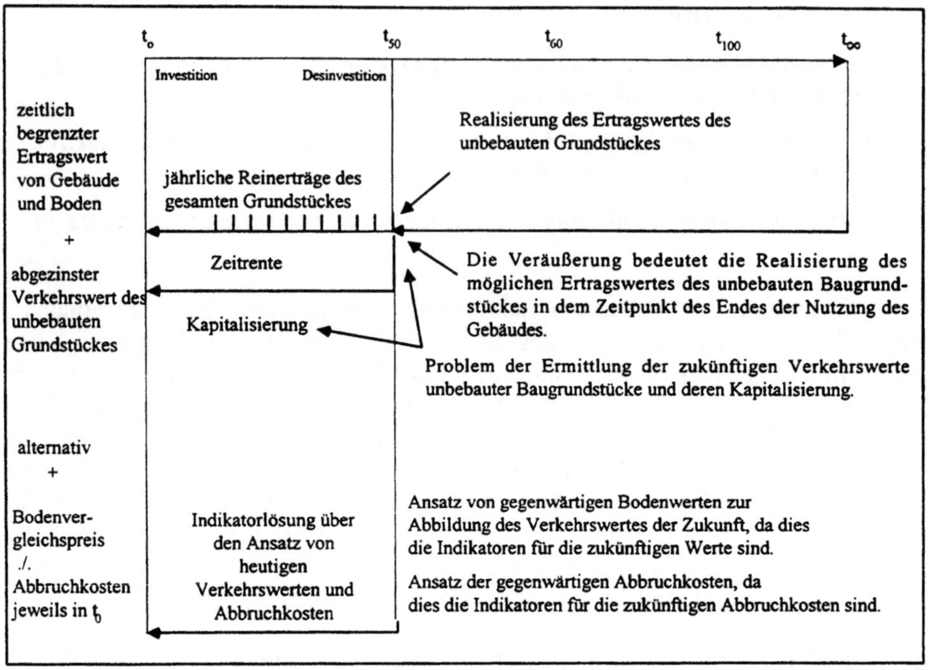

Abbildung 65: Problem der separaten Bodenbewertung; Veräußerung am Ende der Gebäudenutzung.

Konzeptionell wird das prognoseorientierte Standardertragswertverfahren auf einheitliche Gesamtgrundstückserträge abgestellt. Die laufenden Erträge werden dabei durch die laufenden Verwertungsmöglichkeiten bestimmt. Die Liquidationserlöse der Gesamtgrundstücke am Ende der Gebäudenutzungsdauer werden durch eine Prognose auf der Basis der Wertverhältnisse am Bewertungsstichtag angesetzt. Demzufolge kann das Problem der separaten Bodenbewertung als in der Art gelöst betrachtet werden, daß keine fiktive Trennung der einheitlichen Grundstückserträge erfolgt.

b) Verfahrensaufbau

Das prognoseorientierte Standardertragswertverfahren lehnt sich hauptsächlich an den Ablauf des Ertragswertverfahrens der Unternehmensbewertungslehre und der Discounted Cash Flow Method an. Es ist als ein prognoseorientiertes Bewertungsverfahren aufgebaut, das versucht, die zukünftigen Entwicklungen anhand von Schätzungen abzubilden. Vergangene realisierte Daten sind nur von Bedeutung, um die Zukunftsschätzungen auf ihre Plausibilität zu überprüfen und einen allgemein verständlichen Rahmen des jeweiligen Umfanges der wertbeeinflussenden Komponenten zu setzen.

Die Ertragsüberschüsse der jeweiligen Perioden werden durch die Subtraktion der Bewirtschaftungskosten von den Mieterträgen der jeweiligen Periode errechnet und für die Bewertung übernommen.

In mathematischer Abbildungsweise läßt sich die Grundstruktur des prognoseorientierten Standardertragswertverfahrens folgendermaßen darstellen:

$$EW = \frac{E_1}{1+\frac{i}{100}} + \frac{E_2}{\left(1+\frac{i}{100}\right)^2} + \frac{E_3}{\left(1+\frac{i}{100}\right)^3} + \ldots + \frac{E_n}{\left(1+\frac{i}{100}\right)^n}$$

EW	=	*Ertragswert*
E_t	=	*Ertragsüberschuß der jeweiligen Periode*
i	=	*jeweils zutreffender Diskontierungsfaktor*
n	=	*letzter Zeitraum der Prognose.*

Bei der Bewertung von Immobilien hat der Boden im Normalfall immer eine unendliche Nutzungsdauer, so daß die Prognose auf die ewige Nutzungsdauer abgestellt werden muß. Da der letzte Prognosezeitraum nicht bestimmt werden kann, muß mit der ewigen Rente des als nachhaltig zu beurteilenden Jahresertragsüberschusses gerechnet werden.

Eine Prognose der einzelnen Ertragsüberschüsse der einzelnen Perioden bis zum fiktiven Ende des Prognosehorizontes ist im Normalfall zu aufwendig. Die mit der zunehmenden zeitlichen Distanz von Bewertungsstichtag und Prognosezeitraum stark ansteigenden Unwägbarkeiten bedingen einen Zwang zur Vereinfachung. Darüber hinaus ist von der unendlichen Bodennutzung auszugehen. Deshalb muß der Grundaufbau des prognoseorientierten Standardertragswertverfahrens vereinfacht und zusammengefaßt werden. Hierzu bietet sich eine Vorgehensweise entsprechend der Stellungnahme des Hauptfachausschusses des Instituts der Wirtschaftsprüfer zu den Grundsätzen der Durchführung von Unternehmensbewertungen an. Dabei wird der Planungszeitraum in drei Phasen zerlegt, die unterschiedlich lang sind.[971] Das in Phasen aufgeteilte Modell des Standardertragswertverfahrens der Immobilienbewertung in Anlehnung an die phasenorientierte Unternehmensbewertung hat demnach folgende mathematische Darstellungsweise:

971 Vgl. HFA 2/1983, in Institut der Wirtschaftsprüfer in Deutschland e.V. (Hrsg.), Fachgutachten (1995), HFA S. 105.

$$EW = \sum_{t=1}^{k} \frac{E_t}{\left(1+\frac{i}{100}\right)^t} + \sum_{t=k+1}^{k+l} \frac{E_t}{\left(1+\frac{i}{100}\right)^t} + \sum_{t=k+l+1}^{\infty} \frac{E_t}{\left(1+\frac{i}{100}\right)^t}$$

EW	=	*Ertragswert*
E_t	=	*Ertragsüberschuß der jeweiligen Periode*
i	=	*jeweils zutreffender Diskontierungsfaktor*
t	=	*Jahr*
k	=	*Zeithorizont der ersten Phase*
l	=	*Zeithorizont der zweiten Phase*
∞	=	*unendlicher Zeithorizont der dritten Phase.*

Die in der Unternehmensbewertung übliche Einteilung der Phasen erfolgt nach folgendem Zeithorizont:

1. Phase für die nächstliegende detailliert planbare Zukunft mit Einzelplanansätzen für drei Jahre,
2. Phase für Trenderwartungen und Ableitungen aus den Plänen der ersten Phase für weitere fünf Jahre,
3. Phase für die am weitesten entfernt liegende Zukunft, bei der in der Regel eine Entwicklung des Erfolges auf konstantem Niveau angenommen wird und die Ergebnisse der zweiten Phase als Grundlage dienen.[972]

Für das prognoseorientierte Standardertragswertverfahren kann von einer etwas modifizierten Einteilung und Anzahl der Phasen ausgegangen werden, da die Verhältnisse bei Mietwohnimmobilien z.B. statischer als bei Unternehmen sind. Da die Verwertbarkeit von gewerblichen Immobilien sehr stark mit der Lage der darin betriebenen Unternehmen zusammenhängt, kann für diesen Bereich eine Einteilung der Phasen in Anlehnung an die üblichen Zeiträume der Unternehmensbewertung erfolgen.

Aufgrund der unendlichen Bodennutzung und der voraussichtlich bedeutenden Unterschiede der Erträge vor und nach Ende der Gebäudenutzung wird das prognoseorientierte Standardertragswertverfahren in der Phasenaufteilung leicht verändert aufgebaut. Die dritte Phase der weiteren Zukunft bezieht sich auf den Zeitraum zwischen der Phase der Trenderwartungen und dem Ende der Gebäudenutzung. Die neu eingeführte vierte Phase berücksichtigt den Umstand der nach Ablauf der wirtschaftlichen Verwertbarkeit voraussichtlich sinkenden Ertragsüberschüsse des Gesamtgrundstückes. Der Zeithorizont des vierten Prognosezeitraumes ist unendlich, weil von der ewigen Nutzung des Bodens ausgegangen wird.

972 Vgl. HFA 2/1983, Institut der Wirtschaftsprüfer in Deutschland e.V. (Hrsg.), Fachgutachten (1995), HFA S. 105.

Dementsprechend wird der zu schätzende Bodenwert nach dem Ablauf der wirtschaftlichen Gebäudenutzung auf den Bewertungsstichtag abgezinst.

Die erste Prognosephase bei Wohnimmobilien wird maßgeblich durch die gesetzlichen Möglichkeiten und Zeiträume für Mietanpassungen determiniert. Der Zeitraum der zweiten Prognosephase bei Wohnimmobilien ist bedeutend länger als bei gewerblich genutzten Immobilien, da insbesondere im Wohnbereich mit einer längeren Verweildauer der Mieter in gemieteten Objekten und relativ vorhersagbaren Mietvertragsveränderungen kalkuliert werden kann. Auch bei gewerblich genutzten Immobilien kann ein entsprechend langer Prognosezeitraum angesetzt werden, wenn fest abgeschlossene Verträge vorliegen.

Prognosephasen in Jahren	Wohnimmobilien	Gewerbliche Immobilien
1. Phase	bis 3 Jahre	bis 3 Jahre
2. Phase	ab 4 Jahre bis 15 Jahre	ab 4 Jahre bis 8 Jahre
3. Phase	ab 16 Jahre bis zum Ende der Gebäudenutzungsdauer	ab 9 Jahre bis zum Ende der Gebäudenutzungsdauer
4. Phase	Gebäudenutzungsdauer plus ein Jahr bis unendlich	Gebäudenutzungsdauer plus ein Jahr bis unendlich

Abbildung 66: Prognosephasen des prognoseorientierten Standardertragswertverfahrens

Die ungewisse Zukunft der Ertragsüberschüsse wird durch die immer länger werdenden Abzinsungszeiträume zukünftiger Jahre berücksichtigt, so daß die am weitesten von dem Bewertungsstichtag entfernten Jahre mit dem geringsten Gewicht in die Berechnung eingehen. Die Formel für die Ermittlung des Ertragswertes im prognoseorientierten Standardwertragswertverfahren hat demnach folgenden vierphasigen Inhalt:

$$EW = \sum_{t=1}^{k} \frac{E_t}{\left(1+\frac{i}{100}\right)^t} + \sum_{t=k+1}^{k+l} \frac{E_t}{\left(1+\frac{i}{100}\right)^t} + \sum_{t=k+l+1}^{k+l+m} \frac{E_t}{\left(1+\frac{i}{100}\right)^t} + \sum_{t=k+l+m+1}^{\infty} \frac{E_t}{\left(1+\frac{i}{100}\right)^t}$$

EW	=	*Ertragswert*
E_t	=	*Ertragsüberschuß der jeweiligen Periode*
i	=	*jeweils zutreffender Diskontierungsfaktor*
t	=	*Jahr*
k	=	*Zeithorizont der ersten Phase*

l	=	*Zeithorizont der zweiten Phase*
m	=	*Zeithorizont der dritten Phase (bis zum Ende der wirtschaftlichen Gebäudenutzungsdauer)*
∞	=	*unendlicher Zeithorizont der vierten Phase.*

Die Ertragsüberschüsse der vierten Phase ergeben für sich genommen den Ertragswert des unbebauten Grundstückes, der auf den Bewertungsstichtag abgezinst wird. Demnach kann die Formel leicht modifiziert abgebildet werden, wenn der Barwert der vierten Phase auf den Bewertungsstichtag bezogen wird:

$$EW = \sum_{t=1}^{k} \frac{E_t}{\left(1+\frac{i}{100}\right)^t} + \sum_{t=k+1}^{k+l} \frac{E_t}{\left(1+\frac{i}{100}\right)^t} + \sum_{t=k+l+1}^{k+l+m} \frac{E_t}{\left(1+\frac{i}{100}\right)^t}$$

$$+ \frac{\overbrace{\sum_{t=k+l+m+1}^{\infty} \frac{E_t}{\left(1+\frac{i}{100}\right)^{t-(k+l+m+1)}}}^{\text{Barwert der ewigen Bodenrente am Ende der Gebäudenutzung}}}{\left(1+\frac{i}{100}\right)^{k+l+m+1}}$$

EW	=	*Ertragswert*
E_t	=	*Ertragsüberschuß der jeweiligen Periode*
i	=	*jeweils zutreffender Diskontierungsfaktor*
t	=	*Jahr*
k	=	*Zeithorizont der ersten Phase*
l	=	*Zeithorizont der zweiten Phase*
m	=	*Zeithorizont der dritten Phase (bis zum Ende der wirtschaftlichen Gebäudenutzungsdauer)*
∞	=	*unendlicher Zeithorizont der vierten Phase.*

Die Bodenwerte werden über eine Schätzung auf den Endpunkt der Gebäudenutzungsdauer angesetzt, so daß die Bodenwerte als am unsichersten zu betrachtende Daten mit dem geringsten Gewicht in die Bewertung eingehen. Der Barwert der Bodenrente bezogen auf das Ende der Gebäudenutzung kann über die Schätzung des Verkehrswertes des wirtschaftlich unbebauten Grundstückes angesetzt werden.

Damit lautet die endgültige Formel des prognoseorientierten Standardertrags-wertverfahrens:[973]

$$EW = \sum_{t=1}^{k} \frac{E_t}{\left(1+\frac{i}{100}\right)^t} + \sum_{t=k+1}^{k+l} \frac{E_t}{\left(1+\frac{i}{100}\right)^t} + \sum_{t=k+l+1}^{k+l+m} \frac{E_t}{\left(1+\frac{i}{100}\right)^t} + \frac{BW_n}{\left(1+\frac{i}{100}\right)^{k+l+m+1}}$$

EW	=	*Ertragswert*
BW_n	=	*Bodenwert am Ende der Gebäudenutzungsdauer*
E_t	=	*Ertragsüberschuß der jeweiligen Periode*
i	=	*jeweils zutreffender Diskontierungsfaktor*
t	=	*Jahr*
k	=	*Zeithorizont der ersten Phase*
l	=	*Zeithorizont der zweiten Phase*
m	=	*Zeithorizont der dritten Phase (bis zum Ende der wirtschaftlichen Gebäudenutzungsdauer).*

c) Ertragsermittlung

Entsprechend den unterschiedlichen Prognosephasen sind die Ertragspotentiale der zu bewertenden Liegenschaft zu analysieren. Für die **erste Phase** der Prognose werden die realisierten Mietverträge, bzw. die ortsübliche Vergleichsmiete für die Schätzung herangezogen. Je nach den in den Verträgen festgelegten oder aufgrund gesetzlicher Bestimmungen bestehenden Möglichkeiten zur Mietzinsanpassung wird die Dauer der ersten Prognoseperiode festgesetzt.

Dementsprechend beginnt die **zweite Prognosephase** mit dem Zeitpunkt der erstmaligen Anpassungsmöglichkeit der Mietzinsen an die auf dem Markt herrschenden Verhältnisse. Grundsätzlich wäre die zu diesem Zeitpunkt mögliche Vergleichsmiete für die Bewertung anzusetzen, bestehen jedoch Restriktionen, die das verhindern, so kann nur die zu diesem Zeitpunkt wahrscheinlich mögliche Miete angenommen werden.

Die Mieterträge der **dritten Prognosephase** sind mit der größten Unsicherheit behaftet. Als Grundlagen werden Schätzungen der wahrscheinlichen Entwicklung der Mieterträge der zweiten Prognosephase oder aber die als möglich angesehenen

---

973 In **Beispiel 13.** wird der Ertragswert der Musterimmobilie im prognoseorientierten Standardertragswertverfahren errechnet.

Mieterträge auf der Basis der Schätzung der Entwicklungen der Vergleichsmieten angesetzt.

Für die **vierte Prognosephase** wird im Grunde der Ertragswert des wirtschaftlich unbebauten Grundstückes auf einer unendlichen Basis gebildet. Da eine Schätzung der Erträge noch schwieriger zu bewerkstelligen ist als bei der dritten Prognosephase, wird hierbei vereinfachend der Bodenwert zum Endzeitpunkt der Gebäudenutzung geschätzt und auf den Bewertungsstichtag abgezinst.

Bei der gesamten Problematik der Schätzung zukünftiger Einzahlungsströme bei unterschiedlichen Verwertungsmöglichkeiten darf nicht vergessen werden, daß es sich immer nur um den Versuch handelt, die Entwicklungen der Zukunft gedanklich vorwegzunehmen. Der Vorteil der expliziten Schätzung der Erträge der zukünftigen Perioden im Gegensatz zu einer impliziten Berücksichtigung entsprechend dem klassischen Standardertragswertverfahren liegt darin, daß der Gutachter gezwungen wird, Annahmen über zukünftige Entwicklungen zu reflektieren und ausführlich im Rahmen der gutachterlichen Stellungnahme darzustellen.

d) Bewirtschaftungskosten

Auch für das prognoseorientierte Standardertragswertverfahren wird auf die Art und den Umfang der Bewirtschaftungskosten des klassischen Standardertragswertverfahrens Bezug genommen.

Die Abschreibungen der baulichen Anlagen werden aufgrund der investitionstheoretischen Ausgestaltung des Verfahrens im Rahmen der Kapitalisierung erfaßt. Die übrigen Bewirtschaftungskosten[974] bauen für die erste Prognosephase auf den realisierten Werten der Vergangenheit für das betreffende Objekt auf. Veränderungen der Höhe der Bewirtschaftungskosten sind über eine explizite Schätzung gedanklich vorwegzunehmen.

Für die zweite Prognosephase werden die Aufstellungen der Bewirtschaftungskosten der Kaufpreissammlungen oder der Mietenspiegel ausgewertet. Die heutigen Verhältnisse dienen als Grundlage für die Abschätzung der zukünftigen vergleichbaren Bewirtschaftungskosten.

Für die dritte Prognosephase wird auf den Ergebnissen der zweiten Prognosephase aufgebaut, die entsprechend den Annahmen bei der Entwicklung von Mieterträgen auf die Bewirtschaftungskosten übertragen werden.

Durch den Ansatz der geschätzten Bodenvergleichswerte am Ende der Gebäudenutzungsdauer, die als gedanklicher Ertragswert der unendlichen Bodennutzung

---

974 Zu der Abgrenzung der Bewirtschaftungskosten, deren Umfang und den Abschreibungen vgl. oben: Vierter Teil: II. C. 2. c) Bewirtschaftungskosten.

angenommen werden, entsteht keine Notwendigkeit zur Abschätzung von Erträgen der vierten Prognosephase.

Zu beachten ist, daß ein Objekt, welches bei den Bewirtschaftungskosten in der Gegenwart deutlich von den Vergleichsobjekten abweicht, wahrscheinlich auch in der Zukunft bei den Bewirtschaftungskosten beträchtlich abweichen wird. Deshalb können die Bewirtschaftungskosten bei solchen Objekten auf der fortgeführten Basis der ersten Prognosephase für weitere Prognosephasen veranschlagt werden. Sind jedoch im Rahmen der Instandhaltungsmaßnahmen Renovierungen absehbar bzw. notwendig, so können die üblichen Bewirtschaftungskosten übernommen werden, wenn die Anpassung der Verhältnisse des Bewertungsobjektes an die marktüblichen Verhältnisse wahrscheinlich ist.

Die Berücksichtigung von Bewirtschaftungskosten durch den Ansatz eines Vomhundertsatzes der Mieterträge löst das Problem der Abschätzung der Höhe der Bewirtschaftungskosten nur bedingt. Fraglich ist diese Vorgehensweise, da neuartige Baumaterialien, Reparaturtechniken und Veränderungen laufender Betriebs- und Verwaltungskosten zu einer Veränderung der Vomhundertsätze führen. Deshalb kann kein aus den Erfahrungen der Vergangenheit abgeleiteter Vomhundertsatz diese Veränderungen richtig berücksichtigen. Vomhundertsätze können allenfalls auf der Basis von Schätzungen der Zukunft angesetzt werden, wobei die Vergangenheitsverhältnisse als Anhaltspunkte genommen werden können.

Die Bestimmung der Bewirtschaftungskosten der Zukunft für die prognoseorientierte Ertragswertmethode unterliegt den gleichen Restriktionen wie die Abschätzung der Erträge. Trotz der angebrachten Kritik der Unsicherheit der Ergebnisse ist ein Versuch zur gedanklichen Vorwegnahme unterschiedlicher Entwicklungen der Annahme vorzuziehen, daß die Verhältnisse sich nicht verändern oder sich im Gleichklang entsprechend irgendwelcher Indizes entwickeln.

e) Fazit

Es steht außer Frage, daß ein Wert, bei dem sich die Richtigkeit seiner Ermittlung erst an einem unbestimmten in der Zukunft liegenden Zeitpunkt herausstellen wird, immer ein gewisses Maß an Unsicherheit aufweist. Der Versuch, diese Unsicherheit durch eine Bewertung zu begrenzen, die rein auf den Verhältnissen am Bewertungsstichtag beruht, stellt keine zufriedenstellende Lösung dar. Vielmehr sollte versucht werden, das Bewertungsobjekt und seine wirtschaftlichen Rahmenbedingungen so zu analysieren, daß aufbauend auf den gegenwärtigen Verhältnissen die Entwicklungen im Hinblick auf Chancen und Risiken bei den einzelnen wertbestimmenden Faktoren prognostiziert werden können.

Durch das prognoseorientierte Standardertragswertverfahren wird versucht, die Zukunft auf der Grundlage von Prognosen der Entwicklungen der wertbestimmenden Faktoren möglichst zutreffend abzubilden. Die zeitlich am weitesten von dem Bewertungsstichtag entfernten Daten gehen dabei mit dem geringsten Gewicht in die Bewertung ein.

Die Unterteilung in vier separate Prognosephasen führt dazu, daß innerhalb des Aufbaues des Bewertungsverfahrens nicht von einem kontinuierlichen "Ablauf" der Zukunft mit einer gleichbleibenden Entwicklung der Verhältnisse ausgegangen werden kann. Die Gutachter werden gezwungen, die Verhältnisse der unterschiedlichen Phasen möglichst genau zu analysieren und bei der Übernahme von Daten einer Phase in die nächste Gründe für dieses Wertekontinuum zu finden und zu erläutern.

Der Ansatz des Bodenwertes am Ende der Gebäudenutzungsdauer soll eine fiktive Veräußerung simulieren. In einer theoretisch möglichen Abwandlung des prognoseorientierten Standardertragswertverfahrens könnte der Prognosezeitraum deutlich kürzer gewählt werden. Als Ertragsüberschuß der letzten Prognoseperiode wäre dann der Restverkaufserlös des gesamten Objektes anzusetzen. Hierbei handelt es sich um eine Mischung aus dem Ertrags- und dem Vergleichswertverfahren. Als Hauptproblem liegt in dieser Methode die Schätzung des Restverkaufserlöses am Ende des Prognosezeitraumes. Somit kann nur unter sehr engen Prämissen der Prognosezeitraum des prognoseorientierten Standardertragswertverfahrens verkürzt werden, um evtl. verläßlichere Ergebnisse zu erhalten, da hierbei die ungewissen zukünftigen Verhältnisse durch die Schätzung des Verkaufserlöses in die Bewertung einfließen.

Trotz aller Kritik kann die prognoseorientierte Standardertragswertermittlung durch den Zwang zu einer möglichst eingehenden gedanklichen Vorwegnahme der Zukunft deutlich aussagekräftigere und realistischere Verkehrswerte abbilden, als das klassische Standardertragswertverfahren.

4. Zwischenergebnis

Durch die Standardertragswertverfahren werden Werte auf der Basis der laufenden marktlichen Verwertung der zu schätzenden Objekte ermittelt.

Der Unterschied zwischen den beiden vorgenannten Standardertragswertverfahren besteht in der Berücksichtigung von in der Zukunft unsicheren Ein- und Auszahlungsströmen. Die prognoseorientierte Ertragswertermittlung baut auf expliziten Schätzungen der zukünftigen Verhältnisse auf. Im Gegensatz dazu wird bei dem klassischen Standardertragswertverfahren die Zukunft über implizite Annahmen in das Bewertungskalkül integriert. In der Art und dem grundsätzlichen Umfang der Erträge sind beide Bewertungsverfahren identisch.

Die Abbildung 67 verdeutlicht nochmals Gemeinsamkeiten und Unterschiede beider Standardertragswertverfahren:

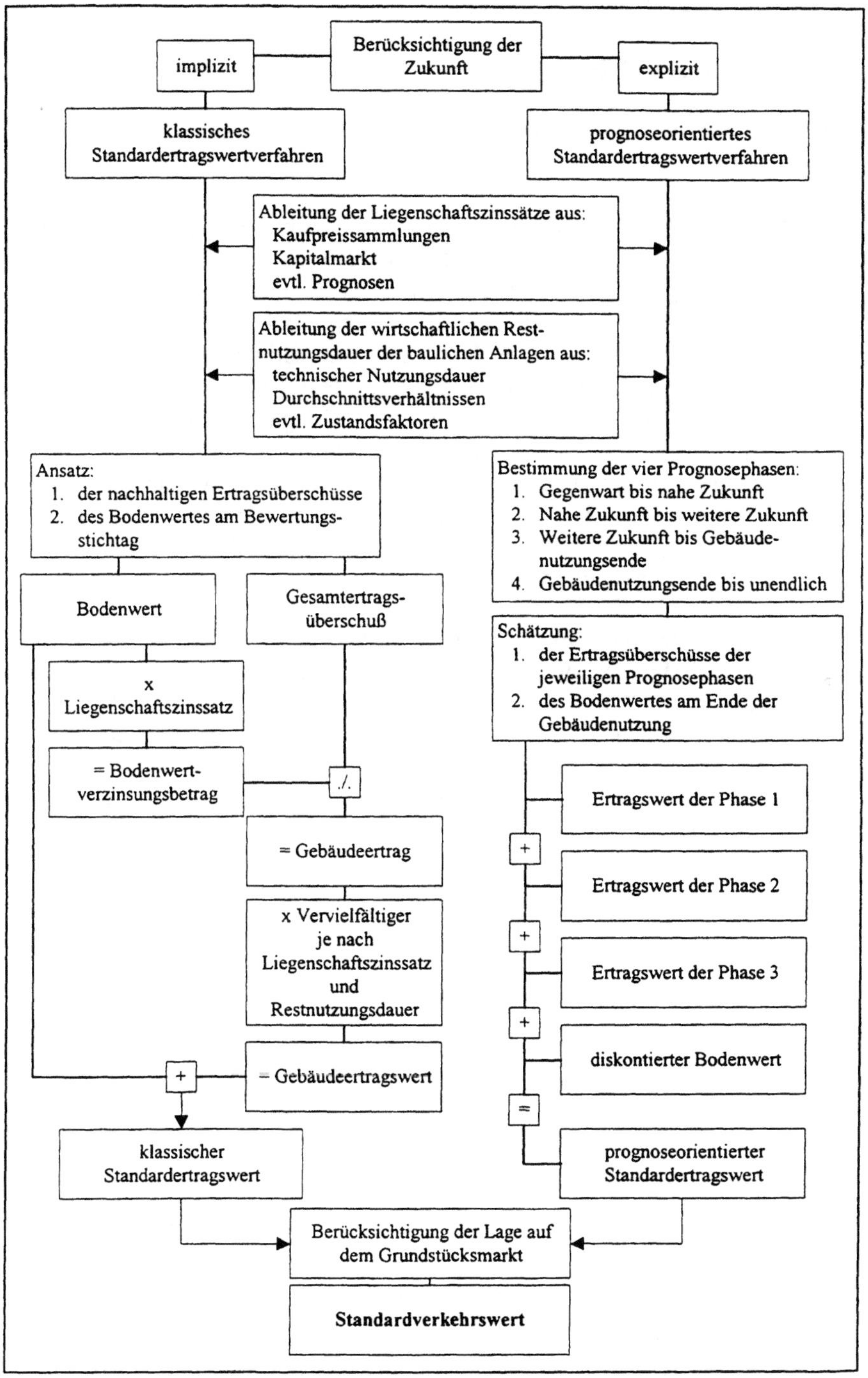

Abbildung 67: Standardertragswertbewertung.

D. Standardsachwertverfahren

1. Begründung und Überblick

Als weiteres Standardbewertungsverfahren wird ein Sachwertverfahren aus drei Gründen benötigt.

- Erstens gibt es eine Vielzahl von Liegenschaften, bei denen die am Markt üblichen Werte nicht durch die Vergleichswerte und die Ertragswerte abgebildet werden und abgebildet werden können. Dies ist insbesondere bei Objekten der Fall, die als Familienheim benützt werden, bei Objekten mit einer sehr reichhaltigen Ausstattung, die über die nachhaltigen Erträge nicht verzinst werden kann, und bei Baudenkmälern. Hier überwiegen nicht-monetäre Zielsetzungen bei den subjektiv den Liegenschaften zugeschriebenen Wertvorstellungen, da die Ertragswerte nicht annähernd den geleisteten Kaufpreisen entsprechen und die Vergleichswerte nicht um ungewöhnliche und persönliche Einflüsse in entsprechender Höhe korrigiert werden können. Diese Liegenschaften können entsprechend den schweizerischen Bewertungsgepflogenheiten als Liebhaberobjekte bezeichnet werden.[975]

  Liebhaberobjekte sind Objekte, die einen speziellen Wert für besonders daran interessierte Subjekte haben, wobei dieser spezielle Wert nicht für alle aber doch für eine Großzahl der Marktteilnehmer besteht.[976],[977] Dieser Liebhaberwert entspricht jenem Anteil am Verkaufspreis, der sich nicht mehr verzinsen läßt. Entsprechend der Definition kann es auch negative Liebhaberobjekte geben, für die die Marktlage sehr geringe Verkehrswerte realistisch erscheinen läßt, da sie niemand mieten oder kaufen will.[978] Bei Liebhaberobjekten liegen der Ertragswert und der Vergleichswert deutlich unter dem Sachwert, weil die laufenden und einmaligen Verwertungsmöglichkeiten nicht den für die Substanz aufgewandten Beträgen entsprechen.

---

975 Vgl. Naegeli, W./Hungerbühler, K., Liegenschaftsschätzer (1988), S. 125 ff.

976 Würde der Wert z.B. nur für einen Marktteilnehmer bestehen, würde es sich um persönliche Einflüsse handeln, die für die Verkehrswertermittlung zu eliminieren wären.

977 So ist z.B. ein Raffineriegelände meistens weder im Vergleichswertverfahren noch im Ertragswertverfahren sondern im Sachwertverfahren zu bewerten. Es stellt jedoch kein Liebhaberobjekt dar. Lediglich der Kreis der Marktteilnehmer ist als sehr beschränkt anzusehen.

978 Mögliche negative Liebhaberobjekte sind z.B. altlastenverseuchte Gebäude oder Theatergebäude, mit einer nicht wirtschaftlich einsetzbaren Bühnentechnik.

Bewertungsanlässe bei Liebhaberobjekten können z.B. steuerrechtlicher oder besicherungsrechtlicher Natur sein.[979]

- Als zweiter Grund für die Notwendigkeit eines Standardsachwertverfahrens kann angeführt werden, daß die Sachwerte der zu bewertenden Objekte notwendig sind, um die anderen Verfahrensergebnisse auf ihre Plausibilität und im Hinblick auf ungewöhnliche und persönliche Einflüsse zu überprüfen.[980]

- Drittens gibt es Objekte, für die auf dem Immobilienmarkt keine Vergleichsverkäufe in Kaufpreissammlungen festgehalten werden, weil zu wenige Verkäufe stattfinden, um von einer Normalverteilung der Verkäufe ausgehen zu können. Darüber hinaus sind die Ertragswerte solcher Objekte nicht zu bestimmen, da keine laufenden Verwertungsmöglichkeiten gegeben sind. In Großbritannien wird versucht, über die Profits Method solchen Objekten einen fiktiven Mietertrag zuzurechnen und zu einem Ertragswert zu kapitalisieren. Solche Liegenschaften sind z.B. spezielle Industrieliegenschaften wie Hafenanlagen, Raffinerien und Stahlwerke oder spezielle dem öffentlichen Sektor zurechenbare Objekte, wie Museen, Schulen oder Verkehrsflächen.

Das Sachwertverfahren kann nur für bebaute Grundstücke angewandt werden, da eine Bewertung unbebauter Grundstücke über die historischen Aufwendungen für die Schaffung unbebauter Grundstücke nicht möglich ist. Das Sachwertverfahren der Wertermittlungsverordnung ist eine gute Grundlage für die Aufstellung des Standardsachwertverfahrens. Dementsprechend werden große Bestandteile des Sachwertverfahrens der Wertermittlungsverordnung übernommen. Teilweise sind jedoch Modifikationen notwendig, um eine Verbesserung der Informationsgüte zu erreichen. Trotzdem darf nicht vergessen werden, daß auch das Standardsachwertverfahren nur einen letzten Bewertungsausweg bei Bewertungsproblemen und ein Kontrollinstrument darstellt, da das Standardvergleichswertverfahren und das Standardertragswertverfahren die Hauptbewertungsverfahren sind und im Normalfall auch selbstgenutzte Einfamilienhäuser und Liebhaberobjekte mit dem Vergleichswertverfahren oder dem Ertragswertverfahren zu bewerten sind.

---

979 Denkbar wäre z.B. die Bestimmung eines Gewinnes bei einer Entnahme einer mit einem sehr geringen Buchwert bilanzierten denkmalgeschützten relativ gut erhaltenen Villa aus dem Betriebsvermögen.

980 So kann z.B. ein zum Abriß vorgesehenes Gebäude derzeit und auf unabsehbare Zeit gute Erträge abwerfen oder ein Verkauf eines bebauten Grundstückes durch das besondere Interesse eines Nachbarn sehr hoch ausgefallen sein.

2. Verfahrensaufbau

Für die standardisierte Sachwertbewertung werden die Liegenschaften in ihre Bestandteile entsprechend der Aufteilung des § 21 WertV in Bodenwert, bauliche Anlagen und bauliche Außenanlagen sowie sonstige Anlagen aufgespalten.[981]

Der Bodenwert ist mit dem Vergleichswertverfahren zu bewerten. Eine Bewertung des Bodens mit einem Sachwert auf der Basis historischer Aufwendungen für die Erschließung, die Freilegung oder die Rodung des Grundstückes kann den Wert des Bodens nicht darstellen, da die hauptsächliche den Wert bestimmende Substanz schon vorhanden war.[982]

Sonstige Anlagen sind nicht bauliche Außenanlagen, wie z.B. besondere Anpflanzungen, die eine eigene Bewertung rechtfertigen. Als Bewertungsmaßstab wird entsprechend den Grundsätzen der Ziergehölzhinweise[983] und der Waldwertermittlungsrichtlinien[984] verfahren, wenn die sonstigen Anlagen nicht schon im Rahmen der Bodenbewertung berücksichtigt wurden. Da im Normalfall die baulichen Außenanlagen und die sonstigen Anlagen wertmäßig von geringerer Bedeutung sind als die Hauptbauwerke auf dem Grundstück, kann auf pauschale Erfahrungssätze für die Bewertung der baulichen Außenanlagen und der sonstigen Anlagen zurückgegriffen werden. Als übliche Vomhundertsätze des Wertes der Außenanlagen am Gebäudewert nennt Vogels für:

- einfache Anlagen 2 - 4 %,
- für durchschnittliche Anlagen 5 - 7 % und
- für aufwendige Anlagen 8 - 12 %.[985]

3. Wert der baulichen Anlagen

Der Begriff der baulichen Anlagen umfaßt die Gebäude und die baulichen Außenlagen.[986]

---

981 Das Standardsachwertverfahren wird in **Beispiel 20.** veranschaulicht.

982 Theoretisch möglich wäre es, bei Landgewinnungsprojekten den Bodenwert über die Aufwendungen für die Meerestrockenlegung und damit im Sachwertverfahren zu ermitteln.

983 Vgl. Ziergehölzhinweise vom 5. Februar 1985, BAnz 1985, Nr. 41a.

984 Vgl. Waldwertermittlungsrichtlinien 1991, vom 25. Februar 1991, BAnz. 1991, Nr. 100a. Auf die Darstellung der Ziergehölzhinweise und der Waldwertermittlungsrichtlinien wird verzichtet.

985 Vogels, M., Grundstücks- und Gebäudebewertung (1991), S. 125.

a) Ermittlung des Neubauwertes

Um den Wert der baulichen Substanz am Bewertungsstichtag zu erfassen, werden zunächst einheitliche Grundlagen zur Feststellung der Größe der Kubatur, der Wohnfläche, der Nutzfläche oder der unterschiedlichen Gewerke benötigt. Hierzu bieten sich die in der Bauwirtschaft üblichen Normen und Berechnungsgrundlagen des Deutschen Institutes für Normung an.[987]

Bei der Berechnung der Bezugsgrößen Kubatur, Wohn- bzw. Nutzfläche der baulichen Anlagen oder bei der Feststellung der Gewerke ist auf die Verwendung einer aktuellen Fassung der DIN 277 zu achten. Hierzu bietet sich die Fassung 1973/1987 an, die auch neuere Entwicklungen auf dem Gebiet der Bautechnik und der architektonischen Gestaltung berücksichtigt.

Die Bezugsgrößen werden mit einem Baupreis je Bezugsgröße zum Neubauwert der baulichen Anlagen multipliziert. Die Baupreise werden Tabellen entnommen, die einerseits nach den unterschiedlichen Gewerken aufgegliedert sind und andererseits in einer möglichst feinen regionalen Aufspaltung die Preisverhältnisse unterschiedlicher Regionen dokumentieren. Entsprechend der in der Schweiz üblichen Bewertungspraxis sind möglichst fein aufgegliederte Baupreistabellen aufzustellen und zeitlich aktuell zu halten, um die jeweiligen örtlichen Verhältnisse abzubilden. Für die Bewertung nach der Kubatur oder der Fläche sind möglichst kleine nach unterschiedlichen Bauausführungen gegliederte Baulose mit den jeweils gültigen Baupreisen zu multiplizieren.

Um Preisveränderungen unterschiedlicher Gewerke sowie generelle Preisanstiege der Baukosten zu erfassen, sind die Baupreistabellen zeitnah zu führen. Die Übernahme von auf das Jahr 1913/14 bezogenen Normalherstellungskosten ist nicht möglich, da diese nur mittels Baupreisindexreihen des statistischen Bundesamtes bundeseinheitlich hochgerechnet werden. Kleine Bewertungsdifferenzen bei der Bestimmung der Normalherstellungskosten 1913/14 führen durch die lange Zeitspanne und den entsprechend hohen Index zu sehr großen Abweichungen bei der Bestimmung der Neubauwerte zum Bewertungsstichpunkt.[988]

Die genaue Feststellung der unterschiedlichen Gewerke und der Bauausführungen bei den zu schätzenden Liegenschaften bedingt einen sehr großen Aufwand. Um die Bewertung trotzdem auf kostengünstige Weise durchführen zu können, sind andere

---

986 Eine gesonderte Bewertung baulicher Außenanlagen ist nur bei einem beträchtlichem Wert durchzuführen. Dies gilt insbesondere für Garagen, Brunnenanlagen und aufwendigen Einfriedungen. Ansonsten werden die baulichen Außenanlagen im Rahmen der Bewertung mit den pauschalen Sätzen für die gesamten Außenanlagen miterfaßt.

987 Vgl. Deutsches Institut für Normung e.V. (Hrsg.), DIN Taschenbuch 112 (1990).

988 Entsprechende harsche Kritik ist zu finden bei Kleiber, W./ Simon, J./ Weyers, G., Verkehrswertermittlung (1994), S. 267 Fußnote 18.

Verfahren zur Bestimmung der Herstellungswerte als Alternativen notwendig. Hierbei kann wiederum auf die Regelungen der Wertermittlungsverordnung Bezug genommen werden, die in § 22 IV WertV die Bewertung nach den gewöhnlichen Herstellungskosten oder in § 22 V WertV die Bewertung zu den tatsächlichen Baukosten zulassen.

Handelt es sich um Gebrauchtimmobilien, so unterscheiden sich höchstwahrscheinlich die historischen Baukosten der Gebrauchtimmobilien von den am Bewertungsstichtag gültigen Neubaukosten. Für die Bewertung können die regionalen aktuellen Baupreissammlungen in der Art ausgewertet werden, daß die Baupreisveränderungen über die Errechnung von Indizes abgebildet werden. Durch die Multiplikation der historischen gewöhnlichen oder historischen tatsächlichen Herstellungskosten der gebrauchten Bauwerke mit den regionalen Baupreisindizes können die Herstellungswerte von Gebrauchtimmobilien relativ kostengünstig und schnell errechnet werden.

Trotzdem ist die Bewertung von Neu- und Gebrauchtimmobilien anhand der Multiplikation der Bezugsgrößen mit Normalherstellungswerten aus den Baupreissammlungen vorzuziehen, weil hierbei die individuellen Verhältnisse der zu schätzenden Liegenschaften besonders eingehend zu analysieren sind. Zur Identifikation von persönlichen und ungewöhnlichen Verhältnissen sowie für die Beurteilung von effektiven Baukosten eines Objektes ist nämlich eine genaue Analyse der Baukosten anhand der Baupreissammlungen notwendig.

b) Wertminderungen

Die Neubauwerte der baulichen Anlagen sind um individuelle Wertminderungen wegen Alters, Baumängeln und Bauschäden sowie sonstiger Umstände zu vermindern.

aa) Abschreibungen

Zur Bestimmung der Alterswertminderung hat sich die Abschreibung nach Ross[989] bei den Marktteilnehmern durchgesetzt. Hierbei wird von einer geringen Wertminderung in den ersten Jahrzehnten und einer beschleunigten Wertminderung in den weiteren Jahrzehnten ausgegangen.

Kleiber/Simon/Weyers kritisieren die Abschreibung nach Ross und bezeichnen sie als eine vollkommen realitätsfremde "Rosskur", die bislang auf keiner empirischen Untersuchung basiert und einer nach physikalischen Gesetzten aufgestellten ballistischen Flugbahn entspricht.[990] Dieser Kritik ist zuzustimmen. Zu beachten ist jedoch, daß die Abschreibungsmethode nach Ross sehr häufig angewandt wird. Dies

---

989 Vgl. Ross, W./Brachmann, R./Holzner, P., Bau- und Verkehrswert (1993), S. 270.

990 Vgl. Kleiber, W./Simon, J./Weyers, G., Verkehrswertermittlung (1994), S. 267 Fußnote 18.

wird aber nur der Fall sein, wenn die "Rosskur" in den Augen der Marktteilnehmer relevante Daten liefert. Darüber hinaus bieten Kleiber/Simon/Weyers keine alternativen Abschreibungsverfahren an, die deutlich von der Wertminderung nach Ross abweichen.[991] Im Rahmen der Bewertung mit dem Standardsachwertverfahren soll demnach die Abschreibungsmethode nach Ross als konzeptionelle Grundlage dienen.

Bei Ross/Brachmann/Holzner werden unterschiedliche **Instandhaltungszustände** der Bauwerke berücksichtigt.[992] Dabei wird jedoch immer die Gesamtnutzungsdauer der Bauten unverändert gelassen. Dies läßt sich **nicht** mit der bekannten Formel der Wertminderung nach Ross mathematisch darstellen, da der Erhaltungszustand durch keinen der Parameter abgebildet wird:

$$W = \left\{ \frac{1}{2} \times \left[\frac{A^2}{D^2} + \frac{A}{D} \right] \right\} \times 100$$

W	=	*Wertminderung in % der Gebäudenormalherstellungskosten*
A	=	*Gebäudealter in Jahren*
D	=	*übliche Gesamtnutzungsdauer in Jahren.*[993]

Für die Standardsachbewertung wird die Wertminderung nach Ross modifiziert:

1. um die unterschiedlichen Erhaltungszustände in die Standardsachbewertung zu integrieren,
2. um die bei Wohn- und Bürobauten durch Renovierungen verlängerten wirtschaftlichen Gesamtnutzungsdauern zu berücksichtigen und
3. um die bei Gewerbebauten zu beobachtende Verringerung der wirtschaftlichen Nutzungsdauern zu erfassen.

Generell ist für die Bestimmung der Gesamtnutzungsdauer immer von der wirtschaftlichen Nutzungsdauer auszugehen, die durch die marktlichen Verwertungsmöglichkeiten bestimmt wird.

Die Modifikation der Wertminderung nach Ross verändert den Faktor ½ in der Formel zu einer variablen Größe, die bewirkt, daß durch die Einschätzung des Erhaltungszustandes des Gebäudes die wirtschaftliche Restnutzungsdauer implizit

---

991 Vgl. Simon, J./Cors, K./Troll, M., Grundstückswertermittlung (1992), S. 109 ff.

992 Vgl. Ross, W./Brachmann, R./Holzner, P., Bau- und Verkehrswert (1993), S. 271.

993 Vgl. Ross, W./Brachmann, R./Holzner, P., Bau- und Verkehrswert (1993), S. 270.

beeinflußt wird. Dieser Faktor soll als Zustandsfaktor bezeichnet werden. Demnach hat die Wertminderung des Standardsachwertverfahrens folgende Formel:

$$W = \left\{ \frac{1}{Z} \times \left[\frac{A^2}{D^2} + \frac{A}{D} \right] \right\} \times 100$$

W	=	*Wertminderung in % der Gebäudenormalherstellungskosten*
Z	=	*Zustandsfaktor*
A	=	*Gebäudealter in Jahren*
D	=	*übliche Gesamtnutzungsdauer in Jahren.*

Bei der Festlegung der Gesamtnutzungsdauer von Bauten kann auf die zahlreichen veröffentlichten Erfahrungswerte zurückgegriffen werden.[994] Die Angabe von Nutzungsdauern in einzelnen Jahresschritten ist nicht sinnvoll, da es sich immer um eine grobe Schätzung der Zukunft handelt. Entsprechend hat der Gutachter die Gesamtnutzungsdauern in einer Skalierung von fünf Jahren anzusetzen. Für die Festlegung der Zustandsfaktoren ist es sinngemäß nicht angebracht, fortlaufende Werte anzusetzen, eine grobe Skalierung in unterschiedliche Stufen muß genügen, um die Realität möglichst annähernd abzuschätzen.

Der Zustandsfaktor bestimmt mittelbar die Restnutzungsdauer der baulichen Anlagen und führt zu einer Verlängerung der wirtschaftlichen Gebäuderestnutzungsdauer, falls Werte über zwei eingesetzt werden. Wird von einem schlechten Erhaltungszustand ausgegangen, so kann durch den Ansatz eines Zustandsfaktors unter zwei der geringeren Restnutzungsdauer der Bauwerke Rechnung getragen werden.

Je nach der Gebäudeart, nach der Gebäudelage, nach dem Bauzustand und der Bauausführung wird die individuelle Wertminderung der Gebäude durch den Zustandsfaktor in die Bewertung integriert, wobei von den Marktteilnehmern als allgemein und üblich beurteilte Wertminderungsverläufe angenommen werden können.

Hauptvorteil der Zustandsfaktoren ist, daß nicht wie bei der Bewertung nach der Wertermittlungsverordnung fiktiv Baualter verändert werden, sondern daß die wirtschaftliche Restnutzungsdauer durch die Verwendung von Zustandsfaktoren und damit der Endpunkt der Verwertungsmöglichkeiten der Bauten abgeschätzt werden kann. Deshalb ist es möglich, auf der Basis der Abschätzung der wirtschaftlichen Nutzungsdauer auch auf die Zustandsfaktoren zurückzuschließen. Die Bewertung

---

994 Vgl. oben: Vierter Teil: II. C. 1. c) Laufzeiten. Stellvertretend für viele kann auch auf die Angaben des Bundesministeriums für Raumordnung, Bauwesen und Städtebau vom 12. Oktober 1993 verwiesen werden. Vgl. BAnz. 1993, Nr. 199, S. 9630, Ziff. 2. c).

kann somit als Ausgangspunkt den Zustand der Bauten oder die voraussichtliche Restnutzungsdauer haben.

Darüber hinaus wird durch den Ansatz von Zustandsfaktoren sehr gut dem Umstand Rechnung getragen, daß gut erhaltene Altbauten, die auf dem Stand der modernen Technik sind, lange wirtschaftliche Restnutzungsdauern haben. Erst die Erfahrungen der Praxis durch die Verwendung von Zustandsfaktoren können die Wahl des "richtigen" Zustandsfaktors für eine Liegenschaft bestimmen. Von Vorteil für die praktische Umsetzung ist, daß bei der Bemessung der Wertminderungen nur noch der Zustand der baulichen Anlagen begutachtet sowie die wirtschaftliche Restnutzungsdauer grob vorausgeschätzt werden müssen.

In der Abbildung 68 wird die Wirkung des jeweiligen Zustandsfaktors durch die Beschleunigung bzw. die Verlangsamung des Wertminderungsverlaufs verdeutlicht. Der Zustandsfaktor verändert z.B. den Wertminderungsbetrag bei einem 50 Jahre alten Gebäude, das eine ursprüngliche Restnutzungsdauer[995] von 100 Jahren hatte folgendermaßen:

Ursprüngliche Restnutzungsdauer	100 Jahre	
Gebäudealter	50 Jahre	
Zustandsfaktor	Wertminderung in %	Differenz zu der Wertminderung nach Ross in %-Punkten
2,00	37,50	0
3,00	25,00	- 12,50
6,00	12,50	- 25,00
9,00	8,30	- 29,20
1,50	75,00	+ 37,50
0,50	100,00	+ 62,50
0,25	100,00	+ 62,50

Abbildung 68: Zustandsfaktoren und Wertminderungen.

Die Wertminderungsdifferenz bei dem Zustandsfaktor 0,50 beträgt 62,50 % Punkte. Dies bedeutet, daß durch den schlechten Erhaltungszustand des Gebäudes die Gebäudesubstanz wirtschaftlich gesehen wertlos ist. Demgegenüber führt der Ansatz des Zustandsfaktors 6,00 zu einer verminderten Wertminderung um 25 %-Punkte. Dies drückt einen sehr guten Erhaltungszustand des Gebäudes aus.

995 Es wird die Bezeichnung ursprüngliche Restnutzungsdauer verwendet, weil die verbleibende Nutzungsdauer z.B. durch Erhaltungsmaßnahmen verlängert wird.

Werden die unterschiedlichen Zustandsfaktoren und ihre Wirkung auf die Wertminderungsverläufe zusammengefaßt und in einer grafischen Darstellung verdichtet, so kann folgendes Bild die unterschiedlichen Wertminderungsverläufe für eine ursprüngliche gewöhnliche Gebäudegesamtnutzungsdauer von 100 Jahren in Abhängigkeit von den Zustandsfaktoren aufzeigen:

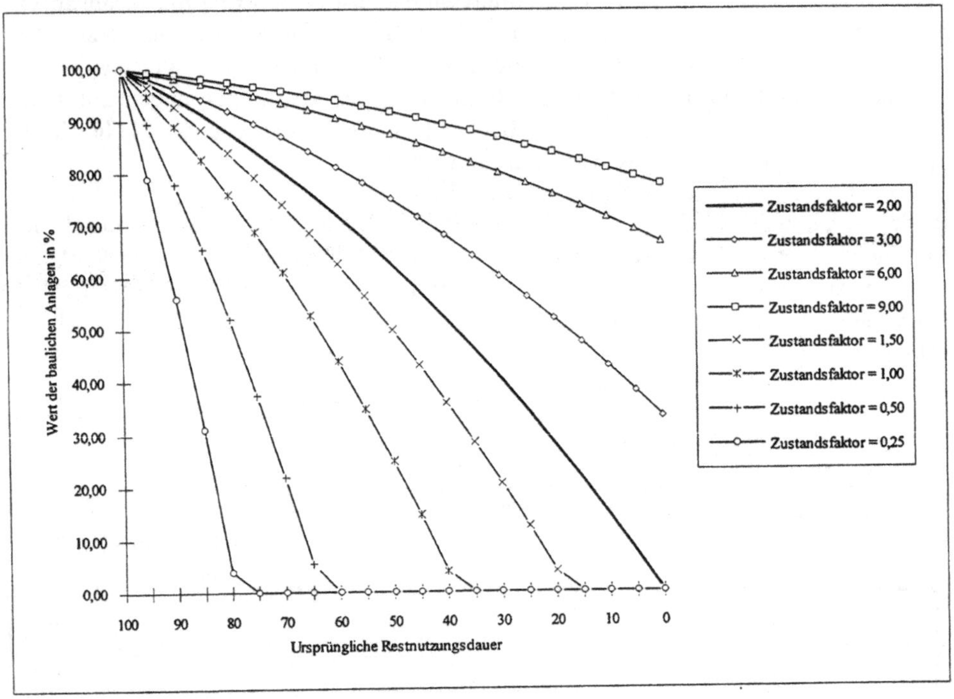

Abbildung 69: Wirkungen von Zustandsfaktoren auf Wertminderungsverläufe.

Einen ähnlichen Ansatz verfolgt Vogels, der von der Irrelevanz der durchschnittlichen Nutzungsdauer spricht. *"Insbesondere ist es falsch, die durchschnittliche Nutzungsdauer der Gesamtnutzungsdauer gleichzusetzen und Restnutzungsdauern als Differenz zwischen durchschnittlicher Nutzungsdauer und Alter zu ermitteln. Lediglich in den ersten 20 Jahren verläuft die Entwicklung etwa linear. Danach erhöht sich mit zunehmenden Alter die Summe aus Alter und Restnutzungsdauer. Das gilt nicht nur für durchschnittlich unterhaltene Gebäude, sondern ganz besonders für sanierte oder durchgreifend renovierte Gebäude."*[996] Durch die Zustandsfaktoren können die im Zeitablauf unternommenen Sanierungen und Renovierungen wie auch bedeutende Beeinträchtigungen der Bausubstanz ohne großen Aufwand berücksichtigt werden.

996 Vogels, M., Grundstücks- und Gebäudebewertung (1991), S. 92.

bb) Sonstige Wertänderungen

Bei der Bestimmung der Wertminderungen für behebbare Baumängel und behebbare Bauschäden wird die Höhe der Wertminderungen über die Aufwendungen für die Beseitigung dieser Beeinträchtigungen errechnet. Hierzu sind die Preise von entsprechenden Reparaturgewerken in die Baupreistabellen aufzunehmen. Ein eventueller merkantiler Minderwert trotz beseitigter Baumängel und Bauschäden ist erst im Rahmen der Anpassung der Gesamtgrundstückssachwerte an die Verhältnisse des Grundstücksverkehrs durchzuführen. Sind die Baumängel und die Bauschäden nicht behebbar, so sind die alterswertgeminderten Neubauwerte weiter zu vermindern, wobei wiederum ein prozentualer oder ein absoluter Abschlag angesetzt werden kann.

In einem weiteren Schritt sind die wertgeminderten Neubauwerte des Bewertungszeitpunktes um sonstige wertbeeinflussende Umstände wie z.B. wirtschaftliche Überalterung oder überdurchschnittliche Erhaltung, zu korrigieren. Hierbei ist darauf zu achten, daß die wertbeeinflussenden Faktoren nicht mehrfach, nämlich z.B. in den Zustandsfaktoren, bei den sonstigen Wertänderungen und bei der Angleichung an die Marktverhältnisse angesetzt werden.

Die Berücksichtigung sonstiger wertbeeinflussender Umstände kann nicht vorgegeben werden, weil die unterschiedlichen Facetten der Realität nicht abschließend abgebildet werden können. Hierbei kann wiederum nur auf den Sachverstand des Gutachters verwiesen werden.

4. Ermittlung des Verkehrswertes

Die Summe des Bodenwertes, des Wertes der baulichen Anlagen und der sonstigen Anlagen ist der Sachwert des Gesamtgrundstückes. Da dieser Sachwert nicht auf der Basis der Veräußerung von Immobilien oder auf der Basis einer laufenden Verwertung von Liegenschaften entstanden ist, muß er an die auf dem Immobilienmarkt üblichen Verhältnisse angeglichen werden, um den Verkehrswert der Liegenschaft abzubilden.

Wird das Sachwertverfahren zur Überprüfung anderer Verfahrensergebnisse verwandt, so sind die Ertrags- oder Vergleichswerte als Vergleichsbasis vorhanden. Es kann daran die Aktualität und Relevanz der Sachwerte genauso kontrolliert werden wie die Ertrags- und Vergleichswerte im Hinblick auf deren Fundierung durch die Substanz des zu bewertenden Objektes überprüft werden können.

Die Vorgehensweise, die Sachwerte durch Multiplikation mit einem Faktor in die Verkehrswerte zu überführen, ist nicht sinnvoll. Vielmehr soll der Sachwert als eine eigenständige Wertgröße Informationen über die Substanz der zu bewertenden Liegenschaften liefern. Etwaige Multiplikatoren wären auf der Basis des Vergleichswertverfahrens abzuleiten, weshalb eine direkte Bewertung mit dem Vergleichswertverfahren bessere Ergebnisse liefern würde.

Kann ein Objekt nicht mit dem Vergleichs- oder Ertragswertverfahren geschätzt werden, so verbleibt nur das Sachwertverfahren. Um hierbei einen Vergleich der Sachwertobjekte mit anderen am Markt üblichen Verhältnissen zu erreichen, kann die Angleichung durch einen individuell zu bestimmenden Zu- oder Abschlag erfolgen. Damit dies auf einer verläßlichen Basis geschieht, sind die regionalen detaillierten Kaufpreissammlungen in der Art auszuwerten, daß die Verhältnisse von Verkehrswerten und Sachwerten dokumentiert und verdichtet werden.[997]

Dies ist eine fragwürdige Vorgehensweise, da, falls die Bewertung nicht mit dem Vergleichswertverfahren möglich ist, es im Grunde genommen auch keine vergleichbaren Verhältnisse von Sachwerten zu Verkehrswerten geben kann. So kann wiederum nur auf die unbefriedigende Aussage verwiesen werden, daß die Sachverständigen in gewissenhafter Pflichterfüllung eine sachgerechte Lösung finden werden.

5. Zwischenergebnis

Das Standardsachwertverfahren ist das dritte der standardisierten Bewertungsverfahren, das unterschiedlichen Bewertungsadressaten bewertungszweckadäquate Daten liefern soll. Da es nicht auf den am Markt üblichen Transaktionen wie der Veräußerung oder der laufenden Verwertung der Liegenschaften entstanden ist, ist es nur bedingt in der Lage, diese Marktverhältnisse abzubilden. Als Ausgangspunkt dienen die auf dem Markt für Bauleistungen getätigten Transaktionen, die zu der Substanz geführt haben.

Wird von der Argumentation der Unternehmensbewertung ausgegangen, so kann der Sachwert ein wichtiger Indikator für den Ertragswert sein, wenn der Vollreproduktionswert der vorhandenen Substanz betrachtet wird. Bei Liegenschaften handelt es sich im Normalfall um Objekte, die keinen Geschäftswert entwickeln, es gibt meistens keine besonderen Lieferantenbeziehungen, keine Mitarbeiter und nur

---

997 Dementsprechende Zu- und Abschläge in Vomhundertsätzen des Grundstückssachwertes geben Rössler/Langner/Simon/Kleiber an, die jedoch nur auf der Basis bundeseinheitlicher Auswertungen entstanden sind. Vgl. Rössler, R./ Langner, J./ Simon, J./ Kleiber, W., Grundstückswerte (1990), S. 380 f.

sehr bedingte Kundenbindungen.[998] Somit ist der Teilreproduktionswert für die Substanz ein verläßlicher Indikator des Vollreproduktionswertes. Dieser Vollreproduktionswert kann als relevanter Grenzpreis mit einem Höchst-Ertragswert gleichgesetzt werden, wenn von der identischen Rekonstruktion der Bewertungseinheit ausgegangen wird und die Annahme zutrifft, daß ein potentieller Käufer bei einem geringeren Sachwert als Ertragswert die Immobilie lieber selber erstellen würde.[999]

Demnach ist das Standardsachwertverfahren in der Lage, die gewöhnlichen Marktverhältnisse als Indikator, unter der Prämisse der Bewertung zum Vollreproduktionswert, darzustellen. Es hat seine Berechtigung als drittes Standardbewertungsverfahren, da es den konzeptionellen Ansprüchen gerecht wird, wobei zu bedenken ist, daß die Bewertung zunächst nach dem Vergleichswertverfahren oder dem Ertragswertverfahren zu erfolgen hat. Einerseits können die realisierten Verkehrswerte auf ihre Fundierung durch den wirklich bestehenden Bauzustand mit dem Standardsachwertverfahren überprüft werden, andererseits werden ausweglose Bewertungssituationen lösbar.

Die Abbildung 70 zeigt in grafischer Form den Ablauf des Standardsachwertverfahrens auf:

998 Im Gegensatz dazu kann bei Handelsimmobilien ein Geschäftswert durchaus vorhanden sein, weil besondere Kundenbeziehungen aufgebaut werden können. Diese geschäftswertbildenden Faktoren werden üblicherweise unter dem Begriff Lage subsumiert.

999 Vgl. zu dem Zusammenhang von Vollreproduktionswert, Substanzwert und Ertragswert Moxter, A., Unternehmensbewertung (1983), S. 44 ff.

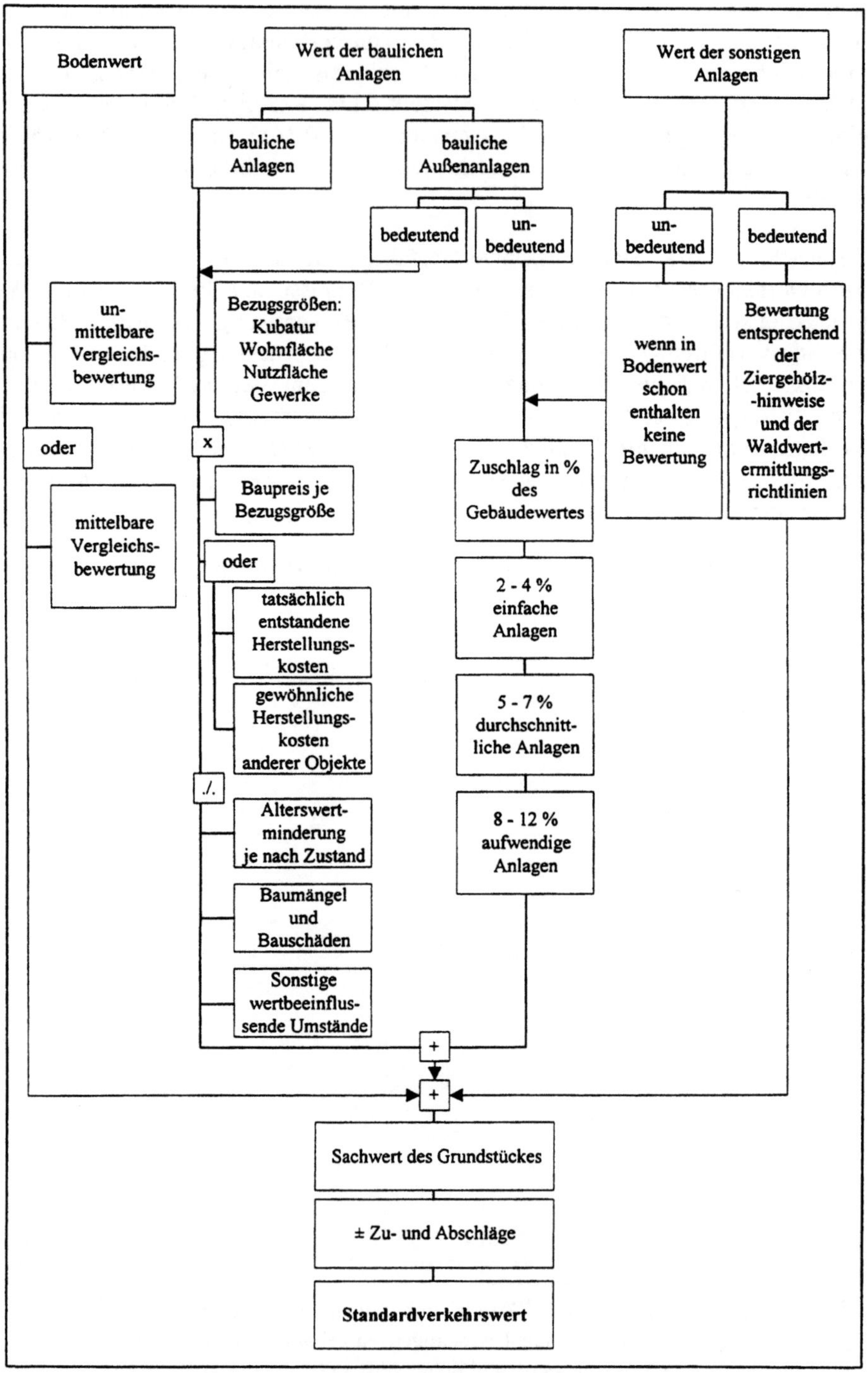

Abbildung 70: Standardsachwertbewertung.

E. Auswahl des einschlägigen Wertes

Die unterschiedlichen Standardimmobilienbewertungsverfahren Vergleichsbewertung, Ertragswertbewertung und Sachwertbewertung haben meist nicht den gleichen absoluten Betrag zum Ergebnis. Um einen möglichst aussagefähigen Wert in einer absoluten Höhe für die Bewertungsadressaten zu erhalten, muß der als einschlägig zu betrachtende Wert als Standardverkehrswert angegeben werden und demnach aus den drei vorhandenen Standardwerten abgeleitet werden.

Der Wert, der auf der Basis des Vergleichswertverfahrens entstand, ist grundsätzlich am weitestgehenden in der Lage, die Verhältnisse des Immobilienmarktes darzustellen und damit den Verkehrswert der zu schätzenden Liegenschaft abzubilden. Demnach hat dieser Wert die größte Relevanz für die Angabe des Standardverkehrswertes. Der Wert des Standardertragswertverfahrens, gleichermaßen der prognoseorientierten und der klassischen Methode, ist demgegenüber nur in der Lage, die Wertvorstellungen über die Immobilien aus den angenommenen Ertragsüberschüssen der Zukunft zu schätzen. Hierbei entfernt sich die eigentliche Bewertung von den auf den Märkten derzeit realisierten Kaufpreisen. Trotzdem kann der Standardertragswert realistischer sein als der Wert auf der Basis des Vergleichswertverfahrens, weil sich evtl. die Prognose der zukünftigen Verhältnisse des zu bewertenden Objektes noch nicht in den ausgewerteten Verkäufen der Vergleichsobjekte widerspiegelt.

Gleiches gilt für den Fall, daß die Vergleichswerte, wie auch die Ertragswerte nicht in der Lage sind, den für ein Objekt möglichen Verkehrswert zu beschreiben. Hierbei kann die Standardsachwertbewertung unter Umständen zu einem am Markt realisierbaren Wert gelangen, weil z.B. Vergleichsverkäufe in nicht genügender Zahl vorliegen, keine Vergleichbarkeit besteht oder aber die Ertragsüberschüsse nicht als nachhaltig zu beurteilen sind.

Die theoretisch mögliche Vorgehensweise der mathematischen Vermischung der unterschiedlichen Werte ist keine zielkonforme Methode, weil lediglich die schon vorhandenen Ergebnisse willkürlich gemischt werden und keine neuen Erkenntnisse in die Bewertung einfließen.

Eine pauschale Aussage über die Anordnung oder eine Reihenfolge der unterschiedlichen Wertkategorien ist nicht möglich. Je nach dem genau zu würdigenden Einzelfall ist der Standardverkehrswert mit einem der drei Wertbegriffe gleichzusetzen. Hierbei führt die Angabe der als nicht relevant erachteten Wertbegriffe zu einer Erhöhung der Informationsgüte, da die Bewertungsadressaten je nach den von ihnen verfolgten Zielsetzungen das Gewicht auf einen anderen Wertbegriff legen können.

Denkbar wäre z.B. die Angabe des Standardvergleichswertes als Standardverkehrswert unter der Bekanntgabe des Standardertragswertes und des Standardsachwertes. Ein etwaiger nur an der Rendite interessierter Investor könnte demgegenüber den Standardertragswert als wichtige wertdokumentierende Größe erachten und diesen als Standardverkehrswert betrachten.

Demnach enden die Möglichkeiten einer standardisierten Immobilienbewertung an dieser Stelle. Deshalb soll auch auf eine **zwingende Vorgabe** der Auswahl eines der Standardwerte als Standardverkehrswert **verzichtet** werden. Lediglich die Angabe eines im gewöhnlichen Geschäftsverkehr und intersubjektiv als sinnvoll erachteten Standardverkehrswertes im Rahmen der Verkehrswertgutachten, der als Auswahl einer der drei vorhandenen Standardwertbegriffe entstanden ist, führt zu einer breiten Akzeptanz der Standardimmobilienbewertung.

F. Ergebnis

Die standardisierte Immobilienbewertung baut auf den Grundsätzen der Unternehmensbewertung auf. Sie kann als ein Spezialfall der Unternehmensbewertung gesehen werden. Einige beträchtliche Unterschiede vereinfachen die Immobilienbewertung im Vergleich zu der Unternehmensbewertung. Die teilweise zahlreich vorhandenen Vergleichsliegenschaften führen zu einer Vergleichsbewertung über die auf den Immobilienmärkten realisierten Kaufpreise. Dies ist bei der Unternehmensbewertung nur in sehr begrenztem Umfang der Fall. Die Ableitung von Kapitalisierungszinssätzen über die Umkehrung des Ertragswertverfahrens kann auf üblichen Verzinsungen der direkten Vergleichsalternative Immobilieninvestition aufgebaut werden und benötigt normalerweise nicht die Verhältnisse des Kapitalmarktes. Der Ansatz von Sachwerten kann zu verwertbaren Ergebnissen führen, da im Normalfall keinerlei Geschäftswert besteht und deshalb eine Bewertung zu Vollreproduktionswerten ermöglicht wird.

Da unterschiedliche Standardbewertungsverfahren für die Immobilienbewertung angewandt werden können, wird an dieser Stelle der Verfahrensablauf bei der Ermittlung des Standardverkehrswertes und der Auswahl der Bewertungsmethoden nochmals kurz erläutert:

1. Als Ausgangspunkt bietet sich für die Bewertung eine Bewertung über den unmittelbaren Vergleich des zu schätzenden Objektes mit Vergleichsobjekten aus der Kaufpreissammlung unter Anwendung des Verfahrens der unmittelbaren Vergleichsbewertung an. Das Ergebnis ist der Standardverkehrswert, der die derzeit gültigen Marktgegebenheiten ziemlich genau abbildet.

   Sollte die unmittelbare Vergleichsbewertung nicht oder nur sehr bedingt möglich sein, weil keine direkten Vergleichsmöglichkeiten bestehen, so kann das mittelbare Vergleichsbewertungsverfahren als Bewertungsverfahren eingesetzt werden. Auf der Basis der normierten Auswertung der zu schätzenden Liegenschaft wird der Standardverkehrswert über die

Multiplikation mit den verdichteten Daten der jeweils zutreffenden Kaufpreissammlung errechnet. Hierbei kann davon ausgegangen werden, daß die Ergebnisse marktkonform sind, wenn die verdichteten Kaufpreissammlungsdaten aktuell und realistisch sind.

2. Als nächster Bewertungsschritt ist das prognoseorientierte Standardertragswertverfahren anzuwenden. Hierbei sind die Prognosephasen und die Schätzung der zukünftigen Ertragsüberschüsse sehr sorgfältig anzusetzen. Eine bedeutende Rolle kommt hierbei dem Liegenschaftszinssatz zu, der möglichst aus der Kaufpreissammlung abzuleiten ist.

   Falls die Prognosen nur unter sehr großen vereinfachenden Annahmen vorgenommen werden können und unter dem Eindruck einer willkürlichen Schätzung stehen, kann auf das klassische Standardertragswertverfahren zurückgegriffen werden. Dieses geht von einer nicht so dynamischen Umwelt wie beim prognoseorientierten Standardertragswertverfahren aus und berücksichtigt die zukünftigen Verhältnisse implizit. Die durch beide Verfahren errechneten Standardverkehrswerte können als Indikatoren für den Objekten zugeschriebene Bedürfnisbefriedigungspotentiale angenommen werden. Dadurch läßt sich der Verkehrswert der Liegenschaft auf der Basis eines Standardertragskalküles abbilden.

3. Als nächster Schritt der Bewertung ist das Standardsachwertverfahren anzuführen, welches auf der Bewertung der vorhandenen Substanz zu fortgeführten Normalherstellungskosten aufbaut. Dieses Verfahren ist im Grunde nicht in der Lage, den Verkehrswert der Liegenschaften darzustellen. Lediglich aufgrund der Annahme, daß die aufgewandten Kosten Indikatoren für die Wiederveräußerbarkeit des Objektes sind, kann der Standardverkehrswert aus dem Standardsachwert abgeleitet werden.

Die Vorgehensweise der standardisierten Immobilienbewertung wird in der Abbildung 71 nochmals grafisch dargestellt. Zu beachten ist, daß die Zuteilung von Nummern für die unterschiedlichen Bewertungsverfahren nur vorgibt, welches Bewertungsverfahren als Ausgangspunkt zunächst anzuwenden ist, wobei im Grunde alle drei Standardbewertungsverfahren zu benützen sind und alle gleichrangig nebeneinander stehen:

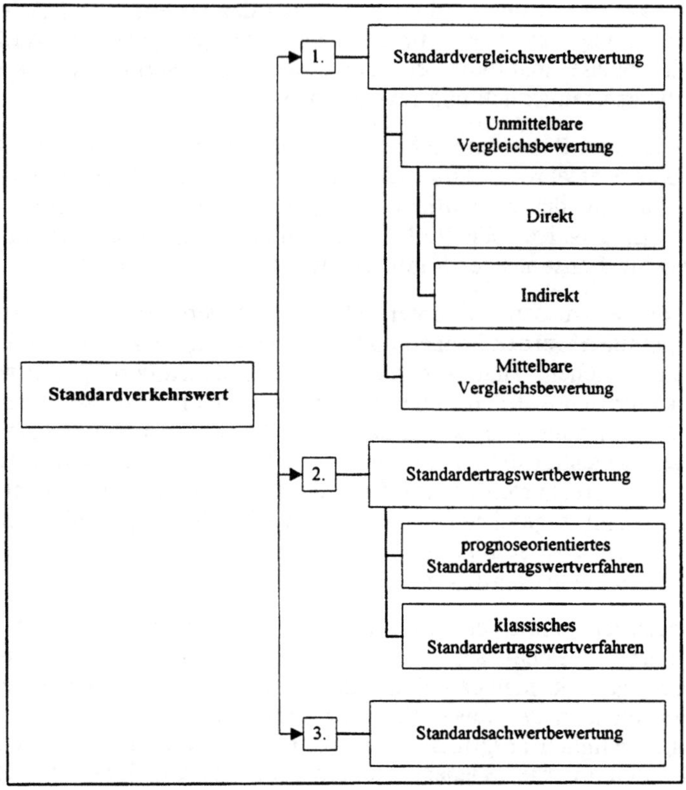

Abbildung 71: Ablaufschema der Standardimmobilienbewertung.

Mit den drei grundsätzlichen Standardbewertungsverfahren und den beiden möglichen Unterausprägungen bei der Standardvergleichsbewertung (unmittelbare und mittelbare Vergleichsbewertung) und bei den beiden Unterausprägungen der Standardertragsbewertung (klassische und prognoseorientierte Ertragsbewertung) können für sämtliche Bewertungsanlässe[1000] bewertungszweckadäquate Werte ermittelt werden,[1001] die den Kriterien zur Beurteilung von Immobilienbewertungsverfahren entsprechen.[1002] Die Standardbewertungsverfahren führen zu intersubjektiv nachvollziehbaren Verkehrswerten, die für eine Vielzahl von Laien verläßliche Grundlagen für zu treffende Entscheidungen bereitstellen.

1000 Vgl. oben: Abbildung 2: Anlässe von Immobilienbewertungen.

1001 Entsprechend sind die Ergebnisse der Musterbewertung zu interpretieren bei denen die Standardbewertungsverfahren im Verhältnis zu den anderen Bewertungsverfahrensgruppen relativ einheitliche Werte liefert, vgl. **Anhang: IV. Synoptische Gegenüberstellung der Ergebnisse der Beispiele**.

1002 Vgl. oben: Abbildung 3: Kriterien zur Beurteilung von Immobilienbewertungsverfahren.

III. Implementierung der Standardbewertungsverfahren

In diesem Abschnitt sollen konzeptionelle Möglichkeiten zur Einführung der Immobilienbewertungsverfahren diskutiert werden. Bei den angesprochenen Möglichkeiten handelt es sich um Denkansätze. Um einen weitgehenden Praxisbezug zu erreichen, werden schon bestehende Regelungen, Strukturen und Institutionen in die Betrachtungen integriert.

A. Implementierung

Unter Implementierung ist der Prozeß der organisatorischen Umsetzung und Verwirklichung eines gestaltenden gedanklichen Konzeptes zu verstehen.[1003] Die im vorherigen Teil entwickelten Standardbewertungsverfahren sollten in eine organisatorische Form umgesetzt werden, die zu einer Verwirklichung der mit den Verfahren angestrebten Standardisierung[1004] führt.

Im Rahmen der Implementierung sind unterschiedliche Strategien sowie etwaige Barrieren zu beachten. Mögliche Strategien für die Implementierung sind:

- die top-down Strategie mittels der Einführung der gedanklichen Struktur durch die Ausübung von Machtmitteln,
- die bottom-up Strategie durch die Umsetzung der gedanklichen Struktur auf der Basis eines Lernprozesses und der Identifikation der Anwender mit den Zielen des Organisationskonzeptes und
- die both-directions Strategie, die von dem evolutorischen Ansatz der Einführung der Organisationsstruktur von beiden Richtungen ausgeht und einen kooperativen Ansatz darstellt.[1005]

Implementierungsbarrieren sind Hindernisse bei der Umsetzung und Einführung der neuen Organisationsstruktur. Dies können sein:

- ressourcenbezogene,
- zeitliche und
- personale Barrieren.[1006]

1003 Vgl. Marr, R./Kötting, M., Implementierung (1992), in Frese, E. (Hrsg.), Handwörterbuch Organisation (1992), Spalte 827.

1004 Unter Standardisierung soll die Vereinheitlichung von einer Großzahl von unterschiedlichen Verfahren auf wenige, von zahlreichen Anwendern einzusetzende Verfahren verstanden werden.

1005 Vgl. Marr, R./Kötting, M., Implementierung (1992), in Frese, E. (Hrsg.), Handwörterbuch Organisation (1992), Spalten 835 f. sowie Clauss, M., Implementierung (1989).

Im Rahmen der Einführung der Immobilienbewertungsverfahren sind die ressourcenbezogenen Barrieren als gering zu betrachten, weil aufgrund des bestehenden Baugesetzbuches Gutachterausschüsse etabliert wurden. Durch die Standardimmobilienbewertung entsteht nur geringer zusätzlicher Aufwand, der im Einzelfall durch die Einführung von Vergütungen für spezielle einzelfallbezogene Auskünfte überkompensiert werden könnte. Eher problematisch sind in diesem Zusammenhang zeitliche Hindernisse, die bei der Verabschiedung von gesetzlichen Reformen immer erheblich sein können. Das bedeutendste Hindernis für die Verbreitung der Standardimmobilienbewertungsverfahren sind personale Implementierungsbarrieren. Diese äußern sich über die Akzeptanz der Bewertungsverfahren durch die Marktteilnehmer.[1007] Hierzu ist ein langwieriger Lernprozeß vonnöten, der erst als abgeschlossen zu betrachten ist, wenn die Vielzahl der Marktteilnehmer die mittels der Standardverfahren ermittelten Werte als zielkonfom ansieht.

Da die Standardimmobilienbewertungsverfahren von einer breiten Anwenderschicht benützt werden sollen und die Verfahren auch nicht-hoheitlich bedingten Bewertungsanlässen gerecht werden sollen, ist die bottom-up Implementierungsstrategie die richtige Vorgehensweise, um eine breite Akzeptanz der Bewertungsverfahren zu erreichen.

Hoheitlich bedingte Immobilienbewertungsanlässe benötigen eine Bemessungsgrundlage, die einerseits verbindlich festgelegt ist und andererseits für die unterschiedlichen Bewertungsanlässe eine rechtsstaatlichem Empfinden entsprechende "richtige" Wertgrundlage liefert.[1008] Für die Bestimmung von Bemessungsgrundlagen benötigt die öffentliche Hand demnach gesetzlich implementierte Grundlagen.

Um das Postulat der breiten Akzeptanz der Bewertungsverfahren und der Möglichkeit zur Verabschiedung einheitlicher Bemessungsgrundlagen für hoheitliche Akte gleichermaßen zu erfüllen, wird demnach ein "Mittelweg" bei der Implementierung der Standardimmobilienbewertungsverfahren benötigt. Als Strategie kann die both-directions Strategie angewandt werden, die versucht, Machtmittel als Implementierungsfaktor einzusetzen und personale Implementierungsbarrieren mittels der Suche nach individuellen Lösungen zu überwinden.

Somit besteht eine Implementierungsstrategie für die Standardimmobilienbewertungsverfahren aus zwei Teilen:

1006 Vgl. Marr, R./Kötting, M., Implementierung (1992), in Frese, E. (Hrsg.), Handwörterbuch Organisation (1992), Spalte 830 ff.

1007 Vgl. zu der personellen Komponente Clauss, M., Implementierung (1989), S. 68.

1008 Mögliche Bewertungsanlässe sind z.B. einheitswertabhängige Steuern und Enteignungsfälle.

1. Durch gesetzliche Generalnormen wird aufgrund der Machtstellung des hoheitlichen Sektors ein allgemeinverbindlicher Rahmen für die Immobilienbewertung geschaffen und

2. Durch die Ausfüllung der Generalnormen aufgrund der von den Marktteilnehmern gewünschten detaillierten Regelungen werden Standards geschaffen, die zu einer breiten Akzeptanz der Werte führen.

1. Gesetzliche Implementierung

Als hauptsächliche Immobilienbewertungsnormen bestehen in Deutschland derzeit die Wertermittlungsverordnung, das Bewertungsgesetz und das Hypothekenbankengesetz.

a) Immobilienschätzungsgesetz

Da die Wertermittlungsverordnung schon aufgrund ihrer Begründung gleiche Grundlagen und Materialien für die Wertermittlung durch amtliche und private Stellen schaffen soll,[1009] bietet sich die Stärkung der WertV zur Umsetzung der Standardimmobilienbewertung an. Die Wertermittlungsverordnung wurde von der Exekutive erlassen. Deshalb sollten künftig die reformierten Vorschriften den Charakter eines Gesetzes entfalten, das auf der Basis des förmlichen Gesetzgebungsverfahrens in bundeseinheitlicher Form entstanden ist.

Aus diesen Gründen muß für ein zu verabschiedendes Immobilienwertermittlungsgesetz ein Name gefunden werden, der einerseits dem Charakter der von der Legislative erlassenen Rechtsvorschriften entspricht und andererseits verwechslungs- und überschneidungsfrei ist. Als mögliche Bezeichnung bietet sich Wertermittlungsgesetz an. Da dieser Begriff mit dem schon bestehenden Bewertungsgesetz leicht verwechselt werden könnte, soll die Bezeichnung Immobilienschätzungsgesetz - abgekürzt mit ImmoSG - gewählt werden. Die Verwendung des Wortes "Schätzung" drückt zusätzlich die Ungewißheit der gesamten Bewertungsproblematik aus.

Für die gesetzliche Implementierung einer standardisierten Immobilienbewertung bieten sich drei Vorgehensweisen an:

1. Das Baugesetzbuch wird um zusätzliche Regelungen mit der grundsätzlichen Ausgestaltung des standardisierten Immobilienbewertungsverfahrens erweitert.

2. Der Verkehrswertbegriff wird in § 194 BauGB belassen, in dem Immobilienschätzungsgesetz wird auf diese Definition verwiesen.

3. In den einzelnen Normen, in denen auf den Verkehrswert Bezug genommen wird, wird der Standardverkehrswert im Sinne eines zu verabschiedenden Immobilienschätzungsgesetzes angesprochen. Das Bauge-

1009 Vgl. BR-Drs. 352/88, S. 30.

setzbuch erhält bei Verweisen auf den Verkehrswert im Sinne des bestehenden § 194 BauGB den Verweis auf den Verkehrswert im Sinne des zu verabschiedenden Immobilienschätzungsgesetzes, wodurch die Definition des Verkehrswertbegriffes aus dem Baugesetzbuch ausgegliedert wird.

Die erste Möglichkeit führt zu einer weiteren Aufblähung des Baugesetzbuches und ist aus Gründen der Einfachheit und Übersichtlichkeit abzulehnen. Die zweite Möglichkeit ist ebenfalls abzulehnen, da die Begriffsdefinitionen vorzugsweise mit den Bewertungsvorschriften in einem Regelungskreis zusammengehalten werden sollten. Die dritte Möglichkeit führt zu einer eigenständigen Immobilienbewertungsnorm, die mit der Definition des Verkehrswertbegriffes im Sinne des bestehenden § 194 BauGB in § 1 ImmoSG ihren Anfang findet.[1010] Hierdurch kann auf zahlreiche Querverweise verzichtet werden, wie es z.B. bei der Beleihungswertermittlung[1011] der Fall ist.

Weitere wertermittlungsrelevante Vorschriften des Baugesetzbuchs - z.B. über die Gutachterausschüsse, über die Kaufpreissammlungen und über die Bodenrichtwerte - sind in das ImmoSG zu übernehmen.

Durch die Verabschiedung des Immobilienschätzungsgesetzes und die Umgestaltung der gesamten Verweise auf das Immobilienbewertungsgesetz ist die Immobilienbewertung aufgrund der gesetzlichen Wirkung weitgehend umgesetzt. Bei einem Verzicht auf die Anpassung der zahlreichen Vorschriften, die auf den Verkehrswert Bezug nehmen, wird über den Verweis des Baugesetzbuches auf das Immobilienschätzungsgesetz die Standardimmobilienbewertung trotzdem implementiert.

b) Ausgewählte Konsequenzen des Immobilienschätzungsgesetzes

aa) Konsequenzen für die Beleihungswertermittlung

Beispielhaft soll die Vorgehensweise für die Implementierung der Standardimmobilienbewertung im Geschäftsbankensektor und deren Konsequenzen aufgezeigt werden. In den Regelungen des § 12 I HypBankG wird eine Bewertung entsprechend den dauernden Eigenschaften des Grundstücks gefordert. Detaillierte Bewertungsvorschriften werden jedoch nicht erlassen. Die Standardimmobilienbewertung könnte durch die Bezugnahme auf den Verkehrswertbegriff eines zu verabschiedenden Immobilienschätzungsgesetzes in den gesamten Geschäftsbanken-

---

1010 Als Wertbegriff soll der nach den Standardimmobilienbewertungsverfahren ermittelte Standardverkehrswert mit dem zu reformierenden Verkehrswertbegriff für die weiteren Ausführungen inhaltlich gleichgesetzt werden.

1011 Zunächst erfolgt die Bezugnahme auf den Verkaufswert des § 12 I HypBankG, der inhaltlich mit dem Verkehrswert nach § 194 BauGB identisch ist, bevor eine Bewertung nach Wertermittlungsverordnung durchgeführt wird.

sektor eingebunden werden. Als Formulierung für den Ersatz des bestehenden Absatz I und als Ersatz für den zu streichenden Absatz II des § 12 HypBankG wäre folgender Wortlaut des neuen § 12 I HypBankG zu verabschieden:

> *Der bei der Beleihung eines Grundstücks angenommene Wert des Grundstücks ist mit dem Verkehrswert im Sinne des Immobilienschätzungsgesetzes gleichzusetzen.*

Um Bewertungen entsprechend der individuellen Risikoneigung der Kreditinstitute sowie der Versicherungsunternehmen zu ermöglichen, ist in diesem Zusammenhang auch die Beleihungsgrenze des § 11 II HypBankG für Hypothekenbanken aufzuheben. Für die Hypothekenbanken müßte die Beleihungsgrenze in einem neuen § 11 HypBankG auf 100 v.H. des Beleihungswertes festgeschrieben werden, weil diese Kreditinstitute keine Personalkredite vergeben dürfen.

bb) Steuerliche Konsequenzen

- Die einheitswertabhängigen Steuern benötigen den Einheitswert der Immobilien als Bemessungsgrundlage.[1012] Der in § 9 II BewG beschriebene gemeine Wert ist inhaltlich identisch mit der Verkehrswertdefinition des § 194 BauGB. Aufgrund der identischen Definitionen muß der Begriff mit den gleichen Bewertungsverfahren ausgefüllt werden. Demnach ist es möglich, die steuerliche Immobilienbewertung mit Einheitswerten auf den Verkehrswert im Sinne des Immobilienschätzungsgesetzes abzustellen.

  Als vermeintliches Problem erweist sich die Massenhaftigkeit der Einheitswertermittlungen. Die bestehenden Methoden zur Einheitsbewertung als Massenbewertungsverfahren basieren nicht auf individuellen Verhältnissen, weil ansonsten die Durchführbarkeit der Besteuerung gefährdet würde. Dem ist entgegenzuhalten, daß die bundesweit flächendeckenden Kaufpreissammlungen leichtere und schnellere Verkehrswertermittlungen ermöglichen als künstliche und aufwendige Pauschalierungen, die darüber hinaus nicht zu einer verfassungskonformen individuellen Bemessungsgrundlage führen. Des weiteren führt der auch für die einheitswertabhängigen Steuern geltende Zwang zu aktuellen Bemessungsgrundlagen dazu, daß eine Einheitsbewertung des Grundvermögens mindestens in dem in § 21 I S. 1 Nr. 1 BewG festgelegten sechsjährigen Turnus zu erfolgen hat. Dies bedingt erheblichen Arbeitsaufwand.

  Durch den Ansatz der Standardverkehrswerte würde der Bewertungsaufwand aus den Finanzverwaltungen heraus auf die "Schultern der Steuerpflichtigen"

1012 An dieser Stelle sei neuerlich auf die Forderung nach der gänzlichen Abschaffung der einheitswertabhängigen Besteuerung und damit auch der Einheitsbewertung verwiesen. Da dies jedoch in Anbetracht der Haushaltsproblematik der öffentlichen Hände nicht zu erwarten ist, ist die Einheitsbewertung im Rahmen der Standardimmobilienbewertung zu beachten. Vgl. oben: Zweiter Teil: I. A. 5. Reformvorschläge der Einheitsbewertung.

verlagert. Die Steuerpflichtigen hätten Immobilienwerterklärungen bei der Finanzverwaltung einzureichen.[1013] Hierbei kann auf die im Rahmen der Kaufpreissammlungen bestehenden detaillierten Kenntnisse über jedes individuelle Objekt aufgebaut werden. Die darüber hinaus vorhandenen Daten der Liegenschaftsscheine führen zu einer schnellen Dokumentation der Eigenschaften und der Wertverhältnisse der Liegenschaften. Durch weitere Angaben im Rahmen der Immobilienwerterklärungen können individuelle Verhältnisse der einzelnen Objekte zusätzlich abgefragt werden.

Durch die Selbsterklärung der Steuerbemessungsgrundlagen der Steuerpflichtigen werden die Aufgaben der Finanzverwaltung auf die Überprüfung und die Auswertung der Angaben konzentriert. Hierdurch würden sich Einsparungspotentiale realisieren lassen, die zu einer Umschichtung von knappen Ressourcen führen könnten, die dann in dem Bereich der Überprüfung der Immobilienwerterklärungen vor Ort eingesetzt werden könnten.

Im Rahmen der Einheitsbewertung könnten demnach erhebliche Kostensenkungen unter der gleichzeitigen Verwendung aktueller Steuerbemessungsgrundlagen bei einer ausgedehnten Kontrolle der Besteuerungsgrundlagen realisiert werden. Die Vorschriften über die Bewertung von Grundvermögen wären aus dem Bewertungsgesetz zu entfernen und durch eine Formulierung für den zu reformierenden § 68 BewG, der den Begriff des Grundvermögens definiert, zu ersetzen. Um die grundsätzliche Bewertungsvorschrift mit dem Verkehrswert als Ersatz für § 76 BewG zu ergänzen, wird in § 68 BewG ein neuer Absatz II eingeführt:

(1) Das Grundvermögen besteht aus den Immobilien im Sinne des Immobilienschätzungsgesetzes.

(2) Die Einheitsbewertung des Grundvermögens hat nach den Grundsätzen des Immobilienschätzungsgesetzes zu erfolgen.

Der bestehende Absatz II wird zu Absatz III. Darüber hinaus würden Wertverschiebungen innerhalb der unterschiedlichen Immobilien und zwischen den unterschiedlichen Vermögensarten zügig bei der Besteuerung berücksichtigt werden. Den bestehenden Bewertungsturnus beizubehalten ist demnach nicht zielkonform, weshalb eine jährliche Pflicht zur Immobilienwerterklärung in die zu reformierenden Bewertungsabstände des Bewertungsgesetzes aufgenommen werden sollte.

- Dies ermöglicht über die aktuelle Einheitsbewertung hinaus auch die Integration der Standardimmobilienwerte in die laufende Ertragsbesteuerung. Das

---

1013 Bei etwaigen Problemen könnten diese sich sachverständiger Hilfe bedienen, wie es derzeit z.B. im Bereich der Erstellung des Jahresabschlusses von Klein- und Mittelunternehmen sehr verbreitet ist.

bestehende Realisationsprinzip des § 252 I Nr. 4 HGB verhindert den Ausweis nicht realisierter Gewinne. Die derzeitige Ertragsbesteuerung von Immobilien führt zu einer Bildung von stillen Rücklagen, wenn den Abschreibungsbeträgen keine entsprechenden Wertminderungen der Liegenschaft gegenüberstehen. Darüber hinaus werden durch die Gewährung von sofortabzugsfähigem Erhaltungsaufwand unter Beibehaltung des Abschreibungssatzes zusätzliche - im Grunde entsprechend dem wirklichen Werteverzehr zu periodisierende - Aufwandspotentiale geschaffen, die zu einer Bildung stiller Reserven führen.

Diese Problematik könnte durch die Integration der Standardimmobilienbewertung und die laufende Pflicht zur Immobilienwerterklärung aufgehoben werden, wenn folgende Punkte umgesetzt werden:[1014],[1015]

1. Die Immobilienwerte nach Immobilienschätzungsgesetz werden als Bewertungsmethoden im Sinne der Grundsätze ordnungsmäßiger Buchführung anerkannt.
2. Laufende Absetzungen für Abnutzung werden für Immobilien nicht gewährt.
3. Sollten die Immobilienwerte von einem Jahr auf das nächste gesunken sein, so kann dieser Betrag als "Aufwand für Absetzung" im Sinne des Imparitätsprinzips berücksichtigt werden.
4. Steigen die Immobilienwerte wieder bis zu den historischen Anschaffungs- oder Herstellungskosten, so ist dieser Betrag erfolgswirksam zuzuschreiben.
5. Steigen die Immobilienwerte über die historischen Anschaffungs- oder Herstellungskosten, so ist der übersteigende Betrag als eine offene Reserve ausschüttungsgesperrt solange auszuweisen, bis der Immobilienwert realisiert wird. Der etwaige Erfolg bei der Realisation ist über die erfolgswirksame Auflösung der ausschüttungsgesperrten Wertsteigerungsreserve der Besteuerung zu unterwerfen.

Diese Reformansätze mögen von weitreichender Natur sein, verbleiben jedoch im Rahmen der Betrachtungen über Neubewertungsrücklagen bei der Berücksichtigung von Inflationswirkungen durch die Rechnungslegung.[1016]

1014 Hierbei handelt es sich um Überlegungen, die auf dem Betriebsvermögen aufbauen, die jedoch inhaltlich auch auf das Privatvermögen zu übertragen sind.

1015 Auf eine detaillierte Darstellung und die Formulierung zu verabschiedender Regelungen wird verzichtet.

1016 Zu den zahlreichen Literaturstellen in bezug auf die Substanz- und Kapitalerhaltung im Rahmen der Bilanzierung sei stellvertretend verwiesen auf Schildbach, T., Substanz- und Kapitalerhaltung (1993), in Chmielewicz, K./ Schweitzer, M. (Hrsg.), Handwörterbuch Rechnungswesen (1993), Spalten 1888 bis 1901.

Für den Bereich des Privatvermögens wäre die gleiche Vorgehensweise einschlägig, die laufende Abschreibungen abschafft und nur wirklich konkretisierte Wertminderungen erfaßt. Hierzu wäre eine wertmäßige Trennung von Bauten und Boden vorzunehmen, damit die wirklichen Gebäudewertminderungen angesetzt werden können, weil reine Wertveränderungen am Vermögensstamm im Privatvermögen derzeit unbeachtlich sind. Auch hier wären Wertaufholungsgebote einzuführen, die nicht gegebene Wertminderungen erfolgswirksam rückgängig machen. Dadurch nähert sich im Grunde der Bereich des Privatvermögens dem Bereich des Betriebsvermögens an, was zu einer Art "Bilanzierung im Privatvermögen" führt.[1017],[1018]

2. Implementierung als unbestimmter Rechtsbegriff der Grundsätze ordnungsmäßiger Immobilienbewertung

a) Überblick

Die kontinuierlichen Veränderungen der Umweltgegebenheiten führen dazu, daß eine einmalige gesetzliche Umsetzung der standardisierten Bewertungsmethoden binnen kürzester Zeit zu veralteten Bewertungsmethoden führt. Demnach wären die gesetzlich verabschiedeten Standardimmobilienbewertungsverfahren laufend auf ihre Aktualität zu überprüfen und gegebenenfalls zu reformieren. Die Standardimmobilienbewertungsverfahren ausschließlich gesetzlich zu implementieren, kann deshalb nicht zu einer anhaltenden breiten Akzeptanz und damit einer wirklichen Standardisierung der Immobilienbewertung führen.

Den Gegenpol zu der ausschließlichen gesetzlichen Implementierung der Bewertungsverfahren bildet die Umsetzung in Form von unbestimmten Rechtsbegriffen. *"Der Gesetzgeber kann nicht alle Bereiche, die er zu regeln wünscht, bis ins Detail regeln. Der Grund hierfür ist nicht nur der ihm fehlende Überblick über alle möglichen Fälle, sondern auch, daß der parlamentarische Konsens für eine Vielzahl detaillierter Regelungen kaum herbeizuführen wäre. Wir finden somit Lücken im Normengefüge, die auch als "Stücke offengelassener Gesetzgebung" bezeichnet werden."*[1019]

1017 Möglich wäre die Gewährung eines Wahlrechtes bei der Abschreibung im Privatvermögen, wodurch keine Wertaufholungspflichten mit den daran anknüpfenden Steuerwirkungen entstünden.

1018 Die Arbeitsbelastung der Finanzverwaltungen und mittelbar der Gerichte würde nur dann erhöht werden, wenn die nichtrealisierten Wertsteigerungen der Besteuerung unterworfen werden.

1019 Leffson, U., GoB (1987), S. 22.

Als Grundlage für die unbestimmten Rechtsbegriffe der Immobilienbewertung kommen hierbei die nicht kodifizierten handelsrechtlichen Grundsätze ordnungsmäßiger Buchführung in Betracht. Die Bilanzierung baut auf dem Zusammenspiel der im Handelsgesetzbuch kodifizierten GoB[1020] mit den nicht kodifizierten GoB auf.[1021] Die Übertragung dieser Grundsätze auf die Immobilienbewertung kann mit dem neuen Begriff der Grundsätze ordnungsmäßiger Immobilienbewertung (GoI) umschrieben werden. Entsprechend der Diktion bei den GoB sind gesetzlich festgelegte Immobilienbewertungsvorschriften ebenfalls als Grundsätze ordnungsmäßiger Immobilienbewertung zu beurteilen.

Die Standardimmobilienbewertungsverfahren ausschließlich in den unbestimmten gesetzlich nicht festgelegten Formen eines außerrechtlichen Ordnungssystems zu belassen, kann ebenfalls nicht als zielkonform angesehen werden. Einerseits benötigt die Exekutive rechtsverbindliche und zumindest grundlegend festgelegte Bemessungsgrundlagen für die hoheitlichen Bewertungsanlässe sowie für deren gerichtliche Überprüfung. Andererseits können durch die Festschreibung von grundlegenden Bewertungsverfahren die allgemeingültigen Vorstellungen über Bewertungsmethoden als eine nachvollziehbare Grundlage für breite Anwenderschichten klar definiert und umrissen werden.

Demnach muß ein "Mittelweg" gefunden werden. Hierzu bietet sich wiederum die Bezugnahme auf die Bilanzierung nach handelsrechtlichen Grundsätzen ordnungsmäßiger Buchführung an. Entsprechend der derzeitigen Ausgestaltung der Grundsätze ordnungsmäßiger Buchführung in kodifizierte und nicht kodifizierte Normen kann für den Bereich der Immobilienbewertung eine Kombination aus

- gesetzlich festgelegten Regelungen und
- nicht gesetzlich festgelegten Grundsätzen ordnungsmäßiger Immobilienbewertung

aufgebaut werden.

In den Vorschriften des Immobilienschätzungsgesetzes sind demnach die grundlegenden Verfahrensabläufe im Sinne von Generalklauseln festzuschreiben. Darunter fallen z.B. die Ausgestaltung der Pflichtangaben für die Kaufpreissammlungen und deren Auswertungsmethoden, die Festlegung der unmittelbaren und der mittelbaren Vergleichsbewertung, die Beschreibung der Struktur des klassischen und des prognoseorientierten Standardertragswertverfahrens, sowie die

---

1020 Vgl. §§ 238 ff. HGB.

1021 Die Kodifikation von Regeln, die bereits als GoB gelten, führt zu der Abgrenzung in kodifizierte und nicht kodifizierte GoB. Der Begriff der Grundsätze ordnungsmäßiger Buchführung soll dementsprechend auf die gesamten kodifizierten und nicht kodifizierten "Buchführungsvorschriften" ausgedehnt werden. Zu dieser Betrachtungsweise vgl. Leffson, U., GoB (1987), S. 27 und Federmann, R., Bilanzierung (1994), S. 106 ff.

Festschreibung des Sachwertverfahrens auf der Basis der deutschen Industrienormen.

Um grundsätzlich rechtsverwertbare Ergebnisse sowie einheitlich nachvollziehbare Wertgrundlagen zu ermitteln, müssen die einzelnen Parameter auf der Basis allgemeingültiger Grundsätze abgeleitet werden. Hierzu kann auf unbestimmte Rechtsbegriffe Bezug genommen werden,[1022] nach denen z.B. ein anzuwendender Liegenschaftszinssatz auf der Basis von "Treu und Glauben" und mit der "im Verkehr erforderlichen Sorgfalt" aufzustellen ist.

b) Aufstellung von Grundsätzen ordnungsmäßiger Immobilienbewertung

In Bezugnahme auf die Ermittlung von GoB kann für die Ermittlung von GoI auf die beiden Grundprinzipien Induktion und Deduktion zurückgegriffen werden.

- Unter **Induktion** wird die Ableitung von Grundsätzen ordnungsmäßiger Buchführung aus dem Verhalten ehrbarer Kaufleute verstanden. Induktion ist die Aufstellung von grundlegenden Prinzipien mittels Beobachtungen und Stichproben der Realität.[1023] Grundsätze ordnungsmäßiger Immobilienbewertung können ebensowenig wie GoB logisch begründbar aus einzelnen Beobachtungen abgeleitet werden.

- Die GoI sind demnach im Wege der **Deduktion** aufzustellen. Deduktion ist die Ableitung von Grundvorstellungen und Prinzipien auf logische Aussagen. Die grundlegenden Prinzipien werden durch die aus ihnen abgeleiteten logischen Aussagen konkretisiert.[1024] Übertragen auf die Immobilienbewertung bedeutet dies, daß die grundlegenden Wertvorstellungen der Immobilienbewertungslehre durch die Ableitung in den einzelnen Grundsätzen ordnungsmäßiger Immobilienbewertung berücksichtigt und ausgefüllt werden.

Die grundlegenden Wertvorstellungen der Immobilienbewertung sind einerseits die Kriterien zur Beurteilung von Immobilienbewertungsverfahren und andererseits die im Immobilienschätzungsgesetz in den Generalklauseln festgelegten Grundannahmen über die Wertbestimmung mittels der Grundstruktur der drei Verfahrensarten Vergleichswert-, Ertragswert- und Sachwertverfahren. Die fortlaufende Weiterentwicklung der GoI ist notwendig, damit bei Wertermittlungen auf die aktuell herrschenden Verhältnisse der Immobilienmärkte reagiert werden kann. Der Grundsatz der Deduktion ist demnach für die Fortentwicklung von GoI anzuwenden.

1022 Zu der Fülle von unbestimmten Rechtsbegriffen unterschiedlicher Rechtskreise vgl. Leffson, U., GoB (1987), S. 23.

1023 Zu Induktion vgl. Leffson, U., GoB (1987), S. 29.

1024 Stellvertretend für zahlreiche Autoren vgl. Leffson, U., GoB (1987), S. 29 f. und Federmann, R., Bilanzierung (1994), S. 106 ff.

Damit jedoch auch neue Entwicklungen zügig umgesetzt werden können, sind etwaige auf den Märkten zu beobachtende Veränderungen zu beachten. Hierbei kann die Induktion verwertbare Ergebnisse liefern, wenn davon ausgegangen wird, daß eine Vielzahl der Marktteilnehmer die neuen Verhältnisse derart betrachtet, daß diese die Grundvorstellungen über die Immobilienbewertung verändern. Die Induktion kann somit als ein ergänzendes Mittel angesehen werden, die Grundsätze ordnungsmäßiger Immobilienbewertung im Hinblick auf ihren Fortbestand und etwaigen Reformbedarf zu überprüfen.

3. Fazit

Die Implementierung der Standardimmobilienbewertungsverfahren durch eine Kombination aus gesetzlicher Implementierung und der Bezugnahme auf die zu entwickelnden unbestimmten Rechtsbegriffe der Grundsätze ordnungsmäßiger Immobilienbewertung führt zu einem eigenständigen "Immobilienbewertungsrecht". Es ist flexibel und nachvollziehbar ausgestaltet. Aufgrund der deduktiven Ermittlung der "Einzelvorschriften" unter Beachtung von induktiv abgeleiteten Bestandteilen von Immobilienbewertungsverfahren können Implementierungsbarrieren zügig und unter geringem Kostenaufwand überwunden werden.

Nur mittels der Kombination aus kodifizierten und nicht kodifizierten Immobilienbewertungsgrundsätzen kann das Ziel erreicht werden, die Immobilienbewertung zu standardisieren. Die Standardisierung darf dabei jedoch nicht zum Selbstzweck erhoben werden, sondern es ist immer zu beachten, daß die Marktteilnehmer von den mittels der Standardbewertungsverfahren geschätzten Verkehrswerten abweichen können, um ihre individuellen Zielvorstellungen einzubringen.

Den Bereich der Immobilienbewertung nachvollziehbar, verläßlich, kostengünstig und aktuell zu gestalten, führt zu kontinuierlichem Anpassungs- und Reformbedarf. Die Fortentwicklung der Grundsätze ordnungsmäßiger Immobilienbewertung, z.B. die Dokumentation neuer Entwicklungen,[1025] die Überprüfung der bestehenden Wertgrundlagen, die Aufnahme und Entwicklung neuer Bewertungsverfahren, die Umsetzung andersartiger Systematisierungen von Objekten oder die Anwendungsmöglichkeiten neuartiger technischer Hilfsmittel etc., ist in Bahnen zu kanalisieren, um die Immobilienbewertung im Einklang mit den Strömungen und Veränderungen der Realität fortzuentwickeln. Diese Aufgabe sollte in einer institutionalisierten

---

1025 Hierunter fallen z.B. Entwicklungen im Bereich der Bewertung mit dem Residualverfahren, die Einbindung von Finanzplänen, Änderungen der Bauweisen, weitergehende Aufteilungen im Bereich der Wohnimmobilien in denkmalgeschützte Altbauten, luxussanierte und renovierte Altbauten, Angaben über den Energiehaushalt von Immobilien, neuartige Lagemerkmale (bebaute sanierte ehemalige Industriebrache) und die Anwendungsmöglichkeiten von Computertechnologien zur Vorhersage von Mikroklimaveränderungen bei geplanten Hochhausbauten.

Form umgesetzt werden, um die Akzeptanz der standardisierten Immobilienbewertung durch die Marktteilnehmer dauerhaft sicher zu stellen.

B. Konzeption von Institutionen

1. Überblick

Um die Grundsätze ordnungsmäßiger Immobilienbewertung aufzustellen, fortzubilden und flexibel zu erhalten, ist eine rege Diskussion zwischen bzw. innerhalb der Anwender und Adressaten der Immobilienbewertung notwendig. Darüber hinaus müssen Entwicklungen in anderen Bereichen, wie z.B. der Unternehmensbewertung oder der Bautechnik zügig in die GoI integriert werden. Die hierbei zu erwartenden zahlreichen Diskussionsbeiträge sind zu dokumentieren, zusammenzufassen und zu reflektieren, um bestehende Entwicklungen zu erkennen, unterschiedliche Ansätze zu untersuchen und um generell die bleibende Akzeptanz der standardisierten Immobilienbewertung zu erreichen. Dies kann am einfachsten über die Bildung einer Institution umgesetzt werden, die zur Aufgabe hat, die Grundsätze ordnungsmäßiger Immobilienbewertung abzuleiten, aufzustellen und fortlaufend zu betreuen. Darüber hinaus kann die Implementierungsstrategie zur Einführung der Standardimmobilienbewertung zügiger umgesetzt werden, wenn nicht erst sämtliche Bewertungskomponenten durch den langwierigen Prozeß der Durchsetzung in weiten Bereichen des Marktgeschehens auf ihren Praxisbezug getestet werden müssen, sondern wenn eine die Entwicklungen koordinierende zentrale Anlaufstelle vorhanden ist.

Die schon jetzt in der Realität zu beobachtende Tendenz zu der Bildung von "Stellen",[1026] die sich mit Fragestellungen der Immobilienwirtschaft beschäftigen und die auf einem mehr oder weniger losen Zusammenschluß von in den Immobilienmärkten agierenden (Fach-)leuten fußen, bedeutet einen Anfang zur Bildung einer mit der Immobilienbewertung betrauten Institution.[1027] Aus diesem Grunde soll zunächst auf die schon bestehenden Zusammenschlüsse der Immobilienbranche Bezug genommen werden, bevor andere Referenzsysteme der Institutionalisierung angesprochen werden.

Für die Beurteilung, ob bestehende Institutionen als mögliche Bestandteile für zu schaffende Vereinigungen herangezogen werden können, sind folgende Kriterien maßgeblich:

1026 Hierunter sind z.B. die Maklerverbände, Verbände von Hausverwaltern oder Vereinigungen der Sachverständigen zu verstehen.

1027 In den weiteren Ausführungen wird der Plural von Institution verwandt, weil in aller Voraussicht eine einzelne Institution, die unterschiedlichen Aufgabenstellungen im Rahmen des deutschen Rechtssystemes aufgrund der Trennung in privatrechtliche und öffentlich-rechtliche Organisationsformen nicht wahrnehmen kann.

- die Rechtsform der Vereinigung,
- die Mitgliedschaftsform,
- das Aufgabengebiet der Vereinigung,
- der überprüfte annähernd homogene Sachverstand der Mitglieder.

2. Referenzinstitutionen

Als mögliche Referenzinstitutionen werden herangezogen:[1028]

- Vereinigungen der Immobilienvermittlungsbranche,
- Vereinigungen der Sachverständigenbranche,
- ausländische Institutionen der Immobilienbranche,
- Vereinigungen der Steuerberatungsbranche und
- Vereinigungen der Wirtschaftsprüfungsbranche.

a) Referenzinstitutionen der Immobilienbranche

aa) Immobilienvermittlungsbranche

Im Bereich der Immobilienvermittlungsbranche bestehen in Deutschland zwei herausragende Institutionen[1029] in bezug auf Mitgliederzahl, Bekanntheitsgrad und Öffentlichkeitswirkung:

- der Ring deutscher Makler e.V. (RDM) und
- der Verband deutscher Makler für Grundbesitz und Finanzierung e.V. (VDM).

Diese beiden Immobilienmaklerzusammenschlüsse in der Rechtsform des eingetragenen Vereins haben derzeit zusammengenommen ca. 5.300 Mitglieder.[1030]

1028 Die Darstellung möglicher Referenzinstitutionen und Referenzverbände beschränkt sich auf die knappe Erläuterung der Aufgabengebiete der Institutionen, deren organisatorische Verankerung, deren Ansehen, sowie auf die Mitgliederaufnahme. Bewußt wird auf die detaillierte Darstellung der Organisationsstrukturen der einzelnen Institutionen und der Unterschiede der verschiedenen Institutionen verzichtet. Die jeweiligen Verbände und Vereinigungen werden von Mitgliedern gebildet, die sich aufgrund gleicher Erfahrungen, gleicher Berufsinhalte, und gleicher Zielsetzungen zusammengefunden haben. Deshalb bilden Ausführungen über die jeweiligen Berufe einen Bestandteil bei der Erläuterung der unterschiedlichen Zusammenschlüsse.

1029 Zu der geschichtlichen Entwicklung der Maklerverbände vgl. Falk, B., Immobilien-Handbuch (1994), I. 25.1. und I. 25.3.

Aufgrund der breiten Medienpräsenz werden diese beiden Maklervereinigungen in weiten Kreisen der Bevölkerung als Fachvertretung der Immobilienspezialisten in Immobilienbewertungsfragen angesehen.

Der Beruf der Immobilienmakler wurde in § 34 c II GewO nur mit äußerst geringen Zulassungsbeschränkungen versehen, die lediglich die Überprüfung der Zuverlässigkeit und der Vermögensverhältnisse betreffen, so daß zahlreiche nicht ausgebildete und nicht sachverständige Personen als Immobilienmakler tätig sind. Dies wirkt sich auf das Ansehen des gesamten Berufszweiges und die beiden Maklerverbände negativ aus. Nur im Rahmen der Aufnahme in den RDM wird der Kenntnisstand mittels eines Fachkundenachweises überprüft.[1031] Bei beiden Zusammenschlüssen ist die Durchführung von Fortbildungsmaßnahmen Bestandteil des Aufgabengebietes. Um das vielfach sehr negative Image der Immobilienmakler zu heben, nimmt die medienwirksame Öffentlichkeitsarbeit relativ großen Raum in der Arbeit der Verbände ein. Als Instrumente werden hierzu vor allem die Veröffentlichungen von Immobilienmarktübersichten eingesetzt. Darüber hinaus sind beide Verbände in dem Bereich der politischen Interessenvertretung, der Herausgabe von fachlichen Informationen, der Beratung von Mitgliedern in Fragen der Berufsausübung,[1032] sowie in der Überwachung von Wettbewerbsangelegenheiten aktiv.[1033]

Beide Maklerverbände nehmen Aufgaben wahr, die von den zu schaffenden Institutionen übernommen werden sollen. Deshalb ist die Frage zu beantworten, ob die Maklervereinigungen ein Grundstock für diese Institutionen sein können. Prinzipiell ist dies zu bejahen. Insbesondere die Organisationsform des eingetragenen Vereins, die einfache Mitgliederaufnahme in den Verein, die etablierten Verwaltungsstrukturen, wie auch der Aufbau der Vereine mit demokratisch zu wählenden Lenkungs- und Entscheidungsgremien, kann übernommen werden.

Da die Übernahme der Organisationsstruktur der Maklerverbände möglich ist, könnten die beiden Verbände samt Mitgliedern in die zu schaffenden Institutionen aufgenommen werden. Dies ist jedoch nicht sinnvoll, da insbesondere wegen des sehr inhomogenen Ausbildungsstandes der Mitglieder etwaige negative Imagekomponenten auf die neuen Strukturen übertragen würden. Neue, auf Akzeptanz der Marktteilnehmer angewiesene Institutionen mit bestehenden

---

1030 Stand 1.1.1994, vgl. Falk, B., Immobilien-Handbuch (1994), I. 25.1., S. 1 und I. 25.3., S. 1.

1031 Vgl. Prüfungsordnung des RDM für den Fachkundenachweis, in Wegener, U./Sailer, E. (Hrsg.), Makler und Auftraggeber (1988), Anhang 8.

1032 Vgl. Satzung des VDM § 1 und Satzung des RDM § 4.

1033 So hat z.B. der RDM Wettbewerbsregeln, sowie Geschäftsgebräuche für Gemeinschaftsgeschäfte unter Maklern verfaßt. Vgl. hierzu BAnz. 1963 Nr. 178 S. 1 f. und Seydel, H., Maklerrecht (1995), Anhang V.

Vereinigungen zu vermischen, führt zu einer Übertragung auch schlechter Imagewerte und damit zu der Gefahr geringerer Akzeptanz, weil keine Differenzierung zwischen den neuen Institutionen und den alten Verbänden möglich ist.

bb) Sachverständigenbranche

Der Begriff Sachverständiger ist ein unbestimmter Rechtsbegriff.[1034] Sachverständige lassen sich nach dem in der Praxis verwandten Grad der amtlichen Anerkennung unterscheiden in:[1035]

- freie Sachverständige,
- amtlich anerkannte Sachverständige,
- verbandsmäßig anerkannte Sachverständige und
- öffentlich bestellte und vereidigte Sachverständige.

In den weiteren Ausführungen wird nur auf öffentlich bestellte und vereidigte Sachverständige Bezug genommen, weil diese bei der öffentlichen Bestellung einen Sachkundenachweis nach § 36 I GewO zu erbringen haben.[1036] Die Industrie- und Handelskammern, die Handwerkskammern sowie die Architektenkammern sind für die Bestellung der "Sachverständigen in Immobilienfragen" zuständig.[1037]

Die Bestellung der Sachverständigen erfolgt nach der Muster-Sachverständigenordnung des Deutschen Industrie- und Handelstages vom 23. Januar 1986 (MSVO/DIHT).[1038] In den zu der MSVO/DIHT ergangenen Richtlinien zur Anwendung und Auslegung der Muster-Sachverständigenordnung des DIHT[1039] wird in § 2 Nr. 2.4. die Überprüfung der Sachkunde anhand der bundeseinheitlich durch den Arbeitskreis Sachverständigenwesen beim DIHT beschlossenen "Fachlichen Bestellungsvoraussetzungen auf dem Sachgebiet "Bewertung von bebauten und unbebauten Grundstücken""[1040] verlangt. Darüber hinaus bestimmen

---

1034 Zu dem Begriff des Sachverständigen vgl. Pause, E., Sachverständiger (1990), in Bayerlein, W. (Hrsg.), Sachverständigenrecht (1990), Rdnr. 1 ff.

1035 Vgl. Pause, E., Sachverständiger (1990), in Bayerlein, W. (Hrsg.), Sachverständigenrecht (1990), Rdnr. 20 ff.

1036 Zu den übrigen Sachverständigenarten vgl. Pause, E., Sachverständiger (1990), in Bayerlein, W. (Hrsg.), Sachverständigenrecht (1990), Rdnr. 20 ff.

1037 Vgl. Konstantinou, K., § 36 GewO (1993), S. 29.

1038 Abgedruckt in Bayerlein, W. (Hrsg.), Sachverständigenrecht (1990), Anhang 3.

1039 Vgl. Richtlinien zur Anwendung und Auslegung der Muster-Sachverständigenordnung des DIHT vom 5. Juni 1986, abgedruckt in Bayerlein, W. (Hrsg.), Sachverständigenrecht (1990), Anhang 4.

1040 Abgedruckt in Bayerlein, W. (Hrsg.), Sachverständigenrecht (1990), Anhang 7.

die "Fachlichen Bestellungsvoraussetzungen" auf dem Sachgebiet Immobilienbewertung detaillierte Vorbildungsanforderungen an zu bestellende Sachverständige.[1041]

Das Fachwissen der Sachverständigen und die Gewährleistung dieser Standards durch die Pflichten zur Fortbildung haben zur Bildung eines guten Images in der Öffentlichkeit geführt. Diese positive Einstellung auf die zu schaffenden Institutionen und deren Mitglieder zu übertragen, kann nur durch die Verabschiedung mindestens ebenso restriktiv gestalteter Zulassungsvoraussetzungen für die Immobilienbewerter verwirklicht werden.

Insbesondere die öffentliche Bestellung, die Vereidigung und der bundeseinheitliche Sachkundenachweis sowie die Verpflichtung zur Fortbildung sind ein sehr wichtiger Baustein, um Mindestqualitätsstandards bei den Immobilienbewertern zwangsweise einzuführen und damit die Akzeptanz der Bewerter wie auch ihrer Bewertungen zu erreichen.

Die öffentlich bestellten und vereidigten Sachverständigen haben sich sachgebietsübergreifend in einem Bundesverband in der Rechtsform eines eingetragenen Vereines zusammengeschlossen. Der Bundesverband öffentlich bestellter und vereidigter sowie qualifizierter Sachverständiger e.V., abgekürzt mit BVS, nimmt die Interessen seiner Mitglieder wahr. In § 2 der Satzung werden der Zweck und die Aufgaben des Vereins festgeschrieben:

"I. Der Zweck des Vereins ist es, in der Bundesrepublik Deutschland

1. alle öffentlich bestellten und vereidigten sowie vergleichbar qualifizierten Sachverständigen und deren Sachverständigenverbände zusammenzufassen;

2. den Stand dieser Sachverständigen zu wahren und zu fördern sowie für die Aus- und Fortbildung einzutreten;

3. die Interessen des Sachverständigen in rechtlicher und berufsständischer Hinsicht auf nationaler und internationaler Ebene zu vertreten.

II. Der BVS verfolgt keine politischen oder wirtschaftlichen Interessen. Er ist politisch und konfessionell unabhängig."[1042]

Die öffentliche Bestellung führt über die Vereinheitlichung eines Berufszweiges einerseits im Hinblick auf die Festschreibung von Qualitäts- und Ausbildungsstandards zu einer Festigung des Berufsbildes bei gleichzeitiger Erhaltung der

---

1041 Vgl. Fachliche Bestellungsvoraussetzungen auf dem Sachgebiet "Bewertung von bebauten und unbebauten Grundstücken" Nr. 1.

1042 § 2 Satzung BVS.

Flexibilität und andererseits zu einer Entlastung der öffentlichen Hände durch die Nutzung privater Ressourcen.[1043]

Die Abschaffung der konkreten Bedürfnisprüfung für die Bestellung als Sachverständiger hat dazu geführt,[1044] daß die Industrie- und Handelskammern den Zugang zum Sachverständigenberuf nur noch über die von Antragstellern abzulegenden Sachkundenachweise zu regeln haben. Damit übernehmen die Kammern Aufgaben einer berufsständischen Selbstverwaltungsinstitution, die im Grunde durch die Verabschiedung eines eigenen Berufsgesetzes der Sachverständigen den Kammern erst übertragen werden können.[1045]

Für den Bereich der Immobilienbewertung mittels standardisierter Bewertungsverfahren und unter kontinuierlicher Fortentwicklung der Grundsätze ordnungsmäßiger Immobilienbewertung ist das System der Bestellung vereidigter Sachverständiger anwendbar. Problematisch ist in diesem Zusammenhang jedoch, daß die Berufsbezeichnung des Sachverständigen nicht geschützt ist.[1046]

cc) Ausländische Institutionen

Als bedeutende ausländische Institutionen der Immobilienbranche sind die britische Royal Institution of Chartered Surveyors und das amerikanische Appraisal Institute anzuführen.

aaa) The Royal Institution of Chartered Surveyors

The Royal Institution of Chartered Surveyors ist im Jahre 1868 durch den Zusammenschluß von 200 in der Immobilienbranche tätigen natürlichen Personen gegründet worden. Im Jahr 1881 wurde aufgrund königlichen Erlasses das alleinige Recht der damals als Institution of Surveyors bezeichneten Vereinigung zur Organisation der Immobilienberufe übertragen.[1047] Die Mitglieder dieser Institution werden als Chartered Surveyors bezeichnet, weshalb sich der Namen in Institution of Chartered Surveyors änderte. Dies entspricht im Grunde der öffentlichen Bestellung und Vereidigung als Sachverständiger in der Bundesrepublik Deutschland. Die Institution wurde im Jahre 1921 unter die Schirmherrschaft der Krone gestellt, wodurch sich die heutige Bezeichnung Royal Institution of Chartered

---

1043 Zu der staatsentlastenden Wirkung der Nutzung privater Ressourcen vgl. Stober, R., Öffentlich bestellte Sachverständige (1991), S. 68 f.

1044 Vgl. § 36 GewO.

1045 Zu der Kompetenz zur Regelung von subjektiven Voraussetzungen der Berufsaufnahme und der Ordnung des Berufsbildes vgl. Kleiber, W., Thermometermacher (GuG 5/1992), S. 246.

1046 Vgl. Kleiber, W., Thermometermacher (GuG 5/1992), S. 241 f.

1047 Die Verleihung hoheitlicher Aufgaben wird als "Charter" bezeichnet.

Surveyors erklärt. Durch zahlreiche Fusionen mit anderen Berufsverbänden z.B. der Vereinigung der Vermessungsingenieure und dem Berufsverband der Bauingenieure wurde eine Institution für alle Immobilienberufe gebildet.[1048] Deshalb benützt das RICS für die Vielzahl der Arten von Chartered Surveyors die übergreifende Bezeichnung "The Property Profession".[1049]

Das RICS ist aufgrund der königlichen Schirmherrschaft und der ausschließlichen Berechtigung zur Organisation und Betreuung der gesamten Immobilienberufe mit einer deutschen Kammer zu vergleichen. Von besonderer Bedeutung ist hierbei, daß sämtliche mit Immobilien zusammenhängenden Berufe unter dem Dach des RICS vereinigt werden. Die Organisation des RICS ist nach den hauptsächlichen Betätigungsgebieten der Mitglieder ausgerichtet. Als Beispiele sind zu nennen:

- Commercial Property (Gewerbliche Immobilien),
- Construction (Bauwesen),
- Infrastructure (Vermessungswesen, Raumplanung und Infrastruktur),
- Minerals (Bodenschätze),
- Residential Property (Immobilien für Wohnzwecke),
- Rural Property (Argrarwesen).[1050],[1051]

Über diese marktorientierte Einteilung in Hauptbereiche hinaus bestehen 40 unterschiedliche Abteilungen für die Facharbeit.[1052] Des weiteren verfügt das RICS

1048 Vgl. The Royal Institution of Chartered Surveyors (Hrsg.), Service to the public for over 200 years (1995), S. 1.

1049 Vgl. The Royal Institution of Chartered Surveyors (Hrsg.), Chartered Surveying (1995).

1050 Vgl. The Royal Institution of Chartered Surveyors (Hrsg.), RICS Professional Services (1995).

1051 Bis einschließlich 1994 war das RICS und die Zugehörigkeit seiner Mitglieder in sieben Divisions unterteilt, die an dieser Stelle angeführt werden, da diese Einteilung die unterschiedlichen Berufsbilder besser abbildet, als die seit 1995 gültige Einteilung in Marktbereiche:
- General Practice (Allgemeines),
- Building Surveying (Baukostenplanung,- beratung und -überwachung),
- Land and Hydrographic Survey (Landvermessung),
- Minerals Surveying (Unter-Tage-Vermessung),
- Planning and Development (Raumplanung),
- Quantity Surveyors (Bauingenieurwesen),
- Rural Practice (Agrarwesen).

Vgl. The Royal Institution of Chartered Surveyors, Information and Statistics (1994), in Cambridge Market Intelligence (Hrsg.), Carreer Guide (1994), S. 30.

1052 Vgl. Pattison, M., History (1994), in Cambridge Market Intelligence (Hrsg.), Carreer Guide (1994), S. 4.

über eine Bibliothek, einen Verlag, eine Fachbuchhandlung und zahlreiche weitere Einrichtungen.[1053]

Die satzungsbedingten Hauptaufgaben des RICS sind vornehmlich:

- Education and Training;
- Definition and Control of Professional Conduct;
- Promotion of the Profession.[1054]

Demnach hat das RICS ein breites Aufgabengebiet, das sich von der Aus- und Fortbildung, über die Definition von Standesregeln und deren Einhaltung bis zur generellen Förderung des gesamten Berufszweiges, zur Stellungnahme zu Gesetzesvorlagen und zum Lobbyismus erstreckt.[1055]

Das RICS und deren Mitglieder erfahren ein sehr hohes Ansehen in der Öffentlichkeit. Ihnen wird überragende Kompetenz in sämtlichen Fragen der Immobilienwirtschaft zugesprochen, da für die Aufnahme in das RICS äußerst hohe Anforderungen zu erfüllen sind. So ist eine vom RICS zugelassene akademische Ausbildung in einem immobilienrelevanten Beruf neben einer praktischen Tätigkeit bei einem RICS-Mitgliedsunternehmen Voraussetzung, um als Anwärter für die Vollmitgliedschaft zu der Aufnahmeprüfung[1056] zugelassen zu werden.[1057] Bei erfolgreichem Absolvieren der Prüfung darf der Anwärter die Bezeichnung ARICS für Associate of RICS führen.[1058] Nach weiteren zwölf Jahren praktischer Tätigkeit oder nach fünf Jahren in verantwortlicher Leitung eines Privatunternehmens darf der ARICS einen Antrag auf Wechsel der Mitgliedschaft zum Vollmitglied, dem Fellow of RICS (FRICS) stellen.[1059] Darüber hinaus haben sämtliche Anwärter und

---

1053 Hierunter fällt z.B. ein Konferenzveranstaltungsbüro, eine Personalberatung und eine Adressbörse für Kundenanfragen. Vgl. The Royal Institution of Chartered Surveyors (Hrsg.), Service to the public for over 200 years (1995), S. 2 ff.

1054 Diese drei Hauptaufgaben werden über die Auslegung der Section 3 of the Supplemental Charter 1973 des RICS definiert. Vgl. The Royal Institution of Chartered Surveyors (Hrsg.), The Institution (1995), S. 4 ff.

1055 Vgl. The Royal Institution of Chartered Surveyors (Hrsg.), The Institution (1995), S. 4 ff.

1056 Diese wird als Assessment of Professional Practice bezeichnet.

1057 Vgl. Bull, S., How to qualify (1994), in Cambridge Market Intelligence (Hrsg.), Carreer Guide (1994), S. 57.

1058 Vgl. The Royal Institution of Chartered Surveyors (Hrsg.), The Chartered Surveyor Rule Book, London 1995, Bye-Law 13 (1) (b).

1059 Vgl. The Royal Institution of Chartered Surveyors (Hrsg.), The Chartered Surveyor Rule Book, London 1995, Bye-Law 13 (1) (a).

Mitglieder als kontinuierliche Voraussetzung absolvierte Fortbildungsmaßnahmen von mindestens 60 Stunden in den jeweils letzten drei Jahren nachzuweisen.[1060]

In Großbritannien gibt es neben den im Rahmen des RICS vereinheitlichten Berufen den "freien" Beruf des Immobilienmaklers. Dementsprechend ist ein inhomogener Ausbildungsstand der Makler zu verzeichnen. Die als Estate Agents bezeichneten Makler haben ein relativ geringes Ansehen in der Öffentlichkeit. Demgegenüber werden Immobilienmakler, die zugleich Mitglied des RICS sind, als hochqualifizierte Immobilienspezialisten angesehen. Die freiwillige Mitgliedschaft in der Berufsvereinigung RICS für nicht gesetzlich geregelte Berufe, wie z.B. Immobilienmakler, führt zu einer deutlichen Verbesserung des Ansehens des einzelnen Berufsausübenden. Die Mitgliedschaft im RICS kann somit als ein Gütezeichen betrachtet werden, das für den Erfolg auf den Märkten sehr bedeutend ist. Deshalb hat das RICS mit nahezu 92.000 Mitgliedern[1061] nicht nur zu einer Harmonisierung der Ausbildung, sondern auch zur Etablierung von Qualitätsstandards geführt.

Das RICS kann mit einer deutschen Berufskammer öffentlichen Rechts, z.B. der Steuerberaterkammer, aufgrund der Pflichtmitgliedschaft, der Aufgabenstellung und der Übernahme von hoheitlichen Aufgaben[1062] verglichen werden. Aus diesem Grunde kann für die zu schaffenden Institutionen ebenfalls die Rechtsform einer Kammer gewählt werden. Die ausschließliche Beschränkung auf die Schaffung einer Kammer der Immobilienberufe genügt jedoch nicht, weil es sich bei Kammern um öffentlich-rechtliche Institutionen der beruflichen Selbstverwaltung handelt, denen nur ein begrenztes Betätigungsspektrum offen steht.[1063]

Die Mitgliedschaft in den zu etablierenden deutschen Institutionen sollte die gleichen Wirkungen wie ein Mitgliedschaft im RICS entfalten, um mittels der Durchsetzung des Gütezeichens des Immobilienfachmannes "schwarze Schafe" aus dem Markt zu halten, beziehungsweise zu verdrängen. Insbesondere die Verabschiedung von Anforderungen an die Sachkunde der Mitglieder und die Pflicht zur ständigen Fortbildung, sowie die Vereinigung unterschiedlicher Berufe unter dem Dach einer in der Öffentlichkeit präsenten Interessenvertretung stellen wichtige Bausteine auf dem Weg zu einer Professionalisierung auf dem Immobiliensektor dar.

1060 Vgl. The Royal Institution of Chartered Surveyors (Hrsg.), The Chartered Surveyor Rule Book, London 1995, Regulations in connection with Bye-Law 19, Regulation 22 (5) (ii).

1061 Vgl. The Royal Institution of Chartered Surveyors, Information and Statistics (1994), in Cambridge Market Intelligence (Hrsg.), Carreer Guide (1994), S. 30.

1062 Die Übernahme hoheitlicher Aufgaben beschränkt sich nicht nur auf die Überwachung des Berufszweiges Surveyor, sondern erstreckt sich auch auf die Übernahme von gesetzgeberischen Aufgaben durch Bestellung der Regierung. So wurde das RICS im Zuge der Anerkennung von Berufsqualifikationen anderer Staaten als zuständige Behörde für Immobilienberufe bestellt. Vgl. Morgan, J., Immobilienbewertung (Der langfristige Kredit 12/1989), S. 382.

1063 Vgl. unten: Vierter Teil: III. B. 2. b) aa) Steuerberatungsbranche.

bbb) American Institute of Real Estate Appraisers

Anders als das RICS vereinigt das American Institute of Real Estate Appraisers (AIREA oder Appraisal Institute) nicht sämtliche Immobilienberufe unter einem Dach. Das AIREA ist der weltgrößte Zusammenschluß von Immobilienbewertern mit ca. 12.000 Mitgliedern in den USA.[1064] Nach einer Fusion mit der ebenfalls während der großen Depression in Amerika gegründeten Society of Real Estate Appraiser wurde das Appraisal Institute zum alleinigen Sammelbecken der amerikanischen Immobilienbewerter. Heutzutage ist das AIREA in der Rechtsform einer "Not For Profit Corporation" nach dem Recht des Staates Illinois organisiert.[1065]

Innerhalb des Appraisal Instituts besteht keine Pflichtmitgliedschaft, weil keine hoheitlichen Aufgaben übertragen wurden. Trotzdem hat diese Vereinigung der Immobilienbewerter über restriktive Aufnahmevoraussetzungen und den Zwang zu kontinuierlicher Fortbildung[1066] große Wirkung auf die gesamte Immobilienbewertungsbranche entfaltet.

Zusätzlich zu den Members of Appraisal Institute (MAI) sind in den USA - vergleichbar zu der Bundesrepublik Deutschland - öffentlich bestellte und vereidigte Sachverständige im Bereich der Immobilienbewertung tätig.[1067] Diese verfügen über einen äußerst inhomogenen Wissensstand, weil keine einheitlichen fachlichen und persönlichen Bestellungsvoraussetzungen bestehen. Dies führt dazu, daß die Members of Appraisal Institute als die am höchsten qualifizierten Immobiliensachverständigen angesehen werden. Diese werden als qualifizierte Sachverständige auf breiter Front anerkannt und, sollten sie ebenfalls state certified oder state licensed sein, immer häufiger als Gerichtssachverständige und für Bewertungen von Bundesimmobilien herangezogen.[1068]

Die Hauptaufgaben des Appraisal Institutes sind:

- der Öffentlichkeit zu dienen;
- Minimalstandards im Hinblick auf die Berufsausübung des Immobilienbewerters zu setzen;
- Standesregeln aufzustellen, fortzuentwickeln und zu überwachen;
- den Wissensstand der Immobilienbewertungsbranche zu dokumentieren;

1064 Vgl. Appraisal Institute (Hrsg.), Real Estate Decisions (1995), S. 3.

1065 Vgl. Article II S. 1 Appraisal Institute Bylaws.

1066 Vgl. Article IV Section 3. Appraisal Institute Bylaws.

1067 State licensed und state certified sind die entsprechenden amerikanischen Bezeichnungen.

1068 Vgl. Appraisal Institute (Hrsg.), Opportunities (1995), S. 2.

- Ausbildungsstandards für Immobilienbewerter zu entwickeln und zu veröffentlichen;
- auf dem Gebiet der Immobilienbewertung zu forschen und neue Erkenntnisse zu publizieren;
- Verbindungen zu öffentlichen Stellen, Verbänden und politischen Institutionen zu halten;
- die Immobilienbewerter im Rahmen ihrer Facharbeit und in organisatorischen Dingen zu unterstützen;
- Veranstaltungen, wie z.B. Kongresse, Seminare abzuhalten und Prüfungen durchzuführen.[1069]

Die Aufnahme als MAI in das AIREA stellt besondere Anforderungen an die Bewerber. Als Grundvoraussetzung muß ein Bewerber über einen tadellosen Charakter und Leumund verfügen, der einer Überprüfung durch das sog. Investigative Team unterworfen wird.[1070] Daraufhin werden die Vorbildungsvoraussetzungen überprüft. Als Vorbildung ist mindestens der undergraduate-Abschluß eines vom AIREA zugelassenen College-Curriculums vorzuweisen. Als Zeitraum der Ausbildung sind mindestens vier Jahre vorgeschrieben.[1071] Erfüllt der Bewerber diese Voraussetzungen, so wird er als MAI-Kandidat geführt. Innerhalb eines Zeitraumes von fünf Jahren hat der MAI-Kandidat sämtliche für die Aufnahme als Member des Appraisal Institutes notwendigen Prüfungen zu bestehen.[1072] Darüber hinaus hat der MAI-Kandidat eine mindestens 4.500 Arbeitsstunden[1073] umfassende praktische Immobilienbewertungstätigkeit bis zum Ende der Kandidatur nachzuweisen.[1074] Nach erfolgreich abgelegten Prüfungen und dem erbrachten Praxisnachweis wird der MAI-Kandidat als MAI geführt.

Dem AIREA gelingt es nicht, in sämtlichen Bereichen der Immobilienbewertung einheitliche Standards zu verankern. Als wichtiger Baustein auf dem Weg zu einer Konkretisierung des Berufsbildes und der Aufstellung einheitlicher Standesregeln und damit einheitlicher Bewertungsgrundsätze hat das Appraisal Institute zur Erhöhung der Markttransparenz beigetragen. Die Etablierung eines in der Öffentlichkeit angesehenen Berufsbildes des Appraisers und die Vereinheitlichung des Berufszweiges Immobilienbewerter bei gleichzeitiger Ausgrenzung nicht geeigneter

---

1069 Vgl. Article II S. 2 Appraisal Institute Bylaws.

1070 Vgl. Chapter 4. Article I Appraisal Institute Regulation No. 1.

1071 Vgl. Chapter 4. Article II Section 1. Appraisal Institute Regulation No. 1.

1072 Vgl. Chapter 4. Article III S. 1. Appraisal Institute Regulation No. 1.

1073 Laut dem MAI Admissions Procedure Manual sind mindestens 3 Jahre praktische Arbeit notwendig, um 4.500 Stunden angerechnet zu erhalten. Vgl. Appraisal Institute (Hrsg.), MAI Admissions Procedure Manual, Chicago 1993, S. 17.

1074 Vgl. Chapter 4. Article III Part D. Appraisal Institute Regulation No. 1.

vermeintlicher Fachleute kann ohne die Unterstützung von öffentlicher Seite nicht binnen absehbarer Zeit von Erfolg gekrönt sein. Aus diesem Grunde sind die Bestrebungen des Federal Real Property Appraisal Commitee (FIRPAC) zur Vereinheitlichung der staatlichen Immobilienbewertung positiv zu beurteilen. In diesem Zusammenhang kann das AIREA wichtige Aufgaben zur Aufstellung von allgemeingültigen Bewertungsstandards übernehmen und damit für den Bereich der hoheitlich bedingten Immobilienbewertungsanlässe als eine Kammer der Immobilienbewerter fortentwickelt werden.

b) Referenzinstitutionen der beratenden und prüfenden Berufe

Weitere mögliche Referenzinstitutionen bestehen z.B. im Bereich der Unternehmensberater, der beratenden Ingenieure, der Steuerberater und der Wirtschaftsprüfer. In sämtlichen Berufsgruppen waren Bestrebungen zur Schaffung von Berufsvereinigungen auf freiwilliger Basis vorhanden, die inzwischen realisiert wurden.[1075]

Aufgrund der gesetzlich festgelegten Zugangsvoraussetzungen in die Berufszweige Steuerberatung und Wirtschaftsprüfung, der geschützten Berufsbezeichnungen, des gesetzlich definierten Berufsbildes und des gesellschaftlich hohen Ansehens der beiden Berufsgruppen werden die in diesen Branchen freiwillig etablierten und die gesetzlich vorgeschriebenen Berufsvereinigungen kurz betrachtet.

aa) Steuerberatungsbranche

Durch das am 01.11.1961 in Kraft getretene Steuerberatungsgesetz[1076] wurde die Zersplitterung des Rechts der steuerberatenden Berufe in den unterschiedlichen Bundesländern der Bundesrepublik Deutschland aufgehoben.[1077] Durch die Einführung einer bundeseinheitlichen Befugnis zur Hilfeleistung in Steuersachen wurde das Berufsbild des Steuerberaters abschließend definiert[1078] und der Zugang zu dem Beruf nach den bundeseinheitlichen Vorschriften der §§ 35 ff. StBerG geregelt.

Zwangsweise bilden die Steuerberater eine Berufskammer (§ 73 StBerG). Diese wird als Steuerberaterkammer bezeichnet und für den Bereich eines Oberfinanzbezirkes gebildet.

1075 So gibt es z.B. den Verband deutscher Unternehmensberater e.V., den Verband beratender Ingenieure e.V., den Deutschen Steuerberaterverband e.V. und das Deutsche Institut der Wirtschaftsprüfer e.V.

1076 Gesetz über die Rechtsverhältnisse der Steuerberater und Steuerbevollmächtigten in der Fassung der Bekanntmachung vom 16. August 1961, BGBl. I 1961, S. 1301.

1077 Vgl. dazu auch Pausch, A./Kumpf, J., Illustrierte Geschichte (1986), S. 358 ff.

1078 Vgl. § 2 i.V.m. § 32 StBerG.

Historisch betrachtet, entsprach die Zwangsmitgliedschaft in einer Berufskammer den Wünschen zahlreicher in der Steuerberatung tätiger Personen.[1079] Dies läßt sich nach der zwangsweisen Auflösung der 1943 entstandenen Reichskammer der Steuerberater aufgrund der zahlreichen Gründungen von Vereinigungen erklären, die teilweise auf Zwangsmitgliedschaften basierten und teilweise auf freiwilliger Mitgliedschaft in den unterschiedlichen Besatzungszonen entstanden.[1080] Teilweise wurden öffentlich-rechtliche Kammern gebildet oder aber auf pragmatische Art die Bezeichnung "Kammer" für eingetragene Vereine der Steuerberatenden gewählt.[1081]

Die Aufgaben der Steuerberaterkammern werden in § 76 StBerG definiert. Das Dachorgan der einzelnen Steuerberaterkammern ist die Bundessteuerberaterkammer. Sie ist eine Körperschaft des öffentlichen Rechts.[1082] Da die Bundessteuerberaterkammer von übergeordneter Stellung ist, wird sie schon von Gesetzes wegen mit der Betreuung übergreifender für den gesamten Berufsstand relevanter Fragestellungen betraut. Als Beispiele sind zu nennen:[1083]

- Feststellung der Auffassung der Mehrheit der Berufskammern in Fragen von Bedeutung für die Gesamtheit der Berufskammern;
- Erlaß und Änderung der Berufsordnung;
- Aufstellung von Richtlinien der Fürsorgeeinrichtungen der Berufskammern;
- Bekanntmachung der Auffassung der Bundessteuerberaterkammer in allen die Gesamtheit der Berufskammern betreffenden Fragestellungen gegenüber Behörden und Gerichten;
- Vertretung der Gesamtheit der Berufskammern gegenüber Behörden und Organisationen;
- Erstattung von Gutachten für an der Gesetzgebung beteiligte Stellen und für Bundesgerichte;
- Förderung der beruflichen Fortbildung.

Durch die Verkammerung des Steuerberatungswesens wurden zahlreiche Aufgaben, die bis dahin von freiwilligen Berufsvereinigungen übernommen wurden, per Gesetz auf die Kammern übertragen. Insbesondere die berufspolitische Interessenvertretung

---

1079 Zu der Entwicklung der Steuerberatung, der historischen Beschreibung des Berufsbildes und den vor der Gründung der Bundesrepublik gültigen Zulassungsvorschriften und den damals etablierten Berufsvereinigungen vgl. Pausch, A./Kumpf, J., Illustrierte Geschichte (1986).

1080 Vgl. Pausch, A./Kumpf, J., Illustrierte Geschichte (1986), S. 312 f.

1081 Vgl. Pausch, A./Kumpf, J., Illustrierte Geschichte (1986), S. 312.

1082 Vgl. § 85 StBerG.

1083 Vgl. § 86 II StBerG.

kann aufgrund des öffentlichen Auftrages nicht von den Kammern übernommen werden. Die Steuerberaterkammern haben sich auf die mit der Gründung verfolgten Zwecke und die dadurch bedingten Aufgaben zu beschränken, da darüber hinaus gehende Aktivitäten einen rechtswidrigen Eingriff in die Freiheitsrechte ihrer Mitglieder bedeuten.[1084] Deshalb besteht weiterhin Bedarf für privatrechtliche Zusammenschlüsse.

Im Dezember 1962 wurde nach einer Arbeitssitzung der Bundeskammer der Steuerbevollmächtigten[1085] mit dem Bundesverband der Steuerbevollmächtigten folgende Abgrenzung der Aufgabengebiete beider Institutionen gefunden:

> *"Die Bundeskammer und die regionalen Berufskammern haben in erster Linie die Aufgabe der Berufsaufsicht und können sich mit der Förderung aller jener Dinge befassen, die dem Berufsstand als Ganzes dienen. Der Bundesverband und die Landesverbände haben in erster Linie die Aufgabe der Unterstützung des einzelnen Kollegen und der Hilfestellung bei allen Schwierigkeiten, denen er gegenübergestellt werden kann. Sie sind ausschließlich berechtigt, Maßnahmen durchzuführen, die nur einem kleineren Kreis von Kollegen zugute kommen ... ".*[1086]

Eine ähnliche Übereinkunft trafen 1965 die Bundessteuerberaterkammer und der Bundesverband der Steuerberater:

> *"Der Bundessteuerberaterkammer als unmittelbarer Körperschaft des öffentlichen Rechts obliegt nach § 43 StBerG die Wahrung und Förderung der Belange des Berufs für das gesamte Bundesgebiet und die Vertretung des Berufs gegenüber den Bundesorganen. Daraus ergibt sich als primäre Aufgabenstellung der Bundessteuerberaterkammer die Bearbeitung berufspolitischer, berufsrechtlicher und berufsständischer Fragen. Dem Bundesverband der Steuerberater e.V. als freier Berufsorganisation obliegt nach seiner Satzung die Wahrung und Vertretung der berufspolitischen, beruflichen und sozialen Interessen der Steuerberater."*[1087]

Nach zahlreichen Zusammenschlüssen[1088] haben sich zwei regional übergreifende freiwillige Berufsvereinigungen herausgebildet, die vor allem die politische

---

1084 Zu dem zulässigen Umfang der Betätigung der Steuerberaterkammern vgl. Endriss, W., § 86 StBerG (1994), in Peter, K. (Hrsg.), StBerG (1994), Rdnr. 1 f. und 8 f. und das Werk von Schulte, C., Aufgabenbereich der Steuerberaterkammern (1987).

1085 Die Ausführungen beziehen sich auf den Zeitraum vor der Etablierung des Einheitsberufes der Steuerberater und Steuerbevollmächtigten. Vgl. zu der Entwicklung des Einheitsberufes Pausch, A./Kumpf, J., Illustrierte Geschichte (1986), Dritter Teil III.

1086 Mitteilungen des Bundesverbandes der Steuerbevollmächtigten e.V. und seiner Mitgliedsverbände, in Die Steuerberatung, 1963, S. 22.

1087 Allgemeine Bekanntmachungen der Bundessteuerberaterkammer, in Amtliche Mitteilungen der Bundessteuerberaterkammer 1/1966, S. 1.

1088 Zu den Zusammenschlüssen der freiwilligen Berufsvereinigungen vgl. Pausch, A./ Kumpf, J., Illustrierte Geschichte (1986), S. 387 f. und S. 416 f.

Interessenvertretung und die fachliche Arbeit zur Aufgabe haben. Dies sind der Bundesverband der Steuerberater e.V. und der Deutsche Steuerberaterverband e.V.[1089]

Die Übertragung der Organisationsformen der steuerberatenden Berufe auf die zu gründenden Institutionen der Immobilienwirtschaft ist möglich. Insbesondere der zweistufige Aufbau von einzelnen Berufskammern in den Regionen mit der Aufgabe zur Unterstützung der Steuerberater im täglichen Geschäft, in Kombination mit einer Dachorganisation, die grundlegende Fragestellungen bearbeitet, kann für die Immobilienwirtschaft übernommen werden.

bb) Wirtschaftsprüfungsbranche

Bedingt durch zahlreiche Unternehmenszusammenbrüche, vornehmlich im Zusammenhang mit der Weltwirtschaftskrise 1929, sah sich der Gesetzgeber gezwungen, Aktiengesellschaften und Wirtschaftsbetriebe der öffentlichen Hand einer Pflichtprüfung zu unterwerfen.[1090] Da in diesem Zusammenhang die schon etablierten Bücherrevisoren mit ihren freiwilligen Kontrollen und die Aufsichtsräte mit ihren Kontrollpflichten versagt hatten, wurde der neue Berufszweig der "Wirtschaftsprüfer" geschaffen, dem ausschließlich die Befähigung zur Durchführung der Prüfungen zugesprochen wurde.[1091]

Mit der Verordnung vom 15. Dezember 1931[1092] wurde die Hauptstelle der öffentlich bestellten Wirtschaftsprüfer gebildet, die als Aufgabe reichseinheitliche Grundsätze für die Prüfung, die Bestellung und die Überwachung der öffentlich bestellten Wirtschaftsprüfer zu erarbeiten und umzusetzen hatte. Die Mitgliedschaft der Wirtschaftsprüfer und Wirtschaftsprüfungsgesellschaften war für den kurzen Zeitraum von 1931 bis 1933 freiwillig.[1093] Da das "Institut der Wirtschaftsprüfer" (IDW) als alleinige Berufsorganisation des Wirtschaftsprüfungswesens mit der Ermächtigung ausgestattet wurde, die berufliche Selbstverwaltung und die sich hieraus ergebenden öffentlichen Aufgaben wahrzunehmen, hat sich der Charakter

---

1089 Der größte Zusammenschluß der steuerberatenden Berufe ist der Deutsche Steuerberaterverband e.V., vgl. Deutscher Steuerberaterverband e.V., Geschäftsbericht 1994 (1995), S. 26.

1090 Vgl. Artikel VI der Verordnung des Reichspräsidenten über Aktienrecht, Bankenaufsicht und eine Steueramnestie vom 19. September 1931, RGBl. 1931 I, S. 498.

1091 Vgl. Artikel 5 der Ersten Verordnung zur Durchführung der aktienrechtlichen Vorschriften der Verordnung des Reichspräsidenten über Aktienrecht, Bankenaufsicht und eine Steueramnestie vom 15. Dezember 1931, RGBl. 1931 I, S. 761.

1092 Vgl. Anlage der Ersten Verordnung zur Durchführung der aktienrechtlichen Vorschriften der Verordnung des Reichspräsidenten über Aktienrecht, Bankenaufsicht und eine Steueramnestie vom 15. Dezember 1931, RGBl. 1931 I, S. 761 ff.

1093 Vgl. Dieterich, W., Berufsstand (WPg 19/20/1956), S. 454.

der Mitgliedschaft gewandelt. Darüber hinaus war das IDW die alleinige Stelle, welche die Angelegenheiten der Facharbeit und der Interessenvertretung der Wirtschaftsprüfer übernommen hat.[1094]

Das Wirtschaftsprüfer-Handbuch definiert das Institut der Wirtschaftsprüfer in der Zeit vor der Errichtung der Reichskammer der Wirtschaftstreuhänder als Pflichtorganisation der Wirtschaftsprüfer mit öffentlich-rechtlichem Charakter.[1095] Ihren Schlußpunkt fand die Entwicklung in der Reichskammer der Wirtschaftstreuhänder.[1096] Nach dem Krieg wurden aus dem Bedürfnis nach demokratischen Selbstverwaltungsorganen des Berufsstandes zahlreiche Berufsvereinigungen, Kammern, Zulassungs- und Prüfungsausschüsse neu gegründet. Insbesondere die einheitliche Berufsordnung vom 20. Dezember 1946 für die britische Besatzungszone führte zu der Gründung einer Hauptkammer der Wirtschaftsprüfer und vereidigten Buchprüfer.[1097]

Darüber hinaus wurden zahlreiche freiwillige Berufsvereinigungen gegründet, welche die Wahrnehmung fachlicher Aufgaben übernommen haben. Als herausragender Verband wurde das 1946 wiedergegründete Institut der Wirtschaftsprüfer Sammelbecken für die Facharbeit und Kristalisationspunkt für die Bestrebungen nach einem einheitlichen Berufsrecht.[1098] Damit war eine bundeseinheitliche freiwillige Berufsvereinigung gebildet worden, der zum 01.09.1956 93 % der öffentlich bestellten Wirtschaftsprüfer angehörten.[1099]

Die Zersplitterung der unterschiedlichen Regelungen der Wirtschaftsprüfungsbranche fand ihren Schlußpunkt mit der Verabschiedung der bundeseinheitlichen Wirtschaftsprüferordnung im Jahre 1961. Hierin wird die zwangsweise Bildung einer Wirtschaftsprüferkammer in § 4 WPO für die Erfüllung der beruflichen Selbstverwaltungsaufgaben in der Rechtsform einer Körperschaft öffentlichen Rechts vorgeschrieben, bei der jeder Wirtschaftsprüfer nach § 58 WPO zwangsweise Mitglied wird.[1100]

Die Hauptaufgaben der Wirtschaftsprüferkammer werden in § 57 WPO festgeschrieben. Sie übernimmt grundlegende Aufgaben der beruflichen Selbstverwaltung, die für die Gesamtheit ihrer Mitglieder von Bedeutung sind. Da sie einen

---

1094 Vgl. Meisel, B., Geschichte (1992), S. 204.

1095 Vgl. Institut der Wirtschaftsprüfer in Deutschland e.V. (Hrsg.), Wirtschaftsprüfer-Handbuch Band I (1992), S. 85.

1096 Vgl. Meisel, B., Geschichte (1992), S. 212 ff. und S. 235 ff.

1097 Vgl. Meisel, B., Geschichte (1992), S. 241.

1098 Vgl. Meisel, B., Geschichte (1992), S. 241.

1099 Vgl. Dieterich, W., Berufsstand (WPg 19/20/1956), S. 456.

1100 Der Mitgliederstand am 01.10.1995 betrug laut fernmündlicher Auskunft der Wirtschaftsprüferkammer 14.863.

hoheitlichen Auftrag hat, ist sie keine Interessenvertretung, die sich politisch betätigen kann. Eine wirtschaftliche Betätigung, wie z.B. in der Form eines Verlages oder durch die Veranstaltung von Fortbildungsseminaren, ist ihr ebenso verwehrt. Da jedoch gerade nach diesen Dienstleistungen große Nachfrage besteht, ist für den Bereich des Wirtschaftsprüfungswesens als ergänzende Institution das Institut der Wirtschaftsprüfer e.V. notwendig, um den Kammermitgliedern diese Dienstleistungen unter Wahrung des hohen Qualitätsstandards anbieten zu können.

Die satzungsgemäße Aufgabenstellung des IDW bezieht sich auf die Förderung der Fachgebiete des Wirtschaftsprüfers und auf das Eintreten für die Interessen der Wirtschaftsprüfer.[1101] Großen Raum nimmt die Facharbeit des IDW ein. Um die satzungsmäßigen Aufgaben umfassend zu erfüllen, gibt das IDW die Fachzeitschrift "Die Wirtschaftsprüfung" heraus und hat die IDW-Verlags-GmbH mit dem Ziel der Veröffentlichung einschlägiger Fachliteratur sowie die Wirtschaftprüfer-Akademie mbH für die Durchführung von Aus- und Fortbildungsmaßnahmen gegründet. Darüber hinaus steht in der Hauptgeschäftsstelle des IDW eine umfangreiche Fachbibliothek allen Mitgliedern zu Verfügung.[1102]

Die freiwillige Berufsvereinigung des Institutes der deutschen Wirtschaftsprüfer und die zwangsweise Berufsvereinigung der Wirtschaftsprüferkammer sind als Referenzsystem für die zu etablierenden Institutionen der Immobilienwirtschaft sehr geeignet. Einerseits ermöglicht eine privatrechtliche Organisationsform die politische Interessenvertretung, die Betätigung in wirtschaftlichen Geschäftsbereichen zur Unterstützung der Mitglieder und vor allem eine breit angelegte Facharbeit. Andererseits wird durch die Verkammerung ein bundeseinheitlicher Rahmen für das gesamte Berufsbild mit einheitlichen Berufszugangsvoraussetzungen und Mindestanforderungen an Qualität und berufliches Verhalten geschaffen.

3. Zu schaffende Institutionen der Immobilienbranche

Nach der Darstellung möglicher Referenzsysteme für zu schaffende Institutionen der Immobilienwirtschaft sollen eine Berufsvereinigung aufgrund von freiwilligen Mitgliedschaften und eine aufgrund von Pflichtmitgliedschaften als mögliche Sammelbecken für die unterschiedlichen in der Branche tätigen Personen und Unternehmen entworfen werden. Die Konzeption der Institutionen bezieht sich dabei auf die Mitgliedschaft, die Aufgabenverteilung und die Organisationsstruktur. Ob eine Berufsvereinigung mit Zwangsmitgliedschaft sinnvoll erscheint und notwendig ist, wird erst im Rahmen der Darstellung der Berufsvereinigung mit Pflichtmitgliedschaft erörtert.[1103]

1101 Vgl. § 2 I Satzung des IDW.

1102 Vgl. Institut der Wirtschaftsprüfer in Deutschland e.V. (Hrsg.), Wirtschaftsprüfer-Handbuch Band I (1992), S. 90 f.

1103 Vgl. unten: Vierter Teil: III. B. 3. b) Bundeskammer der Immobilienwirte.

a) Deutsches Institut der Immobilienwirtschaft e.V.

Ausgangspunkt für die Etablierung eines in der Öffentlichkeit angesehenen Berufsstandes der Immobilienbewerter, der als "Werkzeug" standardisierte Bewertungsgrundlagen verwendet, ist die Definition des Berufsbildes des Immobilienbewerters. Der Hauptvorteil der Definition eines Berufsbildes kann in der Ausgrenzung von nicht sachkundigen Immobilienbewertern liegen. Demnach sind im Rahmen der Fixierung des Berufsbildes des Immobilienbewerters die wichtigsten fachlichen Anforderungen festzulegen. Diese sind z.B.:

- Kenntnisse über die Funktionsweise und die Verhältnisse auf den Immobilien- und Kapitalmärkten,
- Kenntnisse der Statistik und der Finanzmathematik,
- Kenntnisse der Investitionsrechnung, insbesondere der Kapitalisierung und der Schätzung zukünftiger Entwicklungen unter Berücksichtigung von Risiko,
- Kenntnisse über Grundlagen der Hausabrechnung zur Bestimmung von Erträgen,
- Kenntnisse über vermessungstechnische und grundbuchrechtliche Grundlagen,
- Kenntnisse über Baustile, Bauarten, Bauausführungen und baurechtliche DIN-Normen sowie
- Kenntnisse über Nutzungsdauern und Wertminderungen von Gebäuden, Gebäudebestandteilen und Außenanlagen.

Da ein äußerst inhomogener Ausbildungsstand der in der Immobilienbewertung tätigen Personen zu verzeichnen ist, werden höchstwahrscheinlich nur die an der Bestimmung des Berufsbildes interessierten Personen Ambitionen entfalten, die sich von einem definierten Berufsbild einen Vorteil versprechen. Dieser Vorteil spiegelt sich in der Möglichkeit zur Differenzierung auf den Märkten für Gutachter mittels des - in der Öffentlichkeit zunächst bekanntzumachenden - Qualitätssiegels des von der zu schaffenden Institution "offiziell" anerkannten Immobilienbewerters wider.

Deshalb werden eher qualifizierte Immobilienbewerter an der Definition des Berufsbildes Interesse zeigen. Somit besteht die Notwendigkeit, diese individuellen Anstrengungen zu kanalisieren und zu der Bildung einer neuen freiwilligen Vereinigung zusammenzufassen, die sich die Schaffung von Qualitätsstandards der Immobilienbewerter und der Immobilienbewertung zum Ziel setzt.

Als erster Schritt ist zu klären, ob die bestehenden Vereinigungen auf freiwilliger Basis in die zu schaffende freiwillige Institution aufgenommen werden können. Als mögliche Vereinigungen kommen die beiden Maklerverbände und die Vereinigung der Immobiliensachverständigen in Betracht. Anhand der für die Beurteilung der Referenzsysteme aufgezeigten Kriterien ist dies vor allem aufgrund des inhomogenen Ausbildungsstandes der Mitglieder zu verneinen.[1104] Grundsätzlich ist es jedoch möglich, die Strukturen und den Aufbau der Referenzmodelle zu übernehmen.

Auch die Vereinigung der öffentlich bestellten und vereidigten Sachverständigen kann nicht direkt in die zu schaffende freiwillige Berufsvereinigung übernommen werden, da einerseits durch die zwar inzwischen abgeschaffte konkrete Bedürfnisprüfung der Industrie- und Handelskammern bei der Bestellung zahlreiche wirklich sachverständige Bewerber nicht zugelassen wurden, aber andererseits bestellte und vereidigte Sachverständige ihr Fachwissen durch unterlassene Fortbildung und zu geringe Betätigung auf dem Gebiet der Immobilienbewertung verloren haben.[1105]

Die neue freiwillige Berufsvereinigung der Immobilienbewerter könnte den Namen "Deutsches Institut der Immobilienwirtschaft e.V." erhalten. Die Rechtsform des eingetragenen Vereins bietet Vorteile bei einem wechselndem Mitgliederstand, die aus der Unabhängigkeit des Vereins von Einzelpersönlichkeiten entstehen. Gleichzeitig bildet der eingetragene Verein aufgrund seiner körperschaftlichen Verfassung eine eigene Rechtspersönlichkeit mit eigener Satzung, eigenem Namen und eigenen Organen.[1106]

Die Immobilienbewertung ist nur eine mögliche Dienstleistung im Zusammenhang mit Immobilien. Weitere "Immobiliendienstleistungen" sind z.B. Vermessungstätigkeiten, Begutachtungen von Bauwerken, Verwaltungstätigkeiten, Maklertätigkeiten, Raumplanungen, Kartographierungen, Baukostenüberwachungen und Untersuchungen auf Altlasten. Entsprechend dem breiten - verschiedene Berufe beinhaltenden - Ansatz des RICS[1107] sollte versucht werden, die mit Immobilien zusammenhängenden sachverständigen Tätigkeiten und die sie ausführenden Personen möglichst umfassend in die zu schaffende Institution einzubinden. Das könnte durch die Schaffung einzelner Abteilungen unter der Zuweisung von Sachgebieten geschehen. Darum wurde der Name "Deutsches Institut der Immobilienwirtschaft" gewählt, weil hierunter sämtliche mit Immobilien zusammenhängenden Dienstleistungen und die sie ausführenden Personen subsumiert werden können. Als Abkürzung für das Institut soll die Bezeichnung DII gewählt werden.

Die Zersplitterung der gesamten immobilienbezogenen Berufe könnte durch die Schaffung eines gemeinsamen Interessenverbandes überwunden werden. Darüber

---

1104 So spricht Kleiber von dem Gegensatz von qualifizierter Mitgliedschaft und wirtschaftlichen Interessen einer freiwilligen Berufsvereinigung, vgl. Kleiber, W., Thermometermacher (GuG 5/1992), S. 244.

1105 Vgl. auch Kleiber, W., Thermometermacher (GuG 5/1992), S. 243.

1106 Zu der Rechtsform des Vereins vgl. Märkle, R., Verein 1995, S. 19 ff.

1107 Vgl. oben: Vierter Teil: III. B. 2. a) cc) aaa) The Royal Institution of Chartered Surveyors.

hinaus könnte das Berufsbild des Immobilienfachmannes mit seinen jeweiligen Spezialisierungen größere Öffentlichkeitswirksamkeit entfalten, als das jeweilige individuelle Berufsbild, welches vielleicht überhaupt nicht bekannt oder nur schwer vermittelbar ist. In das DII könnten somit die freiwilligen Berufsvereinigungen aufgenommen werden, bei denen die Berufsmitglieder derzeit schon staatlichen Prüfungen unterliegen. Als Beispiel ist der Deutsche Verein für Vermessungswesen e.V. als freiwilliger Zusammenschluß des teilweise "staatlich gebundenen Berufes" des Vermessungsingenieurs anzuführen, dessen Mitglieder direkt in das DII aufgenommen werden könnten.[1108]

Die Einbeziehung bestehender Vereinigungen vereinfacht die Errichtung von arbeitsfähigen Strukturen und ermöglicht den zügigen Beginn der Arbeit an der Definition der spezialisierten Berufsbilder des/r Immobilienfachmannes/-frau sowie die schnelle Aufnahme der Facharbeit. Weil die Bezeichnung Immobilienfachmann/-frau nicht sehr aussagekräftig ist, sollten die vom DII geprüften und aufgenommenen Mitglieder die Berufsbezeichnung "Immobilienwirt mit der Fachrichtung ..." führen. Die bereits etablierten Berufsbezeichnungen hoch angesehener Berufe sollten jedoch weitergeführt und lediglich um den Zusatz "Immobilienwirt mit der Fachrichtung ..." ergänzt werden, um auf die Etablierung eines einheitlichen Berufsstandes der Immobilienspezialisten hinzuwirken. Deshalb gibt sich das RICS für die Vielzahl der Arten von Chartered Surveyors die übergreifende Bezeichnung "The Property Profession."[1109]

Sollte die Arbeit des DII weiter vorangeschritten sein und eine Akademisierung unterschiedlicher Ausprägungen des Berufsbildes des Immobilienwirtes erreicht worden sein, so könnte die Verleihung von akademischen Graden als "Diplom-Immobilienwirt mit der Fachrichtung ..." am Ende einer akademischen Ausbildung stehen. Selbstverständlich könnten die Formulierungen auf die Worte "mit der Fachrichtung" verzichten und sofort das jeweilige Spezialgebiet angegeben werden. Akademische Ausbildungsgänge, wie sie z.B. an der Universität Leipzig aufgebaut und durchgeführt werden, sollten mit einem bundeseinheitlichen Grad abgeschlossen werden, der z.B. lauten könnte "Diplom-Immobilienwirt in Immobilienbewertung".

Als Berufsausbildungsgänge sollten die in sämtlichen Branchen der Immobilienwirtschaft vorhandenen Lehrberufe übernommen werden und unter einer einheitlichen Bezeichnung mit unterschiedlichen Fachrichtungen zusammengeschlossen werden. Hier wäre z.B. die Bezeichnung "Immobilienwirt Hausverwaltung" zu vergeben.

Mit der erfolgreich absolvierten Ausbildung zum Immobilienwirt und einer später möglichen Ausbildung zum Diplom-Immobilienwirt würde noch keine automatische

---

1108 Zu der staatlichen Bindung des Berufs des Vermessungsingenieurs vgl. Soldan, H., Freier Beruf und Berufsfreiheit (1988), S. 17.

1109 Vgl. The Royal Institution of Chartered Surveyors (Hrsg.), Chartered Surveying (1995).

Mitgliedschaft im DII erworben werden. Das DII hätte in Anlehnung an die in zahlreichen Berufen notwendigen Praxisjahre eine Anwärtermitgliedschaft für Immobilienwirte bis zur Erfüllung sämtlicher Mitgliedschaftsvoraussetzungen auszugestalten.[1110] Hierbei könnte die Bezeichnung DII-Anwärter vergeben werden. Als Bezeichnung von Vollmitgliedern könnte die Bezeichnung DII-Mitglied gewählt werden. Um die uneingeschränkte Mitgliedschaft zu erwerben, sollte eine neuerliche Prüfung obligatorisch sein, um sicherzustellen, daß alle DII-Mitglieder einen überragenden Sachverstand aufweisen, der durch die Pflichtteilnahme an Fortbildungsmaßnahmen zu gewährleisten wäre. Um den Berufszweig auch sachkundigen Personen ohne akademische Vorbildung offen zu halten, sollte eine Zugangsmöglichkeit zur Vollmitgliedschaft über den Nachweis einer im Verhältnis zu akademischen Anwärtern längeren praktischen Tätigkeit geschaffen werden.

Die Aufgaben des DII sollten in Anbetracht der zahlreichen unterschiedlichen Facetten des/r Immobilienfachmannes/-frau möglichst breit ausgestaltet werden. In die zu verabschiedende Satzung des DII könnte folgende Formulierung für die Aufgaben des DII in einen zu verabschiedenden § 2 übernommen werden:[1111]

1) Zweck des DII ist die Förderung und der Schutz der Interessen des Berufsstandes der Immobilienwirte.

2) Das DII hat insbesondere folgende Aufgaben wahrzunehmen:

   a) die Förderung des Ansehens und der volkswirtschaftlichen Bedeutung des Berufsstandes der Immobilienwirte,

   b) die Beratung und Belehrung in Fragen der Berufspflichten,

   c) die Überwachung der Berufspflichten und die etwaige Rüge von Verstößen,

   d) die Vermittlung auf Antrag bei Streitigkeiten zwischen Mitgliedern,

   e) die Vermittlung auf Antrag bei Streitigkeiten zwischen Mitgliedern und ihren Auftraggebern,

   f) die Förderung des ordnungsgemäßen Geschäftsgebarens und der Kollegialität seiner Mitglieder,

   g) die Feststellung der allgemeinen Auffassungen über Fragen der Berufsausübung von Immobilienwirten,

   h) die Wahrnehmung der Interessenvertretung in allen die Gesamtheit der Mitglieder betreffenden Angelegenheiten,

---

1110 Das DII hätte im Rahmen einer berufsrechtlichen Abteilung einen entsprechenden Prüfungsausschuß zu bilden.

1111 Hierbei handelt es sich nur um einen möglichen Paragraphen einer Satzung eines zu schaffenden Deutschen Institutes der Immobilienwirtschaft. Auf die Ausarbeitung einer kompletten Mustersatzung wird verzichtet.

i) die Übernahme der Förderung der Fortbildung der Mitglieder und der Ausbildung des Berufsnachwuchses.

3) Das DII verfolgt weder parteipolitische noch konfessionelle Ziele, noch wird ein auf Gewinnerzielung gerichteter wirtschaftlicher Geschäftsbetrieb bezweckt.

Damit das DII die ihm satzungsgemäß übertragenen Aufgaben effektiv wahrnehmen kann, benötigt es eine Organisationsform, die einerseits den unterschiedlichen Betätigungsgebieten ihrer Mitglieder entspricht und andererseits alle Mitglieder gleichermaßen betreffende Fragestellungen zügig bearbeiten kann. Um dieses Ziel zu verwirklichen, soll eine marktorientierte Organisationsform gewählt werden, die sich für die übergeordneten Bereiche zusätzlicher Stabsstellen bedient. Für den Bereich der marktorientierten Organisationsform können folgende Betätigungsfelder in eigenen Bereichen zusammengefaßt werden:

1. Immobilienbewertung
   je nach Immobilienart,
   a) Wohnbauten,
   b) Gewerbliche Bauten,
   c) Unbebaute Grundstücke,
   d) Land- und forstwirtschaftliche Grundstücke;

2. Verwertung von Immobilien
   a) Maklerwesen (Verkauf/Vermietung),
   b) Verwaltungswesen (Abwicklung/Instandhaltung);

3. Bauingenieurwesen
   je nach Zustand der Bebauung,
   a) Baukostenplanung,
   b) Bauüberwachung und Baukostencontrolling,
   c) Begutachtung von Bausubstanz, Baumängeln und Bauschäden,
   d) Planung und Überwachung von Abbrüchen;

4. Vermessungswesen, Raumplanung und Kartographierung.

Die Facharbeit der unterschiedlichen Bereiche wird in eigenen Ausschüssen der Abteilungen übernommen. Fächerübergreifende Fragestellungen und Dienstleistungen für alle Abteilungen haben die folgenden unterstützenden Stabsstellen zu übernehmen:

1. Berufsrechtliche Abteilung,

2. Aus- und Fortbildungsabteilung,

3. Hauptfachausschuß für generelle Fragestellungen,

4. Bibliothek.

Zur weiteren Unterstützung der Mitglieder des DII könnte z.B. ein eigener Fachverlag für die Veröffentlichung von immobilienwirtschaftlichen Publikationen gegründet werden. Die Abbildung 72 zeigt in grafischer Form ein Funktionsmodell des DII auf:

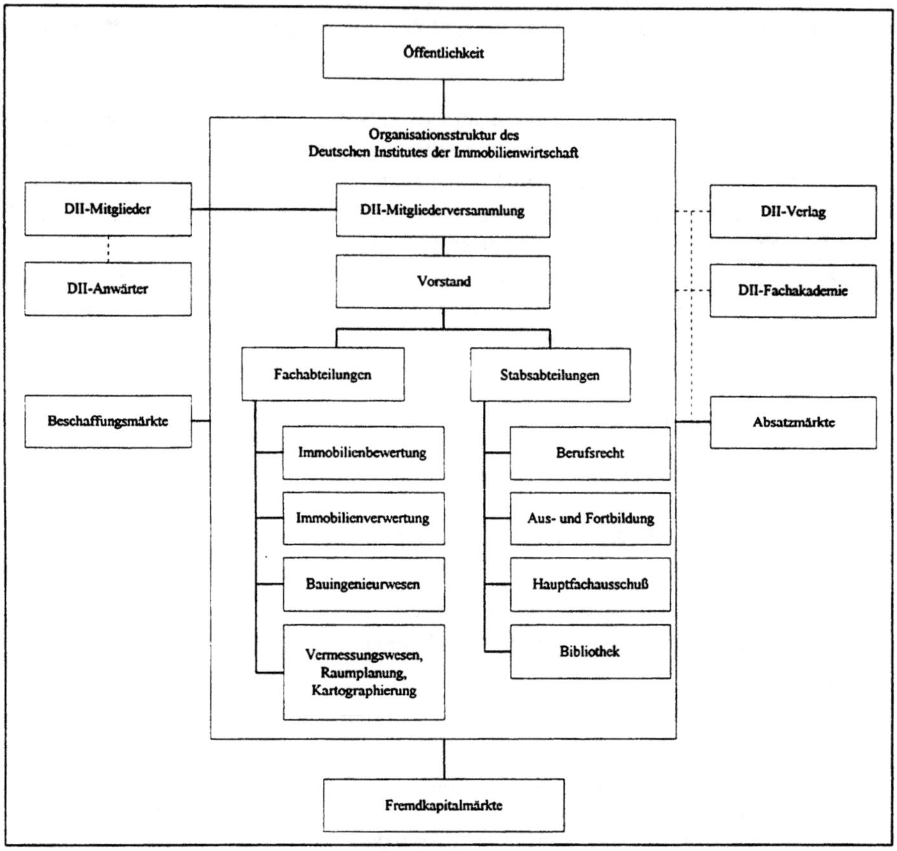

Abbildung 72: Funktionsmodell des Deutschen Institutes der Immobilienwirtschaft.

Die Zusammenführung von Immobilienbewertern, Bauingenieuren, Hausverwaltern, Immobilienmaklern, Vermessungsingenieuren und Geographen könnte sogar noch weiter auf die Architekten ausgedehnt werden. Hierdurch würde ein derzeit schon verkammerter Berufsstand in das DII integriert, was zu der generellen Fragestellung führt, ob eine Verkammerung unterschiedlicher Berufszweige unter dem Dach einer bundeseinheitlichen Berufskammer möglich ist. Darüber hinaus stellen die umfassenden Regelungen in bezug auf fachliche Anforderungen, absolvierte Ausbildungsgänge und abgeleistete praktische Arbeit zur Erlangung der DII-Vollmitgliedschaft einen derart weitgehenden Einschnitt in die Regelung des Berufsstandes dar, daß das DII teilweise wie eine Kammer der Deutschen Immobilienwirte erscheint.

b) Bundeskammer der Immobilienwirte

aa) Konzeption der Bundeskammer der Immobilienwirte

Eine Kammer für einen Berufsstand zu etablieren wird durch die Wahrnehmung öffentlicher Aufgaben bedingt. Bei Kammern handelt es sich um Körperschaften des öffentlichen Rechts, die Organe der beruflichen Selbstverwaltung sind. Sie dienen der Zusammenfassung der Angehörigen eines Berufszweiges auf genossenschaftlicher Basis mit weitreichenden Kompetenzen in bezug auf standesrechtliche Regelungen des Berufszweiges.[1112]

Die Verkammerung des Berufes der Immobilienbewerter stellt den Schlußpunkt bei der Etablierung einheitlicher Berufsregelungen dar. Die Verkammerung bedingt eine gesetzliche Grundlage, die mit der Verabschiedung eines Gesetzes gelegt werden könnte.[1113] Die Immobilienwirte erwerben entsprechend anderen verkammerten Berufszweigen eine Pflichtmitgliedschaft in der Kammer automatisch ab dem Zeitpunkt der öffentlichen Bestellung als Immobilienwirt. Denkbar sind einzelne Kammern auf Landesebene, die als Dachvereinigung eine Bundeskammer bilden. Hierbei würden die einzelnen Immobilienwirte eine mittelbare Mitgliedschaft in der Bundeskammer erwerben. Ebenso möglich wäre die Ausgestaltung einer Bundeskammer, ohne auf einzelne Landeskammern zurückzugreifen. Hierbei würden die Immobilienwirte direkt in der Bundeskammer Mitglied werden. Aufgrund der grundsätzlichen Überlegungen zur Verkammerung des Berufsbildes des Immobilienwirtes soll in den weiteren Ausführungen nur auf die Gestaltung einer Bundeskammer der Immobilienwirte mit unmittelbarer Mitgliedschaft eingegangen werden.

Die Aufgaben der Bundeskammer der Immobilienwirte wären in der Immobilienwirteordnung festzulegen. In Anlehnung an z.B. die Wirtschaftsprüferordnung wären folgende Aufgaben für die Bundeskammer der Immobilienwirte festzuschreiben:

1) Die Bundeskammer der Immobilienwirte hat die Aufgabe, die beruflichen Belange der Gesamtheit der Mitglieder zu wahren und die Erfüllung der beruflichen Pflichten zu überwachen.

2) Der Bundeskammer der Immobilienwirte obliegen insbesondere:

   1. die Beratung und Belehrung in Fragen der Berufspflichten,
   2. die Vermittlung auf Antrag bei Streitigkeiten unter den Mitgliedern, sowie zwischen Mitgliedern und ihren Auftraggebern,
   3. die Überwachung der Berufspflichten und die Rüge von Verstößen,

---

[1112] Vgl. Kauffmann, H. (Hrsg.), Rechtswörterbuch (1994), S. 640.

[1113] Dieses kann z.B. als Immobilienwirteordnung bezeichnet werden.

4. die Feststellung der allgemeinen Auffassung über Fragen der Berufsausübung von Immobilienwirten,
5. die Interessenvertretung in allen die Gesamtheit der Mitglieder betreffenden Angelegenheiten,
6. die Erstattung von Gutachten für Gerichte, Verwaltungsbehörden und an der Gesetzgebung beteiligte Körperschaften des Bundes oder des Landes,
7. die Wahrnehmung der per Gesetz zugewiesenen Aufgaben der Berufsbildung,
8. die Förderung der Fortbildung der Mitglieder und der Ausbildung des Berufsnachwuchses,
9. die Führung des Berufsregisters,
10. die Regelung der Berufshaftplichtversicherung und
11. die Schaffung von Fürsorgeeinrichtungen.

In diesem Zusammenhang stellt sich wiederum die Frage der Abgrenzung der Aufgabengebiete der unfreiwilligen und der freiwilligen Berufsvereinigung eines Berufsstandes. Hierbei kann generell eine Abgrenzung auf der Basis der Ausgestaltung der Befugnisse der Vereinigungen gefunden werden. Demnach ist die Bundeskammer der Immobilienwirte als unfreiwillige Berufsvereinigung für die berufliche Selbstverwaltung zuständig. Hierunter fallen die der Kammer übertragenen hoheitlichen Aufgaben. Diese erstrecken sich auf die Regelung des Berufszuganges, der Berufsaufsicht, der Führung eines Berufsregisters und der Regelung einer obligatorischen Berufshaftpflichtversicherung.

Die freiwillige Berufsvereinigung Deutsches Institut der Immobilienwirte e.V. hätte demnach andere Aufgaben zu übernehmen, bzw. von ihr schon vor der Verkammerung des Berufsstandes wahrgenommene Aufgaben an die Kammer aufgrund gesetzlicher Vorschriften "abzugeben". Die bei dem DII verbleibenden Aufgaben würden sich beziehen auf:

- die Förderung und den Schutz der Interessen des Berufsstandes der Immobilienwirte,
- die Förderung des ordnungsgemäßen Geschäftsgebarens und der Kollegialität seiner Mitglieder,
- die Feststellung allgemeiner Auffassungen über Fragen der Berufsausübung von Immobilienwirten,
- die Interessenvertretung in allen die Gesamtheit der Mitglieder betreffenden Angelegenheiten und
- die Förderung der Fortbildung der Mitglieder und der Ausbildung des Berufsnachwuchses.

bb) Alternative Konzeptionen zur hoheitlichen Regelung des Berufes

Die Eingriffsrechte des Staates in die Berufsfreiheit werden über die als "Stufentheorie"[1114] bezeichnete Anwendung des Verhältnismäßigkeitsprinzips geregelt. Demnach ist die Regelungsbefugnis umso weiter begrenzt, je mehr die Berufswahl berührt wird.[1115] Damit stellt sich die generelle Frage, ob für den Bereich der Arbeitsgebiete der Immobilienwirte überhaupt ein staatlicher Eingriff gerechtfertigt ist. *"Die Freiheit der Berufswahl darf nur eingeschränkt werden, soweit der Schutz besonders wichtiger Gemeinschaftsgüter es zwingend erfordert."*[1116] Die Abgrenzung, was als besonders wichtiges Gemeinschaftsgut zu betrachten ist, kann nicht abschließend behandelt und gelöst werden, weil es unendlich viele unterschiedliche Auffassungen darüber gibt.

Die einer Kammer übertragenen Aufgaben sind von hoheitlicher Natur und können deshalb in dem bestehenden Rechtssystem der Bundesrepublik Deutschland nicht völlig auf eine privatwirtschaftliche Vereinigung übertragen werden. Mittels der Anerkennung des DII durch den Gesetzgeber als eine Institution für die organisatorische Selbstverwaltung des gesamten Berufsstandes würde das DII mit weitreichenden Kompetenzen ausgestattet. Wird dem DII die Regelung des Berufszuganges ohne gesetzlichen Auftrag zugestanden, so übernimmt das DII allein dem Gesetzgeber zugestandene hoheitliche Aufgaben, ohne dazu berechtigt zu sein. Wird z.B. ein Sachkundenachweis von dem DII für die Aufnahme einer Betätigung im Bereich des Immobilienwirtes verlangt, so werden diejenigen ausgegrenzt, die das Kriterium des Sachkundenachweises nicht erfüllen. Werden diese Personen an der Ausübung des Berufes gehindert, indem die Betätigung in dem Bereich der Tätigkeiten der Immobilienwirte vom DII untersagt wird und aufgrund hoheitlicher Machtmittel durchgesetzt wird, so hat diese Regelung keine Gesetzesgrundlage und ist folglich ein verfassungswidriger Eingriff in das Grundrecht der Freiheit der Berufsausübung[1117] nach Art. 12 I GG. Entsprechend der Entscheidung des europäischen Gerichtshofes zur Rechtswidrigkeit von Ablösesummen und Ausländerklauseln im Berufsfußball[1118] kann eine privatrechtliche Organisation keine rechtswirksamen, mit dem Grundrecht der Berufsfreiheit kollidierenden Regelungen erlassen.

1114 Vgl. Entscheidungen des Bundesverfassungsgerichts, Band 7, S. 377. Zu den zahlreichen Entscheidungen und dem Schrifttum zu der Berufsfreiheit vgl. Scholz, R., Art. 12 GG (1994), in Maunz, T./Dürig, G. (Hrsg.), GG (1994), Art. 12 GG Rdnr. 253 ff. und Rdnr. 258 ff.

1115 Zu der Berufslenkung durch Qualifikationshürden und dem Verhältnismäßigkeitsprinzip vgl. Karpen, U., Qualifikationshürden (1989), S. 24.

1116 Entscheidungen des Bundesverfassungsgerichts, Band 7, S. 378.

1117 Die Berufsausübung beginnt mit der Berufswahl, vgl. Lücke, J., Berufsfreiheit (1994), S. 26 f.

1118 Vgl. EuGH vom 15.12.1995, ZIP 1996, S. 42.

Möglichkeiten einer rechtswirksamen Einbindung des DII in die Regelung eines Berufes sind die staatliche Indienstnahme oder die Beleihung. Die Indienstnahme führt dazu, daß die Institution sowie der Beruf die privatrechtliche Organisationsform behält.[1119] Wird das DII aufgrund der in Art. 12 I S. 2 GG dem Gesetzgeber zugesprochenen Kompetenz per Gesetz zur Regelung der Berufsausübung beauftragt und damit beliehen, erhält die eigentlich privatrechtliche Institution einen öffentlichrechtlichen Charakter.[1120] Damit bestünde kein Unterschied mehr zwischen dem DII und einer Bundeskammer der Immobilienwirte.

Darüber hinaus wird der Gesetzgeber zusätzlich gebunden, wenn er sich nach Art. 12 I S. 2 GG entscheidet, ein Berufsbild zu regeln. Er kann nicht alle mit der Berufszulassung verbundenen Regelungen von einer beauftragten Institution treffen lassen. Selbst öffentlich-rechtliche Institutionen können in diesem Zusammenhang nur begrenzte Kompetenzen übertragen bekommen, weil der Gesetzgeber mindestens die "statusbildenden" Bestimmungen selber regeln muß.[1121]

Diese Rechtszwänge sind der einzige Grund für die Etablierung eines Kammersystems für den Berufsstand der Immobilienbewerter. Betrachtet man z.B. den britischen Rechtskreis, so nimmt das RICS eindeutig Aufgaben hoheitlicher Natur neben rein privatrechtlichen Aufgaben wahr. Der Grund für diese Mischung besteht einerseits in der historischen Entwicklung des RICS, das maßgeblich an der Definition des Berufsbildes des Surveyors beteiligt war. Andererseits wurde über die manifestierte Sachkunde der FRICS die Fellowship zu einem Gütezeichen ausgebaut, welches zu einer Vereinheitlichung des gesamten Berufsstandes geführt hat. Die Etablierung eines genau definierten Berufsbildes des Surveyors wurde somit über den Umstand erreicht, daß die Marktteilnehmer fast ausschließlich die Dienstleistungen der FRICS nachfragen und damit andere Anbieter in dem eigentlich freien Markt der Immobiliendienstleistungen verdrängt wurden. Andererseits hat die Verleihung der Charter durch die britische Krone dazu geführt, daß öffentliche Aufgaben auf eine privatwirtschaftliche Institution übertragen wurden.

Auf die Bundesrepublik Deutschland übertragen, bedeutet das, daß die öffentliche Hand das Recht zur Betreuung eines gesamten Berufsstandes an eine privatwirtschaftliche Berufsvereinigung verleihen würde. Dieser Ansatz bewegt sich außerhalb des bestehenden verfassungsrechtlichen Rahmens und ist von weitreichender Wirkung für die gesamten berufsständischen Vereinigungen in der öffentlich-rechtlichen Ausgestaltung der Berufsvereinigungen mit Pflichtmitgliedschaft.

1119 Vgl. Scholz, R., Art. 12 GG (1994), in Maunz, T./Dürig, G. (Hrsg.), GG (1994), Art. 12 GG Rdnr. 219.

1120 Vgl. Scholz, R., Art. 12 GG (1994), in Maunz, T./Dürig, G. (Hrsg.), GG (1994), Art. 12 GG Rdnr. 216.

1121 Vgl. Entscheidungen des Bundesverfassungsgerichts, Band 33, S. 126.

Durch die Übertragung der Kompetenzen auf die privatwirtschaftliche Vereinigung DII könnten nicht nur die Probleme bei der Abgrenzung der Aufgaben des DII und der Kammer der Immobilienwirte überwunden, sondern auch die Rolle des Staates eingedämmt werden, indem eine wirkliche Selbstverwaltung der Berufsmitglieder etabliert würde. Darüber hinaus kann eine privatrechtliche Vereinigung schneller auf Veränderungen reagieren und damit Marktnähe beweisen und diese dauerhafter als eine öffentlich-rechtliche Institution sicherstellen.

Als mögliche Ausgestaltung könnte das hoheitliche Recht zur Regelung des Berufes auf begrenzte Zeit an das DII verliehen werden. Die staatliche Seite würde sich in diesem Zusammenhang auf die Kontrolle der mit dem Lehen versehenen privatrechtlichen Institution beschränken. Dieser Ansatz garantiert eine Senkung der Staatsquote und könnte auf andere verkammerte Berufsbilder ausgedehnt werden, wofür allerdings der verfassungsrechtliche Rahmen in der Bundesrepublik Deutschland derzeit nicht besteht.

Die Berufsbetätigung auf dem Gebiet der Immobilienwirtschaft ist häufig mit möglichen weitreichenden Konsequenzen für Investoren, für Mieter, aber auch z.B. für unbeteiligte Dritte[1122] verbunden. Eine Berufsregelung erscheint notwendig, wenn man die Verhältnisse in anderen Berufsbildern betrachtet. Als Beispiele können in diesem Zusammenhang die Normen bezüglich des Handwerks angesprochen werden, die für die Ausbildung und die Ausübung eines handwerklichen Berufs genaue Regelungen erlassen, wobei z.B. die Konsequenzen eines Auftrages an einen Schneider im Verhältnis zu einem Hausverkauf durch einen Makler deutlich geringer sind. Demnach sollte ein staatlicher Eingriff in das Berufsbild mittels der Verkammerung des Berufsbildes des Immobilienwirtes im Rahmen der Verhältnismäßigkeit für den Schutz besonders wichtiger Gemeinschaftsgüter möglich sein.

Ansonsten kann selbstverständlich auf die Kräfte des Marktes verwiesen werden, die über eine Selektierung die nicht genügend qualifizierten Marktteilnehmer ausgrenzen werden. Bis dieses Ziel jedoch über das ausschließliche Vertrauen auf den Markt erreicht sein wird, wird es noch zu zahlreichen Schadensfällen kommen. Insofern sollten die Marktteilnehmer bei der Vergabe von Aufträgen mindestens den Nachweis von Haftpflichtversicherungen der Auftragnehmer als "Sicherheitspolster" verlangen. Damit besteht eine breite Ansatzmöglichkeit zur Auflösung von Kammern und ihren Zwangsmitgliedschaften. Als Ersatz dafür könnten freiwillige Berufsvereinigungen entstehen. Einziger, die Berufe regelnder Rechtskreis, wäre in diesem Fall das Haftungsrecht.[1123]

1122 So können aufgrund unsachgemäßer Anbringung, Instandhaltung und Wartung unbeteiligte Passanten durch herabfallende Gegenstände gefährdet werden.

1123 Diese weitgehende Gewerbefreiheit besteht z.B. in den USA, wobei Haftungsfragen als Berufsregulativ dienen.

C. Fazit

Die Standardimmobilienbewertungsverfahren sollten durch die Umsetzung einer both-directions Implementierungsstrategie in der Praxis eingeführt werden. Hierbei ist eine Kombination aus gesetzlichen Machtmitteln zur Verankerung der Bewertungsverfahren in dem Bereich der hoheitlich bedingten Immobilienbewertungen und aus der institutionalisierten Entwicklung und Fortbildung der Grundsätze ordnungsmäßiger Immobilienbewertung zu wählen. Damit können Implementierungsbarrieren effektiv überwunden werden.

Die Standardisierung der Immobilienbewertung kann nur durch die Kombination aus bestimmten und unbestimmten Rechtsbegriffen dauerhaft im Marktgeschehen derart verankert werden, daß die unterschiedlichen Marktteilnehmer die standardisierte Immobilienbewertung als zielkonform erachten und sie anwenden. Dabei kommt den zu schaffenden Institutionen eine überragende Aufgabe zu, die einerseits in der Entwicklung marktgängiger Immobilienbewertungsverfahren und andererseits in der laufenden Betreuung dieser Verfahren besteht.

Die Schaffung von Institutionen, die sich mit Fragestellungen der Immobilienbewertung beschäftigen, führt über die Zusammenfassung auf freiwilliger oder auch auf unfreiwilliger Basis zu einem gefestigten Berufsbild des Immobilienbewerters. Dieses Berufsbild stellt nur eine der möglichen Facetten der unterschiedlichen in Zusammenhang mit Immobilien stehenden Professionen dar. Damit sich die Vereinigung der Immobilienbewerter nicht nur als ein kleiner Zusammenschluß eines spezialisierten Berufes ohne große Öffentlichkeitswirksamkeit entwickelt, sollten möglichst noch andere mit dem Immobilienbewerter verwandte Berufe zusammen mit den Immobilienbewertern in einer übergreifenden Vereinigung organisiert werden. Insbesondere die Berufszweige, die sich mit der laufenden oder der einmaligen Verwertung von Immobilien beschäftigen, wie z.B. die gewerblichen Makler oder Hausverwalter, könnten mit den Immobilienbewertern eine Berufsvereinigung bilden. Die Berufsbezeichnung "Immobilienwirt mit der Fachrichtung ..." drückt diesen Zusammenhang der unterschiedlichen Professionen aus.

Durch die Verabschiedung von Aufnahmevoraussetzungen in das Deutsche Institut der Immobilienwirtschaft e.V. können fachlich nicht genügend qualifizierte Marktteilnehmer deutlich sichtbar ausgegrenzt werden. Deshalb ist es sinnvoll, bestehende Berufsvereinigungen von Berufen ohne hohe Berufszugangsschranken und ohne laufende Verpflichtungen zur Fortbildung nicht in das DII aufzunehmen.

Das DII sollte versuchen, die DII-Mitgliedschaft als ein überragendes Gütezeichen auf den Dienstleistungsmärkten bekannt und vor allem anerkannt zu machen. Dadurch würde das Berufsbild gefestigt und eine freiwillige Berufsvereinigung mit einem faktischen Mitgliedschaftszwang etabliert.

Die Verkammerung des zusammengefaßten Berufszweiges der Immobilienwirte ist nur unter den Umständen nötig, wenn der Berufszugang für den Immobilienwirt derart geschlossen wird, daß der Gesetzgeber von seinem in Art. 12 I S. 2 GG eingeräumten Gesetzgebungsvorbehalt Gebrauch macht und den Berufszugang regelt. Die öffentliche Beleihung einer privatrechtlichen Vereinigung führt in diesem Zusammenhang zu der automatischen Schaffung einer öffentlich-rechtlichen Institution. Lediglich die Indienstnahme kann den Bereich der Berufsregelung in privatrechtlichen Händen halten. Dabei sind jedoch keine weitgehenden Berufsausübungsregelungen, geschweige denn eine Berufszulassungsregelung möglich.

Als Ausweg könnte über die Kraft des Faktischen die Mitgliedschaft im DII als freiwillige aber unumgängliche Berufsqualifikation etabliert werden. Die Berufszulassungsregelung bestünde in diesem Fall nur im Rahmen des Haftungsrechts, das bei nichtqualifizierten Marktteilnehmern ohne DII-Mitgliedschaft eine leichtere Beweisführung für etwaige Geschädigte ermöglichen könnte.

Zusammenfassung und Schluß

Immobilien sind als herausragende Wirtschaftsgüter von großer Bedeutung einerseits für die gesamte Volkswirtschaft und andererseits für einzelne Investoren, sei es z.B. als Eigentümer oder als Besicherer. Im Rahmen der Arbeit "Grundsätze und Technik ordnungsmäßiger Immobilienbewertung" wurden zunächst unterschiedliche Immobilienarten voneinander abgegrenzt. Als grundsätzlich unterschiedlich können die unbebauten und die bebauten Grundstücke systematisiert werden. Darüber hinaus können Immobilien dergestalt unterschieden werden, daß es marktgängige, somit häufig gehandelte und nicht marktgängige bzw. kaum marktgängige, d.h. nicht häufig gehandelte Immobilien gibt. Darüber hinaus kann differenziert werden, ob die unterschiedlichen Immobilien laufend verwertet werden können und/oder eine laufende Verwertung nur eine "ungenügende" Verzinsung des gebundenen Kapitals ermöglicht. Demnach können Liegenschaften entweder mit einem Vergleichswert bei üblicherweise gehandelten Immobilien, mit einem Ertragswert bei üblicherweise laufend zu verwertenden Immobilien oder mit einem Sachwert bei nur bedingt laufend verwertbaren und/oder nur bedingt handelbaren Immobilien bewertet werden.

Die Immobilienbewertung kann nur auf eine standardisierte Basis gestellt werden, wenn für die unterschiedlichen Bewertungsanlässe zielkonforme Bemessungsgrundlagen ermittelt werden. Die eingehende Darstellung der zahlreichen - meist nur im Detail unterschiedlichen - Varianten der Bewertungskonzeptionen der einzelnen Rechtskreise bildet dazu die Basis. In einer Synopse wurde eine Auswahl von 16 unterschiedlichen Immobilienbewertungsmethoden direkt miteinander verglichen. Diese Immobilienbewertungsverfahren wurden anhand der aus der Immobilienbewertung und aus der Unternehmensbewertung abgeleiteten Beurteilungskriterien analysiert und mittels einer Notenskala von eins bis sechs bewertet. Je nach der Bedeutung der Kriterien wurden diese unterschiedlich gewichtet. Als Ergebnis kann festgehalten werden, daß keine der bestehenden Bewertungskonzeptionen den Kriterien zur Beurteilung von Immobilienbewertungsverfahren vollständig entspricht.

Aufgrund der Notwendigkeit der drei unterschiedlichen Bewertungsgrundkonzeptionen, um die Verwertungsmöglichkeiten der Immobilien im Rahmen der Verkehrswertermittlung abzubilden, werden auch die standardisierten Immobilienbewertungskonzeptionen in Vergleichs-, Ertrags- und Sachwertverfahren unterteilt.

Die teilweise guten Ergebnisse der Beurteilung führen dazu, daß z.B. Teile der Verfahren der Wertermittlungsverordnung und Bestandteile der Verfahren der anglo-amerikanischen Bewertungslehre für die zu konzipierenden Bewertungsmethoden übernommen werden. Grund für die Übernahme von Teilen der Verfahren der Wertermittlungsverordnung ist der logische und stringente Aufbau. Bei den anglo-amerikanischen Ertragswertverfahren ist dies die Einbindung von Zukunftsaspekten.

Die Berücksichtigung von zukünftigen Entwicklungen ist ein bedeutender Faktor für die Bestimmung des Wertes einer Immobilie. Wird die Zukunft implizit in die Bewertung integriert, werden die Einschätzungen über die einfließenden Parameter dergestalt beachtet, daß die Zukunft bei Bemessung der Inputdaten ohne gesonderte Annahmen berücksichtigt wird. Entsprechend werden die Zukunftserwartungen implizit beim Ansatz von Vergleichsverkäufen im Rahmen der unmittelbaren und der mittelbaren Standardvergleichsbewertung sowie im Rahmen des klassischen Standardertragswertverfahrens in die Bewertungen integriert. Beim Standardvergleichswertverfahren geschieht dies mittels der Annahme der vollständigen Integration zukünftiger Erwartungen in realisierten Vergleichskaufpreisen und beim klassischen Ertragswertverfahren mittels der Annahme der Kontinuität der historischen nachhaltigen Ertragskomponenten. Explizite Schätzungen der Zukunft werden z.B. im Rahmen des prognoseorientierten Standardertragswertverfahrens angesetzt. Diese bedingen größeren Aufwand als bei einer impliziten Berücksichtigung und sind ebenso nur Schätzungen der Zukunft, führen jedoch zu einer gedanklichen Auseinandersetzung mit möglichen Diskontinuitäten.

Mittels der entwickelten drei Hauptbewertungskonzeptionen und den jeweils beiden Unterausprägungen beim Standardvergleichswertverfahren und beim Standardertragswertverfahren können Immobilien schnell und praktikabel zu einzelwirtschaftlich wie auch gesamtwirtschaftlich geringen Kosten ökonomisch und nachvollziehbar bewertet werden. Unterschiedliche Bewertungsanlässe werden ebenso abgebildet wie auch die Auswahl der Bewertungsmethoden nach den Gepflogenheiten des gewöhnlichen Geschäftsverkehrs gewährleistet ist. Besonders zu verzeichnen ist, daß durch die Einführung neuer Bestandteile, wie z.B. des Liegenschaftsscheins, wichtige Informationen über Immobilien gegeben werden, die nicht nur im Rahmen von Wertermittlungen von Bedeutung sind.

Neue Bewertungskonzeptionen lediglich zu entwickeln und dann "sich selbst zu überlassen" ist nicht von großer Praxisrelevanz. Dementsprechend wurden für die neuen Bewertungskonzeptionen Strategien zur Implementierung in der Praxis entworfen. Hierzu kann auf eine both-directions Implementierungsstrategie mittels einer Mischung von gesetzlich vorgegeben Rechtsbegriffen und von unbestimmten Rechtsbegriffen zurückgegriffen werden, um eine möglichst breite Akzeptanz und eine zügige Umsetzung der standardisierten Immobilienbewertung zu erreichen.

Die Kombination aus bestimmten und unbestimmten Rechtsbegriffen bedingt, daß die Fortbildung und Ausfüllung der unbestimmten Rechtsbegriffe wie auch der kodifizierten Normen vorangetrieben wird, um die Standardisierung baldmöglichst zu realisieren. In einer institutionalisierten Form kann diese Aufgabe am leichtesten umgesetzt werden, indem eine Institution die unterschiedlichen Entwicklungen dokumentiert, koordiniert und kanalisiert. Als Instrument hierzu wurde eine Konzeption eines zu schaffenden Deutschen Institutes der Immobilienwirtschaft entwickelt.

Die folgende Abbildung verdeutlicht in grafischer Form abschließend den gesamten Aufbau, die Vorgehensweise und die Ergebnisse der vorliegenden Arbeit. Hierbei wird zunächst das "Chaos" der unterschiedlichen Bewertungsmethoden aufgezeigt. In einem zweiten Schritt werden die Bewertungsmethoden in der Synopse anhand unterschiedlicher Kriterien sortiert. Als dritter Schritt werden die Verfahren in eine Rangliste überführt. Den vierten Schritt bildet die Entwicklung der standardisierten Immobilienbewertungsverfahren. Zum Abschluß werden Implementierungsmöglichkeiten diskutiert.

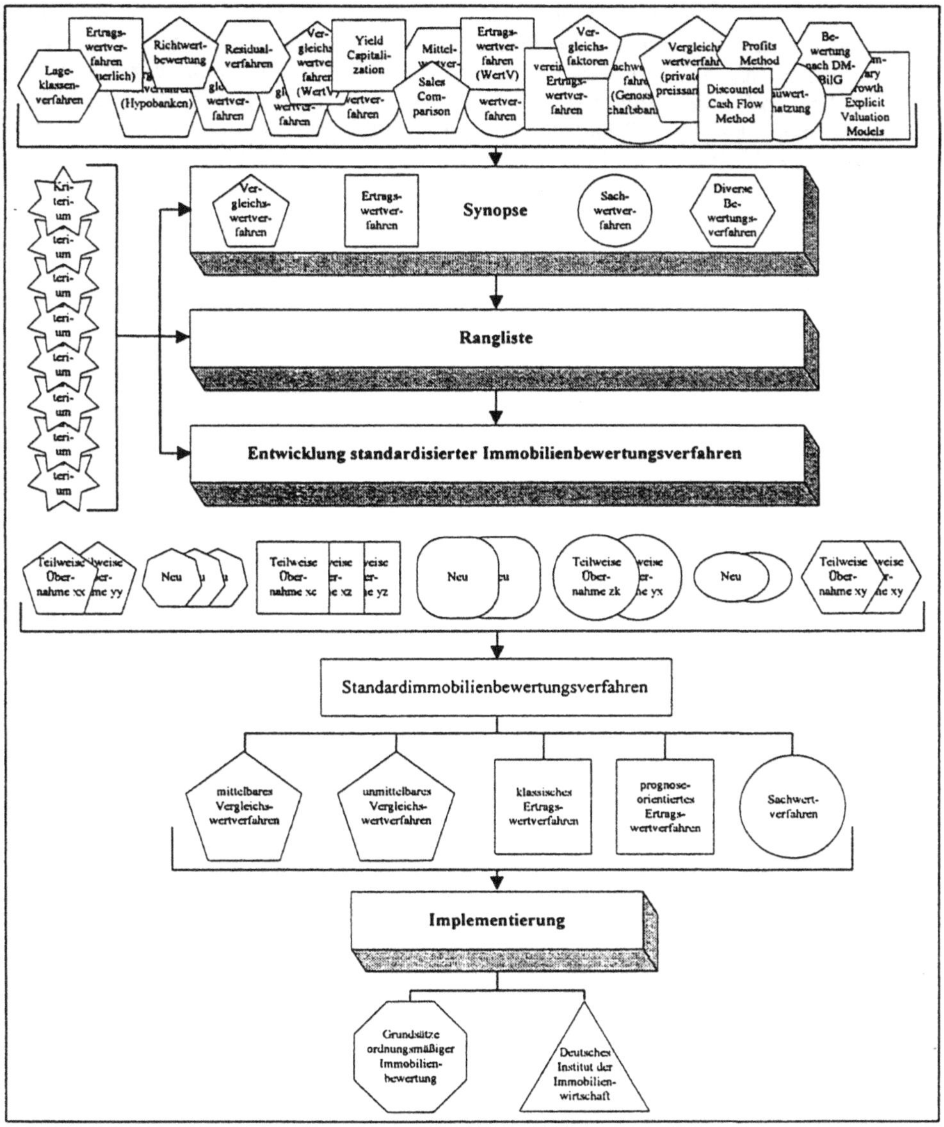

Abbildung 73: Grafisches Resümee.

Aufgrund der sehr weitgehenden Standardisierung der Immobilienbewertung mag es fraglich erscheinen, ob die entwickelten Bewertungskonzeptionen in dieser Gestalt in der Praxis umgesetzt werden. Darüber hinaus wird immer wieder an wichtigen Punkten auf den Sachverstand des gewissenhaften Gutachters verwiesen. Dementsprechend sollen die folgenden Worte von Ross/Brachmann/Holzner als Ansporn verstanden werden, die standardisierte Immobilienbewertung in der Praxis umzusetzen.

"Man kann eine Grundstücksbewertung mit einer Weinprüfung vergleichen:
*'Die Analyse und Meßgeräte von heute leisten Erstaunliches. Für die modernen Analytiker ist es ein Leichtes, Rückstände in einer Konzentration von 1 zu einer Million nachzuweisen. Doch was das Aroma eines Brotes ausmacht, den Charakter eines Kaffees oder das Bouquet eines Weines - da versagt alle Supertechnik.'**
So ist es auch bei der Grundstückswertermittlung, sie ist eben keine einfache Rechenaufgabe."[1124]

---

* *Freihold, J., Mensch schlägt Maschine (Bocksbeutelkunde 76/1988), S. 22.*

1124 Ross, W./Brachmann, R./Holzner, P., Bau- und Verkehrswert (1993), S. 326.

Anhang

Modellbeschreibung

Die Ergebnisse der vorliegenden Arbeit werden anhand von einer Musterimmobilie dargestellt. Die fiktive Musterimmobilie wird mit der überwiegenden Anzahl der untersuchten Bewertungsmethoden bewertet. Aufgrund der direkten Vergleichbarkeit zwischen den unterschiedlichen Bewertungsmethoden werden die Beispiele in Beispiele zu Vergleichswertverfahren, Beispiele zu Ertragswertverfahren, Beispiele zu Sachwertverfahren und Beispiele zu sonstigen Bewertungsverfahren gruppiert.

Wertdifferenzen zwischen den unterschiedlichen Bewertungsverfahren werden mittels einer synoptischen Gegenüberstellung am Ende des Anhangs verdeutlicht.

Grundlegende Angaben:

Grundstück	Größe	650 m^2
	Bauliche Nutzung	reines Wohngebiet, offene Bauweise
	Grundflächenzahl	0,2
	Geschoßflächenzahl	0,4
	Lage	ruhige, bevorzugte Wohnlage einer nordwestbayerischen Mittelstadt mit 150.000 Einwohnern, durchschnittliche Grundstücksgröße 600 m^2
	Bodenrichtwert	470 DM/m^2
	Sonstiges	voll erschlossen, keine Hanglage, keine Grundwasserprobleme, keine Altlasten, voll eingewachsen, keine Naturdenkmäler
Bebauung		
Gebäude	Art	Einfamilienwohnhaus Keller, Erdgeschoß, erster Stock
	Baujahr	1980
	Wohnfläche	160 m^2
	Nutzfläche	100 m^2
	Ausstattung	sehr gut, Ziegelmassivbauweise, Betondecken, Ziegeldach, dichte Kunststoffenster, Gaszentralheizung, Fußbodenheizung, Parkettboden, Massivholztüren, Bad mit Wanne und separater Dusche, separates Wasserklosett, ausgebauter Dachboden
	Zustand	sehr gut, neuwertig
	Restnutzungsdauer	ca. 65 Jahre
bauliche Außenanlagen	gemauerte Doppelgarage mit Ziegeldach	Baujahr 1980

I. Beispiele zu Vergleichswertverfahren

Zusatzangaben für Vergleichswertverfahren:

Vergleichs-verkauf	Beschreibung	Verkaufsjahr	Verkaufspreis
Nr. 1	gut vergleichbares bebautes Objekt, gleiche Lage, besonderes Interesse des Käufers	1993	1.240.000 DM
Nr. 2	vergleichbares Objekt jedoch mit nur 220 m^2 Wohn-/Nutzfläche bei gleicher Grundstücksgröße	1994	920.000 DM
Nr. 3	fast identisches Objekt, gleiche Lage, jedoch in sehr schlechtem Erhaltungszustand	1990	450.000 DM
Nr. 4	vergleichbares Objekt mit fast identischer Wohn-/ Nutzfläche in gutem Zustand	1994	1.100.000 DM
Nr. 5	vergleichbares Objekt mit identischer Wohnfläche, in sehr gutem Zustand, jedoch mit einer extrem aufwendigen Ausstattung	1995	1.300.000 DM
Nr. 6	identisches Objekt, in gutem Zustand	1987	860.000 DM
Nr. 7	vergleichbares Objekt, gleiche Lage, mit gleicher Wohn-/Nutzfläche auf einem 1.300 m^2 Grundstück	1995	1.250.000 DM
Nr. 8	ähnliches Objekt mit gleicher Wohn-/Nutzfläche, Neubau 1995	1995	1.100.000 DM
Nr. 9	vergleichbares Objekt, mit einem Baumangelschaden in Höhe von 150.000 DM	1991	800.000 DM
Nr. 10	identisches Objekt in gutem Zustand	1992	950.000 DM

1. Beispiel: Vergleichswert für den Boden nach Bewertungsgesetz

Zusatzangaben:

- Das Einfamilienhaus wurde 1980 in einem neu geschaffenen Wohngebiet errichtet. Im Jahre 1964 wurde das gesamte Wohngebiet landwirtschaftlich genutzt. Aus diesem Grunde sind keine Vergleichskaufpreise für das Jahr 1964 vorhanden. Eine Bewertung des gesamten bebauten Grundstückes ist demnach im Vergleichswertverfahren nicht möglich.
- Eine unmittelbare Vergleichsbewertung auf den Hauptfeststellungszeitpunkt 01.01.1964 ist nur für den Boden bzw. den Bodenwertanteil möglich.
- Die Ermittlung des Einheitswertes hat über die mittelbare Vergleichsbewertung anhand von Richtwerten zu erfolgen.
- Als vergleichbares Richtwertgebiet wurde ein zum 01.01.1964 schon vorhandenes Kleinsiedlungsgebiet in drei Kilometer Entfernung ausgewählt.

1.	Das am 01.01.1964 noch nicht parzellierte Grundstück ist anhand der aus den Kaufpreissammlungen abgeleiteten Bodenrichtwertkarten für das vergleichbare Gebiet auf den 01.01.1964 zu schätzen.	
2.	Als Richtwert einer vergleichbaren Straße des Vergleichsgebietes wurde ein Betrag von 56,40 DM/m^2 angesetzt.	
3.	Der Grund und Boden weist keine Besonderheiten auf, weshalb der Richtwert mit der Grundstücksfläche multipliziert wird. 56,40 DM/m^2 x 650 m^2	36.660 DM
4.	Einheitswert	36.600 DM

2. Beispiel: Vergleichswert nach Wertermittlungsverordnung

a) Unmittelbare Vergleichsbewertung

Zusatzangaben:

- Aufgrund der Vergleichbarkeit mit den Vergleichsverkäufen Nr. 1, Nr. 4, Nr. 5 und Nr. 8 wird das arithmetische Mittel der um besondere und ungewöhnliche Einflüsse korrigierten Verkäufe gebildet.
- Die unterschiedlichen Verkaufsjahre sind mittels der von dem Gutachterausschuß aufgestellten Indexreihen auf das Jahr 1995 zu beziehen.
- Die Indexwerte für das Belegenheitsgebiet für Einfamilienwohnhäuser belaufen sich für das Beispielgebiet bei einer Basis von 1985 für 1987 auf 104,0 , für 1990 auf 118,1 , für 1991 auf 126,3 , für 1992 auf 133,5 , für 1993 auf 137,8 , für 1994 auf 141,4 und für 1995 auf 144,6.

1.	Korrektur der Vergleichsverkäufe um ungewöhnliche und persönliche Einflüsse	
	Nr. 1 1.240.000 DM ./. 180.000 DM	= 1.060.000 DM
	Nr. 5 1.300.000 DM ./. 250.000 DM	= 1.050.000 DM
2.	Indexierung der Verkaufspreise auf 1995	
	1993 Nr. 1 1.060.000 DM ÷ 137,8 x 144,6	= 1.112.000 DM
	1994 Nr. 4 1.100.000 DM ÷ 141,4 x 144,6	= 1.125.000 DM
3.	Bildung des arithmetischen Mittels der Verkäufe	
	Nr. 1	1.112.000 DM
	Nr. 4	+ 1.125.000 DM
	Nr. 5	+ 1.050.000 DM
	Nr. 8	+ 1.100.000 DM
		= 4.387.000 DM
	4.387.000 DM ÷ 4	= 1.096.750 DM
4.	Verkehrswert	= 1.100.000 DM

b) Mittelbare Vergleichsbewertung für die Bestimmung des Bodenwertes

1.	Ansatz des Bodenwertes auf Basis des Bodenrichtwertes, da die realisierte GFZ der maximal möglichen GFZ entspricht	
	650 m^2 x 470 DM/m^2	= 305.500 DM

3. Beispiel: Unmittelbare Standardvergleichsbewertung

Zusatzangaben:
- Aufgrund der Auswertung der Liegenschaftsscheine erweist sich das Vergleichsverkaufsgrundstück Nr. 2 als am weitestgehend übereinstimmend mit dem zu bewertenden Objekt.
- Lediglich die unterschiedliche Wohn-/Nutzfläche der Objekte ist anhand der indirekten Methode der unmittelbaren Standardvergleichsbewertung anzugleichen.
- Die unterschiedlichen Verkaufsjahre sind mittels der von dem Gutachterausschuß aufgestellten Indexreihen auf das Jahr 1995 zu beziehen.
- Die Indexwerte für das Belegenheitsgebiet für Einfamilienwohnhäuser belaufen sich für das Beispielgebiet bei einer Basis von 1985 für 1994 auf 141,4 und für 1995 auf 144,6.

1.	Vergleichsverkauf Nr. 2	= 920.000 DM
2.	Indexierung auf das Jahr 1995 920.000 DM ÷ 141,4 x 144,6	= 941.000 DM
3.	Ermittlung eines DM-Wertes je Bezugsgröße Ansatz der Wohn-/Nutzfläche 941.000 DM ÷ 220 m^2	= 4.278 DM/m^2
4.	Multiplikation der Bezugsgröße mit der Bezugsgröße 4.278 DM/m^2 x 260 m^2	= 1.112.000 DM
5.	Standardverkehrswert in der unmittelbaren indirekten Vergleichswertbewertung	= 1.110.000 DM

4. Beispiel: Mittelbare Standardvergleichsbewertung

Zusatzangaben: • Die statistische Auswertung der Daten der Kaufpreissammlung B für die Kategorie Einfamilienwohnhäuser hat folgende Werte für das Beispielgebiet ergeben für die Bezugsgröße DM/m^2 Wohn-/ Nutzfläche:

• Verkehrsmittelwert	4.100 DM/m^2
• Verkehrswertspanne	3.200 DM/m^2
	bis 5.100 DM/m^2
• Verkehrswertmedian	3.900 DM/m^2
• Standardabweichung	± 110 DM/m^2

1.	Multiplikation der Daten aus der Kaufpreissammlung mit den Daten des zu bewertenden Objektes	
	Verkehrsmittelwert	
	4.100 DM/m^2 x 260 m^2	1.066.000 DM
	Verkehrswertspanne	
	3.200 DM/m^2 x 260 m^2	832.000 DM
	bis 5.100 DM/m^2 x 260 m^2	1.326.000 DM
	Verkehrswertmedian	
	3.900 DM/m^2 x 260 m^2	1.014.000 DM
	Standardabweichung	
	± 110 DM/m^2 x 260 m^2	± 28.600 DM
2.	Der Standardverkehrswert des bewerteten Objektes liegt in einem Bereich	
	von	1.037.000 DM
	bis	1.095.000 DM
	wobei 50% der Objekte des Vergleichsgebietes einen Verkehrswert von	1.014.000 DM
	aufweisen.	

II. Beispiele zu Ertragswertverfahren

Zusatzangaben für Ertragswertverfahren:

Erträge	realisierte Monatsmiete 1995	3.500 DM
	ortsübliche Monatsmiete 1995	3.200 DM
	ortsübliche Monatsmiete 1/1964	1.200 DM
Bewirtschaftungskosten	realisiert 1995	20 % der Bruttokaltmiete
	ortsüblich 1995	28 % der Bruttokaltmiete[A]
Zinssätze	Liegenschaftszinssatz	3,0 % p.a.
	Kapitalmarktzinssatz	5,0 % p.a.

5. Beispiel: Ertragswert nach Bewertungsgesetz

1.	Ansatz der üblichen Miete für Januar 1964, da das Grundstück erst 1980 bebaut wurde. 12 x 1.200 DM	= 14.400 DM
2.	Ansatz des Grundstücksrohertragsvervielfältigers für Einfamilienwohnhäuser in Gemeinden zwischen 100.000 und 200.000 Einwohnern, Nachkriegsbauten mit massiver Ausführung entnommen aus der Anlage 7 zum BewG.	11,8
3.	Multiplikation von Jahresrohmiete und Vervielfältiger 11,8 x 14.400 DM	= 169.920 DM
4.	Einheitswert im Ertragswertverfahren	= 169.900 DM

A Die Angabe bezieht sich auf Mietwohngrundstücke bis zu 8 Wohneinheiten. Für die Beispielimmobilie vermietetes Einfamilienwohnhaus ist von einem geringeren Satz auszugehen, da die Mieter einen größeren Anteil der Bewirtschaftungskosten selber tragen als bei Mietwohnungen.

6. Beispiel: Ertragswert nach Wertermittlungsverordnung

1.	Ansatz des Bodenwertes auf Basis des Bodenrichtwertes, da die realisierte GFZ der maximal möglichen GFZ entspricht 650 m^2 x 470 DM/m^2	= 305.500 DM
2.	Ansatz der realisierten Miete, da diese lediglich um ca. 10 % über der ortsüblichen Miete liegt 12 x 3.500 DM	= 42.000 DM
3.	Abzug der Bewirtschaftungskosten entsprechend der realisierten Größe von 20 % der Bruttokaltmiete 42.000 DM x 0,2	./. 8.400 DM
4.	Jahresreinertrag des Grundstückes	= 33.600 DM
5.	Abzug des Bodenwertverzinsungsbetrages, errechnet durch Liegenschaftszinssatz x Bodenwert 3,0 % x 305.500 DM	./. 9.165 DM
6.	Reinertragsanteil der baulichen Anlage	= 24.435 DM
7.	Ertragswert der baulichen Anlagen Reinertragsanteil x Vervielfältiger nach § 16 III WertV bei 3,0 % p.a. und Restnutzungsdauer 65 Jahre 24.435 DM x 28,45	= 695.176 DM
8.	Addition mit Bodenwert	+ 305.500 DM
9.	Ertragswert	= 1.000.000 DM
10.	Berücksichtigung der Lage auf dem Grundstücksmarkt und Heranziehung anderer Verfahrensergebnisse	

7. Beispiel: Ertragswert der Hypothekenbanken

Zusatzangaben: pauschaler Wertminderungsbetrag in Höhe von 10 % des Jahresrohertrages zur Berücksichtigung der Abschreibung

1.	Ansatz der realisierten Miete, da diese lediglich um ca. 10 % über der ortsüblichen Miete liegt 12 x 3.500 DM	= 42.000 DM
2.	Abzug der Bewirtschaftungskosten entsprechend der realisierten Größe von 20 % der Bruttokaltmiete 42.000 DM x 0,2	./. 8.400 DM
3.	Abzug eines pauschalen Wertminderungsbetrages für die Abschreibung 10 % von 42.000 DM	./. 4.200 DM
4.	Jahresreinertrag des Grundstückes	= 29.400 DM
5.	Kapitalisierung mit dem Liegenschaftszinssatz auf ewig 29.400 DM ÷ 0,03	= 980.000 DM
6.	Ertragswert	= 980.000 DM

8. Beispiel: Ertragswert nach Wertermittlungsanweisung der Deutsche Bank AG

1.	Ansatz der realisierten Miete 12 x 3.500 DM	= 42.000 DM
3.	Abzug der Bewirtschaftungskosten entsprechend der realisierten Größe von 20 % der Bruttokaltmiete 42.000 DM x 0,2	./. 8.400 DM
4.	Jahresreinertrag des Grundstückes	= 33.600 DM
5.	Kapitalisierung mit dem Liegenschaftszinssatz für die Restnutzungsdauer von 65 Jahren Rentenbarwertfaktor für 3 % p.a. und 65 Jahre 33.600 DM x 28,45	= 955.920 DM
8.	Ertragswert	= 960.000 DM

9. Beispiel: Vereinfachtes Ertragswertverfahren

1.	Ansatz der realisierten Miete, da diese lediglich um ca. 10 % über der ortsüblichen Miete liegt 12 x 3.500 DM	= 42.000 DM
2.	Abzug der Bewirtschaftungskosten entsprechend der realisierten Größe von 20 % der Bruttokaltmiete 42.000 DM x 0,2	./. 8.400 DM
3.	Jahresreinertrag des Grundstückes	= 33.600 DM
4.	Kapitalisierung mit dem Liegenschaftszinssatz auf ewig 33.600 DM ÷ 0,03	= 1.120.000 DM
5.	Ertragswert	= 1.120.000 DM

10. Beispiel: Ertragswertverfahren der schweizerischen Immobilienbewertung

Zusatzangaben: Zinssatz der 1. Hypothek 4 % p.a.

1.	Ansatz der realisierten Miete, da diese lediglich um ca. 10 % über der ortsüblichen Miete liegt 12 x 3.500 DM	= 42.000 DM
2.	Kapitalisierung mit dem um 1 % auf 5 % erhöhten Hypothekenzinssatz auf ewig 42.000 DM ÷ 0,05	= 840.000 DM
3.	Ertragswert	= 840.000 DM

11. Beispiel: Ertragswert nach Investment Approach

Zusatzangaben: voll vermietete Immobilie mit 2 Jahre befristetem Mietvertrag und anschließender Anpassung an die ortsübliche Miete

Term and Reversion Method[B]

1.	Ansatz der realisierten Miete 12 x 3.500 DM	= 42.000 DM
2.	Abzug der Bewirtschaftungskosten entsprechend der realisierten Größe von 20 % der Bruttokaltmiete 42.000 DM x 0,2	./. 8.400 DM
3.	Jahresreinertrag des Grundstückes während der Mietbindung	= 33.600 DM
4.	Diskontierung für 2 Jahre mit dem Liegenschaftszinssatz von 3 % vermindert um 1 % Risikoabschlag 1,9416 x 33.600 DM	= 65.238 DM
5.	Mietvertragsanpassung auf DM 3.000 pro Monat 12 x 3.000 DM	= 36.000 DM
6.	Abzug der Bewirtschaftungskosten entsprechend der ortsüblichen Größe von 28 % der Bruttokaltmiete[C] 36.000 DM x 0,28	./. 10.080 DM
7.	Jahresreinertrag des Grundstückes nach der Mietbindung	= 25.920 DM
8.	Diskontierung auf ewig mit 3 % Liegenschaftszinssatz abgezinst 25.920 DM ÷ 0,03 x 0,9426	= 814.407 DM
9.	Addition von Mietbindungsertragswert und ortsüblichem Mieterertragswert	65.238 DM + 814.407 DM = 879.645 DM
10.	Ertragswert	= 880.000 DM

B Für den Fall, daß die realisierten Mieterträge über den ortsüblichen Mieterträgen liegen, würde eine Bewertung mit der Layer Method und der Eqivalent Yield Method von der irrigen Annahme ausgehen, daß die Bottom Slice größer als die Top Slice ist und somit eigentlich eine negative Top Slice anzusetzen wäre. Deshalb wird auf die Darstellung der Layer Method und der Equivalent Yield Method Abstand genommen.

C Geht man davon aus, daß die Bewirtschaftungskosten nach der Mietbindung in dem entsprechendem Rahmen von 20 % der Erträge verbleiben, so würde der Wert von 28.800 DM kapitalisiert werden. Als Ertragswert würde demnach ein Wert von 904.896 DM + 65.238 DM = 970.134 DM errechnet werden.

12. Beispiel: Ertragswert nach der amerikanischen Discounted Cash Flow Method

Zusatzangaben:
- voll vermietete Immobilie mit 2 Jahre befristetem Mietvertrag und anschließender Anpassung an die ortsübliche Miete
- Steigerung der Nettomieterträge ab diesem Zeitpunkt mit jährlich 5 %
- Veräußerung des Gesamtobjektes in t_{15} für DM 900.000

1.	Ansatz der realisierten Miete 12 x 3.500 DM	= 42.000 DM
2.	Abzug der Bewirtschaftungskosten entsprechend der realisierten Größe von 20 % der Bruttokaltmiete 42.000 DM x 0,2	./. 8.400 DM
3.	Jahresreinertrag des Grundstückes während der Mietbindung	= 33.600 DM
4.	Diskontierung für 2 Jahre mit dem Liegenschaftszinssatz von 3 % 1,9135 x 33.600 DM	= 64.294 DM
5.	Mietvertragsanpassung auf DM 3.000 pro Monat 12 x 3.000 DM	= 36.000 DM
6.	Abzug der Bewirtschaftungskosten entsprechend der realisierten Größe von 20 % der Bruttokaltmiete 36.000 DM x 0,2	./. 7.200 DM
7.	Jahresreinertrag des Grundstückes für das erste Jahr nach der Mietbindung	= 28.800 DM

8.	Diskontierung für 3 Perioden mit 3 % 0,9151 x 28.800 DM	= 26.355 DM
9.	Diskontierung[D] der steigenden Nettomieterträge ab t_4 13,368241 x (1,05 x 28.800 DM) x $1{,}03^{-4}$	= 359.175 DM
10.	Diskontierung des Restverkaufserlöses für 15 Jahre mit dem Liegenschaftszinssatz von 3 % 9000.000 DM x 0,641862	= 577.676 DM
11.	Addition von Mietbindungsertragswert und ortsüblichem Mietertragswert in t_3 und steigendem Mietertragswert und Restverkaufserlös	64.294 DM + 26.355 DM + 359.175 DM + 577.676 DM = 1.027.500 DM
12.	Ertragswert	= 1.030.000 DM

D Der Rentenbarwertfaktor von 13,868241 errechnet sich über die Division der Steigerungsrate von 1,05 durch den Diskontierungszinssatz.

$$\frac{\left(\frac{1{,}05}{1{,}03}\right)^{12} - 1}{\left(\frac{1{,}05}{1{,}03}\right) - 1}.$$

13. Beispiel: Standardertragswert nach der prognoseorientierten Ertragswertmethode

Zusatzangaben:
- voll vermietete Immobilie mit 2 Jahre befristetem Mietvertrag
- voraussichtliche Neuvermietung mit einer festen Miete für 3 Jahre in Höhe von 3.800 DM pro Monat
- Anpassung an die ortsübliche Miete von voraussichtlich 3.600 DM im Jahr 6 mit anschließender Steigerung der Nettomieterträge entsprechend der Mietsteigerung der ortsüblichen Miete von voraussichtlich 4 %
- Veräußerung des Gesamtobjektes in t_{15} für DM 900.000

1.	Ansatz der realisierten Miete 12 x 3.500 DM	= 42.000 DM
2.	Abzug der Bewirtschaftungskosten entsprechend der realisierten Größe von 20 % der Bruttokaltmiete 42.000 DM x 0,2	./. 8.400 DM
3.	Jahresreinertrag des Grundstückes während der Mietbindung	= 33.600 DM
4.	Diskontierung für 2 Jahre mit dem Liegenschaftszinssatz von 3 % 1,9135 x 33.600 DM	= 64.294 DM
5.	Neuvermietung für voraussichtlich 3.800 DM pro Monat für die Jahre 3, 4 und 5 12 x 3.800 DM	= 45.600 DM
6.	Abzug der Bewirtschaftungskosten entsprechend der realisierten Größe von 20 % der Bruttokaltmiete 45.600 DM x 0,2	./. 9.120 DM
7.	Jahresreinertrag des Grundstückes für die Jahre der Neuvermietung	= 36.480 DM
8.	Barwert der "neuen" Miete mit 3 % (2,8286 x 36.480 DM) x $1{,}03^{-2}$	= 97.264 DM

9.	Mietvertragsanpassung auf die ortsübliche Miete von DM 3.600 pro Monat für das Jahr 6 12 x 3.600 DM	= 43.200 DM
10.	Abzug der Bewirtschaftungskosten entsprechend der realisierten Größe von 20 % der Bruttokaltmiete 43.200 DM x 0,2	./. 8.640 DM
11.	Jahresreinertrag des Grundstückes für das erste Jahr nach der Mietbindung (Jahr 6)	= 34.560 DM
12.	Diskontierung für 6 Perioden mit 3 % 0,8375 x 34.560 DM	= 28.944 DM
13.	Diskontierung[E] der steigenden Nettomieterträge ab t_7 9,731641 x (1,05 x 34.560 DM) x $1{,}03^{-7}$	= 287.137 DM
14.	Diskontierung des Restverkaufserlöses für 15 Jahre mit dem Liegenschaftszinssatz von 3 % 9000.000 DM x 0,641862	= 577.676 DM
15.	Addition von Mietbindungsertragswert für t_1 und t_2 und Mietbindungsertragswert für t_3, t_4 und t_5 und ortsüblichem Mietertragswert in t_6 und steigendem Mietertragswert und Restverkaufserlös	64.294 DM + 97.264 DM + 28.944 DM + 287.137 DM + 577.676 DM = 1.055.315 DM
16.	Ertragswert	= 1.060.000 DM

E Der Rentenbarwertfaktor von 9,731641 errechnet sich über die Division der Steigerungsrate von 1,05 durch den Diskontierungszinssatz.

$$\frac{\left(\frac{1{,}05}{1{,}03}\right)^{9} - 1}{\left(\frac{1{,}05}{1{,}03}\right) - 1}.$$

III. Beispiele zu Sachwertverfahren

Zusatzangaben für Sachwertverfahren:

umbauter Raum	DIN 277 (1950)	900 m^3
Baukosten	einzeln nachgewiesen 1980	380 DM/m^3
	Normalherstellungskosten 1980	410 DM/m^3
	Normalherstellungskosten 1995	690 DM/m^3
Baunebenkosten		10 % der Baukosten

14. Beispiel: Sachwert nach Bewertungsgesetz

Zusatzangaben: • Der Bodenrichtwert für den 1.1.1964 wurde auf 90 DM/m^2 festgestellt.

1.	Ansatz des Bodenwertes auf Basis des Bodenrichtwertes vom 1.1.1964 650 m^2 x 90 DM/m^2	= 58.500 DM
2.	Umbauter Raum bewertet mit den Raummeterpreisen für den 1.1.1964, entnommen aus Anlage 16 zu der BewRGr 900 m^3 x 138 DM/m^3	= 124.200 DM
3.	Zuzüglich Kosten der Außenanlagen in Höhe von 5 % der Baukosten zum 1.1.1964 124.200 DM x 1,05	= 6.210 DM
	Es wird keine Wertminderung angesetzt, da die Bauten und die Außenanlagen erst nach dem 1.1.1964 erstellt wurden.	
4.	Ermittlung des Grundstücksausgangswertes aus	
	Bodenwert	58.500 DM
	und Wert der baulichen Anlagen	+ 124.200 DM
	und Wert der Außenanlagen	+ 6.210 DM
		= 188.910 DM
5.	Anwendung der Wertzahl nach § 90 BewG für nach dem Krieg gebaute Einfamilienhäuser 0,75 x 188.910 DM	= 141.682 DM
6.	Einheitswert im Sachwertverfahren	= 141.600 DM

15. Beispiel: Sachwert nach Wertermittlungsverordnung

1.	Ansatz des Bodenwertes auf Basis des Bodenrichtwertes, da die realisierte GFZ der maximal möglichen GFZ entspricht 650 m^2 x 470 DM/m^2	= 305.500 DM
2.	Umbauter Raum bewertet mit den effektiven Raummeterpreisen aus dem Jahr 1980 900 m^3 x 380 DM/m^3	= 342.000 DM
3.	Zuzüglich Baunebenkosten in Höhe von 10 % der Baukosten aus dem Jahr 1980 342.000 DM x 1,1	= 376.200 DM
4.	Indexierung der Baukosten auf den Bewertungsstichtag 31.12.1995 mit dem Baupreisindex für sonstige Bauwerke in Bayern für das Jahr 1995 (Basis 1985) 376.200 DM ÷ 85,7 x 144,6	= 634.755 DM
5.	Ansatz der Wertminderung für 15 Jahre nach Anlage 6 zu den Wertermittlungsrichtlinien für die Gesamtnutzungsdauer 80 Jahre 11,1 % x 634.755 DM	./. 70.458 DM
6.	Wert der wertgeminderten baulichen Anlagen	= 564.297 DM
7.	Wert der Außenanlagen pauschal 4 % der baulichen Anlagen inklusive Wertminderung 564.297 DM x 0,04	= 22.572 DM
8.	Ermittlung des Grundstückssachwertes aus Bodenwert und Wert der baulichen Anlagen und Wert der Außenanlagen	 305.500 DM + 564.297 DM + 22.572 DM = 892.369 DM
9.	Grundstückssachwert	= 900.000 DM
10.	Berücksichtigung der Lage auf dem Grundstücksmarkt und Heranziehung anderer Verfahrensergebnisse	

16. Beispiel: Sachwert der Hypothekenbanken

a) Indexverfahren mit Bewertung "von unten"

1.	Ansatz des Bodenwertes auf Basis des Bodenrichtwertes, da die realisierte GFZ der maximal möglichen GFZ entspricht 650 m^2 x 470 DM/m^2	= 305.500 DM
2.	Basispreis 1913 für Einfamilienhäuser gute bis sehr gute Ausstattung erhöht um den Baunebenkostenprozentsatz 35 M/m^3 x 1,1	= 38,5 M/m^3
3.	Multiplikation mit dem Baupreisindex des statistischen Bundesamtes für den am nächsten am Bewertungsstichtag liegenden Zeitpunkt (Jahr 1994, Basis 1991) 38,5 M/m^3 ÷ 5,3 x 114,3	= 830 DM/m^3
4.	Umbauter Raum bewertet mit dem Raummeterpreis 900 m^3 x 830 DM/m^3	= 747.000 DM
5.	Ansatz der Wertminderung nach Ross für 15 Jahre für die Gesamtnutzungsdauer 80 Jahre 11,1 % x 747.000 DM	./. 82.917 DM
6.	Wert der wertgeminderten baulichen Anlagen	= 664.083 DM
7.	Ermittlung des Grundstückssachwertes aus Bodenwert und wertgemindertem Neubauwert	 305.500 DM + 664.083 DM = 969.583 DM
8.	Grundstückssachwert	= 970.000 DM

b) Indexverfahren mit Bewertung "von oben"

1.	Ansatz des Bodenwertes auf Basis des Bodenrichtwertes, da die realisierte GFZ der maximal möglichen GFZ entspricht 650 m^2 x 470 DM/m^2	= 305.500 DM
2.	Normalherstellungskosten 1995 für Einfamilienhäuser gute bis sehr gute Ausstattung erhöht um den Baunebenkostenprozentsatz 690 DM/m^3 x 1,1	= 759 DM/m^3
3.	Umbauter Raum bewertet mit dem Raummeterpreis 900 m^3 x 759 DM/m^3	= 683.100 DM
4.	Ansatz der Wertminderung nach Ross für 15 Jahre für die Gesamtnutzungsdauer 80 Jahre 11,1 % x 683.100 DM	./. 75.824 DM
5.	Wert der wertgeminderten baulichen Anlagen	= 607.276 DM
6.	Ermittlung des Grundstückssachwertes aus Bodenwert und wertgemindertem Neubauwert	 305.500 DM + 607.276 DM = 912.776 DM
7.	Grundstückssachwert	= 920.000 DM

17. Beispiel: Sachwert nach Wertermittlungsanweisung der Deutsche Bank AG

1.	Ansatz des Bodenwertes auf Basis des Bodenrichtwertes, da die realisierte GFZ der maximal möglichen GFZ entspricht 650 m^2 x 470 DM/m^2	= 305.500 DM
2.	Umbauter Raum bewertet mit den Raummeterpreisen aus dem Jahr 1995 900 m^3 x 690 DM/m^3	= 621.000 DM
3.	Zuzüglich Baunebenkosten in Höhe von 10 % der Baukosten 621.000 DM x 1,1	= 683.100 DM
4.	Wert der Außenanlagen pauschal 4 % der baulichen Anlagen 683.100 DM x 0,04	+ 27.324 DM
5.	Neubauwert	= 710.424 DM
6.	Ansatz der Wertminderung nach Ross für 15 Jahre für die Gesamtnutzungsdauer 80 Jahre 11,1 % x 710.424 DM	./. 78.858 DM
7.	Wert der wertgeminderten baulichen Anlagen	= 631.566 DM
8.	Ermittlung des Grundstückssachwertes aus Bodenwert und wertgemindertem Neubauwert	 305.500 DM + 631.566 DM = 937.066 DM
9.	Grundstückssachwert	= 940.000 DM

18. Beispiel: Sachwert der Sparkassen im Indexverfahren

1.	Ansatz des Bodenwertes auf Basis des Bodenrichtwertes, da die realisierte GFZ der maximal möglichen GFZ entspricht 650 m^2 x 470 DM/m^2	= 305.500 DM
2.	Basispreis 1913 für Einfamilienhäuser gute bis sehr gute Ausstattung erhöht um den Baunebenkostenprozentsatz 35 M/m^3 x 1,1	= 38,5 M/m^3
3.	Multiplikation mit dem Baupreisindex der Sparkassenaufsichtsbehörde für den am nächsten am Bewertungsstichtag liegenden Zeitpunkt 38,5 M/m^3 ÷ 5,3 x 102	= 741 DM/m^3
4.	Umbauter Raum bewertet mit dem Raummeterpreis 900 m^3 x 741 DM/m^3	= 666.900 DM
5.	Ansatz der Wertminderung nach Ross für 15 Jahre für die Gesamtnutzungsdauer 80 Jahre 11,1 % x 666.900 DM	./. 74.026 DM
6.	Wert der wertgeminderten baulichen Anlagen	= 592.874 DM
7.	Ermittlung des Grundstückssachwertes aus Bodenwert und wertgemindertem Neubauwert	 305.500 DM + 592.874 DM = 898.374 DM
8.	Grundstückssachwert	= 900.000 DM

19. Beispiel: Sachwert der gleitenden Neuwertversicherung

1.	Basispreis 1913 für Einfamilienhäuser gute bis sehr gute Ausstattung erhöht um den Baunebenkostenprozentsatz 35 M/m³ x 1,1	= 38,5 M/m³
2.	Umbauter Raum bewertet mit dem Raummeterpreis 1913 900 m³ x 38,5 M/m³	= 34.650 M
3.	Multiplikation mit der Prämienrichtzahl 25,60 34.650 M x 25,60	= 887.040 DM
4.	Neubauwert der baulichen Anlagen	= 887.040 DM
	Für eine komplette Grundstücksbewertung sind die Alterswertminderung zu subtrahieren und der Bodenwert zu addieren.	
5.	Ansatz der Wertminderung nach Ross für 15 Jahre für die Gesamtnutzungsdauer 80 Jahre 11,1 % x 887.040 DM	./. 98.461 DM
6.	Zeitwert der baulichen Anlagen	= 788.579 DM
7.	Ansatz des Bodenwertes auf Basis des Bodenrichtwertes, da die realisierte GFZ der maximal möglichen GFZ entspricht 650 m² x 470 DM/m²	= 305.500 DM
8.	Ermittlung des Grundstückssachwertes aus Bodenwert und wertgemindertem Neubauwert	 305.500 DM + 788.579 DM = 1.094.079 DM
9.	Grundstückssachwert auf Basis der gleitenden Neuwertversicherung	= 1.100.000 DM

20. Beispiel: Standardsachwert

Zusatzangaben:
- Kubatur nach DIN 277 (1973/1987) 940 m^3
- Normalherstellungskosten für Nordwestbayern für das Jahr 1995 DM 650 pro m^3
- Aufgrund des außerordentlich guten Erhaltungszustandes wird ein Zustandsfaktor von 6,00 angenommen

1.	Ansatz des Bodenwertes auf Basis des Bodenrichtwertes, da die realisierte GFZ der maximal möglichen GFZ entspricht 650 m^2 x 470 DM/m^2	= 305.500 DM
2.	Umbauter Raum bewertet mit dem Raummeterpreis 1995 940 m^3 x 650 DM/m^3	= 611.000 DM
3.	Erhöhung um Baunebenkosten 611.000 DM x 1,1	= 672.100 DM
4.	Ansatz der Wertminderung für den Zustandsfaktor 6,0,[F] bei 80 Jahren Gesamtnutzungsdauer und 15 Jahren Alter 672.100 DM x 3,71 %	./. 24.934 DM
5.	Wertgeminderte bauliche Anlagen	= 647.166 DM
6.	Zuschlag für Außenanlagen durchschnittlicher Ausführung in Höhe von 5 % der wertgeminderten baulichen Anlagen 647.166 DM x 0,05	+ 32.358 DM
7.	Ermittlung des Grundstückssachwertes aus Bodenwert und Wert der baulichen Anlagen und Wert der Außenanlagen	 305.500 DM + 647.166 DM + 32.358 DM = 985.024 DM
8.	Grundstückssachwert	= 990.000 DM
9.	Berücksichtigung der Lage auf dem Grundstücksmarkt und Heranziehung anderer Verfahrensergebnisse	

F Die Wertminderung in Prozent errechnet sich folgendermaßen:

$$3{,}71\% = \left\{ \frac{1}{6} \times \left[\frac{15^2}{80^2} + \frac{15}{80} \right] \right\} \times 100 .$$

IV. Beispiele zu sonstigen Bewertungsverfahren

21. Beispiel: Bodenwertermittlung nach der Lageklassenmethode

Zusatzangaben: • Es wird der Lageklassenschlüssel nach Naegeli/Hungerbühler[G] für die Zuordnung der Objekte zu einer Lageklasse verwandt.

	Bestimmung der Lageklasse anhand unterschiedlicher Merkmale	
1.	Allgemeine Situation Bessere großstädtische Wohnlage mit guter Besonnung und Aussicht	Klasse 5
2.	Verkehrsrelation Gut erschlossene Gegend im Nahbereich öffentlicher Verkehrsmittel	Klasse 5
3.	Nutzungsintensität/Ausbaustandard Komfortablere Bauten: Einfamilienhäuser	Klasse 4
4.	Wohnsektor Luxuriöse Wohnobjekte, Größere Einfamilienhäuser	Klasse 6
5.	Zusammensetzung der Lageklasse 20 Punkte durch 4 Positionen	= Klasse 5
6.	Ansatz der nachhaltigen Jahresreinerträge auf Basis der ortsüblichen Miete von 3.000 DM/Monat vermindert um 28 % Bewirtschaftungskosten	
	12 x 3.000 DM	36.000 DM
	36.000 DM x 0,28	./. 10.080 DM
	Jahresreinertrag	= 25.920 DM
7.	Division des Jahresreinertrages des gesamten Grundstückes durch den Liegenschaftszinssatz 25.920 DM ÷ 0,03	864.000 DM
8.	Ansatz entsprechend dem Lageklassenverhältnis von Jahreszins zu Baulandwert $\frac{1}{5} = \frac{3\%}{x} \Rightarrow x = 15\%$	
	Bodenanteil am Gesamtertragswert	15 %
9.	Bodenwert nach Lageklassenmethode mit Ertragswerten 864.000 DM x 0,15	= 129.600 DM

G Vgl. Naegeli, W./Hungerbühler, K., Liegenschaftsschätzer (1988), S. 49 ff.

22. Beispiel: Bodenwertermittlung über den mutmaßlichen Ertrag

Zusatzangaben:
- Kubatur nach DIN 277 (1973/1987) 940 m^3
- Normalherstellungskosten für Nordwestbayern für das Jahr 1995 DM 650 pro m^3
- Es wird von einer nachhaltigen Miete je Quadratmeter Netto-Geschoßfläche entsprechend der ortsüblichen Miete erhöht um einen Zuschlag für die alleinige Nutzung des gesamten Objektes von insgesamt monatlich DM 12 ausgegangen.
- Entsprechend der örtlich üblichen Normalherstellungskosten je Raummeter können Baukosten von 2.350 DM je m^2 Netto-Geschoßfläche angenommen werden.

1.	Ermittlung der maximal möglichen Netto-Geschoßfläche 650 m^2 x Geschoßflächenzahl 0,4	= 260 m^2
2.	Ansatz der fiktiven Miete 12 DM/m^2 x 260 m^2 x 12	= 37.440 DM
3.	Abzug der Bewirtschaftungskosten entsprechend der ortsüblichen Werte von 28 % der Bruttoerträge 37.440 DM x 0,28	./. 10.483 DM
4.	Jährlicher Reinertrag	= 26.957 DM
5.	Baukosten für 260 m^2 Wohn-/Nutzfläche je m^2 Netto-Geschoßfläche erhöht um 10 % für Baunebenkosten 2.350 DM/m^2 x 1,1 x 260 m^2	= 672.100 DM
6.	Ertragsanteil der baulichen Anlagen ermittelt mittels Division durch den Vervielfältiger entsprechend der Anlage zu § 16 WertV mit 100 Jahren Restnutzungsdauer und einem Liegenschaftszinssatz von 3,5 % 672.100 DM ÷ 27,66	= 24.299 DM
7.	Ermittlung des Ertragsanteils des Grund und Bodens mittels Abzug des Ertragsanteils der baulichen Anlagen vom Jahresreinertrag des Gesamtgrundstückes 26.957 DM ./. 24.299 DM	= 2.658 DM
8.	Kapitalisierung mit dem Liegenschaftszinssatz auf ewig 2.658 DM ÷ 0,03	= 88.600 DM
9.	Kalkulatorischer Bodenwert	= 89.000 DM

23. Beispiel: Residualverfahren

Zusatzangaben:

- Kubatur nach DIN 277 (1973/1987) 940 m^3
- Normalherstellungskosten für Nordwestbayern für das Jahr 1995 DM 650 pro m^3
- Es wird von einer nachhaltigen Miete je Quadratmeter Netto-Geschoßfläche entsprechend der ortsüblichen Miete erhöht um einen Zuschlag für die alleinige Nutzung des gesamten Objektes von insgesamt monatlich DM 12 ausgegangen.
- Entsprechend der örtlich üblichen Normalherstellungskosten je Raummeter können Baukosten von 2.350 DM je m^2 Netto-Geschoßfläche angenommen werden.
- Die Finanzierungskosten der Baukosten werden mit einem Kapitalmarktzinssatz von 8 % p.a. angenommen und entsprechend der Entwicklung im Zeitablauf mit dem Faktor 0,5 angesetzt.
- Einmalige Vermietungskosten werden in Höhe von 10 % des erwarteten Reinertrages angesetzt.
- Gebühren, Abgaben und Sonstiges werden einmalig in Höhe eines Jahresreinertrages angesetzt.
- Der Unternehmergewinn wird mit 20 % des Grundstücksertragswertes angenommen.

1.	Ermittlung der maximal möglichen Netto-Geschoßfläche 650 m^2 x Geschoßflächenzahl 0,4	= 260 m^2
	Berechnung des fiktiven Ertragswertes im vereinfachten Ertragswertverfahren mit dem Vervielfältiger zur WertV	
2.	Ansatz der fiktiven Miete 12 DM/m^2 x 260 m^2 x 12	= 37.440 DM
3.	Abzug der Bewirtschaftungskosten entsprechend der ortsüblichen Werte von 28 % der Bruttoerträge 37.440 DM x 0,28	./. 10.483 DM
4.	Jährlicher Reinertrag	= 26.957 DM
5.	Kapitalisierung mit einem Vervielfältiger entsprechend der Anlage zu § 16 WertV mit 100 Jahren Restnutzungsdauer und einem Liegenschaftszinssatz von 3,5 % 26.957 DM x 27,66	= 745.631 DM
	Berechnung der Bau- und Entwicklungskosten	
6.	Baukosten für 260 m^2 Wohn-/Nutzfläche je m^2 Netto-Geschoßfläche erhöht um 10 % für Baunebenkosten 2.350 DM/m^2 x 1,1 x 260 m^2	./. 672.100 DM
7.	Finanzierungskosten für rund 2 Jahre 672.100 DM x 0,08 x 2 x 0,5	./. 53.768 DM
8.	Einmalige Vermietungskosten 26.957 DM x 0,1	./. 2.696 DM
9.	Einmalig Gebühren, Abgaben und Sonstiges	./. 26.957 DM
10.	Unternehmergewinn 0,2 x 745.631 DM	./. 149.126 DM
11.	Bau- und Entwicklungskosten	= 904.647 DM
12.	Residuum	./. 159.016 DM
13.	Tragbarer Bodenwert Das Residuum wäre für die gesamte Projektentwicklungsphase zu diskontieren und um die im Zeitpunkt des Vertragsabschlusses fälligen Gebühren und Notarkosten zusätzlich zu vermindern.	

Das negative Residuum von 159.000 DM für den Bodenwert entsteht dadurch, daß die bestehende Bebauung des Grundstückes der maximal möglichen Bauausnützung entspricht. Für einen potentiellen Bauträger würde demnach das Grundstück nur interessant sein bzw. werden, falls die mögliche Geschoßflächenzahl lediglich zu ca. 50 % ausgenützt wäre. Darüber hinaus ist von einer deutlichen Senkung der Baukosten auszugehen, wenn größere bzw. mehrere Baukörper erstellt werden würden.

IV. Synoptische Gegenüberstellung der Ergebnisse der Beispiele

I. Vergleichswertverfahren		
1.	Vergleichswert (nur) für den **Boden** nach Bewertungsgesetz	36.000 DM
2.	Vergleichswert nach Wertermittlungsverordnung	
a)	Unmittelbare Vergleichsbewertung	1.100.000 DM
b)	Mittelbare Vergleichsbewertung für die Bestimmung des **Bodenwertes**	305.500 DM
3.	Unmittelbare Standardvergleichsbewertung	1.110.000 DM
4.	Mittelbare Standardvergleichsbewertung	1.014.000 DM

II. Ertragswertverfahren		
5.	Ertragswert nach Bewertungsgesetz	169.900 DM
6.	Ertragswert nach Wertermittlungsverordnung	1.000.000 DM
7.	Ertragswert der Hypothekenbanken	980.000 DM
8.	Ertragswert nach Wertermittlungsanweisung der Deutsche Bank AG	960.000 DM
9.	Vereinfachtes Ertragswertverfahren	1.120.000 DM
10.	Ertragswertverfahren der schweizerischen Immobilienbewertung	840.000 DM
11.	Ertragswert nach Investment Approach	880.000 DM
12.	Ertragswert nach der amerikanischen Discounted Cash Flow Method	1.030.000 DM
13.	Standardertragswert nach der prognoseorientierten Ertragswertmethode	1.060.000 DM

III. Sachwertverfahren		
14.	Sachwert nach Bewertungsgesetz	141.600 DM
15.	Sachwert nach Wertermittlungsverordnung	900.000 DM
16.	Sachwert der Hypothekenbanken	
a)	Indexverfahren mit Bewertung "von unten"	970.000 DM
b)	Indexverfahren mit Bewertung "von oben"	920.000 DM
17.	Sachwert nach Wertermittlungsanweisung der Deutsche Bank AG	940.000 DM
18.	Sachwert der Sparkassen im Indexverfahren	900.000 DM
19.	Sachwert der gleitenden Neuwertversicherung nach Abzug von Wertminderung und Addition von Bodenwert	1.100.000 DM
20.	Standardsachwert	990.000 DM

IV. Sonstige Bewertungsverfahren		
21.	Bodenwertermittlung nach der Lageklassenmethode	129.600 DM
22.	Bodenwertermittlung über den mutmaßlichen Ertrag	89.000 DM
23.	Residualverfahren	0 DM

Abkürzungsverzeichnis

a	Ar
a.F.	alte Fassung
Abs.	Absatz
Abschn.	Abschnitt
AfA	Absetzung für Abnutzung
AFB 87	Allgemeine Bedingungen für die Feuerversicherung
AIREA	American Institute of Real Estate Appraisers
Anm.	Anmerkung (en)
AO	Abgabenordnung
ARICS	Associate of RICS
Art.	Artikel
BAnz.	Bundesanzeiger
BauGB	Baugesetzbuch
BausparkG	Bausparkassengesetz
BAV	Bundesaufsichtsamt für das Versicherungswesen
BB	Der Betriebs-Berater
BBergG	Bundesberggesetz
Bd.	Band
BelG	Beleihungsgrundsätze
ber.	berichtigt
Betr.	Betreff
BewÄndG	Bewertungsänderungsgesetz
BewG	Bewertungsgesetz
BewRGr	Richtlinien für die Bewertung des Grundvermögens

BFH	Bundesfinanzhof
BFH/NV	Sammlung der nicht veröffentlichten Entscheidungen des Bundesfinanzhofes
BFHE	Sammlung der Entscheidungen und Gutachten des Bundesfinanzhofes
BGB	Bürgerliches Gesetzbuch
BGBl.	Bundesgesetzblatt
BGHZ	Sammlung der Entscheidungen des Bundesgerichtshofes in Zivilsachen
BodenSchätzG	Bodenschätzungsgesetz
BR-Drs.	Bundesrats-Drucksache
BStBl.	Bundessteuerblatt
BT-Drs.	Bundestags-Drucksache
BVerfG	Bundesverfassungsgericht
BVerfGE	Entscheidungen des Bundesverfassungsgerichts
BVS	Bundesverband öffentlich bestellter und vereidigter sowie qualifizierter Sachverständiger e.V.
bzw.	beziehungsweise
d.h.	das heißt
DB	Der Betrieb
DDR	Deutsche Demokratische Republik
DIHT	Deutscher Industrie- und Handelstag
DII	Deutsches Institut der Immobilienwirtschaft
DIN	Deutsches Institut für Normung e.V.
DM	Deutsche Mark
DMBilG	D-Mark-Bilanzgesetz
DStR	Deutsches Steuerrecht

DStZ	Deutsche Steuerzeitung
DTZ	Debenham Thorpe Zadelhoff
e.V.	eingetragener Verein
ErbStG	Erbschaftsteuer- und Schenkungsteuergesetz
ErbStRG	Erbschaftsteuerreformgesetz
EStDV	Einkommensteuer-Durchführungsverordnung
EStR	Einkommensteuer-Richtlinien
etc.	et cetera
evtl.	eventuell
EuGH	Europäischer Gerichtshof
EWG	Europäische Wirtschaftsgemeinschaft
EWR	Europäischer Wirtschaftsraum
f.	folgende
ff.	fortfolgende
FIRPAC	Federal Real Property Appraisal Committee
FlurbG	Flurbereinigungsgesetz
FRICS	Fellow of RICS
GAAP	Generally Accepted Accounting Principles
GBO	Grundbuchordnung
gewerbl.	gewerblich
GewO	Gewerbeordnung
GewStG	Gewerbesteuergesetz
GFZ	Geschoßflächenzahl
GG	Grundgesetz
GoB	Grundsätze ordnungsmäßiger Buchführung
GoI	Grundsätze ordnungsmäßiger Immobilienbewertung
GrEStG	Grunderwerbsteuergesetz

GrS	Großer Senat
GRZ	Grundflächenzahl
GuG	Grundstücksmarkt und Grundstückswert
GVBl.	Gesetz- und Verordnungsblatt
ha	Hektar
HFA	Hauptfachausschuß des Instituts der Wirtschaftsprüfer in Deutschland e.V.
HGB	Handelsgesetzbuch
Hrsg.	Herausgeber
HS	Halbsatz
HypBankG	Hypothekenbankgesetz
i.V.m.	in Verbindung mit
IDW	Institut der Wirtschaftsprüfer in Deutschland e.V.
II. BV	Zweite Berechnungsverordnung
ImmoSG	Immobilienschätzungsgesetz
IStR	Internationales Steuerrecht
KAGG	Gesetz über Kapitalanlagegesellschaften
KPMG	Klynveld Peat Marvick Goerdeler
KStG	Körperschaftsteuergesetz
KWG	Kreditwesengesetz
m^2	Quadratmeter
m^3	Kubikmeter
M	Mark
MaBV	Makler- und Bauträgerverordnung
MAI	Member of the Appraisal Institute
MBöB	Allgemeine Bedingungen für Bausparkassenverträge der öffentlichen Bausparkassen (Musterbedingungen)
MBpB	Allgemeine Bedingungen für Bausparkassenverträge der privaten Bausparkassen (Musterbedingungen)

MHG	Miethöhegesetz
MSVO/DIHT	Muster-Sachverständigenordnung des Deutschen Industrie- und Handelstages
Nr.	Nummer (n)
NRW	Nordrhein-Westfalen
p.a.	per anno
R	Einkommensteuer-Richtlinie
RDM	Ring Deutscher Makler e.V.
Rdnr.	Randnummer (n)
RFH	Reichsfinanzhof
RGBl.	Reichsgesetzblatt
RICS	Royal Institution of Chartered Surveyors
RPG	Raumplanungsgesetz
RStBl.	Reichssteuerblatt
S.	Seite (n)
sog.	sogenannte(r)
SpKG	Sparkassengesetz
StBerG	Steuerberatungsgesetz
TIAVSC	The International Assets Valuation Standard Committee
Tz.	Textziffer (n)
UEC	Union Europeenne des Experts Comptables Economiques et Financiers
UK	United Kingdom
USA	United States of America
USPAP	Uniform Standards of Professional Appraisal Practice
usw.	und so weiter
v.H.	vom Hundert
VAG	Versicherungsaufsichtsgesetz

VDM	Verband deutscher Makler für Grundbesitz und Finanzierung e.V.
VerBAV	Veröffentlichungen des Bundesaufsichtsamtes für das Versicherungs- und Bausparwesen
VGB 88	Allgemeine Wohngebäudeversicherungsbedingungen
vgl.	vergleiche
VStrRG	Vermögensteuerreformgesetz
VVG	Versicherungsvertragsgesetz
WertR	Wertermittlungsrichtlinien
WertV	Wertermittlungsverordnung
WestLB	Westdeutsche Landesbank
WFA	Wohnwirtschaftlicher Fachausschuß des Instituts der Wirtschaftsprüfer in Deutschland e.V.
WPg	Die Wirtschaftsprüfung
WPO	Wirtschaftsprüferordnung
z.B.	zum Beispiel
Ziff.	Ziffer (n)
ZIP	Zeitschrift für Wirtschaftsrecht
ZVG	Zwangsversteigerungsgesetz

Symbolverzeichnis

Ø	durchschnittlich(er)
∞	*unendlicher Zeithorizont der dritten Phase, unendlicher Zeithorizont der vierten Phase*
A	*Gebäudealter in Jahren,* *Effective Age*
AB	*Absetzung wegen Abnutzung in Prozent*
AD	*Accrued Depreciation* *(Kumulierte Abschreibung)*
B	*Building Value in Percent of total property value*
BN	*Baunebenkostenprozentsatz in Prozent*
BW	*Bodenwert*
BW_n	*Bodenwert am Ende der Gebäudenutzungsdauer*
C	*Reproduction or Replacement Cost*
CF_n	*Cash Flow from the period specified*
$CF_{\bar{n}}$	*Constant Cash Flow (einheitliche Jahresreinerträge)*
D	*übliche Gesamtnutzungsdauer in Jahren.*
DCR	*Debt Coverage Ratio* $= \frac{NOI}{I_M}$
E_t	*Ertragsüberschuß der jeweiligen Periode*
$E_{\bar{t}}$	*konstanter Ertragsüberschuß*
EGI	*Effective Gross Income*
$EGIM$	*Effective Gross Income Multiplier* $= \frac{PRICE}{EGI}$
ERV_n	*Estimated Rental Value of specified period*
ERV_{REV}	*Reversion to Estimated Rental Value*
EW	*Ertragswert*

GW	*Gebäudezeitwert*
i	*Diskontierungszinsfuß,* *Diskontierungsfaktor,* *jeweils zutreffender Diskontierungsfaktor*
I_M	*Annual Debt Service*
I_{MN}	*Bauindex für den Basispreis*
I_{BEW}	*Bauindex für den Bewertungsstichpunkt*
k	*Zeithorizont der ersten Phase*
KP	*Kaufpreis*
L	*Land Value in Percent of total property value* *(Bodenwertanteil in Prozent)*
l	*Zeithorizont der zweiten Phase*
LD	*Lebensdauer in Jahren*
m	*begrenzter Zeithorizont,* *Zeithorizont der dritten Phase (bis zum Ende der wirtschaftlichen Gebäudenutzungsdauer)*
M	*Basispreis 1913 in M/m*^{3}
MC	*Mortgage Component* *(Fremdkapitalanteil an Gesamtfinanzierung)*
MN	*Basispreis in DM/cbm Neubaukosten*
n	*letzter Zeitraum der Prognose,* *Number of Years in the Projection,* *Remaining Contract Period*
n_{Rest}	*Restnutzungsdauer*
n_{Wert}	*Restnutzungsdauer nach § 16 IV WertV*
N	*Last Year of Projection*
N_T	*Total Economic Life*
NOI	*Net Operating Income*
NW	*Neuwert*
OE	*Operating Expenses*

OER	*Operating Expense Ratio* $= \frac{OE}{EGI}$
p	*Liegenschaftszinssatz*
p_S	$\frac{Sollzinssatz}{100}$
PV	*Present Value*
q	$1+\frac{Habenzinssatz}{100}$, *Zinsfaktor* $= 1 + p$
r_p	*Property Interest Rate*
r_1	*Safe Rate*
r_2	*Rate for Uncertainty of Income*
r_3	*Rate for Nonliquidity of Real Property*
r_4	*Rate for Burden of Property Management*
R_B	*Building Capitalization Rate* *(Gebäudewertverzinsungszinssatz)*
R_E	*Equity Capitalization Rate* *(Aus Verkäufen abgeleitete Eigenkapitalverzinsung)*
R_L	*Land Capitalization Rate* *(Bodenwertverzinsungszinssatz)*
R_M	*Mortgage Constant* *(Annuitätenfaktor eines Annuitätendarlehens)*
R_O	*Overall Capitalization Rate*
ReVe	*Reinertragsvervielfältiger*
RE	*Reinertrag,* *Jährlicher Reinertrag nach § 16 WertV*
REV	*Reversion Proceeds (Netto-Restverkaufserlös)*
t	*Jahr*
TR	*Term Rent*
UR	*Umbauter Raum*

V	*Vervielfältiger,* *Vervielfältiger nach der Anlage zu § 16 III WertV oder auf der Basis eigener Erhebungen*
W	*Wertminderung in % der Gebäudenormalherstellungskosten*
Y	*appropriate periodic Yield or Discount Rate, Compound Yield (einheitlicher Diskontierungsfaktor), Equated Perpetual Yield derived from Financial Markets (= angepaßter Kapitalmarktdiskontierungszinssatz),* *Perpetual Yield in Percent (True All Risks Yield of the Investment),* *Yield (=Liegenschaftszinssatz)*
Y_I	*Initial Yield in Percent* $= Y_R -$ *Risk Adjustment*
Y_R	*Revisionary Perpetual Yield in Percent*
Y_{TS}	*Yield in Percent on Top Slice* $(= Y_R +$ *Risk Adjustment for Top Slice* $)$
YP_Y	*Years´Purchase* $= \frac{1}{Y}$
$YP_{Y_I}^n$	*Years´Purchase for Remaining Contract* $= \frac{(1+Y_I)^n - 1}{Y_I \times (1+Y_I)^n}$
YP_{TS}	*Years´Purchase of Top Slice* $= \frac{1}{Y_{TS}}$
YP_{Y_R}	*Years´Purchase on Revisionary* $= \frac{1}{Y_R}$
Z	*Zustandsfaktor*

Abbildungsverzeichnis

Literaturverzeichnis

Altehoefer, Klaus/Bauer, Karl-Heinz/Fichtelmann, Helmar/Fischer, Franz/Freund, Karl Ludwig/Walter, Helmut (Land- und Forstwirtschaft): Besteuerung der Land- und Forstwirtschaft, 2. Auflage, Herne 1993.

Angermann, Oswald (Neuberechnung): Zur Neuberechnung der Preisindizes auf Basis 1985, Wirtschaft und Statistik 4/1988, S. 229 - 232.

Appraisal Institute (Hrsg.) (Residential Properties): Appraising Residential Properties, 2. Auflage, Chicago 1994.

Appraisal Institute (Hrsg.) (Opportunities): Career Opportunities, Chicago 1995.

Appraisal Institute (Hrsg.) (Real Estate Decisions): Helping You make wise Real Estate Decisions, Chicago 1995.

Appraisal Institute (Hrsg.) (The Appraisal): The Appraisal of Real Estate, 10. Auflage, Chicago 1992.

Aust, Manfred/Jacobs, Rainer (Enteigungsentschädigung): Die Enteignungsentschädigung, 3. Auflage, Berlin 1991.

Ballwieser, Wolfgang (Unternehmensbewertung): Unternehmensbewertung und Komplexitätsreduktion, 3. Auflage, Wiesbaden 1990.

Bargen, Malte von/Frenz, Rainer (Vermögensanlage): Vermögensanlage in der Versicherungswirtschaft, in Müller-Lutz, Heinz Leo/Schmidt Reimer (Hrsg.), Versicherungsenzyklopädie, 4. Auflage Wiesbaden 1991, Band 2, S. 459 - 509.

Bassenge, Peter/Diederichsen, Uwe/Edenhofer, Wolfgang/Heinrichs, Helmut/Helderich, Andreas/Putz, Hans/Thomas, Heinz (Palandt): Palandt Bürgerliches Gesetzbuch, 54. Auflage, München 1995.

Battis, Ulrich/Krautzberger, Michael/Löhr, Peter (Baugesetzbuch): Baugesetzbuch, 4. Auflage, München 1994.

Bauer, Werner (Verkehrswertermittlung): Verkehrswertermittlung bebauter Grundstücke mit Hilfe automatisch erstellter Vergleichswerttabellen, Allgemeine Vermessungsnachrichten 4/1978, S. 138 - 149.

Baum, Andrew/Crosby, Neil (Investment Appraisal): Property Investment Appraisal, 2. Auflage, London 1995.

Baumann, Horst/Metz, Egon/Kessel, Wolfgang/Schaffland, Hans-Jürgen (Genossenschaftsgesetz): Genossenschaftsgesetz, 31. Auflage, Berlin 1984.

Bayerlein, Walter (Hrsg.) (Sachverständigenrecht): Praxishandbuch Sachverständigenrecht, München 1990.

Beckmann, Klaus/Scholtz, Rolf-Detlev (Investment): Investment, Ergänzbares Handbuch für das gesamte Investmentwesen, 33. Ergänzungslieferung Juli 1995, Berlin 1995.

Bellinger, Bernhard/Vahl, Günter (Unternehmensbewertung): Unternehmensbewertung in Theorie und Praxis, 2. Auflage, Wiesbaden 1992.

Bergmeister, Konrad/Reiß, Herbert (Prüfung): Die Prüfung von Bauträgern gemäß § 16 der Makler- und Bauträgerverordnung (MaBV), 2. Auflage, Düsseldorf 1993.

Biergans, Enno (Einkommensteuer): Einkommensteuer, 6. Auflage, München 1992.

Bischoff, Bernhard (Grundstückswerte): Grundstückswerte in den neuen Bundesländern, Berlin 1994.

Boldt, Gerhard/Weller, Herbert (Bundesberggesetz): Bundesberggesetz, Berlin 1984.

Breidert, Ulrike (Grundsätze ordnungsmäßiger Abschreibungen): Grundsätze ordnungsmäßiger Abschreibungen auf abnutzbare Anlagegegenstände, Düsseldorf 1994.

Britton, William/Davies, Keith/Johnson, Tony (Valuation): Modern Methods of Valuation, 8. Auflage, London 1989.

Bull, Simon (How to qualify): How to qualify, in Cambridge Market Intelligence (Hrsg.), The Ivanhoe Carreer Guide to Chartered Surveyors 1995, London 1994, S. 56 - 59.

Bundesaufsichtsamt für das Versicherungswesen (Geschäftsbericht): Geschäftsbericht 1985, Berlin 1985.

Bundesminister für Ernährung, Landwirtschaft und Forsten (Hrsg.) (Flurbereinigung): Schriftenreihe B, Heft 71, Flurbereinigung, Münster-Hiltrup 1982.

Bundesministerium der Finanzen, Schriftenreihe, Heft 41, Bonn 1989.

Bundesministerium der Finanzen, Schriftenreihe, Heft 46, Bonn 1991.

Bundesministerium der Finanzen, Schriftenreihe, Heft 48, Bonn 1993.

Bundesministerium für Wirtschaft, Referat Öffentlichkeitsarbeit (Arbeitsorientierung): Arbeitsorientierung zur vorläufigen Bewertung von Grund und Boden in der DM-Eröffnungsbilanz, Stand 18.07.1990, veröffentlicht in KPMG (Hrsg.), D-Mark-Bilanzgesetz, Düsseldorf 1990, Anlage 18.

Bundesverband der Deutschen Volksbanken und Raiffeisenbanken e.V. (Hrsg.) (Handbuch): Handbuch der Volksbanken und Raiffeisenbanken, Band I, 36. Ergänzungslieferung Dezember 1993, Bonn 1993.

Cambridge Market Intelligence (Hrsg.) (Carreer Guide): The Ivanhoe Carreer Guide to Chartered Surveyors 1995, London 1994.

Chmielewicz, Klaus/Schweitzer, Marcell (Hrsg.) (Handwörterbuch Rechnungswesen): Handwörterbuch des Rechnungswesens, 3. Auflage, Stuttgart 1993.

Clauss, Michael (Implementierung): Die Strategie der Implementierung in der Unternehmung, Pfaffenweiler 1989.

Consbruch, Johannes/Möller, Annemarie/Bähre, Inge Lore/Schneider, Manfred (KWG): Gesetz über das Kreditwesen mit verwandten Gesetzen und anderen Vorschriften, 45. Ergänzungslieferung, München 1995.

Cornell, Bradford (Corporate Valuation): Corporate Valuation, New York 1993.

Czub, Hans-Joachim (Sachenrechtsbereinigung): Sachenrechtsbereinigung, Herne 1994.

Dapprich, Gerhard/Römermann, Klaus (BBergG): Bundesberggesetz, Köln 1983.

Davies, Mike/Paterson, Ron/Wilson, Allister (UK GAAP): UK GAAP, Generally Accepted Accounting Practice in the United Kingdom, 4. Auflage, Basingstoke 1994.

Degner, Joachim/Röher, Alfred (Bausparkassen): Die Bausparkassen, 6. Auflage, Frankfurt am Main 1986.

Demharter, Johann (GBO): Grundbuchordnung, 21. Auflage, München 1995.

Deutsche Bank AG (Bewertungsrichtlinien): Bewertungsrichtlinien, Frankfurt am Main 1993.

Deutsche Bundesbank (Hrsg.) (Kapitalmarktstatistik): Kapitalmarktstatistik August 1995, Statistisches Beiheft zum Monatsbericht 2, Frankfurt am Main 1995.

Deutscher Sparkasssen- und Giroverband (Sparkassenfachbuch): Sparkassenfachbuch 1971, Stuttgart 1971.

Deutscher Steuerberaterverband e.V. (Geschäftsbericht 1994): Geschäftsbericht 1994, in Die Steuerberatung, Sonderdruck August 1995, Bonn 1995.

Deutsches Institut für Normung e.V. (Hrsg.) (DIN Taschenbuch 112): DIN Taschenbuch 112, Berechnungsgrundlagen für Bauten, 3. Auflage, Berlin 1990.

Deutsches Institut für Normung e.V. (Hrsg.) (DIN Taschenbuch 114): DIN Taschenbuch 114, Kosten von Hochbauten, Flächen, Rauminhalte, 5. Auflage, Berlin 1988.

Dieterich, Wilhelm (Berufsstand): Facharbeit und Interessenvertretung des Berufsstandes im Institut der Wirtschaftsprüfer - Entwicklung, Gegenwartsaufgaben und weitere Zielsetzungen, WPg 19/20/1956, S. 452 - 461.

Dilger, Peter (Raumplanungsrecht): Raumplanungsrecht der Schweiz, Zürich 1982.

Eisele, Wolfgang (Rechnungswesen): Technik des betrieblichen Rechnungswesens, 5. Auflage, München 1993.

Endriss, W. (§ 86 StBerG): § 86 StBerG, in Peter, Karl (Hrsg.), Steuerberatungsgesetz, 41. Ergänzungslieferung 1994, 3. Auflage, Herne 1994; Gruppe 30/320.

Fahr, Ulrich/Kaulbach, Detlef (VAG): Versicherungsaufsichtsgesetz, München 1994.

Falk, Bernd (Immobilien-Handbuch): Immobilien-Handbuch, Band I, 13. Ergänzungslieferung 2/1994, 3. Auflage, Landsberg am Lech 1994.

Federmann, Rudolf (Bilanzierung): Bilanzierung nach Handelsrecht und Steuerrecht, 10. Auflage, Berlin 1994.

Fischer, Lutz (Steuererhebungskosten): Die Kosten der Steuererhebung für Verwaltung und Steuerpflichtige, in Institut für ausländisches und internationales Finanz- und Steuerwesen (Hrsg.), Hefte zur Internationalen Besteuerung, Heft 52, Hamburg 1989.

Flaspöhler, Josef (Land- und Forstwirtschaft): Einheitsbewertung des land- und forstwirtschaftlichen Vermögens - auch in Zukunft ein Ertragswertverfahren, BB 32/1994, S. 2247 - 2251.

Fleischmann, Rudolf/Bellinger, Dieter/Kerl, Volkher (HypBankG): Hypothekenbankgesetz, 3. Auflage, München 1979.

Forster, Karl-Heinz/Goerdeler, Reinhard/Lanfermann, Josef/Müller, Hans-Peter/Siepe, Günter/Stolberg, Klaus (Adler/Düring/Schmaltz): Adler/Düring/Schmaltz Rechnungslegung und Prüfung der Unternehmen, Teilband 1, 6. Auflage, Stuttgart 1995.

Freedman, David/Pisani, Robert/Purves, Roger/Adhikari, Ani (Statistics): Statistics, 2. Auflage, New York 1991.

Freihold, Jochen (Mensch schlägt Maschine): Der Mensch schlägt die Maschine - Bei der Weinprüfung entscheiden nur die Sinne, in Bocksbeutelkunde 76/1988, S. 22.

Frese, Erich (Hrsg.) (Handwörterbuch Organisation): Handwörterbuch der Organisation, 3. Auflage, Stuttgart 1992

Freund, Karl Ludwig (Land- und Forstwirtschaft): Zur Notwendigkeit einer Einheitsbewertung des land- und forstwirtschaftlichen Vermögens, DStZ 1994, S. 458 - 461.

Gerardy, Theo/Möckel, Rainer (Grundstücksbewertung): Praxis der Grundstücksbewertung, Band I, 19. Ergänzungslieferung 6/1995, 3. Auflage, Landsberg am Lech 1995.

Goldberg, Alfred/Müller, Helmut (VAG): Versicherungsaufsichtsgesetz, Berlin 1980.

Graham, Airs/Randell, Charles (Investitionen): Deutsche Investitionen in britische Immobilien, IStR 4/1993, S. 160 - 163.

Gürsching, Lorenz/Stenger, Alfons (BewG): Kommentar zum Bewertungsgesetz und Vermögensteuergesetz, 9. Auflage, 74. Ergänzungslieferung November 1994, Köln 1994.

Hartung, Joachim (Statistik): Statistik, 9. Auflage, München 1993.

Hayek, Friedrich (Hrsg.) (Carl Menger Gesammelte Werke): Carl Menger Gesammelte Werke, Band I, Grundsätze der Volkswirtschaftslehre, 2. Auflage, Tübingen 1968.

Helbling, Carl (Unternehmensbewertung): Unternehmensbewertung und Steuern, 7. Auflage, Stuttgart 1993.

Henselmann, Klaus (Rechnungswesen): Rechnungswesen, unveröffentlichtes Manuskript, Bayreuth 1995.

Hermann, Carl/Heuer, Gerhard/Raupach, Arndt (EStG): Einkommensteuer- und Körperschaftsteuergesetz, 176. Ergänzungslieferung 9/1994, 20. Auflage Köln 1950/94.

Hess, Heinz/Weibel, Heinrich (Enteignungsrecht): Das Enteignungsrecht des Bundes, Band I, Bern 1986.

Hill, J. (Shops): Shops, in Rees, W. (Hrsg.), Valuation: Principles into Practice, 4. Auflage, London 1992, S. 163 - 182.

Höhn, Ernst (Steuerrecht): Steuerrecht, 7. Auflage, Bern 1993.

Höll, Klaus (Bewertungsmaßstäbe): Die Einheitsbewertung und ihre Bewertungsmaßstäbe, DB 41/1993, S. 2053 - 2056.

Höll, Klaus (Einheitsbewertung): Einheitsbewertung - Quo vadis?, DStR 9/1984, S. 257 - 262.

Holzer, Johannes/Kramer, Aksel (Grundbuchrecht): Grundbuchrecht, München 1994.

Horschitz, Harald/Groß, Walter/Schnur, Peter (Bewertung): Bewertung und Vermögensteuer, 12. Auflage, Stuttgart 1989.

Institut der Wirtschaftsprüfer in Deutschland e.V. (Hrsg.) (Fachgutachten): Die Fachgutachten und Stellungnahmen des Instituts der Wirtschaftsprüfer, 12. Ergänzungslieferung Juni 1995, Düsseldorf 1995.

Institut der Wirtschaftsprüfer in Deutschland e.V. (Hrsg.) (Wirtschaftsprüfer-Handbuch Band I): Wirtschaftsprüfer-Handbuch 1992, Band I, 10. Auflage, Düsseldorf 1992.

Institut der Wirtschaftsprüfer in Deutschland e.V. (Hrsg.) (Wirtschaftsprüfer-Handbuch Band II): Wirtschaftsprüfer-Handbuch 1992, Band II, 10. Auflage, Düsseldorf 1992.

Institut für ausländisches und internationales Finanz- und Steuerwesen (Hrsg.), Hefte zur Internationalen Besteuerung, Heft 52, Hamburg 1989.

Jährig, Alfred/Schuck, Hans (Handbuch Kreditgeschäft): Handbuch des Kreditgeschäfts, 5. Auflage bearbeitet von Peter Rösler und Manfred Woite, Wiesbaden 1989.

Jakob, Wolfgang (Bewertungsvereinfachung): Rechtsgutachten zu Möglichkeiten einer Vereinfachung der Bewertung des Grundbesitzes sowie Untersuchung einer befristeten Anwendung von differenzierten Zuschlägen zu den Einheitswerten, Heft 48 der Schriftenreihe des Bundesministeriums der Finanzen, Bonn 1993.

Jayne, M. (Rating): Rating, in Rees, W. (Hrsg.), Valuation: Principles into Practice, 4. Auflage, London 1992, S. 368 - 394.

Karpen, Ulrich (Qualifikationshürden): Berufslenkung durch Qualifikationshürden, Berlin 1989.

Kauffmann, Hans (Hrsg.) (Rechtswörterbuch): Creifelds Rechtswörterbuch, 12. Auflage, München 1994.

Kittel, Hermann (Hypothekarkreditgeschäft): Marktstrategien im Hypothekarkreditgeschäft, Berlin 1974.

Kleiber, Wolfgang (Thermometermacher): Von Thermometermachern und anderen Berufen Zum Sachverständigenwesen in der Bundesrepublik Deutschland, GuG 5/1992, S. 241 - 248.

Kleiber, Wolfgang/Simon, Jürgen/Weyers, Gustav (Verkehrswertermittlung): Verkehrswertermittlung von Grundstücken, Kommentar und Handbuch zur Ermittlung von Verkehrs-, Beleihungs-, Versicherungs- und Unternehmenswerten unter Berücksichtigung von WertV und BauGB, 2. Auflage, Köln 1994.

Kleinjohann, Stephan (Abgrenzung): Zur Abgrenzung von Herstellungs- und Erhaltungsaufwand in der Steuerbilanz, Göttingen 1986.

Kloten, Norbert/Stein, Johann von (Hrsg.) (Obst/Hintner): Obst/Hintner Geld-, Bank- und Börsenwesen, 39. Auflage, Stuttgart 1993.

Klumpe, Werner/Nastold, Ulrich (Immobilienfonds): Immobilienfonds, Bonn 1993.

Knobbe-Keuk, Brigitte (Bilanz- und Unternehmenssteuerrecht): Bilanz- und Unternehmenssteuerrecht, 9. Auflage, Köln 1993.

Köhne, Manfred/Wesche, Rüdiger (Landwirtschaftliche Steuerlehre): Landwirtschaftliche Steuerlehre, 2. Auflage, Stuttgart 1990.

Kommission zur Verbesserung der steuerlichen Bedingungen für Investitionen und Arbeitsplätze (Gutachten): Gutachten, Heft 46 der Schriftenreihe des Bundesministeriums der Finanzen, Bonn 1991.

Konstantinou, Konstantionos (§ 36 GewO): Die öffentliche Bestellung von Sachverständigen nach § 36 GewO, Köln 1993.

KPMG (Hrsg.) (D-Mark-Bilanzgesetz): D-Mark-Bilanzgesetz, Düsseldorf 1990.

Kreutzfeldt, Rolf (Realkreditgeschäft): Leitfaden durch das Realkreditgeschäft, 5. Auflage, Stuttgart 1990.

Kruschwitz, Lutz (Investitionsrechnung): Investitionsrechnung, Berlin 1995.

Laux, Hans (Bausparfinanzierung): Die Bausparfinanzierung, 6. Auflage, Heidelberg 1992.

Leffson, Ulrich (GoB): Die Grundsätze ordnungsmäßiger Buchführung, 7. Auflage, Düsseldorf 1987.

Lehmann, Werner/Schäfer, Otto/Cirpka, Ekkehard (Bausparkassengesetz): Bausparkassengesetz und Bausparkassenverordnung, 4. Auflage, Bonn 1992.

Loidl, Volker (Realkreditgeschäft): Das Realkreditgeschäft der Versicherungsunternehmen, in Schwebler, Robert (Hrsg.), Vermögensanlagepraxis in der Versicherungswirtschaft, Kommentare, Gesetze, Rundschreiben, 2. Auflage, Karlsruhe 1991.

Lücke, Jörg (Berufsfreiheit): Die Berufsfreiheit, Heidelberg 1994.

Märkle, Rudi (Verein): Der Verein im Zivil- und Steuerrecht, 9. Auflage, Stuttgart 1995.

Marcks, Peter (MaBV): Makler- und Bauträgerverordnung, 5. Auflage, München 1991.

Marr, Rainer/Kötting, Marcus (Implementierung): Organisatorische Implementierung, in Frese, Erich (Hrsg.), Handwörterbuch der Organisation, 3. Auflage, Stuttgart 1992, Spalte 827 - 841.

Martin, Anton (Sachversicherungsrecht): Sachversicherungsrecht, 3. Auflage, München 1992.

Matschke, Manfred (Unternehmensbewertung): Funktionale Unternehmensbewertung, Band II, Der Arbitriumwert der Unternehmung, Wiesbaden 1979.

Maunz, Theodor/Dürig, Günter (Hrsg.) (GG): Kommentar zum Grundgesetz, 31. Ergänzungslieferung Mai/1994, München 1994.

Meisel, Bernd (Geschichte): Geschichte der deutschen Wirtschaftsprüfer, Köln 1992.

Menger, Carl (Grundsätze): Grundsätze der Volkswirtschaftslehre, Erster Allgemeiner Theil, Wien 1871, in Hayek, Friedrich (Hrsg.), Carl Menger Gesammelte Werke, Band I, Grundsätze der Volkswirtschaftslehre, 2. Auflage, Tübingen 1968.

Mesenhöller, Adolf (Gebäude-Versicherungswerte): Die Ermittlung von Gebäude-Versicherungswerten, 4. Auflage, Köln 1994.

Miehler, Kurt/Kronthaler, Ludwig (Einheitsbewertung): Einheitsbewertung und kein Ende?, DStZ 23/1992, S. 741 - 749.

Miles, Martin (Real Estate Advisor): The Vest-Pocket Real Estate Advisor, Englewood Cliffs 1989.

Minding, Bernd von (Baupreisindizes): Zur Neuberechnung der Baupreisindizes auf Basis 1985, Wirtschaft und Statistik 3/1991, S. 209 - 214.

Morgan, John (Immobilienbewertung): Internationale Immobilienbewertung aus der Sicht eines Chartered Surveyors, Der langfristige Kredit 12/1989, S. 380 - 387.

Moxter, Adolf (Unternehmensbewertung): Grundsätze ordnungsmäßiger Unternehmensbewertung, 2. Auflage, Wiesbaden 1983.

Müller-Lutz, Heinz Leo (Versicherungslehre): Allgemeine Versicherungslehre, in Müller-Lutz, Heinz Leo/Schmidt Reimer (Hrsg.), Versicherungsenzyklopädie, Band 1, 4. Auflage, Wiesbaden 1991, S. 409 - 491.

Müller-Lutz, Heinz Leo/Schmidt Reimer (Hrsg.) (Versicherungsenzyklopädie): Versicherungsenzyklopädie, 4. Auflage, Wiesbaden 1991.

Naegeli, Wolfgang/Hungerbühler, Kurt (Liegenschaftsschätzer): Handbuch des Liegenschaftsschätzers, 3. Auflage, Zürich 1988.

Neubauer, Werner (Statistische Methoden): Statistische Methoden, München 1994.

Nickisch, Hans-Peter (Vermögensanlage): Anlage des Vermögens in Grundstücken und Immobilienfondszertifikaten, in Schwebler, Robert (Hrsg.), Vermögensanlagepraxis in der Versicherungswirtschaft, Kommentare, Gesetze, Rundschreiben, 2. Auflage, Karlsruhe 1991, S. 237 - 262.

Novelli, Nancy/Procter, Andrew (Real Estate Valuation): Real Estate Valuation - A Transatlantic Perspective, The Appraisal Journal 4/1992, S. 247 - 256.

Ohlmeyer, Dietrich/Gördel, Karl-Joseph (Kreditgeschäft der Kreditgenossenschaften): Das Kreditgeschäft der Kreditgenossenschaften, 9. Auflage, Wiesbaden 1990.

Pattison, Michael (History): History and Growth of the profession, in Cambridge Market Intelligence (Hrsg.), The Ivanhoe Carreer Guide to Chartered Surveyors 1995, London 1994, S. 2 - 6.

Pauluhn, Burkhardt (Hypothekarkreditgeschäft der Geschäftsbanken): Das Hypothekarkreditgeschäft der Geschäftsbanken, in Rüchardt, Konrad (Hrsg.), Handbuch des Hypothekarkredits, 3. Auflage, Frankfurt am Main 1993, S. 1083 - 1098.

Pausch, Alfons/Kumpf, Johann (Illustrierte Geschichte): Illustrierte Geschichte des steuerberatenden Berufes, 2. Auflage, Köln 1986.

Pause, Eckhard (Sachverständiger): § 1 Der Sachverständige, in Bayerlein, Walter (Hrsg.), Praxishandbuch Sachverständigenrecht, München 1990, S. 4 - 18.

Pelka, Jürgen (Einheitsbewertung): Die Einheitsbewertung des Grundbesitzes unter verfassungsrechtlichem Aspekt, Steuer und Wirtschaft 3/1975, S. 206 - 221.

Pensel, Jens (Grundstücksunternehmen): Bemerkungen zur Bewertung von Grundstücksunternehmen, WPg 12/1993, S. 365 - 374.

Peter, Karl (Hrsg.) (StBerG): Steuerberatungsgesetz, 41. Ergänzungslieferung 1994, 3. Auflage, Herne 1994.

Piens, Reinhart/Schulte, Wolfgang/Vitzthum, Graf Stephan (BBergG): Bundesberggesetz, Stuttgart 1983.

Piltz, Detlev (Unternehmensbewertung): Die Unternehmensbewertung in der Rechtsprechung, 3. Auflage, Düsseldorf 1994.

Platz, Jürgen (Immobilien-Management): Immobilien-Mangement, 4. Auflage, Wiesbaden 1994.

Prölss, Erich/Martin, Anton (VVG): Versicherungsvertragsgesetz, 5. Auflage, München 1992.

Quack, Friedrich (Sachenrecht): Sachenrecht (§§ 854 - 1296), in Rebmann, Kurt/Säcker, Jürgen (Hrsg.), Münchener Kommentar zum Bürgerlichen Gesetzbuch, Band 4, 2. Auflage, München 1986.

Quadflieg, Friedrich (Flurbereinigung): Recht der Flurbereinigung, 12. Ergänzungslieferung April 1989, Köln 1989.

Rath, Friedrich/Rath, Jürgen (Wertermittlungspraxis): Wertermittlungspraxis, 2. Auflage, Düsseldorf 1992.

Rebmann, Kurt/Säcker, Jürgen (Hrsg.) (Münchener Kommentar, Band 1): Münchener Kommentar zum Bürgerlichen Gesetzbuch, Band 1, 3. Auflage, München 1993.

Rebmann, Kurt/Säcker, Jürgen (Hrsg.) (Münchener Kommentar, Band 4): Münchener Kommentar zum Bürgerlichen Gesetzbuch, Band 4, 2. Auflage, München 1986.

Rees, W. (Hrsg.) (Valuation): Valuation: Principles into Practice, 4. Auflage, London 1992.

Reischauer, Friedrich/Kleinhans, Joachim (KWG): Kreditwesengesetz, bearbeitet von Egon Becker/Lehnhoff Jochen/Heinz Meyer, Ergänzungslieferung 4/1993 September 1993, Berlin 1993.

Rid, Max (Neubewertung des Grundvermögens?): Neubewertung des Grundvermögens?, DStR 1/1994, S. 1 - 6.

Riebel, Paul (Kostenrechnung): Einzelkosten- und Deckungsbeitragsrechnung, 7. Auflage, Wiesbaden 1994.

Rode, Detlev (Hypothekarkredit): Grundzüge des Hypothekarkredits, in Rüchardt, Konrad (Hrsg.), Handbuch des Hypothekarkredits, 3. Auflage, Frankfurt am Main 1993, S. 23 - 99.

Rösch, Albrecht/Kurandt, Friedrich (Bodenschätzung): Bodenschätzung, 3. Auflage, Fotomechanischer Nachdruck der Ausgabe 1950, Köln 1991.

Ross, Wilhelm/Brachmann, Rolf (Bauwert): Ermittlung des Bauwertes von Gebäuden, 24. Auflage, Hannover 1983.

Ross, Wilhelm/Brachmann, Rolf/Holzner, Peter (Bau- und Verkehrswert): Ermittlung des Bauwertes von Gebäuden und des Verkehrswertes von Gebäuden, 27. Auflage, Hannover 1993.

Rössler, Rudolf/Langner, Johannes/Simon, Jürgen/Kleiber, Wolfgang (Grundstückswerte): Schätzung und Ermittlung von Grundstückswerten, 6. Auflage, Neuwied 1990.

Rössler, Rudolf/Troll, Max (BewG): Bewertungsgesetz und Vermögensteuergesetz, 16. Auflage, München 1994.

Rüchardt, Konrad (Hrsg.) (Handbuch des Hypothekarkredits): Handbuch des Hypothekarkredits, 3. Auflage, Frankfurt am Main 1993.

Rüchardt, Konrad (Immobilienbewertung): Bemerkungen zur Immobilienbewertung in Deutschland und Großbritannien, GuG 6/1991, S. 307 - 312.

Rüchardt, Konrad (Bewertung): Bewertung und Krediturteil, in Rüchardt, Konrad (Hrsg.), Handbuch des Hypothekarkredits, 3. Auflage, Frankfurt am Main 1993, S. 143 - 260.

Säcker, Jürgen (Allgemeiner Teil): Allgemeiner Teil (§§ 1 - 240), in Rebmann, Kurt/Säcker, Jürgen (Hrsg.), Münchener Kommentar zum Bürgerlichen Gesetzbuch, Band 1, 3. Auflage, München 1993.

Sailer Erwin/Langemaack, Hans-Eberhard (Hrsg.) (Makler-Kompendium): Kompendium für Makler, Hausverwalter und Sachverständige, 5. Auflage, Stuttgart 1993.

Sauter, Werner (Bankgeschäft): Grundlagen des Bankgeschäftes, Frankfurt am Main 1991.

Schelle, Klaus/Schemmel, Lothar (Einheitsbewertung): Die Einheitsbewertung des Grundbesitzes, Wiesbaden 1993.

Schildbach, Thomas (Substanz- und Kapitalerhaltung): Substanz- und Kapitalerhaltung, in Chmielewicz, Klaus/Schweitzer, Marcell (Hrsg.), Handwörterbuch des Rechnungswesens, 3. Auflage, Stuttgart 1993, Spalte 1888 - 1901.

Schmidt, Ludwig (EStG): Einkommensteuergesetz, 14. Auflage, München 1995.

Scholz, Rupert (Art. 12 GG): Art. 12 GG, in Maunz, Theodor/Dürig, Günter (Hrsg.), Kommentar zum Grundgesetz, 31. Ergänzungslieferung Mai/1994, München 1994.

Schork, Ludwig (KWG): Gesetz über das Kreditwesen, 18. Auflage, Stuttgart 1993.

Schulte, Christina (Aufgabenbereich der Steuerberaterkammern): Der Aufgabenbereich der Steuerberaterkammern, Bochum 1987.

Schwarz, Hans Jürgen/Wätzig, Martin (Land- und Forstwirtschaft): Neue Besteuerungs- und Buchführungsvorschriften für die Land- und Forstwirtschaft, 42. Ergänzungslieferung Juli 1989, Kissing 1989.

Schwebler, Robert (Hrsg.) (Vermögensanlagepraxis): Vermögensanlagepraxis in der Versicherungswirtschaft, Kommentare, Gesetze, Rundschreiben, 2. Auflage, Karlsruhe 1991.

Seele, Walter/Pawig, Ulrich/Clever, Jürgen (Flurbereinigung): Flurbereinigung - Optimierung von Bodennutzungen, in Bundesminister für Ernährung, Landwirtschaft und Forsten (Hrsg.), Schriftenreihe B, Heft 71, Flurbereinigung, Münster-Hiltrup 1982.

Seydel, Helmut (Maklerrecht): Maklerrecht, 3. Auflage, Herne 1995.

Shannon, Pratt (Valuing Small Businesses): Valuing Small Businesses and Professional Practices, Homewood 1986.

Shapiro, Eric (Residential Properties): Residential Properties, in Rees, W. (Hrsg.), Valuation: Principles into Practice, 4. Auflage, London 1992, S. 30 - 68.

Sigloch, Jochen (Grundlagen der Besteuerung): Arbeitsunterlagen zur Veranstaltung Grundlagen der Besteuerung II, Bayreuth 1995.

Simon, Jürgen/Cors, Klaus/Troll, Max (Grundstückswertermittlung): Handbuch der Grundstückswertermittlung, 3. Auflage, München 1992.

Smith, Ken (Valuation for Rating): Valuation for Rating, Reading 1992.

Soldan, Helge (Freier Beruf und Berufsfreiheit): Freier Beruf und Berufsfreiheit, Düsseldorf 1988.

Sommerfeldt, Helmut (Bodenschätzung): Die Bodenschätzung der Finanzverwaltung, DStZ 1/1994, S. 2 - 13.

Stannigel, Hellmut/Kremer, Eduard/Weyers, Gustav (Beleihungsgrundsätze): Beleihungsgrundsätze für Sparkassen, Stuttgart 1984.

Statistisches Bundesamt (Hrsg.) (Wohnen): Das Wohnen in der Bundesrepublik Deutschland, Ausgabe 1981, Stuttgart 1981.

Statistisches Bundesamt (Hrsg.) (Statistisches Jahrbuch): Statistisches Jahrbuch 1994 für die Bundesrepublik Deutschland, Wiesbaden 1994.

Stein, Johann von/Kirschner, Manfred (Kreditgewährung): Bestimmungsfaktoren der Kreditgewährung, in Kloten, Norbert/Stein, Johann von (Hrsg.), Obst/Hintner Geld-, Bank- und Börsenwesen, 39. Auflage, Stuttgart 1993, S. 360 - 413.

Stöber, Kurt/Zeller, Friedrich (ZVG): Zwangsversteigerungsgesetz, 14. Auflage, München 1993.

Stober, Rolf (Öffentlich bestellte Sachverständige): Der öffentlich bestellte Sachverständige zwischen beruflicher Bindung und Deregulierung, Köln 1991.

Stolze, Günter (Enteigungsentschädigung): Enteignungsentschädigung und Unternehmensbewertung, Bergisch Gladbach 1986.

The Royal Institution of Chartered Surveyors (Hrsg.) (Chartered Surveying): Chartered Surveying - Chartered Surveyors: The Property Profession, London 1995.

The Royal Institution of Chartered Surveyors (Hrsg.) (RICS Professional Services): RICS Professional Services 1995, London 1995.

The Royal Institution of Chartered Surveyors (Hrsg.) (Service to the public for over 200 years): Service to the public for over 200 years, Manuskript, London 1995.

The Royal Institution of Chartered Surveyors (Hrsg.) (The Institution): The Institution, Manuskript, London 1995.

The Royal Institution of Chartered Surveyors (Information and Statistics): Information and Statistics, in Cambridge Market Intelligence (Hrsg.), The Ivanhoe Carreer Guide to Chartered Surveyors 1995, London 1994, S. 25 - 31.

Tipke, Klaus (Steuerrechtsordnung, Band II): Die Steuerrechtsordnung, Band II, Köln 1993.

Tipke, Klaus/Lang, Joachim (Steuerrecht): Steuerrecht, 14. Auflage, Köln 1994.

Troll, Max (Mietspiegel): Zur Bedeutung des Mietspiegels bei der Einheitsbewertung, DB 33/85, S. 1713 - 1717.

Vogel, Roland (Verkehrswert und Verkaufswert): Verkehrswert und Verkaufswert - gleich oder ungleich?, Der langfristige Kredit 20/1992, S. 660 - 666.

Vogels, Manfred (Grundstücks- und Gebäudebewertung): Grundstücks- und Gebäudebewertung marktgerecht, 4. Auflage, Wiesbaden 1991.

Weber, Martin/Krahnen, Jan/Weber, Adelheid (Scoring-Verfahren): Scoring-Verfahren - häufige Anwendungsfehler und ihre Vermeidung, DB 33/1995, S. 1621 - 1626.

Wechsler, Ulrich (Immobilien-Investmentfonds): Betriebswirtschaftliche und steuerliche Probleme eines Immobilien-Investmentfonds, München 1966.

Wegener, Ulrich/Sailer, Erwin (Hrsg.) (Makler und Auftraggeber): Der Makler und sein Auftraggeber, 4. Auflage, Stuttgart 1988

Weides, Peter (Sparkassengesetze): Synoptische Darstellung der Sparkassengesetze im Geltungsbereich des Grundgesetzes, Berlin 1992.

Wenzl, Leopold (Feuerversicherung): Feuerversicherung, in Müller-Lutz, Heinz Leo/Schmidt Reimer (Hrsg.), Versicherungs-enzyklopädie, Band 4, 4. Auflage Wiesbaden 1991.

Winckler Eike (Hrsg.) (Immobilienhandbuch): Aktuelles Immobilienhandbuch für die neuen Bundesländer, Band II, 3. Ergänzungslieferung 8/1993, Kissing 1993.

Wissenschaftlicher Beirat beim Bundesministerium der Finanzen (Einheitsbewertung): Gutachten, Die Einheitsbewertung in der Bundesrepublik Deutschland - Mängel und Alternativen-, Heft 41 der Schriftenreihe des Bundesministeriums der Finanzen, Bonn 1989.

Wolf, Michael (Einheitswerte): Der Weg zu neuen Einheitswerten oder ihren Alternativen, DStR 15-16/1993, S. 541 - 550.

Zimmermann, Peter (Verkehrswert in den neuen Bundesländern): Verkehrswertbestimmung in den neuen Bundesländern, Sankt Augustin 1995.

Zügel, Walther (Sparkassen): Die Sparkassen, in Rüchardt, Konrad (Hrsg.), Handbuch des Hypothekarkredits, 3. Auflage, Frankfurt am Main 1993, S. 985 - 1019.

Rechtsquellenverzeichnis (Bundesrepublik Deutschland)

1. Verzeichnis der Rechtsprechung

a) Entscheidungen des Bundesverfassungsgerichts

BVerfG, Urteil des Ersten Senats vom 11. Juni 1958, 1 BVR 596/56, BVerfGE, Band 7, S. 379 - 444.

BVerfG, Beschluß des Ersten Senats vom 09. Mai 1972, 1 BVR 518/62 und 308/64, BVerfGE, Band 33, S. 126 - 171.

BVerfG, Beschluß des Zweiten Senats vom 22. Juni 1995, 2 BVL 37/91, BStBl. II 1995, S. 655 - 671.

BVerfG, Beschluß des Zweiten Senats vom 22. Juni 1995, 2 BVR 552/91, BStBl. II 1995, S. 671 - 675.

b) Entscheidungen des Bundesgerichtshofes

BGH, Urteil vom 25.10.1967	VIII ZR 215/66	BGHZ, Band 48, S. 344 - 351.

c) Entscheidungen des Bundesfinanzhofes

BFH, Urteil vom 11.10.1960	I 175/60 U	BStBl. III 1960, S. 492 - 493.
BFH, Urteil vom 17.02.1965	I 400/62 U	BStBl. III 1965, S. 354 - 355.
BFH, Beschluß vom 16.07.1968	GrS 7/67	BStBl. II 1969, S. 108 - 112.
BFH, Urteil vom 21.01.1971	III R 27/70	BStBl. II 1971, S. 682.
BFH, Urteil vom 20.07.1973	III R 100 - 101/72	BStBl. II 1973, S. 794 - 795
BFH, Urteil vom 13.12.1974	III R 82/73	BStBl. II 1975, S. 191 - 193.
BFH, Beschluß vom 12.06.1978	GrS 1/77	BStBl. II 1978, S. 620 - 626.
BFH, Urteil vom 23.02.1979	III R 44/77	BStBl. II 1979, S. 618 - 619.
BFH, Urteil vom 26.09.1980	III R 21/78	BFHE Bd. 132, Nr. 28, S. 101 - 106.
BFH, Urteil vom 21.07.1982	I R 177/77	BStBl. II 1982, S. 758 - 761.
BFH, Urteil vom 24.11.1982	I R 51/82	BStBl. II 1983, S. 365 - 367.
BFH, Urteil vom 04.12.1984	IX R 5/79	BStBl. II 1985, S. 208 - 210.
BFH, Urteil vom 15.01.1985	IX R 81/83	BStBl. II 1985, S. 252 - 255.
BFH, Urteil vom 14.11.1985	IV R 170/83	BStBl. II 1986, S. 60 - 62.
BFH, Urteil vom 04.12.1986	IV R 162/85	BFH/NV 1987, S. 296 - 299.

BFH, Urteil vom 17.09.1987	III R 201-202/84	BStBl. II 1988, S. 488 - 490.
BFH, Urteil vom 02.02.1990	III R 173/86	BStBl. II 1990, S. 497 - 500.
BFH, Urteil vom 03.01.1991	IV R 31/90	BStBl. II 1991, S. 627 - 628.
BFH, Urteil vom 10.09.1991	VIII R 26/87	BFH/NV 1992, S. 232 - 233.

d) Entscheidungen des Reichsfinanzhofes

RFH, Urteil vom 19.11.1941	VI 200/41	RStBl. 1942, S. 42.

2. Bundesrats-Drucksachen

BR-Drs. 352/88: Bundesrats-Drucksache 352/88 vom 21. Juli 1988, Verordnung über Grundsätze für die Ermittlung der Verkehrswerte von Grundstücken (Wertermittlungsverordnung - WertV).

3. Bundestags-Drucksachen

BT-Drs. IV/1488: Bundestags-Drucksache IV/1488 vom 01. Oktober 1963, Entwurf eines Gesetzes zur Änderung des Bewertungsgesetzes.

BT-Drs. 12/3377: Bundestags-Drucksache 12/3377 vom 08. Oktober 1992, Entwurf eines Gesetzes zur Änderung des Gesetzes über das Kreditwesen und anderen Vorschriften über Kreditinstitute.

4. Gesetzesquellen

Abgabenordnung (AO 1977) vom 16. März 1976, BGBl. I 1976, S. 613, ber. BGBl. 1977 I, S. 269, zuletzt geändert durch das Jahressteuergesetz 1996 vom 11.10.1995, BGBl. I 1995, S. 1250.

Baugesetzbuch (BauGB) in der Fassung der Bekanntmachung vom 8. Dezember 1986, BGBl. I 1986, S. 2253, zuletzt geändert durch das Magnetschwebebahnplanungsgesetz vom 23.11.1994, BGBl. I 1994, S. 3486.

Bewertungsgesetz (BewG) in der Fassung der Bekanntmachung vom 1. Februar 1991, BGBl. I 1991, S. 230, zuletzt geändert durch das Jahressteuergesetz 1996 vom 11.10.1995, BGBl. I 1995, S. 1250.

Bundesberggesetz (BBergG) vom 13. August 1980, BGBl. 1980 I, S. 1310, zuletzt geändert durch Gesetz vom 12.02.1990, BGBl. 1990 I, S. 215.

Bundesdatenschutzgesetz (BDSG) vom 20. Dezember 1990, BGBl. I 1990, S. 2954, zuletzt geändert durch das Eisenbahnneuordnungsgesetz vom 27.12.1993, BGBl. I 1993, S. 2378.

Bürgerliches Gesetzbuch (BGB) vom 18. August 1896, RGBl. 1896, S. 195, zuletzt geändert durch das Jahressteuergesetz 1996 vom 11.10.1995, BGBl. I 1995, S. 1250.

Einkommensteuer-Durchführungsverordnung 1990 (EStDV 1990) in der Fassung der Bekanntmachung vom 28. Juli 1992, BGBl. I 1992, S. 1418, zuletzt geändert durch das Jahressteuergesetz 1996 vom 11.10.1995, BGBl. I 1995, S. 1250.

Einkommensteuergesetz 1990 (EStG 1990) in der Fassung der Bekanntmachung vom 1. September 1990, BGBl. I 1990, S. 1898, ber. I 1991, S. 808, zuletzt geändert durch das Jahressteuergesetz 1996 vom 11.10.1995, BGBl. I 1995, S. 1250.

Erbschaftsteuer- und Schenkungsteuergesetz (ErbStG) in der Fassung der Bekanntmachung vom 19. Februar 1991, BGBl. I 1991, S. 468, zuletzt geändert durch das Jahressteuergesetz 1996 vom 11.10.1995, BGBl. I 1995, S. 1250.

Erste Verordnung zur Durchführung der aktienrechtlichen Vorschriften der Verordnung des Reichspräsidenten über Aktienrecht, Bankenaufsicht und eine Steueramnestie vom 15. Dezember 1931, RGBl. 1931 I, S. 760.

Flurbereinigungsgesetz (FlurbG) in der Fassung der Bekanntmachung vom 16. März 1976, BGBl. 1976 I, S. 546, zuletzt geändert durch das Gesetz zur Änderung des FlurbG vom 23.08.1994, BGBl. 1994 I, S. 2187.

Gesetz über Bausparkassen (Bausparkassengesetz - BausparkG) in der Fassung der Bekanntmachung vom 15. Februar 1991, BGBl. 1991 I, S. 454, zuletzt geändert durch das EWR-Ausführungsgesetz vom 27.04.1993, BGBl. 1993 I, S. 592.

Gesetz über das Kreditwesen (Kreditwesengesetz - KWG) in der Fassung der Bekanntmachung vom 30. Juni 1993, BGBl. I 1993, S. 1082, zuletzt geändert durch Gesetz vom 29.04.1994, BGBl. I 1994, S. 918.

Gesetz über den Versicherungsvertrag (Versicherungsvertragsgesetz - VVG) vom 30. Mai 1908, RGBl. 1908, S. 263, zuletzt geändert durch das dritte Gesetz zur Durchführung versicherungsrechtlicher Richtlinien des Rates der Europäischen Gemeinschaften vom 21. 07. 1994, BGBl. I 1994, S. 1630.

Gesetz über die Beaufsichtigung von Versicherungsunternehmen (Versicherungsaufsichtsgesetz - VAG) in der Fassung der Bekanntmachung vom 17. Dezember 1993, BGBl. I 1993, S. 2, zuletzt geändert durch das Einführungsgesetz zur Insolvenzordnung vom 05.10.1994, BGBl. I 1994, S. 2911.

Gesetz über die Eröffnungsbilanz in Deutscher Mark und die Kapitalneufestsetzung (D-Markbilanzgesetz - DMBilG) vom 31. August 1990, BR-Drs. 600/90, zuletzt geändert durch das Jahressteuergesetz 1996 vom 11.10.1995, BGBl. I 1995, S. 1250.

Gesetz über die Rechtsverhältnisse der Steuerberater und Steuerbevollmächtigten (StBerG) in der Fassung der Bekanntmachung vom 16. August 1961, BGBl. I 1961, S. 1301.

Gesetz über die Schätzung des Kulturbodens (Bodenschätzungsgesetz-BodenSchätzG) vom 16. Oktober 1934, RGBl. I 1934, S. 1050, RStBl. 1934, S. 1306 - 1307, zuletzt geändert durch das Jahressteuergesetz 1996 vom 11.10.1995, BGBl. I 1995, S. 1250.

Gesetz über die Sparkassen sowie über die Girozentrale und Sparkassen- und Giroverbände (Nordrhein-Westfalen) (Nordrhein-Westfälisches Sparkassengesetz - SpKG NRW) in der Fassung der Bekanntmachung vom 2. Juli 1975, GVBl. NRW 1975, S. 498, zuletzt geändert durch das Mitbestimmungs-Artikel-Gesetz vom 26. Juni 1984, GVBl. NRW 1984, S. 362.

Gesetz über die Zwangsversteigerung und die Zwangsverwaltung (Zwangsversteigerungsgesetz - ZVG) vom 24. März 1897, RGBl. 1897 I, S. 97, zuletzt geändert durch das Einführungsgesetz zur Insolvenzordnung vom 05.10.1994, BGBl. 1994 I, S. 2911.

Gesetz über eine Berufsordung der Wirtschaftsprüfer (Wirtschaftsprüferordung - WPO) in der Fassung der Bekanntmachung vom 5. November 1975, BGBl. I 1975, S. 2803, zuletzt geändert durch das Einführungsgesetz zur Insolvenzordnung vom 5. 10. 1994, BGBl. I 1994, S. 2911.

Gesetz über Kapitalanlagegesellschaften (KAGG) in der Fassung der Bekanntmachung vom 14. Januar 1970, BGBl. I 1970, S. 127, zuletzt geändert durch das Einführungsgesetz zur Insolvenzordung vom 05.10.1994, BGBl. I 1994, S. 2911.

Gesetz zur Änderung bewertungsrechtlicher und anderer steuerrechtlicher Vorschriften (Bewertungsänderungsgesetz 1971 - BewÄndG 1971) vom 27.07.1971, BGBl. I 1971, S. 1157.

Gesetz zur Änderung des Bewertungsgesetzes (BewÄndG) vom 13. August 1965, BGBl. I 1965, S. 866, zuletzt geändert durch das Gesetz zur Änderung bewertungsrechtlicher und anderer steuerrechtlicher Vorschriften (Bewertungsänderungsgesetz 1971 - BewÄndG 1971) vom 27.07.1971, BGBl. I 1971, S. 1157.

Gesetz zur Änderung und Ergänzung bewertungsrechtlicher Vorschriften und des Einkommensteuergesetzes, vom 22. Juli 1970, BGBl. I 1970, S. 1118.

Gesetz zur Reform des Erbschaftsteuer- und Schenkungsteuerrechts (Erbschaftsteuerreformgesetz - ErbStRG) vom 17. April 1974, BGBl. 1974 I, S. 933.

Gesetz zur Reform des Vermögensteuerrechts und zur Änderung anderer Steuergesetze (Vermögensteuerreformgesetz - VStRG) vom 17. April 1974, BGBl. 1974 I, S. 949.

Gesetz zur Regelung der Miethöhe (Miethöhegesetz - MHG) vom 18. Dezember 1974, BGBl. I 1974, S. 3603, zuletzt geändert durch das Vierte Gesetz zur Änderung mietrechtlicher Vorschriften vom 21.07.1993, BGBl. 1993 I, S. 1257.

Gewerbeordnung (GewO) in der Fassung der Bekanntmachung vom 1. Januar 1987, BGBl. 1987 I, S. 425, zuletzt geändert durch das Gesetz zur Änderung der GewO und anderer gewerberechtlicher Vorschriften vom 23.11.1994, BGBl. 1994 I, S. 3475.

Gewerbesteuergesetz (GewStG 1991) in der Fassung der Bekanntmachung vom 21. März 1991, BGBl. 1991 I, S. 814, zuletzt geändert durch das Jahressteuergesetz 1996 vom 11.10.1995, BGBl. I 1995, S. 1250.

Grundbuchordnung (GBO) in der Fassung der Bekanntmachung vom 26. Mai 1994, BGBl. I 1994, S. 1114, zuletzt geändert durch das Gesetz zur Ausführung des Seerechtsübereinkommens der Vereinten Nationen vom 10. Dezember 1982 sowie des Übereinkommens vom 28. Juli 1994 zur Durchführung des Teils XI des Seerechtsübereinkommens (Ausführungsgesetz Seerechtsübereinkommen 1982/1994) vom 06.06.1995, BGBl. I 1995, S. 778.

Grunderwerbsteuergesetz (GrEStG 1983) vom 17. Dezember 1982, BGBl. 1982 I, S. 1777, zuletzt geändert durch das Jahressteuergesetz 1996 vom 11.10.1995, BGBl. I 1995, S. 1250.

Grundgesetz für die Bundesrepublik Deutschland (GG) vom 23. Mai 1949, BGBl. I 1949, S. 1, zuletzt geändert durch das Gesetz zur Änderung des Grundgesetzes vom 27.10.1994, BGBl. I 1994, S. 3146.

Handelsgesetzbuch (HGB) vom 10. Mai 1897, RGBl. 1897, S. 219, zuletzt geändert durch das Gesetz zur Bereinigung des Umwandlungsrechts vom 28.10.1994, BGBl. 1994 I, S. 3210.

Hypothekenbankgesetz (HypBankG) in der Fassung der Bekanntmachung vom 19. Dezember 1990, BGBl. I 1990, S. 2898, zuletzt geändert durch das Einführungsgesetz zur Insolvenzordnung vom 05.10.1994, BGBl. I 1994, S. 2911.

Jahressteuergesetz 1996 vom 11.10.1995, BGBl. I 1995, S. 1250.

Körperschaftsteuergesetz 1991 (KStG 1991) in der Fassung der Bekanntmachung vom 11. März 1991, BGBl. I 1991, S. 638, zuletzt geändert durch das Jahressteuergesetz 1996 vom 11.10.1995, BGBl. I 1995, S. 1250.

Makler und Bauträgerverordnung (MaBV) in der Fassung der Bekanntmachung vom 7. November 1990, BGBl. 1990 I, S. 2479.

Steuerberatungsgesetz (StBerG) in der Fassung der Bekanntmachung vom 4. November 1975, BGBl. I 1975, S. 2735, zuletzt geändert durch das Jahressteuergesetz 1996 vom 11.10.1995, BGBl. I 1995, S. 1250.

Vemögensteuergesetz (VStG) in der Fassung der Bekanntmachung vom 14. November 1990, BGBl. I 1990, S. 2467, zuletzt geändert durch das Jahressteuergesetz 1996 vom 11.10.1995, BGBl. I 1995, S. 1250.

Verordnung des Reichspräsidenten über Aktienrecht, Bankenaufsicht und eine Steueramnestie vom 19. September 1931, RGBl 1931 I, S. 493.

Verordnung über Grundsätze für die Ermittlung der Verkehrswerte von Grundstücken (Wertermittlungsverordnung - WertV), vom 6. Dezember 1988, BGBl. I 1988, S. 2209.

Verordnung über wohnwirtschaftliche Berechnungen (Zweite Berechnungsverordung - II. BV) in der Fassung der Bekanntmachung vom 12. Oktober 1990, BGBl. I 1990, S. 2178.

Verordnung zur Durchführung des § 90 BewG vom 02. September 1966, BStBl. I 1966, S. 885 - 886.

5. Richtlinien

Einkommensteuer-Richtlinien 1993 (EStR 1993), Allgemeine Vorschrift zur Anwendung des Einkommensteuerrechts, vom 18. Mai 1994, BAnz. 1994 Nr. 104a; BStBl. I 1994 Sondernummer 1.

Richtlinien des Rates der Europäischen Gemeinschaften vom 17. April 1989, über die Eigenmittel von Kreditinstituten, Amtsblatt der Europäischen Gemeinschaften 1989 89/299/EWG, Nr. L 124, S. 16 - 20.

Richtlinien für die Bewertung des Grundvermögens (BewRGr), Allgemeine Verwaltungsvorschrift über die Richtlinien zur Bewertung des Grundvermögens, vom 19. September 1966, BAnz. Nr. 183, Beilage/BStBl. I 1966 S. 890 - 942.

Richtlinien für die Ermittlung und Prüfung des Verkehrswertes von Waldflächen und für Nebenentschädigungen (Waldwertermittlungsrichtlinien 1991- WaldR 91) vom 25. Februar 1991, BAnz. 1991, Nr. 100a.

Richtlinien für die Finanzämter zur Ermittlung der Bodenwerte (Bodenwert-Richtlinien) vom 20. Dezember 1956, BStBl. II 1957, S. 28 - 44.

Richtlinien zur Bewertung des landwirtschaftlichen Vermögens, Teil 1 - 4 und 8 vom 17. November 1967, BStBl. I 1967, S. 399 - 443 und Teil 5 - 7 vom 17. Januar 1968, BStBl. I 1968, S. 223 - 281.

Wertermittlungsrichtlinien 1991 (WertR 91) vom 19. März 1992, BAnz. 1992, Nr. 86a.

6. Verwaltungsanweisungen und Sonstige Bekanntmachungen

Beleihungsgrundsätze für Sparkassen (BelG) - Beleihung von Grundstücken, Musterfassung gemäß Beschluß des Arbeitskreises der Länder für Sparkassenfragen vom 5. Februar 1970, abgedruckt in Deutscher Sparkasssen- und Giroverband, Sparkassenfachbuch (1971), S. 118.

Bundesministerium der Finanzen, Bearbeitungshinweise zur Ermittlung des Verkehrswertes von Grundstücken mit Ziergehölzen (Schutz- und Gestaltungsgehölze) (Ziergehölzhinweise 1985), vom 5. Februar 1985, BAnz. 1985, Nr. 41a.

Bundesministerium der Finanzen, Begründung zum Entwurf eines Jahressteuergesetzes 1997, Bonn 1996.

Bundesministerium der Finanzen, Entwurf eines Jahressteuergesetzes 1997, Bonn 1996.

Bundesministerium für Raumordnung, Bauwesen und Städtebau, Bekanntmachung von ergänzenden Auslegungshinweisen zu den Wertermittlungsrichtlinien vom 12. Oktober 1993, BAnz. 1993, Nr. 199, S. 9630.

Bundesministerium für Raumordnung, Bauwesen und Städtebau, Fortschreibung der Hinweise für die Aufstellung von Mietspiegeln, Bundesbaublatt 1980, S. 357 - 362.

Rundschreiben des Bundesaufsichtsamtes für das Versicherungswesen, BAV R 1/63, vom 01. Februar 1963, Betr.: Beleihungsrichtlinien für Grundstücke und Schiffe, VerBAV 1963, S. 18 - 22.

Rundschreiben des Bundesaufsichtsamtes für das Versicherungswesen, BAV R 2/75, vom 11. März 1975, Betr.: Gesetz zur Änderung des Gesetzes über die Beaufsichtigung der privaten Versicherungsunternehmungen vom 20. Dezember 1974, VerBAV 1975, S. 102 - 111.

Rundschreiben des Bundesaufsichtsamtes für das Versicherungswesen, BAV R 11/76, vom 22. Juli 1976, Betr.: Gesetz zur Änderung des Gesetzes über die Beaufsichtigung der privaten Versicherungsunternehmungen vom 20. Dezember 1974, VerBAV 1976, S. 384 - 385.

Rundschreiben des Bundesaufsichtsamtes für das Versicherungswesen, BAV R 4/77, vom 25. August 1977, Betr.: Aufstellung und Führung des Deckungsstockverzeichnisses sowie der Abschrift gem. § 66 Abs. 6 VAG, Aufbewahrung des Deckungsstocks gem. § 66 Abs. 5 VAG, VerBAV 1977, S. 315 - 379.

Schreiben des Bundesaufsichtsamtes für das Kreditwesen an die Spitzenverbände der Bausparkassen vom 04.08.1980 veröffentlicht in Consbruch, Johannes/Möller, Annemarie/Bähre, Inge Lore/Schneider, Manfred, Gesetz über das Kreditwesen mit verwandten Gesetzen und anderen Vorschriften, 45. Ergänzungslieferung, München 1995, Nr. 9.33.

Schreiben des Bundesministers der Finanzen vom 20.12.1990, Betr.: Abgrenzung zwischen privatem und gewerblichem Grundstückshandel, BStBl. I 1990, S. 884 - 888.

Schreiben des Bundesministers der Finanzen vom 21.07.1994, Betr.: Ermittlung der Wiederherstellungs- / Wiederbeschaffungskosten zum 01. Juli 1990 für im Beitrittsgebiet gelegene Gebäude und der AfA-Bemessungsgrundlage, BStBl. I 1994, S. 599 - 600.

7. Satzungen und Anweisungen von Verbänden

Allgemeine Bedingungen für Bausparverträge der öffentlichen Bausparkassen (Musterbedingungen - MBöB), Stand 20. Juli 1992, abgedruckt in Lehmann, Werner/Schäfer, Otto/Cirpka, Ekkehard, Bausparkassengesetz (1992), Anhang 50, S. 641 - 658.

Allgemeine Bedingungen für Bausparverträge der privaten Bausparkassen (Musterbedingungen - MBpB), Stand 16. April 1992, abgedruckt in Lehmann, Werner/Schäfer, Otto/Cirpka, Ekkehard, Bausparkassengesetz (1992), Anhang 49, S. 624 - 640.

Allgemeine Bedingungen für die Feuerversicherung (AFB 87), abgedruckt in Müller-Lutz, Heinz Leo/Schmidt Reimer (Hrsg.), Versicherungsenzyklopädie (1991), Band 4, Teil I, S. I - VII.

Allgemeine Bekanntmachungen der Bundessteuerberaterkammer, in Amtliche Mitteilungen der Bundessteuerberaterkammer 1/1966, S. 1.

Allgemeine Wohngebäudeversicherungsbedingungen (VGB 88), abgedruckt in Müller-Lutz, Heinz Leo/Schmidt Reimer (Hrsg.), Versicherungsenzyklopädie (1991), Band 4, Teil III, S. XVI - XXI.

Fachliche Bestellungsvoraussetzungen auf dem Sachgebiet "Bewertung von bebauten und unbebauten Grundstücken", beschlossen vom Arbeitskreis "Sachverständigenwesen" des DIHT, abgedruckt in Bayerlein, Walter (Hrsg.), Sachverständigenrecht (1990), Anhang 7.

Geschäftsgebräuche für Gemeinschaftsgeschäfte unter Maklern - Stand: Mai 1989, abgedruckt in Seydel, Helmut, Maklerrecht (1995), Anhang VI, S. 238.

Mitteilungen des Bundesverbandes der Steuerbevollmächtigten e.V. und seiner Mitgliedsverbände, in Die Steuerberatung 1/1963, S. 22.

Muster-Sachverständigenordnung des Deutschen Industrie- und Handelstages vom 23. Januar 1986, abgedruckt in Bayerlein, Walter (Hrsg.), Sachverständigenrecht (1990), Anhang 3.

Prüfungsordnung des RDM für den Fachkundenachweis in der Fassung vom 01.05.1986, abgedruckt in Wegener, Ulrich/Sailer, Erwin (Hrsg.), Makler und Auftraggeber (1988), Anhang 8.

RDM Wettbewerbsregeln in der Fassung des Beschlusses des Bundeskartellamtes vom 19.08.1963, BAnz. Nr. 178 vom 24.09.1963, S. 1 - 2.

Richtlinien zur Anwendung und Auslegung der Muster-Sachverständigenordnung des Deutschen Industrie- und Handelstages vom 5. Juni 1986, abgedruckt in Bayerlein, Walter (Hrsg.), Sachverständigenrecht (1990), Anhang 4.

Satzung des Bundesverbandes öffentlich bestellter und vereidigter sowie qualifizierter Sachverständiger e.V. (BVS), beschlossen am 10. 06. 1994 in Schwerin, Schwerin 1994.

Satzung des Instituts der Wirtschaftsprüfer in Deutschland e.V. (IDW), in der Fassung der auf dem 21. Wirtschaftsprüfertag am 9. November 1993 in Frankfurt am Main beschlossenen Satzungsänderung, Düsseldorf 1993.

Satzung des Ring Deutscher Makler (RDM), Verband der Immobilienberufe und Hausverwalter, Bundesverband e.V. in der Fassung vom 07. Mai 1982, München 1993.

Satzung des Verbandes Deutscher Makler für Grundbesitz, Hausverwaltung und Finanzierungen e.V. (VDM) in der Fassung vom 2.Oktober 1993, Frankfurt am Main 1993.

Rechtsquellenverzeichnis (International)

A. Internationale Gerichtsentscheidungen

EuGH, Urteil vom 15.12.1995, Rs C-415/93 (Cour d`appel Liège), ZIP 1996, S. 42 - 53.

B. Schweiz

1. Gesetzesquellen

Bundesgesetz über die Enteignung vom 20. Juni 1930, Stand 01.08.1972, in Schweizerische Bundeskanzlei (Hrsg.), Systematische Sammlung des Bundesrechts, Band 7, Bern 1995, Nr. 711.

Bundesgesetz über die Raumplanung (Raumplanungsgesetz - RPG) vom 22. Juni 1979, Stand 01.01.1993, in Schweizerische Bundeskanzlei (Hrsg.), Systematische Sammlung des Bundesrechts, Band 7, Bern 1995, Nr. 700.

Kanton Zürich, Gesetz über die Gebäudeversicherung vom 2. März 1975, Stand Juni 1994, in Staatskanzlei Zürich (Hrsg.), Gesetzessammlung, Band 8, Zürich 1995, Nr. 862.1.

Kanton Zürich, Verordnung über die Gebäudeversicherung vom 21. Mai 1975, in Staatskanzlei Zürich (Hrsg.), Gesetzessammlung, Band 8, Zürich 1995, Nr. 862.1, zuletzt geändert durch Verordnung vom 5. April 1995, in Staatskanzlei Zürich (Hrsg.), Gesetzessammlung, Band 8, Zürich 1995, Nr. 862.11.

2. Verwaltungsanweisungen und Sonstige Bekanntmachungen

Weisung des Regierungsrates Zürich an die Steuerbehörden über die Bewertung von Liegenschaften und die Festsetzung der Eigenmietwerte vom 10. Juni 1992, Zürcher Steuerbuch Band I A, Nr. 22/20, zuletzt geändert am 18. August 1993, Zürcher Steuerbuch Band I A, Nr. 22/21.

C. Großbritannien

Bekanntmachungen der Royal Institution of Chartered Surveyors

Supplemental Charter 1973 des RICS in The Royal Institution of Chartered Surveyors (Hrsg.), The Institution, Manuskript, London 1995, S. 3 - 7.

The Royal Institution of Chartered Surveyors (Hrsg.), Manual of Valuation, Guidance Notes, 3. Auflage, 4th Amendment April 1995, London 1995.

The Royal Institution of Chartered Surveyors (Hrsg.), The Chartered Surveyors' Rule Book, London 1995.

Bekanntmachungen des Accounting Standards Board

Accounting Standards Board (Hrsg.), Financial Reporting Standard 3, Paragraph 13, Oktober 1992.

D. USA

Bekanntmachungen des Appraisal Institutes

Appraisal Institute (Hrsg.), Standards of Professional Appraisal Practice of the Appraisal Institute, Chicago 1995.

Appraisal Institute, Regulation No. 1, MAI Admissions and Membership, Adopted by the Board of Directors, Effecitve January 25, 1991, Amended August 1, 1991, January 16, 1992, July 31, 1993, January 16, 1993, and July 23, 1993.

Appraisal Institute (Hrsg.), MAI Admissions Procedure Manual, Adopted by the Board of Directors, Effective January 25, 1991, Amended August 1, 1991, January 16, 1992, July 31, 1993, January 16, 1993, and July 23, 1993.

Appraisal Institute, Bylaws, Amended January 29, 1994.

Lebenslauf

Persönliche Daten

Name, Vorname	Engelbrecht Bernhard Christian Paul
Adresse	Lärchenstr. 11 82166 Gräfelfing

Studium / Promotion

WS 1987 - SS 1992	Studium der Betriebswirtschaftslehre an der Universität Bayreuth
WS 1992 - SS 1996	Promotion der Betriebswirtschaftslehre an der Universität Bayreuth Thema: Grundsätze und Technik ordnungsmäßiger Immobilienbewertung

Arbeitsverhältnisse

3/1993 - 6/1996	Universität Bayreuth Lehrstuhl für Betriebswirtschaftslehre II Betriebswirtschaftliche Steuerlehre und Wirtschaftsprüfung Assistent bei Prof. Dr. J.Sigloch
seit 7/1996	Silvius Dornier Verwaltungsgesellschaft mbH, München Controlling, Leiter Rechnungswesen, stellvertretender Geschäftsführer